新中国外交风云

本书编写组 ◎ 编

上

世界知识出版社

图书在版编目（CIP）数据

新中国外交风云／本书编写组编． -- 北京：世界知识出版社，2025.7.--ISBN 978-7-5012-7010-1

I.D829

中国国家版本馆CIP数据核字第2025XD8719号

书　　名	新中国外交风云（上） XIN ZHONGGUO WAIJIAO FENGYUN (SHANG)
作　　者	本书编写组　编
项目统筹	王瑞晴
责任编辑	蔡金娣　岳改苓
责任出版	赵　玥
责任校对	张　琨　陈可望
出版发行	世界知识出版社
地址邮编	北京市东城区干面胡同51号（100010）
电　　话	010-65233645（市场部）
网　　址	www.ishizhi.cn
印　　刷	北京盛通印刷股份有限公司
经　　销	新华书店
开本印张	710毫米×1000毫米　1/16　28 1/4 印张
字　　数	385千字
版次印次	1990年5月第一版 2025年7月第二版　2025年7月第二版第一次印刷
标准书号	ISBN 978-7-5012-7010-1
定　　价	148.00元（上、下）

版权所有　侵权必究

编委会

主　编：裴坚章　于武真　江勤政
副主编：方　平　张光祐　陈立钢　李启明
编　辑：胡卓文　李同仁　刘志强　冯联直　李同成
　　　　　苏文光　杜连成　周善明　谢君桢　徐学胜
　　　　　孙秀兰　杨凤英　刘东海　吴　伟　吴洁华

再版前言

自 1949 年 10 月 1 日中华人民共和国宣告成立以来，新中国外交在毛泽东、周恩来、邓小平等老一辈领导人的亲自领导下，同旧中国的屈辱外交彻底决裂，"另起炉灶"，在国际风云变幻的历史时期，经受住了严峻的考验，为维护国家主权、民族尊严与世界和平作出了巨大贡献。本书主要记述了自 1949 年 10 月 1 日中华人民共和国成立至 20 世纪 90 年代近 50 年的新中国外交实践。撰稿人大多是建国初期即参加外事工作的老外交家或长期战斗在外交第一线的同志，他们是建国以来我国重大外交活动的参与者。本书记述了他们的亲身经历和宝贵回忆，内容具体生动，材料翔实可靠，其中很多是迄今鲜为人知的珍贵外交史料，读来令人手不释卷。

本书自 20 世纪 90 年代出版以来，受到广大读者的欢迎和喜爱。新形势下，回顾新中国外交走过的光辉历程，有利于读者从历史把握现实，更好地增进对习近平新时代中国特色社会主义思想特别是习近平外交思想的理解与认识。为此，我们再版此书。

本书编写组

目 录

新中国成立前外事工作的片段回忆
　　李棣华 ················· 001

关于斯大林曾否劝阻我军过长江的探讨
　　余　湛　张光祐 ············ 009

英舰"紫石英"号事件
　　康矛召 ················· 015

南京解放初期我同司徒雷登的几次接触
　　黄　华 ················· 027

新中国首批驻外大使选派情况追忆
　　王幼平 ················· 035

新中国成立后的第一个外交行动
　　骆亦粟 ················· 042

毛泽东主席第一次访问苏联经过
　　师　哲 ················· 048

《中苏友好同盟互助条约》签订的经过
　　伍修权 ················· 054

我国同苏联商谈第一个五年计划情况的回忆
　　李越然 ················· 059

忆朝鲜停战谈判
　　解　方 …………………………………………………………… 062

板门店停战谈判纪事
　　杨冠群 …………………………………………………………… 078

参加朝鲜停战谈判翻译工作的回忆
　　过家鼎 …………………………………………………………… 087

朝鲜停战以后赴朝任翻译的经历
　　谢君桢 …………………………………………………………… 095

1954 年日内瓦会议的一些情节
　　师　哲 …………………………………………………………… 101

"克什米尔公主"号空难事件
　　史　实 …………………………………………………………… 105

推动中国和巴基斯坦关系转向友好发展的几次重要外交行动
　　耿　飚 …………………………………………………………… 116

克里姆林宫的一次新年宴会
　　荣　植 …………………………………………………………… 121

忆周恩来总理 1957 年访问匈牙利
　　夏道生 …………………………………………………………… 124

回忆毛泽东主席第二次出访苏联
　　李越然 …………………………………………………………… 130

葛罗米柯关于台湾局势同毛泽东主席谈话的回忆与事实不符
　　魏史言 …………………………………………………………… 142

中柬关系的建立与发展
　　陈叔亮 …………………………………………………………… 145

开展同撒哈拉以南非洲各国的关系
　　王　殊 ·················· 152

周恩来舌战洋记者
　　屠培林 ·················· 158

对印自卫反击战前后的回忆
　　张　彤 ·················· 166

中拉结好第一家——忆中古建交的前前后后
　　黄志良 ·················· 176

毛泽东主席对蒙哥马利谈"继承人"
　　熊向晖 ·················· 189

出使老挝的难忘岁月
　　刘　春 ·················· 198

我国同西方国家关系的重大突破——中法建交谈判纪事
　　谢　黎 ·················· 215

学习周总理的谈判艺术和外交风格
　　李清泉 ·················· 224

关于周恩来总理出访亚非欧十四国的点滴回忆
　　过家鼎 ·················· 232

周恩来总理访问波兰和摩洛哥回忆片段
　　杨琪良 ·················· 242

记周总理访问加纳
　　封耀元 ·················· 250

忆周总理几内亚之行
　　赵　源 ·················· 256

一次不寻常的使命——忆周总理最后一次访问苏联
　　余　湛 261

对援建坦赞铁路决策的回顾
　　何　英 274

萨那保卫战一年战时外交纪实
　　时延春 286

中国医疗组抢救胡志明主席的前前后后
　　范振水 298

打开中美关系的前奏——1969年四位老帅对国际形势所做的研究和建议
　　熊向晖 304

美国大使在华沙追我的真相
　　景志成 326

中国与加拿大建交谈判纪实
　　俞孟嘉 329

中法关系史上的缺憾——戴高乐生前未能实现访华愿望
　　曾令保　史　实 333

基辛格秘密访华内幕
　　魏史言 338

一次神秘的外交使命——接待基辛格秘密访华
　　唐龙彬 350

历史赋予我的一项特殊使命——"九一三"事件的对外交涉
　　许文益 362

古巴临时代办"文革"期间所提建议及毛主席批示
　　陶大钊 381

基辛格第二次访华
　　魏史言 …………………………………………………… 392

历史性的胜利——中国代表团出席第二十六届联大纪事
　　史　实 …………………………………………………… 401

初进联合国
　　过家鼎 …………………………………………………… 414

周总理与对美民间外交
　　谢　黎 …………………………………………………… 429

新中国成立前外事工作的片段回忆

李棣华

一、太行山上的外事活动

1944年11月间，太行军区司令部（在河南省涉县赤岸村）遵照党中央和北方局的指示，设立了情报联络处，党派我任该处主任，这是我从事外事翻译工作的开始。情报联络处的任务是接待从延安来的驻扎在太行的美军观察组成员和各抗日根据地被我军民所救护的美国空军人员。为了便于延安与太行间的空中往来，遵照邓小平同志的指示，在山西黎城县长宁村修建了飞机跑道，从此美方飞机多次航行于延安与太行间，仅接运各根据地被我军民救护的美方空军人员就有50人以上。

在情报联络处工作期间，最令人难忘的是1945年春节前夕，在邓小平同志直接主持下，在左权县麻田镇北方局驻地，接待了美军观察组成员惠特尔赛上尉和在平顺地区被我军民救护的21名B-29轰炸机机组人员，当时接待他们的热烈场面仍记忆犹新。在麻田镇东边简朴而整洁的招待所里，邓小平同志主持了对他们的欢迎宴会，并与惠特尔赛上尉做了长谈。邓小平同志就反法西斯抗日战争的形势和即将胜利的前景对惠特尔赛做了详尽的阐述，而惠特尔赛作为美军中的有识之士，对我军是战胜日寇的决定性因素深表信服。在太行山上的这一盛会，反映了中美双方在反法西斯战争中的战斗友谊。记得张际春、杨立三等同志也参加了那次盛会。我参加了当年的接待翻译工作。

二、军事调处执行部时期的谈判斗争

1946 年,从年初到岁终,我党参加了军事调处执行部的和平谈判。周恩来同志作为我党代表,与国民党代表张治中先生以及美方代表马歇尔将军共同组成最高军事三人小组。经过将近一年的谈判,我方对国民党发动内战的阴谋进行了针锋相对的斗争,结果证明"和谈"原是美国为帮助国民党打内战所导演的假谈判、真备战的骗局。但是,我们在周恩来同志的领导下,积极参加了谈判斗争,为我党培养锻炼了不少外事干部。

那年元旦刚过,党派我作为译员,陪同陶希晋同志前往石家庄参加停战小组谈判工作。从晋冀鲁豫军区司令部(在武安县伯延镇)出发前,刘伯承同志亲切地接见了我们,并指示我们说,谈判是一场斗争,但最后看来还是要通过打来解决问题。后来的事实证明,果然不出刘伯承同志所料。

当时的谈判斗争是相当尖锐的。谈判地点经常变动,时而在北平,时而在邯郸,时而在发生事件的现场,时而在列车上,最后因林兆南事件①的发生,谈判终以陶希晋同志率领我方代表团撤往北平而结束。

我是 1946 年 4 月间在北平东华门翠明庄初次见到周恩来同志的。那时他在黄华同志的陪同下和张治中、马歇尔穿梭飞行于华北、东北各城市间,但时而也来北平参加最高级和谈。他在北平短暂停留之际,总是在百忙之中抽空来翠明庄会见我谈判人员。那是一个初春的下午,我们聚集在翠明庄一楼小礼堂里,我陪同陶希晋同志坐在后排。周恩来同志来到后总是到后排和在座的同志一一亲切握手慰问。他那锐利的目光、明快的语

---

① 1946 年 4 月间,林兆南同志从晋察冀边区来石家庄参加谈判工作,被国民党有关部门扣押,我方曾就此事向国民党方面提出抗议。——编者注

言、和蔼的表情、从容的风度，给人留下不可磨灭的印象。那时贺龙同志从内蒙古来，周恩来同志总是请他首先给大家讲话。周恩来同志讲话很简短，勉励大家认清形势，讲究策略，争取谈判的胜利。

三、外事干部的培养

军事调处执行部谈判结束后，党中央成立由叶剑英和王炳南同志领导的外事组，集中了外事翻译人才，为全国解放后的外事工作做准备。与此同时，外事组还决定以华北联合大学、外语学院为基础，成立外事学校（浦化人同志任校长，校址在石家庄附近的南海山村），与华北军政大学（校址在石家庄附近的南新城）一起归叶剑英同志直接领导。

这里仅以英国共产党员柯鲁克夫妇到外事学校任教的过程为例，便足以说明当时党中央和叶剑英同志对外事人才培养的重视。柯鲁克夫妇原是由章汉夫同志介绍从香港来晋冀鲁豫边区采访土改的，但也有在华工作的意愿。1948年他们来到石家庄，王炳南同志为了安排他们到外事学校工作，曾几次从西柏坡专程来石家庄商谈。

那时正当仲夏，相当炎热，我陪同柯鲁克夫妇乘吉普车来到叶剑英同志的驻地南新城。在村边一所三合院里，只有东西北三面屋舍，南端种了一些玉米之类的作物，在院中葡萄架的浓荫下放着几把藤椅和一个茶几。叶剑英同志就在这样简朴而富有农村风味的环境里热情地接待了柯鲁克夫妇。谈话中，叶剑英同志对他们谈了解放战争的形势和前景以及培养外语人才的迫切性。

傍晚，叶剑英同志主持了隆重的欢迎宴会，作陪的有肖克、薛子正、浦化人等同志。宴会以后，在村边一座广阔的场屋里举行了外事学校全体师生参加的欢迎舞会。胡定一同志作为学生代表致欢迎词。在欢迎活动中，叶剑英同志始终热情洋溢地陪同着柯鲁克夫妇，并请他俩在华北军政大学留宿休息，以便次日前往南海山村的外事学校。

40年来，从南海山村的外事学校到入城后的北京外国语学校再到现在的北京外国语学院，柯鲁克夫妇不辞辛劳地为我国外事工作培养了大量人才。

四、西柏坡外事会议

1948年秋，华北人民政府成立并组建外事处，派我任处长，后来又派朱仲芷同志任秘书主任。这是解放区最早建立的一个省级外事机构。外事处在杨秀峰同志（华北人民政府副主席，分管外事）的领导下，一直受到周恩来、叶剑英、董必武等中央领导同志和中央外事组的关切和指导。

那时华北人民政府驻在平山县水碾村，离党中央驻地平山县西柏坡约有60余里。一次，中央外事组要我前往汇报工作。我清晨出发，经过中间站（中央在此设有接待站），渡过滹沱河（解放军在此有渡船），傍晚到达中央外事组驻地下百里村。

次日，王炳南同志召集会议，会上我做了汇报。下午，王凝同志（中央外事组秘书）说，要去见胡必成同志。我听了有点纳闷，后来才恍然大悟，胡必成原来是周恩来同志的化名。

傍晚，我们从下百里村到达西柏坡，来到一所整洁而简朴的大厅里。让我们没有想到的是，周恩来同志已经站在我们面前。他亲切地环视大家后，大家共同就座。在座的有王炳南、廖承志等同志。周恩来同志就外事工作方面可能出现的问题讲了话。回忆当时周恩来同志讲话给我印象最深的是外事纪律问题。周恩来同志说，沈阳解放后，我们有一位同志未经请示中央，擅自同英国驻沈阳领事馆接触，这是严重违反纪律的，必须引起注意。一切涉外工作必须请示中央。周恩来同志解释说，新中国成立后，涉外工作问题很多，必须按照中央指示，分轻重缓急加以处理。当时在座的陈家康同志是从布达佩斯参加国际反法西斯大会才回来的。他是持哈尔滨人民政府签发的护照从东北出国的，一路畅行无阻，这说明即将成立的新中国拥有无比的生命力。他拿出携带的护照让大家看，当时周恩来同志也含笑频频点头。

周恩来同志留我们共进晚餐。一盘素炒菠菜引起了大家的赞赏，周恩来同志也表扬了炊事员的烹调技术。经过数十年艰苦斗争的岁月，在全国胜利前夕，能与敬爱的周恩来同志共进晚餐，其愉快之情，可以想见。

深夜，我们辞别中央领导，返回下百里村。同行的有王炳南、柯柏年、徐永瑛、曹若茗等同志。徐永瑛同志诚挚感人的絮语，令人忘却了深秋的夜寒。

次日，王炳南同志又带我前往西柏坡看望了陆定一同志。在昨晚周恩来同志会见我们的那个大厅里，我们见到了邓颖超、胡乔木等同志，他们正忙着处理文件。下午，廖承志同志又带我到新华社驻地陈家峪。我们到达的时候，同志们正在一个庙门前的广场上冒着秋寒席地晚餐。我也同廖承志和经普椿同志一道吃了晚饭。在一所两进院里，英文部的陈尤同志正在炕头收听广播，他笑着对我说："我们对外事处的成立还做过报道呢。"在后院的西屋里，我还见到石西民等同志正在煤油灯前忙于审稿。入夜，廖承志同志派警卫员护送我回下百里村，在疏星淡月的晚上，我们畅谈国内外形势，忘却了路途的远近。

我对西柏坡很留恋，多年来对党中央的艰苦创业作风深深铭记在心。在周恩来同志召开的那次外事会议后，我曾又一次到西柏坡向董必武同志汇报工作。董必武同志室内仅设一桌两椅，极其简朴，然书盈四壁使我深深体会到老一辈无产阶级革命家是如何深入渊博的学海，如何结合中国实际，运用马克思主义的基本原理制定党的方针政策，筹划治国安邦大计的。董必武同志是如此，毛主席、周恩来同志也如此。

五、北平解放前后

华北人民政府时期的涉外事务主要包括两个方面：一方面是经由解放救济总会（简称"解总"，由熊瑾玎、伍云甫、王荫圃、管大同等同志负责）的途径，进行国际交往。例如与联合国善后救济总署的救济事务往来，美国胸腔专家艾罗斯（是经宋庆龄同志介绍前来解放区的）在正定举办医训班等。另一方面是处理解放区的涉外事件。例如土改中河北献县发生的天主教案等。华北局和政府领导对涉外事件的处理非常慎重，总是要向中央汇报请示。记得薄一波同志在电文中有这样的批语：兹事体大，望拟出意见，报请中央批示。

1948年11月，为加强国际宣传工作，中央外事组决定将外事处迁至外事学校驻地。在叶剑英同志的直接领导下，外事处协同当时在外事学校任教的柯鲁克夫妇、韩丁、马海德等同志撰写稿件，由新华社播发。新华社也派邓光同志参加这一工作。为此，叶剑英同志曾在南新城马海德同志住处亲自主持会议，与各位外国同志研究选题分工等问题。

形势在飞速地发展，北平即将和平解放，外事学校决定迁往良乡。一天，叶剑英同志忽然在电话中告知，让我们返回平山，同时说，我的工作单位在北平外事处。

1949年元旦刚过，我们遵照中央外事组的指示来到北平西郊。当时叶剑英同志住在青龙桥畔的一个道观里，离颐和园后宫门近在咫尺。据说，当时叶剑英和傅作义将军的谈判就在园内进行。在我们到达后的次日清晨，叶剑英同志在道观后院西屋里会见了我和陈应同志，让我们和王荫圃同志一起领导北平军管会外事处工作。叶剑英同志一边谈话，一边还拿着九国情报局决议在阅读，他那在国际国内风云动荡中从容自若、学而不倦的风度，多年来深留在我的记忆中。

1949年初，北平解放了。我们整队徒步入城，分住翠明庄和欧美同学会。叶剑英同志和军管会驻在崇文门内的德国饭店。在开始外事处工作以前，叶剑英同志让徐冰同志连续几个夜晚来翠明庄给我们介绍情况，研究接管和组建北平外事处问题。

2月中旬的一天，叶剑英同志召集柯柏年、王荫圃和我到东交民巷日本原驻华使馆旧址的圆顶大厅，在那里，我们见到了国民党驻北平的外交特派员和外事处长。互通姓名后，叶剑英责令他们移交工作，由我们接管北平外事处工作。此后，我们就在东交民巷国民党驻北平特派员公署的旧址开始工作，不久又移到日本原驻华使馆旧址。当时，叶剑英同志抓外事工作。他住在六国饭店，让柯柏年、王荫圃和我同他住在一起。我们每晚集中情况研究问题（北京市公安局外侨科科长朱凤熙同志每晚必来参加汇报），然后向叶剑英、王炳南同志做书面汇报。

在此期间，为了研究情况、掌握政策，党中央和叶剑英同志还一度请王稼祥同志听取我们汇报，指导我们的工作。同时还让范长江同志来六国饭店向我们介绍情况，研究工作中的问题。

北平是半封建半殖民地旧中国的故都，帝国主义势力根深蒂固。在使领馆、文化机构、宗教团体、外商、外侨、外资企业中，均有涉外问题，情况错综复杂。因此正如党中央和周恩来同志所指示的那样，要分清先后缓急，遵照中央指示，逐步加以处理。记得那时毛泽东同志对新中国外交工作曾有过形象化的比喻，说我们要"打扫干净屋子再请客"。要善于打扫屋子，就必须深入调查研究，了解情况，然后才能向中央请示汇报。那时我们不声不响地通知外国记者限期离境，就是经过这样的工作过程的。当时柯柏年同志领导一个班子，通过各种渠道日夜操劳从事调研，为处理外事、执行政策，打下了良好的基础。

七届二中全会后，党中央由西柏坡迁来北平。1949年4月间由香山移入中南海。周恩来同志时刻关注着外事工作。当时发生过这样一件事情，使我终生难忘，永远铭记着周恩来同志的教导。

1949年5月初，周恩来同志在中南海召集了一次具有历史意义的外事会议。那是初夏的一个傍晚，我们和王炳南同志一起驱车从新华门进入中南海。第一次进入党中央所在地，兴奋的心情可想而知。总理日理万机，会议进行中还忙着接长途电话，处理一些紧急案件。他向与会同志提出不少问题，认真听取大家的发言，最后才表达结论性意见，阐释党的政策和策略。会议一直开到天明。警卫员给总理送来点米粥，总理继续爽朗地谈下去。言传身教，使人铭记难忘。散会前，周恩来同志宣布了对各地外事处负责人的任命，章汉夫同志到上海，黄华同志到南京，我到武汉，曹若茗同志到广州（在广州解放前先到武汉外事处）。当时章文晋同志已在天津。这是宁、沪、汉解放前夕，周恩来同志对各地外事处的部署。参加这次会议的还有柯柏年、王荫圃等同志。

1949年5月11日，我们在何伟同志（武汉军管会秘书长）带领下，由天津出发，经开封前往武汉。在开封时，邓子恢、李雪峰等同志会见了我们。我们了解到，当时中原局（即后来中南局）遵照党中央指示，对武汉外事工作曾有过研究，有所准备。5月17日武汉解放，21日我们入城后就着手组建外事处工作，由中南局赵毅敏同志领导。后来，杜润生同志曾对武汉地区外事工作加以规划和指导。这都充分说明中南局领导对外事工作的重视。

是年秋，广州解放前夕，叶剑英同志途经武汉前往广州时，约我们在德明饭店共进早餐，亲切地询问了武汉外事工作，并让曹若茗同志等同行，准备筹建广州外事处。

关于斯大林曾否劝阻我军过长江的探讨

余 湛 张光祐

1949年1月30日，在中国人民解放军发起的辽沈、淮海、平津三大战役大获全胜之际，苏共中央政治局委员米高扬秘密来到我党中央临时驻地——河北省平山县西柏坡，同毛泽东、刘少奇、周恩来、朱德、任弼时等五位党中央负责同志进行会谈，直到2月8日才离开西柏坡回国。当时担任翻译的是师哲同志，在生活上照顾米高扬的是毛主席的长子毛岸英同志。

许久以来，我们党内有一个传说，在中国人民解放战争胜利在望的时候，米高扬来到西柏坡，转达斯大林的口信，劝我军不要打过长江，同国民党划江而治，搞南北朝。对此传说，有的同志持不同意见，有的同志半信半疑。"搞南北朝"是有的同志根据中国历史典故对"不要打过长江"这句话的推断。但米高扬究竟是否转达过斯大林的口信则是一个值得探讨的问题。我们查阅了有关档案资料和中外著作，访问了一些老同志。迄今为止，我们没有找到能够证明米高扬转达过斯大林上述口信的根据，倒是发现不少材料证明米高扬没有转达这样的口信。

第一，米高扬是"带着耳朵来的"。1948年11月，毛主席曾提出要去莫斯科同斯大林商谈我党建国方针，争取新中国成立时立即得到苏联承认，并讨论苏联给我国援助的问题。由于当时淮海战役、平津战役正在紧张进行，1949年元旦蒋介石又发表求和声明，苏联政府于1月8日收到国民党政府备忘录，请求苏联政府担当中国内战的调停人。斯大林认为，这时毛主席访苏，在军事上有碍对全军的指挥，在政治上对双方也不利，因而提议由他派一位能代表他的政治局委员到中国来听取毛主席的意见。毛主席表示欢迎，于是斯大林便派米高扬来华。由此看来，米高扬这次来访的任务就是听取我们的意见，不是转达斯大林的口信。

据当时参加会谈、现在唯一健在的师哲同志回忆，米高扬一来就声明，他是"带着耳朵来的"，我党的意见，他将如实转告苏共，由斯大林亲自作答。师哲同志还说："斯大林派米高扬来是了解中国革命形势、听取我党建国方针的，没有叫他转达口信。在这样重大的问题上，他不可能说这样的话。"吴冷西同志也说，1956年苏共二十大以后，毛主席多次召开政治局会议，讨论当时局势和我党对策。他列席会议时，曾听毛主席说过，那次米高扬是带着耳朵来的，是来了解我们面临的形势和联合政府将要执行的内外政策的。这恰好印证了师哲同志的回忆是可信的。当然，米高扬在听取意见时也会问一些问题，从发问中也会流露出他的一些看法。有的同志说他像个探子，处处想试探我们。首先试探过蒙古问题，还问过我们为什么要成立青年团、学生会、青年联合会等那么多的青年组织？毛主席当即顶了他一句："你知道我们中国有多少万万青年！"据说以后他也没敢多问了。所以，像过长江这样重大的问题，他擅自提出反对意见，是难以想象的。

第二，斯大林承认他在中国革命问题上是犯了错误、碰过钉子的。1945年，由于过低估计中国人民的力量，过高估计当时垄断着原子武器的美帝国主义及国民党的力量，斯大林居然在美、蒋一面大搞和谈阴谋，一面争取时间运送军队，企图扑灭中国革命之时，恪守雅尔塔秘密协定、1945年《中苏友好同盟条约》及其他协议，干涉中国内政，支持美、蒋和谈，要毛主席亲入虎穴，赴重庆和蒋介石谈判，达成协议，交出军队。他还以苏共中央局的名义吓唬我们，要我们同国民党取得和平，不要打内战，不然中华民族就有毁灭的危险。毛主席和党中央经过认真的分析和周密的安排，冒着极大的风险，到了重庆，经过艰苦谈判，做了必要的但不损害人民根本利益的让步，签订了《双十协定》，夺得了和平的旗帜。但我党决不听从斯大林不准革命的意见，对蒋介石是针锋相对、寸土必争，狠狠地回击了蒋介石背信弃义的进攻，并公开发表蔑视美、蒋的谈话，指出，"帝国主义和一切反动派都是纸老虎""原子弹也是纸老虎"。正是我党对美、蒋力量的辩证认识和革命胆略，树立了我们夺取中国革命胜利的坚强信心和决心。到1949年初，实践证明，我党的判断完全正确，中华民族并没被毁灭，而人民解放战争却取得了决定性的胜利。这使斯大林在碰了个大钉子之后，也已觉察到自己对中国革命形势的估计错了，态度也较谨慎了。在这种情况下，很难想象斯大林还要劝阻我军渡江作战。

据南共总书记铁托的主要助手卡德尔回忆，1948年2月10日，斯大林召集保共季米特洛夫和南共卡德尔等在莫斯科举行三党会议，讨论巴尔干联盟和希腊革命问题。在会谈中，斯大林在严厉批评了保共和南共支持希腊起义之后，坦率地承认自己在中国革命问题上犯了错误。他说："战后，我不相信中国共产党人能取胜。我那时认为美国人将会全力以赴地扑灭中国的起义。我曾劝说毛泽东，最好是与蒋介石和解，与蒋介石建立某种联合政府……但以后毛泽东开始发动了一场大攻势，最后取得了胜利。你们看，我也会犯错误。"[①] 参加那次会议的南共代表在《同斯大林谈话》第139页、德迪耶尔在《苏南冲突的经历》第98页都对此做了文字略异、内容相同的记载。既然斯大林在1948年初就已认识到他劝我党同国民党和解犯了错误，哪能在1949年年初新民主主义革命胜利在望的时候，再劝我党同蒋介石和谈，再碰一个钉子呢？

第三，米高扬来华之前早已知道我党是要把革命进行到底的。在米高扬来华的一个月之前，毛主席就发表了题为《将革命进行到底》的元旦献词。以后我党又陆续发表了《评战犯求和》《中共中央毛泽东主席关于时局

[①] 卡德尔：《卡德尔回忆录》，新华出版社，1981，第130页。

的声明》《中共发言人评南京行政院的决议》《中共发言人关于命令国民党反动政府重新逮捕前日本侵略军总司令冈村宁次和国民党内战罪犯的谈话》等文章，内部也向苏联做了通报。在这种情况下，斯大林即使有担心美国干涉之意，也难于开口再谈同国民党言和的建议和劝告了。

第四，斯大林拒绝调解国共内战表明他是尊重我党意见的。1949年1月10日，斯大林曾把国民党政府请求苏联担当国共内战调停人的备忘录转告了毛主席，并提出了他们的复文，征求我们的意见。同时说，如果不同意他们的答复，就请我们代他们拟个更妥善的复文。由此可见，这时的斯大林，正如师哲同志所说，在中国革命问题上，自战后犯了错误之后，确实谨慎多了。

斯大林草拟的复文说："苏联政府向来主张中国国内停战，并且建立和平，但是在未表明是否同意调解之前，苏联政府希望知道，对方，即中共是否同意苏联承当调停。"斯大林还说："如果征询你们的意见，大致可以如此答复：'中共向来赞成中国国内和平，但中国的内战不是中共开始（挑起）的，而是南京政府开始的，它应当承担战争后果的责任。中国共产党人赞成与国民党谈判，但是不要那些挑起中国内战的战犯们参加。中共主张直接与国民党谈判，而不要任何外国的调解者，中共特别认为这样的外国调解是不可能的，即它们自己以其武装力量与海军参加中国内战而反对中国人民解放军，因为这样的国家对于清除中国的战争不能被认为是中立的和客观的。'"从这些文件的字里行间可以看出，斯大林可能对美国的干涉还是有些担忧，内心仍有赞成国共和谈之意，甚至愿意充当调解角色，但不便出口。

国民党请求国际调解正同它的其他和平倡议一样，是争取喘息时间，以便卷土重来、扑灭革命的阴谋。为了防止出现意外的麻烦，毛主席于1月11日迅速给斯大林做了答复："我们认为苏联政府对南京政府要求苏联调停中国内战的照会应做如下之答复，苏联政府自来是，现在仍然愿意看见一个和平的、民主的和统一的中国，但是用何种方法达到中国的和平、民主与统一，这是中国人民自己的事，苏联政府根据不干涉他国内政的原则，未便参加中国内战双方之间的调和工作。"毛主席还告诉斯大林，我们倾向于要南京无条件投降，并充分揭露敌人的阴谋，阐明我国革命已胜利在握，不必再用迂回战术，推迟取胜时间。同日，斯大林即向毛主席解释，他们建议的用意是"破坏和谈"（斯大林以为，"没有外国的调解，特别是没有美国的调解""没有蒋介石及其他战犯参加"，国民党是不会进行和谈的），并同意按我们草拟的复文答复南京政府。就在那几天里，美国人已在向我党试探，没有43名战犯参加，我们谈不谈？美国自己也在1月12日答复南京政府，他们参加调解是无效的。所以，苏联提出的条件，已不能揭穿和制止敌人的和谈阴谋。1月14日，毛主席发表《关于时局的声明》，提出愿在八项条件的基础之上同国民党反动政府及其他国民党地方政府和军事集团进行谈判。这一声明实际上是要国民党投降，并在米高扬到西柏坡之前已被国民党政府代总统李宗仁所接受。所以，米高扬来西柏坡时在国共和谈问题上，已经没有什么可说的了。

第五，毛主席等中央领导人从未谈过这个传说。1958年夏天，毛主席同苏联驻华大使尤金做了一次长谈，以和盘托出之势倾诉了对斯大林在中国革命问题上所犯的许多令人痛心的错误，其中说到在中国革命的最紧要关头，不准中国革命，反对中国革命，犯了同季诺维也夫一样的大错误。毛主席这里所说的大错误，当然是指1945年斯大林要我党同蒋介石和解、成立联合政府、交出军队的错误。在这次谈话中，毛主席也谈到了对米高扬的不满，说他那次来西柏坡好神气，摆架子，像老子对待儿子。但这次谈话自始至终都没有提到1949年米高扬转达斯大林劝我军不要过长江的事。

1960年周恩来总理曾经在中央召开的北戴河会议上做了关于中苏关系的长篇报告。报告从列宁时期一直讲到赫鲁晓夫时期，也讲到斯大林1945

年不许我们革命和米高扬访问西柏坡的事,但也没有讲过米高扬那次来转达过斯大林劝我军不要过长江的口信。

总之,根据现有的材料和所了解的情况,我们认为,1949年年初,中国革命已经胜利在望,党中央早在1947年就发出了"打过长江去,解放全中国"的号召,1948年"五一"节口号中又提出"打到南京去,活捉蒋介石",1949年1月14日更提出了和谈的八项条件,敦促国民党政府和军队无条件投降。在这种形势下,斯大林不会也不可能让米高扬转达要我军不要过长江、同国民党划江而治的口信。

英舰"紫石英"号事件

康矛召

一、炮击英舰

1949年4月初,中国人民解放军第二野战军和第三野战军在以邓小平同志为书记的总前委统一指挥下,沿西起鄱阳湖口东至江阴要塞的千里长江北岸,积极准备渡江作战。

4月20日晨,炮三团团长李安邦同我(我当时任团政委)前往扬州八兵团司令部参加渡江作战的会议。约9时,从三江营方向传来一阵急促的炮声。稍后,炮三团用电话报称:有一艘英国军舰不顾下游我军鸣炮警告,强行溯江驶过我三江营左翼的炮位。我军向英舰开火,英舰也向我阵地还击,双方展开了猛烈的炮战。英舰中弹30余发,悬出了白旗驶向南岸,停靠在我阵地西南约7000米处。

下午1时30分,三江营方向又传来了炮声。另一艘英舰从上游顺流疾驶增援受伤的英舰,同我炮兵展开了激烈的交火,英舰连续中弹五发后,全速下驶脱离我火网,然后又掉转舰头沿北岸上驶,利用我野炮阵地的死角,击毁七连野炮两门。该舰继续上驶时遭到我军一连榴弹炮的迎头痛击。英舰又连中数弹,被迫回头下驶。

这时,南京政府已经公开拒绝了国内和平协定。人民解放军决定于4月21日强渡长江。我们赶回三江营后,看到英舰船舷髹有英国国旗,编号

F116，舰名看不清，但指挥台、尾炮塔及船身多处中弹的裂口斑斑可见。英舰泊近南岸，估计是在指挥台中弹后航向失控而搁浅。

傍晚，外电报道了在长江肇事的英舰是"紫石英"号（Amethyst）和"伴侣"号（Consort）。紧靠国民党炮兵阵地的"紫石英"号，这时已降下了白旗。该舰的位置严重妨碍我步兵的渡江和登岸。因此，二十军指挥员要求炮兵迫使该舰移走。七连向"紫石英"号发炮后，舰上升起了爆炸的浓烟。当时江水也受到晚潮的影响，"紫石英"号被浮起缓缓移动，然后消失在薄霭飘逸的水天之际。

英国远东舰队获悉"紫石英"号和"伴侣"号在长江内先后受伤的报告后，副总司令梅登海军中将立即乘坐旗舰"伦敦"号（London），并率驱逐舰"黑天鹅"号（Blackswan）全速驰援。4月21日晨，英国舰队驶过了江阴，继续向中国人民解放军控制的江面前进。英舰密切窥察我军阵地，舰上的巨炮一齐指向北岸。

早在北岸待命的特纵炮一团向英国舰队鸣炮示警。英舰自恃船坚炮利，不仅置我军警告于不顾，而且向我军猛烈轰击。于是我军沿江炮兵齐向英舰开火，霎时间英国舰队纷纷中弹，"伦敦"号带着累累的弹孔和伤痕溃驶上海。

在上海出版的《字林西报》根据英国海军当局的情报，初步报道了英国海军的伤亡："紫石英"号死亡17人，重伤20人，60人泅水登岸；"伴侣"号带回死者10人，伤者12人，前炮2门被击毁；"伦敦"号已将死者15人和伤者13人载抵上海；"黑天鹅"号7人负伤。

二、声震英伦

4月20日和21日，在中国人民解放军南渡长江之际，四艘英国军舰竟连续同待命渡江的中国人民解放军爆发了猛烈的战斗。这种难以想象竟突然出现的武装冲突，引起了世界舆论的高度关注并成为当时国际新闻报道和政治评论的焦点。在英国，"英舰长江事件"更引起了公众对政府的强烈批评和质问，反对党和执政党更是唇枪舌剑，争论不休。

英国官方对"英舰长江事件"的反应是很复杂的。最初只是公布了"紫石英"号被"敌对"的炮火击伤，甚至连炮弹来自长江的哪一边也未指明。4月21日，英国驻南京大使否认他已向北平中共当局提出抗议，只说"沿江部队未接获所期望的命令以停止对这些英舰的炮击"。

5月5日，英国国会议员、海军中将泰勒，在下院辩论"英舰长江事件"的一段讲话中说："你不能走到那些已经摆脱腐朽和帝国主义枷锁而正在奋勇前进的人们面前说：'……我们将派遣一个使者与你们建立联系，他将会通知你，我们要你们做什么。'"

英国下院关于"英舰长江事件"的辩论非常激烈。很多有影响的议员对4月26日首相艾德礼所谓"英国军舰有合法权利开进长江执行和平使命"的声明进行了反驳；对丘吉尔要英国政府"派一两艘航空母舰到中国海上去……实行报复"的狂言，以及国防大臣亚历山大关于英舰留在南京有利于供应、无线电通信及护侨等的诡辩，展开了争辩。

反对党领袖麦克米伦指出，英国军舰在中国内河航行的权利已为1943年的条约所废除；至于说得到了南京"国民政府"的同意，那个即将放弃南京且随即迁往广州的政府曾经警告说，"往后实行那项承诺是有困难的"。

议员们批评政府不该把军舰留在长江。罗伯兹议员指出，英政府在几个月前"曾经送给国民党好些军舰，这些军舰无疑地要被用于内战"。他追溯历史背景说，"一百多年来，英国军舰常常卷入中国事件中，在中国的领水内向中国人开战，到处激起中国人的愤恨"。因此罗伯兹认为，"在强渡长江的巨大军事行动之前几小时，政府批准两艘军舰在长江内上行下驶"，"这显然容易激起待命渡江的共军的愤怒"。

一些议员驳斥派遣航空母舰到中国海上去为无稽之谈。维也特议员说，

"空中掩护也是荒谬的",这种办法今天已行不通了。"过去由于中国缺乏团结,而我们又有武器上的优势,所以一艘炮舰就能在不小的地区内把中国人吓得手足无措了。但现在可不能再这样做了"。

麦克米伦概括地说,现在看来,"炮舰"观念似乎是太过时了。

盖莱奇议员对英国报刊电台把"英舰长江事件"归咎于共产党的炮手表示异议,他向国会提出质问说:"假若一艘亲希特勒的国家的战舰,在预定进攻日那一天(指盟军登陆日)驶入英吉利海峡,我们难道不应该把它打得粉碎吗?"

下院的那次辩论远远超出了"英舰长江事件"范围而广泛地涉及英国的对华政策。由于议员党派背景的不同,观点的分歧是不可避免的。然而对英舰当时并无必要冒介入中国内战之险而沿长江航行的问题,多数的意见是批评政府缺乏远见。

三、百日谈判

"英舰长江事件"发生后,英国驻南京大使于4月23日首先派三等秘书尤德来浦口,试图同我军接触洽商救助"紫石英"号事宜。由于浦口不是我军主攻方向,没有最高指挥机关,尤德未能找到我方有权受理此事的人员。

我方也正在进一步调查"英舰长江事件"。4月24日,中央军委指出,"英舰长江事件"已震动世界,指令有关部队迅速查明"紫石英"号现状(当时只有该舰还留在长江),并报告各部队与英舰作战的详情。炮三团奉命南渡,准备参与研处有关"紫石英"号问题。

4月30日,中国人民解放军总部发言人李涛将军发表声明,斥责了丘吉尔要求英国政府派航空母舰去远东"实行武力报复"的狂言,驳斥了艾德礼首相所谓人民解放军"准备让英舰'紫石英'号开往南京",并要该舰

"协助解放军渡江"的谎言。李涛将军申明，中国人民解放军有理由要求英国政府承认错误，并道歉和赔偿。中国人民革命军事委员会及人民政府保护从事正常业务的在华外国侨民，并愿意考虑与各国在平等互利和互相尊重领土主权的独立和完整的基础上建立外交关系，首先是不能帮助国民党反动派。

对"英舰长江事件"，我们既已向世界表明了严正立场，就没有必要再去做文章。总前委得到中央领导的同意，认为由冲突的当事双方就地解决为好。于是，5月18日我受命以中国人民解放军华东野战军炮兵第三团政委的身份致函"紫石英"号舰长克仁斯少校，"中国人民解放军镇江前线司令部对于英国海军军舰于4月20日侵犯中国人民解放军阵地之暴行及其所应负的责任，决定经由谈判解决"，并告，我已受镇江前线司令部指派为代表，要求对方指派相应代表举行谈判。

5月13日，克仁斯向我军镇江前线司令部袁仲贤将军转交英国远东舰队总司令布朗特的一封信。信的主要内容是：

1. "紫石英偶然事件"的讨论已由英国大使在南京开始，此属高级外交范围之事，布朗特无权决定在"紫石英"号舰长与中国人民解放军之间做关于4月20日不幸事件责任问题的任何讨论。

2. 不予"紫石英"号安全航行的唯一理由可能是它的移动影响到军事行动或者可能使舰艇陷于危险。出于任何其他理由的扣留当然会产生最严重的国际后果。"紫石英"号向下游航行的事，最好由有关海陆军司令官来解决。

3. 布朗特请求准许"紫石英"号安全通过所有为中国人民解放军所控制的地方向下驶。

4. 布朗特授权克仁斯少校解释此函中任何需要解释之点并安排该舰之安全航行。

对此，袁仲贤将军指出："英国军舰侵犯中国内河及闯入中国人民解放军阵地的行为,是中国人民所不能原谅的。在英舰未履行其应负的责任之前,我不准备讨论其安全驶离的问题。关于英舰应履行的责任问题可与我的代表康矛召上校谈。"

这时,我向克仁斯递交了一份备忘录。该备忘录列举了"紫石英"号及其他肇事英舰曾武装侵犯中国内河及中国人民解放军阵地,造成解放军伤亡252人,及解放区人民之巨大损失,要求英国舰队之代表履行下述责任:

1. 承认英国军舰的上述行为是错误的,并向中国人民解放军道歉;

2. 赔偿中国人民解放军及肇事地点人民所受之损失;

3. 我方准备在英方履行上述之责任后,即与英方讨论肇事英舰及其人员移出长江之办法;

4. 本备忘录所列各项,请即转报英国远东舰队总司令。

这场谈判的中心问题,是要英方承认侵犯中国内河及解放军阵地,并向我军道歉。但英方始终回避这个要害问题,并以种种借口推脱责任。布朗特说,"紫石英"号是被派往接替在南京的"伴侣"号的,该舰行驶时间,是中国人民解放军与国民党军队业已同意互相停止射击之时期以内;又说,从无任何英舰在遭射击之前开炮者。在他所述的此种情形下,英国诸舰对此事件是没有责任的。

5月31日,我约见克仁斯少校,对英方多次给我方的备忘录作出答复。我重申,在英舰未履行其责任之前,袁将军不拟讨论英舰撤离长江的问题。我责问克仁斯,布朗特上将两次函电中提到的所谓"国际上的严重后果"和"最不幸的纠纷"做何解释?我正告他,中国人民经历了多年的艰苦作战,赢得了胜利,中国人民是有力量而不为任何威胁所屈服的。

克仁斯否认有威胁之意,并转而解释英国当局并不想逃避责任。他说,布朗特上将认为,无论4月20日长江上"紫石英"号事件经过情形的最终决定如何,都对此事件竟造成中国军民及英国水手之伤亡,深感遗憾。

每当谈到英舰的错误及应履行认错、道歉和赔偿的责任时,克仁斯便推脱他无权讨论责任问题,反而指责我拒绝讨论"紫石英"舰安全驶离问题。我再次明确表示,在英舰承认其错误的条件下,允予讨论其驶离问题;并指出,我受命为镇江前线司令的代表已将近一月,而布朗特上将迄今还未指派他的代表,这从何表示他的诚意呢?我希望他尽早派出代表开始正式谈判。英国远东舰队始终不肯派出正式谈判代表,以躲闪对英国诸舰责任的谈判,而只想由"紫石英"号舰长克仁斯少校同我们讨论该舰安全驶离长江的问题。

作为海军大国,英国的远东舰队长期在中国横行无忌。在这次"英舰长江事件"中,英国处境狼狈,但要它向我方道歉、赔偿也不是轻而易举的事。我们当时正处于乘胜南进、解放全国之际,有很多大事要料理,并不想在这种主要表现为军事性的谈判中长期僵持。根据总前委的分析和中央军委的指示,袁仲贤将军奉命作出让步,但坚持英方必须认错。

袁仲贤将军郑重表示,如果布朗特海军上将派出之代表确能尊重事实,承认英舰未得人民解放军许可而闯入我战区及内河的基本错误,则我方也可以考虑在英方代表以适当方式承认肇事英舰基本错误之后,将放行"紫石英"号与今后继续谈判道歉、赔偿问题分开解决。袁将军又表示,如布朗特海军上将同意此方案,双方即可研究在交换一项正式信件后,放行"紫石英"号。换文内容包括:英方承认基本错误;我方允许"紫石英"号驶离;其他问题留待以后去谈。

布朗特海军上将致袁仲贤司令备忘录称,欢迎袁将军之提议,并希望由此达成双方同意互表遗憾和迅速放行"紫石英"号之协议基础。我对此表示,我方没有什么要向英方表示遗憾之处。后来克仁斯送来布朗特致袁将军亲收函:正式请求允许"紫石英"号安全下驶;承认英国皇家军舰"紫石英"号未获中国人民解放军指挥当局之同意而进入中国人民解放军之前线地带;对所致双方之伤亡,深信阁下将分感本人之深切遗憾;本照会不妨碍双方上级当局以后之继续谈判云云。

过了半个多月，克仁斯又转来布朗特致袁仲贤将军的电函，并称该函是坚定不移的最后文件。该函删掉了他前函所称"分感遗憾"的第三点，对第二点在"承认英国皇家军舰'紫石英'号未获中国人民解放军同意而进入其前线地带"之后，加上了"以致引起误会"。其他内容未变。

我表明袁仲贤将军不满意该函，必须要由得到授权的双方代表磋商修改，在达成的协议上签字，授权书要由布朗特海军上将签字。

克仁斯竟称，海军上将签名的授权书无法获得，他也不拟再修改其电文。又说此种换文不能具有法律效力。

7月13日，袁仲贤将军再致备忘录敦促布朗特正式授予英方代表以举行谈判及签署协议之权，并附寄我方代表证书副本，要求具有同等身份之英方代表速来磋谈。如英方不及时授权谈判，以致本案继续拖延，则责任在于英方。

7月14日，布朗特致袁仲贤将军的电文称，他正指示董纳逊海军上校代他签发授权书，他想用克仁斯少校在两位将军间直接转送电报。

我对布朗特电文，向克仁斯提出了几点疑问：布朗特所称将由克仁斯直接传递两将军间往来信件，是否系不要谈判代表之谓？所谓"紫石英"号的进入致生误会，是否指因我方之误会而引起此案？所谓调查是否也要调查英舰在侵犯中所受的损失？

克仁斯说，引起"误会"是说"我们方面的"（注指英方）；"双方面的"调查纯粹是说这案件的全部，即提出来的全部问题。但他回避了是否不要谈判代表的问题。

我表示，对上述这些问题，为免将来发生误解和曲解，必须通过有充分权力之代表获致协议，因此请即将我方意见报告布朗特。

7月27日，布朗特致袁仲贤将军的备忘录承认英国皇家军舰"紫石英"号1949年4月20日出现于长江之中，虽曾获得当时在南京依法成立之政府的许可，仍致引起误会。他不承认中国人民解放军有扣留"紫石英"

号之任何权利。他不接受以现有之讨论作为1949年4月20日及21日事件是非曲直之探究。布朗特提出了一个附件,作为可由双方签署的换文稿,如袁将军同意则将授权克仁斯代为签署。文稿内容是:

1. 英方要求准许皇家军舰"紫石英"号安全下驶长江出海。

2. 英方认为皇家军舰"紫石英"号未得中国人民解放军同意,于1949年4月20日进入前线地带为招致误会之基本因素。皇家军舰"伦敦"号、"伴侣"号及"黑天鹅"号亦均未得中国人民解放军之同意而进入前线地带。

3. 双方上级当局今后要求进行任何调查或谈判,英国方面皆不反对。本人同意,如任何一方要求进行此项讨论时,均可包括"英舰长江事件"之任何问题。在此事件中皇家军舰"紫石英"号、"伦敦"号、"伴侣"号及"黑天鹅"号曾牵涉在内。

布朗特还提出,如不能基于此电达成协议,则他愿乘一艘驱逐舰上溯长江前来,还请袁将军设法允许他派一架飞机将他的授权书送往南京。

布朗特这封伪装寻求继续谈判的信,只是用作掩护"紫石英"号潜逃的一个烟幕。我们虽然不会同意布朗特乘坐一艘驱逐舰前来镇江,然而,允许一架飞机将布朗特的授权书送往南京则不是不可以考虑的。我于7月29日奉召前往南京商讨对策,7月30日就接到镇江电话报告:"紫石英"号已于30日晚9时,离开现泊处向下游逃逸。

在此之前,我最高当局鉴于英方并无谈判的诚意,而在此案中,我方在政治、军事上都处在主动地位,国际舆论也对我方有利,英方虽狡赖拖延无已,我方不必与之长期纠缠,如"紫石英"号逃走,我沿江部队可不予拦截,而在事后发表声明予以谴责。这一命令只限沿江各高级指挥员知悉。"紫石英"号从南京获得英国海军所贮油料60吨的补充,证明我方原本曾任其驶离,如无该项油料,"紫石英"号是驶不出长江的。

后来,我们获悉英国派遣驱逐舰在长江口活动,有伺机潜入长江劫走"紫石英"号或配合"紫石英"号逃走之势,我们不能在英方的武力威胁下让"紫石英"号逃走。最高指挥部重申如英国舰队溯江接应"紫石英"舰，或"紫石英"舰擅自逃走，定予坚决打击。该项命令又要求各部队在打击"紫石英"舰时，"也不要以击沉为目的"，"如英舰受伤停驶，我方即可停火，命其驶回原停泊处，以便继续谈判"。我当时已不指挥炮兵，但从我的作战经验判断，要在射击技术上重伤而避免击沉一艘军舰是难以保证的。

7月30日晚9时，"紫石英"号趁"江陵解放"号客轮经过该舰下驶之际，尾随潜逃。我监视哨立即通知我驻大港炮兵。9时50分，我大港炮兵向"紫石英"号发炮警告，英舰亦向我射击，双方发生激烈炮战。"紫石英"号在双方弹雨纷飞中赶上"江陵解放"号并强傍该轮左侧驶行，使这艘客轮及其所载的数百名乘客顿时陷入了弹火交织之中。"江陵解放"号不幸被炮火误中起火下沉，乘客伤亡惨重。

"紫石英"号导致了"江陵解放"号的惨祸后继续东逃，我沿江步兵也用战车防御炮投入了战斗。"紫石英"号多处中弹，轮机发生故障，在天生港停驶修理，然后又继续下驶。当时，台风使江水猛涨，江阴沿江的炮位被迫移往高地，"紫石英"舰停机熄灯顺流偷越江阴后仓皇东逃，又在黎明前撞沉我渡船一艘。该舰利用水涨之机，避开吴淞口航道，从崇明岛北口逃出了长江。

四、往事回顾

1949年4月20日至7月30日历时102天的"英舰长江事件"，除了四次武装冲突外，还进行了十几次谈判。英国认为那不是一场战争，而只是一个偶然事件。37年来，中英双方谁也没有再提此事。

我们应该怎样回顾37年前的那一次不幸往事？英国为什么在我军渡江之际派出军舰闯入我军控制的长江水面？英国在南京即将解放之际保持一艘军舰，究竟出于何种考虑？"英舰长江事件"果真是事出偶然吗？百日谈判，功亏一篑，原因安在？我作为曾参与作战和谈判的当事人，有义务提供史实，作出对历史负责的分析。

这里需要提到1948年11月初发起的淮海战役。国民党江北部队被解放军分割包围，有全军覆灭之势。南京文武官员惊慌失措，人心浮动。美、英、法、加政府先后派遣军舰驻泊南京，名曰"护侨"，实有对面临倾覆的南京政府表示扶持的姿态。1949年1月，淮海战役以国民党精锐50余万被歼而胜利结束。美、法、加驻在南京的军舰相继驶离，只有英国始终保持一艘小型军舰并不定期地予以轮换。1949年4月20日，英舰"紫石英"号驶往南京，虽曾得到南京有关当局的同意，但英国政府不会不注意到中国内战局势的急剧发展。任何明智的外交家从显而易见的政治利害考虑，理应制止这样的冒险行动，但不幸的是英国远东舰队当局却设计出不顾后果的方案。我认为，这只能是出于当时英国有关当局强烈的所谓大英帝国的虚荣心和自傲感；也还有某些人因袭旧的观念，竟仍把早该摒弃的恶习引为骄傲。一个怀有旧殖民思想的英国海军上校写的一本有关"英舰长江事件"的书中，居然标榜已被废弃的《江宁条约》，声称英国船舰在中国内河有自由航行的权利。

英国的外交和军事人员对即将开始的解放南京之役也可能缺乏正确的预见。有些军事家可能估计战斗需耗时日，而陷于重围的这座城畔却有一艘飘着英国旗帜的军舰，这似乎颇能满足某些仍想因袭殖民传统之辈的虚荣心和自豪感。而这种不切实际的精神状态很容易导致政治失误，以致发生了英国舰队在长江内同解放军之间的三次交火。

"英舰长江事件"发生的时机出人意料，因而招致人们对英舰此举是否与国民党有勾结的猜疑。英舰溯江上驶是得到南京当局同意的，然而在发生军事冲突时，江上并无其他船只，并未发生国民党军舰参与之事。

从有关这一事件的历史发展过程来看，应该认为这是一个偶然事件。

"英舰长江事件"是新中国诞生前夕中英间的重大外交事件，谈判虽以诸多原因而无结果，但对英方认识其新的对手，了解我方政策方针，似乎仍颇有影响。

"不打不相识"，不谈也不相识。"英舰长江事件"虽然是不幸的，但它毕竟已成为历史事件，而这个历史事件可能促使英方对"炮舰观念"的幻灭并孕育着中英平等友好关系的新芽。

南京解放初期我同司徒雷登的几次接触

黄 华

我是1932年到1936年在北京燕京大学上学时认识司徒雷登的。司徒雷登，1876年生于一个在中国传教的美国人家庭；1904年又被美国教会派到中国传教；1919年到北京创办燕京大学，长期担任校务长。司徒雷登在中国有相当广泛的社会联系，在太平洋战争爆发后进过日本人的集中营，平素表示爱美国也爱中国，颇能迷惑某些中国人，因此被马歇尔看中，在"调解国共军事冲突"工作已面临失败之际，推荐他于1946年7月11日出任美国驻国民党南京政府的最后一任大使。他出任大使以后，尽管也多次劝说蒋介石停止内战，但他的着眼点是耍政治花招拉拢民主个人主义者，愚弄群众，孤立并消灭共产党，维护和巩固国民党的统治。一旦政治花招失灵，他又积极为蒋介石寻求经济军事援助，支持国民党蒋介石破坏停火协议和政治协议，进行反人民的内战，忠实地执行杜鲁门政府的"美国出钱出枪，蒋介石出人，替美国打仗杀中国人，借以变中国为美国殖民地的战争"政策[①]。但是，蒋介石集团腐败无能，美国扶蒋反共政策不得人心。至1948年9月，辽沈战役开始。随着战事推进，东北局势危急，司徒雷登频电美国国务院要求援蒋。这时眼看国民党大势已去，马歇尔不愿美国承担义务，更深卷入中国内战，故未同意他的要求。1949年1月，平津战役和淮海战役相继结束，国民党主力被歼，解放军兵临长江，南京指日可下。

---

① 《毛泽东选集》（第四卷），人民出版社，1960，第1495页。

司徒雷登还建议"换马"，迫蒋介石下野，游说国民党地方实力派拥戴李宗仁任代总统，并请求美国政府积极支持李宗仁政府，企图同我党划江而治，搞南北朝。这时，马歇尔因病辞职，艾奇逊继任国务卿，司徒雷登更主张与新中国建立政治经济关系，对中国施加影响，促使中国与苏联分手。至我军即将横渡长江、解放南京前夕，司徒雷登还一厢情愿地想利用他既是美国官方代表，又是中国"友好人士"的身份，通过他与一些民主人士的朋友关系和燕京大学的师生关系，影响新中国的政策，维护美国的在华利益。他于1949年3月10日致电美国国务院请求留在南京，同我党接触，以"建立新的关系"。艾奇逊于4月6日复电授权他与我党领导人进行会谈，要他不要把话说绝，注意保密，免得走漏风声，引起国会反对派的反对。因而在国民党政府要求外国使馆随同它南迁广州时，司徒雷登却留在南京不走。4月21日我军横渡长江，23日南京解放。当时除苏联大使带了使馆部分馆员随同国民党政府去了广州外，多数国家的使节仍留在南京。

这时，我正在天津外事处工作。1949年4月，中国新民主主义青年团建立，任弼时同志要我到团中央工作，调我来北京开会。周恩来同志见到了我，他说，司徒雷登和许多国家的使节留在南京未走，你去南京外事处工作吧；除负责接管国民党政府外交部和处理有关对外事务外，你可以同司徒雷登进行私人接触。我表示服从组织分配，并说明了弼时同志要我到团中央工作的情况。经恩来同志与弼时同志商量后，令我立即参加南下工作队赶往南京。我随南下工作队于4月中旬由北京乘火车出发。我在天津东站下车，利用停车时间，匆匆回外事处取来行李，再由天津西站上火车南下。因火车不能直达南京，我先赴合肥，再由合肥换乘汽车到达南京。

当时南京刚刚解放，情况复杂，工作繁忙。我到南京后，就根据周恩来同志交代的任务，组建外事处，开始工作。外事处一面接管国民党政府外交部，安置其留下的人员，处理遗留的档案，一面抓留在南京的外国使馆人员和侨民工作。

我一到南京，就听说有几名解放军战士进入司徒雷登的住处，引起一些原外国使节的不安。根据中央的指示，我们宣布不承认国民党时代的任何外交机构和外交人员的合法地位，对留在南京的原外交人员均按一般外侨看待；同时宣布保护外侨的一切合法利益及人身安全，并主张按照平等原则同一切国家建立外交关系。在内部，当时毛泽东主席提出了"另起炉灶""打扫干净屋子再请客"的方针，不急于同帝国主义国家建交。为了贯彻执行中央的方针政策，我召集南京军管会各单位的干部开了一次会，传达了中央的对外政策，宣布了几项外事纪律和注意事项。

这时，司徒雷登急于同我建立联系，于1949年5月6日派秘书傅泾波（中国人）求见我。7日，我接见了傅泾波。他首先代司徒雷登申辩说，司徒雷登一年来渐渐了解了过去对国民党的认识错误，美国已经停止援助蒋介石。司徒雷登在国外被任命为大使，对外交不内行，对国务院不熟悉，加之马歇尔被国民党包围，乃铸成1946年马歇尔调停失败、被调回国的错误，故不能过分责备司徒雷登。这次国民党撤退前，何应钦希望司徒雷登去广州，而他决定留在南京不走，就是希望同中共接触，这点已获艾奇逊同意。傅泾波表示，司徒雷登甚盼与我会见，并说，《中美商约》① 可以修改，现在是"美对华政策改变时期，能在'老校长'② 手中完成这一转变，较换个新人好些"。我告诉他，会见的事考虑后再说。并表示，美国援助蒋介石的政策给中国人民造成了重大损失，创痛极深；美国现在尚未放下屠刀，怎能期望中国人民恢复好感；空言无补实际，需要美国首先做更多有益于中国人民的事，才能逐步取得中国人民的谅解。

经批准，我以私人身份，于5月13日前往司徒雷登住处，同他会晤。

---

① 指国民党政府与美国政府于1946年11月4日签订的《中美友好通商航海条约》，简称《中美商约》。——编者注

② 老校长即司徒雷登。——编者注

我先询问他解放军战士进入他住宅的情况。他对此事表现平静，只说有几个年轻士兵进来了，他见到了他们，问他们要干什么，他们说看一看，态度还好。我当即告诉他，在军管期间，解放军有权进入一切可疑的中外居民住宅检查。在未同新中国建交前，原外国使节不再享有外交特权，但作为外侨，我方自将保护其安全，请他放心。司徒雷登表示，愿同新中国建立新关系，希望中国政府能广泛地吸收民主人士参加。他还说，美国已经停止援助蒋介石，不愿参与中国内战。他已建议将上海经济合作分署所存的粮食、棉花等援助蒋介石的物资，待上海解放后即移交我方，以支援上海恢复生产。我表示，粮食、棉花等我方不接受（因为我们将从国民党手中接收），美国既表示不干涉中国内政，就应将美国驻在青岛等地的海军舰只和陆战队撤走，以免发生冲突。司徒雷登答应转告有关方面。

这次会见以后，司徒雷登又派傅泾波来见过我两次。除谈了有关上海解放和司徒雷登申请去沪外，傅泾波还说，司徒雷登对上次所谈军事问题字字负责，美国舰队已于5月21日撤离青岛，一部分驶往日本，一部分驶往其他地方；解放军进入上海后，美国舰队即行撤走；我们打到别的地方，美国舰队也即自该处撤走。傅泾波又说，麦克阿瑟主张青岛美舰不撤，国务院后来决定撤走；现在美国舰队的中心已不在中国。我问台湾附近何以有美舰。傅泾波称，台湾基隆港附近美舰系过路性质。宋美龄曾向美国政府提议以台湾为美国军事基地。白吉尔① 因与宋美龄私谊关系，不免感情用事。但美国国务院认为，因对日和约尚未签订，故法律上台湾尚非中国所有。国民党无权处理台湾问题，台湾问题需在对日和约中由中、英、美、苏、澳五国决定。我告以中国共产党中央和解放军总部曾多次声明，不承认国民党政府与外国政府签订的一切卖国条约。台湾系中国领土之一部分，不容国民党政府出卖或外国政府借口和约另生枝节。美国如愿意恢复中国人民好感，打开双方外交关系，首先须撤退一切在华武装力量，断绝与国

---

① 白吉尔是当时美国远东海军司令。——编者注

民党政府关系，放弃一切有损中国独立主权和领土完整的政策。

自我与司徒雷登会晤以后，南京原外交界传说他已与中共取得联系，要求其他外国使馆同美国一致行动，还传说我带来了周恩来的信。这引起其他使节怀疑，纷纷要求与我见面。后来，我把留在南京的所有外国使节召集起来，开了一次会，宣布了我党关于建立外交关系的原则，以及对待留在南京的各国使馆和外交人员的具体政策，回答了他们提出的问题。在会上担任翻译的是加拿大代办朗宁，中文名字叫穰杰德。他出生于湖北襄樊的一个传教士家庭。他的中国话讲得很好。

同时，经请示中央后，我于6月6日又约司徒雷登和傅泾波到外事处第二次会晤。首先，司徒雷登提出去上海和回美国问题。我告诉他可按侨民身份到外事处申请。其次，司徒雷登称，开罗会议中罗斯福曾允许台湾交中国托管，待对日和约签订后将其归还中国。但对日和会因种种原因，特别是美苏误解迟未召开，何时召开无法肯定。我告以台湾历来是中国的领土，被日本侵占后，中国人民从未承认，也从未停止过斗争，而且台湾已经归还中国，决不容许国民党政府出卖或外国政府借口和约另生枝节。再次，谈到中美关系问题时，我告以中美要建立新关系，美国首先要停止援助及断绝与国民党逃亡政府的关系。司徒雷登称，各国使节留在南京，这就表示了其对国民党的态度。如今后国民党政府再由广州他迁，则可肯定申明美国代表不拟随往。但因目前尚无一个新政府成立，没有承认对象。今国、共两党各占一部分地区，美国对许多地区的情况很不了解，按照国际法，美国尚不能断绝与旧政府的关系。如果过去对美国有所谓干涉内政的评论，今天美国更宜慎重从事，不能表明拥护或反对哪一方面，故采取被动态度，等待产生了为中国人民所拥护的民主政府，而这个政府也证明了愿意并有力量担负其国际义务时，问题自然解决。至于美援问题，现在所运来的，为国会去年通过而未运来的，所余无几，今后再无援助。我告诉他，据我个人看法，政治协商会议可能于打下广州后召开，联合政府将由政治协商会议决定产生。中国人民解放军总部发言人李涛将军已表明我反对任何美援，并说明了与各国政府建立外交关系的原则，故从责任上讲，美国政府应明确断绝与国民党政府的关系及停止援助蒋介石，用以表明美国放弃已经失败的干涉政策。现在美国仍支持反动政府进行反人民的战争，建立外交关系问题无从谈起。司徒雷登还继续为美国辩护，但言语矛盾，甚为窘迫，乃举出燕大校训"为真理得自由以服务"的箴言以收场。最后，司徒雷登表示，中国问题不只是一个对华政策问题，而且也是关系世界和平的问题。一句话说穿了就是：美国害怕共产主义，害怕世界革命可能引起第三次世界大战。他希望努力使中美关系完善解决，对美苏关系及世界和平均是一大贡献。如中美关系有第三者出来协助亦有好处。傅泾波补充说，中美关系获得解决，可以成为改善苏美关系的跳板。我告以我认为无须第三者参加。司徒雷登又说，断绝与国民党的关系是消极的，更积极的办法是运用美国的自由贸易和经济援助使中国走上工业化道路。并声明，他以个人身份，希望今后尽量吸收一切民主开明人士参加新政府。我当即驳斥说，本国人民有权决定自己的道路，政府人员问题纯系内政，不许外人干涉。傅泾波提出，中国究竟是先工业化抑或先共产化。我告诉他提得不对，中国人民今天实行的是新民主主义，而且这也是中国人民自己的事情，不容外人干涉。

6月8日，傅泾波再来见我，称与司徒雷登研究认为，美国现在（对新中国的关系）很难做正式表示，需司徒雷登返美后努力；但他需要知道中央更高级方面的意见，回去讲话才有力量。并问我同周恩来总理有无联络，能否转达意见。我告诉他什么话都可以谈，不必顾虑。傅泾波说，马歇尔、艾奇逊、司徒雷登同属一派，对周恩来先生了解很深，司徒雷登近接魏伯① 来电，希望他在返美前能赴北平与周恩来先生会见一次，顺便看

---

① 魏伯是当时美国国务院副国务卿，艾奇逊出访时常由他代理国务卿。——编者注

看燕大，获知中央方面的意见，返美活动将更有力量，要我代为转达。我问有何具体内容。傅说，今年华北旱灾，粮食、棉花供应将有困难，司徒雷登希望经济合作总署的物资能运回中国；此外，如大批借款、贸易，应对中国工业化有帮助。我告诉他，美国对断绝同国民党的关系并无正式表示，个人认为他去北平的要求不会得到回答，并以交通尚未恢复、旅途不便为由予以婉拒。

会见后，我将司徒雷登的要求向中央做了汇报。中央考虑通过非官方联系较好，乃通过燕京大学校长陆志韦去信邀司徒雷登访问燕京大学（据说每年6月24日司徒雷登都要回燕大过生日）。

6月27日，傅泾波再次来访，携来燕京大学校长陆志韦6月16日给司徒雷登的英文信一封。信中说，陆志韦已会见周恩来先生，周感谢司徒雷登的问候，并说司徒雷登如要求来北平，可望获得当局同意。司徒雷登不知是何用意，望我去电问明北平意见。经我报告周恩来同志并获得指示后，6月28日，我告诉司徒雷登已获北平来电，同意他去燕大一行。他希望与当局晤面事亦有可能。司徒雷登表示，获此消息，极为高兴。但国会于7月底即将休会，时间恐来不及；同时国会内部派别复杂，此时去北平很易引起评论，增加不便。他决定将此事报告艾奇逊，由艾奇逊决定。

7月2日，傅泾波来访说，艾奇逊来电称，司徒雷登须于7月25日以前赶回华盛顿，中途不要停留，并决定司徒雷登现在不去北平，以免引起各方评论。他回国短暂停留后即返中国，届时可去北平。我即告他，北平系根据司徒雷登之请而同意他去访燕京大学的，去与不去由司徒雷登自己决定。傅泾波问司徒雷登返美后如何保持联络，我告以现在考虑不到联络的需要。

7月25日，司徒雷登为办出境手续，又找我谈了一次。司徒雷登问我对美国今后对华政策有何希望。我告诉他，现在谈不到希望你们做什么，因为首先需要美国放弃错误的政策，证明它具有对中国人民堪称友好的诚意。但迄今美国仍支持反动派内战,并组织"太平洋公约"①,中国人民自将坚决反对这一帝国主义政策。司徒雷登说:"美国政府最近也不需要做什么,过一个时期看发展情形再谈。"并说,中国内战原非美国政府所愿,而是方法错误。美国政府迄今对"太平洋公约"未表示任何赞成或支持,故没有责任。他对毛主席在新政协筹备会上的讲话和《论人民民主专政》评论说,前者容纳各国,后者偏于一方。此外,司徒雷登还提出,上海美侨因解放后我方对外侨案件的处理及劳资纠纷,甚感不安,不知当局是否不希望美侨留华。我回答说,我方对一切外国侨民同等看待,凡愿意留华的守法者,均保护其生命及财产安全,对犯法者当依法处理,故他提出的问题没有事实根据。

7月中旬,司徒雷登申请乘机回国。8月2日,司徒雷登携傅泾波一行八人,乘美国运输机,按指定的航线由南京飞冲绳返美。就在司徒雷登离华的第三天(8月5日),美国国务院发表了关于中美关系的白皮书和艾奇逊国务卿给杜鲁门总统的信。司徒雷登就像毛主席所说,成了"美国侵略政策彻底失败的象征"。

---

① 所谓"太平洋公约",指美国企图缔结的一系列双边和多边军事同盟协定。美国不甘心它在中国和亚洲侵略政策的失败,企图通过这些协定在这一地区建立一个新月形的军事关系网,用来包围中国。后来发展成为《东南亚集体防务条约》及附件《太平洋宪章》等美国在亚太地区建立的军事体系。——编者注

新中国首批驻外大使选派情况追忆

王幼平

长征后，我曾被派到白区工作过。战争年代，为确保军事机密，刘（伯承）、邓（小平）首长开会讲话时，常嘱大家要靠脑记不要记笔记，因此我养成了不做笔记的习惯。我已年过八旬，精神尚好，思路还清晰。现将新中国成立后中央选派首批驻外大使的情况追忆如下。

"另起炉灶"建设"文装解放军"

新中国外交队伍是周恩来总理亲手培育起来的。建国初期，外交队伍的组成以军队干部为骨干，另外还有参加军调处的干部和其他方面的党政干部。中央的意图是，新中国外交队伍的组建应"另起炉灶"，建立起一支可靠的新型外交队伍，要求军队干部把长期积累起来的军事斗争、政治斗争的战略思想及经验运用于外交斗争的实践之中，同时把党和军队的优良传统和作风带到外交队伍中生根。我们的外交队伍，应当像人民解放军那样，是一支在党的绝对领导下，用马列主义毛泽东思想武装起来的队伍，是一支立场坚定、忠实执行党的方针政策、纪律严明、有战斗力的队伍。用周总理的话说，我们的外交队伍好比是一支"文装解放军"。

兵指贵阳城急电召回京

我在调入外交部之前，在第二野战军第五兵团任政治部代主任。1949年10月，五兵团在湘中集结，准备进军大西南。下旬，兵团指挥机关从邵阳率部西进，执行11月15日要攻占贵阳的任务。恰在此时，兵团收到中央"调王幼平星夜来京"的电报。我当即辞别杨勇司令员和苏振华政委，乘坐吉普车急速北返。到了长沙，听说刘、邓首长已离京即将到此，我遂住下等候。翌晨去见首长，首长们正吃早饭。我问："调我去北京干啥？"邓政委说："搞外交。"我说："我可干不了，请收回成命。我请求入藏的报告首长是否看到？"邓政委说："我看你干外交还可以嘛。中央从二野调了阎洪彦、刘志坚和你三个人，阎要求不去，中央已同意。调三人去一个，交代不了。你的报告已经看到，晚了。"宋任穷同志幽默地插话："你搞外交还可以，就是邋遢点。"我遂告别首长，赶赴北京。

11月中旬，我到达北京，中组部接待。第二天即向安子文部长报到。经中组部介绍到外交部，我被安排住在大栅栏解放饭店，后来移住煤市街新华饭店。当时外交部刚刚开始组建，全部人员不超过200，周总理兼外交部长，李克农任常务副部长。与我同时调入外交部的老战友有黄镇、袁仲贤、谭希林等同志，新认识的有姬鹏飞、耿飚、彭明治、韩念龙、曹祥仁、吉雅泰和倪志亮等同志。新朋旧友，欢聚一起，交流对外交工作的看法，很有意思。

戎装换西装将军当大使

1950年初，除第一任驻苏联大使王稼祥已于1949年11月递交国书外，我国驻其他国家的大使也都基本内定。从5月9日至9月21日，先

1949年11月,中华人民共和国外交部正式成立。图为外交部部分工作人员在当时的外交部办公楼门前合影

后发表了国家主席毛泽东的任命：耿飚任驻瑞典大使兼驻丹麦公使、姚仲明任驻缅甸大使、王幼平任驻罗马尼亚大使、谭希林任驻捷克斯洛伐克大使、彭明治任驻波兰大使、王任叔任驻印度尼西亚大使、黄镇任驻匈牙利大使、倪志亮任驻朝鲜大使、吉雅泰任驻蒙古大使、曹祥仁任驻保加利亚大使、冯铉任驻瑞士公使、袁仲贤任驻印度大使、姬鹏飞任驻民主德国使团长。1951年5月同巴基斯坦建交后，任命韩念龙为驻巴大使。以上就是新中国首批共15位驻外大使。我们这些同志绝大部分来自人民解放军四个野战军和军队其他部门，大多数是兵团级干部，成为后来人们称作的"将军大使"。

在我们赴任前，外交部为我们举办了培训班，主要请国内的学者专家如何思敬、王铁崖等给我们讲国际法，请胡济邦、阎宝航等老外交工作者讲外交文书和外交礼节，请国家各部门领导人介绍情况，也请了苏联驻华大使罗申、罗马尼亚驻华大使鲁登科、匈牙利驻华大使爱夫朗可等介绍本国情况。毛岸英同志给我们讲了他在苏联留学期间的所见所闻和体会。外交部还组织我们参观了苏联驻华使馆。我们学习跳舞，学习穿西装打领带，到北京饭店学吃西餐和摆台常识。

我必须澄清一个事实。现在社会上有一些书刊发表的文章说我们这些大使曾演习如何呈递国书，有些文章甚至指名道姓说×××扮演大使，王幼平扮演国王。这完全是杜撰，根本没有这回事。

关于使馆人员的配备，周总理指示：因中央干部很缺，大使可以自己提名组建使馆班子，将名单报请中组部下调令。驻罗马尼亚使馆初建馆时，从参赞到馆员共20多人。8月23日是罗马尼亚解放节。周总理5月份嘱我务必赶在罗马尼亚解放节前递交国书。我遂于7月下旬离京赴任，8月11日递交国书。

1950年3月，罗马尼亚首任驻华大使鲁登科向毛泽东主席递交国书后握手。当时，新中国已任命了首批驻外大使，为让他们熟悉这种礼仪，安排他们在屏风后观摩

毛主席和周总理的亲切教诲

毛主席和周总理对新中国第一批大使十分重视，非常关心。在我们参加外交部培训班期间，周总理曾给我们做过重要指示。周总理说，你们这一批同志，中央选了又选。现在你们脱了军装搞外交，外交是政治斗争，武仗不打了，文仗还要打。你们大多是到社会主义国家当大使，要多做友好工作。外交工作授权有限，要注意多请示汇报，一定要加强组织纪律性。要组织学习驻在国语言，注意学习驻在国的长处。

1952年4月，我回国参加第一次使节会议，周总理在会上做了重要报告，强调外交人员必须明确外交工作的方针和任务，理解确定外交政策与策略的依据，端正对外交业务的认识。周总理指出，我国必须坚持建立在"另起炉灶""一边倒""打扫干净屋子再请客""礼尚往来""互通有无""团结世界人民"等原则基础上的和平外交政策。周总理勉励使节们当好国家代表，要谨慎严肃，谦虚认真，行动合乎立场，举止合乎身份，语言合乎分寸，礼貌合乎常规。

会议期间，周总理曾带使节们去见毛主席。毛主席亲切地与我们一一握手。落座后，毛主席说他很高兴见到我们，接着幽默地说："你们都是老战士，虽不会外交，还要你们去干外交，我看都跑不了。"这句话使我们个个脸上泛起了笑容（毛主席这句话的由来是不久前新闻报道了某国驻外使节变节）。在毛主席向我们说了些勉励的话后，周总理对毛主席说，阵容（指外交队伍）一般比司法、公安要纯，但从严格的布尔什维克思想和外交人员应具备的条件看还不够，对这种严肃复杂的工作不注意会出乱子。今后应有考核奖惩巡视轮训制度。

1954年我回国休假，同时回国休假的还有几位大使。7月上旬的一天，周总理刚结束日内瓦会议的行程回国，即带我们几位大使去看毛主席。毛主席同我们一一握手，周总理在旁介绍。当轮到我时，周总理说，我们同挪威即将建交，建交后拟派王幼平去挪威。我记得，毛主席这次向我们说的主要是关于在社会主义国家和资本主义国家做好调查研究工作的基本原则。

新中国成立后的第一个外交行动

骆亦粟

1949年10月1日，毛泽东主席在开国大典上宣读了《中华人民共和国中央人民政府公告》（以下简称《公告》）。《公告》宣布中华人民共和国和中央人民政府成立。同时宣告："本政府为代表中华人民共和国全国人民的唯一合法政府。凡愿遵守平等、互利及互相尊重领土主权等项原则的任何外国政府，本政府均愿与之建立外交关系。"

当时外交上面临的紧迫任务是将《公告》告知各国政府，争取各国，首先是争取苏联等社会主义国家的承认。在新中国成立之前毛泽东主席提出了在外交上"另起炉灶"的方针，即：不承认国民党政府同任何外国建立的外交关系，将驻在旧中国的各国使节只当作普通侨民对待；在平等互利原则基础上与世界各国建立新的外交关系。这一方针在中国人民政治协商会议制定的《共同纲领》中得到确认和体现。在这种情况下，如何把《公告》通知各国政府是一个十分重要但又不易处理的问题。这是新中国成立后采取的第一个外交行动，周恩来总理兼外交部长直接领导、亲自部署了这一工作。

那时，国民党政府首府南京解放不久（4月23日解放），国民党政权机构南迁广州，国内战事尚未结束。除苏联驻华大使馆迁广州外，一些国家驻华外交机构先后撤离中国。但也有不少国家，包括一些大国的外交机构和外交代表并未撤走，留驻原地保持"立足点"或进行观望。这些外交

新中国成立后的第一个外交行动 | **043**

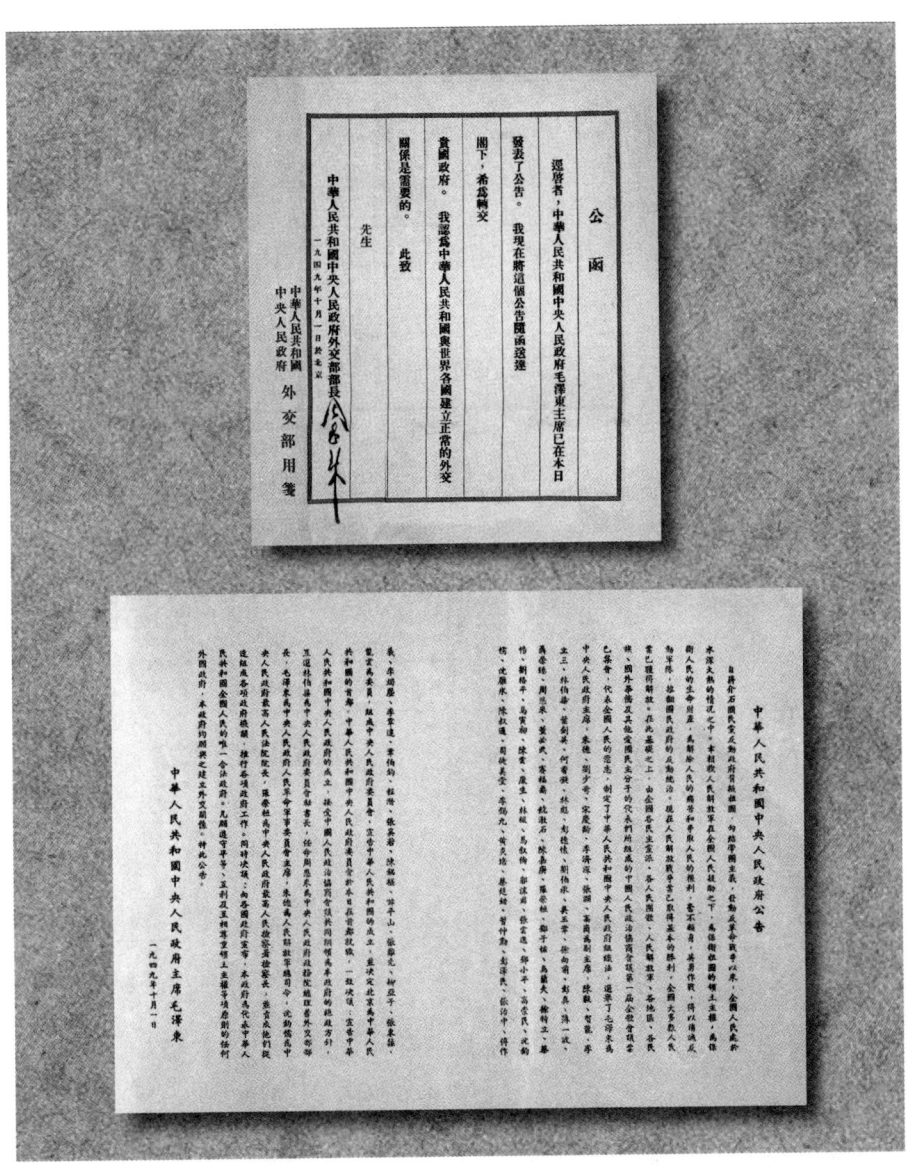

外交部部长周恩来具函将中央人民政府公告送达世界各国政府，表示新中国愿与各国建立正常外交关系

机构分散在北京、南京、上海三地。中央决定以周恩来外长公函形式尽速将《公告》送交各国旧的驻华外交代表。周恩来拟定了《致各国政府公函》（以下简称《公函》），内容如下：

迳启者，中华人民共和国中央人民政府毛泽东主席已在本日发表了公告。我现在将这个公告随函送达阁下，希为转交贵国政府。我认为中华人民共和国与世界各国建立正常的外交关系是需要的。

此致

××先生

中华人民共和国中央人民政府外交部部长 周恩来（签字）

1949年10月1日于北京

这封《公函》由周恩来以外交部部长名义签发，对收件人一律不称官衔而称"先生"，这既表明新中国、新政府的成立，《公函》具有权威性，又避免造成承认旧中国外交关系的误解，是一个很特殊的外交文件。

对文件的发送，周恩来做了周密部署。

在北京，由北平军事管制委员会外侨事务处于10月1日下午派干部送交苏联、美国、英国、法国、意大利、荷兰、比利时、多米尼加8个国家在北平的旧总领事或领事。他们收下《公函》（多米尼加领事离去，由秘书代收），签了回执，进展顺利。

关于在南京、上海如何进行，周恩来于10月1日和2日连发两次指示。1日致电南京市委转军事管制委员会外侨事务处处长黄华，除电告《公告》全文外，嘱"校正无误后以最好的硬纸"印出，做好准备，俟签字《公函》自北京送到后，即附入《公函》送达各使馆。接着于10月2日晨致电南京市委转黄华并告上海市委转外侨事务处处长章汉夫，告知北京送交《公函》《公告》情况，要黄华接电当日约见除上述8国以外在南京的

14国旧大使、公使，做如下口头通知：

中华人民共和国中央人民政府外交部部长周恩来已于昨日将《公函》并附《公告》分送给在北京的苏、美、英等8国旧领事，凡无旧领事在北京者，则于今日派人将文件送来南京转达诸位。在正式《公函》未到前，本人奉命将此事转告诸位。文件内容即为昨日新华社发表的政府公告和外交部部长公函。

周恩来还指示：今日的口头通知，必须向他们声明请其转达自己的政府。如彼等拒绝转达，则需将其口头声明记下。在送文件时，需取回收条或拒绝接收的书面回文。

由于当时北京未掌握秘鲁、巴拿马等9国使领馆是否已撤离中国的情况，周恩来交代：除致上述14国《公函》外，将附加送去签名盖章的未填写收件人姓名的信件9封，请黄华、章汉夫分别调查清楚后依前例送交他们。考虑到那时各国外交机构和外交代表驻地时有变迁、行踪不定，周恩来又做了如下交代：以上各事，凡南京有使馆代办者，上海不再做同样转达，故必须黄华将上述手续进行完毕后，再告汉夫究有哪几国人员只在上海需汉夫处理。

周恩来还估计到各国留守官员可能提出向各自政府发电报的问题，他指示：如他们提出这个问题，可许其经过国际电台向本国发密码电报。

周恩来的第二个指示要南京先向各国外交代表做口头通知后送文件，可能是为了表示我国对此项行动的重视，避免对方因技术原因拒收，也是为了争取时间使各国尽早知道中国之态度。他对谈话口径和可能遇到的情况如何处理都做了具体交代，有若指挥军事战役，周到细致，万无一失。

南京外侨事务处处长黄华根据周恩来的指示约见在南京的旧大使、公使或代办，因2日是星期日且有群众游行，故会见延至3日晨10时在外侨事务处进行。出席的有12国外交代表，即：缅甸、埃及、澳大利亚3国大使，奥地利、葡萄牙2国公使，加拿大、波兰、阿富汗、土耳其、泰国5国代办，印度一等秘书、伊朗二等秘书。黄华按指示做了口头通知。《公函》及《公告》6日送达各使馆。捷克斯洛伐克在南京只有一名职员留守，无外交官，黄华请示后补送；瑞士留守人员不在南京，也是后来补送的。

南京完成送交《公函》《公告》任务后，上海于7日采取行动。上海解放（1949年5月27日）迟于南京，有些大使馆、公使馆自宁迁沪，加上原有的20多国总领事馆、领事馆，曾有31国外交机构。但上海解放前后，多数外交机构撤离回国。10月7日尚在上海的有：瑞典大使、丹麦公使、墨西哥代办、菲律宾总领事、挪威使馆秘书、巴西使馆留守人员。上海外侨事务处于7日将《公函》附《公告》送达上述各馆。巴西大使馆留守人员表示系私人代表，无法将文件转达巴西政府，故未收下。希腊大使馆迁沪，因未收到《公函》，11日主动派员向上海外事处询问。巴拉圭、芬兰、委内瑞拉领事馆仍有留守人员，中方获悉情况较迟。周恩来外长签字致这4国《公函》10月底送到上海，补送时芬兰、委内瑞拉领馆已撤离，致芬兰《公函》由瑞典代办收转。

以上，共向30多个国家送交了《公函》《公告》，其中包括了几乎所有的大国。对于在中国没有外交机构的国家，只能靠新华社发表的消息知照。收到《公函》的国家中，美国、英国、法国、意大利、印度、缅甸等20个国家先后复函京、宁、沪三地外侨事务处处长或请他们转告周恩来外长，表示已将《公函》《公告》报告政府。各国复函中除缅甸、埃及、澳大利亚3国外，都回避称周恩来为"外交部部长"，英国、印度、荷兰、比利时等国称"周恩来将军阁下""周恩来将军"或"周将军恩来"，法国、意大利、奥地利、葡萄牙等国则称"周恩来先生"或"周恩来阁下"。所有复函均个人签名、无官衔。印度、澳大利亚、葡萄牙在复函中表示他们政府正在"考虑"或"研究"中国的《公函》和《公告》，在此期间，希望由使馆或领事馆同"贵国政府"或"中国的适当当局""保持非正式的联系"。加拿大代办奉命访黄华，表示：希中国人民政府能按国际惯例通常对待领事的办法，准许加在华领事行使正常职权。

在承认和建交方面，最先作出反应的是苏联。10月2日晚9时45分，苏联外交部副部长葛罗米柯署名的电报送达周恩来外长，这显然与建国前即1949年6月我党派刘少奇同志去苏联同斯大林会商有关。葛罗米柯电报称苏联政府"确信中国中央人民政府是绝大多数中国人民意志的代表者"，"苏联政府决定建立苏联与中华人民共和国之间的外交关系，并互派大使"。周恩来当即亲自起草电报复告葛罗米柯，表示"热忱欢迎中苏两大国立即建立外交关系"。接着保加利亚、罗马尼亚于10月3日，匈牙利、捷克斯洛伐克于4日，波兰、朝鲜于5日致电中国外长表示承认新中国并愿意建立外交关系。周恩来均于收到电报当日复电这些国家外交部部长表示"热忱欢迎"建立外交关系。其中保加利亚的电报在东欧国家中最先送达，复电也是周恩来外长亲自起草的。南斯拉夫10月5日即宣布承认中华人民共和国并电告周外长，中国由于受共产国际情报局影响，同时考虑到当时苏联同南斯拉夫的关系未做答复。苏联及各社会主义国家迅速承认新中国，双方迅速决定建立外交关系，这对刚刚成立的新中国在世界上站稳脚跟起了历史性作用。其后，有一些资本主义国家和民族主义国家先后承认新中国并表示愿意建交。中国以必须断绝与国民党当局的"外交关系"为条件先后与一些国家进行建交谈判。到1950年10月，与新中国建交的国家达17个，除11个社会主义国家外，还有印度、缅甸、瑞典、丹麦、瑞士、芬兰。此外，与巴基斯坦、英国、荷兰、挪威等7国准备或已开始进行建交谈判。以此为基础，新中国的外交逐步打开了局面。

毛泽东主席第一次访问苏联经过

师 哲

毛泽东主席是1949年12月16日到达莫斯科的。苏联方面对毛主席的访问很重视，礼仪规格很高。苏方安排毛主席的专列在中午12时莫斯科车站大钟刚刚敲响时进站，并在车站举行了隆重的欢迎仪式。之后，毛主席前往斯大林的别墅下榻。当天下午6时，斯大林在他的克里姆林宫办公室会见毛主席。斯大林站在办公室门口迎接毛主席（据说斯大林一般是不到门口迎接外宾的），苏共全体政治局委员和维辛斯基外长也都在门口站成一排，欢迎随同毛主席访苏的其他中国领导人。

两位领导人初次见面，寒暄了一阵，接着，斯大林称赞毛主席的伟大，并说："你们取得了伟大的胜利，祝贺你们前进！"后来又一一介绍了双方在场的人员。双方谈话海阔天空，从前线的军事情况谈到经济建设、粮食收获、土地改革以及群众工作等，不过从一开始就使人感到，斯大林是在揣摩毛主席此行的意图。谈话历时两个多小时，苏方只有斯大林一人说话，其他人都未插言。斯大林再三问毛主席有何愿望和要求。毛主席表示，这次来，一是为祝贺斯大林70寿辰；二是看一看苏联，从南到北，从东到西都想看一看。斯大林说："你这次远道而来，不能空手回去，咱们要不要搞个什么东西？"我当时感觉斯大林似乎不愿先提出自己的想法，以免日后有人说他把自己的意志强加于人；也考虑到过去他对中国革命出的主意和做法有些不妥，因此这次他表现得很谨慎。毛主席说，恐怕是要经过双方

1949年12月,毛泽东主席访问苏联。这是新中国最高领导人的首次出访。图为毛泽东与苏联部长会议主席斯大林等在一起

协商搞个东西，这个东西"既好看，又好吃"。这样一说，引起了在场的人大笑，表示这话充满了哲理和幽默，就是不明白这是什么东西。毛主席解释说："所谓好看，就是形式上好看，要做给世界上的人看；好吃，是要有实际内容。"毛主席不肯明说，他认为苏方较有经验，就应该主动提出帮助我们，不提是不诚恳的。

毛主席到莫斯科已有十多天了，但双方一直未谈及实质性问题。毛主席和斯大林他们两人的各自想法都没有明讲。在此期间，斯大林给毛主席打来两次电话，问毛主席有什么具体打算，还给我打来一次电话，想通过我了解毛主席的想法，我当然不好说，况且我也不大了解毛主席的意图。苏方还派莫洛托夫来毛主席住处看望他，摸我们的底。毛主席向莫洛托夫谈了中国革命的历史、党内斗争等，谈的时间很长。莫洛托夫表现出不感兴趣的样子，只是点头听着，既不表态，也不提任何问题。有一次苏方派来同毛主席联系的联络员科瓦廖夫和费德林来看望毛主席。毛主席对他们发了一通脾气，说你们把我叫到莫斯科来，什么事也不办，我是干什么来的？难道我来就是天天在这里吃饭、拉屎、睡觉吗？

有一天，毛主席对斯大林说，我想叫周恩来总理来一趟。斯大林表示惊讶，问为什么叫他来，他来干什么？斯大林是很愿意他自己同毛主席签个条约，而毛主席是想让周恩来同维辛斯基两位外长签，斯大林对此不理解。当时还有一件事，英国通讯社造谣说，斯大林把毛主席软禁起来了。消息传出后，苏方有些着慌，斯大林问毛主席要不要去外地走一走？毛主席理解这是他们为发表一条消息，要通过报道他的活动来辟谣。毛主席当即表示同意。在去外地参观之前，苏联外交部发表了一个公告，说毛泽东去列宁格勒参观访问。周恩来从北京出发来莫斯科。英国通讯社的这条谣言就不攻自破了。

周恩来总理是1950年1月20日到达莫斯科的。他到达后，很快就同苏方开始进行实质性问题的会谈。周恩来总理在路上已同毛主席通了两次电话，毛主席在电话中已说明了他的意图。第一次会谈是毛主席、周恩来总理、王稼祥等同志同斯大林谈的，莫洛托夫和维辛斯基也参加了。这次会谈就条约的原则性问题很快达成了协议。条约文字的谈判，主要是由周恩来总理同莫洛托夫谈。

开始，苏方按周恩来总理说的基本思想和大体内容，写了一个草案给我方看。周恩来总理看后说："不对，我说的很多，内容没有全包括进去，要修改。"当即把王稼祥、陈伯达叫来商量，同时向毛主席做了汇报。毛主席说，我们自己重搞一个吧。于是周恩来总理整整花了两天多时间草拟了条约文本，我把它译成俄文交给苏方修改。苏方没有改动多少，表示满意。看来，这是出乎他们意料的，他们没有想到我们会提出内容这么好的条约。所以说，条约文本实际上是我们起草的。在整个谈判过程中，从没有讨论苏联同蒋介石1945年签订的条约[①]。除了签订《中苏友好同盟互助条约》外，我记得当时还谈到中长铁路问题、旅大驻军问题、苏联要求保持在东北的几个领事馆问题、苏联在东北的财产问题以及在中国的苏侨问题。上述问题有的是口头君子协议，有的是有文字的。我还记得，《中苏友好同盟互助条约》的年限开始谈的时候是20年。后来为何变成30年，这一点我不清楚。

应该说，斯大林对我们是很同情的。他说过，这种情感是因为：我们都是东方民族；中国一百多年来受外国欺侮，深受帝国主义压迫之害；中国是个大国，对世界有很大影响；中国人民聪明智慧，有古老的高超的文化；中国共产党是成熟的政党，有大批成熟的干部。他在会谈中经常对我们说，要保护自己国家的利益、自己民族的利益，要保护自己的领袖，人民之间要团结。

斯大林对世界各国的领袖大都是看不起的，对毛主席却完全不同，很

[①] 指1945年8月14日，中国国民党政府同苏联政府在莫斯科签订的《中苏友好同盟条约》。——编者注

尊敬。从 1949 年到斯大林逝世，对我们两国、两党的事情，苏方可以说无论大事小事都是斯大林亲自处理，其他任何人都不能插手。斯大林这样做，一方面是要表示对中国的重视，另一方面是担心下面办事的人办错事而影响同中国的关系。凡是访苏的中国领导人，无论是毛泽东、刘少奇、周恩来或其他人，克里姆林宫里的人一律认为是斯大林的客人，谁也不敢怠慢；而对毛主席，他们像对待斯大林一样尊敬。1950 年 2 月毛主席回国时，斯大林别墅的全体工作人员，一送再送，惜别又惜别，有的哭得像泪人一样，泣不成声。

但是，毛主席这一次出访苏联，如果说留下了一些不愉快的事，那么主要还是同斯大林的关系问题，互相有些猜疑，没有把心里话都讲出来。

毛主席原来打算 1948 年三四月间去苏联同斯大林会晤。斯大林接到毛主席的电报后没有马上答复。他考虑，这个时候毛主席来有什么问题，想谈什么？他经过相当长时间的考虑之后回电说："现在是中国革命接近胜利的关键时刻，你是统帅，不能离开，你有什么话要说，我们愿意听，我可以派人去，派政治局的人去。"后来苏方派来了米高扬。米高扬来华后，在西柏坡同毛主席谈了三天，同任弼时谈了一天，同周恩来谈了一天，共五天。毛主席向米高扬介绍了我们党的情况，我们的战略和策略，我们的各项方针政策，包括组织新政府的考虑，特别是政府的性质和形式。毛主席谈话的主要目的是想让斯大林了解我们的打算，事先打个招呼，免得到时候他们的脑子转不过弯来。为什么 1948 年毛主席要去莫斯科呢？后来他同斯大林讲明了，因为中国原来是半殖民地国家，如果我们现在一屁股坐在苏联一边，全世界恐怕没有多少国家会承认我们，所以我们首先要争取苏联和社会主义国家承认我们。这就是 1948 年毛主席要去苏联的主要原因。新中国成立前夕，即 1949 年 6 月，刘少奇同志去苏联，也是希望中华人民共和国成立后首先得到苏联的承认。毛主席说，我们新中国成立以后，如果外国三天不承认我们，就有问题了。刘少奇同志此行，对中苏关系的发展起了很重要的作用。斯大林同刘少奇会谈后，进一步了解了中国共产党，并高度赞扬我们党是个完全成熟的党。同时，斯大林表示，由于不了解情况，我们（苏联）曾经给你们（中国）出了些不好的主意，给你们的工作带来了困难，干扰了你们。毛主席很重视这段话，说斯大林实际上承认了错误，他的话是对我们道歉。

　　刘少奇同志同斯大林会谈时，斯大林很关心中国新政府的成立。他说，长江以南指日可下，你们迟迟不成立政府是怎么回事啊！这种无政府状态，会不会被帝国主义利用来干涉你们。我们认为斯大林这句话很重要，刘少奇同志专电报告了毛主席。毛主席很重视，就把原来我们预定在1950年1月1日成立中华人民共和国的日期提前到1949年10月1日。

　　有人曾说，米高扬来西柏坡时，转告了斯大林不让我们过长江的意见。这不是事实。当时米高扬来中国没有讲这个问题。可以想一想，斯大林会那么蠢？他如果不喜欢中国共产党，难道就那么喜欢国民党？这是我们内政的事情，如果他有这个意图，稍为透露，毛主席就会大骂一通。斯大林不是那么愚蠢，毛主席也不是那么软弱。当时参加谈话的有六人，五人已相继去世了，就剩我一人，我肯定地说没有那回事。有人还说，斯大林让我们搞"南北朝"。这是没有根据的说法。苏联人也好，斯大林也好，有几个人懂得"南北朝"这个词？既然他们连这个词都不懂，怎么会提出搞"南北朝"呢？

《中苏友好同盟互助条约》签订的经过

伍修权

毛泽东主席 1949 年 12 月访问苏联的主要目的是庆贺斯大林 70 寿辰，同时签订条约。去后，斯大林很客气，但仅仅是一般礼节上的客气，并没有打算签订条约。斯大林为什么一开始不愿签订《中苏友好同盟互助条约》呢？这是斯大林考虑不周，他开始只考虑毛主席去莫斯科就是为了给他祝寿。这是个事实，但不能太简单了。当然苏联也考虑到它曾与国民党签订了一个条约①，有一定约束力。从抗日战争胜利到解放战争时期，我们到东北时，苏联有一个指导思想，就是怎么样让国民党接收东北，保证 1945 年签订的条约的实施。同时，苏联也怕引起第三次世界大战，因为第二次世界大战苏联打得太苦了。毛主席对斯大林的态度很不高兴，说斯大林太简单了，"我毛泽东来莫斯科就是为给你斯大林祝寿吗？"所以后来发了脾气。当时，苏方派费德林当联络员。在费德林问毛主席生活得怎么样时，毛主席当着他的面发脾气说，"我什么事也没有，一天就是三件事，吃饭、拉屎、睡觉"，公开表示不满。费德林向斯大林反映了，回头再问毛主席对中苏关系有什么想法。毛主席说，希望搞个"既好看，又好吃"的东西，但没有明讲。费德林又反映给苏联领导，苏方包括斯大林在内都发蒙了，摸不清什么是"既好看，又好吃"的东西。这时王稼祥同志起了作用。

---

① 指 1945 年 8 月 14 日，中国国民党政府同苏联政府在莫斯科签订的《中苏友好同盟条约》。——编者注

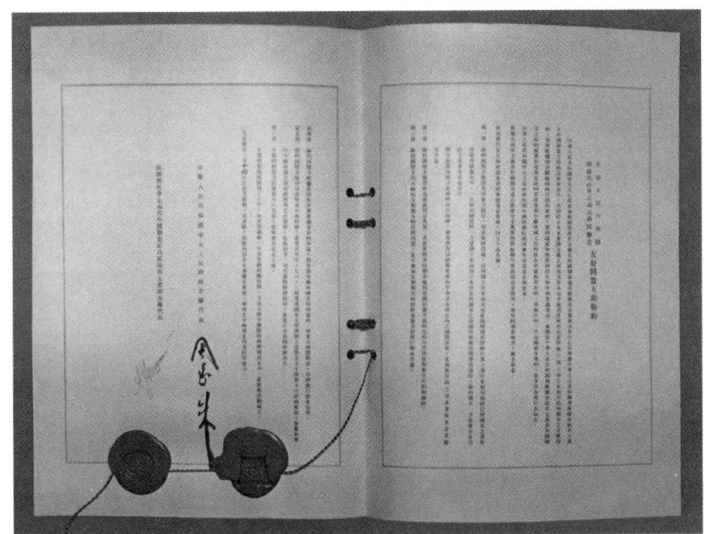

上：《中苏友好同盟互助条约》中文本。这是新中国与外国签订的第一个条约

下：1950 年 2 月，毛泽东主席和苏联部长会议主席斯大林出席《中苏友好同盟互助条约》签字仪式。图为周恩来总理兼外长代表中国政府在条约上签字

他去询问了毛主席的意见，毛主席说把我弄来就为祝寿，未免太简单了嘛，应该搞个政治文件。王稼祥心中有了底，就以大使身份去苏联外交部点破了这个问题，说毛主席到莫斯科已有一段时间了，是不是考虑中苏之间签个文件。苏方反应很快，同意签个文件。斯大林还建议说："就由我和毛泽东同志签字。"毛主席提出反建议说："你是部长会议主席，我不是总理，我们两个对不上口径，如果签订文件，我要把我的总理找来。"苏方同意与周恩来总理进行具体谈判，于是毛主席打电报请周恩来总理立即去莫斯科。

这时，我正在湖北老家探亲。周恩来总理打电报到我老家，叫我立即回京。我到北京后即向周恩来总理报到。这时李富春、叶季壮等一大批人都到了。我是以外交部苏联东欧司司长的名义参加的。出国制装也来不及了，于是我便在旧货摊上买了两套西装、一件大衣、一顶高加索帽子，就随周恩来总理等乘火车出发了。在火车上，周恩来总理与毛主席取得了联系。周恩来总理写了一个到莫斯科的讲话稿，叫我翻译成俄文。我翻译后给车上的苏联同志看，他们说意思翻得对，就是有点像中国式的俄文。到达莫斯科时，苏方派米高扬等来车站迎接，周恩来总理发表讲话，我当翻译。

《中苏友好同盟互助条约》很快就谈好了。同时还商谈了《关于中国长春铁路、旅顺口及大连的协定》和《关于苏联贷款给中华人民共和国的协议》等两个协定。根据贷款协定，苏联决定贷款三亿美元给我国，作为购买苏联机器设备之用。苏联缺乏稀有金属，特别是钨、锑等。在条约附件中讲清楚了，我们每年要向苏联提供多少钨、锑等稀有金属。条约谈好后，签字用的笔墨是由我亲自送到克里姆林宫签字地点去的，签字的日期是1950年2月14日。

条约签订后，有两件事值得回忆。一是签字后，王稼祥大使举行盛大的招待会庆祝，要请斯大林参加。我们曾考虑斯大林的气派很大，不知他是否肯参加，后来他还是参加了。斯大林到会后，气氛非常热烈，招待会开得很成功。二是斯大林2月16日在克里姆林宫举行了一个小型宴会，参加的人只有三四十人，是个长方桌。我与库兹涅佐夫坐在一起。宴会中斯大林兴致很高，不断同客人谈话，甚至开玩笑。这里有个故事。席间，胡志明主席很羡慕中苏签订的条约，他对斯大林说："斯大林同志，我也要向你请示。"斯大林笑道："你怎么能向我请示，我是部长会议主席，你是国家主席，官比我大，我应该向你请示。"胡志明接着半开玩笑地说："你们同中国同志订了个条约，趁我在这里，咱们也订个条约吧！"斯大林说："你是秘密来的，怎么同你订约？否则人家要问你是从哪儿突然冒出来的呢？"胡志明幽默地说："这很简单，你派架飞机把我送到天上去转一圈，然后再派些人到机场迎接我，在报上发个消息不就公开化了，然后我们两国就签订条约嘛。"斯大林不好回答，讲了一句笑话说："你们东方人想象力太丰富了。"

《中苏友好同盟互助条约》是在中方的积极争取下签订的，有效期为30年。应该说，从防止日本军国主义东山再起的宗旨来讲，当初是起过作用的。条约签订后，毛主席、周恩来总理都回国了，李富春与我留下来同米高扬谈经济问题。其中，关于卢布与人民币的比值问题，苏联恃强压人，不按一般国际惯例，根据主要产品价格综合平衡，得出指数，找出差距，确定比值，而是采取抬高卢布比值，压低人民币比值的办法，要我方同意。我们很不高兴，发生了争执。经请示中央，中央说照顾大局吧，最后做了让步。李富春同志领导的经济谈判于4月结束后，我们就回国了。

听说毛主席到莫斯科后，斯大林还讲了："过去我们对中国革命提过一些不恰当的意见，我们感到内疚。"这句话从斯大林嘴里讲出来是不容易的。

旅顺口是清政府租让给俄国的。关于旅顺口与大连问题，在签订《中苏友好同盟互助条约》时，斯大林曾想能把旅顺口、大连保持多长时间就保持多长时间。旅顺口确实是很重要的海军根据地，而苏联在旅大驻军又与共同使用中长铁路联结在一起，因为它要运送给养和物资。

按照中苏签订的《中苏关于中国长春铁路、旅顺口及大连的协定》，苏联应将中长铁路的经营管理权、旅大的苏军根据地及其设备,全部移交给中国政府。而苏方坚持要在对日和约签订以后交还,最后协议至迟不超过1952年年底以前移交。以后为什么旅大没有如期交还呢?因为1952年朝鲜战争还未结束,我国政府主动建议苏军继续驻守旅大,什么时候交还,以后再作商量。1953年2月,周恩来总理率中国代表团前往旅大慰问苏军,7月朝鲜停战,1955年苏军从旅大撤离。

　　苏军撤走后留下来的武器算了钱。以后有人议论说,苏联撤走后留下一堆破烂,还要了我们很多钱。这句话我们应该加以分析,不完全客观。你说它是一堆破烂嘛,它不全是破烂,在当时还是比较先进的武器。你嫌它是破烂,你可以不要嘛!要钱多了,你可以讨价还价嘛,为什么这样冒失呢?现在我们应该客观一些看这件事。究竟应该给多少钱,我们当时又未主动提出来,我们也有责任,不能把责任都推在别人身上。

我国同苏联商谈第一个五年计划情况的回忆

李越然

周恩来总理于 1952 年 8 月 17 日率中国政府代表团访苏，成员有陈云、李富春和有关部门领导人赵尔陆、吕东、安子文、袁宝华、王志光、宋劭文以及军队方面的负责人等共 60 余人。周总理跟苏联部长会议副主席莫洛托夫主要商讨了苏联对我国第一个五年计划提供经济和技术援助的问题。不久，周总理回国，陈云和李富春同志率团继续商谈。周总理在莫斯科时，我们就已把在国内编制好并经在华苏联专家修改后的第一个五年计划的全部方案交给了苏方。计划内容包括钢铁、机器制造、造船、煤炭、铁路运输、地质勘探、军工、粮食等方面的生产设想，轻工业的布局及相互如何配套，工农业生产总值及年增长率，为什么要这样发展经济以及有关的可行性分析，等等。

方案提出后，我们好长时间没有得到苏方的答复。之后方案几经修改重新提出，依旧没有下文。陈云同志在莫斯科待了一个多月，因无事可做便回国了，留下李富春同志负责。随后，苏联部长会议副主席米高扬和卡冈诺维奇出面，在克里姆林宫和李富春同志谈过几次，但他们也仅说了些诸如"你们的计划这么庞大，工农业生产总值及年增长率是不是太高了？能否再仔细考虑一下？"之类的话，尽是些抽象的东西，很少涉及实质性内容。因久等而一直得不到对方的确切答复，李富春同志就给莫洛托夫去信询问："我们来莫斯科已近半年，不知所提计划方案研究得如何？近期双方是否举行会谈？如无安排，我拟去苏联南方小憩，不知可否？"几天后，负责接待中国代表团的苏联外交部派远东司司长尼多夫斯基面告李富春同志，可以去南方稍事休息。于是，李富春同志和蔡畅大姐就去了索契。这之前，大家因终日无事，就通过苏联外交部联系，请苏联国家计划委员会有关部门的负责人每周给代表团全体人员讲两次课，谈有关计划经济方面的知识，前后历时两个月。

1953年2月，苏方始派以国家计划委员会主任萨布罗夫为首的代表团与我们进行会谈，分组研究我国的五年计划方案。他们对中国提出的方案给予了基本肯定，并确定了对中国提供经济和技术援助的规模，共141项（1954年赫鲁晓夫访华时，双方商定增加15项，总计156项）工程。1953年5月15日晚10时，双方签订协定，苏方出席签字仪式的有米高扬、萨布罗夫、别尔乌辛、葛罗米柯、库梅金以及苏联各工业部的部长和苏联外交部的官员共30余人，我方出席仪式的除政府代表团全体成员、驻苏大使馆人员外，还有贸易部部长叶季壮以及李强、戈宝权和贸易代表团其他人员共24人。

苏方对我方计划方案的意见大致有以下三点：第一，他们提出，中国计划国民生产总值每年递增17%—18%的速度偏快，认为不宜超过13%—14%。理由是，诞生不久的新中国在亚洲处于众所瞩目的中心地位，在国际上有很大影响。因此，第一个五年计划要稳妥，绝不能性急，而且必须超额完成。根据多年搞计划经济的经验，他们认为宁肯将增长率定得稍低一点，以便留有超额完成的余地，特别是农业增长速度不能太快，因为中国的农业是个体农业，实现计划无把握。如果指标定得过高，将来国家统计局公布未完成计划，对国内外均会产生很大影响。另外，他们还建议我们要把地质资源情况弄清楚，这样搞建设心中才有把握，这不但不会延缓，反而会加快中国的建设速度。第二，这时他们已意识到，中国多种经济成分并存的状况将是长期的，并注意考虑中国的某些特点，但对我国以农业为主发展国民经济的整个比例协调关系不太理解,还是不同程度地强调重工业。因此,141项工程基本上是重工业,特别是机器制造工业。第三,他们建议我方对其提供的技术装备不宜要得过多。他们说,算钱还在其次(并非无偿援助),重要的是,待中方有关工厂建成投产之时,这些设备可能会因变得陈旧而须更新。同时,他们还希望中方迅速研究分科系的干部培养计划,大力培养自己的技术人才,特别是工人出身的专家和熟练工人。因此,后来除向苏联派出大批留学生和实习生外,我国还组织了上千家工厂的厂长等人员前去学习进修,其中涵盖国防工业系统以及海陆空军等各方面的人员。

忆朝鲜停战谈判

解　方

1951年6月,中国人民志愿军与朝鲜人民军已经歼灭侵朝敌军23万余人,把敌人从鸭绿江边赶回到"三八线",使美国侵略者不得不同意坐下来谈判。同年7月10日起,交战双方先后在战线西部我方一侧的重要城市开城、板门店进行停战谈判,谈判历时2年零17天。在此期间,朝鲜战场上军事斗争和政治斗争互相交织,交战双方边打边谈,断断续续,经历了漫长曲折的过程。

一、交战双方为什么能够进行谈判呢?

这还得从头说起。志愿军入朝后,打了第一次战役,就把敌人打慌了。敌人发动侵略战争时,气焰嚣张,并预计中国不敢出兵。直到志愿军第一次战役打响后,美军才相信:"噢,中国是出了兵的!"本来其先头部队已经到了鸭绿江边,但美军挨了打,向后退了一下,退到清川江一线。美军认为中国的兵力很小,便继续进行灭亡朝鲜的侵略战争。这时我军组织了第二次战役。敌人疯狂进攻,志愿军采取了诱敌深入的方针,边打边退,等美军攻到德川——我军预定的反击线上,就来一个反攻,一下子把敌人的退路切断。然后,我军分割包围,抓住一股就消灭一股,逼得美军仓皇失措,一直逃回到"三八线"。

这时正值联合国开大会，美军提出朝鲜问题应"和平"解决，实际上这是一个缓兵之计。敌人怕我军继续向"三八线"进攻。同时，美国决定在联合国组织一个朝鲜停战三人委员会来处理双方停战问题。很明显这是一个花招。第一，美国是不得已、不真诚的。第二，美国想用联合国进行操纵。第三，美国主张先停战后谈判。我们识破了敌人的阴谋，一方面我国政府派出了由伍修权率领的代表团到联合国去，利用联合国的讲坛宣传我们正确、合理的主张；另一方面积极准备新的战役，即第三次战役。经过这次作战，我军又把敌人从"三八线"打到"三七线"。进到"三七线"的含义就是汉城被我们收复了，这是很重要的。经过这次较量，敌人知道要政治阴谋行不通了，于是又继续进行军事准备。他们想引诱我军南下，把我军引到洛东江一带，企图来一个第二次侧后登陆。中朝两国的领导和彭德怀司令员识破了敌人的诡计，所以到了"三七线"后我军马上停止了战役追击。

在收复汉城后参谋拟战报时，彭总就指示说："哎，你们要控制一下呵，可不要过度地宣传这个胜利。"我们判断，敌人绝不可能轻易地罢手。从我们的力量来说，连续打了三个战役，敌人再来进攻，我们只能防守，迟早还得放弃汉城。彭总是有预见的，敌人果然发动了进攻，这也就是志愿军的第四次战役。我军一面抵抗，不过早地放弃汉城，一面积极地做好思想工作。彭总发电报向毛主席、周总理建议，要国内造一点舆论，我们要放弃汉城，因为没有力量也没有必要死守汉城。如果不造舆论，一旦放弃汉城，政治上我们就会处于被动地位。之后，彭总又回国向党中央汇报朝鲜战争情况，党中央作出了正确的判断。第四次战役打的时间相当长，从政治上讲，汉城那边要顶得硬一点，付出代价也要打。我军规定了时间，要守多少天，守到哪条线才能往回退。另外还有一个季节的原因。我军过汉江后就成了"背水之战"，在汉江解冻前，我军主动放弃了汉城。这时，新装备的部队开进了朝鲜，就转入第五次战役。

经过五次战役，美军认识到：中国决心把朝鲜战争进行下去，即使付出重大代价也在所不惜，想用武力来灭亡朝鲜是办不到的。到 1951 年 6 月，敌人部队损失 23 万余人，其中美军 11.5 万余人。敌人付出巨大代价，胜利的希望却十分渺茫。美国陆军副参谋长魏德迈哀叹："朝鲜战争是个无底洞，看不到'联合国军'胜利的希望。"在这样一个严峻的军事形势下，恰逢 1951 年 6 月 23 日苏联驻联合国代表马立克发表广播演说，和平解决朝鲜问题的建议再一次被提出。美国政府一改拒绝谈判的态度，于 6 月 30 日通过"联合国军"总司令李奇微发表声明，同意进行停战谈判。李奇微建议谈判立刻进行，地点在元山港一艘丹麦伤兵船上。看得出，美方有一种迫切的心情。这样，我方就从容不迫了。我方于 7 月 1 日通过朝鲜人民军最高司令官金日成和中国人民志愿军司令员彭德怀作出答复说，可以谈判，我们的代表准备于 7 月 10 日至 15 日同你们的代表会晤，地点在双方接触线的开城。美军也同意在开城举行谈判，而且表示代表团将乘车来开城，车上带个大"臂章"——大白旗。从两方的态度我们完全可以看出，谈判的时机到来了。但是如果没有我们在战场上的胜利，没有武装力量的基础，美军是不可能同意谈判的。

二、达成停战谈判议程协议

对于谈判的各项事宜，如会场的选择、布置、警戒等，我们事先都做了准备。由于我军控制的地区在开城以东几十里，因此我们特别抽调了一支经验丰富的部队——原为三五九旅的一支部队，之后是四十七军的一个师负责警戒。会场设置在朝鲜一个大人参主的庄园里。美军代表每次坐直升机来，每次来都先跟我们联络好，并在车上标有识别记号。他们原来的那股傲气劲儿，一下子受到了约束和限制。就这样，1951 年 7 月 10 日在开城来凤庄谈判正式开始。

1951年7月,朝鲜停战谈判在开城开始举行。图为参加谈判的中方代表及工作人员在板门店合影。前排左起:解方、李克农、边章五、杜平、乔冠华

这里还需要说明的是，在毛泽东主席回电同意邓华和我作为志愿军谈判代表的同时，还派了有谈判经验的李克农率乔冠华和助手于7月5日到金日成首相那里，一同会商有关谈判的各项问题。这一措施对保证谈判的胜利起了重要作用。李克农是当时我国的外交部副部长，他在内部指导停战谈判，并担任志愿军代表团党委书记。他满怀信心地对大家说："我相信，我们共产党人外交方面的才能决不低于敌人。我们既能在战争中学习战争，在战场上打败敌人，也一定能在谈判中学会谈判，赢得谈判的成功。"

双方由阵前对抗转入面对面的谈判，许多细节问题都要考虑到。首先碰到的问题是见面的程序。双方代表谈判前各派出3名校级联络官具体商谈，如双方代表团的经过路线，所坐汽车的停靠地点，直升机的降落地点，来后的休息场所，等等。双方代表团见面时，分别由联络官做介绍。我方被称为"朝中人民军队代表团"，对方叫"联合国军代表团"。我方谈判代表是：朝鲜人民军参谋长南日将军、朝鲜人民军前方司令部参谋长李相朝将军、中国人民志愿军副司令员邓华将军、中国人民志愿军参谋长解方将军、朝鲜人民军第一军团参谋长张平山将军。对方谈判代表是：美国远东海军司令特纳·乔埃海军中将、美国远东空军副司令克雷奇少将、美国第八集团军副参谋长霍治少将、巡洋舰分队司令勃克海军少将、南朝鲜军白善烨少将。双方代表一坐下，对方就擅自抱上来一面联合国旗帜。这一下子将了我们的军，我们事先没有准备旗子。在谈判桌上这样的事不能让步，于是我们马上着手准备。打什么旗子？当然得打朝鲜民主主义人民共和国的国旗。开城地方政府准备得还是挺快的，上午告诉他们，下午他们就送来一面大旗。这面旗子比对方的高得多。这下子我们坐在那里就很安然了，而他们就有点说不出来的味道。

谈判的时候，我方均由代表团首席代表、朝鲜人民军参谋长南日将军发言。发言稿都是事先准备好的，一些重要发言稿须报我党中央和金日成批准。每次谈判前我们都要研究对方会提出什么问题，我方怎样提出自己的主张，确定对发言稿修改的地方中央回电批准了没有，有什么新的指示，等等，这些是很细致、周密的工作，出一点纰漏都会被对方利用。一切安排妥当后，谈判才开始。我们在第一次谈判时提出了关于停战谈判的三项建议。第一，在互相协议的基础上，双方同时下令停止一切敌对军事行动。第二，确定"三八线"为军事分界线，双方武装部队应同时撤离"三八线"10公里，并于一定时限内完成之。同时立即进行关于交换战俘的商谈。第三，应在尽可能短的时间内撤退一切外国军队。美方则提出了九点建议。他们避而不谈撤军问题。我们提出撤退一切外国军队，中国人民志愿军算外国军队，应撤出，美国军队也要撤出。然而，就在这个问题上，双方争论了十几天。对撤退一切外国军队的建议，美军无理地加以反对，我们对其进行了充分的揭露。为求得谈判的进展，我方便适时地采用了变通的方法，提出"向双方有关各国政府建议事项"，在朝鲜实现停战后召开双方高一级代表会议，协商从朝鲜撤退一切外国军队的问题（高一级代表会议一直未能召开，美国军队仍然赖在南朝鲜不走）。我方的建议使美方无法再行阻挠，便于1951年7月26日就停战谈判议程达成了协议。停战谈判议程协议包括五项："第一，通过议程。第二，作为在朝鲜停止敌对行为的基本条件，确定双方军事分界线，以建立非军事区。第三，在朝鲜境内实现停火与休战的具体安排，包括监督停火休战条款实施机构的组成、权力与职司。第四，关于俘虏的安排问题。第五，向双方有关各国政府建议事项。"

三、达成分界线协议

在讨论分界线问题，即在什么线上停战时，美方提出一个方案，并画出图示，把分界线划到平壤、元山以北。事实上，双方部队都在"三八线"附近，如按美方划的分界线，那我军得撤退几百里，这怎么行！他们一拿出这个方案，我们的代表非常生气，直言这简直太没有道理了！而美军给出的理由是：这次作战，你们只有一军——陆军，"联合国军"是三军——陆、海、空军。"联合国军"的海军把朝鲜全部海面都控制了，"联合国军"的空军把朝鲜全部领空都控制了，停战时必须把双方实力体现出来，海、空军优势必须在地面得到补偿。实际上，美方是要朝中部队从停战线撤退，给美方1.2万平方公里土地。他们在战场上得不到的东西，要通过谈判得到，哪有那么便宜的事！我们马上把美方顶回去了，我们的理由是：你们在战场上得不到的东西，想在会场上得到是妄想。我们只有一军就把你们打到这般情景，我们若是三军作战你们早就完了。这一点美方是怎么也无法驳倒的。

对谈判具有指导性的文件主要是彭总的电报。彭总于1951年7月1日18时发给毛泽东主席一份电报，题目为"对目前和谈的意见"。电文是这样写的：充分准备持久作战和争取和谈达到结束战争的方针是完全必要的，我方能掌握和平旗帜，这不仅对朝鲜人民而且对中国人民均有利。坚持以"三八线"为界双方均过得去，如美国坚持现在占领区，我方即准备8月反击。在反击前，采取放对方前进数十里，使军事上、政治上于我方更有利些，再争取一个、两个或三个军事上的较大胜利，将影响联合国在朝鲜和战问题上可能的分裂，美国战斗意志必然会迅速降低。

另外还有个电报，是彭总于1951年7月16日10时发给李克农、邓华、解方并报毛泽东、金日成的。第一项就讲，送来的两天会议记录和信均收到，我方坚持基本原则问题是名正言顺、理直气壮的，是取得对方士兵和人民普遍同情和拥护的，是可以打击美英军战斗意志的，是可以教育人民、孤立美帝、分化其所谓"联合国军"阵营的，如此做法可能使美帝国主义完全陷于被动。如果没有和平攻势（和谈）的政治斗争，只有单纯的军事斗争，想要迅速结束朝鲜战争，是不可能的。我们坚持一切外国军队撤出朝鲜是有理的，以"三八线"为界是有节的，争取早日结束朝鲜战争于朝中两国人民是有利的。有理有节有利，但和谈并不一定是顺利的，可能遇到很多困难，过程曲折，可能还需要严重的军事斗争，再有两三次较大的军事胜利，才能使敌人知难而退。不管在谈判中有多少困难，坚持和气的说理的态度，使破裂责任归之于对方。第二项讲军事方针，仍应积极做持久战准备，在朝鲜境内没有实现撤退一切外国军队以前，决不应有丝毫松懈和动摇，此精神已向全军传达贯彻。战略战役公路在修筑，野战仓库在修建，供应情况在改善，战术训练在进行。高干会是否一定要开，待你们（邓华、洪学智、解方）回来后再定。第三项讲到，敌前线袭扰仍如过去一样，特别是7月12日到14日，飞机更猖獗，似与休会有联系，拟于数日后开展一次和平的政治攻势，配合你们进行和谈，释放少数俘虏，以军为单位在火线上开5分钟停战会议等，去影响敌军的士兵，准备夜航机散发英文、朝文的传单。在停战谈判开始的时候，有彭总这两份电报，我们感到十分鼓舞。这两份电报都是带方针性的，要求政治斗争与军事斗争，战场与会场，两个方面相互配合，交替使用。

在分界线问题上，美方在会场上除了提出无理主张，坚持所谓海、空军优势论外，还找茬闹事。中午，他们坐着汽车在会场区转。当时规定会场区不准有武装部队进入，警卫部队也不能带武器进去。不巧我军换防的部队错走进去，他们就抓住这个机会照相，提出我们违反协议，没有诚意，要求我们对此作出回答。在我们还没回答时，他们又借口休会。我们向中央报告了此情况，中央指示不要在这些问题上跟他们纠缠，我们是违反协议，错走进去。承认这点后谈判恢复了。但美方采取不提新方案的办法，而我们仍坚持原来的主张。美军的无理主张坚持一天，我们就驳斥一天，重申合理主张。最后，美军采取耍赖的态度，对我们提出的主张不回答，像没听见似的。于是谈判停顿下来，双方代表两三个小时没话说。我讲完话你不回答，"球"在你那边，看你怎么办？最后他们只好提出：现在没有进展，休会。因为这个"球"在他们手里，于是我们就在报纸上写文章，揭露它，孤立它，内外配合，逼得"联合国军"总司令李奇微不得不举行记者招待会，说他提出的主张有多么合理。之后，他不但继续坚持错误的主张，还讲出威胁的话：现在看来你们是不可理喻的，只好让炸弹、大炮、机关枪到战场上去"辩论"。同时他还采取很多挑衅手段破坏谈判，企图把谈判停下来，以便在战场上动手。挑衅之一是把我们警卫部队的姚庆祥排长打死了。那时，我们的一支警卫部队每天在代表团经过的地方负责警卫，美方就让伪军在路上设伏。我们抓住这个证据，寸步不让，抗议美方没有谈判的诚意，破坏谈判。挑衅之二是，当时规定会场区和双方代表团经过的公路，飞机不得侵犯。一天，美国飞机趁电影散场汽车开灯、人打电筒时，俯冲扫射。这完全是一种挑衅和破坏会议的行为。我们提出抗议，在美方没有答复的时候不能谈判。这样，我方代表团从8月23日起宣告休会，等待对方对挑衅事件作出负责的处理。

在战场上，美军于8月18日先来了个夏季攻势。李奇微叫嚣："用我'联合国军'的威力，可以达到'联合国军'代表团所要求的分界线的位置。"我军胜利地粉碎了敌人的夏季攻势，歼敌7.8万人。美国参谋长联席会议主席布莱德雷说："这次的攻势是没选好时机，没选好地点，没选好敌人的败仗。"这次攻势，敌人主要打朝鲜人民军，人民军坚守851高地，守得很顽强，敌人往那里冲的时候死了很多人，所以管那个地方叫"伤心岭"。9月29日，美军又向志愿军阵地发动了秋季攻势，威胁我开城翼侧，妄图夺取开城。我四十七军、六十四军顽强抗击，在20天的战斗中毙伤敌人2.2万，敌人以失败而告终。接着，我军在东线也粉碎了敌人的疯狂进攻。当时美国三军联席会议参谋长讽刺李奇微："按照你这样的进攻速度，要打到鸭绿江也得20年。"我们说你说少了，20年你也打不到。

这是因为，在敌我力量相对均衡、不能迅速解决朝鲜问题的情况下，我党中央在政治上采取和谈方针，在军事上也适时地制定了"持久作战，积极防御"的战略方针。早在1951年5月，我受彭总指派回京向毛泽东主席汇报，建议歼灭战不能口张得太大，应采取不断轮番、各个歼灭的方针。毛泽东主席听后很高兴，把这种方法比喻为"零敲牛皮糖"。在这个战略方针下，我军在前沿构筑了绵亘不断的、有一定纵深的坚固阵地，要求一个军每次战役消灭美军一个营，积小胜为大胜，逐步向打大的歼灭战过渡。在这种情况下，美军在进攻中被碰得头破血流。

只在战场上"辩论"行不通，还得谈判，美国内部也有压力，他们是死不起人的，机关枪、飞机、大炮都可以受些损失，消耗大些也不要紧，可是人他死不起。美国最怕的就是死人，死了人，家属可以向政府提要求，他们得给人家赔偿。所以各方面的压力，逼得美方不得不回到谈判桌上来。这就形成了军事斗争与政治斗争交织的边打边谈的相持局面。对于这种局面，在谈判之初彭总就预料到了："我们决不能指望敌人放下武器，立地成佛。要立足于打，以打促谈。"

为了恢复谈判，美方用了一种"办法"——派飞机违反协议。这回打的不是代表团驻地，而是在板门店扫射农民的一辆牛车。对于这一扫射我们就提抗议了。美方趁机提出双方联络官会晤。原来双方都中断了接触，这次用违反协议的办法又把"钩"挂上。当时，我们开玩笑说："你别看美国人个子大，他要弯腰的时候也很灵活哩！"双方联络官见面以后，美方的态度比以前好些。我们的联络官对打牛车一事提出抗议，人证物证都摆出来了。他们说："这完全是误会，我们错了，对不起。"美方当场就口头道歉，并建议双方代表团在谈判时解决这个问题。就这样，中断了63天的谈判于1951年10月25日在双方商定的新会址板门店又恢复了。

恢复谈判时，双方代表都做了调整，我方代表是南日、边章五、李相朝、解方和郑斗焕；对方代表是乔埃、克雷奇、霍治、勃克和李亨根。我们要掌握主动权，即彭总讲的要高举和平旗帜，这一点很重要。我们代表团一上来就提出就地停战。原先我们提出在"三八线"停战，因为当时我方西线部队向南超过了"三八线"，他们的东线部队向北也超过了"三八线"，成 S 形。我们建议调整以"三八线"为界，他们不干，硬要 1.2 万平方公里的土地。这次我们提出就地停战，谁占领的地方就是谁的，部队在哪儿就在哪儿停下来，在中间划条线，各后撤 2 公里，形成非军事区。这个主张是完全合理的，但美方仍然反对，又提出把开城划入其占领区。为了打击敌人的嚣张气焰，彭总决定以 5 个军各一部分向敌人营以下兵力防守的 26 个阵地发起攻击。经过争夺，我军占领了敌人的 9 个阵地。在谈判桌上，美方在武力夺取开城无望的情况下，被迫同意了我方提出的以现有实际接触线为军事分界线、双方各后撤 2 公里以建立非军事区的主张。双方协议，如在 30 天内军事停战协定签字完成，已确定的军事分界线不予变更，否则将按实际接触线进行修改。对此，美方妄想："你占这些地方，将来我还让你再退。"我们说："那么好吧，到停战协定签字时再校核一次。"我们是有充分把握的。到时候，究竟哪一方会发生有利的变化，还得看事实。我们就是用这个理由来驳斥美方的。这样，4 个月的斗争逼得美方不得不接受我们的方案，终于在 1951 年 11 月 27 日达成了分界线协议。

四、达成停战监督问题协议

分界线问题达成协议以后，就转入下一个问题——停战监督和战俘问题。按顺序，应首先谈停战监督问题，然后再谈战俘问题。对方很狡猾，总想在谈判上占便宜，提议关于这两个问题可同时进行谈判，这样可以加速停战谈判进程。这表面看来有点道理，实际上美方是想东方不亮西方亮，这个不行就谈那个。他们同时提出，最好是采取小组会的办法，分两个小组谈，一个谈停战监督问题，一个谈战俘问题。

11 月 27 日双方开始谈停战监督问题。最初美方拿出来的方案还是想要"高价"，给谈判带来了一串麻烦。美方提出由参加"联合国军"的国家来监督，限制朝鲜修机场，如果有破坏协议的，还要派检查小组到现场去。

如果这个方案我们接受的话，那就等于承认是战败国，让美军到我们的区域里随便横行。因此我们坚决反对，提出了公平合理的主张。在战场上，针对美方拒不撤出占我后方沿海岛屿和海面的无理行径，我朝中部队组织了渡海作战，攻占了10多个岛屿，粉碎了敌人妄图利用"三八线"以北岛屿破坏我后方安全的阴谋。美方又丧心病狂地发动了灭绝人性的细菌战，我们向全世界做了充分的揭露。在威胁手段失败后，美方又假惺惺地大谈所谓的"美中友谊"，我方则一针见血地做了驳斥。最后，美方坚持在限制修建机场问题和中立国提名问题上讨价还价，他们既怕我们建机场，又怕我们提名苏联为中立国。这时，我方便以提名苏联为中立国，压其放弃限制我方修建机场。至1952年4月28日，美方终于撤回了对我方修建机场的限制，我方也放弃了提名苏联为中立国的要求，双方同意波兰、捷克斯洛伐克、瑞典、瑞士、印度组成中立国监督委员会。到1952年5月2日双方就停战监督问题达成协议。

五、达成战俘问题协议

战俘问题谈的时间最长，从1951年12月11日开始，一直到1953年7月27日结束，前后经过将近20个月。在这个问题上他们最坚持，因为前面两个问题他们想占便宜没占到，所以一定要在战俘问题上捞一把。这一把如捞不到的话，整个都失败了，所以他们拼了命，非争不可。而我们也是非争不可。我们主张全部遣返，美军主张"一对一遣返""自愿遣返"。所谓"一对一遣返"，意味着美方将扣留我方10余万被俘人员。所谓"自愿遣返"，看似很民主，实质上完全不是那么回事。在美军手里的战俘，怎么能表达"自愿"呢？实质上是强迫扣留。所以双方争论的焦点是全部遣返还是强迫扣留。这项议程双方争论的时间最长，斗争也最曲折。开始，我们驳斥美军的强迫扣留，而美军强调是"自愿遣返"，每次辩论发言真是一场热战啊！其间，1952年5月9日，发生了巨济岛战俘营中的朝中被俘人员扣留美方战俘营营长杜德事件。这是美国侵略者惨无人道的战俘政策的恶果。我方就此提出严正抗议，搞得美方代表狼狈不堪。乔埃垂头丧气地说："巨济岛事件使我们变得很愚蠢了。"以后，在会场上每次见面都是美方提出："你们有什么新的问题吗？""你们有什么新的建议吗？"我们答复"没有"。没有，那好，建议休会。最初休会还是有期限的，3天，5天，以后越来越长，这叫"冷战"啊！到这时，由小休、中休，一直到1952年10月8日哈里逊单方面宣布无限期休会。为了把美方破坏谈判的真相公之于世，10月16日我方联络官把金日成、彭德怀签署的致克拉克的信交给对方，明确指出，美方拒绝协商，中止谈判，应该负起破坏停战谈判的全部责任。10月19日克拉克复函，拒绝恢复谈判，使谈判中断了6个月之久。

  战场上的斗争也是很激烈的。敌人为改变谈判地位，用了很多方法，搞细菌战，搞绞杀战，破坏我们的交通运输，之后又狂轰滥炸朝鲜的水库。10月12日，敌人发动了金化战役，我们叫上甘岭战役。敌人进攻上甘岭，使用炮弹、炸弹的密度超过了二次世界大战激烈战役中使用炮弹、炸弹的密度，我军依托坑道跟敌人反复争夺，激战43天，歼敌2.5万多人，牢固地守卫着每一个阵地。范弗里特吹嘘的"一年来最猛烈的攻势"，以我军的胜利和敌人的失败而告终。美军在正面战场上已穷途末路，又想搞第二个仁川登陆，我军就准备抗击敌人登陆。这么一来，整个朝鲜正面战场有坑道工事，东西海岸有坚固的抗登陆防御工事，部队采取轮番作战，兵力空前雄厚。美国一看，还不行，占不着便宜，反而受到很大压力。这时候，英国因为没能参加谈判代表团发牢骚，说朝鲜战争中其对"联合国军"是有贡献的，是出了兵的，三个旅嘛，占的股份仅次于美国，结果谈判时没有代表。英国由于本国的压力和承受不起的消耗，派了一个小组到朝鲜战场上了解情况，同时在报纸上公开要求参加谈判，给美国施加压力。由此看出，"联合国军"内部就有矛盾，这对美国的压力也是很大的。

美国处于内外交困的境地，欲打力不从心，欲和于心不甘。与此同时，艾森豪威尔为竞选美国总统，曾许下设法结束朝鲜战争的诺言。但当选后，立即放下了手中的"橄榄枝"，叫嚣要冒扩大战争的风险，来赢得这场战争。面对美国蛮横无理的主张，毛泽东主席于1953年2月7日针锋相对地指出："那么好吧，就打下去，美帝国主义愿意打多少年，我们也就准备跟他打多少年，一直打到美帝国主义愿意罢手的时候为止，一直打到中朝人民完全胜利的时候为止。"在战场上，我们选择打击目标的原则是：看对方对谈判的态度。美国不是蛮横无理、操纵谈判吗？我们就首先打击美军。我们又打击英军，扩大英国和美国的矛盾，一直打到他们的态度都比较好了，能接受谈判为止。此间，我军连续出击，歼敌3万多人，使艾森豪威尔陷入无可奈何的境地，又不得不回过来谈判。于是，中断了6个月之后谈判又恢复了。

我们由此总结出一条经验：这场斗争必须针锋相对。当敌人提出无理要求时，我们一定要比他们更强硬；当敌人要到战场上"辩论"时，我们在战场上也必须寸土必争。

这时，"联合国军"总司令克拉克致函金日成、彭德怀，建议首先遣返病伤战俘。美国代表提到，现在看来停战谈判什么时候取得结果还很难预料，但是谈判越延长，战俘的痛苦越不能解除。这一点我们是不能拒绝的，但要说明，不是我们首先接受美方这个建议，我们从停战谈判一开始就主张遣返战俘，是美方不考虑这些正确主张，才使停战谈判受到阻碍。我们始终高举和平旗帜，这是必须遵循的一条原则。我们建议关于这方面的具体问题由双方派出联络官在板门店商谈。1953年4月11日，双方签署了遣返病伤战俘协议，并决定在4月的第三周开始进行交换。从4月20日至5月3日，我方遣返美方病伤战俘684人，美方遣返我方病伤战俘6670人。这件事总算是办得比较顺利。

恢复谈判的基础是周恩来总理1953年3月30日的声明。声明指出："谈判双方应保证在停战后立即遣返其所收容的一切坚持遣返的战俘，而将其余的战俘转交中立国，以保证对他们的遣返问题的公正解决。"这个建议受到全世界舆论的广泛支持，彻底击破了敌人制造的我方主张"强迫遣返"的谣言。这时，唯有李承晚出来反对，而美国则表示愿意回到谈判桌上。

对于恢复谈判，我方准备了两个方案，主要内容是将不直接遣返的战俘送中立国看管（第一个方案），或由中立国在朝鲜看管（第二个方案）。我们估计美方可能接受第二个方案。4月26日复会后，我方先提出了第一方案，不出所料，美方拒绝。经过两周的舌战，我方又相机提出第二方案，美方没有断然拒绝。之后，经过休会、复会、秘密行政会议，于6月8日双方终于就第四项议程达成协议。协议规定：双方应在停战协定生效后两个月内遣返一切坚持遣返的战俘。至于未被直接遣返的战俘，应于停战协定生效后60天内交由波兰、捷克斯洛伐克、瑞士、瑞典、印度五国组成的中立国遣返委员会在朝鲜看管，并规定了相应的条款。至此，停战谈判的最后一个议程完成。当时估计，在6月份可以签字。

六、签署《朝鲜停战协定》

这时，李承晚跳了出来，他主张单独北伐，进军鸭绿江，并扬言你们不干，我干。他还于6月18日制造事端，将2.7万名朝籍战俘"就地释放"，在警察的监护下实行强迫扣留。这样，预计6月份要签字的停战协定，只好推迟了。彭总向毛泽东主席建议：根据这种情况，我们是不能让步的。美国、英国、法国已经感到这个战争不能拖下去了，现在就是伪军在蛮干。美国是不是完全不支持李承晚？也不是。美国认为，李承晚闹一下也好，等他碰了钉子还得接受美方的主张。李承晚如果占了便宜，还是美方的胜利，所以美方也有点放纵。于是彭总说要捏紧拳头，狠敲李承晚军一家伙,把它彻底打垮,停战协定签字后就可能比较稳定;否则勉强接受了,他还会挑衅,后患无穷。事实证明就是这么回事。所以,我们打击的目标是李承晚军队,这场战役名叫金城战役。1953年7月13日夜,金城战役打响了。我军在22公里的敌4个师的防御正面上展开猛烈攻击,仅一小时即全线突破,活捉伪首都师副师长林益淳。我609团副排长杨育才带领化装袭击班插入敌后,闯过敌桥岗哨,一举击毙敌白虎团团长和一名美军顾问。此役,我军突入敌防御纵深最远处达15公里,共毙、伤、俘敌7.8万余人,打出了我军的威风。在朝鲜战场上我们是既能守又能攻。守,寸土不丢;攻,就能攻下来。我们既学会了阵地防御战,又学会了阵地攻坚战。

原来在分界线问题上美国曾反对就地停战,说就地停战他们吃亏了,将来战线会变化的。我们说变化就根据变化的形势改嘛,这话我们又说应了。自从1951年11月27日双方划定军事分界线以来,我方阵地向南推进了332.6平方公里。在我军的严厉惩罚下,美方代表哈里逊保证:南朝鲜"将不以任何方式阻挠停火的实现""不再允许扣留战俘……"

经过2年零17天的艰苦斗争,终于在1953年7月27日迎来了《朝鲜停战协定》签字的时刻。在板门店,双方首席代表南日和哈里逊在9份印有朝、中、英三种文字的停战协定文本上签字。接着,朝鲜人民军最高司令官金日成、中国人民志愿军司令员彭德怀分别在平壤和开城签字。中朝两国人民和全世界一切爱好和平的人民都兴高采烈地欢庆胜利!

板门店停战谈判纪事

杨冠群

《朝鲜停战协定》于1953年7月27日在朝鲜板门店签字。它标志着第二次世界大战后最激烈的一次地区性冲突的结束和美国侵朝战争的失败。停战协定能够最后达成是朝、中方面艰苦斗争的结果。今将谈判过程中我个人所见所闻的某些片段追忆如下。

板门店会场区

朝鲜战争爆发于1950年6月25日。不久,朝鲜人民军便推进到朝鲜半岛南端的釜山。为了挽救李承晚的败局,美国盗用联合国的名义进行了武装战争。9月15日,美军在仁川登陆,并进一步直逼鸭绿江边。中国人民志愿军参战后,又把美军赶回"三八线"附近,为停战谈判创造了条件。

交战双方的联络官起初在开城以南两军对峙的砂川河公路桥上会晤,以便为正式谈判做准备。这座桥面被炸、部分栏杆坠落河中的桥梁只有两辆汽车的宽度,活动空间甚小。1951年7月10日,交战双方在开城的一座朝鲜式的典雅而又宽敞的财主庄院来凤庄开始了正式谈判。后因美方破坏,谈判曾一度中断。谈判恢复时,美方不愿再插着白旗前来我方控制区会晤,遂改在双方实际控制线附近的板门店进行。

板门店历史上曾是个繁华的市镇,是朝鲜人参的重要集散地。由于历史的变迁，板门店逐渐衰落，其地位后为开城所替代。及至停战谈判迁至板门店举行时，板门店仅剩破草屋二间半，一直用作我方安全军官的休息室。板门店在"三八线"以南，位于双方谈判代表团总部所在的开城及汶山之间，连接两市的一条公路穿越板门店，交通方便。

为了确保双方谈判代表团人员的安全，双方协议将开城和汶山定为中立区，彼此承诺对两市不进行军事攻击。同样原则也适用于开城至汶山间的公路。板门店则划为会场区，以二间半草屋为圆心，1000米为半径，形成一个圆形的中立区。区内由双方各派20名军事警察携带轻武器进行警卫。双方保证会场区的安全。

在两间半草屋的另一侧，由美方平整了一块土地，搭起一个长方形的军用帐篷，作为会议场所。这一绿色帆布制成的会议帐篷，约可容纳30人。帐篷的两头南北开，以便双方人员分别进出。帐篷的中间横摆一张长桌，将双方隔开。这张长桌也是双方谈判代表相对而坐进行谈判之处。长桌铺着绿色台布，桌上立着一面朝鲜民主主义人民共和国的国旗和一面联合国旗。当时，美军自称"联合国军"，使用联合国徽记。朝、中双方在谈判中紧密合作，频频磋商，在谈判桌上由朝方代表发言。

双方谈判代表及工作人员来到板门店会场区时，在臂上均镶了一条黄布，直升机及汽车也都插有黄旗，作为和谈标志。会谈时，双方根据约定的时间，同时由帐篷的南北两端进入帐篷。谈判代表坐下后，即开始发言。没有任何礼仪，彼此也从不握手或打招呼。这种彼此板着脸的情况直至停战协定签字后才稍有变化。

朝、中代表是乘苏式吉普车来到板门店的。美方则是乘直升机而来。双方使用的不同交通工具反映出装备技术的差距，但在谈判中美方却占不到任何便宜。我方代表义正词严，美方经常处于我方的谴责之下。为了显示美国的军事力量，美国飞机经常在会场区外的我方阵地进行俯冲轰炸和扫射，在会场区内看得一清二楚。尤有甚者，对方还屡屡违反协议，在会场区内打死、打伤我方军事警察，或通过会场区向北方派遣特务。

尽管美方经常搞些小动作和制造摩擦，但在世界舆论压力下，还不敢公然撕毁会场区协议。于是，相对安全的会场区就成为小动物逃避战火的避难所。如在会场区走动，你经常可以看到无家可归的猫、狗及野兔在你跟前蹿过。在会场区内，鸟儿叽叽喳喳，叫个不停，似乎战争并不存在。两间半草屋后面还有个小池塘。由于几年无人捕捞，鱼儿常常跃出水面，给人鱼满为患之感。

除了双方谈判人员外，会场区也常常引来大批西方记者。重要会议时，帐篷外的公路上人头攒动，黑压压的一片。这些西方记者当然都是站在西方立场说话的，报道多有歪曲。有时，连我们这些工作人员也成为揣测观察的对象。记得有一次一名西方记者报道称，当天的会议时间必长、内容必多。根据便是：中方的会议记录人员进帐篷时挟了厚厚一叠记录纸。我方在板门店活动的记者较少。当时，为朝、中方面主持正义的洋记者仅有英国《工人日报》的惠灵顿和法国《人道报》的贝却敌两人。在战争的环境下，开城没有饭店和旅馆。两人便和中方人员同住一院，同桌吃饭。

这是一场大规模的国际战争。对方在联合国的名义下纠集了15国的军事人员。有的国家仅仅提供了象征性的支援，有的则派出了战斗部队，在战场上也遭到我方痛击。众所周知，我方在战场及后方消耗的大量武器装备是苏联提供的。西方报刊也频频报道，从中国东北起飞的米格飞机里有"高加索"人。在会场区，从一些细枝末节上也可看出这场战争的国际性。例如，我方在会议帐篷里使用的文具便有"捷克斯洛伐克制"的字样。会议休息时，我方人员吃的罐头食品也有东欧国家的产品。

谈判濒于破裂

历时两年的停战谈判是个十分艰难的历程。在两个重大问题上，双方产生了严重的分歧。其一是，停战后的军事分界线如何划定。我方主张回到战前的"三八线",对方则坚持以双方实际控制线为据。其二是,如何解决大批战俘问题。我方坚决要求,根据国际公约,战俘应全部无条件遣返对方;美方声称,我方许多战俘"拒绝遣返",应由战俘本人自行决定今后的去留,即所谓的"自愿遣返"。很明显,美国人是想借战俘问题大搞冷战,往社会主义国家脸上抹黑。因事涉根本原则,双方相持不下,战俘问题的谈判前后拖了一年半。

在谈判又告中断前的一段时期里,双方代表的会晤便已徒有形式。往往双方代表在谈判桌前坐下后便彼此询问有无新的话要说。双方异口同声说"没有"。于是其中一方建议下次会晤,另一方表示同意,会议便告结束,历时约三五分钟。后来,美方对保持这种形式上的接触,也无兴趣和耐心,一心想通过战场得到它在谈判桌上得不到的东西。一场美国片面宣布无限期休会的丑剧于是上演了。

1952年10月8日,板门店会场区晴空万里。双方代表按照协议的时间如期来到板门店。代表们坐定后,美方按照老套先问我方有何新的想法。我方回答"没有"。美方接着建议无限期休会,以便我方"有时间做进一步考虑"。我方表示坚决不能同意,并指出美方要对中断谈判负责。在此种情况下,美方代表二话未说,起身就朝帐篷外走,其他人员也尾随其后,退出了会场。我方全体人员"处变不惊",端坐在自己的座位上,以大笑送走了美方人员,直至对方全部人员撤走后,才离开帐篷。记得当时中方人员,按照事先的估计与安排,特以京剧表演手法,大声发笑,以表示对美方"逃会"的蔑视,也是为了让帐篷外的西方记者知道帐篷里发生了一场双方立场迥异的戏剧性变化。

谈判暂时中断后,美方便在战场上展开强大攻势。上甘岭一役,美方炮火竟把我方阵地的山头削平了两米。开城地区虽不是主要战场,但也被紧张气氛所笼罩。为了防止对方狗急跳墙,中方代表团进行了人员紧缩,许多同志回国过年了。工兵部队还日以继夜地打炮,在松岳山下的代表团驻地，从石头山里开掘了一个大防空洞。留守的同志都领到了枪支，并进行了实弹射击训练。代表团处于战备状态。

一天中午，一架美机突然出现在代表团驻地上空，来回低空盘旋。山头上放哨的警卫战士见状敲响了警钟，发出紧急警报，我们一时被突如其来的事件所惊动，但很快就稳定下来，进入隐蔽场所。当时，面对美军的挑衅，我们这些年轻人都恨不得把那架美机揍下来。无奈根据协议，中立区不设防，我方没有对空射击。在那些日子里，夜晚也不平静，经常可以听见敌机的轰鸣声。最气人不过的是，有几次美机竟飞临代表团驻地上空，用汉语向下面喊话，声音清晰可闻，内容无非是"投奔自由"之类的陈词滥调。至于远处的隆隆炮声，我们早已习以为常，不在话下了。

为了谈判代表的安全，板门店会场区设有明显的中立区标志。会场区中心上空，白天升有红色大气球，入夜有探照灯照明。会场区的圆周还放置了橘红色的信号布板。但美方违反协议，侵犯中立区的事件仍层出不穷。在谈判中断期间，美方更是肆无忌惮。当时我们从开城去板门店，沿途都有志愿军战士站岗，但特务放冷枪仍时有发生。为了确保安全，我们随身都带了手枪，以防不测。板门店会场区更是双方斗争的焦点，有一次美方在会场区内劫持我方人员，几乎酿成一场火并。

那是一个伸手不见五指的夜晚，出事地点是会场区靠近美方控制区的一侧。除了双方安全军官照着手电筒，在公路上走动发出的沙沙声响外，板门店会场区就像坟场一般的寂静。我们正等待着开城和汶山来人处理此案。实际上，双方都还在公路两侧埋伏了部队，准备行动，形势一触即发。我们奉有指示：一闻枪声，立即撤回，以免无谓牺牲。当时我们也知道站在公路上十分危险，双方一旦交火就必定为交叉火网所吞没，但任务在身，只有坚守岗位，生死已置之度外。后来，由于我方采取克制态度，主动撤出部队，一场会场区内的武装冲突，才得以避免。

恢复谈判和签署协定

　　谈判中断后，双方唯一的联系便是双方在板门店会场区的安全军官。中方的安全军官不懂英语，朝方的翻译表达能力也有限，我被派往协助工作。1953年2月下旬的一天，美方通知我们去取一封重要信件。我们便应约前去。一看信封便知这是"联合国军"总司令克拉克将军致金日成主席和彭德怀总司令的信件。到了会场区外我安全军官驻地，我拆开了信件并立即用电话将该英文信件逐字逐句传回开城。克拉克在信中建议，不待停战实现，双方先交换病伤俘。这是美方在战场遭到迎头痛击后为转弯下台而作出的姿态。我方紧紧抓住了这一契机，使停战谈判的形势出现了转机。继双方签订《遣返病伤被俘人员协定》后，4月26日双方谈判代表级会议复会。

　　交换病伤俘是在板门店进行的。为了迎接我方战俘，我方在会场区搭起了彩门，用朝文、中文写上"祖国怀抱"字样。救护车、担架、休息帐篷等也一应俱全。首先到达板门店的是朝方病伤俘。这些朝鲜人民的忠实儿女，一进板门店会场区，便高唱《金日成将军之歌》，高呼口号，并开始从美国运送军车上扔掉美军发给的一切物品。及至到达会场区中心时，他们每人身上虽只剩一条短裤，但每人头上都戴有一顶自制的人民军军帽。他们又从军帽里取出秘藏的朝鲜国旗挥舞起来。当我方人员把他们扶下美军军车时，他们都泣不成声。志愿军病伤俘回到会场区时，却见不到那种激昂的情景，我感到不解。及至我们到休息帐篷里探视归来的中方人员，他们见到祖国亲人便紧紧地握住我们的双手，哭成了一团。许多人纷纷脱去上衣，露出了背上、胸前、手臂上被强迫刺上的反共口号和国民党党徽，哭诉在战俘营一有反抗表示就遭受挖眼、割耳、断筋等酷刑的惨状。于是我明白了。这些能在敌特胁迫下，坚持要求回国的被俘人员，都是祖国的好儿女。

　　1953年7月27日上午10时，《朝鲜停战协定》在板门店签字。代表

1953年7月27日,《朝鲜停战协定》及其临时补充协议在板门店签字

朝、中方面在协定上签字的是朝鲜人民军南日大将，美方为美军哈里逊中将。协定原准备由双方最高司令官在板门店签字，后由于美方的原因，改由双方谈判代表签字，然后协定文本再交双方最高司令官签署。中国人民志愿军总司令彭德怀专程来到开城，签署了协定文本。协定的签署宣告历时3年多、双方死伤各在百万人以上的朝鲜战争终于结束了。

签字仪式在板门店会场中心签字大厅举行。这个宽敞而明亮、可容纳二三百人的竹木结构大厅是我方专为签字仪式而赶建的。根据原来的设计，在大厅南北进口处上方各镶有一个毕加索的和平鸽图案。美方认为这是"共产党宣传"而持异议，后图案被取下，但痕迹仍隐约可见。新建签字大厅后，代表们便告别了用了两年之久的美军帐篷。大厅也成为板门店具有象征性意义的一景。

签字仪式严肃而简短。大厅正中一字形摆开了两张长桌，桌上铺有绿色绒布，分别插有朝鲜国旗及联合国旗。两桌之间又放置了一张小桌，摆着停战协定及其临时补充协议共18个文本。双方代表分坐在两张签字桌后，他们用了约10分钟的时间完成了各自的签字。双方参谋站在一旁为代表交换文本，应邀目证这一历史事件的双方贵宾各近百人，分别端坐在两侧排列整齐的折叠椅上。签字过程中，所有在场的人都凝神注目，鸦雀无声。双方代表没有发表讲话。南朝鲜方面未出席签字仪式。大厅外记者云集，争拍历史镜头，代表们进出大厅时只好夺路快走。

签字仪式后，朝、中代表团在开城举行了隆重而热烈的庆祝活动。朝方还授予中方有功人员勋章和奖章。

中立国的介入

为了监督停战和遣返战俘，双方经过艰难的讨价还价，达成了成立中立国监察委员会及中立国遣返委员会的协议。所谓中立国就是没有直接参与朝鲜战争的国家。当时，双方互不信任，确定谁是中立国也成为难题。最后双方接受波兰、捷克斯洛伐克、瑞典、瑞士为监察委员会及遣返委员会成员，印度为主席。波、捷是社会主义国家，瑞典、瑞士为资本主义国家。在两票对两票的情况下，印度主席便举足轻重。当时，双方能共同接受的主席也只有印度。双方还协议，由印度派军队为双方战俘提供警卫。由于美方坚持战俘要"自愿遣返"，每个战俘都需由中立国遣返委员会的小组进行"甄别"，听取战俘表明是否愿意被遣返回国。朝、中方面的战俘由于长期在战俘营中遭受恐怖统治和残酷迫害，有相当一部分人未能回国，后来他们中的大部分被送往台湾。

朝鲜停战已 40 多年。在此期间世界发生了翻天覆地的变化。如今，和平与发展已成为当今世界的主题。中国也正专心致志于社会主义现代化建设，迫切需要一个和平稳定的国际环境。我们这些当年曾经历过朝鲜战火并为缔造朝鲜和平作出不同程度贡献的人，更加懂得和平来之不易，也必定会对它倍加珍惜。

参加朝鲜停战谈判翻译工作的回忆

过家鼎

1950年10月,中国人民志愿军跨过鸭绿江抗美援朝扭转了朝鲜战争的局面。1951年7月后,美国被迫与我方在板门店进行谈判,朝鲜战场上出现了边打边谈的局面,直到1953年7月双方达成协议签署《朝鲜停战协定》,朝鲜战争打了三年,停战谈判进行了两年。

1952年春,国内三反、五反运动接近尾声,抗美援朝战争虽然进入了阵地战的胶着状态,但形势仍是十分严峻的。朝鲜停战谈判是当时我国外交战线上的一件头等大事,国家需要选派一批政治上比较可靠的英语干部到板门店这个敏感地区去从事停战谈判的翻译工作。1952年4月,我从上海复旦大学外文系被调到北京参加"五一"外宾接待工作,到北京后不久,便荣幸地被选调到板门店参加停战谈判工作。同行的有十几个人,我们互不相识,第一次见面,其中有年已半百的清华大学教授赵诏熊、北京大学教授钱学熙、解放初期从美国学成归来的朱光亚副教授,还有一些讲师、助教,包括北大青年教员薛谋洪等,最年轻的是我和冀朝铸、邱应觉三人。冀朝铸侨居美国多年,是美国哈佛大学的学生,回国后在清华大学化学系肄业。我是复旦大学外文系的应届毕业生。我们的任务都是当英文翻译,但实际上我们这些人都不是专职翻译,尤其是我们这几个小青年,都是刚刚出校门的学生,从未干过实际工作。我本人连外国人都很少接触,更不知翻译是怎么回事。

我们的行动是保密的。临行前，我写信告诉了在上海的双亲，以后就中断了与家属的联系。我们穿上了新发的志愿军棉军装，只带了最简单的随身行李和衣物，从北京坐火车经沈阳到达安东（即丹东），一路顺利。一过鸭绿江，眼前便似换了天地。那里是一片废墟，美侵朝战争已将朝鲜北方的城镇夷为平地，地面上没有一座完好的房屋。我们从新义州出发，连人带铺盖一起坐上了敞篷军用大卡车，十几个人挤成一团，铺盖就是我们的座位。卡车沿着崎岖的山路前进，一路冒着美国飞机轰炸扫射的危险。朝鲜人民军和中国人民志愿军战士沿路站岗放哨，一遇敌机，便鸣枪发出防空警报。卡车开开停停，天黑后加速行驶，大部分路程是在夜间行进的。途中，美国飞机在我们车前扔下了照明弹，司机立即停车，让我们大家都跳下车趴在路旁的斜坡上。美国飞机在我们车后扫射了一阵便飞走了。我们拍去身上的泥土立即上车继续前进。就这样，卡车走了两天一夜终于到达开城中国人民志愿军停战谈判代表团总部。

我们一开始住在朝鲜老乡家里，办公室也设在朝鲜老百姓为我们腾出的房子里。尽管周围炮声隆隆，美国飞机经常在我们头顶盘旋，在远处扔下炸弹，但我们地处中立区内，环境基本上还属安全。不过，晚间实行灯火管制，我们要拉上防空窗帘，在微弱的灯光或烛光下工作到深夜。特别是夏夜，尽管天气十分闷热，我们也不能拉开窗帘透透气。有时，深夜敌机飞越我们上空，我们一听到空袭警报，就要抱着文件和公文包，跑到房后的防空洞里躲避一会儿，等警报过后再出来继续睡觉或工作。开始时，我们对这样的生活和工作条件不大适应，但过了一段时间也就习惯了。天热了，晚饭后，夕阳西下，我们三三两两散步来到山顶，席地坐下，看着远处炮战发出的火焰，我们意识到战争还在激烈进行，谈判尚需时日。

朝鲜人民军和中国人民志愿军方面的首席谈判代表是朝方的南日大将，中国人民志愿军的谈判代表是边章五和解方将军，秘书长是柴成文，停战前后谈判代表由丁国钰和柴成文担任。中国人民志愿军停战谈判代表团的领导是李克农和乔冠华。李克农同志负责全面领导，乔冠华同志负责领导谈判业务。李、乔二人对外从不出面，对内则直接向周总理和毛主席请示报告。代表团同志称李克农为李队长，称乔冠华为乔指导员。他们经常给代表团的同志做形势报告，介绍谈判斗争情况，交代下一阶段的任务。每次与美方会晤结束后，乔冠华同志即召集内部会议，听取汇报，布置下一次会晤的斗争策略和发言稿内容，由秘书处同志起草发言稿，交他修改审定后译成外文。当时的秘书处处长是浦山同志，英文翻译定稿是裘克安同志。

初到开城，谈判有所进展，我们的工作是紧张而繁忙的。1952年底，谈判一度陷入僵局，双方会晤次数减少，级别降低。从谈判桌上来看，最困难的是军事分界线的划分和战俘交换问题。战场上的较量将反映在军事分界线的划定上，军事分界线将成为今后南北朝鲜长期的分界。经过两年多的反复较量，双方基本上已在原来的"三八线"附近持平，大幅度的进退已不大可能。美方手中所剩的一张王牌是战俘问题。朝鲜人民军和中国人民志愿军在美方手中的被俘人员近18万人，而我方手中的南朝鲜和美国等所谓"联合国军"战俘仅1万多人。我方主张，按照关于战俘问题的《日内瓦公约》，停战后交战双方应全部释放和遣返在战争中俘虏的对方人员。美方则利用其所扣留的我方被俘人员，提出"一对一"交换的主张，企图扣留大批战俘，压我方做较大的让步。从美国国内的形势来看，1952年年底美国正值总统大选，民主党的杜鲁门总统在大选中失利，共和党的艾森豪威尔获胜。虽然大选前后艾森豪威尔一再声称上台后要把朝鲜战争停下来，但在新旧交替之际，艾森豪威尔政府内部尚未整顿就绪，同时美国尚不甘心接受当时战场上的结局，停战决心未下，战争继续拖延下去。

由于斗争重点又转到战场，谈判任务骤减，代表团领导决定把一部分同志送回国内，随时待命。于是，我们这一批人又沿着入朝的路线坐卡车返回祖国。时值隆冬，战争仍在进行，道路更加艰难。到达北京后，我们受到了外交部领导的热情欢迎。我被临时分配在外交部亚洲司工作了两三个月，正好过了元旦和春节。国内一派繁荣景象，人民过着和平幸福的生活，战争环境的磨炼使我们倍感和平之可贵。抗美援朝保卫了我们祖国的疆土免受侵犯和破坏，我国的和平建设未曾中断，人民的和平生活未受影响。这一切使我们切身感受到抗美援朝、保家卫国的伟大意义。能为保卫祖国和履行国际主义义务尽自己的一份力量让我感到荣幸和骄傲。1953 年初春谈判恢复，我们较年轻的部分同志奉召重返板门店前线。这一往返是我一生中最难忘的旅程。好在我们已有了前次的经验，思想上和生活上都有了准备。到达开城后，我们与留守的同志汇合，立即投入了紧张的工作。

这时谈判的进程比较顺利。到 1953 年 6 月，军事分界线已基本划定，走向仍沿"三八线"附近，南朝鲜在东部多占一些地方，北朝鲜则在西线占据优势。虽然南朝鲜多占的面积略大于北朝鲜，但北朝鲜新占的地区却比较富庶。在最棘手的战俘问题上，我方坚持了全部遣返的原则，但作出了重大的妥协，即同意将一切坚持遣返的战俘分批直接遣返，将未予直接遣返的其余战俘统交中立国遣返委员会处理。中立国遣返委员会由瑞士、瑞典、波兰、捷克斯洛伐克、印度代表组成，印度代表为主席和执行人。关于停战后的政治解决，双方同意在停战协定签字并生效后 3 个月内，双方分派代表召开高一级的政治会议，"协商从朝鲜撤退一切外国军队及和平解决朝鲜问题等问题"。至此，谈判中的重大争执问题均获解决。按原来的进程，停战协定本可于 6 月签字。然而，美方最后还想争得一席土地，李承晚军队又发起了一番进攻，遭到我军的迎头痛击。经过最后一番较量，双方终于商定于 1953 年 7 月 27 日在板门店签署停战协定。

《朝鲜停战协定》以朝、中、英三种文字写成，各种文本同等有效。该协定经过整整两年的琢磨推敲，文字严谨而通顺，确实是当代最重要的国际条约之一。文本由双方各自准备一份，内容经过无数次的反复校对，保证没有任何一个标点的差错。我方准备的文本是在国内铅印的，由信使及

参加朝鲜停战谈判翻译工作的回忆 | 091

1953年7月,中国人民志愿军司令员彭德怀在《朝鲜停战协定》上签字。左起:彭德怀、毕季龙、李克农、乔冠华

时送到了开城。协定先由双方的谈判首席代表在板门店签字。代表朝中方面签字的是朝鲜人民军南日大将,代表"联合国军"方面签字的是美军的哈利逊中将。文本在板门店签字后,分别送到开城和汉城,朝中方面由朝鲜人民军最高司令金日成元帅和中国人民志愿军司令员彭德怀签字,美方则由所谓"联合国军总司令"克拉克上将签字。彭德怀司令员专程从志愿军司令部赶到开城。我本人曾目睹彭司令员在我们代表团新盖的大厅里签署了《朝鲜停战协定》。按照规定,停战协定于1953年7月27日22时正式生效。第二次世界大战以来最大规模的一场局部战争结束了。世界人民为之欢欣鼓舞。中国人民长了自己的志气,灭了美帝国主义的威风。美国方面为结束了这场"在错误的时间、错误的地点"打的"错误的战争",也感到松了一口气。

值得一提的是,尽管朝文、中文、英文是同等有效的正式语文,但朝文、中文的记录毕竟主要是朝、中方面使用的,双方赖以查据和引用的主要是英文记录,因而英文记录具有特殊的重要性。然而,怎样整理英文记录是一个有争议的问题。当时,钢丝录音机已经问世,美国作为世界上最发达的资本主义国家,当然拥有一切最新式的设备,因此,美方要求在会议室里使用录音机。我们这方面,在建国初期帝国主义对我们实行严格封锁禁运的情况下,连录音机是什么样都没见过,怎么可能使用录音机设备呢?美方明知我们没有录音设备,于是建议由美方提供录音机把双方的发言录下来,英文记录全部由美方负责整理,并向我方提供。大家知道,在这场抗美援朝的斗争中,为了反对侵略,维护国家独立主权和民族尊严,我们寸步不让。双方发言都是带有高度原则性和政策性的,必须保证绝对的完整、准确。如果记录中出现差错或任意的篡改,何以为凭?因此,我们严正地拒绝了美方的建议,主张在会场内任何一方均不得使用录音设备,中、朝、英三种文字的记录由各方自行负责整理,每种文字同等有效。

英文记录对美方来说是轻而易举的事。美方从美军的文职人员中选调了一批专职速记员来参加会议，他们大部分用笔记，有的则采用刚发明的速记机。对我方来说，我们没有专职的英文速记员，只能由英文翻译来兼作英文速记。组织上指定我们三四个最年轻的翻译立即学习英文速记，要求我们能把对方的英语发言全文记下来，在准确性和效率方面要赶上并超过美方。我们必须从零开始，任务是艰巨的。我们感到很紧张。

在困难面前，我们想到，志愿军战士在战场上流血牺牲，我们这些青年知识分子作为志愿军战士的一部分，费一点力，流一点汗又算得了什么？于是，我们向组织上保证，一定完成这项光荣而艰巨的英语速记任务。

为此，我们派专人到国内采购了一批英文速记课本和速记字典，在没有老师的情况下，抓紧一切时间自学。先是看书，弄懂速记的原理，接着是摹写速记符号。过了一个多星期，我们便开始做练习。我们按照书本上规定的课程练习，轮流地由一个人念，其他人默写。速记这门课程，原理并不深奥，符号也不复杂，学会并不难，但要达到娴熟自如，则并非易事。上场时，我们只能采用部分速记符号，绝大部分要靠普通手记。一个人记不下来，只有用人海战术，即四个人一起记，开会回来，互相校对、追忆。在这方面，冀朝铸同志的条件比较有利。他从小在美国学习，对美国的发音比较熟悉，他凭记忆可以追忆起不少内容，是我们中间的一个主力。

美方念稿的速度一般在每分钟120—130个单词，而我们的速度开始只能达到每分钟70—80个单词，差距较大。因此，每次会议开完，我们都由于脑子高度紧张而疲惫不堪。要改变这种被动的状况，只有加紧练习。练习的办法是，以我们自己记下的美方发言为素材，反复听写，重点练习其中一些常用字的速记符号。此外，我们还收听远东美军的英语广播，做听写练习。除了一些必要的工作外，我把全部时间都用在练习上，连吃饭和睡觉都在背速记符号，有时梦中也在练习，时常为追忆一个难字而惊醒。随着速记技术的熟练，思想紧张的程度才逐步缓解。

即使在谈判陷入僵局的时期，我们也没有放松速记的练习。1953年春谈判进程加速后，我们所学的速记发挥了很大作用。会议增多了，人手不够用，三四个人一起记录的人海战术行不通了，于是我们分成两人一组，甚至一个人独立工作，再带领一个新同志做徒弟，这样加强了速记力量，提高了整理记录的效率。

停战后，我继续留在板门店，负责军事停战委员会的会议翻译和记录工作。为了更好地完成任务，我在板门店的6年多时间里，几乎从未停止过速记练习。熟能生巧，不间断的练习和实践使我的速记技术有了显著提高，最高时达到每分钟140个单词的水平。我还代表朝中方面同美方一起协助中立国监察委员会整理英文记录。我方整理的记录，完整准确程度超过了美方。有时，美方说话不算数，不守信用，我们引用美方自己发言的英文原文，予以驳斥和揭露，使美方无法抵赖或否认。

通过朝鲜停战谈判的翻译工作，我深感作为一个外事工作人员，应该以国家的需要作为自己奋斗和拼搏的动力。国家需要什么，我们就去学什么，干什么，哪怕需要付出艰巨的劳动和克服种种困难，也在所不惜。通过出色地完成本职工作来为祖国的现代化建设作出贡献，这就是奉献精神。只有具备奉献精神的人，才能真正成为有战斗力的新中国的外交人员。

朝鲜停战以后赴朝任翻译的经历

谢君桢

首次入朝

《朝鲜停战协定》在1953年7月27日签字后,我和北京外国语学校英文系的20多位同学于9月被外交部派到朝鲜前方去工作。我们都很兴奋,觉着能有机会去前方锻炼很有意义。除北京外国语学校英文系的学生外,一同前往的还有懂英文的机关干部和中学教师等,共30多人。其中,年龄最大的40多岁,最年轻的19岁。我们从北京乘火车到达平壤后即转乘我国驻朝鲜使馆的汽车去30多公里外的西蒲山沟。战争期间外国驻朝使馆都撤退到那里,我国驻朝使馆一部分同志也住在那里。抵达后,我们进入一个灯光暗淡的拱形山洞里,洞内有一张长长的木桌,十几把木凳子。厨师把热喷喷的饭菜从洞前端的一个小木门送进来,我们感到很新鲜,第一次尝到朝鲜大米,吃得很香。

第二天早晨,我们又乘卡车去平壤火车站。平壤市内到处是废墟瓦砾、断墙残垣。从这里,我们乘火车到达非军事区的开城,分散住在朝鲜老百姓家里。房东老大娘热情欢迎我们,我们虽听不懂她的话,但从她的友好表情可以悟出意思来。我和另外两位同志住在一间约6平方米的小房间里。房内没有桌子,白天把铺盖卷起来当桌子用,席地而坐。房间有两扇落地木格窗，也是门。房内的地面是用砖头砌成的炕，冬天可在户外烧火取暖，同我国北方农村的炕类似。

我们被分配到中国人民志愿军停战谈判代表团下属解释代表团翻译队，队长是凌青同志。我们领到并穿上了军装，开始过起军人生活。我们在中立国遣返委员会向看管的被俘人员进行解释的工作中承担翻译任务，以便被俘人员行使被遣返权利。为什么要向战俘解释他们的这种权利呢？这就需要了解有关战俘的问题。朝鲜停战谈判从1951年12月进入"关于战俘的安排问题"以后，美方顽固坚持所谓"自愿遣返"原则，意在强迫扣留朝中方面的被俘人员。为此，美方不惜使用酷刑拷打甚至杀害等血腥手段，强迫朝中被俘人员以在身上刺字、写血书之类的方式表示"拒绝遣返"。但宁死不屈的我方被俘人员为返回祖国，用鲜血和生命进行了英勇的殊死斗争，彻底揭露了美方"自愿遣返"的血腥内幕。如1952年5月在南朝鲜巨济岛美方战俘营的我方被俘人员忍无可忍，奋起反抗，迫使美方承认了迫害、屠杀我被俘人员的罪行，并保证不再用暴力进行强迫"甄别"。但其后美方又背信弃义，继续玩弄将战俘分为愿意遣返和拒绝遣返两类的手法，不断制造镇压和枪杀我方被俘人员事件。在朝中方面予以揭露和进行反复斗争之后，为打破在战俘问题上的僵局，1953年3月30日周恩来总理兼外长发表声明，提议谈判双方应保证在停战后立即遣返其所收容的一切坚持遣返的战俘，而将其余的战俘交给中立国，以保证对他们遣返问题的公正解决。这一方案成为最后就战俘问题达成协议的基础。6月8日双方达成的协议规定，在停战协定生效后60天内各方应将其收容的一切坚持遣返的战俘分批直接遣返；未予直接遣返的战俘则交由五个中立国组成的遣返委员会看管；自该委员会接管之日起的90天内，双方派代表向一切依附于该所属国家的战俘解释他们的权利。这样，在我方代表向中立国遣返委员会看管的战俘进行这种解释时，就需要一批翻译人员。

在开始解释工作以前，中国人民志愿军停战谈判代表团指导员乔冠华在开城一所大礼堂向中方解释代表团的代表、观察代表和翻译人员等做了一次报告,分析这次解释工作斗争的复杂性和艰巨性。他在报告中说,美国依仗有十几万战俘掌握在它的手心里,妄图以此谋求一个"光荣停战"的条件,坚持所谓"自愿遣返"的原则,以为只要有一批战俘不愿回国,它就可以从政治上给共产党脸上抹黑,求得一个心理上的胜利。美国勾结台湾国民党特务对中国人民志愿军被俘人员进行残酷迫害,对表示坚持遣返者施以酷刑,有的被惨无人道地挖心。美国使用血腥手段恐吓我被俘人员不敢表示遣返回国,因此我们面临的工作是艰难的。

按照双方最初的商定,由印度、波兰、捷克、瑞士和瑞典五国组成的中立国遣返委员会将到双方战俘营直接接收战俘,然后安排解释工作;我方解释代表和翻译人员等将去南朝鲜残暴恐怖的济州岛和巨济岛战俘营做解释工作。后来由于美方怕济州岛和巨济岛战俘营残酷迫害我方被俘人员的真相进一步暴露于世,改为把战俘迁移到非军事区进行解释工作。在那里,搭了20多个帐篷,每个帐篷里,中立国遣返委员会五国代表小组坐在一侧,朝中方面解释代表组坐在中间,美方和朝中方面的观察代表各一名坐在帐篷一角进行现场观察。美方和我方的翻译坐在中立国代表后面,将我方解释代表的解释词翻译给中立国代表听。

每次我方进行解释工作时,都由印度士兵把我被俘人员从俘房营送来。由于美方故意设置障碍,好多次印度士兵都要历经艰难险阻,才能将我被俘人员带出营来,送到帐篷听我方代表解释。

由于美方对解释工作进行严重的阻挠和破坏,朝中解释代表只进行了不到10天的解释工作,我方大多数被俘人员连我方代表的面都未能见到,无法向中立国遣返委员会和我方解释代表表达要遣返回国的愿望,只有部分我方被俘人员经解释后被遣返回国,大部分被俘人员被裹胁去了台湾。1954年2月中国人民志愿军解释代表团工作结束,我们翻译队的同志们回国。那天早上,同志们离开住地乘卡车去开城火车站,许多朝鲜老百姓都来送行。朝鲜老大娘拉住我们的手,泪流满面,朝鲜姑娘抱住我们女同志低声啜泣,难舍难分。这让我不禁想起我们的房东老大娘冬天主动用柴火为我们烧炕,过春节时请我们和她们一家一起喝米酒、吃打糕,一起唱歌跳舞的情景。我们相处虽只有短短半年,但结下了深厚的友情。此情此景,令我终生难忘。

二次入朝

1954年4月,外交部再次派我和其他同志到中国人民志愿军墓地注册委员会任翻译工作。这个委员会的任务是搬运尸体,人称"搬尸队",这个名称可不好听。后来我才知道,按照《朝鲜停战协定》规定:在停战后双方要依据对方提供的墓地所在地的清单,把已掩埋的对方军事人员的尸体挖出来,并在指定地点进行交换、移交。

中国人民志愿军墓地注册委员会下设三个队,我被派到三队工作。三队由队长、政委和三十多名队员组成。队长由一位志愿军团长担任,政委和队员都是从各军抽调的副班长以上人员。当时队员们都想不通为什么让我们去挖美军的尸体。政委在全队会上进行动员,说明为了把在朝鲜南方几次战斗中牺牲的我方烈士的遗体运回来,我们就必须做这项工作。同时把对方军事人员的尸体运回去,也表明我军的人道主义。

在全队进行充分的思想和物质准备后,我们乘卡车去咸兴市西北的黄草岭。1950年底,这里曾打过十分激烈的阻击战。我们在半山腰架起帐篷,安营扎寨。早上我们就上山,按美方提供的墓地示意图,把一片土地挖开,坑内七倒八歪躺着许多具美军尸体。黄草岭地势高,常年是阴霾天气,大部分尸体尚未腐烂掉,但气味难闻。我队战士穿着橡皮工作服,戴上橡皮手套,下坑把尸体一具具拖上来,依次序排列在地上。由于臭味太大,天气又阴冷,干一会儿就得喝点"二锅头"白酒,冲冲臭气、暖暖身子。

我的工作就是寻找美军尸体上的名牌，也就是美军俗称的"狗牌"（DOG TAG）。每个美军官兵都在脖子上挂有一两块不锈钢的牌子，大小有名片的一半，上面刻有姓名、军号、兵种和血型。有的美军除挂"狗牌"外，在手腕上还带一条腕带，上面也刻有姓名。我查到每个尸体的"狗牌"后，就把他们的姓名、军号和兵种记录下来。有的尸体找不到"狗牌"，就得翻寻腕带或口袋里的东西。在我登记完毕后，战士们把尸体装进胶布袋，编上号码，装车运走。

一天工作完毕，我们脱下工作服，在帐篷过夜。住帐篷不舒服，中午很热，夜晚很冷。当地老百姓开始不知道我们在干什么，后来知道我们是"搬尸队"，就远远躲着我们，不愿和我们接近，因为我们身上有一股难闻的味道。当时我们的消毒条件较差，每次回来只用高锰酸钾水洗洗手和脸，就算消毒了。我们这样在野外工作了将近个把月。

后来我们又转移到另一个地方，这里是一片公墓式的坟地。原来在战斗打响前，美军曾抓了当地朝鲜老百姓在这里挖坑。每个坑深2米多，长约2米，宽60多厘米。战斗中阵亡的美军尸体被用橡皮布包裹后埋在坑里，旁边还放有一个绿色小瓶。小瓶里面装着一张写有姓名、军号、兵种、死亡日期和牙齿特征等的表格。为防止纸张腐烂，小瓶内还装有药水。战士们把每个坑挖开后，见到小瓶，我就打开瓶子，把表格上所列各项进行登记。听当地老百姓说，美军为了灭口，在撤退前把挖坑的朝鲜老百姓都杀害了。我们还到其他几个地方挖美军尸体，有的已成为白骨，我们就把白骨装进绿色胶布袋内，装车运走。

我方成立了四个接收小组，在移交对方军事人员尸体的同时接收我方牺牲烈士的遗体。每天下午美方用改装的卡车把我方人员遗体运来，经我们核查清点后，我方将美军和南朝鲜军人的尸体交给对方。交接工作持续了一个多月。

在"三八线"我方控制的非军事区内，搭有一座木牌楼，上面书写着

"英灵千古"四个大字。我们把我方牺牲烈士的遗体放在牌楼前,全体队员举行默哀悼念仪式后,再把烈士遗体运回开城。志愿军墓地注册委员会从上海请了一位老法医和两名助手,由他们负责仔细检查美方运来的我方烈士的遗体和遗骨。结果发现,遗骨里竟夹杂有一些动物的骨头。这种极不负责任的做法令人气愤。

朝方和我方商议后决定把志愿军烈士的遗体和遗骨合葬在一起,修建了几座大的"战友坟",还建立了中国人民志愿军烈士陵园。烈士们长眠在朝鲜的土地上,真正是"青山处处埋忠骨,何必马革裹尸还"!

1954年日内瓦会议的一些情节

师 哲

1954年日内瓦会议召开之前，周恩来总理曾去莫斯科两次，加上去日内瓦路过的次数，就有三四次了。周总理第一次去莫斯科，主要是摸美国参加日内瓦会议的底。周总理从苏联方面大体摸了个底回来向毛主席汇报，把我留在了莫斯科。过了两天，他又来莫斯科。这次是研究会议的对策，磋商中苏在会上如何合作，估计会上会发生什么问题。苏联外长莫洛托夫告诫我们，对这次会议，不要抱太大希望，估计不会有什么大的成果。

周总理从苏联回来，我们就开始做准备工作。周总理在莫斯科已经谈好了中苏双方代表团的阵容、规模。我们代表团有180多人，苏联200人出头。我们去这么多人，主要是学习、练兵。我们代表团去日内瓦路过莫斯科，在那里待了两天，利用这个机会，请苏联副外长葛罗米柯介绍国际会议斗争的经验。我们同苏联代表团同一天去日内瓦，我们先走，苏联代表团后到。我们到达日内瓦机场时，别人还以为我们是一个大型足球队呢，每个人都戴着八角帽，穿着中山服，真像足球队员。我们在机场休息了一会儿，接着以莫洛托夫为首的苏联代表团就到了。周总理带领我们去迎接他们。莫洛托夫一下飞机，首先愉快地同周总理握手，然后我们一起往候机室走去。我们只顾向前走，莫洛托夫提醒我们慢点走，给记者们留下几个镜头。到了日内瓦以后，周总理又同莫洛托夫商量，在会议期间怎么合作和互通情报。

中央对这次会议的方针是：力争解决越南问题；朝鲜问题尽量要缓和一点，不要搞得那么紧张。

日内瓦会议的第一项内容，是讨论朝鲜问题。关于这个问题的争论持续了近两个月，最后什么问题也没有解决，一个观点也没有统一。美国人毫不在乎，你谈东，他谈西。到了最后两天，莫洛托夫对我们说，看来美国要停会。当时苏联情报工作做得比较准确。大会由莫洛托夫和英国外交大臣安东尼·艾登轮流当主席。正好轮到艾登当主席的那一天，他们要闭会。周总理认为，会议开了近两个月，多少要解决一点问题，不应该这样闭会。在最后一次会议上，艾登说会议不再继续下去了。这是艾登事先同美国代表商量好了的。周总理当场提出继续进行协商以及另定会议时间的建议，把美英停止会议的预谋打乱了，使美国及追随美国侵朝的国家处于完全被动乃至混乱的境地。这时，比利时首相斯帕克建议说，周恩来先生的意见很好，有很多合理建议要再研究一下。他这么一说，美国副国务卿史密斯差一点骂出来。他写了一个纸条传给后边的人，让其交给斯帕克。斯帕克看了纸条后，当即站起来说："主席先生，对不起，我做个说明，我刚才说的意思是可以再合理地开一次会议，但我不是说一定要开，不开最好。"会下，加拿大外长通过王炳南跟我们说："我要在明天的会议上讲话，我的话里可能有攻击你们的地方，请你们不要在意，我心里是同情你们的。"到了第二天开会时，加拿大外长把我们大骂了一通。他会后见到我们时又说："对不起，我不得不这样做。"可以看出，这些国家当时在美国面前没有独立性。

这次会议的第二个内容是讨论越南问题。越方开始提出15度线方案。这其中有一个原因，在15度线附近有一批游击武装；加上南北越的关系，越方希望军事分界线更接近南方。这个问题，各方在会上讨论了差不多一个月。周总理在会上会下做了很多工作。周总理还专程去伯尔尼会晤法国总理孟戴斯－弗朗斯，做他的工作。孟戴斯－弗朗斯说："你们争什么，一

1954年日内瓦会议的一些情节 | 103

1954年日内瓦会议期间,周恩来总理与法国总理兼外交部长孟戴斯－弗朗斯会晤,就印度支那和平问题交换看法

度线、二度线算得了什么，将来法军一撤退，整个越南不都是越南人的嘛！"周总理了解各方意见以后，又同越南代表团商量，向他们解释以17度线为临时军事分界线的理由。越南代表团同意了，才到大会上讲的。

越南问题达成了协议，签字时间定于1954年7月20日晚上。到了签字的时刻，越南代表团却又有不同意见，一直拖到7月21日才签字。中国代表团不参加签字，只有苏、英两位会议主席参加。我们一直在莫洛托夫的住处等他回来，想了解签字情况。午夜过后，莫洛托夫回来了。周总理问他发生了什么事，有什么问题。莫洛托夫说："唉，越南同志非把签字拖至7月21日。小国，民族自尊心强，总想表示我不是跟着你们大国跑。"

在会议期间，周总理做了很多工作，起了非常重要的作用。周总理同艾登不断地来往，还主动拜访法国新任总理孟戴斯－弗朗斯，同他交换意见，后来连最顽固的美国副国务卿史密斯也软了下来。我们同苏联代表团配合得很好。周总理同莫洛托夫差不多每天（有时隔一天）见面。有一天，莫洛托夫突然来到我们的住处，他向周总理解释说："你们总是到我住所去，我不回访是不礼貌的。但是，你们到我住处去什么话都可以讲，保险；我到你们这儿就不然，你们这里不知安了多少窃听器。"谈话时，我们不得不一面谈，一面放收音机干扰。

"克什米尔公主"号空难事件

史　实

1955年4月11日，我国为出席亚非会议包租印度航空公司的"克什米尔公主"号客机，在从香港飞往雅加达途中，被定时炸弹炸毁，乘坐该机的我代表团八名工作人员和越南代表团工作人员一名，波兰、奥地利记者各一名，以及大部分印度机组人员同时遇难，仅三名机组人员幸免。这一震惊世界的空难事件是国民党特务制造的，其罪恶目的是企图杀害周恩来总理，破坏亚非会议。事件发生后，传说纷纭，莫衷一是。现将真实情况记述如下。

一、报警

1955年4月18—24日，第一次亚非会议在印度尼西亚的万隆举行。为了争取和扩大国际和平统一战线，促进民族独立运动，建立和加强同亚非国家的关系，周总理应邀率领代表团参加。我国代表团原定包乘印度航空公司的"克什米尔公主"号客机，取道香港前往万隆，后因周总理应邀参加缅甸总理吴努和印度总理尼赫鲁在仰光的约会，临时决定改乘专机从昆明经仰光赴万隆。代表团的部分工作人员和记者，以及三名国际友人仍按原计划，于4月11日乘"克什米尔公主"号由香港飞赴雅加达。

在"克什米尔公主"号出事前两天，即4月9日晚，外交部办公厅获悉，台湾国民党特务欲破坏我代表团所乘飞机，并备有定时炸弹。与此同时，昆明长途电话传达周总理的紧急指示：要外交部将此情况火速转告新华社香港分社和我国代表团，要他们立即向香港当局提出交涉，并请香港当局保证我有关人员的安全。同时，周总理指示外交部在北京向英代办进行交涉。

办公厅主任董越千当晚将周总理的上述指示转告了新华社香港分社和我国代表团。次日一上班，董越千又向外交部常务副部长张闻天做了汇报。张闻天副部长随即指示欧非司副司长张越向英国驻华代办处进行交涉。

欧非司副司长张越于10日上午9时半紧急约见英国驻华代办处参赞艾惕恩，告知中国记者等一行11人明日（11日）上午由香港乘飞机去万隆采访亚非会议，我们获悉国民党特务将从中进行阻挠和捣乱，故请其转告香港当局注意，并务必对他们的安全予以照顾。艾惕恩询问过我代表团有关情况后即表示，他将尽快将这一情况电告香港。艾惕恩还对张越副司长说，以后再有情况，请及时通告，他可随时电告香港。

新华社香港分社接到周总理的指示后，立即将这一情况正式通知香港当局，并于11日凌晨1时半派专人赴印度航空公司驻港经理住宅转告有关情况。印航经理将信将疑地问："你的意思是说有人可能要破坏飞机？你的消息是否有根据？"我方人员回答说："有可靠根据，我深夜造访正说明了这一点。如果出了问题，后果不堪设想。"经理听后还不甚相信，略沉思后说："这种情况估计不可能发生，因飞机12时才能到达香港，下午1时即起飞，只在香港加油，停留1个小时。光天化日之下，谁也不敢胆大妄为。"我方人员指出机场地勤人员中有的人就同国民党特务分子有联系。经理最后表示，一定采取安全措施，派自己的工程师检查油箱，并将亲自到机旁监视。

11日上午10时，为做到慎之又慎，新华社香港分社再次派人约见印航经理，请他严加防范。印航经理答应不让任何人接近飞机，就连增添食品、加油、押运行李等工作也一律由公司派人负责。

二、空难

"克什米尔公主"号4月11日中午12时15分在香港启德机场加油后，按时起飞。下午6时30分，在飞越北婆罗洲沙捞越古晋100海里时，该机突然接连发出三次求救信号。雅加达机场当即询问周总理是否在机上，该机机长答复说没有，接着即无讯息。据三位生还者回忆，"克什米尔公主"号从香港起飞后，前5个小时飞行正常。下午6时半左右，在离海面18800英尺上空时，飞机内突然发出爆炸声。正在客舱睡觉的飞机维护工程师卡尼克被爆炸声震醒，他发现烟雾从冷空气导管喷出，怀疑是后行李舱起火，立即报告机长，并将灭火瓶射向后行李舱。领航员帕塔克接着发现右翼第三号发动机吊舱后面也燃起大火。卡尼克将这一情况报告机长后，又将一组灭火瓶射出。由于情况万分危急，机长当机立断，决定强行降落，并用无线电发出求救信号。这时，第三号发动机火警信号灯又亮了。他们迅速将第三号发动机的螺旋桨进行顺桨，把最后一组二氧化碳灭火瓶射向该区。此时，灭火瓶已消耗殆尽，但右加温机火警信号又开始报警，扑灭该区火患已不可能。火焰迅速蔓延，液力系统、电器系统相继失灵。在飞机下降时，副驾驶员狄克西特和机长贾塔尔商定，连续发出三次求救信号。几乎在回答雅加达机场周总理未乘该机的同时，飞机与地面联系中断。这时距离雅加达约一个半小时的航程。

在飞机急速下降时，乘客虽面呈惊恐之色，但个个听从指挥，都静坐在自己的座位上，没有发生混乱现象。空中小姐迅速把救生背心首先发给乘客，然后再发给机组人员。机长命令把乘务组座舱的通门打开，接着飞机维护工程师卡尼克把客舱的两个紧急出口和乘务组座舱的出口也打开。这时滚滚黑烟进入座舱和机舱，飞机的前方能见度模糊不清。机长企图拉平飞机向左转弯将飞机降落到接近陆地的地方。尽管机长做了最大努力，但由于机身毁坏严重，完全失控，随着一声呼啸，飞机像一团烈火冲向海面。伴随着巨大的爆炸声，飞机裂为几段，坠入大海。

领航员帕塔克和飞机维护工程师卡尼克被强烈的气浪摔出机外，浮于海面。副驾驶员狄克西特在飞机坠海后，猛力踢开身旁的滑动窗，拼力钻出水面。他们三人凭借强健的体魄和熟练的水性，忍着饥渴，在茫茫大海中漂浮。为了共同求生，被海浪冲在一起的卡尼克和狄克西特，捆在一起，互相借助体力在海上漂流了8个多小时，最后漂浮到一个小岛上。帕塔克则单独和海水搏斗，最后挣扎着也浮到了小岛上。他们三人先后被英国军舰发现救回，奇迹般生还。全体乘客和其他机组人员则全部遇难。在打捞过程中发现，所有机组成员和乘客都被冲离飞机，尸体在海面上漂浮，唯独机长贾塔尔的尸体仍留在他自己的座椅上。显然，贾塔尔顽强地坚守岗位，直到生命最后一息。

该机失事后，新加坡和印尼空军当局都派出军用飞机在出事地区搜寻。英国皇家空军、海军派出多架飞机和多艘军舰前往出事地区营救。后来，皇家"丹波尔"号军舰在一小岛发现并救出了三名幸存者。

飞机残骸最后被印尼渔民发现。印度、印尼和英国配合对残骸进行打捞。全部打捞工作，从4月25日开始至5月4日结束，共进行了10天。99%的残骸被打捞上来，运到印尼，由印度、印尼双方专家检查，寻找飞机失事原因。

三、交涉

在首次亚非国家首脑会议开幕前夕发生的与会人员空难事件，引起世界的普遍震惊和关注。中国政府和人民对国民党特务的野蛮暴行十分愤慨，对港英当局在我方事先报警的情况下未能采取必要的有效保安措施表示不满。在出事的第二天，即4月12日上午，张越副司长紧急约见英国驻华代办杜维廉，向英国提出质问。同日，我外交部发表声明指出，飞机失事是国民党特务机关蓄意制造的谋杀事件，英国政府和香港当局对这次不幸事件是负有严重责任的，要求英国政府和香港当局对这一事件进行彻底查究，将参与这一阴谋暗杀事件的特务分子逮捕法办，以明责任。

接着，张闻天副部长、何伟部长助理先后约见英国驻华代办，就飞机失事的原因和责任等事项进行交涉。英国驻华代办除复照外接连约见我外交部官员，对中国在未调查之前即指责英国当局，提出强烈抗议，说中方事先的通报只提及有人捣乱，未含破坏炸机之意。他要求中国政府提供失事情况和全部材料，以便对飞机失事原因进行调查。

为了查明事件原委和妥善处理善后事宜，周总理从万隆回到北京后，先后于5月9日和15日两次召见英国驻华代办杜维廉。

在谈话中，周总理首先请代办向艾登首相转达以下口信：他在赴雅加达途中，座机曾因气候原因在新加坡机场降落，承蒙新加坡当局盛情关照，英高级专员麦唐纳亲自到机场迎送，特向英国政府表示感谢。

关于飞机失事问题，鉴于空难已经发生，再加指责也无济于事。因此，周总理着重揭露了国民党特务的罪恶行径。周总理说，在飞机失事前，我们知道国民党驻港特务机构准备伤害我代表团人员，包括对交通工具的破坏，或是暗杀代表团人员。飞机失事后，经多方调查，证明是国民党特务指使香港启德机场的地勤人员进行破坏的。香港当局采取的警戒措施是不许外人接近飞机，但对地勤人员未加防范，这恰好给了国民党特务以可乘之机，使其假地勤人员之手来进行破坏。周总理进一步指出：指挥这次破坏的是国民党在香港的特务机关，这个机关同台湾的保密局直接联系；这次破坏用的是小型定时炸弹，是由台湾运到香港交给特务机关的；直接参与破坏的地勤人员从特务机关得到炸弹并学会如何引爆。

接着，周总理希望英国政府指示香港当局同我们合作，尽快侦破此案，使之水落石出，大白于天下。

周总理还为破案提出了五点具体要求：

1. 为保密起见，中国政府将把已经获悉的材料，由印度派到香港调查此案的高先生直接转交给香港总督；

2. 香港当局得到材料后，不得让香港政府中的无关人员知道，以防泄密；

3. 要求香港当局对我们提供的材料中所提到的有关人员进行监督，以防止他们逃跑，否则就难以破案；

4. 要求香港当局对我们提供的材料中所提到的关键人员，即直接同这次破坏有关人员，进行严格审讯；

5. 在香港当局进行审讯时，作为受害一方，我们要求能像印度政府所派的高先生那样，也能派代表列席旁听。

对上述五点要求，周总理希望能够得到艾登首相的答复。

对周总理上述友好、坦率和实事求是的谈话，杜维廉代办一再表示感谢。双方很快建立了比较协调的工作关系。

5月15日，杜维廉即向周总理转达艾登首相的答复。艾登首相感谢周总理的口信，欢迎中国政府提供情报，并表示愿意通力合作。对于周总理所提五点具体要求，艾登首相做了肯定的答复，明确表示：转交情报的途径，完全由中国政府决定；如果中国政府决定通过印度的高先生转交，英国政府欣然同意；英国政府将把收到的情报严守秘密，只许英国政府和香港政府中授权的人知道；关于对可疑之人进行监视问题，英国将迅速采取行动；根据中国政府所提供的情报，凡是同此案有关的人，香港都将进行彻底调查；香港将通过高先生把审讯材料尽快告诉中国政府和印度政府。

由于两国政府首脑达成了谅解，香港当局在中方大力协作下，开始了破案工作。

四、侦破

"克什米尔公主"号飞机被炸是国民党特务在香港作的案，飞机在印尼领空爆炸，罹难者包括中国、印度等五个国家的公民。因此，这是一个重要的国际案件。侦破此案是港英当局不可推卸的责任。香港当局在事发后即发表公报表示：决心尽一切努力来调查事实，使肇事者归案法办。香港警务处则悬赏10万港元缉拿凶犯。

印尼成立了以伊玛汪（民航局交通主任）为主席的调查委员会，对飞机残骸进行打捞、检查。

我国政府派出代表和印度政府代表高先生共赴香港，协助港英当局调查此案。

中、印代表于5月18日到达香港，当天下午即由高先生将我国政府关于该案的综合情报材料面交香港总督葛量洪爵士。港督阅读材料后说：这个材料翔实、具体，很好。港英当局当晚即开始逮捕国民党特务人员。以后中方又陆续通过高先生把情况转告港英当局。

香港当局根据我国政府提供的材料，从5月18日起至6月1日共审讯88人，其中19人被拘留，以后又逮捕了8名同国民党特务有联系的人。经过反复调查、审讯、核实，"克什米尔公主"号事件终于真相大白。

这一暗害活动是由国民党保密局所属香港情报站策划的，其目的是暗害周恩来总理。该案主犯是：主使人周斌成，直接指挥者金健夫，参与筹划者沈齐平。炸毁飞机的定时炸弹是由"四川"号轮船海员张祖顺从基隆秘密运至香港，然后由国民党香港情报站特务李益民从张祖顺的住处取走，再由另两名特务转交给周驹引爆的。周驹是香港航空工程公司的清洁工，住九龙太子道公共汽车总站附近，是一个负债累累的赌棍和好色之徒。

据其父周瑞维和同族周仕学供称，周驹在作案前，经常去就记电料行

（此店是国民党特务的联络站）。香港当局对该店实施搜查，从有关国民党特务文件中发现，有一称作"第五联络组"的特务机构，由张耀灵领导，经常在就记电料行活动。

经讯问，就记电料行店主关就记供认：3月10日张耀灵曾邀请他喝咖啡。在咖啡馆，张耀灵将他介绍给一位姓吴的神秘人物。吴某问他有无在飞机场工作的十分可靠的亲戚或朋友，为吴实施一项具有特别重要意义的工作。他说没有，但可以想办法。以后他就去找和他关系十分密切的周赞如。周告诉他，他有个同族人叫周驹，在机场工作。他当即将此事当面告诉张耀灵。

据周赞如交代：3月18日，张耀灵和关就记来找他，把他带到一个咖啡馆会见吴某。吴某向他仔细询问了周驹在机场工作的情况后，让他问周驹是否愿意为他办一件重要事情？他说这得问周驹本人。他于3月26日悄悄去问周驹，并按约定时间和地点将周驹带去直接和吴某会面。吴某先向周驹询问了机场情况，然后低声问周驹："我有一项重要任务，托你去完成。事成之后，可给你60万港币的奖金，并负责安排你去台湾。到台湾后保证你的安全。"周驹问："什么重要任务？"吴某说："破坏共产党要员所乘的一架飞机。"周驹一听这话为之一怔，犹豫不决，并自言自语道："太危险了！"吴某沉默几分钟后，对周驹说："60万港币，可不是个小数，你好好考虑一下。"以后吴某又单独和周驹见面，周驹终于接受了破坏飞机的任务，并在台湾特务的安排下，接受破坏训练，学会了安放定时炸弹的方法。

4月11日上午，周驹将炸弹伪装成一包西药，带进机场。在"克什米尔公主"号抵达机场后，他乘打扫卫生之机，将炸弹安放在飞机右翼轮舱附近。当时机场只有一些警员在外围放哨，负责机场值班的帮办一直到飞机快起飞时才回机场，机场附近没人警卫，只有领班在场。周驹谎称是给人带的一包西药，还允诺日后酬劳，因此顺利作案。周驹作案后，不等下

1955年4月，发生了谋害出席万隆会议中国代表团的"克什米尔公主"号飞机爆炸事件。图为周恩来总理在纪念烈士遇难一周年大会和烈士遗骨安葬仪式上

工，便匆忙从铁丝网下爬出机场，登上两个台湾特务接应他的汽车，一起逃走。

周驹于5月18日逃往台湾。据香港当局告：香港警务处18日下午接到美国人陈纳德所办民用航空公司的保安官美国人琼斯电话称，据该公司台北来电，在该公司5月18日自香港启德机场飞往台北飞机的行李舱内发现一潜乘者，自称是香港航空工程公司职员周梓铭。经查证，周梓铭即周驹。港局当即要求琼斯将周驹送回香港。但此时周驹已落入台北保安队之手。

港局随即发出拘票指控周驹阴谋杀人，要求台湾当局将周驹送回香港受审。台湾当局12月14日通知英国驻淡水"领馆"称：英国和台湾不存在"引渡条约"，这一要求没有法律根据，有关当局无法处理此事，予以拒绝。

虽然香港当局在我国和印度的协助和催促下，为侦破此案做了努力，但是它不顾我国政府的一再交涉和抗议，以"证据不足"为由，先后将全部拘留的人犯，其中包括证据确凿的要犯，予以无罪释放，一一驱逐到台湾了事。我国政府对香港当局的调查结果和做法深表失望。

"克什米尔公主"号案件，是由国民党特务周密策划的一起集体谋杀行动，周驹只是被收买利用进行这一罪行的工具。香港当局的调查报告只指控周驹一人有罪，对本案的主犯、要犯及其他人则判定与本案无关。尤其使我们感到惊异的是，在凶犯国民党特务吴某和张耀灵均未找到的情况下，香港当局便匆匆宣布结案，任由凶犯逍遥法外，使这一震惊世界的案件，实际上不了了之。

五、善后

印尼将遇难者的尸体打捞起来后，运到新加坡。我国当即派人赴新加坡认领。由于尸体难以辨认，统一火化后，将骨灰盒带回北京，在八宝山革命烈士公墓举行公葬。周总理在"参加亚非会议的死难烈士"的墓碑上亲笔题词："为和平、独立和自由的事业而光荣牺牲的烈士永垂不朽！"墓碑上镌刻着11位烈士（含3位国际友人烈士）的名字，他们是：中国政府代表团工作人员石志昂、李肇基、钟步云，记者沈建图、黄梅、杜宏、李平、郝凤格。越南代表团工作人员王明芳，波兰记者斯塔列茨，奥地利记者严裴德。

4月17日，追悼大会在北京中山公园举行，全国人大常委会副委员长宋庆龄为追悼委员会领衔人。同时沈阳、武汉、广州、西安、重庆也都举行了追悼大会。

印度、印尼、保加利亚、捷克斯洛伐克、越南、以色列、蒙古国、奥地利、芬兰、缅甸、巴基斯坦、民主德国等国政府首脑或其他人士均发来唁电、唁函，对我国不幸失去优秀儿女表示沉痛哀悼。

具有深远历史意义的亚非会议已过去35年了，会议在促进亚非团结与维护和平事业上已结出丰硕之果，为这次会议而献身的死难烈士虽死犹生，永远活在爱好和平的中国人民、亚非人民和世界人民的心中。

推动中国和巴基斯坦关系转向友好发展的几次重要外交行动

耿 飚

我有幸于1956年3月20日出任驻巴基斯坦大使,为促进中国和巴基斯坦友好关系尽了绵薄之力。在我任职三年多的时间里,巴基斯坦政局动荡,两易总统,三换总理。我遵循中央对巴基斯坦的工作方针,加强与巴基斯坦上层人士的接触,积极建议并努力推动中巴友好,从而使两国关系出现了逐步往友好方向发展的趋势。推动中巴关系向友好发展的重要外交行动有以下几个。

一、贺龙副总理出访巴基斯坦

1956年3月8日,巴基斯坦总理穆罕默德·阿里致函周恩来总理,希望中国政府派特使参加巴基斯坦伊斯兰共和国日庆祝典礼。巴基斯坦驻华大使阿哈默德面交信件时还说,特使的职位愈高,巴方将愈感荣幸。为了发展中巴关系,中央决定派贺龙副总理作为特使赴巴基斯坦祝贺,并让我随同前往就任。

从3月22日到25日,贺龙副总理在巴停留三天。除参加一系列庆典活动外,贺龙副总理还受巴基斯坦总统特邀去灌木林打猎,晚上参加了巴基斯坦总统的专门宴请。在庆典活动和宴会上,巴方总统、总理、外长都主动前来做礼节性会见。巴方对我国特使是十分尊重的。在多次拜会活动中，巴方领导人一再表示对我们派出副总理为特使感到十分满意。巴基斯坦总统还要贺龙副总理带口信给周总理，说周总理是亚洲的前辈政治家，如果他能对巴基斯坦与其他国家的关系给予指导，巴基斯坦将愉快地听取。

当时巴基斯坦因参加军事集团，致使国内发生经济困难，在国外也陷于孤立，所以想借助这次庆典活动改善同某些国家的关系，以提高自己的国际地位。我们在活动中，态度谦逊，求同存异，尊重对方，友好相待。贺龙副总理还特地把我介绍给巴基斯坦总统，说我是个军人，希望巴方总统不吝赐教。巴基斯坦总统表示，一定要把我当作他的好朋友看待，不论我有何困难和问题，都可以去找他，他都愿意接见。贺龙副总理的三天访问，不仅进一步推动了中巴两国友好关系的发展，而且也为我以后的工作开辟了道路。

二、在克什米尔问题上持公正立场

克什米尔是一个土邦，面积约 19 万平方公里，人口 500 多万，其中 77% 信伊斯兰教，20% 信印度教。克什米尔大体分为四个区：中、南、东三部为印度控制区，占全部面积的 60%；西及西北部为巴基斯坦控制区，占全部面积的 40%。1947 年印巴分治后，因克什米尔归属问题曾发生印巴冲突，并造成克什米尔地区分裂的局面。

中国对克什米尔问题的一贯主张是：第一，应该用和平的方式来解决这个问题；第二，克什米尔问题应该由克什米尔人民自己决定，而不应引入外来干涉；第三，印巴双方自己协商解决。总的来讲，我们持调解而不介入的公正态度。1956 年 8 月，我向周总理汇报巴基斯坦工作情况时说，克什米尔问题非常敏感。在巴基斯坦看来，中巴能否友好，在一定程度上取决于我们对克什米尔的态度。我们一是不卷入，二是讲公道、讲正义。

我们同印度友好，同巴基斯坦也友好，甚至更加友好。周总理肯定了我的建议，说我提得好。1956年12月底，周总理访问巴基斯坦后准备访问印度，当周总理离巴时，还专门让我介绍了印、巴对克什米尔的态度。在周总理访问印度时，尼赫鲁为争取中国在克什米尔问题上的支持，安排了周总理访问克什米尔的日程，但被周总理婉拒。对此，巴基斯坦十分满意，认为这是对巴基斯坦的很大支持。

三、在巴基斯坦遭灾时及时给予援助

1956年3月我去巴基斯坦赴任。当时由于中央决定让我陪同贺龙副总理参加巴基斯坦国庆活动，所以一直到4月10日才向巴方呈递国书。不久巴基斯坦总理穆罕默德·阿里宣布即将访华，但消息发布三天后，迫于国内外压力，政府突然垮台。7月7日，巴基斯坦新总理苏拉瓦底宣布就任。9日，我拜会苏拉瓦底并向他表示祝贺。首次见面他就向我提出援助要求。他说，东巴[①]遭受严重水灾，粮食困难，希望中国帮忙。不久，巴基斯坦外交秘书提出他们急需6万吨大米，要求我国以优惠价格供给。我考虑巴基斯坦国内面临困境，国外又承受巨大压力，如给巴方一定援助，数目不在大小，可以起到雪中送炭的作用，因此建议国内以优惠价格卖给巴6万吨大米，或者赠送一部分大米。最后周总理批示：大米价格不予优惠，但另赠大米4000吨。翌日，我将国内决定答复巴方，对方表示满意和感谢。7月12日双方在合同上签字。巴方主动提出，美国援助巴基斯坦的面粉，口袋上写明是美国援助的，中国援助的大米，也可写上。我说："谢谢你们的好意，我们只写'中国'两字，说明是中国的大米就可以了。"巴方对此又十分满意，说我们不在政治上抓宣传资本，是对他们政府和人民的真

[①] 原为巴基斯坦的一部分，1972年脱离巴基斯坦，成立孟加拉人民共和国。——编者注

诚支持和信任。在合同签字仪式后，巴基斯坦粮食部新闻官发布新闻，并在我们新华社记者所写的稿件上主动加上"慷慨的"字样。1956年9月6日，巴基斯坦驻华大使还对我外贸部部长叶季壮说，这不仅仅是一种贸易关系，而且表明中国人民对于困难中的巴基斯坦人民的关心和同情，巴基斯坦将永远记住这件事情。一直到1957年3月苏拉瓦底在国会答辩结束时还说："当危机的日子到来时，中国一定会帮助巴基斯坦的。我们去年粮荒严重时，中国已经帮助过。"可见，我们的援助对中巴关系的影响是很大的。

四、主动解决历史遗留问题

坎巨提位于克什米尔北端，过去曾是中国的藩属。历史上这一地区确实属中国版图，地图上也印有标志。新中国成立后，考虑到这一地区在克什米尔境内，因而在我国新的地图上做了修改。后来，我向周总理建议，这块地方事实上已属巴基斯坦管辖，我们应该积极地解决这一历史上遗留下来的问题。这个建议得到周总理的首肯。

由于我国主动和妥善地解决了坎巨提这个历史遗留问题，巴方很满意。这一问题的解决不仅表明我国对邻国毫无领土野心，而且也以实际行动说明我国真正坚持实行睦邻政策。这对1962年以后中巴两国边界条约的顺利签订起了良好的作用和影响。

五、周总理为中巴友好奠定了基础

1956年12月20日至30日，周总理首次访问巴基斯坦，巴方对周总理热烈欢迎，隆重接待。巴方自发和有组织的欢迎群众，人数之多，热情之高，规模之大，均是史无前例的。25日周总理抵何蒂镇访问时，当地部落酋长主动提出要给周总理赠送"结盟兄弟的头巾"。当时陪同周总理访问的巴外长和省阁部长认为不妥,对酋长说,过去美国副总统尼克松访问时也没有这样的待遇。酋长当即反驳说:"要中国总理到我部落,就要尊重部落的习俗,请允许我们表达对中国领袖的高度敬意。"周总理接受头巾后,记者问酋长,将来杜勒斯或艾森豪威尔访问时,是不是亦赠头巾?酋长答:"不。"

周总理访巴期间,与巴基斯坦总理会谈四次,同巴基斯坦总统会晤两次。会谈中除就双方共同关心的国际问题交换意见外,特别谈了中巴关系。苏拉瓦底、米尔扎都主动解释在第十一届联合国大会上,巴方为何未支持讨论恢复中国在联合国合法席位问题的原因:一是不能获得多数通过,支持无效;二是怕增加解决克什米尔问题的困难。巴方还表示愿同中国友好,要求加强同我国的贸易、文化关系和友好往来。巴方重申巴基斯坦参加军事条约不是为了反对中国。除严肃指出巴基斯坦不应在联合国采取这种立场外,周总理还表示,希望看到巴方把更多精力从军事转向经济建设,只有经济独立了,政治上才有保障。中国愿意同巴基斯坦加强经济合作,发展友好关系,互相学习,互相帮助。

周总理访巴阐述了中国的政策和主张,加强了两国的接触和了解,对推动中巴关系向友好发展起了很大作用,具有深远的影响。巴基斯坦官方报纸把周总理的这次访问称为中巴友好关系的"里程碑"。

我在巴基斯坦工作了三年半,经过双方的共同努力,中巴关系出现了明显好转的趋势。两国关系在我的下任丁国钰大使时期进入了长期友好合作的新阶段。

克里姆林宫的一次新年宴会

荣　植

1956年是苏联和东欧国家的多事之秋。这年2月，苏共举行了第二十次代表大会，赫鲁晓夫在会上做了《关于个人崇拜及其后果》的内部报告，在苏联国内外引起了很大的震动，在苏共中央政治局内部也引起了巨大分歧。

在东欧，这一年的秋天，发生了波匈事件。西欧各国共产党，则发生了大批党员退党事件。

赫鲁晓夫当时陷入了内外交困的境地，非常需要中国的支持，中国也确实给了他必要的支持。这一年是中苏关系最为协调的一年。我国《人民日报》发表的编辑部文章《论无产阶级专政的历史经验》和《再论无产阶级专政的历史经验》（以下简称"两论"）受到了苏联的重视。"两论"对斯大林的评价，显然同赫鲁晓夫的评价有所不同，但是赫鲁晓夫为了应对他在国内外面临的困难，仍对"两论"评价甚高。特别是年底发表的《再论无产阶级专政的历史经验》，由苏联广播电台最有名的播音员广播，录音被数次播放，以示重视。

1956年12月31日，克里姆林宫按照惯例举行新年宴会，我驻苏大使刘晓应邀出席。因使馆原来安排的译员突然患病，由我临时代替。

我陪同刘晓大使步入金碧辉煌的叶卡捷琳娜大厅，找到了苏联外交部礼宾司为刘大使安排的席位入座。苏联外交部礼宾司安排外国大使的座次是以到任先后为序的。刘晓大使1955年才到任，座位排得比较靠后。我们入座不久，赫鲁晓夫率领苏共中央政治局委员们慢步走进宴会厅，在主席台一一就座。赫鲁晓夫就座后，很快就站起身来仿佛在寻找什么人。当发现刘大使后，他就匆匆离开主席台向使节席走来。他走到刘大使身旁停住，主动招呼、拥抱刘大使。他对刘大使说："我读了中国发表的文章，它写得好极了，我同意里面的每句话和每个字。"然后他又说："怎么把您安排坐在这里？！走，到我们那边去坐。"他领着刘大使走上了主席台，叫服务员立即搬来椅子，请刘大使入座。刘大使的座位被安排在他与莫洛托夫之间。我坐在刘大使的后面。赫鲁晓夫不是叫苏联外交部礼宾司人员来邀请刘大使上主席台就座，而是亲自跑下来邀请，这是非同寻常的。

大家坐定后，赫鲁晓夫起立讲话。他首先宣布宴会开始，然后发表长篇祝酒词。他说："斯大林犯了严重的错误，但是他仍然是一个伟大的马列主义者，他同敌人进行了坚决的斗争。在对待敌人方面，我们同斯大林是完全一致的。从这个意义上说，我们都是斯大林主义者！"在谈到匈牙利事件时，他说："现在有人想逼我们后撤，不，我们决不后撤，社会主义阵营的边界只能向前推进。"他在讲话中对西方的政策进行了严厉的谴责。

赫鲁晓夫讲完话后休息了一会儿，然后隔着刘大使对莫洛托夫说，你是不是也讲点什么？莫洛托夫摇摇头冷冷地说，没有什么讲的。他的脸上流露出对赫鲁晓夫轻蔑的表情。赫鲁晓夫碰了一个软钉子，显得有些尴尬。过了一阵，他转过头对坐在身边的马林科夫说，请你讲一讲国际共产主义运动团结的问题。马林科夫同意了。他沉思了一下，起立做了简短的讲话。后来又有几位政治局委员起立祝酒。

克里姆林宫的钟声敲了12下之后，最高苏维埃主席团主席伏罗希洛夫起立发表新年祝词。这一切都是克里姆林宫新年宴会的老习俗。

伏罗希洛夫祝酒后，大剧院的演员开始表演歌舞，大家情绪高涨。在欢乐声中，《真理报》主编萨丘科夫挟着刚刚印出的报纸走进宴会厅，给主席团委员每人送一份 1957 年的第一份《真理报》。这也是老习俗。

赫鲁晓夫在新年宴会上的行动引起了东西方国家使节和记者们的注意。一位东方国家的大使后来对我们使馆的同志说，赫鲁晓夫把刘大使请上主席台，让刘大使坐在他和莫洛托夫之间，然后发表强硬的讲话，有着重大的象征性意义。他显然想向外界表明，苏联内部是团结的，中苏关系是亲密无间的，西方不能指望苏联内部和中苏之间会发生分裂。这位东方使节还说，赫鲁晓夫提到社会主义阵营的边界，也有重大的意义，他的这个想法是新的。

赫鲁晓夫后来还是把他的反对者赶出了政治局。在他渡过了国内外的难关之后，就开始公开同中国的分歧。为了使中国放弃自己的观点，他收缩了对中国的技术转让规模，后来又限制了中国急需商品的供应，最后又决定撤退专家，撕毁合同，中苏完全闹翻了。

忆周恩来总理 1957 年访问匈牙利

夏道生

1957年1月16日，周恩来总理率政府代表团访问了匈牙利。当时匈牙利事件刚过去不久，大动乱虽已基本结束，但余波未息，群众情绪动荡，干部信心不足，思想认识混乱，经济困难也不少。在这个时刻，周总理去访问，虽然只有一天，却在中匈关系史上写下了极为重要的一页。

一、访匈日程的确定

周总理访匈是在出访其他国家的过程中临时增加的。1956年7月，周总理就出访问题请示中央时，计划访问的国家中只提到八个亚洲国家。周总理在请示上亲笔附注："从阿富汗回国途径，是否经苏联或者不经苏联而仍经印、缅回国，到时再定。"同时周总理提出第二年春天访问欧洲社会主义国家的设想。

1956年11月29日，苏联驻华大使尤金向我国提出邀请周总理访苏。随后，波兰大使于12月初向我国提出，由于波兰大选在即，希望中国政府派代表团访波，以示支持。中央考虑到当时东欧社会主义国家的形势，从加强与它们的团结出发，在取得阿富汗、尼泊尔两国政府的谅解后，决定让周总理先访苏联、波兰，再访阿富汗、尼泊尔。

周总理访苏、波的消息一发布，南斯拉夫、匈牙利、阿尔巴尼亚、民主德国等国家的邀请接踵而来。其中,匈牙利的邀请尤为殷切。12月30日,匈牙利驻华使馆临时代办沙尔约见张闻天代部长,一再表示,如果周总理同意访匈,将是对匈牙利共产党人、工农革命政府和匈牙利人民的很大支持。沙尔还热忱地说:"周总理既然已经到了欧洲,即使在匈牙利只逗留一天,对匈牙利也是很大的支持,布达佩斯离华沙和莫斯科都很近。"1957年1月7日,周总理抵达莫斯科。据说赫鲁晓夫曾建议周总理访匈,帮助苏联对匈牙利做工作。1月8日我外交部通知驻匈使馆,周总理决定率代表团访苏、波后赴匈访问一天。

二、访问前的三国会谈

1957年1月8日,我国驻匈牙利大使郝德青在拜会匈牙利领导人明尼赫时,突然电话铃响,明尼赫接电话后告诉郝大使,苏共邀请匈牙利社会主义工人党全体政治局委员去苏,以便举行一次匈、苏、中三方会谈,匈牙利社会主义工人党领导同志同意前往。与此同时,周总理急召郝大使去莫斯科汇报情况。

第二天,郝大使偕唱鸿声同志(翻译)匆匆登上匈牙利社会主义工人党政治局委员卡达尔、明尼赫、基什、马罗山所乘的专机一同去莫斯科。当飞机到达莫斯科上空时,因天气原因不能降落,遂又掉过头来,降落在捷克斯洛伐克首都布拉格。其间,匈牙利的四位政治局委员再次商量,认为没有必要全体去苏联,改由卡达尔、马罗山两人前往。1月10日,卡达尔、马罗山、郝大使、唱鸿声四人同机抵达莫斯科,郝大使和唱鸿声在克里姆林宫见到了周总理。

当天下午,周总理同卡达尔会谈,匈方在座的有马罗山,我方在座的有贺龙、王稼祥、郝德青三位同志,唱鸿声担任翻译兼记录。

会谈中,周总理详细询问了匈牙利国内的情况、存在的困难和今后的打算。卡达尔除介绍匈牙利国内的情况外，特别谈到了匈南关系。对周总理访匈，卡达尔和马罗山两人都表示十分高兴，认为作用不可估量。卡达尔说，哪怕只去访问两个钟头也是好的，何况决定去一整天。马罗山说，重要的不是访问时间的长短，而是访问这一事实本身。关于访问活动的安排，他们考虑到匈国内尚不安定，还有可能发生挑衅事件，所以建议：1.事先不发消息；2.不安排大型活动；3.联合公报在离匈后发表。对这些建议，周总理均表示同意。

10日晚，匈、苏、中开始了三方会谈。苏联方面参加会谈的有赫鲁晓夫、布尔加宁、米高扬和谢皮洛夫。中、匈方面参加会谈的人员基本同前。会谈主要涉及以下几个方面：

（一）中匈联合公报问题。周总理提出：1.强调社会主义国家的团结；2.谴责西方帝国主义在社会主义国家、在匈牙利进行的颠覆活动；3.强调人民民主专政，强调镇压反革命；4.即使联合国开除匈牙利，也没有什么，我们不是也不在联合国内嘛，这样我们更多了一个联合国外边的朋友。

（二）赫鲁晓夫建议周总理访匈期间，召开一次布达佩斯积极分子大会。卡达尔、马罗山表示赞同。

（三）赫鲁晓夫还建议邀请铁托同时访匈，举行几方高级会晤，由中国从中调解。周总理当即表示不同的意见，并说待与中央联系后再定。

第二天，在同卡达尔继续会谈时，周总理首先将他与毛主席通电话后商量过的一些设想告诉卡达尔。周总理说，毛主席的想法是：第一，现在邀请铁托到布达佩斯会晤不妥，因为铁托已邀周恩来同志访南，访南尚未成行，他很有理由要周恩来同志先去访问南斯拉夫。第二，万一铁托来布达佩斯，总共才有两天的时间，很难解决多少问题。我们要求同，但也有不同的地方。这些不同的地方，两天之内又不能消除，反而妨碍了我们的访匈任务。第三，这次访南时机尚不成熟，但为了促进社会主义国家的团结，我们是同意访南的。我们准备将来对东欧进行第二次访问。

卡达尔对我们的考虑表示理解。周总理请他将此事转告赫鲁晓夫。

（四）关于向匈牙利提供两亿卢布贷款的问题，周总理答应先贷一亿卢布自由外汇，另一亿卢布的物资将在贸易谈判中解决。

这次三国会谈，涉及的问题不少，可以说是周总理访匈前的实质性准备。

三、不同寻常的访问

周总理在访问了莫斯科之后，率团访问了波兰。1月16日上午10时半，周总理率代表团乘"图-104"专机离华沙，11时半抵布达佩斯，飞机降落在一个军用机场上。在当时的特殊情况下，匈方没有组织群众欢迎场面，但检阅仪仗队、致辞等一切照常，仪式显得简单而隆重。欢迎仪式结束后，唱鸿声同志跟随周总理乘坐一辆防弹汽车前往住地。这辆汽车样式很旧，但性能良好，是匈方从中央车库中专门调出来的。"文化大革命"期间流传周总理是乘坐坦克进入布达佩斯的，这个说法不符合事实。当然，在当时匈牙利尚不安定的情况下，匈方和苏方对周总理访匈期间的安全保卫工作是十分重视的，在代表团所住的那座小别墅的大门口，就停着苏联的坦克。

13时半，周总理拜会匈牙利人民共和国主席团主席道比，接着参加在国会猎厅举行的午宴。16时，周总理出席在建筑工会大厦召开的有1500人参加的积极分子大会。会后双方正式会谈。20时，郝德青大使举行答谢招待会。会后双方继续会谈直到凌晨。17日清早，双方签署联合声明。8时，周总理率代表团乘专机返回莫斯科，继续访问。

周总理此次访匈总共不到24小时，但在不同场合先后讲话5次，与卡达尔会谈近7小时。访问时间短暂，活动频繁，日程一项紧接一项，几乎没有间隙，一天工作下来，连年轻同志都感到十分疲劳，然而对于周总

1957年1月,周恩来总理在贺龙副总理陪同下到匈牙利访问。图为卡达尔总理(右一)在机场欢迎仪式上致辞

理来说，这只是他一连串紧张访问中的一天。周总理为党的事业奋不顾身、不知疲倦地昼夜操劳，凡是曾经随同他一起工作过的同志，无不为他的这种精神所深深感动。

四、深远的影响

周总理 1957 年 1 月出访匈牙利，是匈牙利事件发生以来匈方首次接待外国领导人的正式访问。正如匈领导人一再表示的，访问本身就是对匈的有力支持。周恩来总理的讲话和中匈联合声明观点鲜明，对巩固建立不久的以卡达尔为首的新政权、对鼓舞匈牙利人民战胜困难的信心、对促进社会主义国家间的团结，都具有重大的意义。我国给匈牙利的两亿卢布经济援助，特别是一亿卢布的自由外汇，对帮助匈牙利克服经济困难也起到了重要作用。

回忆毛泽东主席第二次出访苏联

李越然

1957年11月2日至21日，毛泽东主席率领中国代表团访问苏联，同行的有宋庆龄和郭沫若等许多党和国家重要领导人。

一、启程前

苏联驻华大使尤金对这次访问非常关心，差不多每天都要询问代表团行程等有关情况。就在这时，中央办公厅主任杨尚昆要我即刻约见尤金，向他转告毛主席的个人请求：要苏联方面把机场的迎宾仪式统统去掉，来接的人不要多，不要仪仗队，最好是一下飞机就离开机场。请他报告苏共领导，希望理解。我觉得这恐怕不行。杨尚昆说，你去谈谈看，有什么结果，我再报告毛主席。接着，杨尚昆还讲了一些毛主席生活方面的习惯，要我顺便告诉尤金，请他向苏方再打个招呼。

我到了苏联驻华使馆，尤金见到我就问："怎么！行程有改变吗？"我赶忙说，不，没有。他放了心。可我一讲毛主席的请求，他为难了，翻来覆去只是一个意思："哎呀！这可不好办，我做不了主，我立刻报告。""至于生活安排，莫斯科已有准备，毫无问题。"为了更好地完成翻译任务，中央领导同志要我们事先尽量熟悉毛主席的言谈特色和日常生活习惯。毛主席讲话从来不是八股套，言语生动形象，遣词造句独具一格，深入浅出，往往很少几句话却囊括着多层次的含义。在杨主任的安排下，常年工作在毛主席身边的叶子龙同志为我们提供了许多便利，让翻译人员平时在中南海院内直接接触毛主席。

某日，我们随在毛主席身后，一起到外院走走，他看到我，问道："唉，李银桥呢？"银桥同志是卫士长，将随同出访。银桥走过来说，我在这儿呢。毛主席看了看我们，微笑着说："你们这二李，一个管说话，一个管安全，这次一道出去，我看也算得上是哼哈二将了。"毛主席的话把大家都逗笑了。过一会儿他对我说："伏老（指伏罗希洛夫，苏联最高苏维埃主席团主席）来的时候，我看到大半个翻译都是你，你帮了我好多忙啊。"我一时想不出如何回答，窘住了。他接着又说："伏老劝我戒烟，这怎么办？只好说点起一支，看着冒烟，不吸。""他要我早起早睡，这个意见很好，可我已多年不这样了。不过，如果真能按太阳的规律去作息，倒是件好事。"还有一次，他问我："你见过几次赫鲁晓夫？"我大致讲了一下当年随同周总理、彭真同志出访时接触他几次时的情形。他又问："你熟悉这个人吗？"我回答："不熟悉。"

毛主席在年高多事的情况下还请了林克同志担任他的英文教员，学得很认真，想达到自己能够阅读西方报刊的程度。他问我"纸老虎"俄文怎么说？我刚说完，他老人家也饶有兴致地用英文讲出"拍拍，太根儿"。他的发音乡音很重，可我不敢笑出声来。

毛主席平时的饮食、穿着都很简单，吃饭菜不多，一身灰颜色的中山装，几年前的一双胶底皮鞋一直穿到莫斯科。

二、旅途中

飞机是苏联派来的"图-104"客机。上午8时多从北京起飞，莫斯科时间下午3时多就到了。毛主席上飞机前，塔斯社的一位记者很想请他讲几句话，但没有成功。记者都有一个职业习惯，得不到什么是不肯轻易离去的。最后这位记者得到了一句话："我要说的，等到了宾馆后再讲吧！"毛主席除了同斯诺、斯特朗有过谈话，新中国成立以来一般是很少答记者问的。

毛主席平时事多，难得休闲，可坐上飞机倒是轻松了。机舱里布置得很得体，一切都很方便。机组人员自然是第一流的，机长和助手都是经验丰富的飞行员。空中乘务员个个热情、庄重，显然是经过挑选和培训的。美中不足的是，她们都没有学会讲几句汉语。有几位乘务员是第一次见到毛主席，争着握手，还不想放开，尤金只好过来解围。

银鹰腾空，不一会儿就上升到几千米的高空，机身平稳得连铅笔都能立住。毛主席把尤金大使请到对面就座，带着玩笑的口吻对他说："你是位哲学家，又是老朋友。""是的，我是研究哲学的，也够得上是老相识了。"尤金点着头。"那么，我给你出个题目怎么样？"尤金摸不着头脑，说："那好吧，争取及格。"毛主席说："方才我们在机场，现在上了天，再过一会儿又要落地，这在哲学上该怎么解释？"尤金说："哎呀，这我可没有研究过。""怎么样，考住了吧！我来答答试试看，请你鉴定鉴定。飞机停在机场是个肯定，飞上天空是个否定，再降落是个否定之否定。"毛主席话音一落，旁边的同志都随着笑了起来。"妙，妙！完全可以这样说明。"哲学家服了。

我国著名摄影家侯波同志的一幅作品就是这时拍摄的：毛主席在机舱里坐在写字桌旁看文件，右手握着一支笔。他审阅的文件，是我送上去的在莫斯科机场的讲话稿。当时，他看了看，把杨尚昆同志请了过来，以商量的口气说："在机场还必须讲话吗？要讲不念稿子行不行，临时说几句。"杨主任表示："这只是做个准备。"毛主席思索了一下，慢慢地把这份稿子装进了上衣口袋里，还要我带上一份备用。

苏联派苏共中央政治局候补委员波斯别洛夫和副外长费德林等重要官

1957年11月，毛泽东主席访问苏联，抵达莫斯科时，由苏联最高苏维埃主席团主席伏罗希洛夫陪同检阅仪仗队

员专程到西伯利亚伊尔库茨克来迎接。

费德林是一位著名的汉学家，精通中文，操一口流利的汉语普通话。他上来之后，飞机里的气氛更活跃了。他不需要翻译，随时可以同我代表团的任何一位同志交谈，许多同志又同他是老熟人，交谈起来自然不会没有话题了。毛主席要喝茶，一位乘务员很麻利，不到一分钟，盖碗茶就送上来了。费德林一看，糟了，特级龙井漂在上面！他赶忙走了过去，轻轻地对这位乘务员说："姑娘，你把操作程序弄颠倒了，要先放茶叶，后倒水，开水要滚烫才行。"

波斯别洛夫是位很有声望的理论家，曾辅佐苏斯洛夫（苏共中央政治局委员兼中央书记）主管意识形态工作多年。他银发蓬松，一副不浅的花镜时而搭在鼻梁上，说起话来慢条斯理。一路上他恭敬地与毛主席、邓小平同志寒暄交谈，向杨尚昆同志介绍莫斯科会议的筹备情况。

飞机上安放了几张床位。每当建议毛主席去休息的时候，波斯别洛夫都过去看看其他领导同志，他很关心宋庆龄副主席，问她累不累，请她休息。宋副主席总是谦让，请毛主席先去休息。

当天下午能见度很高，在 2000 米高空，莫斯科这座大城市就以微缩的全景映入了人们的眼帘。我们的座机即将在伏努科沃机场降落。

三、在克里姆林宫

莫斯科时间下午 3 时多，毛主席走出机舱，赫鲁晓夫等苏联党政领导人都来了，还有胡志明主席。迎接者有 500 多人，仪仗队整整齐齐。

礼宾仪式过后，赫鲁晓夫与毛主席同车前往下榻的克里姆林宫。毛主席说："我不是请你们不要搞什么仪式，少来人接嘛，怎么还这么隆重？"赫鲁晓夫做了解释："是啊，我们收到了尤金的报告，说您有这样的请求。我们讨论了，大家认为不行。其他国家的领导人来了都是照惯例办的。您这样的客人，礼仪是不能简化的。"毛主席说："谢谢你们的盛情，我看共产主义实现了，这一套也就都没有用了。"到达寓所后，双方在前厅里同饮了香槟酒。

代表团一到，苏方的查哈洛夫少将、苏共中央联络部中国处处长舍尔巴科夫陪着杨尚昆、叶子龙等同志把首长们的住处都看了一遍。果然，毛主席的寝室里布设着木板床，卫生间里的设施也按照毛主席的习惯做了必要的改装。

一切安排均已停当。毛主席慢步通过走廊，来到楼下看了看我们住的地方。我和李医生住在一起，房间不大，但一切都很方便。毛主席上下左右打量了一番，没有说什么就回去了。过了一个时辰，毛主席让我到他的寝室去，这时我终于明白他为什么这样仔细地观察我们的住处。我进去一看，他老人家独自一人，静坐在床边，双手放在膝上。我站在约三米远的地方，听候着。怎能想到，此刻我们的领袖似与你朝夕相处的青年朋友一样，用手势把我唤到他身边，悄悄地对我说："请你帮我办件事，成了更好，不成再说。你去告诉苏联同志，说这间房间太大，请他们给调一下，你们搬上来，我下去住到你们那里去，好不好？"我顿时愕然了，心想这怎么得了，随口就说："这可不行。""你看，你还没去讲，也不知道人家是怎么想的，就说不行，主观主义。"说着还催我快去。我不知道怎么办，立刻跑去报告杨主任，几位领导同志一起来做解释，毛主席总算未再坚持。

代表团的团长都有单独的餐厅，可是毛主席还是喜欢请些同志，包括工作人员到他这里来一同就餐，有时多达十来位，古今中外，谈笑风生。

陪同毛主席饮茶或者就餐，你得有准备，他随时都可能给你出个题目要你回答。有一次，他兴致勃勃地与郭沫若同志谈起古代历史，讲了许多战例，说诸葛亮用兵固然足智多谋，可曹操这个人也不简单，戏台上总是把他扮成个大白脸，其实这个人也了不起。说着说着，他突然问我："你讲讲看,这两个人谁更厉害?"我哪里能回答出来。他便接着讲,古时候打仗没有火箭和原子弹,刀枪剑戟打了起来,死人也不见得少。现在有人很害怕战争,这一点不奇怪,打仗这东西实在是把人害苦了。为什么要打仗呢?应该防止它,打不起来再好不过。可是只顾怕,这不行,你越怕,它就越要落到你头上。我们要着重地反对它,但不要怕它。聆听着这些论述,我脑子里一直在考虑,如果毛主席向外国朋友讲这些思想,应该怎样去翻译?我得准备对了。毛主席在与苏共领导人或与其他党的领袖交谈中都讲过这些观点,只是内容更加扩展,言语更加生动,加大了口译的难度。

某日,毛主席品尝苏方厨师长伊万·伊万诺维奇做的烤鹌鹑,一面夸奖一面考问浦寿昌同志:"你在美国多年,请你把美国的主要经济情况给我介绍一下可不可以,它的现状和前景。"从毛主席的表情看,浦寿昌的答卷是及格的,有必要的数字和说明。同毛主席对话,不论所谈问题大小,不论你谈的多少,只要你能讲出点儿自己的见解,他的神情和目光会告诉你,他喜欢这样的谈话。接着他又问我们读过哪些古书,我们两个人回答得都不理想。于是,他说:"三国、水浒这些好书,至少要读它三遍,不要去注意那些演绎式的描绘,而要研究故事里的辩证法。"

根据毛主席的口述,乔木同志整理了一大段关于辩证唯物论的文稿,建议写进会议文件。苏斯洛夫来交谈的时候表示:"这是大家都熟悉的道理,不添进去好像也可以。"毛主席就讲:"说大家都熟悉,不见得。如果说有人知道,那必然也就有人不知道。"苏斯洛夫表示赞同这个观点。后来这段论述被写进了12个社会主义国家共产党和工人党代表会议的《莫斯科宣言》。

苏共中央还为毛主席安排了一次与苏联各界代表人士的会见。他同出席会见的几名哲学界名流交谈时兴致尤高。他问尤金和米丁:"你们有什么办法把哲学变成普通人手上的武器,而不只是在学者们的脑袋里打转转?"

对话者表示的意思是这样的："工人和庄员们① 总结他们的实践活动，学者们可以帮助探讨事物的规律。"毛主席说："这还是你们自己的嘛！人家呢？"接着他又说："我不大想当什么主席了，我倒愿意到大学去教书，当个教授。我很愿意和青年们多谈谈，他们的思想很活泼。"这时，敬酒的，握手的，一个一个都过来了，话题也就中断了。

一天，午夜2时，毛主席把我叫到寝室。他躺在床上，指着圆凳，要我靠近他坐下。他从床头柜上拿了一个长方形的中号苏联信封，又递给我一支红蓝铅笔，然后说："请你写'赫鲁晓夫同志，我已经睡了，关于文件的事（指我们关于和平过渡问题的提纲），请你明天与邓小平同志谈谈，我不参加了，好吗？'"我写完了他一看说："不是写中文，我是请你直接写俄文。"我又写完后，他叫我翻译给他听后说："好，就这样行了。"随后他就在信封上签下了毛泽东三个字，并叮嘱我请苏联同志即刻转给赫鲁晓夫。第二天，苏斯洛夫来同邓小平同志会面时，说他们已收到了毛主席写的这封信。

各国党的代表团纷纷抵达莫斯科，彼此之间的互相拜会、会谈、宴会等活动很多。中国代表团的驻地每天人来人往。毛主席自己不常出面，而有些领导同志又各有自身的对口活动，这样其他领导同志自然就更忙了。有一次，费德林来见毛主席，说苏联有关方面想借这次机会为郭老祝寿。毛主席礼貌地婉拒了这一提议："郭沫若同志本人不同意，我也不赞成。"

随着苏联社会主义革命40周年大典的临近，莫斯科的节日气氛日益浓厚。毛主席每逢乘车从克里姆林宫出来路过大街的时候，都特别留意市民的面貌和情绪。他的印象是："从人们的精神面貌看，他们生活得都很愉快。人们的穿着都不错，看得出，这几年来这里的事情又有很大进步，成就不小。"

---

① 工人和庄员们是指集体农庄的成员。——编者注

四、毛泽东与赫鲁晓夫

毛主席第二次出访苏联，是在不同的历史时期，由特定的历史条件决定的。自其第一次访苏以后，苏联的内外形势发生了重大变化。1953年3月，斯大林与世长辞。这件事的影响范围远远超出了苏联一党一国的范围。赫鲁晓夫继而在苏联执政，他很懂得在当年的历史环境下，毛主席和中国共产党对苏联的支持，在国际事务的全局中是十分重要的。而支持苏联，巩固和发展中苏两国人民之间的传统友谊，也是我们党和国家的一项重要的对外方针。

1954年赫鲁晓夫率领苏联第一个最高级代表团来中国，当时就曾提出邀请毛主席访问苏联。毛主席在与赫鲁晓夫的交谈中向他表示："感谢苏联党、政府和人民对中国的无私援助。"赫鲁晓夫回答说："不，不能说是无私的，而应当说是有私的，援助中国实际上也是帮助我们自己，中国强大起来就是对我们的最大支持。"毛主席表示："我们应该相互支持，只是我们还很穷，想多办点事，还力不从心。总的来说，还是你们帮助我们的多一些。"赫鲁晓夫这次来，还办了几件重要的事：移交中长铁路、旅大港和新疆的几个合营公司，还请中国派遣工人到苏联去工作。我们对苏联代表团的接待也是高规格的。赫鲁晓夫等取道东北回国，由朱德同志和师哲同志陪同在旅大、鞍山等地进行了参观访问，并给予了最高礼遇。

1956年下半年，在东欧发生波匈事件的时候，毛主席和中共中央派我们党的领导人在不同的阶段先后到莫斯科与赫鲁晓夫等领导人进行了重要的会谈，就正确处理社会主义国家间的关系问题进行了磋商。

1957年5月，苏联最高苏维埃主席团主席伏罗希洛夫来中国访问时又一次邀请毛主席访问苏联。

1957年毛主席讲过，赫鲁晓夫有胆量，敢去碰斯大林，尽管他们采取的方法不好，可是揭了盖子，搬掉了多年来压在人们头上的大石头，这确实需要有点勇气。毛主席同时认为，赫鲁晓夫这个人也能捅娄子，多灾多难，可能日子也不太好过。毛主席这次出访莫斯科，在各种大小不同的场合，同赫鲁晓夫的交谈是比较多的。他从历史的需要出发，站在各国人民利益的高度，对赫鲁晓夫既有适当的支持，也有中肯的批评。

在68个国家的共产党和工人党代表会议上，毛主席即席讲话。他说："赫鲁晓夫这朵花比我毛泽东好看。可是，中国有句话，叫作荷花虽好，也得绿叶扶，我看赫鲁晓夫这朵花是需要绿叶扶的。一个篱笆三个桩，一个好汉三个帮。"毛主席用这种生动形象的语言，阐明内容深刻的思想，受到与会代表们的高度重视。他赞扬苏联科技成就时说："苏联又发射了一颗卫星上天。美国吹得神乎其神，为什么连一个山药蛋都没有抛上去？"

毛主席应波兰统一工人党领导人哥穆尔卡的邀请，到他的别墅去，双方进行了友好而又坦率的交谈。哥穆尔卡是不赞成提"以苏联为首"的。毛主席讲："要不要有人为首，这不是我们单方面的事，帝国主义有个头，我们也要有个头，一旦有了事，总得有个人来召集一下。就拿这次开会来说吧，苏联不出来，我们怎么办？苏联有多少力量，你我有多少力量？"我无法知道哥穆尔卡心里是怎么想的，但当时他也表示："这个道理是讲得通的。"

哥穆尔卡有话不但愿意讲而且也敢讲。他直截了当地说，他不同意纸老虎这个观点，认为"这意味着对帝国主义的力量估计不足"。毛主席也很坦率，他说："谢谢你对我的批评，不过你的批评还不够。对于帝国主义我不是什么估计不足，而是根本就要把它踏在脚下。"他接着又说："我们讲人民的精神状态，帝国主义天天在那里张牙舞爪，你怕它，它就老实了吗？所以我们说，在战略上要蔑视它，它没什么了不起；但是在一个个的具体问题上，必须认真对待，不容轻率，这就是要在战术上重视它。哪个讲，它就是个纸糊的玩意儿，一捏就碎，这样还叫马克思主义吗？"从哥穆尔卡的反应看，他对事物的理解与原来是有所不同了。

南斯拉夫不主张讲阵营，他们不出席12个社会主义国家共产党和工人党的代表会议。赫鲁晓夫对毛主席说："我们给铁托发了邀请，他可能不来。"毛主席说："要理解他们，斯大林整了人家，情报局把人家赶跑了，人家肚子里能没有气？"他问："铁托不来，别人来不来？"赫鲁晓夫说："有，是卡德尔，他是一个笔杆子，南共的重要文件，多半出自他的手。"毛主席说："那好啊，我倒很想会会他，听听他有什么见解。"68个国家的共产党和工人党代表开会的时候，卡德尔出席了。毛主席的席位正好在他斜对面。在讲话中毛主席面对着卡德尔说："有不同意见可以保留起来嘛，有了什么事，还是朋友靠得住，我相信你们迟早是会回来的。"话说得很简单，可卡德尔受到了触动。

赫鲁晓夫向毛主席谈起苏联卫国战争时期的情况时说，斯大林当年对南方前线的指挥有错误，使某次战役惨遭失败；某某元帅胆小如鼠，一见到斯大林，两条腿像麻秆，吃败仗就是由于这个人只会报告和俯首听命；而他自己又是如何勇敢，向斯大林提出过妥善的作战方案，却遭到拒绝，诸如此类。每当他津津乐道这些事情的时候，毛主席不是吃着点心不做表示，就是把话题引开。当年只是一员中将的赫鲁晓夫自吹他比斯大林还高明，竟在中国的领袖毛主席面前显示他个人的军事才能，确实很不得体。

一次，毛主席批评赫鲁晓夫说："你这个人脾气大，说话伤人，这很不好，不能这样。"同时他也说他自己有时也有这种情况。毛主席接着又说："各个党都有他们自己的实际情况，有什么不同意见，能讲出来，不是坏事，要慢慢讨论，着急不行。"赫鲁晓夫没有把这些话完全听进去，但承认"我是有这个毛病，不过你要知道，有些事我很生气"。

毛主席告诉赫鲁晓夫，他准备辞去国家主席的职务。赫鲁晓夫问："有人接替吗？"毛主席说："有，我们党有几位同志，他们都不比我差，完全有条件。"赫鲁晓夫说："我们这里将由柯西金接替部长会议主席职务。"然而他又情不自禁地补充说:"不过大家还是希望由我来掌管全局。"

赫鲁晓夫这个人给我们的印象是:他思想很敏锐,很精明,开朗,直爽。可他有时过于锋芒外露。作为政治家,他对某些重大原则问题的思考,缺乏相应的深度。

在克里姆林宫的19个昼夜,毛主席和中国代表团受到苏共中央和苏联政府的盛情接待。毛主席和我们党的其他领导人除了参加苏联社会主义革命40周年庆祝大典的活动以外,还出席了12个社会主义国家共产党和工人党的代表会议,出席了68个国家的共产党和工人党代表会议。在两个会议中间,毛主席同各国党的领袖们商讨共同关心的重大问题,中国代表团做了大量的协商和团结工作。经过各国代表团的共同努力,两个会议都取得了圆满成功。毛主席代表中国共产党和各国党的领袖们一起签署了《莫斯科宣言》和《和平宣言》。

最后,苏共中央在克里姆林宫叶卡捷琳娜大厅举行宴会,招待各国党的代表团。毛主席祝酒时说:"谢谢苏共中央和苏联政府的邀请。谢谢今天招待我这么许多好吃的东西。""我们开了两个很好的会,大家要团结起来,这是历史的需要,是各国人民的需要。"接着,他说中国有首诗,大意是:

两个泥菩萨,一起打碎啰。

用水一调和,再来做两个。

我身上有你,你身上有我。

全场响起热烈的掌声。这次毛主席亲自率领中国代表团出访,在我们党和国家的外交史上,是一次意义十分重大的国际活动。

葛罗米柯关于台湾局势同毛泽东主席
谈话的回忆与事实不符

魏史言

葛罗米柯于1988年2月出版了他的回忆录《永志不忘》[①]，其中有关中苏两国关系的回忆虽然篇幅不多，但不符事实之处却不少。1988年2月22日，《纽约时报》又就该回忆录中关于毛主席对台湾局势的谈话加以歪曲报道，引起了国内外不少人士的关注和猜测。现将我所了解的情况简述如下。

一、《纽约时报》关于葛罗米柯同毛主席谈话的歪曲报道

葛罗米柯在他的回忆录中写道，他1958年9月秘密访华时，向毛主席谈了苏方对台湾海峡紧张局势的估计。毛主席说中方的打算是：美国若进攻中国，甚至使用核武器，中国军队可从周边地区撤向内地，诱敌深入，最后使美军陷入中国军队的夹击之中。战争之初，苏联可不必对美国进行军事反击和阻止其进入中国腹地，待美军进入华中地区后，苏联再用一切手段对其实施袭击。

1988年2月22日，《纽约时报》却把葛罗米柯所写"用一切手段对其实施袭击"，篡改为"用核武器消灭他们"，并添枝加叶地说："当时毛泽东

[①] 该书已由世界知识出版社翻译出版。——编者注

认为他的国家哪怕死三亿人，也可以在核战争后生存下来，能用常规武器彻底消灭资本家。"这个报道显然是有意歪曲的。

二、葛罗米柯回忆录中此说法不符合事实

1958年7月15日，美国海军陆战队在黎巴嫩登陆，粗暴干涉黎巴嫩内政。与此同时，美国支持台湾当局叫嚣"反攻大陆"，并以金门、马祖为基地对我国沿海地区进行骚扰和破坏。美国海军参谋长伯克8月8日扬言，美国海军正密切注视台湾地区局势，随时准备进行像在黎巴嫩那样的登陆。

为了支持阿拉伯人民反对美国侵略的斗争，反击国民党军队对大陆的骚扰，反对美国制造"两个中国"的阴谋，我国政府决定于1958年8月23日，命令中国人民解放军开始炮轰金门、马祖。炮声震动了美国，它慌忙于24日调集了6艘航空母舰和130艘舰只、500架飞机、3800名海军和5000名陆军到台湾海峡支援第七舰队。

我国炮轰金门、马祖的行动，事先曾通过苏联在我国的军事顾问通报了苏联当局。但赫鲁晓夫1958年7月底来华时，我国领导人并未向他谈过打炮的事。赫鲁晓夫很不放心，担心中国的行动会破坏他搞"苏美合作，主宰世界"的意图，甚至导致苏美冲突。因而他于9月5日亲自打电话给苏联驻华使馆苏达利柯夫参赞（因大使、代办都不在北京），命他转告周恩来总理：他拟派葛罗米柯外长于当晚乘专机秘密访华，向我国领导人转达苏联对台湾海峡局势的估计，并商谈致信美国总统艾森豪威尔的问题。

9月5日晚，周恩来总理接见了苏达利柯夫参赞，表示欢迎葛罗米柯来华访问，并谈了我国对台湾海峡形势的分析、美蒋矛盾，以及我国的立场、策略和所采取的行动。周恩来总理着重说明：中国炮击金门、马祖并不是就要用武力解放台湾，只是要惩罚国民党部队，阻止美国搞"两个中国"；如果打出乱子，中国自己承担后果，不拖苏联下水。请他转告苏共中央。

9月6日上午，葛罗米柯来到北京，下午2时周恩来总理即同他会谈。周恩来总理指出："关于台湾局势问题，我在昨晚已向苏达利柯夫参赞谈了我们的立场、策略和行动，想必你已知道了。"葛罗米柯表示："我知道了。苏共中央完全赞同中国同志的立场和措施。"周恩来总理还向他谈了美蒋矛盾、美国态度等情况。随后双方交换了中国政府的声明和赫鲁晓夫致艾森豪威尔的信的副本。葛罗米柯认为："这将是互相紧密配合和互相补充的两项重要的外交行动。"

9月6日下午6时30分，毛泽东主席会见了葛罗米柯。葛罗米柯向毛主席表示，"苏共中央同意周恩来总理向苏共转达的中国方面的立场、策略和做法"，"赫鲁晓夫同志准备给艾森豪威尔总统的信，对美国政府提出警告……我认为这封信对美国会起清醒剂的作用，像洗一盆冷水澡那样"。毛主席说："美国早该洗澡了，天气太热了。"葛罗米柯还表示，周恩来总理准备就台湾海峡局势发表的声明"是一个十分及时和很好的声明。我相信，周恩来总理的声明和赫鲁晓夫同志致艾森豪威尔的信都会起到十分需要和应有的效果"。随后毛主席宣布休息进餐。在进餐时和饭后他们又谈了一些话。据当时参加这项工作的几位同志回忆，毛主席没有说要苏联"采取一切手段对入侵美军实行袭击"，更没有说用苏联原子弹来消灭入侵美军之类的话。葛罗米柯的回忆显然是不全面、不符合事实的。

中柬关系的建立与发展

陈叔亮

一、我同西哈努克亲王的初次接触

1955年亚非会议开幕前，我在万隆机场上第一次见到西哈努克亲王。那时他风华正茂、风度翩翩。机场上欢迎他的群众都以惊异的目光打量着这位年轻的国家领导人。当时在我看来，这位柬埔寨王国的王子不过是一位生活优渥的贵族。

会议期间，有一天晚上，周恩来总理宴请西哈努克和柬埔寨代表团的几位主要成员蒙达纳亲王和宋双。我方有陈毅副总理、章汉夫副部长作陪。席间，西哈努克对周恩来总理在亚非会议上所展现出的大度宽容之态、蕴含高尚理念的和解精神，以及于大会上那正气凛然的发言，深表钦佩，对周恩来总理倡导的和平共处五项原则极为赞赏。他认为和平共处五项原则可以使小国的主权得到保证，表示柬埔寨也愿意承认并遵守。周恩来总理、陈毅副总理对亲王的这种立场和态度表示赞赏。

宴会中，双方谈笑风生，亲切融洽。宴会结束前，周恩来总理邀请西哈努克亲王在方便的时候到中国访问，亲王欣然接受。

客人走后，周恩来总理、陈毅副总理同代表团的同志回顾当日会议和接触到的各代表团的印象时，认为西哈努克是一位民族主义者，一位开明、爱国的亲王。

二、中柬外交关系建立的经过

亚非会议后,中柬关系有所发展,但柬埔寨奉行所谓不偏不倚的"中立政策",坚持在对待中华人民共和国和台湾当局、朝鲜民主主义人民共和国和南朝鲜、越南民主共和国和南越关系上,采取"一律看待"的态度,不同我国建立正式外交关系。1956年西哈努克首次访华前,柬埔寨王国政府发表公报,明确声明:"由于柬埔寨的中立地位,不能在使人民中国和台湾国民党政府相分裂的冲突中站在任何一方面。这一冲突是构成世界紧张局势的严重原因之一。因此,至少到中国问题解决之前,柬埔寨应避免考虑出于任何目的的在于外交上承认中国的行动。"

1956年2月,西哈努克亲王应邀访华时,我们按照来访国宾的最高规格予以接待,亲王感到十分满意。但他同周恩来总理在会谈中谈到两国关系时说,柬埔寨奉行独立、和平、中立政策,柬中关系目前先通过间接方式保持接触。周恩来总理当即表示同意。毛泽东主席会见西哈努克时,了解到中柬目前建交还有困难,就说:"让我们看,建交好嘛;柬埔寨处境困难,我们可以等待。"

经过会谈,双方达成互派经济代表团的协议,为两国正式建交奠定了基础。随着中柬关系的顺利发展,1957年柬埔寨政府正式照会中国外交部,申明"在金边的台湾'领事'是法国在政权移交时转给柬埔寨的。这个所谓'领事'是法国高级专员派遣的,柬埔寨独立后的正式典礼从未邀请过他"。柬埔寨在同我国建交问题的态度上显然有所松动。

1957年后,南越在美国支持下,加紧侵犯柬埔寨,柬埔寨同南越的关系日趋紧张。柬、泰边境也不平静,泰军占领了柬边界一侧的两座庙宇和其他领土。西方国家不仅不支持柬埔寨,反而污蔑柬埔寨侵略了邻国,并以减少或停止援助施加压力。因此,西哈努克几次表示,柬埔寨国小兵少,常受欺侮，为了和平中立需要找盟国。宾努曾向美国驻柬埔寨大使表示，柬埔寨虽然同西方国家友好，但为了自己的独立，有权自己作主同亚洲国家和中国进一步友好，这是任何西方国家所不能阻止的。为利用我国的影响抗衡美国和南越的压力，改变其过去所谓中立平衡和迁就西方国家的过于软弱的做法，摆脱因疏远亚非国家而在政治上带来的孤立无援的状态，西哈努克遂要求改善同亚洲国家和中国的政治关系。

为了支持柬埔寨维护国家主权的斗争，并把中柬两国作为大小国家实行和平共处五项原则的一个范例，我们进一步发展两国的友好关系。1958年6月30日，陈毅副总理发表声明，谴责美国、南越的侵略，支持柬埔寨的正义斗争，促使西哈努克下决心同我国正式建立外交关系。

1958年7月17日上、下午，柬埔寨分别举行最高国防会议和内阁会议，决定承认我国。18日，西哈努克致函周恩来总理，提出两国间正式建立大使级外交关系的建议。接信次日，周恩来总理即复函西哈努克，同意建交并表示绝不吝啬自己的力量支持柬埔寨维护独立主权、反对外来侵略的斗争。中柬两国正式外交关系的确立，使两国友好关系的发展进入了新阶段。

三、周恩来总理、陈毅副总理访柬盛况

1960年周恩来总理、陈毅副总理出访亚洲六国，我作为外交部第二亚洲司司长参加了对柬、越、蒙三国的访问。这一次出访是一次宣扬国策、修睦邻邦的重要外交行动。

1958年7月，中柬正式建交。8月，西哈努克第二次访华。周恩来总理、陈毅副总理这次是回访，也是中柬建立正式外交关系后的首次访问。周恩来总理、陈毅副总理访问柬埔寨的时间排在5月初。4月上旬，我们忽然得到柬埔寨国王诺罗敦·苏拉玛里特陛下病逝的消息。外交部当即通

过王幼平大使向柬埔寨政府了解，周恩来总理、陈毅副总理5月初访问对柬方有无不便，同时把情况向正在国外访问的周恩来总理、陈毅副总理报告。柬方的答复大意是：柬埔寨在国丧期间，欢迎礼仪恐怕不能尽善。我们当时也考虑到柬埔寨在国丧期间，接待国宾恐怕有困难，悲痛哀悼的感情和欢迎热烈的气氛毕竟是难以冰炭同炉的。然而出乎我们意料的是，周恩来总理、陈毅副总理却指示外交部通知柬方，他们将率代表团按期访问，专程前往吊唁老国王，并同西哈努克亲王会谈。因正值柬埔寨王国国丧期间，希望柬方在接待方面从简。周恩来总理还指示外交部要为代表团访柬赶制素服，以示庄严隆重。对于上述决定，我们都很赞佩，但是也担心在柬埔寨国丧期间进行访问，情绪会是低沉的，有可能影响访问的气氛和效果。

1960年5月5日，周恩来总理、陈毅副总理率代表团全体人员身着素白礼服，登上专机，于上午9时飞抵金边波成东机场。飞机降落时，专机上的代表团成员不约而同地透过机窗，注视着机场情况：旗杆上的两国国旗是升全旗还是半旗？到机场来欢迎的人穿的什么服装？西哈努克的衣着和情绪怎么样？等等。

就在大家热切的企望中，我首先看到机场候机楼前的旗杆上中柬两国国旗是升到顶端的，停机场前密密地排列着群众欢迎队伍。他们擎着彩旗，举着色彩缤纷的花束。群众队伍的前面是王国政府官员和中国大使馆的官员们。队伍前面站着风度翩翩的西哈努克。他穿的是深色西服，系着黑领带，西装翻领上绷着一条小小的黑纱。在礼宾官和王大使的陪同下，西哈努克满面春风地向专机走来。王幼平大使和礼宾官登机迎接，周恩来总理、陈毅副总理走出机舱，西哈努克在机前带头鼓掌欢迎，乐队奏起迎宾曲。周恩来总理、陈毅副总理和西哈努克亲王热烈握手，互相问候。亲王告诉客人，柬埔寨王国举国上下将为诺罗敦·苏拉玛里特国王守丧一个月，但为了欢迎中国贵宾，已将悼念活动中止，待贵宾访问后再继续举行。周恩来总理、陈毅副总理当即表示感谢，并申明此次率代表团来首先是向不幸逝世的老国王陛下进行吊唁。柬方随即在机场举行了隆重的欢迎仪式。西哈努克邀请周恩来总理、陈毅副总理共乘敞篷汽车进城，沿途群众夹道欢迎，高举中柬两国国旗和周恩来总理、陈毅副总理的大幅半身像，舞起彩绸花束，高呼欢迎口号，气氛十分热烈。群众欢迎队伍一直排到王宫，场面的隆重盛大完全出乎我们的意料，为代表团访问揭开了振奋人心的帷幕。

当天下午，王后会见了代表团。接着，代表团便到银殿苏拉玛里特先王灵前献了花圈，举行了吊唁的礼仪。

第二天上午，在王宫外东侧王家田广场举行王家社会主义青年团群众大会。原定由西哈努克和周恩来总理讲话。前一天晚间，周恩来总理说，群众大会上他不讲话了，请陈毅副总理讲话。我们给陈毅副总理准备好一篇讲话稿，陈毅副总理看后放在自己的口袋里。第二天早晨天气很好，王家田广场高搭彩棚，有组织的群众陆续到达，还有不少自发参加的群众扶老携幼把会场挤得满满的。

8时，宾主登上彩台就座。周恩来总理告知西哈努克，陈毅副总理将在西哈努克讲话后代表总理和代表团讲话。西哈努克很高兴。他随即走到麦克风前发表了热情洋溢的讲话，赢得了热烈的掌声。陈毅副总理一面听亲王讲话，一面回头告诉我，原来准备的讲稿不用了，他要即席讲话。西哈努克在结束讲话时，特别介绍了周恩来总理和陈毅副总理。陈毅副总理在热烈掌声中走到麦克风前，一开口便吸引了全场听众，几乎每一小段话都博得全场的热烈掌声。他从西哈努克的政绩，中柬友好关系的发展，中国支持柬独立自主、和平中立的政策，一直谈到这次访问。讲话感染了全广场的人，气氛十分活跃。讲话结束后，西哈努克在暴风雨般的掌声中上前同陈毅副总理握手，表示感谢。这次群众大会形成这次访问的第一个高潮。会后，周恩来总理高兴地对我们说："你们看，请陈老总讲话效果多好！"

5月7日，周恩来总理在接见华侨时，向他们了解了在柬华侨的情况。周恩来总理指出，柬埔寨对华侨的友好政策，可以作为东南亚国家对华侨政策的一个范例，嘱咐华侨要尊重柬埔寨的法律，好好学习柬埔寨语文，在投资方面多搞对柬埔寨国计民生有利的工业，并且一定要搞好同柬埔寨人民的关系。

7日晚，周恩来总理、陈毅副总理在分别活动后于唝吥会合。晚宴前，代表团在首府花园里纳凉，大家谈到柬埔寨虽然是一个小国，但其精神面貌有一股兴旺气象，国家建设得井井有条，每个城市都整洁美丽，像是花园。就在大家热烈交谈时，随着咚咚的响声，一片彩色焰火飞上天空。当时我们很感意外，因为还在国丧期间，主人竟这样出乎常节地欢迎中国代表团，大家都感到规格愈来愈高了。事后回顾，我把这晚的焰火和这三天的活动日程，特别是第二天的日程相联系，才逐渐领悟其中的深意。

9日上午的日程是"白马遨游"。白马是柬埔寨南部的滨海城市。遨游的场所安排在白马和富国岛之间的海上。代表团10点多钟由西哈努克陪同，在白马的码头登上一艘小炮艇。因为是炮艇，所以没有内舱待客，只在甲板上临时放置了一套沙发，是专为两国领导人休息会谈准备的。西哈努克请周恩来总理、陈毅副总理和章汉夫副部长入座，他陪着坐下，旁边一把小椅子让译员坐了，卫士长站在船舷旁警卫，其余的随行人员被请上艄楼。炮艇随即离岸，向南偏东的海上驶去。几分钟后空中又出现了两架护航飞机，在炮艇左右盘旋飞行。炮艇大约进入航道不过几分钟，艇上突然呼呼地响起炮声，在大家愕然相对的瞬间，柬方陪同人员连忙告诉大家，艇上在鸣礼炮以示对中国国宾的敬意。炮艇兜了一个圈子又驶返白马。下艇后，西哈努克对记者们谈了他招待周恩来总理、陈毅副总理在白马海上遨游和周恩来总理、陈毅副总理对柬埔寨的支持。当天下午代表团飞抵金边，傍晚举行联合声明签字仪式。

最后，周恩来总理率代表团主要成员向西哈努克和王后辞行，并分别乘两架专机离柬埔寨飞往河内。

上：1960年5月，周恩来总理在陈毅副总理陪同下访问柬埔寨。图为周恩来、陈毅与西哈努克亲王在一起

下：访问柬埔寨期间，周恩来、陈毅吊唁柬国王逝世

开展同撒哈拉以南非洲各国的关系

王 殊

1958年10月,我从巴基斯坦回到北京参加新华社国外分社会议后,总社通知我去撒哈拉以南非洲各国开辟分社。当时,该地区只有加纳和利比里亚取得了不完全的独立,其余大多数国家还没有独立。但亚非会议后,非洲民族解放运动发展很快,一批非洲国家将要取得独立。我国同撒哈拉以南的各非洲国家没有外交关系,连一般往来也很少,对这个地区的情况了解甚微。因此,总社决定要我先去加纳,争取常驻,因为加纳曾派出以农业部部长科佐·博齐约为首的代表团参加过亚非会议,同我国代表团有所接触,多少有一点关系。总社还要我争取访问更多的国家,参加它们的独立庆祝活动,了解其领导人对同我国发展关系的态度。

我在1958年底到达开罗,向加纳驻埃及使馆申请签证,等了两个多月,终于得到了为期两个月的签证。那时,加纳还是自治领,英国的势力很大,但恩克鲁玛总理(成立共和国后任总统)正在为成立共和国而努力,特别是加纳同刚取得完全独立的几内亚建立加几联盟之后,这种努力更为加强,与英国的矛盾增加。恩克鲁玛一直奉行非暴力主义,主张用和平手段取得独立。因此,我到加纳的时机较为有利。当时苏联同加纳也没有建交,只有一个《真理报》常驻记者。我采用了他取得常驻签证的经验,绕过由英国人担任局长的新闻局,直接拜访宣传部部长科菲·巴科。他在政府中属于民族主义的一派,是恩克鲁玛的重要助手之一。我同他谈到了两国过去共同的遭遇和现在共同的奋斗目标，并且介绍了新中国各方面的情况。他听后很高兴，要我写一份要求常驻的申请信给他。但申请信送出后一连两个多星期没有消息，我心中有些着急。有一天在议会散会时，我在门口抢前找了恩克鲁玛总理，做了自我介绍，并谈了常驻的愿望。他对我到加纳表示欢迎，还说已看到了我送给巴科的有关加纳情况报道的剪报，关于我常驻的申请要我仍找巴科。没几天，巴科复信给我，表示欢迎我常驻。我立刻到警察局和新闻局办理了手续。后来，我同巴科很熟悉，当我问到他对两国关系的看法时，他很率直地说，现在加纳还不是完全独立，同中国的关系可能要在成立共和国之后才能考虑。后来，我又问了总理府部长和其他一些部长及官员，他们同巴科的看法差不多。有些友好的官员还建议我先去几内亚，因为几内亚已完全独立，内外政策比加纳进步，同几内亚建交的可能性比加纳大。我也感到，英国人对加纳各方面控制很严，同中国建交的可能性暂时不大。开始时，我从北京和香港订阅的报刊全部被邮局没收，在我拜会英国人担任的邮电局长并提出抗议后，这些报刊才按时送给我。后来，我又在电话听筒里发现了窃听器。

1959年3月，几内亚总统塞古·杜尔邀请我领导人参加几内亚民主党代表大会，被我婉拒，后几内亚有关部门请我去科纳克里采访。杜尔总统长期做工会工作，主张取得完全的独立，实行社会主义和中立、和平、不结盟政策。几内亚民主党代表大会之后，我又专门采访了杜尔总统。他对我国非常友好，说他钦佩中国革命所取得的伟大成就，曾多次在集会上要求群众学习中国人长征的精神，争取祖国和非洲的独立和自由。他还表示，要发展两国的友好关系和合作。我当时感到几内亚有可能是撒哈拉以南非洲各国中最先同我国建交的国家，但没有估计到美、法、英等国力图对几内亚施加压力，阻挠几内亚同我国发展关系。一些西方报刊更是直言不讳地说，不能让中国在撒哈拉以南取得"立足点"。

1959年5月，总社通知我立即去科纳克里，因为我政府特使、驻摩洛哥大使白认同志要去科纳克里移交中国政府赠送给几内亚的一批大米。白大使根据国内指示，也拟相机同几内亚政府商谈建交。他首先拜访了几内亚经济部长和外交部国务秘书，移交了已经运到几内亚港口的大米。几内亚经济部长和外交部国务秘书均很友好，对我国的支援表示感谢，对发展两国关系持积极态度，但要我们同杜尔总统（兼外长）直接商谈。当时，我们估计几内亚有可能立即同我国建交，因此白大使在拜访杜尔之前即拟好建交联合公报草案。后来，杜尔在接见时，白大使向杜尔提到了中几两国建交的事，杜尔表示同意。但正在商谈签署建交联合公报时，几内亚外交部国务秘书来到杜尔会客厅，要杜尔出去商谈一件事。杜尔出去了一会儿，回来后对两国建交事突然变了卦，说这件事待以后再考虑，白大使只好告辞。后来才知道，美国驻几内亚大使拜会了几内亚外交部国务秘书，就杜尔访美事进行了商谈，估计也对几内亚同我国建交一事施加了压力。几内亚当时在政治、经济上都很困难，杜尔不愿在访美之前得罪美国。

几个月后，杜尔派教育部部长巴里·迪亚万杜到北京参加我国庆典礼，并在10月4日签署了建交联合公报。12月中旬，我驻几使馆临时代办赵源赴任。两个多月之后，台湾派往利比里亚的"大使"来到几内亚，几内亚外交部按"国宾"的礼节接待了他。赵源同志考虑到中几两国刚刚建交，因而未向几外交部提出交涉，但找了杜尔的弟弟、运输部部长伊斯梅尔·杜尔对此提出了意见。后来，伊斯梅尔·杜尔代表杜尔总统向赵源同志说明此事"安排有误"，表示歉意。柯华大使到任后，杜尔总统多次友好地接待他。我国同几内亚建交并互派大使，影响很大，对后来发展同撒哈拉以南非洲各国的关系起了重要作用。

1960年7月1日，加纳宣布成立共和国，在阿克拉举行盛大庆祝活动。我政府应邀派政府特使、驻几内亚大使柯华参加庆祝典礼。第二天，恩克鲁玛总统接见柯华大使，进行了友好谈话。在柯华大使谈到两国建交时，他表示同意立即建交，说将派外交部部长阿科·阿杰伊当晚到旅馆去

开展同撒哈拉以南非洲各国的关系 | 155

1959年9月,周恩来总理在北京会见几内亚政府代表、教育部部长巴里·迪亚万杜。巴里·迪亚万杜转达了杜尔总统关于立即与中国建交的愿望。随后,几内亚成为撒哈拉以南非洲各国中第一个与中国建交的国家

拜访柯华大使商谈此事。阿杰伊按时来到旅馆同柯华大使商谈并签署两国建交公报。阿杰伊在桌上拿了一张纸，当场起草了联合公报，并立即征求柯华大使意见，柯华大使对公报表示同意。接着阿杰伊就再抄了一份，自己签了字，然后请柯华大使签字。联合公报的签字只花了十几分钟的时间，其快速程度创我们同其他国家办理建交程序的记录。柯华大使刚回到使馆正要机要员把这份双方约定在7月5日一起公布的公报发回国内时，加纳电台却提前广播了这份公报，当时国内听到这个消息还不知道是怎么一回事。不久，我国即派黄华同志出任驻加纳首任大使。

在此期间，西非法属苏丹（今马里）和塞内加尔建成马里联邦，在1960年6月20日宣布独立。当时，马里联邦没有在加纳建立使馆，签证手续仍由法国使馆代办。为采访马里联邦的独立庆典，我向法国驻加纳使馆申请签证。法国使馆一直拖到庆祝典礼前几天才发给我三天的签证，而且当时主要的庆祝活动在塞内加尔的达喀尔进行，而签证却是到马里首都巴马科。我要求改到达喀尔，法国使馆却以时间来不及为由予以拒绝。我只能去巴马科。马里总统莫迪博·凯塔和主要的部长都已去达喀尔，因此我只见了几位在巴马科的次要的部长。但两个月以后，塞内加尔和马里矛盾激化，塞内加尔在8月20日宣布退出联邦，马里在9月22日宣布成立马里共和国，脱离法国的"西非共同体"，并且同加纳、几内亚结成了加几马联盟。塞内加尔封锁了铁路运输，给地处内陆的马里经济上带来了很大的困难。我根据总社的指示去马里共和国采访。鉴于上次法国使馆在签证问题上故意刁难，经柯华大使同意，我直接发电报给马里总统莫迪博·凯塔，申请在机场取得签证。两天后，凯塔复电对我表示欢迎。我再次到巴马科后，立刻向马里宣传部部长戈洛戈提出采访凯塔总统的要求。第二天，总统接见了我。在我问到两国建交的可能性时，他表示完全同意建交，并希望中国政府派代表就此事进行商谈。他还建议中国政府派经济代表团前来商谈两国经济合作事宜。接着，我又向凯塔总统说明了我国政府反对

"两个中国"的立场,并提出至今还有一个台湾的"大使"赖在巴马科不走。凯塔表示马里政府不会同台湾"建交",而且要把那个"大使"撵走。凯塔总统同我的谈话非常友好坦率,只用了半个小时就把原拟要采访的问题全部解决。在我回到几内亚汇报情况后没几天,外交部委派柯华大使到巴马科去商谈建交。柯华大使也是直接给凯塔总统发了电报,并且很快收到了回电。凯塔给予柯大使非常热情友好的接待。第二天,柯华大使同马里外交部秘书长达成了建交协议,并且在10月27日发表了建交联合公报。三个月后,我首任驻马里大使赖亚力同志到达任所。

周恩来舌战洋记者

屠培林

做了几十年记者，我在国内外参加过难以计数的新闻发布会和记者招待会，其中，最令我难以忘怀的是周恩来总理在印度新德里正气凛然、对答如流、舌战外国记者的动人情景。

"愿意回答记者提出的任何问题"

中国和印度都是人口众多的亚洲大国。两国人民经过长期的反对帝国主义和殖民统治的艰苦斗争，相继获得了独立和解放，在1950年4月1日建立了外交关系。1959年，叛乱失败的达赖集团逃亡印度之后，印度政府公开向中国提出了大片领土要求，要中国政府接受过去英帝国主义强加在中国人民身上的所谓"麦克马洪线"，中印两国关系随之恶化。

为了和平解决中印边界问题，1960年4月周恩来总理亲赴新德里同尼赫鲁总理会谈。当时我在新华社新德里分社工作。4月19日下午，我赶往机场迎接周总理和陈毅副总理一行并做相关报道。

自4月19日至25日，在新德里停留的六天里，周总理繁忙地同尼赫鲁总理进行了七次会谈。遗憾的是，中国方面的和平诚意没有得到响应，会谈没有取得成果。为了让全世界了解中国政府在中印边界问题上的态度和立场，周总理决定在离开印度前夕，在他下榻的总统府举行记者招待会。

周恩来舌战洋记者 | 159

1960年4月,周恩来总理在陈毅副总理陪同下访问印度,受到印度总理尼赫鲁及其他官员的热烈欢迎

消息传出，闻讯赶来的世界各国的报刊、通讯社、电台等的记者达150多人。一些久慕中国总理盛名又没有机会去中国访问的记者，为能参加这样的记者招待会并一睹周恩来的丰采而感到特别高兴。

4月25日晚上10时半，已经忙了一天的周总理来到记者招待会会场。他身穿中山装，目光炯炯有神，向与会者含笑致意。工作人员向在座的各国记者分发了一份简要的书面谈话后，周总理宣布：今晚他愿意回答记者提出的任何问题，但希望与会记者所代表的报纸和通讯社能予全文发表，或者提问的记者在他所代表的报纸上发表所提的问题和得到的回答的全部内容。周总理说，中国的主要报纸将全文发表今天记者招待会的问答内容，英文《北京周报》也将全文刊登，以后会送给今天到会者每位一份。

周总理话音刚落，各国记者纷纷举手、起立，急着抢先发问。东道国印度的记者们更像排炮似的连问不断。

"不能把自己的地图强加给另一方"

印度报业托拉斯记者首先发炮，问周总理："在印度，你给尼赫鲁总理的信已经全文发表了，但是尼赫鲁总理给你的信，中国报纸却没有发表。讲到言论自由，你是不是准备让中国报纸全文发表这些信？"

周总理微微笑了笑，回答说："这位先生可能没有读过中国报纸。中国报纸早就把尼赫鲁总理给我的信和我给尼赫鲁总理的信全文发表了。"

印度《政治家报》记者接着发难："我想问一下，是什么阻碍你们回到一两年以前两国边界的状况？因为中国在一两年以前采取了行动。"

周总理平静地告诉他：在中国这方面，这一两年同过去一样。中国政府从来没有采取行动改变边界现状。

印地文《今天报》记者又问："印度政府在提请中国政府注意中国地图的时候，中国政府曾经说这是国民党时代画的，没有经过有系统的仔细勘察，一旦仔细勘察以后就要进行订正。这是否是真的？为什么你在跟尼赫鲁第一次会晤和第二次会晤的时候都没有提出地图问题，现在你却要根据中国历史坚持中国的要求，而要印度忘掉在英国时期发生的事情？"

周总理毫不含糊地回答这位记者："中国的地图是根据历史延续下来的情况画的，这当中有些地方与实际管辖情况有出入。对于这一点，我们历来就是这样说的。不仅跟印度有这样的情况，跟别的邻国也有这样的情况。反过来说，别的国家的地图同中国交界的地方也有这种情况，因此我们才多次跟尼赫鲁总理说，在双方经过勘察和划定边界以后，我们将根据双方的协议来修改各自的地图。关于这一点，先生可以从中缅边界协定中得到证明。这就是说，一旦我们签订中缅边界协定后，双方都要修改自己的地图。但是绝不能在没有勘察和谈判划定以前，单方面地把自己的地图强加给另一方，要对方按照自己的要求修改地图，这不是友好的态度，也不是对等的态度。因此，我们不能这样做。"

中印两国边界问题分东段、中段和西段三个部分，《印度教徒报》记者想弄清楚两国在边界问题上的具体争议，因而发问："在谈判当中，两国总理认为哪一段分歧最大？"

周总理凭他多年来对复杂的边界问题认真调查研究后掌握的第一手材料，滔滔不绝地讲了这一历史遗留问题的由来以及目前的现实情况。他不看文字材料，随口就列举了当年的历史背景、边界的走向、两国地图画法的差异、如今边界地区实际的管辖情况以及中国政府的主张等，还具体讲了不少年份和地名。在场许多记者对周总理渊博的知识和惊人的记忆力表示惊讶，并且注意到周总理在倾听译员将他的答话口译成英文时，多次指出某些译文不妥之处而予以纠正。对这一问题的回答，周总理足足讲了有半小时，随行的冀朝铸和浦寿昌两位中国代表团成员忙着交替即席口译成英文。周总理对这一问题的结论是："目前东段和西段都有争议，中段争议比较小。"

"一时的乌云是会消除的"

印地文《新世界报》记者又问:"除了边界问题外,两国总理在会谈中是否提出了一些埋怨的问题,如涉藏问题、达赖喇嘛政治避难问题、遵守和平共处五项原则问题?印度人民和政府是否做了一些冒犯你们感情的事?"

周总理回答说:"提到涉藏问题,达赖,主要是他的追随者为了维持在西藏的农奴制而进行叛乱,但失败了,他们逃到印度来。在印度,他们得到政治避难,这是国际上的通常惯例,我们没有什么反对意见。但是他们到印度以后的活动超过了这个范围。印度政府曾多次对中国政府说,将不让达赖喇嘛和他的追随者在印度进行任何反对新中国的政治活动。但是达赖及其追随者在印度国内和国外进行的反对中国的活动已有不少次,这是我们感到遗憾的。"

周总理郑重指出:"西藏是中国的一部分,这是印度政府所承认了的。我可以告诉这位先生,绝大多数西藏人民现在已经从农奴制度下得到解放,他们分得了土地,进行了民主改革。西藏经济将不断发展,人口也将会增加,它将永远成为中国各民族大家庭中的一员。任何外国干涉中国内政的行为都是注定要失败的,这种行为本身就违背了中印两国所共同倡议的五项原则。"

《印度斯坦时报》记者问周总理:"你跟印度领导人会谈是否得到这样一个印象,在印度发生了很大变化,印度人民对中国人民的友好和信任正在变化。阁下是否采取了一些步骤来改变这种形势?"

"我不是像你那样看的。"周总理十分明确地回答这位印度记者,"我在书面谈话中已经说过,中印两国人民的友谊是永恒的,边界问题的争议是暂时的。在两国政府交涉解决的过程中,可能存在一时的隔阂。我相信,这一时的乌云是会消除的,因为中印两国人民没有根本利益的冲突。我们不仅过去友好，而且会千年万年地友好下去。我愿意向在座的各位，特别是向广大的印度人民表示，中国人民和中国政府对于印度以及中国周围的任何其他国家都没有领土要求。我们绝不会侵略任何国家的一寸土地，当然我们也不会容忍人家侵略我们。至于中印两国关系，我坚决相信边界的一时纠纷能够得到解决，两国人民会永远友好下去，印度绝大多数人民愿意对中国友好的观念也没有改变。不久前，在德里的中国农业展览馆得到广大印度人民的欣赏和重视，就说明了这一点。我愿意借此机会向广大的印度人民致谢。我和我的同事们自然可以在促进中印友好方面做一些工作，但是最重要的是两个伟大国家人民的团结，这是任何反动力量也破坏不了的。"

"现在中国还有土地被别人侵占"

在印度记者连珠炮似的提问的间隙，日本、巴基斯坦、捷克斯洛伐克等国记者也抢着问了一些问题，周总理都一一做了回答。

《巴基斯坦时报》的记者要周总理评价：这次来访印度，同1956年那次访印比较，是发现尼赫鲁总理同上次一样，还是有些不同？

周总理对此没有正面回答，只是说："尼赫鲁总理和我个人一样都表示了维持中印友好的共同愿望。关于边界问题，我们各自阐明了彼此的意见和立场。"

一位英国记者举手提问，他代表英国《每日邮报》问周总理，对这次在新德里的会谈是否感到高兴，"因为中国没有放弃一寸土地给印度"，而印度在这次会谈的基础就是"要中国洗刷侵略"。

周总理看了这位英国记者一眼，一字一句清楚地回答他："中国从来没有侵略任何国家的土地，而且在历史上一向被人侵略。现在中国还有土地被别人侵占。这位先生代表英国报纸，当然会知道英国至今还占领着中国的什么地方。"

尽管自己的英国同行讨了没趣,已经哑口无言地慢慢坐下,英国广播公司驻德里的记者依然继续向周总理提问:"在你同印度领导人的会谈中,他们是否提出了中国侵略了印度的问题?对这样一个基本分歧,两国在会谈中是如何解决的?"

"这是西方帝国主义的想法。"周总理马上回答他,"在这次会谈中,我们没有提出这样的问题。如果印度政府的首脑们提出这样的问题,不仅不合乎客观事实,而且是不友好的。我只能说,我们两个友好的国家不愿意在这点上满足西方国家的希望。"

"我是一个东方人"

提问一个接一个连续不断,周总理精神抖擞,依然来者不拒,有问必答。时间过得很快,已经是午夜 12 点了,一位美国女记者举手站了起来,她代表北美新闻联盟问周总理:"你可否考虑邀请艾森豪威尔总统访问北京,但并不因此约束美国要承认红色中国?"

周总理面露笑容回答她:"你的好意却被你提出的条件打消了。因为既然美国不承认新中国,中国如何能够邀请美国的元首艾森豪威尔总统访问北京呢?"

这位美国女记者没有立即坐下,她不让别人接着提问,抢着又说她代表妇女新闻社要再问周总理一个问题:"作为一个已经 62 岁的人,你看起来气色仍然非常好。你是如何保养自己的健康的?是否经常运动,或者有特别的饮食?"她在问话中用了通常描述男子英俊、漂亮的英文字眼"handsome",来形容周总理的容颜。

记者群中响起了一阵低低的骚动声,很多人对此时此刻这位美国女记者竟然问出这样的问题很不以为然,一些人用不满的眼光扫视着她。我们这些中国记者这时也放下手中的笔，睁大眼睛注视周总理如何处理这一偏离正题的发问。

"谢谢你。"但见周总理敏捷而含蓄地做了回答，"我是一个东方人，我是按东方人的生活方式生活的。"

这言简意赅的作答，获得在场很多记者会心的微笑。一些亚洲国家记者还友好地向我们这些中国同行竖起了大拇指。

快凌晨1点钟了。这时，一位年老的印度资深记者终于按捺不住而站了起来，他用商量和请求的口吻对周总理说："总理阁下，你知道我们是干新闻工作的，报社如今正等着我们回去发稿，今天的记者招待会是否可到此结束了？"

周总理面露笑容，对大家说："各位如果没有再要问的问题，那就到此结束吧。谢谢大家的出席！"

整整两个半小时的记者招待会就这样应记者们自己的要求而收场。散会时，走过我们身边的一些外国记者特地友好地伸出手来同我们握手，表达他们对周总理风采和才华的敬佩。我们这些人却清楚地知道，周总理从早到晚已忙了整整一天，他睡不了几个小时就得起床，因为当天上午他就将结束印度之行飞往加德满都，开始对尼泊尔的友好访问。那里排得满满的繁忙的日程正等待着他。此时此刻，我们每个人的心底都充满对周总理无限的敬爱之情，大家为中国人民有这样一位好总理而感到自豪。

对印自卫反击战前后的回忆

张 彤

我于1962年初调外交部任第一亚洲司副司长,主管印度的工作。在此之前,我曾任驻印度使馆的武官,因此对中印关系和中印边界斗争的情况较为了解。这里写的,是我就对印自卫反击战前后情况所做的回忆。

一、印度对我国西藏的野心

西藏问题是中印之间斗争的焦点。印度继承英国殖民主义的衣钵,对西藏是有野心的。因此,1950年当我军进军西藏时,印度曾企图阻碍;西藏和平解放后,它又蓄谋阻止西藏的社会改革;在边界问题上,印度不断进行蚕食乃至武装侵占。为了维护国家主权和领土完整,我国同印度扩张主义的斗争便是不可避免的了。

印度是一个在人口上仅次于我国的大国,1947年独立。它继承了英国殖民主义的遗产。第二次世界大战前,英帝国主义在亚洲有很多殖民地,印度作为它在亚洲掠夺的中心,被用来控制亚洲其他殖民地国家。过去,英国是通过印度来侵略西藏的。当时,印度在西藏有商队、驿站、电台。西藏的邮政也是被印度控制的。一直到解放以后,西藏和内地的商业还通过印度的大吉岭转口,西藏的进出口贸易仍受印度商人控制。所以,中印建交后,两国之间的矛盾主要还不是边界问题,而是西藏问题。随着我国国力的不断增长及我国国际威望的日益提高，印度对我国采取两面政策：一方面表示同中国友好，承认西藏是我国领土的一部分，被迫与我国谈判取消其在西藏的一些特权；另一方面又利用它同西藏在宗教、文化和经济上的联系，以及它在西藏的总领馆的合法地位，挑动和怂恿西藏上层反动分子的破坏和叛乱活动。1954年中印两国总理联合声明中宣布的和平共处五项原则（印度称之为"潘查希拉"），是1953年中印进行西藏地方的关系问题谈判时，周恩来总理接见印度代表团时提出的，尼赫鲁总理后来同意的。

我于1956年去印度，正值中印友好的全盛时期，想的是中印是兄弟呀，和平共处呀，中印友好呀，等等。那时，印度对中国是很友好的。印度各个邦都有印中友好协会，还挂着红旗，中国外交官到处受欢迎。1956年，印度总理尼赫鲁写信给周恩来总理，邀请达赖和班禅前后藏的喇嘛去印度参加庆祝释迦牟尼涅槃2500周年纪念活动，并访问印度各大城市。中国同意达赖和班禅去印度访问，并认为这是件好事，是促进两国友好、和平共处的体现。

众所周知，印度虽是佛教的发源地，但印度并没有多少佛教徒，印度人大多数信印度教，印度教是反对佛教的。尼赫鲁总理邀请达赖和班禅去印度，特别是邀请达赖去印度，是别有打算的。达赖到印度后，印度政府给予超乎寻常的礼遇和接待，进行大规模的舆论宣传，企图对达赖及其集团施加影响。印度的特务机关和接待人员明目张胆地煽动达赖搞"独立"，组织流亡政府，使西藏脱离中国。印方同时也挑拨西藏内部的团结，特别是挑拨达赖和班禅的关系。我们对西藏的前后藏佛教领袖是一视同仁的，尽力促进他们团结友好，帮助他们消除旧有的矛盾和隔阂。而印度却利用达赖和班禅的矛盾进行挑拨。在礼宾接待上，印度对达赖和班禅两人采取不同对待，故意抬高达赖，贬低班禅。如，在各地开欢迎大会，主席台上达赖的椅子高一点，班禅的椅子就矮一些，等等。在访问期间，印方还有意纵容在印度的西藏反动分子活动，把达赖的哥哥从美国搞来，指使他去影响达赖。他们口头上说中印是兄弟，是"巴依巴依"，背后却搞颠覆。

1956年底，周恩来总理访印，以和平共处、团结反帝的大局为重，通过各种方式对印度做工作，希望其按"潘查希拉"原则办事。周恩来总理还做达赖的工作。有一天，周恩来总理在我国驻印度使馆找达赖谈话，苦口婆心，循循善诱。我们在外面等总理吃饭，总理为了同达赖谈话，都延误了吃饭。那次陪周恩来总理访问印度的还有总理办公室的张彦和外交部的乔冠华同志。我们吃饭时，谈起此事，乔冠华作了首打油诗："古有司马昭，评价亦不高。"意思是尼赫鲁有司马昭之心，路人皆知。

1957年12月31日，尼赫鲁总理安排了一列专车，邀请周恩来总理去参观旁遮普省的一个南迦水坝。印度火车的车厢比我们的宽，可在车上组织舞会。周恩来总理乘机要找尼赫鲁总理谈，尼赫鲁不愿谈，推说要欢庆新年。周恩来总理说："不，我就要走了，今天一定要谈。"在此之前还有一个插曲，尼赫鲁总理邀请周恩来总理访问克什米尔，周恩来总理婉拒了。尼赫鲁说："我亲自陪同阁下访问。"周恩来总理说："克什米尔是印、巴两国有争议的地区，希望你们通过谈判和平解决，我们不介入这个问题。"尼赫鲁总理很不高兴，说苏联领导人赫鲁晓夫已经去了，你为什么不去？那时，中印关系是"巴依巴依"，而中巴关系并不正常。周恩来总理的这一原则立场，巴基斯坦很为感动。接着周恩来总理与尼赫鲁总理谈达赖问题，指出达赖、班禅是尼赫鲁亲自写信邀请的，他们到达后，印方的所作所为却是违反和平共处五项原则的。尼赫鲁总理开始不承认，周恩来总理列举了很多事实，尼赫鲁又推说他不知道，可能是下面干的，要查一查。周恩来总理还向尼赫鲁指出，达赖如被留在印度，一钱不值，只能成为你们的包袱。因事实俱在以及周恩来总理义正词严的态度，尼赫鲁不得不改变初衷，允诺把达赖、班禅送回中国。

1959年发生西藏叛乱。为了维护祖国的统一和尊严，我国政府采取坚决措施平定了叛乱。达赖等西藏上层反动分子在叛乱失败之后，于1959年

3月17日夜，由罗布林卡渡拉萨河南逃。他们用牲口驮着金银财物、布达拉宫的珍宝等，逃亡印度。在进入印度前，他们曾派三名人员送交达赖致尼赫鲁总理要求"政治避难"的信。尼赫鲁复信表示欢迎。达赖进入印境三天，印度当局还不敢发表消息，只是在我新华社做了报道之后，印度才发了消息。本来尼赫鲁准备在印度新德里接见达赖，但由于新华社公布了消息，引起了世界注目，尼赫鲁为了掩盖真相，不敢公然在新德里接见，而是在达赖到达印度一星期后，才在西姆拉山上接见了他。

　　随后中印两国边境就开始紧张起来，印度军队不断向我军挑衅。1959年8月25日，印度军队侵占朗久，袭击我马及墩边防哨所，挑起武装冲突。不久，苏联塔斯社发表一条中印边界冲突的新闻，表面看是各打五十大板，实际上是偏袒印度。1959年，赫鲁晓夫来北京参加我国建国十周年庆典时，还就中印边界问题对我国进行指责。我们说印军侵入我国境内向我方进攻，我们是被迫自卫反击。赫鲁晓夫强词夺理地说："我不管是谁进攻，反正印度人死得多，就是中国的不对。"尼赫鲁得到了苏联的支持，就更加嚣张地在中印边界上进行武装渗入和蚕食。1959年10月20日，印度军队侵入空喀山口以南的我国领土，挑起了更为严重的中印边境武装冲突。

二、印度在边境挑起武装冲突

　　中印边界问题是历史上遗留下来的问题。中印两国之间存在着传统的习惯边界线，但是两国的边界从未正式划定。所谓的"麦克马洪线"就是1914年西姆拉会议期间，英国代表在会外，背着旧中国的中央政府的代表，同西藏地方的代表用秘密换文的方式画出的。这是英帝国主义利用当时中印两国人民处于无权状态强加给中国的，是非法的，历届中国政府从不承认。印度独立以后，特别是在中国西藏地方和平解放前后，印度把它在东段的实际控制范围从传统习惯线逐步地向北推进到所谓"麦克马洪线"

附近；在中段和西段，直到 1959 年以前，除个别地点外，中印双方的实际控制范围基本上是符合传统习惯线的。可是，从 1961 年起，印度军队不断向中国境内入侵，在东段已越过非法的"麦克马洪线"，在西段也开始设立新的侵略据点，到中印边境冲突爆发之前，印度在中印边界西段的中国境内竟设立了 43 个侵略据点。这些据点有的接近到中国哨所只有几米的地方，有的甚至设立到中国哨所的后面，切断了中国哨所的后路。我们有些边防哨所只是夏天有人，冬天因风雪大而撤回，印度就乘机渗入侵占。因此，我们的边防哨所与印度的侵略据点形成犬牙交错的局面，"边界"已不是一条线了。当时印度的气焰非常嚣张，想通过这种方式入侵西藏，迫使中国承认印度所谓的中印边界线和"麦克马洪线"。

印度不断地在边境挑起武装冲突。尽管我们一再忍让，一再要求印度遵守和平共处五项原则和本着互谅互让的精神来解决两国的边界问题，但印度就是听不进去，而且变本加厉。发展到 1962 年，印度吹嘘它的国防部部长梅农是"当代的拿破仑"，印度军队是所向无敌的，等等。因为我们的边防战士奉命不开枪，不与印度发生军事冲突，印度向我们进逼时，我们退让。后来，甚至发展到印度士兵抢夺我哨兵枪的地步。从 1962 年 9 月 20 日午夜起，盘踞在非法的"麦克马洪线"以北中国扯冬地区的印度侵略军，不断向中国边防部队发动武装攻击，印军在多次进攻中，打死、打伤中国边防人员 47 人。为此，中国政府先后向印度政府提出了七次最严重的抗议，并要求其立即停止进攻。遗憾的是，印度一直把我们的克制忍让视为软弱可欺，无视中国的多次抗议和警告，恣意扩大侵略。10 月 12 日尼赫鲁下令把中国军队从中国领土上"清除掉"。至 10 月 20 日清晨，印军终于发动了大规模的进攻。中国边防部队只是在受到印度军队多次猖狂进攻，遭到严重伤亡的情况下，忍无可忍，退无可退，而不得不进行自卫反击的。

三、自卫反击战的光辉胜利

自卫反击战在党中央、毛主席、周恩来总理的亲自领导和掌握下，很快就取得了胜利。我当时在上级领导下做了一些具体工作，这也是我最好的学习机会。对印斗争的每一个重大部署，包括照会、信件、发新闻、办交涉等都是经由毛主席批准、周恩来总理亲自布置的。这些措施高度地体现了原则性与灵活性的结合和"有理有利有节"的方针。在我方一再委曲求全，印度却得寸进尺的情况下，我们做了自卫反击的准备，总参谋部已给边防部队下达了作战预令。这时，毛主席考虑还不要打，想在边境上让印度再深入一些。这有两个理由，一是在政治上更有利于揭露印度；二是在军事上，侵略者越深入，越便于我们迂回、包围、聚歼。毛主席、周恩来总理、陈毅副总理等中央领导同志对这次斗争运筹帷幄、非常英明，真是做到了尽善尽美。在我们准备反击之前，周恩来总理连着写了三封信给尼赫鲁总理，希望他悬崖勒马，以中印友谊为重，以和平共处五项原则为重，和平解决边界问题，不要打仗。但这并没有使尼赫鲁改变主意，停止侵略。相反，尼赫鲁却更加趾高气扬，以为我们怕他，我们可欺，气焰更加嚣张。当时尼赫鲁正在锡兰[①]访问，锡兰总理班达拉奈克夫人劝他不要同中国打仗。他非但不听，反而扬言要在一个星期之内把中国军队"扫荡"出去。战斗发生后，我们就按预定方案，把侵入我境的印军歼灭了大部分，残部逃回印境。当时我们拍了部电影，片名是《中印边界问题真相》。它以有力的历史根据和生动的现实情况，把中印边界斗争中，谁是入侵者，谁是防御者，西藏是谁的领土，这些问题说得一清二楚。我们的边防战士常年在那儿活动，适应了高原气候，行动、走路很自由。而印度侵略军，由于气候、环境不同，高原缺氧，入侵后不习惯，连走路都困难。这部电影

[①] 1972年改称斯里兰卡。——编者注

的编排是周恩来总理亲自审查指导的。

毛主席、周恩来总理、陈毅副总理等英明善断的突出表现，是在下决心对印度反击之时就已周密思考齐备：在军事上把印度入侵者打回去后，在政治上如何处理。当时印度标榜是不结盟的国家，美国、苏联都在争取它、吹捧它，美国给它一顶桂冠，称印度是"西方民主自由的橱窗"，苏联给它的桂冠是"向社会主义道路前进"；它又是第三世界不结盟运动的领袖，万隆会议的发起人，跟中国共同倡导和平共处五项原则；尼赫鲁被誉为反对殖民主义、反对帝国主义的代表人物等。打了它怎么办？不仅当时美国、苏联要在这个问题上大肆叫嚷，而且也可能造成一些亚非国家的误解和疑虑。为此，中央领导经过深思熟虑，给这次自卫反击规定了几条原则：第一，我们的部队只打到喜马拉雅山脚下，到鹰窠山口、比里山口、莫吉山口就停下来；第二，主动撤退到实际控制线以北；第三，主动交还俘虏；第四，主动交还枪支等。边防部队按照命令执行。印度军队的士气都垮了。尼赫鲁写信给美国总统肯尼迪，请求美国出兵来阻止所谓的中国侵略。我们主动迅速撤军，尼赫鲁的信可收不回来了。印度要求美国出兵来打中国，那算什么反帝、不结盟呀！尼赫鲁不敢把信的底稿送到外交部去，而把它存在总理办公室。这件事是澳大利亚记者马克斯韦尔在其所著《印度对华战争》一书中揭露的。该书发表后，印度政府很恼火，要追查是谁把这消息提供给马克斯韦尔的。

中印边界之战，我们不仅在军事上打退了印度的蚕食侵略，而且在政治上也获得全胜。尼赫鲁在那以后不久就去世了。外电有人评论说，尼赫鲁是被我们气死的。当然，不能这么说。但尼赫鲁的一生从没在政治上受过这么大的挫折则是事实。

总之，在中印边界斗争中，我们采取高姿态，有理、有利、有节，把军事斗争和外交斗争结合起来，通过严肃的、反复的斗争，使边境形势出现了一个有利于我们的转折点，我国西南边疆出现了一个事实上的暂息时间。毛主席曾估计，中印边界上打了一仗，可以争取十年的边境安定。现在已经20多年了，边境总的说来是安定的。这证实了毛主席、周恩来总理这一决策是英明正确的。

四、反击战后的工作

中印边境反击战后，我们进行了紧张的外交工作。有一天的半夜里，周恩来总理召见印度驻华使馆临时代办班纳吉，我参加陪见。接见时，周恩来总理给班纳吉看了两张地图。一张是"麦克马洪线"原图，图上有当时印度代表（一个统治印度的英国人）和西藏地方政府代表签字，而中国中央政府代表名下却空着，没有签字。据说这地图共有三份，印度、英国和中国各存一份。从图上看，中印发生冲突的地方是在"麦克马洪线"以北，就是超过英国所画的中印边界线。另一张是缴获的印度布置战斗的军用地图，明确地记下了印军侵占的扯冬及其军事指挥点都在"麦克马洪线"以北。总理对班纳吉说，印军公然侵占中国领土，又拒不接受中国多次提出的和平谈判解决边界问题的主张，多次向我们进攻，我们不得不实行自卫。看过地图后，班纳吉不敢反驳一个字，只是说："我将报告政府。"

停火后不久，我们把缴获的武器都还给印度，有的还是整箱的美国武器。至于释放俘虏，在战场上就进行了。武器和俘虏是印度派人打着白旗来领回的。俘虏中有一些少校以上的军官，被俘后，经过我们的教育，明白了我们的政策及中印边界问题真相，得知我们要放他们回家都很高兴，但他们提出要到中国内地去看看。为首的是一位准将，名叫达尔维，他回去后还写了一本书，书名叫《喜马拉雅山的大错误》。这些人到北京后，我们友好热情地接待了他们。事先，周恩来总理指示要通知印度驻华使馆，说印方被俘的少校以上军官要求到北京参观，我们同意，并告之到京的日期，如印度使馆官员要去见他们，我们可以安排。此事是我经办的。我在印度驻华使馆临时代办的坚持下，同意他们到印度驻华使馆去会见。这是一个失误，为此，总理还批评了我。此后，印度就诬蔑我们不人道，拿俘虏当人质，到北京展览，是侮辱行为，等等。根本不是那回事嘛！是印度被俘军官主动要求到北京来的。他们来后自由参观，我们还送他们日用品、衣服，每人一只皮箱。本来我们准备在香港把他们交给印方的，他们也想去香港看看，但印度政府怕丢面子，就派专机来昆明接回。

反击战后，我们主动撤军、交还俘虏和武器，尼赫鲁没话可讲，可是这口气他还没法出，于是在 1963 年搞了个由埃及、加纳、缅甸、锡兰、柬埔寨和印度尼西亚六国参加的科伦坡会议，把矛头指向中国。我们得知消息后，就展开了外交活动。周恩来总理派外交部副部长黄镇同志去缅甸、锡兰和印度尼西亚，说明中印边界的历史和现状、我们的主张，以及印度如何违反和平共处五项原则侵占我国领土并向我们进攻、我们被迫自卫反击并主动撤军等情况。黄镇先到缅甸见了奈温，他态度很明确，接受我们的意见。后来到了印尼，黄镇同志任过驻印尼大使，与苏加诺、苏班德里约等都很熟悉，谈得也很好，他们主张中印要和解，愿当中间人。最后到锡兰，它是科伦坡会议的召集国。印度把它当作殖民地。记得我在印度当武官时，有一个高级军官曾向我说，印度在地图上像只牛的乳房，而锡兰就是这个乳房滴下的一滴奶。它们就是这个关系。黄镇同志同班达拉奈克夫人会谈时，她还不知道"麦克马洪线"在东段还是在西段。黄镇同志完成任务后就回国了，让我留下与驻锡兰大使谢克西同志一起作为会外观察员，保持与几个代表团的联络。国内没有派特使去埃及和加纳，由驻埃及大使陈家康同志找纳赛尔谈。我们的意见是会议应号召和促进中印和解，通过和平谈判解决边界问题，不搞什么决议。根据国内指示，我去找随奈温出席会议的缅甸驻华大使觉温谈。他立即报告了奈温。奈温第二天在会上说："我的驻华大使告诉我，中国不同意搞决议。"奈温不赞成搞决议，并迅即回国了。西哈努克态度也很好，也离开了科伦坡，让宋双留下来开会。这样两个国家不同意，决议暂时没搞成，但会议还在开。我们马上报告国内，周恩来总理、陈毅副总理通过外交部发来指示：要我们继续做工作，请他们不要做什么决议；主要要做印尼的工作。接到指示后，谢大使和我连夜去找苏班德里约，向他转达了周恩来总理的口信。苏班德里约听后拍着我的肩膀说："请告诉我的周恩来兄弟，我一定保证不通过任何决议。"可是，第二天他们所通过的决议，恰恰就是苏班德里约提出的。

科伦坡会议后，周恩来总理还继续做工作，分别邀请这六个国家的代表来北京谈。当时我问，这些人在科伦坡时就不一致，请到北京来干啥。周恩来总理说，正因为他们不一致，才要分别做工作。来中国的埃及代表是萨布里，他是纳赛尔的副手，地位比外交部长高。他在到了中国了解到中印边界问题真相之后，就转变了态度。由于我们做了大量的工作，后来六国会议不了了之，烟消云散。

中拉结好第一家

——忆中古建交的前前后后

黄志良

1959年1月1日，英雄的古巴人民推翻了美国仆从巴蒂斯塔的独裁政权，取得了革命胜利。古巴革命的胜利犹如一声春雷震撼了世界，国际进步力量和反动势力都把目光投向这个加勒比海的岛国。

那时，我正在北京外国语学院进修西班牙语。1960年7月，我突然接到外交部调令：作为西班牙语翻译，随外贸部副部长卢绪章率领的政府贸易代表团访问古巴。我为接受这一重要任务兴奋不已。

沿着哥伦布的航线

1492年，哥伦布奉西班牙国王之命率领3艘三桅船驶离欧洲，向南航行到非洲西海岸的加纳利群岛，然后径直向西航行，70天后抵达现今的古巴岛，无意中"发现"了美洲新大陆。468年后，我们从北京出发开启前往古巴的行程。当年，驱使哥伦布远涉重洋的动机是为了寻找黄金和香料，为西班牙王国开辟通往印度、中国的"东方航道"，以宣扬基督教义为名，拓展新的殖民疆域；我们冒着风险远行则是为了寻求友谊，为了支持刚取得革命胜利的古巴人民，为了开拓新中国同拉丁美洲的友好关系。

那时，美国已中断了所有通往古巴的航班，施压西方国家对古巴实行空中封锁。原来四通八达的古巴几乎成了一座孤岛。我国又尚未同任何拉美国家建立邦交。万里迢迢，如何去法？当时可供选择的航线极少，一条相对安全可行的路线是：从北京出发，取道莫斯科和布拉格到达瑞士，然后搭乘荷兰皇家航空公司的飞机，飞往古巴首都哈瓦那。

7月13日中午，我们代表团一行8人从苏黎世起飞，在大西洋上空连续不停地航行了12小时，才到达加勒比海的一个小岛库腊索，飞机在这个荷属"飞地"停歇加油。我们刚从凉爽的欧洲过来，一下飞机就感到溽热难当，这里是典型的加勒比热带气候。在机场休息1小时后，登机向北飞行。2小时后，飞机在牙买加首府金斯敦停歇，再继续北上。机上预告，50分钟后飞机将在哈瓦那机场降落。

我按捺不住好奇心，急切地俯瞰机窗外的景色，在悠悠浮云下面是一片湛蓝色的海水，海面上点缀着朵朵白色浪花。不多一会儿，狭长的古巴岛出现在眼前，它仿佛一只黛绿的蜥蜴浮游在浩渺的海面上。我不禁想起了当年哥伦布抵达古巴岛时写在航海日记上的一句话："这里是人类迄今为止所发现的最美丽的地方。"

天涯若比邻

飞机在哈瓦那何塞·马蒂机场降落时已是当地时间下午6时，我看了看手表，时针正好指向6，但却是北京清晨6时，两地时差正好是12个小时。

我紧跟卢绪章团长走下飞机舷梯，只见迎上来的第一个人就是声名赫赫的格瓦拉少校，他当时任古巴国家银行行长，是主管经济的最高官员；第二个是曾访问过中国的"3·13"革命指导委员会总书记肖蒙少校。前来欢迎的还有古巴外交部礼宾司司长、古巴妇女访华团团长、起义军电台著名播音员以及古中友协代表和其他许多古巴朋友。当时正在古巴访问演出的中国艺术团、中国京剧团的著名演员也到机场迎接。我们同古巴朋友一一握手问好。一位出生在古巴的华侨姑娘向卢团长献上了一束美丽的鲜花。中国人和古巴人、中国国旗和古巴国旗、热烈的掌声和美丽的鲜花汇成了一片中古人民友谊的海洋，我们沉浸其间，忘掉了长途跋涉的疲劳，忘掉了绕行半个地球的遥远距离。"海内存知己，天涯若比邻"，唐代诗人的绝句道出了我们当时的心情。

我们从踏上古巴国土那一时刻起就深深感受到古巴人民对中国人民的真挚友情。我来古巴前就听说，在19世纪古巴人民反对西班牙殖民统治的战斗中，有些中国人就同他们并肩作过战。"没有一个中国人是逃兵，没有一个中国人是叛徒。"独立战争英雄贡萨洛·德克萨达的这句名言至今铭刻在哈瓦那市中心一座黑色大理石的纪念碑上，也深深铭刻在古巴人民的心坎上。

在新的历史条件下，中古友谊又有了新的含义。我们代表团所到之处，受到了古巴群众发自内心的热情欢迎。无论在工厂还是在农村，在街上还是在公共场所，古巴人一见到中国代表团就高呼："契那！（中国）""毛泽东！"我们经常被热情奔放的人群包围，他们与我们一见如故，热情地同我们握手、拥抱、交谈。给我的印象是，中国代表团受到的欢迎比任何其他的外国代表团都要热烈和诚挚。我深感中古两国人民之间的友谊有着广泛、深厚的基础，这种深入人心的友谊是经得起时间考验的。

听卡斯特罗夜谈

中国政府贸易代表团在访问期间受到了古巴革命政府隆重、热烈、高规格的接待。在我们到达的头几天里，古巴总统多尔蒂科斯、代外长奥利瓦雷斯、土改委员会主任希门尼斯及其他一些政府负责人都亲切地会见了代表团，表达了他们对中国革命、中国人民和中国党政领导人的钦佩和敬意。中国政府贸易代表团同以格瓦拉为首的古巴政府代表团举行的会谈进行得十分顺利，不到一个星期就达成协议，签订了两国间的贸易和支付协定、科学和技术合作协定及文化合作协定。

代表团的最后一项官方活动是菲德尔·卡斯特罗总理的接见。那时，卡斯特罗患重感冒初愈，尚在康复之中。代表团结束在首都访问的当天下午，我们得到通知：当晚卡斯特罗总理在寓所会见卢绪章副部长和代表团全体成员。

晚上9时许，代表团被引进哈瓦那近郊一座幽静的海滨庄园。陪同悄悄地告诉我们，这里是美国大文豪海明威生前在古巴的别墅，不久将被辟为海明威纪念馆，现在是卡斯特罗总理的临时住所。我想，最高革命领导人的住所应是绝对保密和安全的，但我们并没有见到戒备森严的警卫。一位身材纤细却英姿飒爽的女军人等候在门口引见代表团。我猜想，她一定是总理办公室的部长级秘书塞莉亚·桑切斯。因我早听说，在马埃斯特腊根据地时期，桑切斯就同菲德尔·卡斯特罗并肩作战，是位英勇的女游击队员。

我们走进陈设简朴的会客室时，卡斯特罗总理已从一张老式长沙发椅上站起身来，微笑着伸出大手同卢团长和代表团成员握手问好。宾主落座后，一名战士给每位客人送上一小杯古巴式的香浓咖啡和一杯冰水。我紧挨团长坐在卡斯特罗的斜对面，这是我第一次当面一睹这位叱咤风云人物的风采。身材魁梧的菲德尔·卡斯特罗穿着一身普通的橄榄绿军装，虽刚病愈，却依然神采飞扬。经过蒙卡达战斗和"格拉玛"艇远征的炮火洗礼，尤其是马埃斯特腊山长期游击生活的艰苦磨炼，这位出身豪门、年方34岁的古巴革命领导人，已看不出任何书生气息，俨然是位威武的中年将领和干练的政治家。久经风霜的脸庞、倔强而锐利的目光、轮廓分明的额头和鼻梁、满腮浓黑的胡须，看一眼就会留下难忘的印象。

出乎大家的意料，卡斯特罗总理没有寒暄客套，也没有一上来就说出重要话来，他竟津津乐道地谈起代表团赠送给他的礼品象牙球来。他说简直无法想象中国的手工艺人是怎样把整块坚硬的象牙精致地雕刻成能够转动的9层圆球的。卢团长插话说："还有13层的象牙球哩！"卡斯特罗连连点头赞叹："真是不可思议！"遂又告诉客人，他非常喜欢吃中国菜，尤其爱吃"千年蛋"（指松花蛋）和糖醋鱼，说他还能用象牙筷子熟练地夹起海参来，说着有趣地做了个用筷子夹菜的姿势，引得大家哈哈大笑，原来拘谨肃穆的气氛一下变得活跃起来，于是宾主像老友重逢似的开始亲切交谈。

卢团长向卡斯特罗总理转达了毛泽东主席、周恩来总理对他的问候，表达了中国政府和人民对英雄的古巴人民的敬意和对古巴革命的支持。卡斯特罗说，他和古巴政府衷心感谢中国政府在古巴人民最需要的时刻提供无私的援助，他本人对双方刚签订的各项协定表示十分满意。他说古方已仔细研究过中方提供的援助货单，他直率地提出有些货物迫切需要，希望尽快运到；有些暂不需要，可缓送；有些还须请中国政府考虑补充。卢团长首允报政府。

卡斯特罗总理请客人喝完了咖啡后接着说："如果说没有十月革命的胜利，不可能有中国革命胜利的话，那么也可以说没有1949年的中国解放，也不会有1959年的古巴革命胜利。"卢团长表示，各国人民的革命都是相互支持的，古巴人民搞革命，也是对中国人民的支持。

卡斯特罗点了点头说："革命绝不是无缘无故发生的，引起革命的不是我们，而是那些欺压人民、不许革命的反动派。中国的蒋介石、古巴的巴蒂斯塔都是这样的反动派。现在，本国反动派被我们打倒了，美国还是不让我们古巴独立、自由地生活，千方百计要搞垮革命政权，我们只好奉陪到底！"

我们完全理解卡斯特罗总理这番话的意思，我们很了解古巴革命的起因，也知道古巴革命政府最初并无意同美国搞僵关系。古巴革命胜利不久，卡斯特罗即去美国访问。但傲慢的艾森豪威尔政府没有把这位年轻的古巴领导人放在眼里，只安排副总统尼克松会见了他，会谈很不顺利，美国妄想压古巴新领导像以往的统治者那样听命于它。卡斯特罗愤然而归，古巴政府随即下令没收了在古巴的美资企业。

菲德尔·卡斯特罗话锋一转，从革命斗争谈到了生产建设。他强调指出："解放后，中国领导人用了不到10年时间解决了6亿人口的吃饭问题，古巴只有600万人，会有什么问题！尽管帝国主义封锁禁运，古巴的困难总比中国遇到的困难小得多，总比中国打倒独裁统治容易得多，有中国、苏联等社会主义国家和拉美人民的支持，我们什么都不怕。"接着，他非常乐观地向中国代表团介绍了古巴政府发展蔗糖生产和多种经营的计划和设想，语气中充满了自信和对未来的憧憬。

夜已深，菲德尔·卡斯特罗侃侃而谈，毫无倦容。为了不影响他的健康，卢团长两次告辞，两次都被挽留下来。原定不超过45分钟的"礼节性"会见持续了2个多小时。

临别时，卡斯特罗总理再次请卢团长转达他对毛主席、周总理等中国领导人的问候和敬意。送到门口，他停住脚步，摸了摸胡子，以严肃的口吻对卢团长说："请告贵国政府，双方关心的两国关系正常化问题将在适当时机以适当方式妥善解决。"大家都明白这句话的含义，那时古巴政府在形式上还同台湾当局保持着"邦交"。

一个有历史意义的日子

中国政府贸易代表团圆满结束对古巴的访问，卢副部长一行4人于8月7日先期回国，副团长邹斯颐和我及另外2名工作人员，以中国经济代表处的名义，留在古巴做落实访问成果的后续工作。

经济代表处对内归属新华社驻古巴分社社长曾涛同志领导。曾涛同志来古前任中共上海市委副秘书长，是按周总理指示选派的一位有长期在特殊环境里工作经验的老同志。在当时的国际形势下，前往离美国迈阿密只有 90 海里的古巴工作，任务艰巨而重要。临行前，周总理特地在中南海西花厅为曾涛、朱黎青夫妇设家宴饯行，谆谆嘱咐，交代任务。曾涛夫妇带着翻译俞成仁来到革命刚胜利的古巴做联络工作。曾涛同志凭他丰富的工作经验和机智灵活的方式方法，很快就同古巴革命领导人建立了十分融洽的关系，古巴政府视他为中国的"准大使"，受到普遍欢迎。我的直接领导邹斯颐是外贸部三局局长，经贸业务娴熟，又讲得一口流利的美国英语，格瓦拉称赞他是"高明的谈判能手"。在曾涛同志领导下，我们 7 人组成了一个相当精干的工作班子。此外，在哈瓦那还有 2 名新华社常驻记者孔迈和庞炳庵，他们深入采访，向国内报回了大量介绍古巴革命的生动报道。

9 月 2 日，古巴在哈瓦那革命广场召开全国人民大会，卡斯特罗总理发表重要讲话，各国驻古使团和代表都被邀请出席。头天晚上，中国人民的老朋友，古巴著名诗人尼古拉斯·纪廉特地与我通了电话。他郑重其事地提醒我："黄，明天的群众大会你们一定要出席，菲德尔有重要事情宣布。""您能透露一下大概是哪方面的大事吗？"我随口问道。纪廉是古共中央委员、总理文化顾问，我想他是知道菲德尔·卡斯特罗讲话的主要内容的。可是他说："大会后我们将向全世界宣告，但现在还是国家机密，恕不奉告。"说罢他得意地笑了起来。我想，该有大事、好事发生了。

第二天上午 10 时许，我们来到会场。会场在革命广场，原名"公民广场"，革命后扩建并改称"何塞·马蒂革命广场"（简称"革命广场"）。广场正面，一座高约 40 多米的三角形白色纪念碑衬托着一尊 10 多米高的古巴独立运动领袖、民族英雄何塞·马蒂的花岗石全身雕像，居高临下地凝视着可容百万群众的广场，肃穆庄重，气势恢宏。大会主席台就设在马蒂像前，我们被安排在主席台右侧的观礼台上，我看见纪廉正站在主席台右边向我们招手致意。这时，广场已成为人群的海洋、旗帜和标语牌的海洋、歌声和口号声的海洋，场面非常壮观。

中午时分，卡斯特罗总理在群众欢呼声中走上讲坛。他讲演历来口若悬河，从不照本宣科，这回却未开言先从军装兜袋里掏出一份稿子。他用洪亮的声音宣布："今天在马蒂像前，古巴人民庄严行使崇高的国家主权，召开全国人民大会，将通过一项宣言，坚决谴责、全面唾弃美国国务院一手炮制的所谓《圣约瑟宣言》对古巴革命进行的种种污蔑和攻击。"随即，菲德尔·卡斯特罗一字一句庄重地宣读宣言全文。

宣言针对当时的美洲国家外长会议决议对古巴的诽谤，列举历史事实，谴责美国对拉丁美洲的长期干涉；摒弃旨在奴役、控制拉丁美洲的"门罗主义"，宣布拉美国家人民拥有争取民族解放、民主自由和基本人权等权利；揭露美国鼓吹的虚伪民主，谴责人对人的剥削和帝国主义金融资本对不发达国家的剥削；驳斥污蔑苏联和中国干涉古巴事务的谎言，感谢中国和苏联在古巴遭到帝国主义侵略时提供的无私援助；还有力地斥责美国无理阻挠中国恢复在联合国的合法席位。

卡斯特罗总理每念完一段，群众即报以雷鸣般的"同意"声和革命口号声。

古巴总理接着庄严宣布："古巴全国人民大会决定，古巴立即同中华人民共和国建立外交关系，并废除同台湾的'关系'。"话音刚落，全场爆发出山崩海啸般的欢呼声："古巴万岁！""中国万岁！""菲德尔万岁！""毛泽东万岁！""古中友谊万岁！"我看见群众队伍中有人打出了五星红旗，鲜红的中国国旗在万千人头上飘扬。

菲德尔·卡斯特罗念到宣言最后一段时说："古巴全国人民大会决定将本宣言定名为《哈瓦那宣言》。"全场响起了雷鸣般的掌声，表示一致通过这一具有历史意义的文件。

散会时，诗人纪廉从主席台赶到观礼台这边同我们每个中国同志热烈握手，紧紧拥抱，许多认识和不认识的古巴人和外国人拥上来向我们表示祝贺。

《哈瓦那宣言》是古巴人民的反帝宣言，也是中古两国人民的友好宣言，古巴成了第一个同新中国建立外交关系的拉丁美洲国家。1960年9月2日将作为具有重大纪念意义的日子载入中古、中拉人民友谊的史册！

《哈瓦那宣言》公布后，我国政府立即授权曾涛同志同古巴政府商谈建交具体事宜，两国政府于9月28日发表了建交公报。我国政府任命申健同志为驻古巴首任大使。

10月中旬，以政务参赞黄文友为首的建馆人员抵达哈瓦那。由于古巴当时处于战斗环境，我国驻古巴大使馆的全体工作人员经国内领导部门的严格挑选，都是政治上可靠，能经受严峻考验的坚强战士。

我们这几个早在古巴的同志，在古巴政府的全力支持下，兴高采烈地忙碌了一个来月，跑遍哈瓦那，在过去古巴大资本家的豪华住宅中挑选出了几幢适合做大使馆与大使官邸和商务、文化、武官处等办公和住宿的房子。由于那些大资本家、大富翁仓皇逃离，室内家具陈设、炊具、餐具一应俱全，都留放在原处，这为我们建馆人员暂时住宿提供了不少方便。

一切安排就绪后，申健大使和夫人熊友榛于12月23日到达古巴，12月28日申大使向多尔蒂科斯总统呈递了国书。至此，中古两国人民由来已久的建交愿望最终实现。

经受严峻考验

大使馆建立后，经济代表处的使命结束。我奉领导指示，暂留使馆，等待新的任务。

1960年12月到1961年4月，可以说是中古建交后的"蜜月期"，双边友好活动频繁。为庆祝1961年1月1日古巴革命胜利两周年纪念日，我国派出了以全国人大常委会副委员长郭沫若为团长、夏衍为副团长的中国人民友好代表团。在北京，毛泽东主席、周恩来总理亲自出席了古巴驻华

1960年11月，周恩来总理、李先念副总理设宴欢送以国家银行行长格瓦拉为团长的古巴政府经济代表团

大使为庆祝这一节日举行的招待会。为庆祝中古建交，我国在哈瓦那举办了大型经济建设成就展览会，并派出中国国际贸易促进会主席南汉宸主持开幕式，卡斯特罗等古巴主要领导人都参观了展览会。此外，古巴政府第一个经济代表团访华，我文化、新闻、工会、农业、青年、妇女等代表团接踵访古，受到了古方热情友好的接待。

申大使到任后，同古巴政府领导人建立了十分亲切友好的关系，菲德尔·卡斯特罗、劳尔·卡斯特罗以及许多部长常到大使馆做客。我作为工作人员参加了几乎所有这些重要的活动。我记得很清楚，古巴领导人常和申大使坐在同一张沙发上促膝谈心，亲密无间。

然而这期间古巴的局势愈来愈紧张。1961年1月3日美国宣布同古巴断绝外交和领事关系，美国入侵古巴的危险日益逼近。

南汉宸团长率领的中国国际贸易促进会代表团原计划4月下旬离开古巴，去巴西、阿根廷和智利进行访问。据此，古方安排南汉宸一行4月14日动身去古巴中部拉斯维利亚斯省参观访问，16、17两日在该省南部的萨帕塔沼泽地区的多宝湖游览中心度周末。南老喜欢清静，嫌假日游人太多，决定把去内地的日期推迟到18日星期一。岂料，这一无意中的改期竟使我们全团8人免遭了一场极可能发生的杀身之祸！

4月15日拂晓，我在睡梦中被一阵巨大的爆炸声震醒，接着听到飞机俯冲的呼啸声和一阵阵激烈的枪炮声。我从未经历过战争，生平第一次听到这样撼天震地的爆炸声和枪炮声，仿佛炸弹就落在我们住所附近，飞机就在我们房顶上盘旋。我急忙穿衣起床，紧张地望着窗外被火焰映红的天空。大约半个小时后，爆炸声和枪炮声平静了下来。不多一会儿，使馆打来电话，说美国飞机偷袭了离我们住处不远的"自由城"古巴空军基地，几十名战士和民兵在空袭中伤亡。显然，这是一个危险的信号。

第二天，哈瓦那10多万军民为死难民兵和战士举行了隆重的葬礼。在这个庄严的追悼会上，卡斯特罗总理愤怒谴责美国卑鄙的偷袭行为，号召人民化悲痛为力量，提高警惕，誓死保卫祖国。

就在那次誓师大会的翌日，即 4 月 17 日的凌晨 2 时 45 分，由美国中央情报局和国防部组织、支持和训练的一支 1600 多人组成的雇佣军从美国建在危地马拉的军事基地出发，在 B-26 型、B-29 型和 F-86 型飞机，2 艘驱逐舰以及一艘潜水艇的护航下悄悄地在古巴拉斯维利亚斯省南部的吉隆滩（又称"猪湾"）登岸。同时，美国飞机在附近的萨帕塔沼泽地以北空投了一批雇佣军伞兵部队。萨帕塔沼泽地，不正是我们原先准备去度周末的多宝湖游览中心嘛！若是我们按原定日期在那里度假的话，后果不堪设想。17 日一早传来的最初消息说，多宝湖游览中心已被雇佣军伞兵占领，在那里过夜的游客全都成了俘虏，不少人惨遭屠杀，妇女受到蹂躏。

组成这支雇佣军的古巴人多数是巴蒂斯塔反动政权的残渣余孽和一些反对革命政府而流亡国外的人，也有少数是为挣钱而甘当炮灰的外国亡命之徒。这些人大都对古巴革命政权有着深仇大恨，且在美国受过严格军事训练，配备着美制坦克、火箭炮、机枪等新式武器。这么一支具有相当战斗力和极大危险性的武装力量的突然入侵，无疑是对新生的古巴革命政权的一次攸关存亡的严峻考验，对我们在古巴工作的全体中国同志来说，又何尝不是一次可能危及生命安全的严重考验呢！

消息不断传来，雇佣军一登岸就遭到了当地民兵（最初只有 5 名）的英勇抗击。在人数和装备上处于劣势的爱国民兵浴血奋战，作出了最大牺牲，赢得了时间，附近地区的民兵和驻军立即前往增援，阻击敌人。卡斯特罗总理当日上午就赶赴前线，在离入侵者不远的澳大利亚糖厂设下前线司令部。他亲自研究地形，拟定反攻计划。我从电视转播中看到，在指挥中心，菲德尔·卡斯特罗手持电话机，来回踱步，边听汇报边下达命令，从容若素。古巴全国人民，同仇敌忾，全力支援前线，来自前方的战报牵动着每个古巴人的心。

在斗志昂扬的起义军和民兵的围歼下，雇佣军节节败退，伤亡惨重。

古巴的飞机和大炮又把雇佣军的登陆艇全部击沉，截断了入侵者的退路，大批雇佣军束手就擒。19日下午5时30分，侵略者的最后一个滩头阵地被古巴军民攻克。申健大使最早从卡斯特罗女秘书桑切斯处得到古巴军民全歼入侵之敌的消息，他迅速将这一喜讯告知全馆人员，并急告国内。谁都没有料到，美国精心策划且准备了一年多的军事侵略行动，竟在72小时内就被古巴爱国军民所击败。震惊世界的吉隆滩战役大长了古巴人民的斗志，也加深了其对美国的愤恨。

在雇佣军入侵的3天2夜里，我们同古巴人民分担了焦虑和痛苦，也共享了胜利的喜悦。10天后，古巴政府宣布解除全国戒严状态，恢复了与外界的联系。我于5月2日随南汉宸率领的代表团，取道加勒比岛国特立尼达和多巴哥首都西班牙港，飞往巴西访问，暂时告别了友好的、英雄的古巴。

毛泽东主席对蒙哥马利谈"继承人"

熊向晖

英国陆军元帅蒙哥马利在他所著的《三大洲》①一书中,记述了他在1961年访华的见闻和观感,详细介绍了毛泽东主席同他谈话的内容,其中有这样一段:

涉及的问题之一是年龄。我说,自从1949年中华人民共和国成立以来的12年中,他排除了混乱,取得了伟大成就;但是要做的事情仍然很多,他必须健康地活下去,保持精力,以便使这个国家坚定地沿着他所安排的道路前进。他的答复是有趣的。他说,有一个古老的中国传说,把73岁和84岁作为人的一生中的难关,谁要是连续闯过这两关,就能活到100岁。他本人不想活到73岁以上,那就是还有4年。此后他希望去陪伴卡尔·马克思,这是他的英雄——几乎是他的上帝。我强烈地抗议说,中国人民需要他,他必须至少活到84岁这一关。他说,不,他有很多事要同马克思讨论,而在这里,再有4年就足够了!我说,如果我知道马克思在什么地方,我要就这一问题同他谈几句。这把他逗得大笑!我接着就问到他的继承人。我的经验是,国家领袖们非常讨厌提出他们的继承人,我举出几个例子——印度的尼赫鲁、葡萄牙的萨拉查、联邦德国的阿登纳、英国的麦克米伦、法

---

① 该书于1962年由伦敦考林斯书店出版。——编者注

国的戴高乐，谁将继承他呢？他说，在中国，继承是清楚的，并且已经确定了，那将是刘少奇。我问，刘以后又是谁呢？他说他不知道，也不过问，他本人将同卡尔·马克思在一起，他们在中国能够为自己解决这件事。

毛主席确曾向蒙哥马利谈过，他的继承人是刘少奇，这有记录可查。但蒙哥马利所写的，同记录所记的有所不同。本文不是做考证，而是提出有关此事的背景材料，供研究毛泽东主席晚年思想的专家们参考。

一

蒙哥马利在 1958 年 71 岁时退出现役。1960 年 5 月，他曾访华五天。毛主席、周恩来总理、陈毅副总理会见了他。后来他感到在华逗留的时间太短，提请再次访问中国，计划 1961 年 9 月 5 日由香港到广州，9 月 26 日由广州经香港返英。在中国期间，除想会见我国领导人外，他还指名想到几个不向西方开放的城市参观。周恩来总理原则同意。外交部做了计划，安排蒙哥马利于 9 月 6 日到北京，先由陈毅副总理接谈，9 月 9 日至 20 日再访问包头、太原、延安、西安、三门峡、洛阳、郑州、武汉，回北京后由周恩来总理接谈，届时再视情考虑同毛主席会见的事。外交部组成以西欧司副司长宋之光为首的接待组，遵照陈毅副总理指示，由国防体育协会主任李达上将率领，全程陪同。

9 月 7 日晚，陈毅副总理在人民大会堂为蒙哥马利再次访华举行欢迎宴会。陈毅首先讲话。他说，蒙哥马利上次访华回国后，将所看到的中国情况做了客观介绍，还指出台湾是中国领土的一部分，美国应从台湾和台湾海峡撤出武装力量。我们对此表示钦佩。

蒙哥马利接着讲话。他提出缓和国际紧张局势的"三大基本原则"，这就是:"第一,大家都承认只有一个中国;第二,大家都承认有两个德国——东德和西德;第三,一切地方的一切武装部队都撤退到他们自己的国土上去。"他还强调说:"我说的中国是指政府设在北京的人民共和国,而不是从来没有资格代表中国的台湾那一套机构。"

新华社播发了这一新闻。9月8日《人民日报》全文刊载。

8日下午,周恩来总理对我说,蒙哥马利的讲话很好,看来他很有政治头脑,他提出的三原则抓住了国际局势的关键。周恩来总理决定将在欢送宴会上公开表示支持。周恩来总理要我以外交部办公厅副主任的名义参加陪同,对蒙哥马利做些工作,结合参观访问,帮助他从本质上认识中国和中国的内外政策,并进一步了解他以及英国上层人物对国际局势的观点和对中国的看法。

这样,我就参加了李达上将率领的陪同小组,第二天早晨搭乘为蒙哥马利提供的专机飞往包头。

9月20日傍晚,这架专机从武汉飞抵北京。我打电话问总理办公室的浦寿昌同志:"周恩来总理要不要听汇报?"浦寿昌说:"肯定要听,但周恩来总理今晚的日程已经排满,11时政治局要开会,恐怕到明天才能安排。"

二

9月21日凌晨2时许,周恩来总理把我叫到他的办公室。我汇报说,遵照总理指示,放手让蒙哥马利看,他很满意;他对中国很友好,但也在对我们进行战略观察。对此,我做了扼要说明。

周恩来总理详细询问有关情况,汇报持续近两小时。最后,周恩来总理问:"你看,他脑子里对我们还有什么疑问?他还可能提出什么战略性的问题?"

我说:"他对毛主席十分钦佩,他似乎想探询毛主席的继承人是谁?他可能认为,毛主席百年之后,中国不能保持稳定。他没有直接提出这个问题,我是从一些迹象揣测出来的。"

周恩来总理问:"有哪些迹象?"

我说,蒙哥马利很愿意同群众谈话,问这问那。在包头和太原,他都用不引人注意的方式,分别在不同场合随意向三个人(工人、农民、学生或服务员)突然提问:"你最拥护谁,你最听谁的指挥?"回答都很快,而且都一样:"毛主席。"他好像是在做"抽样调查"。在延安,参观一所医院,他开玩笑似的说,听说中医、中药很神奇,你们应该鼓励中医为毛主席发明一种长生不老的药,中国需要他,中国人民离不开他。在西安和三门峡,他又在不同场合分别向三个普通群众做"抽样调查",但改了题目,突然问:"除毛主席以外,你最拥护谁,你最听谁的指挥?"回答的人有点犹豫,回答的也不一样。在洛阳,他同我闲谈时说,中国古代的帝王很聪明,在位的时候就确定了继承人,虽然有的不成功,但多数是成功的,这就可以保持稳定。以前英国常为争夺王位而打仗,后来平静了,因为有了王位继承法,也许是从中国学来的。现在许多国家的政治领袖不像中国古代帝王那样聪明,没有远见,没有足够的勇气和权威确定自己的继承人,这是不幸的。在郑州,他对我说,斯大林是一位有权威的政治领袖,但缺少远见,生前没有明确提出自己的继承人,死后出现了"三驾马车",局势很乱,贝利亚被杀掉,结果让只会用皮鞋敲桌子的赫鲁晓夫取得权力,他的统治是不会长久的。

我说完后,周恩来总理问,他同你讲这些话,你说了些什么?我答:"我什么也没说,也不好说,只是听,然后把话题岔开。"

总理沉默了一会,让我回家休息。

22日下午,刘少奇主席会见蒙哥马利——原定的日程没有这一次会见,是周恩来总理听我汇报后,临时和刘少奇同志商量安排的。

三

9月22日上午,浦寿昌打电话给我,要我在北京饭店等他。不久,他提着皮包来了。他说:"毛主席决定明天在武昌会见蒙哥马利,周恩来总理要你和我(浦寿昌)马上坐专机去武昌,让你先向主席汇报主要情况和主要问题,让我明天给主席当翻译。"

这天下午,我和浦寿昌飞抵武昌。机场上停着一辆汽车,把我们送到东湖毛主席的住处。

在向主席汇报时,我先提到蒙哥马利对主席很钦佩,对中国很友好,但也在对我们进行战略观察,然后讲了我向周恩来总理汇报过的情况和迹象。

主席连续抽烟,有时插几句。我讲完后,他问,英文里"继承人"是什么?我说,"successor"。主席叫我在一张纸上写出来。他看了一会说,"success"这个字他知道,意思是"成功",怎么加上"or"就变成"继承人"了?

浦寿昌做了解释。主席说,这个名词不好,他一无土地,二无房产,银行里也没有存款,继承他什么呀?"红领巾"唱歌"我们是共产主义接班人"。叫"接班人"好,这是无产阶级的说法。

浦寿昌说,英文里没有同"接班人"意思相近的字,"接班人"翻成英文,还是"successor",习惯上理解为继承人。

主席说,这个元帅讲英语,不懂汉语,他是客人,就用"继承人"吧。

主席说:"这个元帅过去打仗很勇敢,打败了隆美尔。这次在北京也很勇敢,讲了三原则。谁是我的继承人,为什么他不敢问呀?是不是也像中国人那样怕犯忌讳?"

我说也许是。

主席说:"你讲他是来搞战略观察的。我看,他对我们的观察不敏锐。这也难怪,他是英国元帅,是子爵,不是共产党,对共产党的事情不那么清楚。共产党没有王位继承法,但也并非不如中国古代皇帝那样聪明。斯大林是立了继承人的,就是马林科夫。不过呢,他立得太晚了。蒙哥马利讲的也有点道理,斯大林生前没有公开宣布他的继承人是马林科夫,也没有写遗嘱。马林科夫是个秀才,水平不高。1953年斯大林呜呼哀哉,秀才顶不住,于是乎只好来个'三驾马车'。其实,不是'三驾马车',是'三马驾车'。三匹马驾一辆车,又没有人拉缰绳,不乱才怪。赫鲁晓夫利用机会,阴谋篡权,此人的问题不在于用皮鞋敲桌子,他是两面派。斯大林活着的时候,他歌功颂德。斯大林死了,不能讲话了,他做秘密报告,把斯大林说得一塌糊涂,帮助帝国主义掀起12级台风,全世界共产党摇摇欲坠。这股风也在中国吹,我们有防风林,顶住了。"

毛主席说:"这位元帅不了解,我们和苏联不同,比斯大林有远见。在延安,我们就注意这个问题,1945年'七大'就明朗了。当时延安是穷山沟,洋人的鼻子嗅不到。1956年开'八大',那是大张旗鼓开的,请了民主党派,还请了那么多洋人参加,从头到尾,完全公开,毫无秘密。'八大'通过新党章,里头有一条:必要时中央委员会设名誉主席一人。为什么要有这一条呀?必要时谁当名誉主席呀?就是鄙人。鄙人当名誉主席,谁当主席呀?美国总统出缺,副总统当总统。我们的副主席有五个,排头的是谁呀?刘少奇。我们不叫第一副主席,他实际上就是第一副主席,主持一线工作。刘少奇不是马林科夫。前年,中华人民共和国主席改名换姓了,不再姓毛名泽东,换成姓刘名少奇,是全国人民代表大会选出来的。以前,两个主席都姓毛,现在,一个姓毛,一个姓刘。过一段时间,两个主席都姓刘。要是马克思不请我,我就当那个名誉主席。谁是我的继承人,何需战略观察?这里头没有铁幕,没有竹幕,只隔一层纸,不是马粪纸,不是玻璃纸,是乡下糊窗子的那种薄薄的纸,一捅就破。我们没有搞'抽

毛泽东主席对蒙哥马利谈"继承人" | 195

1961年9月23日,毛泽东主席在武汉会见蒙哥马利元帅

样调查',英国元帅搞了,一搞,发现了问题。中国一些群众也没有捅破这层纸。这位元帅讲了三原则,又对中国友好,就让他来捅。捅破了有好处,让国内国外都能看清楚。什么长生不老药!连秦始皇都找不到。没有那回事,根本不可能。这位元帅是好意,我要告诉他,我随时准备见马克思。没有我,中国照样前进,地球照样转。"

四

9月23日中午,蒙哥马利在李达上将等陪同下,从北京坐专机抵达武汉,住在汉口胜利饭店。晚上6时半,毛主席在东湖会见他,并共进晚餐。

蒙哥马利赠送给毛主席一盒"三五牌"香烟,提出许多问题,其中包括:1949年新中国成立时,毛主席主要考虑的是哪些头痛的问题?现在考虑的又是哪些问题?对解放以后的中国怎么看?"枪杆子里面出政权"现在是否还适用?社会主义和共产主义有何区别?对他提出的三原则有何意见?……

毛主席逐一回答。谈到9时30分,蒙哥马利说:"今天谈话使我学到很多东西,我想主席一定很忙,还有别的事情要做。我能否明晚再来谈谈?"毛主席说:"明晚我到别处去了。"谈话就此结束,互相道别。尽管谈话中彼此问过年龄(这年毛主席68岁,蒙哥马利74岁),但蒙哥马利并没有问毛主席的继承人是谁。我想,我向周恩来总理和毛主席汇报时所做的揣测,是完全错了。

没有料到,24日凌晨5时左右,浦寿昌通知说,主席改变了计划,决定当天下午再同蒙哥马利谈一次,并共进午餐。这使蒙哥马利喜出望外。

这次追加的谈话是从下午2时30分开始的。寒暄几句后毛主席就说:"元帅是特别人物,相信能活到100岁再去见上帝。我不能。我现在只有一个五年计划,到73岁去见上帝。我的上帝是马克思,他也许要找我。"蒙哥马利说:"马克思可以等一等。这里更需要你。"

毛主席说:"中国有句话,七十三,八十四,阎王爷不请,自己去。"蒙哥马利借机提出:"我认识世界各国的领导人。我注意到他们很不愿意说明他们的继承人是谁,比如麦克米伦、戴高乐,等等。主席现在是否已经明确,你的继承人是谁?"

毛主席说:"很清楚,是刘少奇,他是我们党的第一副主席。我死后,就是他。"蒙哥马利又问:"刘少奇之后是周恩来吗?"毛主席说:"刘少奇之后的事我不管……"蒙哥马利说:"中国现在还有许多事情要做,很需要主席。你现在不能离开这艘船放下不管。"

毛主席说:"暂时不离,将来学丘吉尔的办法。"并说:"我随时准备灭亡。"接着毛主席讲了五种死法:被敌人开枪打死;坐飞机摔死;坐火车翻车翻死;游泳时淹死;生病被细菌杀死。毛主席说:"这五条,我都已准备了。"毛主席还说,人死后最好火葬,把骨灰"丢到海里去喂鱼"。

谈到下午 5 时,毛主席邀蒙哥马利坐船,看他在长江游泳。毛主席游了近一个小时,上船穿好衣服,把蒙哥马利送到汉口胜利饭店,又谈了近一个小时,并把他事先写好并署名的《水调歌头·游泳》词一首,"赠蒙哥马利元帅",作为那盒"三五牌"香烟的答礼。

五

这是 26 年前的事。我不谈感想,不做评论,只借《游泳》词中的一句来收尾:"逝者如斯夫!"

出使老挝的难忘岁月

刘　春

20世纪60年代初，正是印度支那民族解放斗争方兴未艾之时，我国和老挝王国正式建立起外交关系。我有幸作为首任驻老挝大使，经历了一段难忘的岁月。

一

先说说中老建交过程。中老建交经历了非常曲折的过程。

老挝是我国西南邻国。两国山水相连，有着500多公里的共同边界，而且在历史上有着悠久的传统友谊。但帝国主义和殖民者的侵略，给两国造成了一段长期无邦交的历史。

据古籍记载，早在中国三国时期，出使南海的孙吴使者曾经到达位于今日老挝一带的扶南国及其属国堂明，其后扶南和堂明均遣使回聘。6世纪中叶，这里建立起真腊王国。8世纪，真腊分裂为水、陆两个真腊，陆真腊亦称"文单"。14世纪建立了澜沧王国，明清史籍称为"南掌"。千余年来中老两国友好往来不断。16世纪至19世纪，老挝虽屡遭外侵，但与中国从来没有发生过冲突。19世纪中叶以后，中国逐步沦为半殖民地，法帝国主义侵入印度支那，老挝于1893年沦为法国的"保护国"，导致中老友好交往长期中断。

第二次世界大战后，亚洲民族独立运动蓬勃发展。中华人民共和国的成立，为发展我国与邻国关系开辟了良好前景。但是，中国仍面临着美国侵略势力从东北、东南和西南三个方面的威胁。朝鲜停战后，东南亚成为美国侵略的战略重点。1954年关于恢复印度支那和平问题的日内瓦会议的召开，对缓和东南亚局势和解决印度支那问题起了积极作用。尽管美国在会上曾声明不使用威胁或武力来妨碍协议的执行，但它并不愿看到协议的真正实施。因此在会议结束不久，美国就拼凑了东南亚条约组织，擅自把老挝、柬埔寨和越南南方列入它的所谓保护区之内，以便寻找借口，随时进行干涉和侵略。

在日内瓦会议期间，中国代表团同老挝王国代表团和老挝爱国战线党代表团保持着密切接触，使中老友好关系的恢复和发展有了新的良好开端。1955年亚非会议上，周恩来总理同老挝爱国中立力量领袖梭发那·富马亲王友好会晤。1956年8月，富马亲王率王国政府代表团对我国进行了为期10天的友好访问，双方发表了联合声明，共同支持和平共处五项原则并倡导发展睦邻关系。但是，由于美国和老挝右派的破坏，声明未能得到履行。

日内瓦会议结束后，老挝王国政府部队和寮国战斗部队8月初开始停火，几经曲折，到1957年11月成立了以富马亲王为首的联合政府。但由于亲美势力的竭力破坏，联合政府于1958年8月被迫解散，后继成立的培·萨纳尼空政府将爱国战线党排除在政府之外，悍然发表了不再受日内瓦协议约束的声明，大肆鼓吹反共，加紧迫害前寮国战斗部队人员，限令寮国战斗部队交出武器，接着逮捕了苏发努冯等9名领导人，重新挑起了内战。

1959年5月18日，寮国战斗部队第二营成功突围，解放了桑怒、川圹两省大片土地，部队迅速获得数倍的发展。1960年5月，苏发努冯等领导人先后越狱脱险。8月9日，王国部队伞兵第二营营长贡勒发动爱国政变成功，国王授命富马亲王组阁，新政府宣布遵守日内瓦协议，恢复执行

1961年4月,周恩来总理在首都机场欢迎来访的老挝首相富马亲王

和平中立和民族团结的政策，受到老挝爱国战线党和全国人民的欢迎和支持，老挝局势出现了有利于和平统一的转机。但是，美国和老挝亲美势力不甘心失败，立即进行疯狂反扑。9月10日，亲美将军富米·诺萨万与下寮土王文翁·纳占巴塞在沙湾拿吉成立所谓"革命委员会"，叫嚣不承认富马政府，并动员叛军进攻万象。10月31日，各爱国政党和团体——爱国战线党、支持和平中立委员会（1961年改名"和平中立党"）、政变委员会、政府官员、各族各界代表——共同发起组成"老挝争取和平中立、民族和睦的统一国家委员会"。11月20日，富马首相与苏发努冯发表联合公报，宣布"老挝必须坚决奉行和平中立路线"，重申成立联合政府的主张，宣布由富马领导的合法政府"将不执行叛国集团逼迫国王所发布的指示"。第二天，紧靠中国云南的丰沙里军区司令坎温·布法宣布脱离文翁叛乱集团，支持富马和拥护中立政策。于是，在老挝形成了以爱国战线党、富马与贡勒、诺萨万与文翁各为一方的左、中、右三种政治军事力量并存以及左、中联合与右派相对抗的局面。12月13日，右派军队攻占万象，富马事先逃亡金边，王国政府代表贵宁·奔舍那到桑怒与苏发努冯会谈，重申王国合法政府与爱国战线党在实现和平中立、真正的民族和睦的共同斗争中将紧密合作。1961年1月1日，位于川圹省的查尔平原宣告解放。1月25日，王国政府在查尔平原东侧的康开开始办公。富马授权坎苏·高拉代理首相，任命贵宁·奔舍那为国防、外交和财政大臣。至此，查尔平原成为老挝王国合法政府与爱国战线党合作的共同根据地，并在此后粉碎了右派军队的进攻。为了和平解决老挝问题，根据西哈努克亲王的建议，扩大的日内瓦会议于1961年5月至1962年7月召开，老挝的和平终于恢复了。

中国政府和人民坚决支持老挝人民的正义斗争。富马与苏发努冯在联合公报中宣布，老挝王国政府接受中华人民共和国的援助，将派遣友好代表团访华，就建立经济和文化关系进行谈判，以推动建立睦邻关系。我国政府立即发表声明表示热诚欢迎，并且准备采取相应措施，促其实现。

1961年3月7日老挝王国政府向我国政府建议互派经济文化代表团，我国当即表示同意，两国随即换文并于3月9日发表消息。4月22日至25日，富马首相应周恩来总理的邀请访华，两国政府决定，自1961年4月25日起正式建立外交关系，并互派大使级外交使团，两国关系取得突破性进展。中国政府坚决支持关于老挝问题的扩大的日内瓦会议的召开，5月派出陈毅副总理兼外长为首的代表团参加。6月25日，陈毅副总理兼外长与富马首相就我国在老挝王国设立经济文化代表团问题取得一致意见。8月，双方继而就在我国云南省昆明和老挝丰沙里分别互设总领馆达成协议。至此，中老关系出现了良好的前景。

二

1961年9月初，我突然听到传说我有可能被派到老挝担任大使，这使我的心情一时不能平静，正如古语所说的是"一则以喜，一则以惧"。喜的是感到将有一个经受新的锻炼学习的机会；惧的是"绠短汲深"，恐难当此重任。这集中地反映了我对外交工作的一种神秘感和荣誉感。此后不久，正当我在外地一所军事学校检查工作时，我被召回北京接受新的工作任务。组织告诉我，我国政府决定组建驻老挝王国经济文化代表团，团长由我国驻越南大使何伟同志兼任，由我任副团长，主持代表团日常工作；待老挝成立联合政府后，我将被任命为首任驻老挝大使。我随即到外交部报到，了解情况和学习有关方针政策。这时外交部已成立一个小组着手进行代表团的各项准备工作，根据中央指示拟定了关于代表团的方针和任务的文件。文件规定：在我国驻老挝大使馆建立前，代表团将是我国驻老挝的最高代表机构，实际执行大使馆的任务，并且还要起军事代表团的作用；代表团的任务是加强调查研究，巩固发展同富马政府的关系，并同寮方（老挝爱国战线党简称）建立联系，贯彻执行援老、援寮的方针，承担有关援助任务，根据国内指示提供咨询性意见等。代表团本着精干的原则，由各方面20余人组成，全是男同志。

9月25日上午，陈毅副总理兼外长主持召开国务院外事办公室会议，通知我参加。这使我想起1945年日本宣布投降后第一次见到陈毅同志的情景。当时中央命令山东原八路军部队主力调往东北，我们第八师继续留在鲁南。陈毅同志从延安赴山东与罗荣桓同志交接工作。八师部队迎接陈毅同志过津浦路来到师部（当时我任该师政治部主任），我们第一次亲睹陈总的风采，听到他传达党中央和毛主席的指示、精辟地分析形势，受到一次极为深刻的教育和很大鼓舞。随后我们就在他的直接领导下同北上的新四军兄弟部队并肩作战。不久，华东野战军成立，后改称"第三野战军"。解放后华东军区成立，他一直是我的直接首长。50年代中期，我们先后调离华东，陈毅同志到中央工作，我仍然十分注意学习他的谈话和文章。这次被调到外交战线，又在他的直接领导下工作，我感到无比兴奋。

外交部的领导同志在会上汇报了老挝形势和代表团的组建工作。陈毅同志听后表示同意，然后转向我说，搞外交是战略性的工作，又很具体，做具体工作要不失大方向，要处理好战略与策略、全局与局部的关系。这些简明扼要的话语，体现了领导对我的信任，使我感到十分亲切。当日下午，外交部部长助理兼办公厅主任韩念龙同志召集代表团干部开会，谈了执行党的方针政策、严守纪律、统一领导、灵活性和努力学习等5个问题，还特别提到陈毅同志调任外交部长时周总理对他说的"外交工作授权有限"和陈总说的"这8个大字对我是一生受用不尽的"。9月28日，军委办公厅主任肖向荣同志接见我们，他说，代表团去那里是战时环境，你们的工作实际上是抗美援老。他引了"青山处处埋忠骨，何必马革裹尸还"的诗句勉励我们克服困难，艰苦奋斗，完成任务。

为了不辜负组织的重托，我根据学习的体会向全团同志提出了建立"五高三浓"团风的要求，即高度的国际主义精神、政策观念、整体观念、组织纪律性、革命警惕性，浓厚的调查研究、团结、学习的风气。全团同志精神振奋，结成了一个坚强的战斗集体。

10月7日，先遣组前往老挝。经过与王国政府商谈和实地勘察，先遣组决定把代表团设在查尔平原的丰沙湾镇。准备工作基本就绪后，我于10月底到达河内，向何伟同志汇报准备工作情况并商谈开展工作事宜。11月14日，何伟同志率领大部分成员到达查尔平原解放区，受到王国政府的热烈欢迎。首先，我们在丰沙湾团址举行了升旗仪式，宣告中华人民共和国驻老挝经济文化代表团正式成立。接着，我们展开了紧张的活动：正副团长率领全体外交官到康开拜会富马首相，递交委任书，拜会爱国战线党主席苏发努冯亲王。两亲王引我们到户外介绍周围环境和康开市建设规划，然后共进午餐。下午接连拜会各部大臣和中立派军队总司令贡勒将军，并与上校以上军官会见。当晚代理外交大臣坎苏·高拉为代表团举行欢迎宴会。15日去丰沙湾东南30公里的川圹拜会该省省长。为确保安全，贡勒将军亲自率领装甲车护送。在川圹和丰沙湾，省、县政府都为代表团举行了传统的祝福"拴线"仪式。16日中午，我代表团在驻地露天举行答谢宴会，两亲王和王国政府、军队高级官员应邀出席。何伟团长和两亲王先后致辞，席间大家谈笑风生，洋溢着中老友好的热烈气氛。富马亲王情不自禁地讲起了他同自己的法国籍夫人的恋爱故事。17日，何伟同志回河内。

我继续完成到任拜会工作，在调查研究的基础上，积极而慎重地开展对外活动，同时加强内部建设，为发展中老友谊打好基础。

我们初到老挝，大家亲身感受到老挝人民对中国人民的深情厚谊，同时也看到了由于长期遭受帝国主义的掠夺和战争的洗劫，老挝陷于极度贫困的境地，当地人民还在过着近乎刀耕火种的落后生活，从而激起我们深切的同情。

代表团的工作、生活环境是异常艰苦的。代表团驻地丰沙湾临近13号公路，西距查尔平原机场7公里，东离康开5公里，是查尔平原解放区的交通枢纽和经济中心。但是镇上的居民仅有100余户，人口不过千余，而且是一片百业萧条景象。代表团团址设在镇西头路南一所只有三室一厅的土建民房里，两室权作宿舍，一室用于会客，过厅辟为食堂。代表团大部分人员住在自带的军用帐篷里，白天酷热似蒸笼，夜间冷若露宿。一个月后，我们才搬进新建的木架草棚内。由于当地电力供应困难，夜间只好秉烛办公，无线通信也主要靠自带手摇马达供电。当地用水困难，我们初去时得到街对过县政府院内水井担水。为减轻老方负担和解决自身需要，我们在住地自己打井，开辟菜圃，上山打柴，用空汽油桶搭露天浴室。为供全团人员了解国内外大事，我们指定专人收抄国内电讯。为防止匪特的骚扰，全团同志还要在夜间轮流值班放哨，保障安全。我们强调全团一盘棋，人人参加劳动，提倡一专多能，团结一致，自己动手，克服困难。我们强调并发扬了艰苦奋斗的光荣传统，认真贯彻了勤俭办外交的方针。每个同志都以苦为荣，全团充满着革命乐观主义精神。

在全团同志的共同努力下，各方面工作很快开展起来。从建团到老挝联合政府成立的8个月内，两国签订了航空运输协定和关于修建从孟腊到丰沙里公路的协定。我团与老挝王国政府就经济、文化合作也达成了具体协议，在军事、经济援助方面做了大量工作。我团与老挝王国政府、中立派军队总部、爱国战线党中央代表机构、越南经济文化代表团、军事顾问团，当地华侨社团建立了密切联系，同苏联、捷克驻康开机构和经常来往于查尔平原和万象之间的日内瓦会议两主席的代表，苏、英大使，老挝国际监察和监督委员会以及各国记者也有一些接触。

此外，在王国政府的支持下，我们还在驻地附近居民中开展文化宣传活动。当地军民很喜欢看中国电影，我们就经常应邀到兵营和村镇巡回放映。每逢老挝节日，当地居民都热情邀请我们和他们一起联欢。尤其在老挝新年"宋干节"，从政府官员、部队官兵到普通群众，都成群结队来到代表团住所，同我们互相泼水祝福，热闹非凡。年逾半百的川圹省省长占包先生是当地著名的中立爱国人士，他逢节都带领省府官员前来代表团慰问。他在初次参观了代表团的木架草棚后，充满激情地说："我活了大半辈子，到过许多地方，还从来没有见过你们这样的外交官。你们为中老友好，为支援我们抗美救国，甘愿吃这样的苦，真使我们深深感动。从你们身上，我们更了解了新中国。"

三

1961年5月关于老挝问题的日内瓦会议召开后，老挝各派都利用时机加强自身力量，以争取局势朝着对自己有利的方向发展。6月19—22日，富马、苏发努冯、文翁三亲王在瑞士苏黎世会晤，就未来联合政府的政治纲领和当前任务及政府组成问题达成原则性协议。7月中旬，日内瓦会议结束一般性辩论转入限制性会议，就关于老挝中立和国际保证问题进行实质性讨论。经过5个月的反复斗争，12月18日，各代表团就一些重要问题的文件草案达成协议。因临近圣诞节和新年，各代表团决定暂时休会到1962年1月3日复会。

在老挝国内，爱国武装力量不断粉碎右派势力对解放区的蚕食和进攻。从1961年11月开始，三亲王先后在欣合、查尔平原、万象和日内瓦举行会谈。为阻挠国际国内会谈迅速达成协议，美国指使右派于新年前后在老挝北部丰沙里、南塔和琅勃拉邦三省交界地区发动了全面进攻，但被寮国战斗部队击败。1962年5月初，寮国战斗部队进行了有力的反击，3日解放孟新，接着6日又取得解放南塔的重大胜利，从而加速了三亲王会谈的进程。经过紧张激烈的讨价还价，三亲王于6月11日达成了组织老挝联合政府即临时民族团结政府的协议，次日在查尔平原签字。23日，联合政府在万象宣告成立。24日，联合政府举行的首次内阁会议作出了三项重要决定：其一，组成以外交部长贵宁·奔舍那为首的出席日内瓦会议的老挝统一代表团；其二，政府各行政部门进行新旧交接；其三，在富马出国期间，由副首相苏发努冯代理首相职务。老挝联合政府的成立，标志着老挝局势从以军事斗争为主转入以政治斗争为主的新阶段。

老挝联合政府成立前后，在中老建交问题上，我们进行了一场反对制造"两个中国"阴谋的斗争。

老挝右派同蒋介石集团早有勾结。在美国的指使下，盘踞在泰、缅、老边境的国民党残余部队一直在支援老挝右派势力扩大内战。在三亲王就组织联合政府达成协议后，右派政权又抢在联合政府成立之前演出了与台湾当局"建交"的闹剧，为中老关系全面正常化设置了一道障碍。

从以下日程中可看出斗争是十分紧张的。6月11日，在老挝三亲王达成组织联合政府协议的当天，周恩来总理即致电富马表示祝贺。13日，我国政府发表关于老挝三亲王达成协议的声明，高度评价协议的重大意义，并指出："美国干涉的阴影还在笼罩着老挝，老挝人民还要保持高度警惕。"14日，右派头子文翁和诺萨万急忙到台湾访问，与蒋介石集团达成了建立"大使级外交关系"的协议。我国为争取外交上的主动，则抓紧时机，乘老挝联合政府23日在万象塔銮庙宣誓就职时，通过在现场采访的新华社记者，向富马首相和贵宁·奔舍那外交大臣递交了周总理和陈毅外长的贺电，我国成为宣布承认老挝联合政府的第一个国家。25日，贵宁致陈毅外长正式照会，同意中老两国互派大使和建立使馆。26日，富马复电周总理，感谢对他担任老挝民族团结政府首相的祝贺。27日，老挝右派慌忙宣布国王6月18日敕令，宣布要向台湾派驻"大使"，贵宁外长立即表示对此将不承担任何义务。28日，蒋介石颁布了任命杭立武为"驻老大使"的"总统令"。同日，贵宁声明在台湾设"大使馆"的决定对联合政府没有任何约束力。29日，贵宁赴日内瓦出席日内瓦会议途经北京，向周总理和陈毅外长表示，右派仍在顽固地拖延移交权力，阻挠联合政府行使职权，因此中老建交问题将会遇到困难。7月上旬国内指示我以驻老挝大使馆临时代办的名义去万象筹建使馆并设法挤走台蒋。当时恰逢苏发努冯回到康开。

11日晨，我去祝贺他的53岁生日并商谈筹建使馆问题，正值老挝人民党中央彻夜开会刚结束，他建议我搭乘他的专机同去万象，我欣然同意。当日下午抵达万象，下榻塞他帕拉斯旅馆（中立派几位大臣也住在那里），当晚拜会了代理外交大臣坎苏·高拉，递交了我的临时代办委任书。14日，杭立武也从曼谷到达万象（据了解，他原定10日到达，因突遭母丧而推迟行期），遂使斗争进入短兵相接的状态。16日，我在住所举行记者招待会并升起中华人民共和国国旗。我在谈话中指出：美国唆使蒋介石集团进行非法活动，阴谋制造"两个中国"的局面，并以此破坏中老两国的友好关系，是中国人民所绝对不能允许的。同日，万象旧政权与台北正式通航，并大搞"联欢"活动。我要求拜会副首相富米·诺萨万，18日富米派他的联络局长来访，借故推托。19日，杭立武由右派外交部秘书长陪同到琅勃拉邦向老挝国王递交了"国书"。我于当日临时回川圹代表团，向国内报告请示并等待日内瓦会议的结果。

7月21日，日内瓦会议通过了《关于老挝中立的宣言》和议定书两个文件。23日，与会各国代表举行了签字仪式。历时14个月的日内瓦会议胜利闭幕，为老挝问题的解决提供了国际保证。

会后，富马与法国总统戴高乐会谈后携贵宁飞往华盛顿，定于8月3日回国。国内指示我届时到机场欢迎，并争取尽量先会见富马和贵宁，使杭立武遭受冷遇。8月1日我重返万象，并从旅馆迁入大使馆新址。次日，我分别拜会了苏发努冯和坎苏·高拉。经商谈，他们同意我去机场接富马时，座车可悬挂国旗，并说欢迎者将不列队。3日上午，我到达瓦岱机场，在同老挝官员和外交使团人员交谈中，听说右派将要求中国和越南使节降下座车的国旗，我立即向苏发努冯和高拉报告此事，要求他们采取措施防止事件的发生。接着，老挝外交部礼宾司官员宣布欢迎者列队，外交使团按大使、代办顺序，排在政府官员之后，大使则以递交国书先后为序。这样，杭立武自然站到了前头，而我只能和各国代办站到一起。我当时考虑：我早已是中国派驻老挝合法政府的合法代表，右派绕过联合政府接纳台蒋"大使"是完全非法的；我决心不受右派的任意摆布，坚决执行国内指示。11时30分，富马的座机准时降落。眼看富马和贵宁走下飞机，穿过政府官员队伍来到外交使团的前面，我立即大步趋前，超越杭立武的位置，抢先向富马和贵宁表示欢迎。他们对我友好相待并与我简单交谈，一时引起全场注目，杭立武一副狼狈相，而我则表现出胜利者的自豪。许多记者迅速拍下了这一意外的镜头。富马向全场发表简短讲话后乘车离开机场。我正要离去时，发现我的座车已被右派士兵看守，威胁说必须卷起国旗才能开走。

同时被扣的还有越南代办的座车。我当即决定留一等秘书向在现场指挥的奔添将军提出严正交涉，我则与越南代办同乘一辆未挂旗的轿车径直去首相府面见富马进行紧急交涉。富马一面指示坎温将军即去机场传令准予中、越代办的座车悬旗回馆，一面解释环境特殊，要求谅解，并希望在建交问题解决前乘车暂不挂旗。

我回到使馆看到国内新的指示：可不去机场接富马，事后向他做解释。但已无法执行。事后右派报纸连续对我进行污蔑攻击，富马则通过苏发努冯和贵宁向我示意：中老建交事已得国王同意，问题不要很久即可解决，机场事件不是什么大事，希望我耐心等待。后听说国王将来万象，届时又面临去机场迎接问题。8月16日和22日，我两次约见富马谈落实建交问题，他仍重复前次所言。事实表明，解决建交问题要过三关：一是老挝新老政权完成交接；二是联合政府一致通过；三是国王主持大臣会议（即御前会议）批准。经请示国内，指示我暂时离开万象一段时间。25日我向富马辞行，说要回代表团看看。富马表示，他正努力解决建交问题，希望我留在万象，并立即提供我大使名单和简历，以便及时呈报国王。我根据国内指示向他解释：我之所以暂时离开，是为了避免在国王来万象时蒋帮人员和右派勾结，制造一些令亲王和我国都难堪的局面，我的暂时离开正是出于对他的尊重和对他所处困境的谅解。

8月30日我飞抵河内，迅即按国内指示于9月1日回到北京。2日下午，我到国务院外办开会。陈毅同志一见面就亲切而风趣地说："你这个积极分子啊，谈谈吧。"不一会儿周总理也来了，笑着对我说："刘春，你原则性很强，可是不要搞得那么紧张嘛！"我汇报了收到国内前后两个指示和8月3日机场事件的详细经过及各方反应。陈毅同志说："从全局看，当前老挝国内斗争集中在移交政权和撤退外国军队问题上，建交问题不能也不应摆到突出的地位。"周总理说："外交部的司长、科长要多动脑筋，不要像绍兴师爷，凡事只听书办（书办是旧时衙署掌管诉讼案件、文书的小吏，这里意指一味套用现成案例，不结合实际）；在国外工作的同志必须认真研究指示，结合实际情况贯彻执行。"周总理和陈总简短几句话，使我豁然开朗，受到了深刻的教育。

　　在我回国前夕和回国后的一段时间内，老挝局势逐渐发生了有利变化：8月23日，内阁会议就政权交接问题达成协议；27日，联合政府宣布接管政府各部和全国性机构（实际上很不彻底，尤其国防部和警察机构基本未动）；9月1日，内阁会议通过与中、越等7个社会主义国家建交等决定；9月4日，国王在御前会议上批准内阁的决定。9月5日，我国使馆向老挝外交大臣提交了中老建交联合公报文稿，贵宁立即表示同意，为防止夜长梦多，决定7日中午12时在两国首都同时公布。在此形势下，杭立武于9月3日回到万象，企图做最后挣扎。他致函富马求见首相与国王，富马未予搭理。7日深夜，台湾当局气急败坏地宣布与老挝"中止邦交"；9日，杭立武发表撤馆声明；11日，老挝外交部发表与台湾当局"断交"的公报；12日，台蒋"使馆"人员全部撤离万象。

　　9月15日，我返回老挝。由于右派仍多方设置障碍，我未能在我国国庆节前呈递国书。但在我以代办名义举行的国庆招待会上，富马首相、苏发努冯和富米·诺萨万副首相与各派大臣的大部分官员等200多位来宾出席。10月12日，老挝国王在万象行宫接受了我递交的国书。至此，一场激烈地反对"两个中国"阴谋的斗争暂时告一段落。1963年1月，老挝首任驻华大使坎京·苏万拉西赴任。中老互派大使是中老关系史上的又一重大进展，标志着两国关系进入正常化的新阶段。但是，由于老挝情况特殊，内外矛盾错综复杂，使馆的任务依然艰巨。

四

美国虽然在日内瓦会议文件上签了字，但它对印度支那和老挝的根本政策没有任何改变，相反，更加紧扶持老挝右派势力，片面援助右派扩充军队、增强实力，同时大力拉拢富马和贡勒，分化中立派力量，挑拨他们同寮方的关系，孤立、打击老挝爱国力量，阴谋破坏老挝的和平中立地位，最后达到消灭老挝革命的目的。老挝爱国战线党则接受历史教训，坚持上统下不统、军队不混编、革命武装和根据地保持独立性的原则，进行了有理、有利、有节的斗争。

联合政府名义上接管了政权，实际上各派同床异梦。在仅有10万人口的首都万象，关于建立联合警察部队始终未能达成协议，中立派和寮方仅有少数警卫部队（寮方仅有一个连的武装），万象实际上仍在右派军警的控制之下。爱国人士的安全时刻受到威胁。右派以"保障安全"为名对我使馆进行诸多限制。

1962年11月8—15日，我国首次参加老挝传统的塔銮节展览会，几天内观众达10余万人次，影响大大超过其他展馆，最后被授予特等第一名。在闭幕的第二天，积极支持我展览的爱国侨商民生商行老板林民生先生突遭暴徒狙击遇难。凶手自然无法缉拿，但右派与台湾特务勾结的丑恶嘴脸已暴露无遗。

副首相富米·诺萨万于11月下旬率政府代表团出访几个社会主义国家，12月2—4日访问我国。双方就发展两国的经济、技术合作和贸易问题交换了意见。我国原则上同意向老挝提供长期贷款，帮助建设一些工业项目并提供技术和设备。诺萨万还要求我方援建丰沙里公路并在完工后延伸修建到南塔，我方允予考虑，此后并未落实。但两个月后，即1963年2月中旬，美国通讯社和万象右派报纸突然发表"消息"，说中国在老挝北部的筑路活动已经超出原来计划，在中国边境城镇劳顿和南塔省的孟新之间正在修筑公路，用来为寮方供应武器弹药，从而违反了日内瓦协议。这完全是贼喊捉贼，企图以此混淆视听，挑拨和破坏中老友好关系！我国《人民日报》评论员立即予以揭露和驳斥。

1963年2—3月，老挝国王率王国代表团（由王室成员和三方代表组成）出访日内瓦会议各签字国。3月6—10日，代表团访问了我国，国王对代表团受到的欢迎和接待表示十分满意，说中国对老挝如此尊重使他感到自豪。代表团有的成员说他们在美国受到的接待只能打零分，而在中国则是十分。

不料，4月2日晚，外交大臣贵宁·奔舍那在住所被刺杀，其夫人也受重伤。当时，贵宁刚参加完为以富马为首的代表团结束访问归国而举行的招待会回到住所。内阁成立了谋杀案调查委员会，实际上不了了之。12日，中立派爱国警官坎堤中校又被暗杀。万象顿时为恐怖气氛所笼罩，爱国人士人人自危。苏发努冯，新闻、宣传、旅游大臣富米·冯维希，中立派大臣坎苏·高拉先后离去。19日，新闻、宣传、旅游部为右派控制，富马宣布自己代理外交大臣，外交部事务实际上为右派秘书长所掌握，联合政府陷入瘫痪状态。在查尔平原，中立派部队严重分化，贡勒部队与寮国战斗部队连续发生摩擦，右派乘机派部队进逼解放区。

在此期间，右派还大造舆论，攻击中国干涉老挝内政并挟持外交部要求我方把驻川圹的经济文化代表团迁到万象，甚至要求我重新办理驻丰沙里总领馆的"手续"。我方据理予以驳回，右派阴谋未能得逞。

富马为缓和内部矛盾，重整力量，争取外援，借以加强自己的力量，决定借出席联合国大会的机会出访。寮方为表示与富马和解的诚意，富米·冯维希以苏发努冯代表的名义于8月26日到万象，与富马进行会谈，但无结果。在富马预定出国和冯维希预定回康开的9月9日凌晨，右派部队突然包围和袭击寮方代表住地，寮方警卫部队一名战士牺牲，我使馆也一度被军警包围。我馆同志和新华社记者不顾个人安危，多次冲破包围和封锁，主动给寮方代表团送去急需食品，并及时报道了冯维希的严正声明，从而揭露了事实真相，有力地配合和支援了老挝爱国力量的斗争。事件以妥协方式结束。富马于9月10日出国，在出席联合国大会前后访问了法、美、英、苏、印、泰等国。访问的重点是法国，戴高乐总统表示法国对富马的政策给予"完全谅解和支持"。富马在法国的影响下态度有所好转，12月20日，富马代表与寮方代表在查尔平原就琅勃拉邦中立化问题达成协议。1964年1月中旬，富马访问桑怒，与苏发努冯会谈，随后三方代表在万象多次会晤，就三方领导人举行会谈的安全问题达成原则协议。3月初，富马访问柬埔寨、越南和中国。在访华期间，周总理表示希望他把中立派团结起来，争取三方会谈达成新的协议，巩固民族团结的基础，实现联合政府的政治纲领。富马对访问结果非常满意。回国后，三方领导人于17、18两日在查尔平原正式会谈。苏发努冯提出民族团结政府恢复正常活动、琅勃拉邦实行中立化和非军事化的方案，富马表示这同他的主张一致，诺萨万则表示须带回万象研究。不料次日凌晨，万象军区司令库·帕拉西和国家安全局长西何突然发动军事政变，以"国家军队革命委员会"的名义宣布夺取政权。政变头子两次挟持富马去琅勃拉邦见国王，企图胁迫富马辞职另组新政府，均被国王和富马拒绝。政变遭到爱国力量和国际上的严厉谴责，美国国务院也声言反对。23日，政变集团被迫宣布有条件地承认联合政府继续存在。随后，富马在右派胁迫下多次改组政府，把爱国战线党完全排挤出政府之外，民族团结政府名存实亡。老挝局势又重新进入以军事斗争为主的阶段。

我使馆在政变期间一度被右派军警包围并遭受炮击。6月17日，美国飞机轰炸解放区，炸弹命中我经济文化代表团驻地，炸伤我工作人员5人，高云鹏同志不幸牺牲。8月5日，美国为挽救在越南南方特种战争的失败，制造了"北部湾事件"，开始轰炸越南北方。随着美国侵越战争的不断升级，老挝逐渐成为这一战争的副战场。我驻老挝使馆采取"坚持阵地，长期打算，加强备战，准备应变"的方针，支持老挝人民把抗美救国斗争进行到底。

我国同西方国家关系的重大突破

——中法建交谈判纪事

谢 黎

一、戴高乐的特使富尔访华

1963年8月,法国前总理富尔向我国提出访华的要求。经周恩来总理同意后,由外交学会会长张奚若邀请,富尔于同年10月2日抵京。这是富尔1957年第一次访华六年之后的重访。

富尔为什么要在这个时候访华?这是戴高乐和法国统治集团经过长期考虑研究之后,决定要写出的一篇以"戴高乐主义"的独特风格而震撼世界的"政治文章"中的重要一笔。

为避免外界注意,富尔公开宣称他此次访华纯系私人访问,没有任何官方使命。但实质上,他是奉戴高乐之命,专门来我国面谈法中两国建立正常外交关系的可能性的。

1957年,富尔首次访华,亲眼看到新中国的实际情况,并对我国的内外政策做了某些了解和研究。他曾对以美国为首的国际反华势力制造"两个中国"的阴谋提出不同的看法:"法国没有理由奉行'两个中国'的政策,除非断绝与台湾的关系,否则承认(中华人民共和国)不仅是一种无用的行动,而且实质上是一种不友好的姿态。"富尔曾将他的看法向戴高乐做过陈述，戴高乐及其周围的一些决策人物在不同程度上也同意富尔的看法。正是由于这一原因，1960年戴高乐曾赋予富尔探听中国政府对法国政府未来的外交承认兴趣如何的任务。1963年，当戴高乐决定进一步采取建立法中正常外交关系的试探行动时，戴高乐很自然地决定选派富尔作为他的代表到中国进行谈判。

富尔虽曾表示过在对华关系上玩弄"两个中国"的做法是不可取的，并认为法国政府没有理由奉行这一对中国的不友好政策，但是当他正式衔命访华与我国进行建交问题的谈判时，却仍然以变相的"两个中国"的方案作为同我们讨价还价的底牌。只是在我们的坚决斗争之下，才迫使他和法国政府不得不面对现实，最后解决问题。我们本着有理有利有节的原则，以高屋建瓴之势，克服了法国方面带来的一些障碍，速战速胜达成了两国建立正常外交关系的协议，在我国同西方国家的关系上，取得了具有历史意义的重大突破。

二、戴高乐提出建立法中正常外交关系的国际背景

中法两国建立正常外交关系，对两国在和平共处五项原则的基础上发展各种领域中的关系，和发展两国人民之间的友好关系，无疑有着重要的直接作用。但就当时的国际局势而言，其政治意义和影响已超过了两国本身的范围，成为国际局势发展中一种新趋势的因素。这从更加广阔的国际背景来看戴高乐提出的法中建立正常外交关系的意图便可了然。

法国是北大西洋公约组织的重要成员国之一，按照美国的想法和要求，它应该和美国保持非常密切的"盟友"关系，说穿了就是依附关系。但是这一对欧美盟友却常常同床异梦，双方的关系不时为一些矛盾的阴影所笼罩。自认为是北大西洋公约组织主导的美国，挟其各方面的一定优势，一向以发号施令者自居，并以北大西洋公约组织的共同利益为借口，把各成

员国牢牢拴在美国的侵略和战争政策的车轮上，要它们的一切行动唯美国之命是听，以美国之马首是瞻。随着以法国为代表的北约西欧成员国与美国在政治、军事、经济等方面的利害矛盾不断加剧，双方爆发了"谁是欧洲的主人"的争论和分歧。特别是自1958年戴高乐在法国重新上台执政后，法国政府不断强调维护国家主权、民族利益的独立自主方针，把矛头直指美国，法、美之间的间隙与争执不断扩大和增加。这些矛盾不仅是单纯的两国关系的龃龉，而是一场控制与反控制的斗争，从而在北大西洋公约组织中形成了明争暗斗的两种对立的力量。美国千方百计地要推行其"在美国领导下的大西洋共同体的欧洲"的计划，并拉拢英国结成特殊盟友关系，力图把西欧置于美国的绝对影响和控制之下。而以法国为主要代表的欧洲派，则提出了"欧洲人的欧洲"的主张，作为反对美国控制西欧斗争的纲领性口号，并与西德结伙，以加强对美抗衡的力量。

到20世纪60年代初期，这一斗争进一步发展。法国从实力地位出发，为了打破美国的核垄断和核讹诈，除积极建立自己的独立核力量外，还试图把除英国之外的西欧五国（意大利、联邦德国、荷兰、比利时、卢森堡）团结在自己的周围，形成一个反苏抗美的第三种势力。面对法国这一严重的挑战，美国又用军事、经济双管齐下的办法，进一步向法国施加压力。美国一方面抛出由自己一手炮制的多边核力量计划，迫使法国交出其核武器；另一方面向欧洲共同市场内"掺沙子"，促使英国尽早挤入欧洲共同市场，以牵制和削弱法国在欧洲共同市场中的地位和作用，并拉拢意大利、荷兰、比利时、卢森堡和影响联邦德国，以破坏法、德一体化合作计划，从而达到瓦解西欧第三种势力结合的目的。但戴高乐在美国的压力面前并未示弱，1963年春，法国政府一方面拒绝了美国炮制的多边核力量计划，一方面破裂了讨论英国加入共同市场的布鲁塞尔谈判。这些强硬措施，进一步公开暴露了北大西洋公约组织内部分裂局面的深化，同时也显示了其内部不同利害的国家为了适应自己的战略目标，对其对外政策进行的某些新的考虑和调整。

作为戴高乐的全球战略方针，维护法国和西欧的利益，固然是其重点，但正因为要达到这个目标，他就需要对他的战略意图从西欧局部到全球范围作出全面的斟酌，以抗衡美国。因此，正确处理法国和东方的社会主义大国——中国的关系，以提高法国的战略地位和加强他的政策优势，便成为戴高乐全球战略中一项需要解决的重要课题，而不失时机地打通法国同中国的正常关系之路，便成为法国政府要立即着手解决的问题。

三、戴高乐的对华建交三方案

富尔抵华后，立即向我国政府提交了法方拟订的法国政府和中国政府建立正常外交关系的三个方案。在这些方案中，有积极的和正视现实的方面，如富尔一再表示，戴高乐总统希望法国和中国之间立即建立正常的外交关系，绝不仿效英国拖泥带水的半建交做法，并对英国的不智之举加以嘲讽；但也有消极的方面，如提出法国和中国建交后，法国政府希望在台湾保留一名低级职别的人员等。在这个问题上，富尔也自知理亏，虽一再企图辩解，但自相矛盾，漏洞百出。一会儿说这是戴高乐的希望，一会儿说这是法国政府处理外交事务的传统，一会儿说这是纯技术问题，绝不涉及"两个中国"，一会儿说这是人之常情，法国政府没有理由赶走已在法国的蒋帮人员。但是不管富尔怎样编织理由，也无法自圆其说。

戴高乐的对华建交三方案的具体内容是：

1. 无条件承认方案。法国政府正式宣布承认中国，中国表示同意。

2. 有条件承认方案。法国政府表示愿承认中国，中国提出接受承认的条件。

3. 近期承认方案。法国政府对中国先不做政治上的承认，但两国间形成特殊关系的局面。

我国同西方国家关系的重大突破 | **219**

1963年10月，中国国务院总理周恩来在北京会见戴高乐将军的代表、法国参议员、前总理埃加·富尔，商谈两国建交问题

对这三个方案，富尔解释说，戴高乐希望能争取立即实现第一个方案。至于第三个方案，法国政府只是把它当作备用方案，根本无意采取。从富尔的解释中不难看出，一方面法国政府对同我国建立正常外交关系的要求是急迫的，但另一方面它又设法避开正式公开声明同台湾断绝"外交关系"，而想以法国政府自以为冠冕堂皇的无条件承认方式绕开这个矛盾。法国政府这样做的意图是，既可取得同我国建立正常外交关系的实际结果，又可对法国统治集团内的反华势力和亲蒋分子做点妥协，并给台湾一些安抚；此外，在对美英关系方面也留下一点适当的回旋余地。富尔一再以戴高乐的口气强调实现第一方案的重要性，反复声称法国政府绝不是以此办法搞"两个中国"，而是法国政府认为法中两国无条件建交就意味着和等于法国政府断绝了和台湾的"外交关系"。同时富尔又说，戴高乐在发展同中国的关系方面绝无任何顾虑，法国是自主的，不需要顾及与别国的关系，也没有必要看美国的眼色行事。富尔的这些解释恰恰从另一个方面暴露了法国政府的内心所想。但富尔也知道我国政府绝不会拿原则做交易，所以又准备了第二方案，留下可进可退的机动余地。

从表面看，中法建立正常外交关系的谈判在形式上是平和的，气氛也是比较轻松的，最后达成协议的时间也是迅速的。但是，在谈判桌上我国坚决反对"两个中国"的斗争是很尖锐的。同时，根据法国的特定情况，我们在斗争策略的运用上，又采取了有别于其他资本主义国家的若干灵活措施，以利于收到最大限度的良好效果。

四、我党中央的战略决策和策略措施

党中央一直重视戴高乐采取的维护民族独立和国家主权的独立自主政策和这种具有一定代表性的政策在今后国际政治力量组合变化中可能产生的影响。因为它反映了北大西洋公约组织内部分裂的趋势正在深化，我们需要根据不同对象，区别对待。我们认为，戴高乐要求同我国建立正常外交关系的主动行动，对于我们利用法美矛盾，打开我国同资本主义国家关系的缺口，对于我国反对美国封锁和苏联控制是有利的，因而表示欢迎和鼓励。但对法国政府和任何国家以任何方式玩弄"两个中国"的手法，则要旗帜鲜明地坚决反对和加以揭露。这不仅是对法国政府所必须坚持的原则，也是打破国际反动势力企图制造"两个中国"阴谋必须采取的措施。即使法国政府由于内外原因和某些困难，一时难以就中法两国建立正常外交关系达成最后协议，但这样做可以引导中法两国的关系在健康的道路上发展，并为尽快建立两国的正常外交关系打下比较良好的基础。

本此精神，在富尔访华期间，我们给予最高规格的礼遇。毛泽东主席和刘少奇主席分别接见了他。周恩来总理和陈毅副总理单独或共同和他先后在北京、上海等地会谈了六次。在谈论国际局势问题时，周恩来总理指出，戴高乐在维护国家独立和主权方面采取了勇敢的步骤。当谈到戴高乐对莫斯科三国核协定采取的态度时，周恩来总理说，我们两国对这个问题表现的行动是一致的。在谈及对争取民族独立的国家的关系时，周恩来总理对法国政府解决阿尔及利亚问题所采取的态度予以肯定。这些会谈表明，中法两国政府对一些重大国际问题的看法基本一致或比较接近，双方有着较多的共同语言。

对中法两国建立正常外交关系问题，针对法国政府提出的三个方案和其中存在的问题，周恩来总理在详细地阐述了我国政府的立场后，提出了积极的、有步骤的直接建交方案。中法两国政府建交声明的内容有三点：

1. 法国政府向中华人民共和国政府提出正式照会承认中华人民共和国政府，并建议立即建交，互派大使。

2. 中国政府复照，中华人民共和国政府作为代表中国人民的唯一合法政府欢迎法国政府的来照，愿立即建立外交关系，互派大使。

3. 双方同时公开上述照会，立即建馆，互派大使。

我国政府提出的建交方案合情合理，其中之所以使用了内部默契部分，主要是照顾戴高乐和法国政府处境的一些困难。这一高度原则性和灵活性密切结合的高超的斗争艺术，巧妙地排除了来自法国方面的不合理的要求，成功地解决了谈判中存在的各种问题，为开启中法两国建立正常外交关系之门铺平了道路。

对于这样一个合情合理的建交方案，就连能言善辩的富尔也觉得提不出任何异议，只是说，由于他未被授权签署正式协议，他将携此方案返法向戴高乐复命后，立即答复我方。中法两国政府关于建立正常外交关系的初步的但又是实质性的重要谈判至此告一段落。

五、建交计划胜利实现和斗争的余波

富尔返法后，将中法建立正常外交关系的谈判事宜交给法国政府外交部办理。经过双方协商，法国政府外交部指派官员和我国指定的驻瑞士大使李清泉继续进行接触。经过几番磋商后，中法两国政府于1964年1月18日达成协议，决定于1月27日双方同时发表建交公报，并于三个月内互派大使。但在继续磋商的过程中，富尔却于1月11日以他个人的名义在法国报刊上发表了一篇重弹"两个中国"滥调的文章。文章说什么法国不承担撤销对蒋帮承认的义务，法国在台湾设立"领事"官员纯属法国之事，甚至还说台湾一旦"独立"，法国仍可对其承认等。针对这些谬论，我国政府决定于两国建交公报发表的次日，即1月28日，以外交部发言人声明的形式表明中方严正立场。声明说：

中华人民共和国政府是作为代表全中国人民的唯一合法政府同法国政府谈判并且达成两国建交协议的。按照国际惯例，承认一个国家的新政府，不言而喻地意味着不再承认被这个国家的人民所推翻的旧的统治集团。因此这个国家的旧的统治集团的代表不能继续被看作是这个国家的代表，同这个国家的新政府的代表同时存在于同一个国家里或者同一个国际组织中。中国政府是根据这样的理解，同法国政府达成中、法建交和互派大使的协议的。中国政府认为有必要重申，台湾是中国的领土，任何把台湾从中国的版图割裂出去或者其他制造"两个中国"的企图，都是中国政府和中国人民绝对不能同意的。

我国政府外交部发言人的声明义正词严，实际是法国政府已经同意的双方达成的默契内容用另一种形式的再现。中法建立正常外交关系就是经过这样几个回合的谈判斗争之后，在迎接 1964 年新春之际，按照我国政府提出的直接建交方案胜利实现的。它是在国际形势更加有利于我国的情况下发生的一个具有重要意义的事件。它打击了美国，加深了帝国主义之间的矛盾，挫败了帝国主义和国际反华势力妄图孤立包围反对我国的阴谋，在我国对外关系史和当代国际关系史上写下了举世瞩目的一页。

学习周总理的谈判艺术和外交风格

李清泉

1964年中法建交，法国成为我国同西方大国建立完全外交关系的第一个国家。当时这一事件在国际上引起了很大的反响，对国际事务的发展产生了重要影响。中法建交谈判是在周恩来总理亲自参加和直接领导下进行的。我当时担任中国驻瑞士大使，代表我国政府参加了中法建交的具体谈判，总理高超的谈判艺术使我深受启发。

周总理在中法建交谈判中展现的外交谈判艺术，可以说是原则的坚定性和策略的灵活性正确结合的一个典范。

承认中华人民共和国政府是代表全中国的唯一合法政府，断绝同台湾国民党当局的"外交关系"，不搞"两个中国"，在平等、互利及互相尊重领土主权完整的基础上谈判建交：这是新中国成立后同其他国家建立外交关系的原则。同法国建交，当然也必须遵从这一原则。在原则问题上，要立场坚定，观点明确，毫不含糊。周总理在和法国总统戴高乐的代表富尔的谈判中，给我们树立了榜样。

一、周总理在谈判中利用一切机会，反复阐明我国反对"两个中国"的原则立场。周总理指出，台湾是中国领土不可分割的一部分，蒋介石集团是被中国人民推翻了的反动集团，承认中华人民共和国，和中国建交，就必须和蒋介石集团断绝"外交关系"。美国与中国人民为敌，继续支持蒋介石集团霸占台湾，并妄图制造"两个中国""一中一台"，分割中国领土。

这是中国人民和中国政府绝对不能允许的。

周总理在阐述原则立场时，既不是教条式的宣讲，更不是强加于人，而是非常善于结合谈判中对方暴露出来的思想实际来阐明我们的原则，从而使说理有很强的针对性，做到以理服人。

会谈中，富尔虽然代表戴高乐表明不支持"两个中国"的立场，但是又说，对法国来说，同台湾当局断绝一切关系有困难。因为岛上存在一个事实上的政府，而且戴高乐没忘记二战时他同蒋介石站在一起，不愿突然切断关系。

针对富尔的谈话，周总理明确指出，蒋介石集团早已被中国人民推翻，如果不是美国干涉中国内政，保护他们，蒋介石盘踞台湾是不可能的。蒋介石集团还留在联合国，并作为安理会成员，也是由于美国的操纵。这是现实的也将是历史的笑话。总理强调指出，不能把个人的感情关系掺杂到国家间的政治关系中来。他还形象地比喻说，如果设想反对戴高乐的皮杜尔在外国势力挟持下成立另一个法国政府，我们中国能否因为一度和他有过关系而承认他，不承认法国现政府，或者两个都承认呢？总理严正指出，美国对我国内政横加干涉，到现在还占领着我国领土台湾，中国反对"两个中国"的立场是坚定不移的。总理接着又耐心地分析了当时世界各国同中国关系的三种类型，即建立完全的外交关系、半外交关系和尚未建交三种类型。法国属于第三种类型。对法国，我们的态度是与其长期等待，不如促进。但台湾问题解决以前，不能建立外交关系，互派大使，只可以建立非正式的关系，如先设贸易代表机构，民间的、半官方的都可以考虑。总理入情入理的一席话，使得富尔不得不表示要找"前进的办法"，解决问题，不能"先前进一步，又后退一步"。

会谈中，富尔曾试探性提出中法建交后，仍想在台湾保留一个较低级别的"代表"。周总理斩钉截铁地回答说"这不可能"，但是仍然耐心解释并举出英国的例子。他指出，英国承认中华人民共和国政府为代表全中国的唯一合法政府，英国本身没有蒋介石的"代表"，但在台湾有"领事"，在联合国支持蒋介石，因此造成目前半建交关系。如果法国也采取同样做法，对双方都是不愉快的。这不符合戴高乐不支持"两个中国"的立场，也不符合富尔本人一再表示的排除英国与荷兰方式、要建交就建立完全外交关系、互派大使的承诺。总理态度坦诚，话说得明白，富尔以后再未提过这个问题。

会谈中，周总理总是耐心地和对方讨论一切细节，把问题引向深入，探讨解决问题的可能性，而不是简单地采取"是"和"否"的态度，从而避免会谈陷入僵局。

当富尔一再要求我国不要提出法国必须先断绝同台湾的关系，而让法国自行解决这个问题时，周总理不是断然拒绝，而是提出问题来，使其自己认识到这样做的困难。总理问，若按法方想法，中法建交，而又不驱逐蒋介石在巴黎的所谓"代表"，我国代表到达巴黎后，你们是如何处置蒋介石的"代表"呢？是视为普通侨民，还是继续当作外交代表？是前者当然好办，是后者就成了问题，我们就肯定要撤回我们的代表。富尔当时不能作出回答。这就使法方在后来处理同台湾的关系时，不能不注意到我方的这一态度。从这里可以看到总理把坚持原则和解决具体问题结合起来，通过讨论具体细节，达到坚持原则的目的。

为了在原则问题上不能有丝毫含糊，对方已经公开暴露出来的思想，要谈清楚；未公开暴露但实际存在的思想也要揭示出来，谈清楚，以免今后出现纠纷。

当时，为了制造"两个中国"，美英搞了一个"台湾地位未定论"。这涉及"两个中国"问题的核心，不能回避，必须提出来明确解决。富尔没有正式提出这一点，但法方实际存在这个思想。因此，周总理采用层层深入的办法提出，为了中法建立正式关系的愿望"有更明确的基础"，特提出三个问题：第一，双方都愿建立正式外交关系，互派大使，这一点是肯定的；第二，由此产生的第二点，我们承认的是法兰西共和国，法国承认的是中华人民共和国，这一点也是肯定的；第三，只承认一个中国，即中华人民共和国。这就是说，中华人民共和国是1949年中华民国的延续，"中华民国"已不存在，"台湾共和国"也不存在，这个前提肯定了，台湾是中国领土一部分也应肯定。

果然，富尔虽然多次表示只承认一个中国，但具体涉及台湾问题，他又闪烁其词，说不能代表戴高乐明确表示台湾是中国不可分割的领土。为此，周总理耐心地和富尔进行讨论。当总理说到台湾是中国的领土时，富尔说："我们所遇到的事实是蒋介石占领着台湾。"周总理回答说："所遇到的事实是蒋介石盘踞的台湾已经在第二次世界大战中从日本手中收回。"富尔又说："这在理论上我知道，但是我们不能说中国这个国家的边界是在这里还是那里。"总理说："这不是理论问题，这是必然的逻辑，这是事实。"周总理又进一步耐心解释说，关于台湾问题，有两种情况。一种认为"台湾地位未定"，这就不是一个小问题，会引导到美国制造"台湾共和国"这条道路上去。另一种情况是因为法、蒋互设有使、领馆，为摆脱这种关系，需要通过一些手续，从礼遇上说，不使台湾"代表"太难堪，也不使戴高乐太难堪，这是个手续问题。如果认为"台湾地位未定"，对两国建交是个大障碍，如果属于第二种情况，可以研究，想些办法。

这样，周总理就在有关原则的问题上，毫不含糊地说清了我们的观点，而又不把门关死，从而把建交谈判引向正确轨道。

从这里可以看出，周总理在谈判中，在坚持我国建交原则问题上，既不是满足于对方一般的承诺，也不是空讲原则，而是结合对方已经暴露出来的和未暴露出来的思想实际来谈原则。这样，就使原则具体化了，有针对性了，更有说服力了，从而真正做到在原则问题上坚定不移，毫不含糊。

二、坚持原则并不是咄咄逼人，强加于人。坚持原则是要使问题在正确轨道上求得解决，而不是相反。因此，周总理在谈判中总是做到：（一）

态度诚恳、坦率;(二)目的是合理解决问题;(三)平等协商,不卑不亢;(四)不强人所难,照顾对方困难;(五)耐心解释,以理服人;(六)循循善诱,层层深入。在谈判中,周总理总是先肯定共同点,后解决不同点,力争"求同化异","化异"不成,再"求同存异"。如在周总理和富尔的第二次会谈中,总理提出双方都愿建立外交关系。在互派大使、法国只承认中华人民共和国、台湾是中国领土等三个问题上,经过一番讨论,双方意见接近后,总理说:"第一、二点是肯定下来了,第三点是接近了。"在第四次会谈达成协议后,总理说,"实质上是双方把不同意见都排除了,达成一致","双方所要解决的问题都谈了,双方立场彼此都清楚了,没有保留了"。这说明,总理在会谈中一直都在做"化异"的工作,而且成功了。

周总理和富尔的会谈,再次体现了新中国真诚友好、平等待人、是非分明、不卑不亢、实事求是、求同存异、促进友谊、加强了解的崭新外交风格。

三、承认中华人民共和国是代表全中国的唯一合法政府,同台湾当局断绝"外交关系",不支持制造"两个中国",是我国同其他国家政府谈判建交必须坚持的根本原则。但是从更广的范围看,根据不同国家的情况,实际上还存在其他的原则。以法国为例,除台湾问题外,还有一个阿尔及利亚问题。支持殖民地、半殖民地国家争取民族独立的斗争,是我国对外政策的一部分。我们决不会为取得和一个国家建立外交关系而放弃这一原则立场。阿尔及利亚人民从1954年至1962年进行反对法国殖民主义的民族解放战争,我国本着一贯立场予以支持。当时法国有人主张,中法建交,中国必须先停止对阿人民的支持。周恩来总理、陈毅副总理都曾严正表示:我们决不会为取得中法建交而放弃我国的一贯立场。我们对阿尔及利亚人民争取民族独立的斗争,在政治、经济、军事上的支持将坚持到阿人民取得彻底胜利为止。从这里可以看到我国同一个国家建立外交关系,除了坚持反对"两个中国"的立场外,还必须服从一定时期内我国总的外交政策。

这是和一个国家谈判建交问题必须注意到的一个原则问题。

"不强人所难，可以等待"，这是新中国成立后，平等待人的一种外交风格，实际上也是和一个国家建立和发展关系的一条原则。我国和许多国家建立外交关系，在有关台湾问题上，既坚持原则，又不强人所难，总是采取照顾对方困难、等待条件成熟的合情合理的态度。中法正式建交前的10多年里，我国领导人在和法国朋友的谈话中，多次表示了这种可以等待的态度。特别是阿尔及利亚问题未解决前，条件不成熟，需要等待。1963年富尔代表戴高乐访华同我国领导人商谈发展两国关系，周恩来总理、陈毅副总理仍多次提到，如果法国有困难，我们仍可以等待，并且提出了先设民间或半官方贸易代表机构，以推动双方关系的建议。

既坚持反对"两个中国"的原则立场，又服从总的外交路线，而且体现社会主义新中国的外交风度。这都是周总理在处理和法国建交问题上坚守不渝的原则，也是周总理执行新中国外交政策所体现出的完整的原则精神。

四、周总理坚持原则，可以说是一丝不苟，但他并不把原则当作僵死的教条，而是非常善于将原则性与灵活性巧妙结合，从而达到正确贯彻我国外交政策的目的。

在周总理和富尔的北京会谈中，富尔一再要求我国不要坚持法国必须先和蒋介石集团"断交"，而采用中法先宣布建交，而后法国再根据情况和台湾"断交"的办法。我方考虑到在当时的国际形势下同法国建立正式外交关系的重要性以及法国和台湾关系一直比较冷淡的实际状况，在法方一再表示不支持制造"两个中国"的承诺下，在程序问题上采取了有别于其他资本主义国家的灵活措施。在建交的具体步骤上，商定法方先来照承认中华人民共和国，建议法中立即建交并互派大使，我方复照同意，然后相约同时公开来往照会，宣布建交。在照会的措辞上，我方又照顾了法方的意愿，没有坚持法方来照中必须写明中华人民共和国政府是代表全中国的唯一合法政府，而是由我方复照单独提出中华人民共和国政府作为代表全中国的唯一合法政府欢迎法方来照，并愿意建交、互派大使。有关中法建交的具体做法，原则坚定，策略灵活，只有周总理这样具有伟大政治远见和博大胸襟的政治家才能作出。

不仅如此，后来在瑞士进行具体谈判时，法方代表又提出，用发表联合公报的方式来取代北京会谈商定的互换照会方式。这样做，很明显是避免给人以在建交问题上法方有求于中国的印象。即使如此，我们仍然同意，但是要求法方必须在公报措辞上写明中华人民共和国政府是代表中国人民的唯一合法政府。法方仍然表示有困难，最后我们让步到同意法方提出的措辞，而由我方单独对外发表声明，指出中华人民共和国政府是作为代表中国人民的唯一合法政府同法兰西共和国政府谈判并达成两国建交协议的。

从上述可以看出，在和法国建交的程序问题上，我们是做了很大让步的。同时又可以看出，尽管我方作出的让步是很大的，但又是在严格地坚持原则的前提下作出的。不管我方做了多大的让步，都没有超出程序问题的范围。

更重要的是，周总理在中法建交问题上的视野已经超出了中法建交本身，而是从整个国际局势的发展和国际斗争的需要来考虑的。

20世纪50年代到60年代初，国际关系发生了重大变化。美苏两个超级大国炮制"戴维营精神"，图谋合伙垄断世界事务，策动反华大合唱，搞美苏英三国部分禁止核试验条约，推行其核垄断和核讹诈政策。美国更借此加紧对西欧的控制，图谋称霸世界。法国是西欧大陆的重要国家，戴高乐奉行独立自主政策，为反对美国对西欧的控制，和西德合作形成法德轴心并建立自己的独立核力量。为了重返东南亚和增强其抗美反苏力量，法国迫切需要改善同中国的关系。在这种形势下，和法国建立外交关系，有利于反对美苏两个超级大国左右世界事务，有利于反对美国的侵略政策和战争政策，有利于粉碎反动势力联合反华的阴谋。

正是从国际斗争的战略高度出发来考虑中法建交这个具体问题，周总理才在建交的方式问题、程序性问题上，作出这样的让步的。这种策略上的妥协，正是服从了战略上的需要，从而最大地也是最好地坚持了我国外交政策的原则。周总理在中法建交谈判中原则性和灵活性的巧妙结合，是把坚持原则寓于妥协之中，在妥协中求得更好的坚持原则。

周总理在外交谈判中显示的这样高超的斗争艺术，是他遵从我党一切从实际出发、实事求是的思想路线的结果。他不把原则当作教条，而是根据当时国际形势和国际斗争态势的实际情况，灵活运用策略而又牢牢坚守原则界限，从而为我们树立了一个高度的原则坚定性和策略灵活性正确结合的典范。

关于周恩来总理出访亚非欧十四国的点滴回忆

过家鼎

访问的情况与影响

1963年和1964年之交,正值非洲民族独立运动高涨,非洲的59个国家和地区中,34个已获独立,占人口的80%,面积的4/5。我国克服了"大跃进"运动等造成的三年困难,国民经济恢复发展,国际地位正逐步提高。在这样的形势下,我国派出了以周恩来总理为首的最高级别政府代表团出访埃及、阿尔及利亚、摩洛哥、突尼斯、加纳、马里、几内亚、苏丹、埃塞俄比亚、索马里等十个非洲国家以及缅甸、巴基斯坦、锡兰等三个亚洲国家,还有欧洲的阿尔巴尼亚。在埃及,周总理庄严宣布了中国处理与阿拉伯、非洲等发展中国家关系的五项原则;在加纳,周总理发表了对发展中国家提供经济援助的八项原则。在会谈、讲话和新闻公报中,周总理一再表示坚决支持非洲、亚洲等国家和人民反对帝国主义和殖民主义、维护民族独立和国家主权、反对外来干涉的斗争,支持他们奉行和平、中立、不结盟的政策,支持他们通过和平协商解决发展中国家之间的争执。作为直接的成果,我国与突尼斯政府达成协议,决定立即建立正式外交关系;我国与埃塞俄比亚政府达成共识,决定在不久的将来使两国关系正常化。从长远的影响来看,这次访问进一步推动了非洲的民族解放运动,打击了

1963年12月21日至26日，周恩来总理访问阿尔及利亚。图为12月21日代表团到达阿尔及尔时，受到本·贝拉总统（右一）和30万阿尔及利亚人民的热烈欢迎

霸权主义、殖民主义的侵略、干涉气焰，增强了亚非国家之间的团结，提高了我国的国际地位，扩大了我国的国际影响。访问后不久，我国与法国通过谈判建立了外交关系，也推动了一系列西欧和其他地区资本主义国家与我国建交。

在访问中，周总理发现亚非国家中有两种倾向：一种倾向是对帝国主义和殖民主义仍抱有幻想，把希望寄托于他们的恩赐；另一种倾向是有急躁情绪，即无视革命的阶段性，独立伊始即欲进入社会主义革命阶段，甚至拟将国名改为社会主义共和国。针对不同对象，周总理做了大量的工作，既有认真中肯的批评，更有耐心细致的劝导，使双方的交流与了解达到了一个更加深入的程度。

总之，这次访问已作为我建国以来的最重要外交活动之一载入新中国的外交史册。我本人有幸参加了这次活动，感到无比光荣和欣慰。

代表团的组成和翻译组的工作

周总理此次出访从1963年12月14日开始，至1964年2月29日结束，历时两个半月，访问可分三段：第一段从1963年12月14日至1963年12月31日，访问了埃及、阿尔及利亚和摩洛哥；1964年的元旦至1月8日去阿尔巴尼亚进行非正式访问。第二段从1964年1月9日至2月4日，访问了突尼斯、加纳、马里、几内亚、苏丹、埃塞俄比亚和索马里。2月4日至成都进行休整，1964年的春节是在成都过的。第三段从1964年2月14日至2月29日，访问了缅甸、巴基斯坦、锡兰。这是建国以来，我国政府派出的规格最高、历时最长、影响最大的出国代表团。一次连续出访十几个国家，这在我国外交史上是空前的。

这次代表团的组成人员共七八十人，队伍较精干，规格较高。代表团成员有陈毅副总理兼外长、国务院外办副主任孔原、外交部副部长黄镇、

关于周恩来总理出访亚非欧十四国的点滴回忆 | 235

上：1964年1月，周恩来总理访问几内亚时参观中国援建的卷烟和火柴厂
下：1964年1月，周恩来总理访问阿尔巴尼亚，在出席滨海城市发罗拉为他举行的欢迎宴会时，与阿反法西斯老战士亲切交谈

上：1964 年 1 月，周恩来总理访问埃塞俄比亚，与塞拉西一世皇帝会谈。这次访问促使中埃建立了外交关系

下：1964 年 2 月，周恩来总理访问索马里，在机场受到热烈欢迎

关于周恩来总理出访亚非欧十四国的点滴回忆 | 237

上:1964 年 2 月,周恩来总理在陈毅副总理陪同下访问锡兰,在科伦坡市郊游览时给小象喂食

下:1964 年 2 月,周恩来总理在陈毅副总理的陪同下访问巴基斯坦,出席拉合尔市民欢迎会

总理秘书处主任童小鹏、外交部部长助理乔冠华。随行人员有外交部西亚非洲司司长王雨田、新闻司司长龚澎、礼宾司司长俞沛文、办公厅副主任王凝、外贸部司长刘希文、公安部副局长李树槐等。代表团下设写作组、秘书翻译组、警卫医务组、新闻组、礼宾组等，乔冠华主管写作组，龚澎负责新闻组，俞沛文主管礼宾组，李树槐主管警卫医务组，王凝主管秘书翻译组。代表团所到之处，各驻在国大使都参加了代表团的活动，其中有我驻埃及大使陈家康、驻阿尔及利亚大使曾涛、驻加纳大使黄华、驻几内亚大使柯华等。1964年2月底对锡兰的访问将规格推向了最高峰。应锡兰总理班达拉奈克夫人的邀请，国家副主席宋庆龄也同时访问了锡兰，创造了我国家副主席和政府首脑同时访问一个国家的先例。

然而，由于我国当时的民航专机尚未飞出国境，不可能承担这样跨洲的国际旅行，因此，代表团包租了荷兰航空公司（KLM）的两架四引擎螺旋桨飞机，每架可载七八十人。这种飞机比较安全舒适，机组都是有经验的荷兰飞行员。代表团派了空司专机组和外交部信使队的两位负责人与他们保持联络，一方面负责他们的食宿安全，一方面又借此熟悉出国飞行的经验。

翻译组有英、法两个语种，每个语种共四名翻译。我和冀朝铸等四人负责英语口笔译工作，口译以冀朝铸为主，笔译以我为主。我们的任务是比较繁重的，既要负责领导同志的口译，又要负责将周总理等领导同志在各种场合的讲话及新闻公报稿等译成英文，并予散发，少则十几份，多则四五十份，还要将对方的书面讲话稿译成中文。我们四人随身带了两架新购置的瑞士手提打字机，还带上了复写纸、蜡纸等必要的文具。我们所到之处，都依靠驻在国使馆对我们的支援和协助，但主要还是靠我们自力更生。有时住在旅馆里，一入住就要开始工作，从译初稿到改稿、打字、校对、油印等。在每个国家的访问都有规定的时间，不能轻易改变。在结束对一个国家的访问准备启程去下一个国家之前，必须把所有稿件翻译打印完毕，并准备好下一站的头一两篇讲稿译文。按当时的惯例，访问每一个国家结束时都要发表新闻公报，而新闻公报往往是在访问的最后一天才达成协议的。我们必须在访问结束前准备好新闻公报的正式文本，供领导签字。

出访期间，彻夜工作几乎成了常规。然而，对于翻译来说，由于有英、法两个语种，因此到法语国家时，我们英文翻译就可以得到喘息和休整的机会；在英语国家，法语翻译类同。在阿尔巴尼亚，代表团领导层需要应付各种热烈的欢迎场面，发表演讲，举行会谈，工作特别繁忙，写作班子和阿尔巴尼亚文翻译也跟着忙得不可开交。对于英、法文翻译来说，在阿尔巴尼亚的这段时间是最轻松的。我们可以从容不迫地准备下一阶段的工作。同时，为了配合代表团的后勤工作，我们也主动承担起一些额外的任务。有一次，我被派往地拉那机场看守专机。时值正月，机场寒风刺骨。我从拂晓时起，要在零下20℃的空旷机场站立几个小时；亏得冀朝铸给了我一件祖传的厚皮大衣，使我能在寒风中挺然屹立，安然无恙。

周总理辛勤忘我的工作作风

此次访问，时间紧凑，日程繁重。当时，周总理已是66岁的老人，但精力过人，不辞辛劳，每天工作到下半夜，有时彻夜不眠。出访从1963年12月至1964年2月，时间跨越两个年度，中间经过一个元旦和一个春节。为了使代表团能得到一些喘息和休整，访问的计划中原安排1964年元旦去阿尔巴尼亚非正式访问，春节回成都休整。结果是，去阿尔巴尼亚的非正式访问成了场面最热烈、参观演讲任务最重、规模空前的一次访问。代表团到达阿尔巴尼亚后，阿领导人全体出动，亲自接待，阿人民万人空巷欢迎代表团。参观地点一再加码，所到之处双方均发表热情洋溢的长篇讲话，周总理和陈老总不得不兵分两路，各自率部分团员，同时访问不同的地点。访阿成了任务最繁重的一次国事访问。

在结束对索马里的访问后,代表团返回四川成都进行休整,准备对缅甸、巴基斯坦和锡兰的访问。代表团在成都度过了1964年的春节。周总理和陈老总平时从无假日或周末,经常无暇与家人见面。这次,邓大姐、张茜和陈老总的子女特地从北京赶来,同周总理和陈老总团聚,共度春节。然而,周总理仍不放松这段空隙,召集几十名我驻外使节到成都来开使节会议。周总理根据此次访问非洲的亲身体会,在会上做了形势报告,号召大家利用民族解放运动空前高涨的大好时机,积极开展对外工作,扩大影响,提高我国的国际地位。我们几位翻译有幸参加几次会议,聆听了总理所做的报告。相比起来,我们这些工作人员是比较悠闲的,我们有空余时间到成都附近地区参观游览,增长见识,也消除了疲劳。

在访问安排方面,周总理总是从整体利益和大局出发,不过多考虑个人安危。"客从主便"是礼宾安排的原则。

1964年1月21日至26日,代表团访问几内亚期间,除首都科纳克里外,还访问了金迪亚和拉贝。从金迪亚返回科纳克里,几方安排由杜尔总统、赛弗拉耶议长和福代巴国防部长陪同总理等一行乘直升机返科纳克里。直升机是苏制的,驾驶员是捷克斯洛伐克人。当时是1964年初,正值中苏关系恶化,这样的安排确有一定风险。但总理考虑,既然由几内亚总统等人亲自陪同,应当客从主便,于是接受了几方的安排。

代表团对加纳的访问是在加纳国内形势很不稳定的情况下进行的,在原定访问加纳的1964年1月11日前不到10天,阿克拉发生了开枪行刺恩克鲁玛总统的事件。恩克鲁玛总统正面临着困难。如因发生企图暗杀总统的事件而取消访问,这在政治上对恩克鲁玛是不利的。加纳政府坚持要求周总理如期访加。从安全上考虑,恩克鲁玛遇刺后,加方会加强安全措施,估计恩克鲁玛能控制局势。周总理派黄镇副部长提前两天去加纳进行实地了解情况后,决定访问按计划进行。总理还提出建议,为确保两国领导人的安全,一切礼节可以从简:恩克鲁玛总统可不去机场迎接,代表团将不去外地参观，可多进行会谈。结果，代表团一行于1月11日晨飞抵阿克拉，日程基本上按周总理的建议安排，大部分时间用于会谈。周总理与恩克鲁玛共举行了六次会谈，历时近二十个小时，所有会谈与宴请活动都是在恩克鲁玛的住所克里斯兴城堡内举行的。这是一次重要的访问。1月15日，访问结束时，周总理在阿克拉答加纳通讯社记者问时正式宣布了我国向发展中国家提供经济技术援助的八项原则。八项原则的文字早有准备，临时又做了一些修改，到15日凌晨才最后定稿，英译文是我和冀朝铸、浦寿昌同志定稿的。

周总理生活简朴，平易近人。在宾馆里，常与警卫人员和秘书一起进餐，服务人员有时竟认不清谁是代表团团长。这已传为佳话，也是我们有目共睹的。

作为翻译工作人员，我永远不会忘记周总理对翻译的爱护和关怀。在国际上，翻译人员的薪金很高，但没有政治地位。然而，中国的翻译人员在出访中是代表团的组成人员，在对外活动中，周总理把翻译看成是参谋和助手。在这次亚非欧之行中，我的体会更深。在会谈和宴会中，东道国往往根据自己的惯例，不给翻译安排席位，让翻译坐在后排，宴会上不给吃，不给喝。为此，周总理专门指示礼宾司司长俞沛文同对方交涉，要求对方尊重中国的习惯，在会谈和宴会中安排让翻译坐在他的身边。访问埃塞俄比亚时，海尔·塞拉西皇帝在阿斯马拉为周总理一行举行宴会，埃方出席的全是皇室成员，当时作为我方翻译的冀朝铸和我也被邀出席了宴会。冀朝铸被安排坐在周总理的身边，我坐在陈毅副总理的身边。这在埃塞俄比亚这样一个国家是破例的，完全是出于对周总理意见的尊重。在埃及，由于桌小席位少，翻译确难上桌，只能坐在宴席座位后面，但埃方在翻译身旁放置了一张小圆桌，专门为翻译供应各种食物和饮料，让翻译有吃有喝，精力充沛地从事翻译。对于翻译在政治上和业务上的提高，周总理则更是关怀备至。我们这些曾有幸给周总理当过翻译的同志，回忆往事，无不感慨万千，充满了对周总理的崇敬和怀念。

周恩来总理访问波兰和摩洛哥回忆片段

杨琪良

一、周恩来总理波兰之行

1954年7月,周恩来总理出席了"关于印支问题的日内瓦会议"后,回国途中访问了波兰。在二次世界大战后的废墟上重建的华沙,百花盛开,美丽繁华,呈现出一派欣欣向荣的新生景象。这座披上迎宾盛装的英雄城市,到处洋溢着兴高采烈的气氛。当时的驻波大使是曾涌泉同志,我任政务参赞。周恩来总理访波的消息使全馆同志为之兴奋、激动,大家全力以赴,积极进行准备。

客从主便。代表团抵达前,使馆将波方拟定的活动安排报告了周恩来总理,回复是"客从主便"。这是周恩来总理进行对外活动时一贯坚持的优良传统和行动准则,每当他做客时都是尊重主人,坚持"客从主便";而当他以主人身份接待外宾时,却是"主从客便"。这种处处为他人着想、尊重对方的谦逊态度,使许多国家,特别是友好的小国领导人倍感亲切,因而也赢得了对方对我们的尊重与信赖。

表态谨慎。按照代表团的要求,曾涌泉大使亲自为周恩来总理草拟了一篇访波时在群众大会上的长篇讲话稿。周恩来总理到波审稿时指出:"我们还是只讲加强社会主义国家间的友好关系,赞扬波兰人民反抗德国法西

1954年7月,周恩来总理访问波兰,参观乌尔苏斯拖拉机厂

斯的英勇斗争及目前为建设美好生活而奋斗这个主题，原稿中涉及波兰与第三国的问题，尚无研究，不讲为好。要知道，我们是个大国大党，又有毛主席的威望，人家对我们的讲话，往往看得重一些，所以还是慎重一些不提及为妥。"周恩来总理当即要随访的写作班子连夜改写。稿子拟就后又送周恩来总理审阅，修改完毕已是凌晨4时了。我问拟稿的乔冠华、陈家康和章文晋同志，周恩来总理为审稿一直等到这么晚，他怎能休息好？秀才们说，总理对工作认真的态度、严谨的作风和过人的精力，确实令人佩服和感动。

严守纪律。波党中央决定给周恩来总理授勋。为此，周恩来总理亲自给毛主席、党中央写了份电报请示。毛主席很快回电，表示同意接受。我说像这样的事总理定下来，回国后报告中央就行了吧！总理说："这是纪律问题，不请示主席怎么能行？"身为党和国家主要领导人之一的周恩来总理就是这样以身作则，严守纪律。

难忘的招待会。周恩来总理的告别招待会上出现了一个未曾料到的情况，当总理致辞完毕举杯敬酒时，杯里竟空空如也！我急忙跑去将聘请的波方招待员们从呆痴状态中唤醒斟酒（注：外交场合习惯做法，一般是待客人入座后再斟酒）。原来，当周恩来总理陪同波兰统一工人党中央第一书记贝鲁特同志等贵宾入场时，人们的视线和注意力完全被吸引住了，包括使馆负责主宾席招待工作的同志，都只顾看啊，鼓掌啊，以致忘了及时斟酒。

招待会上，客人们热情地争相邀请周恩来总理跳舞。周恩来总理入乡随俗，落落大方，以他娴熟的舞步，使在场的人为之折服。一些西方国家的大使频频点头，不断地赞叹说："妙极了！"周恩来总理还动员正在波兰访问的我国著名歌唱家周小燕邀请贝鲁特同志跳舞。周恩来总理、贝鲁特同志兴致勃勃地踏着欢快悦耳的乐曲节奏，连跳数曲，激起的掌声不绝于耳，把招待会的气氛推到了高潮。此情此景深深印在我的脑海里，永远难以忘怀。

准时起飞。周恩来总理四天波兰之行，日程排得满满的。能和总理的随行人员一起为总理访波忙碌，我甚感幸运。目睹总理应接不暇、夜以继日地紧张操劳，每天仅能休息4—5小时，大家深受感动地说："总理实在太辛苦了！"

周恩来总理的座机原定早8时起飞，经莫斯科回国。考虑到访问过于劳累，我便对周恩来总理说："总理太辛苦了，这样搞我们年轻人也够呛！到了莫斯科又没法休息，建议总理10时启程，早晨稍晚一点起床。"显然，这一变更，会给内外各方带来一系列的麻烦，影响面较大。所以，未等我讲完，总理就有点不太高兴地说："为什么要推迟起飞时间？早定了的怎能轻易更改？那样会给人一个什么印象？"总理虽照样是凌晨一两点才就寝，但仍按原定计划于早8时离开华沙。

二、周恩来总理访问摩洛哥

1963年12月下旬，周恩来总理在陈毅副总理兼外长的陪同下访问了摩洛哥王国，我当时是驻摩洛哥大使。

破例款待。摩洛哥接待外国元首的国宴，本早已采用欧洲国家通常的惯例——西餐两菜一汤。然而，在接待周恩来总理时，摩方却以"烤全羊""巴斯提拉""古斯古斯"等传统名菜盛情款待，表达了对中国贵宾的极大热情和高度重视。这一破例之举，使出席宴会的外国使节们均感意外。依照当地习俗，主人哈桑二世国王陪主宾围着一张矮脚长方桌席地盘膝而坐。直径长达八九十厘米的瓷盘中盛着一只烤好的整羊。席间，好客的主人首先用手挑选一块最好的羊肉放在周恩来总理的食盘里[①]，以后每上一道

[①] 摩洛哥的传统饭菜是用手抓着吃的。

1963年12月,周恩来总理访问摩洛哥时出席哈桑二世国王(前排右二)举行的招待会

菜都是如此，以示对客人的尊重。周恩来总理也依样回敬主人，气氛极为亲切融洽。周恩来总理和陈毅副总理一再盛赞东道国的饭菜是世界佳肴，哈桑二世国王则称道中国烹调乃举世之冠。

宴罢，哈桑二世国王请周恩来总理和陈毅副总理到他会客室待茶，并邀我随同前往。茶官把中国绿茶喜珍眉放入特制的大铜茶壶里，加上一把鲜薄荷和一些"面包糖"①，用木炭火煮，经他品尝认为合乎标准后，再斟入一个用精致的银质杯托盛着的特制玻璃杯内，送到客人面前。茶呈淡绿色，清凉香甜，别具风味。

周恩来总理对摩洛哥特有的饮茶方法表示欣赏。哈桑二世国王告称，此法系80多年前流传而来。面包、茶叶和糖是摩洛哥人民生活中三大必需品，须臾不可少的。摩洛哥有1200万人口，年需绿茶1.2万吨，希望中国多供应一些茶叶。周恩来总理说，贵国喜欢的那些绿茶，只产在中国一个不大的特定地区，数量有限，国内市场根本没有出售，统统供应给了贵国。待我回国后要有关人员再研究一下，看能否扩大生产。哈桑对此表示感谢。

巧妙作答。谈话中，哈桑二世国王还问到中国生产军用飞机和导弹等有关情况，陈毅副总理一一做了答复。蓦然，哈桑二世国王提出了一个出人意料的问题。他笑着说："当今世界上像我们这样的国王、皇帝已为数不多了，不知今后会怎么样？"周恩来总理和陈毅副总理听后都笑了起来。周恩来总理蛮有风趣地说，你们可以组织一个委员会，开个会商量商量嘛！陈毅副总理随之说道，亚洲有个西哈努克亲王，我们是好朋友，可邀请他参加。周恩来总理接着说，陛下可以担任这个委员会的委员长嘛！说毕，三人皆哈哈大笑。我在一旁也随之笑出声来，并暗中思忖，哈桑二世国王事前可能有所准备，问题提得相当巧妙，而我们的周恩来总理和陈毅

---

① 由白糖加工而成，近似冰糖，做成面包状，食用时再打碎。

副总理也答得诙谐而妙趣横生。

国家建设时时在胸。在摩洛哥首相陪同下，周恩来总理和陈毅副总理参观了由意大利帮助新建的一座炼油厂。周恩来总理兴致甚高，询问得很详细。返回住地后，周恩来总理即对我们说，外国帮我们在兰州建了一座与此厂生产能力相等的炼油厂，职工多达6000人，而这个厂包括技训班在内，总共才300多人。相比之下，我们的人力浪费何等惊人！记住，回国后一定要石油部派技术专家来此考察，这值得好好看一看。果然，周恩来总理回国后很快就指示石油部派了一位总工程师来摩洛哥考察。

一次，在总理处晚餐后吃水果，大家盛赞摩洛哥蜜柑个大、皮薄、汁多、香甜可口。总理说，全世界柑橘的老祖宗是中国，可是近几十年来我们的柑橘退化了，原因是缺少科技人员对改良品种进行专门研究，中国的旧政府则更是无人过问此事。我说，据摩洛哥朋友说，世界上有两位最著名的柑橘专家，其中一位是名法籍教授，就在摩洛哥植物研究所工作。此人对我国很友好，使馆和他有交往，能否考虑请他到中国讲学。总理说，我们可派几位专家先来看看，有些人不亲眼见到是不会相信的，然后再邀请这位专家到中国讲学。可能的话，你们先搞些优良品种的树苗运回国内。果然，总理回国后不出数月，广州和西双版纳两个植物研究所就派了专家来摩洛哥考察，并在法籍专家的协助下，挑选了已嫁接好的30来个优良品种的树苗300株，于1965年空运到了广州。后来，这位法籍专家也应邀访华，在国内做了几次有价值的学术报告。

月下赐教。周恩来总理访问摩洛哥时下榻在王家公园内哈桑二世国王的别墅里。晚饭后，周恩来总理要我独自陪他到公园里散步，仅卫士长尾随在稍远处。偌大一个王家公园，明月当空，万籁俱寂，漫步在参天古树丛中，悠然自得，别有情趣，但周恩来总理的心绪并不在此。他边溜达边说，这个王朝有反帝反殖的历史，是爱国主义的。看得出，你同王室及其政府的关系是好的，国王是满意的，这就做对了。看不到我们同王室的共同语言，怎能搞好反帝反殖统一战线？

我说，不少非洲民族主义组织在摩洛哥设有代表处，有些头面人物经常来此，有的还有留学生在这里接受军训，使馆同他们都保持着密切的友好关系，我们在此可以做非洲很多反帝反殖、反对种族主义的政治组织和政治活动家的工作，鼓励和支持他们的民族解放运动。

总理说，这也是我们的工作嘛！你们驻在非洲国家，就要了解非洲人的心理和想法，不了解人家怎能同他们搞好团结？不久前新建立的非洲统一组织，我们在国内就不太了解是怎么回事，所以征求你们这些在第一线工作的大使们的看法，我看了你们送回去的报告，对我们做决策很有用。

月光下，总理轻步慢行，耐心地听取我的汇报，陪总理回到别墅时，夜已经很深很深了。

周恩来总理此行是一次成功的访问，同国王哈桑二世及首相等进行了政治会谈，发表了新闻公报，做了大量的工作，加强了两国的友好关系，摩方非常满意。这次访问也为我馆进一步开展工作创造了极为有利的条件。周恩来总理的言传身教，使全馆同志和我个人均受益匪浅。

记周总理访问加纳

封耀元

周恩来总理和陈毅副总理于1964年1月11日至16日对加纳进行了一次极不寻常的访问。总理访加前夕，加纳发生了行刺恩克鲁玛总统的事件，政局动荡。不少人以为总理会取消加纳之行，但是他还是去了。这在政治上给了恩克鲁玛很大支持，恩克鲁玛是很感动的。这一行动也感动了许多非洲国家，使他们认识到中国是非洲国家真正的朋友，越来越多的非洲国家或同我国建立了外交关系，或开始与我国接近。现将这一历史性访问的片段记述如下。

周总理在陈毅副总理的陪同下，于1963年12月14日至1964年2月29日访问亚非欧14国。加纳是第二次世界大战后撒哈拉以南非洲各国中取得独立最早的国家。当时这一地区的民族独立和解放运动在加纳取得独立的影响下，正风起云涌，迅猛发展。撒哈拉沙漠以南的非洲已从"黑暗大陆"变成光明战斗的大陆。1963年8月8日，毛泽东主席在接见撒哈拉沙漠以南的非洲朋友时指出："整个非洲现在都处在反对帝国主义和殖民主义的浪潮中，不管已经获得独立的国家，或者还没有获得独立的国家，总有一天是要获得完全彻底的独立和解放的。整个中国人民都是支持你们的。"周总理非洲之行的目的之一，就是表达中国人民对非洲人民反帝斗争及民族独立、解放运动的坚决支持。

当我驻加纳大使黄华将总理和陈总拟访问加纳的计划告诉恩克鲁玛总

统时，恩克鲁玛十分高兴，并提出了总理到西非应首先访问加纳的要求。加纳尽力支持非洲的反帝斗争，恩克鲁玛为支援未取得独立的非洲国家的解放斗争做了不少工作。他在阿克拉以西不远的温尼巴开办了恩克鲁玛意识形态学院，为这些国家培训政治干部；在加纳中部城市库马西附近的丛林里开辟了游击战训练营地，为这些国家训练游击战士。恩克鲁玛还专门设立了一个机构，叫"非洲事务局"，它的主要职责就是联络非洲各民族主义政党，支持民族解放斗争。因此，当时加纳在国际事务中，特别是在非洲事务方面发挥了不小作用。不少非洲国家的民族独立运动领导人、自由战士云集阿克拉。当时我们对加纳的工作也十分重视。黄华大使每月总要举行数次电影招待会，其中少不了要请这些自由战士来使馆看电影。针对恩克鲁玛在访问先后顺序上比较在意，总理同意访问西非时先访加纳。但是，就在离总理访加不到10天的时候，阿克拉发生了开枪行刺恩克鲁玛总统的事件。这一事件对周总理访加产生了严重影响。

行刺发生在1月2日下午2时左右。当恩克鲁玛从总统府的办公室出来，走向他的汽车的时候，在总统府内值勤的一名警察近距离向他开了枪。恩克鲁玛的卫士长当即中弹受重伤（不久在医院死去）。凶手仓皇逃走，恩克鲁玛在后追赶，凶手发现后又返身向他射击，但未打中反被恩克鲁玛按住。行刺事件公布后，阿克拉群众人心浮动，思想混乱。当局派军队把在总统府内执勤的警察集中起来，军警双方几乎发生冲突。不久又逮捕了警察副总监、反对党领袖，传讯了内政部长。领导集团内部的关系顿时紧张起来，派系倾轧，政局十分动荡。

周总理是否按计划往访，安全能否保证，中加双方都十分关注。在阿克拉的友好人士认为推迟总理来访为好，理由是恩克鲁玛访华时受到中国人民的热烈欢迎，周总理访加理应受到同样热烈的款待。然而在目前形势下，恩克鲁玛总统陪同周总理在公共场合露面显然十分危险。但也有人认为总理此时来访是对恩克鲁玛本人以及加纳政府和人民在政治上的重大支持。

1月7日，加纳总统府内阁秘书、外交部主任秘书、非洲事务局主任秘书等4人联合约见黄华大使，表示由于行刺事件后的形势，他们4人拟向总统建议将周总理访加改为非正式、私人性质的访问，接待安排重新调整。一、总统不去机场，由外长等3名部长组成委员会代表总统迎接。二、会谈不去阿布里总统别墅，改在总统住地克里斯兴城堡。三、不举行正式宴会或招待会，但总统仍在克里斯兴城堡举行小型的非正式宴会。四、参观访问的日程安排基本不变，但总统不能陪同。五、取消在战士纪念碑前献花。但这一建议很快就被恩克鲁玛否定了。恩克鲁玛总统在次日早晨接见黄华大使时一再强调局势完全可以控制，安全无问题，希望周总理按原定计划如期访加，性质不变，一切安排照旧，他本人去机场迎接，只是因忙于"公民投票"和其他公务，参观访问改由外长陪同。

根据黄华大使报告的情况和意见，周总理和陈毅副总理研究后决定，仍按原计划访问加纳为好。理由如下：一、加纳政府仍欢迎去访。二、现在恩克鲁玛总统遭遇困难，如果因为发生了企图暗杀他的事件就不去，从政治上说是不好的。三、从安全上考虑，恩克鲁玛遇刺后已采取措施，加强防范，估计他尚能掌握局势。

总理还决定派黄镇副外长先去加纳实地了解情况，并同加方进行商谈。总理让黄镇同志带去了关于访问安排的三点建议：一、为了两国领导人的安全，一切外交礼节可以从简，恩克鲁玛总统也可以不去机场迎接。二、不去外地参观，可多进行会谈。三、请加方指定安全保卫官员与使馆联系，具体布置安全保卫工作。

黄镇一行于9日晚乘代表团的副机抵加。第二天黄镇副外长就和黄华大使一起去克里斯兴城堡见恩克鲁玛总统，看到恩克鲁玛脸上贴着纱布，一只手上缠着绷带。黄镇首先代表周总理对他表示慰问，接着转达了周总理对访问安排的建议。恩克鲁玛听了周总理的建议后非常高兴，表示完全同意。

周总理一行于11日晨乘专机抵达阿克拉。恩克鲁玛原定要去机场迎

记周总理访问加纳 | 253

1964年1月,周恩来总理在陈毅副总理陪同下访问加纳。图为访问期间,与恩克鲁玛总统会谈

接，安全工作也做了准备。在我方建议恩克鲁玛不去机场后，他派外长、负责国家典礼的交通工程部长和新任驻华大使组成委员会代表总统迎接。专机着陆时未鸣礼炮，改用击鼓来表示欢迎和致敬。这是西非国家欢迎贵宾的传统礼节。穿着多彩民族服装的鼓手们以振奋人心的节奏打着鼓、跺着脚，其场面和气氛也是很动人的。

日程基本上是根据周总理的建议安排的，大部分时间用于与恩克鲁玛的会谈。所有的会谈和宴请活动，都是在恩克鲁玛的住所克里斯兴城堡内举行。总理访加5天，在这座城堡同恩克鲁玛会谈了6次，近20个小时，还不算双方举行宴请以及周总理和恩克鲁玛一起打乒乓球所用的时间。

周总理去克里斯兴城堡拜见恩克鲁玛总统时，等候在那里的恩克鲁玛同周总理热烈拥抱。恩克鲁玛总统见到周总理的第一句话是："欢迎你，欣赏你能来。"周总理面交了毛主席给恩克鲁玛的慰问信。恩克鲁玛遇刺后，刘少奇主席、周总理都曾分别致电慰问。但1月8日恩克鲁玛总统见到黄华大使时还希望毛主席对他这次脱险发一慰问电。他认为，毛主席来电的影响不仅在加纳，还将传遍整个非洲。国内满足了恩克鲁玛的要求。恩克鲁玛接到毛主席的慰问信后十分高兴，当着周总理的面将慰问信交给新闻官全文发布。12日加纳报纸在头版重要位置刊登，称毛主席的慰问使周总理的访问更加意义重大了。加纳电台连续几次重播。

会谈中，周总理向恩克鲁玛总统谈了我国政府对外经济技术援助的八项原则，并于1月15日在加纳首都阿克拉答加纳通讯社记者问时正式宣布。此后这就成为我国向发展中国家提供援助的指导原则，为促进中国同非洲国家以及同其他发展中国家之间的友好合作关系发挥了重要作用。总理不仅倡导了八项原则，并且一直教育外事干部认真执行八项原则。中国进入联合国时之所以得到非洲国家的全力支持和热烈欢迎，除了60年代我国对非洲国家的民族解放运动给予了坚决的支持外，我们根据八项原则向新兴的非洲国家提供了无私的援助也是一个极其重要的因素。

周总理在同恩克鲁玛单独会谈时向其介绍了我国革命和建设的五条经验：一、建立巩固的领导核心。二、建立广泛的统一战线。三、建立一支政治觉悟高的武装力量。四、农业集体化、工商业国有化应有步骤地进行。五、以自力更生为主建设国家。恩克鲁玛对这些经验完全同意并认真地做了笔记。另外，总理还就恩克鲁玛提出的几个具体问题谈了看法。

访问期间，周总理一行还参观了坐落在阿克拉以东30公里的特马市，受到特马市市民、特马港口工人和阿克拉至特马沿途居民的热烈欢迎。陈毅副总理还去阿克拉附近的阿布里国家植物园游览。陈毅副总理兴致很高，不时从树上摘下果子放到嘴里品尝。

加方对周总理的安全保卫工作极其重视，动用力量之大、采取措施之周全，据说超过前面访问的几个国家。加纳的安全保卫部门对所有的边境、机场、海港和阿克拉的可疑分子进行了搜查和监视。在沿途和住宅都有岗哨和便衣。所有参与招待和警卫的人员都经过严格的挑选。每次外出都有4辆警卫车和10余辆摩托车护卫。专机停放在军用机场，由军人日夜看守，并派一名中校军官负责。加方对采访记者也进行了严格控制。

国内很担心周总理在加纳的安全。刘少奇主席特地派了两名外科大夫从北京赶到阿克拉，以防万一。

忆周总理几内亚之行

赵 源

1964年1月21日至26日，周恩来总理在陈毅副总理陪同下率领中国政府代表团访问几内亚。这次访问是周总理访问亚非欧十四国的中间一环。当时，我作为驻几使馆政务参赞，每日穿梭于总理下榻的别墅和使馆之间，时间虽短，但总理耳提面命，所受教益和感受却是很深刻的。

倾国迎总理

1959年10月4日，中几建交。为建馆，我以临时代办身份，有幸成为中国踏上撒哈拉沙漠以南的非洲大陆的第一批外交官之一。去几内亚前，我对撒哈拉沙漠以南的非洲仅有粗浅的书面知识。而那时，几内亚人对中国也颇陌生。我们到几内亚后，他们往往把我们误认为日本人、越南人，甚至印尼人。

三年后，当周总理访问时，几内亚出现了倾国欢迎的场面。从首都科纳克里到金迪亚、拉贝，从城市到农村，穿着节日盛装的几内亚人民自发地涌上街头，唱着跳着热情奔放的几内亚民族歌舞，用最热烈的方式，以最高的礼仪欢迎周总理，充分表达了几内亚人民对中国人民的友情。

忆周总理几内亚之行 | 257

1964年1月21日至26日，周恩来总理在陈毅副总理陪同下访问几内亚。图为1月24日，周恩来总理在塞古·杜尔总统（右一）陪同下出席贝拉市群众欢迎大会

总理的谆谆教诲

周恩来总理访问几内亚时,几方安排周恩来总理和陈毅副总理住在科纳克里郊外濒临大西洋的一幢独具几内亚民族风格的美景别墅里。一天下午,我因事去该处,周总理正在客厅看文件,他让我坐下,询问使馆的工作情况。我扼要汇报后,周总理指出:大使馆除了要对驻在国的政治形势调查研究外,还要注意了解和研究驻在国的经济形势和经济政策,重视对外援助工作。只有情况明了,我们才能使对外援助符合实际情况,才能搞好两国的经济技术合作,才能帮助他们搞好经济建设,才能使两国关系得到巩固和发展。为使中几两国经济技术合作关系在巩固的基础上不断稳步前进,周总理明确指示,几内亚是撒哈拉沙漠以南非洲国家中第一个接受我国经济援助和经济技术合作的国家,搞得好,它会起到示范作用。为使刚刚起步的经济技术合作能有成效,顺利发展,使馆必须认真学习贯彻我国对外经济技术援助八项原则。随后,周总理详细阐释了访几前在加纳、马里提出的我国对外经济技术援助八项原则。最后,他强调使馆应摆正经济调研在使馆工作中的地位,搞好两国的经济技术合作,巩固和发展两国的友好关系。

客从主便

周恩来总理和陈毅副总理在几内亚期间,原拟定除在首都科纳克里访问外,还要到金迪亚和拉贝去参观访问。

金迪亚距首都150公里,是几内亚旅游名城。根据几方安排,上午由杜尔总统和其他主要领导人陪同周总理一行乘汽车前往金迪亚。金迪亚将举行盛大的群众集会欢迎周总理一行,并请周总理在大会上讲话。会后,在金迪亚著名的植物园休息并午餐。俟后，由杜尔总统、赛弗拉耶议长、福代巴国防部长陪同周恩来总理、陈毅副总理改乘直升机返回首都。

该直升机是苏联制造的，驾驶员是捷克人。鉴于当时中苏两党、两国关系已恶化，周恩来总理和陈副总理乘苏制飞机是否安全，听几方安排后，我立即向大使和代表团做了报告。总理的随行人员和使馆同志，都认为乘苏联飞机不妥。大使和代表团同志，尤其是代表团中负责安全的李树槐局长坚持要我再向几方交涉，以不乘直升机为宜。为此，我又去同几外交部秘书长迪亚洛·阿尔法和礼宾司司长萨松商谈，他们表示很为难，说这个安排是杜尔总统亲自决定的，主要考虑是减少周恩来总理和陈毅副总理乘汽车的疲劳，难以更改。于是，我又将再次交涉情况向大使和代表团重要成员孔原、黄镇做了汇报。他们认为，此事要由周恩来总理和陈毅副总理定。陈副总理说："人家总统、议长、国防部长，一、二、三号人物都陪着，不能再交涉了，请总理定。总理坐，我就坐。"最后是由陈副总理还是哪位部长向总理报告的，我记不清楚了。只知道总理明确指示：客从主便。这样就按几方安排，总理和陈副总理由杜尔总统、赛弗拉耶议长、福代巴国防部长陪同乘直升机返回首都。中几双方的其他人员一直在植物园草地上仰望着飞机平稳远去，才乘汽车回首都。然而，代表团其他成员和使馆同志的心中难免仍有些惴惴不安。

客从主便，是周总理对外活动中一向遵循的准则和传统。总理万里之遥访几，而几内亚群众那么热情沸腾地诚挚欢迎总理和陈毅副总理一行，且有几总统、议长、国防部长陪同，对主人稍有不敬，都不是总理的外交风格。

感人肺腑的忠告

周总理访几期间，一天下午，杜尔总统亲自驾驶一辆敞篷汽车，载着赛弗拉耶议长和福代巴国防部长，来到美景别墅，拜访周总理和陈副总理。

周总理和陈副总理对他们的拜访深表感谢，但对他们的行动，提出了诚恳的忠告。总理提醒他们，不能自己开车到郊外别墅来，因为他们三位是几内亚国家的主要领导人，要对几内亚人民负责，谨防万一。杜尔总统听了总理的忠告，很为感动，他说，这是一位长者、真诚朋友的忠告。

我在外交战线工作近 30 年，无论在部内还是在驻外使馆，都是同非洲国家打交道，其间，不乏总理的言传身教。他的教诲、风范永驻我的心头，激励我努力为中国和非洲国家之间友好合作关系的发展而工作。

一次不寻常的使命

——忆周总理最后一次访问苏联

余 湛

周恩来同志曾多次肩负党和人民的重托去苏联访问，并出色地完成了所担负的使命。1964年11月5日至14日，为了寻求中苏团结的新途径，他以中共中央副主席和国务院总理的身份，率中国党政代表团又一次访问苏联。这是在一个特殊的时刻，为了完成一项不寻常的使命而进行的一次不寻常的访问，也是他最后一次访苏。

赫鲁晓夫下台为这次访问提供了机会

赫鲁晓夫隆重庆祝他70寿辰后不久，即前往风景秀丽、气候宜人的苏联度假胜地——克里米亚的索契过起假期生活。但风云骤变，他的克里姆林宫的同事突然派专机将他接回莫斯科，并解除了他的一切党政职务。这一事件迅即令国际瞩目。

1964年10月16日凌晨，为赶在这项消息公布前通知中共中央，苏联驻华大使契尔沃年科紧急约见中共中央联络部副部长伍修权。契尔沃年科说，1964年10月14日，苏共中央全会鉴于赫鲁晓夫年迈和健康状况恶化，根据他本人的请求，决定解除他苏共中央第一书记的职务，选举勃列日涅夫为苏共中央第一书记。10月15日，苏联最高苏维埃主席团举行会议，决定解除赫鲁晓夫部长会议主席的职务，任命柯西金为苏联部长会议主席。

说来有趣，正是 10 月 16 日塔斯社公布赫鲁晓夫下台消息的这一天，新华社公布了我国成功爆炸了第一颗原子弹的消息。这完全是偶然的巧合。有人却说，我们选在这天进行核爆炸是有意的。这当然纯属瞎猜。

苏共中央究竟为什么要解除赫鲁晓夫的职务？新的领导人勃列日涅夫、柯西金将奉行的政策和他会有什么差别？人们难免猜测纷纭。对赫鲁晓夫下台大体有三种说法：一是由于他内外政策失败，引起党内不满；二是由于他主观片面，简单粗暴；三是两者兼而有之。对苏联新领导也有三种估计：一是换汤不换药；二是汤换了药也会有所不同；三是可能比赫鲁晓夫更难打交道。据友人说，根据他们几个月前同赫鲁晓夫、苏斯洛夫、勃列日涅夫、柯西金、米高扬等人的接触，赫鲁晓夫对自己的政策表现"把握不定"，"想寻找出路"。苏斯洛夫等人对现行路线表现坚定不移，可能由于怕赫鲁晓夫动摇而将他撤职。当时，要了解事件真相，唯有直接同苏联新领导接触。

赫鲁晓夫对华态度为何先好后坏？

赫鲁晓夫上台初期，面临许多困难，地位尚不稳固，需要我们的支持。那时，他对毛泽东和我们党比较尊重，对中苏关系也较重视。毛主席第一次访苏，斯大林未到车站迎送。赫鲁晓夫上台后第二年即来我国访问，同毛泽东、刘少奇、周恩来、朱德等主要领导人进行了会谈，对中国革命评价甚高，批评斯大林对我国有大国主义错误，说我们倡导的和平共处五项原则可以作为处理一切国家关系的基础。遇到不同意见，也能友好协商。他按早先决定，撤退了驻旅顺的苏军，并将该海军根据地交还中国；废除了原先遗留下来的不符合平等互利原则的协议；提供了新的贷款，增加了援建项目，扩大了原有援建项目的规模和双方的科技合作；等等。我们本来就十分重视发展与苏联的友好关系，对赫鲁晓夫以平等友好态度待我们，自然更愿与之友好相处。

苏共二十大后，毛泽东和我党中央虽然对赫鲁晓夫的错误深感痛心和担心，并在内部对他提出了善意的批评，但也充分估计其积极方面，希望他能纠正错误，加强苏联的共产主义建设，增强中苏团结，反对共同敌人，推进人类的进步事业。我们对他和苏联给予了真心实意的、力所能及的支持。

1957年毛泽东再次访问苏联，庆祝十月社会主义革命胜利40周年，参加共产党和工人党国际会议。毛泽东、邓小平同苏共领导进行了耐心的协商，同各国党友好地交换了意见，终于开成了一个团结的会议，发表了《莫斯科宣言》与《和平宣言》。毛泽东对这次会议能以平等协商的方法，取得克服分歧、增强团结的成果，对于双方的原则分歧采取内部协商求得一致、暂时不能取得一致的则注意等待或做必要妥协的做法，深为满意，十分乐观地把苏联卫星上天和这次会议的成果作为标志，用"东风压倒西风"来形容社会主义阵营的力量超过了帝国主义阵营的力量。

不幸的是，好景不长。赫鲁晓夫一旦站稳脚跟，立即转过头来处心积虑地设法控制中国。1958年4月，苏联提出在我国共同建设长波电台，归两国所有，由两国共同使用；同年7月，继而提出中苏两国军队直接协商制定专门计划以适应苏联国防部的需要；同月又提出苏联在远东没有不冻港，要和我国建立共同舰队，使用中国港口。毛泽东始终认为斯大林是伟大的马克思主义者，功大于过，但对他的大国沙文主义做法深为不满，只是为了顾全大局，长期隐忍不言。毛泽东原以为赫鲁晓夫会改变斯大林以往的错误，然而赫鲁晓夫却接二连三地提出上述"建议"，图谋控制中国，这使他大为震怒。毛泽东严厉指出，怎么那一套斯大林的大国沙文主义又来了，为什么帮助中国只能搞合作社，搞共同舰队，这分明是要控制，要租借权。提出所有权各半的问题，是一个政治问题。要讲政治条件，连半个指头都不行。毛泽东要苏联驻华大使尤金把他的话如实报告赫鲁晓夫，不要替他粉饰，赫鲁晓夫听了越不高兴，他越高兴。对毛泽东这样强烈表示的严正立场，赫鲁晓夫表面敷衍，实则已下定决心，我行我素。

赫鲁晓夫还积极推行苏美合作主宰世界的路线，并企图将我国也纳入这条轨道。1958年8月23日，我们炮轰金门，旨在惩罚蒋军对我们的骚扰，支持阿拉伯人民的反美斗争。苏联对我们甚为不满，担心引起中美冲突，妨碍他们搞苏美合作。于是，苏联立即派葛罗米柯访华，并带来核试验影片，请毛泽东和全体政治局委员观看，想吓唬我们。我党为照顾团结，派陈毅同志出面，明确告诉他，中美双方都未准备打仗，万一打起来，我们也不拖苏联下水。这样，他们才放下心来，做了支持我们的表态。

1959年6月20日，苏联单方面撕毁中苏关于国防新技术的协定，拒不帮我国生产核武器。同年9月下旬，赫鲁晓夫访美后来华参加我国国庆。10月2日，中苏举行高级会谈，赫鲁晓夫替艾森豪威尔说项，要我们释放在押的美国特务，并说当年列宁曾在西伯利亚建立远东共和国，暗示我们也可让那个不消灭共产党死不瞑目的蒋介石暂时建立"台湾共和国"。这理所当然地遭我们拒绝。事后，毛泽东说，他们不反美，我们自己反。因为那时形势是美逼我反，不得不反。受美压迫的朋友需要我们支持，我们不得不支持。

但是，赫鲁晓夫并未就此止步。1962年8月23日，苏联通知我国，美向苏建议签订《防止核扩散协定》，苏已给予肯定的回答。这是苏联背着中国同美国达成的协议，合谋束缚我国手脚，由他们垄断核武器，合作主宰世界。我国当然不能同意。苏联说，苏联可给我国核保护。如果我国接受苏联的核保护，只能听其摆布，否则就会在我们头上挥舞核武器。1963年7月25日，正当中苏两党在莫斯科会谈时，苏联又一次背着我国，同美、英签订《部分禁止核试验条约》，企图阻止我们进行核试验。

赫鲁晓夫对我们胆敢不听从他的指挥棒十分恼火，便采取一个又一个措施，对我国施加压力，妄图逼我国就范。政治压力无济于事，便转而施加经济压力和军事压力。苏联一党不行，便召开国际会议，对我国进行围攻。一次不行，再开一次。大有不达目的誓不罢休之势。正是赫鲁晓夫这种无休止的蛮横行径，把中苏关系推到了破裂的边缘，把《中苏友好同盟互助条约》弄到名存实亡的地步。现在，赫鲁晓夫下台了，理应为改善中苏关系带来转机。

抓住时机，中央决定周总理访苏

毛泽东一向重视同苏联的团结。当他得悉赫鲁晓夫下台后，便立即召开政治局会议，讨论苏联政局动向和我们应采取的对策。尽管对情况还不甚了解，但根据当时的国际形势和我党坚持团结、反对分裂的一贯方针，毛泽东和党中央还是迅速果断地作出决策，要抓住赫鲁晓夫下台的时机，采取有力措施，争取扭转中苏关系恶化的趋势。

10月16日，周总理打电话告诉我，毛主席指示：由毛泽东、刘少奇、朱德、周恩来联名给苏联新领导发贺电，表示对他们寄予希望。嘱我立即拟稿报批。毛主席还说，贺电要发给勃列日涅夫、柯西金、米高扬三个人。这不是一般礼节性的祝贺，而是在重要时刻发出的重要政治文件。这份贺电当天即由外交部苏联东欧司副司长徐明交给苏联驻华大使契尔沃年科，并于当晚广播，次日见报。贺电表示：我们衷心希望兄弟的苏联人民，在苏联共产党和苏联政府的领导下，在今后各方面的建设工作中和维护世界和平的斗争中，取得新的成就。祝中苏两党、两国在马克思列宁主义和无产阶级国际主义的基础上团结起来。

接着，毛泽东提议并经中央讨论决定，由周恩来率党政代表团赴莫斯科祝贺十月社会主义革命胜利47周年。周总理对我说，今年不是大庆，苏联也没有邀请，我们本可不派代表团去，但为了解苏联新领导的真实意向，寻求团结对敌的新途径，我们还是决定主动派代表团赴莫斯科祝贺，并倡议各社会主义国家也派党政代表团去祝贺，借此机会同苏联新领导直接接触，交换意见。即使此行取不到预期结果，也可表明我党谋求中苏团结对敌的诚意。这是一个举世瞩目的重大政治步骤。

周总理雷厉风行，他日以继夜地接见苏联及其他社会主义国家驻华使节，把我党中央和政府的倡议通知他们，强调我们的目的是去寻求团结，请他们报告各自的党中央和政府。考虑到苏联已主动断绝了同阿尔巴尼亚党的关系和外交关系，周总理特别耐心地向他们解释了我们主动采取这一行动的意图，分析了不论这一行动的结果如何对我们的共同事业都有益无害。除阿尔巴尼亚外，其他各社会主义国家的使节对周总理的谈话和解释都表现得很高兴。他们的党和政府对我们的倡议也都迅速作出了肯定的答复，苏联也很快给我们和其他兄弟国家发出了邀请。这表明我们的倡议是深得人心的。

中央决定，我党政代表团由有关各方面的负责人刘晓、伍修权、潘自力、乔冠华、姚溱等组成，中共中央副主席、国务院总理周恩来任团长，中共中央政治局委员、国务院副总理贺龙任副团长。我作为外交部苏联东欧司司长，也参加了代表团工作。

中央还决定，在北京扩大庆祝十月社会主义革命胜利47周年。11月5日，毛泽东、刘少奇、朱德、周恩来联名给苏联新领导发了节日贺电。11月6日，首都各界举行了十月社会主义革命胜利47周年庆祝大会，中共中央委员、中苏友协副主席刘宁一在大会上发表了讲话。11月7日，中共中央副主席、中华人民共和国主席刘少奇，中共中央总书记、国务院副总理邓小平出席了苏联驻华大使馆的国庆招待会，全国人大常委会副委员长彭真在招待会上发表热情洋溢的讲话。同日，《人民日报》发表了题为《在伟大十月革命旗帜下团结起来》的社论。11月8日，《人民日报》全文刊登了勃列日涅夫在莫斯科庆祝伟大十月社会主义革命胜利47周年大会上的报告。在不是逢五逢十的时候，我国这样隆重庆祝十月革命节也是破格的。

寻求中苏团结的新途径

1964年11月5日,中国党政代表团在周恩来率领下乘专机飞抵莫斯科,受到以苏共中央主席团委员、苏联部长会议主席柯西金为首的苏联有关各方负责人的欢迎,当晚下榻列宁山苏联政府别墅。这是赫鲁晓夫执政时期我国高级代表团住过的一座不大的建筑,有个不大的花园。晚饭后,大家在园中散步,但见庭园依旧,只是换了主人,不免有些感慨。有人想起唐代诗人刘禹锡的七言绝句《再游玄都观》,"百亩庭中半是苔,桃花净尽菜花开。种桃道士归何处?前度刘郎今又来",并将诗中的"刘郎"改作"周郎",奉赠周总理。回国后和毛主席谈及此事,有人认为称周总理为"周郎"有些不恭。毛主席不以为然,他说,还是"周郎"好。

周总理到达别墅后,稍事休息,便立即开始夜以继日的紧张活动。周总理对苏联各位新领导和各国代表团进行礼节性拜访,接受他们的回访,参加节日的各种活动,利用一切机会同苏联领导人和各国代表团接触,进行非正式交谈和正式会谈,了解他们的想法,阐明我们团结对敌的愿望。每晚10点左右,周总理和代表团的同志们聚集在列宁山我国驻苏联大使馆,交流同各方面接触的情况,研究次日的活动,向中央报告请示。每到深夜12点,周总理便请健康欠佳的贺龙副总理先去休息,自己则领导大家继续忙到次日凌晨三四点。7时许,他便起床,开始又一天的紧张活动。

苏联广大干部和人民是欢迎中国党政代表团在这个不平常的时刻来访的,但可以看出,他们表达这种感情的方式大都很谨慎。除因某种任务需要同我们接触者能同我们较自然地交谈外,许多苏联老朋友看到我们后,往往只是目不转睛地注视着我们,用不同方式悄悄地表达欢迎之意,有的激动得热泪盈眶;有的新朋友则就近同我们攀谈,表达对昔日中苏友好的怀念。但苏联保安人员却公然阻止这种接触,迫使他们只好默默离开。我们感到这不是好兆头。苏联新领导如有意改善中苏关系，怎么能这样不顾礼貌呢？后来事情的发展，不幸证明了我们的猜测。

我们到莫斯科后碰到的第一起极其严重的政治事件，发生在克里姆林宫庄严的苏联国庆招待会上。当周总理同苏联领导交谈后，便向苏联元帅们聚集的地方走去，准备找他们交谈。此时，迎面走来了马利诺夫斯基。他见到周总理后便胡说："不要让赫鲁晓夫和毛泽东妨碍我们。"周总理立即正言厉色地顶了他一句："你胡说什么？"随即转身拂袖而去。然而他却像发了疯似的，在周总理走后仍胡言乱语："我们已把赫鲁晓夫搞下台，现在该你们把毛泽东搞下台了。"这时周总理和译员已经走远，未能听见，另一位翻译王刚华虽听见但已来不及找到周总理报告此事。马利诺夫斯基见周总理已走开，又跑到贺龙副总理那里继续挑衅，用不堪入耳的粗鲁语言辱骂斯大林和毛泽东，被贺副总理顶回。代表团的同志听说后，都极为气愤，迅即离开了宴会大厅。

周恩来回到我驻苏使馆后，认真地听取了几位翻译的汇报，仔细核实和分析了马利诺夫斯基挑衅的全部情况，考虑到苏联颠覆兄弟党的历史记录，认为这绝非偶然事件，而是对我们党、国家、人民及其领袖毛主席不能容忍的侮辱，是公然煽动要推翻我们党和国家的领袖，必须严肃对待。

次日上午，苏联新领导到我代表团驻地回拜周总理。稍事寒暄后，周总理便就马利诺夫斯基挑衅这一严重政治事件向他们提出最强烈的抗议。对方答复说，马利诺夫斯基是酒后胡言，不代表苏共中央，他已受到苏共中央委员会的谴责，现向中国同志表示道歉。周总理义正词严地予以驳斥，指出，马利诺夫斯基并非酒后胡言，而是酒后吐真言；不是简单的偶然的个人行动，而是反映苏联领导中仍有人继续赫鲁晓夫那一套，即对中国进行颠覆活动，以老子党自居的倾向依然存在。当众对中国党政代表团侮辱中国人民和中国党的领袖毛泽东同志，这是连赫鲁晓夫在位时也未曾采用过的恶劣手段。

勃列日涅夫说，我们以苏共中央委员会的名义向你们道歉，这是比马利诺夫斯基的道歉还要高级的道歉。波德戈尔内说，我们和马利诺夫斯基划清界限。周总理指出，美国、法国、英国的通讯社都在8号那天从莫斯科发出消息，说这里的权威人士说，苏共已和中共达成协议，要毛泽东下台，由周恩来当中共中央主席。难道这也是偶然的巧合？如果不是苏联领导人中有这种思想，马利诺夫斯基敢这样胡说八道？他们说，马利诺夫斯基是胡说并已经道歉，这个问题已经结束。周总理说，问题没有结束，我们还要研究，要报告中央。勃列日涅夫说："那当然，那当然！"

这起严重的政治事件不仅对尚未正式开始的中苏会谈设置了极其严重的障碍，也给中苏关系造成了长期难以治愈的创伤。

周总理早就把我们同苏联新领导进行接触、了解情况、寻求中苏团结反帝新途径的意向通知了苏方。如果苏联新领导真有改善中苏关系的愿望，就应乘此良机，同中方坦诚相见，表明自己团结对敌的意愿，主动说明中方最关心的解除赫鲁晓夫职务的政治原因。但事实却不然，从11月5日我代表团到达莫斯科，至11月9日双方第一次正式会谈前，不论周总理如何多方向苏联新领导探询，他们始终守口如瓶，讳莫如深。第一次会谈开始，周总理正式提出这个问题。勃列日涅夫仍然搪塞，说可以下次再谈，这不会妨碍我们研究改善中苏关系的建设性办法。他紧接着说，我们积累的问题很多，今天只提出某些问题，建议开始讨论停止公开论战，并围绕这个问题寻找其他步骤。其实，苏方很清楚，首先挑起公开论战的不是别人，恰恰是赫鲁晓夫。从1963年起，苏联公开攻击我们的材料何止几千篇，煽动和胁迫其他兄弟党攻击我们的材料更不可胜计。到这次高级会晤为止，我方答复苏方攻击我们的材料为数不多。现在勃列日涅夫又提出讨论停止公开论战问题，但他自己对赫鲁晓夫首先挑起公开论战，对苏共中央对我们进行那么多的攻击，对我党关于停止公开论战的建议一概避不作答，那么，对他提出的这个议题如何讨论？

由于勃列日涅夫对赫鲁晓夫解职的政治原因执意不谈，周总理料到再就此提问也无用，只好暂时搁置一边。但周总理没有接过勃列日涅夫的议题，同他们讨论停止公开论战，而是向他们提出关于召开国际共运会议的问题，以便从中寻找苏联新领导究竟和赫鲁晓夫有多少差别，希望了解在我党同赫鲁晓夫存在严重分歧的这个关键性问题上，同苏联新领导有无商量的余地。周总理说，勃列日涅夫同志在十月革命庆祝会上的讲话中说，召开兄弟党会议的条件成熟了，依我们看，条件并未成熟，还要创造。勃列日涅夫说，只有开会才能消除分歧，别无他途。周总理问："你们是否不再提你们过去决定在今年12月15日召开的那个起草委员会？"勃列日涅夫回答得很坚决："不！我们讲的就是这个委员会。"周总理说，采用兄弟党协商的办法，找出一个途径，达到最后的目的，即召开兄弟党会议，这是一回事。坚持苏共中央1964年7月30日信中通知召开的12月15日的起草委员会，起草一个兄弟党会议的文件，这实际上是赫鲁晓夫下的命令，这是另一回事。如果把兄弟党会议同赫鲁晓夫下命令开的那个起草委员会联在一起，就没有谈判余地了，所以这个问题还是回到赫鲁晓夫问题上来了。勃列日涅夫说，开会是他们党的决议，是建议，不是命令。周总理说，8月30日我党给你们的信中已答复，你们召开的那个会议是分裂会议，我们主张开团结的会，反对开分裂的会。如果你们一定要开，我们坚决反对，绝不参加。这是我们党的决议。勃列日涅夫企图把我党对他们的复信说成是"命令"，周总理立即据理反驳说，我们的信是我们两党来往的信，是建议。你们是由一个党决定，通知其他25个党参加开会，不来不行嘛！即使有一部分党不参加也要开。这不符合兄弟党协商的愿望，也不符合1960年声明中兄弟党关系的准则。周总理还指出，我们从多方获悉，早在1964年2月12日，苏共中央就背着中国党向各兄弟党发出了一封反对中国党的信，号召对我们党进行"反击"，并且要对我们采取"集体措施"。到了7月30日，赫鲁晓夫就下达了开会的通知。显然，这是个有预谋的反对中国党的分裂会议，怎么能指望我党参加呢？周总理还告诉他们，迄今为止，已有7个党决定不参加12月15日那个会，如果你们要开，那就是分裂。但是，不论周总理怎么劝他们不要把兄弟党的会议同赫鲁晓夫7月30日下的命令联系在一起，他们都执意不改。我们建议另辟途径，通过双边和多边协商，开个团结的会，他们坚决不干。他们采取的是绝不妥协的态度，也不讲任何道理。倒是米高扬比较坦率地说，在同中共的分歧问题上，他们同赫鲁晓夫是完全一致的，甚至没有细微的差别。米高扬的发言最后证实了苏联新领导还是坚持要搞赫鲁晓夫那一套。他们所说的团结是要我们牺牲主权，屈从苏联领导指挥棒的团结。这是无法接受的。

周总理说，既然你们和赫鲁晓夫在中苏分歧上没有不同，那我们还有什么可谈的？米高扬企图为自己辩解，说他讲的是思想上的分歧。但他们又强调是集体领导，党的决议和纲领都是集体作出的，没有什么赫鲁晓夫的一套。那么，他们和赫鲁晓夫究竟有何区别，又说不出来。

周总理这一招儿很灵，从召开兄弟党会议这个具体问题上终于揭开了苏联新领导守口如瓶的瓶盖子，露出他们和赫鲁晓夫在对华政策上完全一致的真相。勃列日涅夫和米高扬的发言终于堵死了此次寻求中苏团结反帝新途径的大门。

这次会谈后，周总理和代表团的同志仔细研究了几天来与苏联新领导以及其他兄弟党接触和会谈的情况，得出一个明确的结论。周总理是这样表述这个结论的：现在情况弄清楚了，虽然新领导解除了赫鲁晓夫的职务，但是他们仍要坚持赫鲁晓夫那一套，即他们要当老子，别人只能当儿子。关于解除赫鲁晓夫的职务问题，他们也不会给我们讲什么了。我们继续留在此地已无益，但对他们的意见还应做个正式答复。答复中留个沟通的渠道，这对中苏两个大国来说还是需要的。

代表团还讨论了可否同苏联发表一个中苏联合反帝的声明，结论是不能这样做。因为苏联新领导在联合反帝问题上无任何实际行动，对我党亦无丝毫妥协的表示，发表这类声明，只会给他们以招摇撞骗的资本，而不能达到真正联合反帝的目的。弄不好，还会被他们纳入苏美合作主宰世界的轨道，成为他们棋盘上的棋子。

在11月11日的会谈中，周总理对苏方的意见做了如下答复：

在赫鲁晓夫被解职、各兄弟党兄弟国家派代表团来苏联祝贺节日的新气氛下，进行接触，了解情况，交换意见，看看可否找到团结反帝的新途径，这就是我们的全盘计划。

现在情况清楚了，既然你们同赫鲁晓夫毫无差别，共同愿望就很难找出来了。马利诺夫斯基的挑衅使新气氛也没有了。我现在正式表示几点意见：

第一点，在我们党和国家领导人的贺词和我的书面祝词中所表示的愿望，我们还是坚持不变。

第二点，你们党所设想的兄弟党国际会议，即要在12月15日召开的非法会议，我们绝不参加。如果你们要开，你们有你们的自由。不过，我们要奉劝你们，不要走绝路，要悬崖勒马。

第三点，在你们继续执行赫鲁晓夫那一套不变，中苏两党、各兄弟党的原则分歧基本解决前，谈不到停止公开论战。

周总理继续说，尽管如此，我们对兄弟党的门还是开着的。按照1960年声明中兄弟党关系准则，创造新的气氛，寻求新的途径来确定共同愿望的办法还是有的，这就需要双方努力。如仍然坚持赫鲁晓夫那一套不变，这种可能就不存在了。

苏联新领导为自己破坏这次高级会谈辩解，企图把责任推到我们身上，遭到了周总理的坚决驳斥。周总理指出，第一，米高扬说你们和赫鲁晓夫在中苏分歧上完全一致，那就没有什么好谈的了；第二，你们坚持召开7月30日通知要开的会，就是坚持老子党的态度不变；第三，马利诺夫斯基的挑衅，把谈判气氛也破坏了。

11月12日，中苏双方举行了最后一次会谈，按日程，由勃列日涅夫介绍赫鲁晓夫下台的原因。果真如周总理所料，没有谈出什么新内容。为了把球踢到中国一边，勃列日涅夫提出，苏共中央建议：只要中国方面准备好，就举行两国高级会谈，以便就一系列问题交换意见，也就是一步一步向前迈进，恢复苏共和中共、苏联和中国之间的信任，加强相互之间的团结。周总理表示将报告中央，并针对苏方的建议指出，正如我们昨天说过的，我们的门是开着的。

11月13日，我代表团乘专机离莫斯科回国。柯西金去机场送行途中在汽车上对周总理说，我们和赫鲁晓夫还是有所不同，不然为什么要解除他的职务呢？周总理问他区别何在？他一直闪烁其词，避不直言。

周总理访苏的重大意义

周总理这次对苏联的访问，坚决而机智地执行了中央的出访方针，虽然并非由于我方的原因未能找到中苏团结对敌的新途径，但这次访问的重大历史意义不可磨灭：第一，了解到苏联新领导的政治动向，阐明了我们党和政府维护中苏团结的严正立场，和各兄弟国家领导人对共同关心的问题交换了看法；第二，为维护1957年宣言和1960年声明中兄弟党兄弟国家关系准则以及中苏两党、两国和兄弟党兄弟国家的团结，同苏联新领导进行了面对面的坚决斗争；第三，捍卫了我党、我国的尊严和独立自主的权利，捍卫了以毛泽东为首的党中央。

周总理这次访苏，为党和人民立下了新的功勋，赢得了全党和全国人民的更衷心的爱戴和尊敬。11月14日，当周总理的座机徐徐降落在北京东郊机场，周总理笑容满面地健步走下飞机的时候，受到了毛泽东、刘少奇、朱德、董必武、邓小平等党和国家领导人、各民主党派负责人以及首都各界群众数千人的热烈欢迎。周总理随同毛主席绕场一周，向欢迎群众致意，并和首都民兵照了相，欢呼声、锣鼓声此起彼伏，响彻云霄。

对援建坦赞铁路决策的回顾

何 英

坦赞铁路（坦桑尼亚—赞比亚铁路）全长1860.5公里，从勘探到竣工整整10个年头，是新中国成立以来最大的援外项目。我于1962年出任驻坦噶尼喀大使，1964年初坦噶尼喀同桑给巴尔实现联合。我于当年4月出任驻坦桑尼亚大使，是援建坦赞铁路的积极支持者和历史见证人之一。

问题的提出

关于由中国援建坦赞铁路事，最早是对中国比较友好的坦桑政府商业合作部长巴布向我表露的，尼雷尔总统访华时正式向我国领导人提出。1965年2月，在坦桑总统尼雷尔访华前，巴布率贸易代表团先期抵达北京。2月10日，我会见巴布，在谈到尼雷尔访华究竟要谈什么具体问题时，巴布表示尼雷尔总统非常希望修建坦赞铁路，可能会提出希望中国帮助修建。巴布说，1964年，坦、赞两国政府曾一起向世界银行提出援助修建坦赞铁路的要求，但被婉拒；坦桑副总统卡瓦瓦访问苏联时，又请求苏联政府援建这条铁路，但苏联政府毫不加考虑就拒绝了，尼雷尔总统对此非常失望。在遭到各方拒绝后，尼雷尔总统曾说过哪怕自己牺牲也要修成这条铁路。巴布认为，这条铁路的修建在经济上和政治上都有巨大意义。在遭到世界银行和苏联政府的拒绝后，估计尼雷尔总统不会直截了当而会婉转地向中国提出援建的要求。巴布建议,如果尼雷尔总统提出援建铁路,希望中国领导人不要立即作出否定的答复,可一般性地表示有兴趣,愿予研究。

中国的决定

坦、赞为发展经济、建设国家,需要修建这条联结东、中、南非的铁路,这是不言而喻的。第二次世界大战后,东非铁路、海港公司曾经进行过踏勘并提出考察报告,认为修建这条铁路是可行的;英国亚历山大·吉布合股公司也认为可以修建这条铁路,但必须"采取有效措施发展沿线地区",否则不应修建。世界银行和一些西方国家则认为"没有必要修建"这条铁路,显然是带政治性的而不是经济性的。中国是社会主义国家,一贯坚持国际主义原则,积极发展同第三世界国家的友好合作关系,并把支持这些国家争取和维护民族独立、发展民族经济,视为自己应尽的国际主义义务。帮助修建坦赞铁路不仅可以促进坦、赞两国民族经济的发展,而且有利于坦、赞两国巩固其民族独立。

由于援建坦赞铁路事关重大,中国进行了慎重研究。周恩来总理先后征询了对外经济联络委员会主任方毅和铁道部部长吕正操的意见。周总理对方毅同志说,坦赞铁路对坦桑尼亚和赞比亚来说,不仅具有经济上的意义,更重要的是,还具有军事上和政治上的意义。这两个"姐妹国家"还被帝国主义、殖民主义、种族主义包围着,他们共同认识到没有周围国家的独立解放,就不会有他们自己真正的独立解放。而这条把他们连接起来的钢铁运输线,不仅可以使他们摆脱帝国主义、殖民主义、种族主义的控制、讹诈,还可以使他们把世界反帝、反殖国家为支援非洲民族解放事业所提供的生活物资和军事物资运送到非洲南部、中部和西部谋求解放的自由战士手中。坦赞这条铁路必须修建,这是毫无疑义的。至于由谁来修,可以是中国，也可以是其他国家。如果中国同意修建，肯定会引起西方一些国家的恐慌，他们有可能被迫接受承建任务，也许是一个国家，也许是几个国家共同承担。这样尼雷尔总统和卡翁达总统手中就掌握了一张王牌，他们就可以在西方国家提出附加条件或是漫天要价时，打出中国这张牌，也可以在西方国家虽然应允而又故意刁难、拖延时间时，打出中国这张牌。这里的关键问题是中国必须是真心实意地同意帮助修建，而不是虚情假意的政治游戏。周总理还说，世界上所有国家都知道我国是一个不发达的社会主义国家，我们还需要别人的帮助，而需要帮助的人却解囊帮助别人，这不就是我们通常所说的"为朋友两肋插刀"嘛！人世间穷人帮穷人是出于真心实意，不会有什么企图，被帮助者会受惠不忘；富人帮穷人，即使没有企图，也会使人感到是恩赐或施舍，被帮助者不会受之坦然。人与人之间是这样，国与国之间何尝不是如此！我们这种无私的援助定会赢得更多的友谊。坦赞铁路一旦建成所带来的影响是不可估量的，也不是若干中小项目可比拟的。当然，我们决不能利用坦赞铁路来沽名钓誉、树碑立传或是追名逐利。不，我们是从支援非洲民族解放事业的高度来看待这项经济援助项目的，援助了他们也就是援助了我们自己。毛泽东同志讲过，无产阶级只有解放全人类，才能最后解放自己。方毅同志表示："总理，不管有什么困难，我们也要帮助修建坦赞铁路。"在征询吕正操同志意见时，周总理问："如果把中国的铁路建设者派往非洲，帮助非洲国家修建铁路，能不能完成任务？"吕正操同志回答说，"总理，我部下的铁路建设队伍都是开得动、过得硬的硬骨头工程队伍，别说是非洲了，就是天涯海角也敢去！""如果真要帮助非洲朋友修建铁路，我这个铁道部长决不搞本位主义，一定把最好的设计队伍和施工队伍派出去！"周恩来总理经请示毛泽东主席决定：为援助非洲新独立的国家和支持非洲民族解放斗争，如果尼雷尔总统访华时提出援建坦赞铁路问题，应同意。

为何做此决策？我认为要从当时的国际形势和我们所处的国际环境以

及斗争需要去理解：（一）当时我们所处的国际环境十分严峻，腹背受敌。美帝国主义一直对我们经济上封锁、政治上孤立、军事上威胁，支持蒋介石集团反攻大陆，制造北部湾事件，发动侵越战争，极力支持日本佐藤政府执行敌视中国的政策，从南朝鲜、日本、南越等国家以及我国台湾地区形成对我们的新月形包围圈。同时，苏联在中苏边境地区大量增兵，不断制造事端。可以说，我们一时处于被包围之中。我们外交上面临的主要任务是广交朋友，特别是加强同第三世界国家的团结合作，打破美苏对中国的南北夹攻。（二）二战后，非洲民族解放运动风起云涌，特别是20世纪60年代席卷整个非洲大陆，仅1960年一年就有17个国家先后宣告独立，殖民主义体系面临土崩瓦解，帝国主义、殖民主义的势力受到极大的打击。但这些新独立的国家由于过去长期受帝国主义、殖民主义的压榨，在政治上取得独立后，经济极为困难，急需发展民族经济，从经济上摆脱殖民主义的控制，以实现完全独立。而那些尚未获得独立的国家，民族解放斗争如火如荼。他们都需要支援和帮助。帝国主义国家不会真心帮助他们，非洲正是我们开展工作的广阔天地。（三）坦桑尼亚和赞比亚独立较早，对华态度一直友好，支持民族解放斗争比较坚决。尼雷尔总统计划开发南部地区，发展民族经济，扩大政治影响，对修建这条铁路决心较大。赞比亚是个内陆国家，没有出海口，原有的三条供出海用的铁路（一条是通过扎伊尔到安哥拉的洛比托港，一条是通过津巴布韦到南非的开普敦或伊丽莎白港，一条是通过津巴布韦到莫桑比克的贝拉或马普托），在其独立后相继被封锁或半封锁，只剩下一条通往坦桑尼亚达累斯萨拉姆的土路，且雨季不能通行，致使运输出现了严重困难，急需修建一条新铁路。卡翁达总统也有修建的决心。因此，修建坦赞铁路就成为坦、赞两国的迫切愿望。总之，援建坦赞铁路是从战略高度考虑的。

协议的达成

1964年12月29日，坦桑第二副总统卡瓦瓦正式约见我时告，尼雷尔总统希望尽快对中国进行国事访问。1965年1月8日，我按国内指示约见了尼雷尔总统，表示我国领导人热烈欢迎他访华。2月17日，尼雷尔总统抵京，在机场受到刘少奇主席和夫人、周恩来总理和夫人、陈毅副总理和夫人的热烈欢迎，尼雷尔很受感动。访问期间，毛泽东主席亲切会见了尼雷尔，从原则高度谈了中非关系。他说："中国人民见到非洲的朋友很高兴。我们很高兴，因为是相互帮助，不是谁要剥削谁，都是自己人。我们不想打你们什么主意，你们也不想打我们什么主意。我们都不是帝国主义国家，帝国主义国家是不怀好心的。"刘少奇和周恩来同尼雷尔进行了会谈。当刘少奇问尼雷尔有什么问题需要解决时，尼雷尔介绍了修建坦赞铁路的打算和问题。他说："修建坦赞铁路不仅可以打破帝国主义想使坦赞重新成为别人殖民地的阴谋，而且可以开发坦南部地区，改变经济恶性循环问题。你们可能想不到修成这条铁路有多重要，它等于爆炸一颗原子弹。我坦率地向你们提出，使你们了解这一点，请你们考虑怎么办。如果你们可以考虑的话，我们将感到很高兴；如果你们有困难的话，我们完全可以理解。"刘少奇当即表示："可以考虑，但需要较长时间，第一步是进行勘察。"周恩来接着说："马里总统曾向刘主席提出，要求我们帮助修一条从马里至阿尔及利亚的公路，它比你们要修的铁路长得多，战略上也很重要，我们答应了。东非的铁路、西非的公路，都是有战略意义的，对非洲人民解放是很重要的。我们了解它的重要意义。问题是修成这条铁路需要较长的时间。"尼雷尔没想到我国领导人的答复如此干脆、明确，因此他马上表示："这是非常好的消息。当我提这个问题的时候，我的心跳得多么厉害呀！在你们回答我以前，我都不敢呼吸了！"刘少奇说："帝国主义不

1965年6月,周恩来总理访问坦桑尼亚时与当地欢迎者互赠礼品

干的事，我们干，我们帮助你们修。"尼雷尔高兴地说："我兴奋得不能喘气了！"关于援建这条铁路的原则协议就这样达成了。会谈纪要显示，中国方面还同意援建坦桑尼亚—赞比亚铁路工程，并包括对沿线煤矿的勘探。尼雷尔总统对这次访华感到十分满意，说真正体会到了中、坦之间的真正友好关系。

之后，由于受到西方的压力和攻击，尼雷尔对接受中国援建坦赞铁路曾一度踌躇。1965年6月，周总理回访坦桑，在商谈坦赞铁路问题时，尼雷尔表示：中国虽然是个大国，但经济并不发达，人民生活并不富裕，如有可能，坦赞铁路还是由西方发达国家来援建，他将努力寻求这种可能性。周总理说，坦赞铁路无论是由中国援建还是由西方国家援建，都可以，问题是必须尽快修起来。周总理还说，8月左右，中国铁路专家组就可到达，先勘察坦桑尼亚境内段。周总理坦诚的谈话使尼雷尔放了心。

访坦期间，周总理还谆谆教导我国驻坦大使馆工作人员和援坦专家，我们要多考虑如何使坦桑在经济上搞得更好些。要从全局来考虑，不要犯大国沙文主义的错误，要尊重对方。我们的工作只能成功，不能失败，当然具体工作难免犯一些错误，但要坚持真理，修正错误，戒骄戒躁，谦虚谨慎，及时总结经验，接受教训。

由于坦赞铁路涉及坦桑尼亚、赞比亚两国，除与坦桑尼亚达成原则协议外，还需同赞比亚达成协议。坦赞铁路的作用，对赞比亚来说远大于坦桑尼亚。卡翁达总统于1967年6月正式访华。在与周总理会谈时，卡翁达出于自尊，未主动提出援建铁路的要求。周总理体谅其自尊与困难，直截了当地提出修建铁路的问题，并反复询问有关情况。卡翁达说，他访华之前，已向中国和日、英、法三国私人公司提出要求，下个月坦桑尼亚、赞比亚、肯尼亚、马拉维四国要召开财政和交通运输部长会议，进行讨论，做最后决定，因此想先了解一下中国政府的意见与态度。周总理表示，我们已与尼雷尔总统谈过多次，答应帮助修建，我们是把坦桑尼亚和赞比亚一起考虑的。只要两国总统下决心，我们愿意承担投资，并且将把有关设备从海上运去。这是支持非洲的民族独立、反帝反殖的斗争，也是为了帮助你们发展民族经济、巩固民族独立。卡翁达满意地表示："我不可能要求更多的了，在目前阶段，你们愿意帮助我们修，完全满足了我们现在的要求。"周总理进一步说："如果你们两位总统商定，下决心要修，愿意让中国帮助修的话，我们可以进一步去勘察。"毛主席在会见卡翁达时说："你们修建这条铁路只有 1700 公里，投资也只有一亿英镑，没有什么了不起嘛。"卡翁达对毛主席的谈话十分感谢，并说："我们只有帮助其他地区的自由战士，使他们获得独立，才能报答中国的帮助。"毛主席接着说："这不是什么报答。先独立的国家有义务帮助后独立的国家。你们独立才两年半，还有很多困难，你们也帮助了未独立的国家。我们独立已有 18 年了，更应该帮助他们。全世界如果不解放，中国这个国家就不可能最后解放自己，你们也不可能最后解放自己。"

卡翁达访华后，坦、赞两国政府很快组成代表团来北京商谈有关修建坦赞铁路事宜。1967 年 9 月，三国政府代表团进行了会谈，并签订了《中华人民共和国政府和坦桑尼亚联合共和国政府、赞比亚共和国政府关于修建坦桑尼亚—赞比亚铁路的协定》。协定规定分三个步骤：（一）中国政府派出必要数量的专家赴坦桑尼亚和赞比亚，就铁路工程进行考察，其费用由中国负担。（二）中国政府派出必要数量的专家和技术人员，对铁路工程进行勘测，根据考察、勘测的结果，由中国方面进行设计。（三）根据设计结果，由中国政府派遣必要数量的专家和技术人员，帮助坦桑尼亚政府和赞比亚政府组织施工。

至此，中国援建坦赞铁路这件大事最后确定下来。

一些西方国家的反应

当坦方公布中国承诺援建坦赞铁路的消息后,西方国家极为震动。他们企图控制坦、赞等非洲国家,又担心我国在非洲的影响扩大,竭力制造舆论,加以诋毁。英国《每日电讯报》发表社论《中国对非洲的野心》,称中国援建这条铁路是为了"给中国渗入非洲的计划增加吸引力"。美国报纸则攻击坦桑尼亚"正在被中国共产党用作颠覆基地",并造谣说尼雷尔同意以接受2000万中国人去坦桑定居作为回报,惊呼"这将是西方国家在非洲遇到的最强烈的外交挑战"。美国驻坦桑大使竟对尼雷尔说,只要他把中国赶出去,美国就同意帮助修建。英国和加拿大还假惺惺地表示同意拿出16.7万英镑对修建坦赞铁路的可行性进行联合勘察。

由此可见,在当时援建坦赞铁路也是我们在这一地区同帝国主义及其追随者进行的一项重大政治斗争。

几点体会

坦赞铁路工程的艰苦程度无法用笔墨描述,60多名中国工人为此献出了宝贵的生命,实际造价一增再增,我们为这条铁路的修建付出了重大代价,我国工程技术人员所创下的业绩确实可以说是"惊天地、泣鬼神"。但是,我们在政治上打了一场胜仗,坦赞两国人民亲身体会到中国援助真诚无私,我国倍受两国政府和人民,以及许多非洲国家和人民的信任与好评。正如卡翁达总统在铁路运营十周年庆祝仪式上的讲话中所说,"患难知真友,在我们困难的时候,中国帮助了我们","坦赞铁路已出色完成了它的政治使命,使非洲前线国家陆续解放,它今后的使命更加繁重,不仅为南部非洲发展协调会议成员国服务,而且还要为东部和南部非洲优惠贸易区

运营中的坦赞铁路。这条铁路 1970 年 10 月动工修建,起自坦桑尼亚首都达累斯萨拉姆,在赞比亚的卡比里姆博希与原有铁路接轨,全长 1860.5 公里,另站线 156 公里。建设费用 9.88 亿元人民币。为修建坦赞铁路,中国先后派出工程技术人员 5 万多人次,牺牲 60 多人

作出贡献，这给予我们新的希望、骄傲和勇气来面对过去、现在和将来的困难"。因此，他把这条铁路喻为"生命线"。

我们不仅在非洲树立了执行我国援外八项原则的典范，而且还赢得了广大第三世界国家的赞扬和友谊，其政治影响远远超过坦赞乃至非洲。

（一）抗美援朝，抗美援越，支持古巴、阿尔巴尼亚反对美苏霸权主义，支持埃及收回苏伊士运河，支持巴勒斯坦人民恢复民族权利，支持阿尔及利亚民族解放武装斗争和援助坦、赞修建铁路等一系列对外重大决策，都是以毛主席为首的党中央从当时世界的总形势、总格局、总战略的全局考虑，从我国人民和世界人民的根本的、长远的利益出发作出的，是高瞻远瞩的，其影响是深远的。毛主席、周总理等老一辈无产阶级革命家总是把对外援助看成是应尽的国际义务，认为援助是相互的，不是单方面的恩赐和施舍。这些马克思主义的光辉思想是能经受住历史考验的。阿尔及利亚民族解放斗争取得胜利后，毛主席曾经给阿尔及利亚总统本·贝拉写过一封信，赞扬阿人民取得的胜利，并指出，"你们的胜利是对中国和全世界一切革命人民的巨大支持"，"我们支持你们，你们支持我们"。周总理在三届人大一次会议上所做的政府工作报告中说："我们对兄弟国家和新独立国家进行援助，把他们的力量加强了，反过来就是削弱了帝国主义的力量，这对我们也是巨大的支援。"帮助别人实际上等于帮助自己。

（二）我们是发展中的社会主义国家，对第三世界国家，特别是穷朋友，任何时候都应本着国际主义的精神，在政治、外交和道义上给予大力支持，并且在经济上提供力所能及的援助。我们之所以在第三世界一直享有崇高的声望，有着重大的影响，朋友遍天下，这与我们长期以来给予他们真心实意的、力所能及的援助是分不开的。

（三）听说现在有些人对我国援建坦赞铁路有些不同的看法，由于种种原因，这些不同的看法是难免的，也是可以理解的。但从根本上说，当时毛主席、周总理等老一辈革命家对援建坦赞铁路的决策是正确的。我们看待任何问题都应采取历史唯物主义和辩证唯物主义的态度。

（四）当前我国人民在为贯彻"一个中心、两个基本点"的基本路线而奋斗，积极利用国际、国内的有利形势，不遗余力地把我国的经济搞上去，不断增强综合国力和提高人民生活水平，把具有中国特色的社会主义建设好，这也是对第三世界国家和人民的最好支持。① 只要中国走向富强就是对社会主义、共产主义事业的最大贡献，这也完全符合一切爱好和平、谋求进步的人民的共同愿望和长远利益。

---

① 文内所涉政策理念都基于当时的政治环境与背景。——编者注

萨那保卫战一年战时外交纪实

时延春

1967年11月至1968年11月，萨那保卫战持续了整整一年，阿拉伯也门共和国①经受了一场严峻考验；我国驻阿拉伯也门共和国外交人员和援外工作者也经历了这场风波，并取得了战时外交的一些经验。

一

1962年9月26日，也门爆发革命，王室政权被推翻，阿拉伯也门共和国宣告成立。由于新生的共和国政权不稳，随时有夭折的危险，也门总统萨拉勒便吁请阿拉伯联合共和国②总统纳赛尔大力支援。纳赛尔总统欣然同意出兵帮助控制局势。阿联军队驻守在也门各战略要地和要害部门，兵力最多时达7万人。

1967年"六五"战争③中，阿联失利，自顾不暇，决定从也门撤军。同年8月底在苏丹首都喀土穆召开的第六次阿拉伯国家首脑会议决定，由

---

① 阿拉伯也门共和国已于1990年5月22日正式宣布同也门民主人民共和国统一，定名也门共和国。——编者注

② 1958年，埃及同叙利亚组成阿拉伯联合共和国，简称"阿联"。1961年，叙利亚退出阿联。叙利亚脱离阿联后，埃及国名未改，仍称"阿联"。1971年，埃及改国名为阿拉伯埃及共和国。——编者注

③ "六五"战争就是第三次中东战争。——编者注

苏丹、摩洛哥和伊拉克组成三国委员会，负责解决也门问题。此举在也门掀起轩然大波，加剧了也门内部矛盾。11月5日，也门武装部队发动政变，宣布解除萨拉勒的一切职务，成立以阿尔亚尼为主席的共和国委员会，阿姆里中将出任武装部队总司令，穆哈欣·艾尼任政府总理。新政权宣布恪守1962年"九二六"革命原则，坚持共和制。政权更迭后，内部派系斗争仍然尖锐复杂。

1967年11月底，阿联军队从也门全部撤走，而当时在首都萨那的也门正规军不足5000人，无力填补真空，共和政权显得十分虚弱。也门被推翻的王室势力在美国等外国势力支持下，用重金收买也门部落兵和外国雇佣军，发动武装叛乱。他们首先切断萨那通往红海港口荷台达的公路，继而分兵从西路、东南、西南直扑萨那，对萨那形成三面包围之势。

王室纠集的武装力量有4万之众，把萨那城围得水泄不通。从1967年11月28日起，王室武装力量发起攻城战役，萨那处于枪林弹雨之中，市郊及大部分市区都变成硝烟弥漫的战场。机场处于王室武装力量炮火的直接威胁之下，国家元首办公的共和国宫以及国防部、广播电台和市中心的解放广场连遭炮击。围困萨那的包围圈逐渐缩小，驻也门的外国使馆和外国专家纷纷撤离萨那。

在这紧要关头，也门武装部队总司令阿姆里中将出任战时内阁总理。守卫萨那的数千官兵斗志昂扬，决心背水一战。萨那的政府官员、工人、学生、商人、教员挺身而出，自动组织起人民抵抗部队。守城部队顶住了王室武装力量的进攻，但却无力出击，双方形成对峙局面。

二

我国政府明确表示，坚决支持也门政府和也门人民为维护独立主权、反对帝国主义颠覆侵略而进行的正义斗争。我驻也门大使馆全体人员和中国援助也门的全体工程技术人员及医疗队一直留在萨那。中国驻也门使馆距萨那南部民用机场仅1公里,处于王室武装力量火力重点射区之内。每天,炮弹的爆炸声、机枪的对射声和坦克的隆隆声不绝于耳。有时,炮弹就落在距使馆仅100米左右的地方,我们感到整座楼房都在震动,使馆楼顶和院子里落下一层弹片和砂石。

当时,使馆任务十分繁重,既要及时向国内报告形势发展和战局变化,又要与也门军政部门和群众团体保持联系,还要负责在萨那的全体中国工程技术人员及医疗队的安全与生活。当时我们每天都乘车外出执行任务,经常冒险在炮火中穿行。一次,夏仲成同志和我去见伊拉克驻也门使馆代办。该馆在也门共和国宫附近,属王室武装力量重点炮击区。我们刚到那里,伊拉克代办便建议立即转移到穆哈旅馆,以防遭炮击。我们离开后不到5分钟,伊拉克驻也门使馆果然遭到炮击。另有几次,我们外出时,正逢双方交火,子弹在头顶上来往穿梭,十分危险。

萨那被围后,国内非常关心我们的处境和工作,接连指示,要我们密切注意形势发展,发扬勇敢战斗、不怕牺牲的精神,加强政治思想工作,进行气节教育,从最坏处着想,制订应变措施。

使馆只有九位同志,值夜班人手不够,便请工程技术组抽调部分人员协助。每晚6时半到次日清晨6时,我们轮流值班巡逻,负责使馆的保卫工作。第二天如有紧急任务,便连续工作,有时一天只能休息三四个小时,经常是夜以继日地工作。萨那被围后,我们的生活条件变得极为艰苦,要找战时内阁中的经济部长亲自批条子,才能买到一定数量的大米,一连两三个月几乎买不到蔬菜和水果。

我国支持也门政府和人民正义斗争的立场备受也门各界人士的赞扬,我们在萨那坚守工作岗位的实际行动也受到他们的好评。也门领导人频频接见我使馆临时代办等使馆人员,主动介绍战局发展和也门政府的对策,高度评价中也友谊和我国对也门的大力支援。阿姆里总理赞扬中国是也门最忠诚、最可靠的朋友。也门武装部队的官兵、坚持共和的部落酋长、群众团体和各界人士都把我们视为真正的朋友。我们每到一处,也门人民纷纷向我们伸出大拇指,连声喊道:"随尼,泰马姆!"(意思是:中国好!)也门人民抵抗部队司令对我们说:"中国人是我们最可靠的朋友,你们临危不惧,给我们增加了无比坚定的信心和力量。"一位市民对我们说:"你们在这危急关头留在萨那,我不得不想一想,中国人还在萨那,也门人难道不应该拿起武器,以生命和鲜血来捍卫革命、捍卫共和吗?"他说完,情不自禁地高呼毛主席万岁,中国人民万岁。也门政府对我们的安全和生活也十分关心,在力所能及的范围内给予我们特殊关照。1967年12月2日晚8时左右,王室武装力量从萨那南郊某一制高点炮击南部机场,有三发炮弹落在我使馆南侧,炮弹爆炸后浓烟滚滚,使馆有强烈震感。也门政府得知后,立即派公安部部长、内政部部长和武装部队总司令联络官到我馆询问情况,并对使馆人员表示慰问。也门政府非常关心中国援也工程技术人员的安全,采取了一些相应措施。在萨那食品极度匮乏的情况下,也门政府总是给我使馆人员和中国援也工程技术人员以特殊照顾。我们每次找经济部长批条子买粮时,他总是有意多批给一些。

也门军民经过整整70天浴血奋战,取得了萨那保卫战第一回合的胜利。1968年1月底2月初,支持共和的数千名部落兵从荷台达向萨那方向推进。与此同时,阿姆里中将率领一支军队和人民抵抗部队从萨那向西出击。这两支力量经过持续激战,终于击溃荷萨公路(荷台达至萨那公路)上的王室武装力量。2月6日,打通荷萨公路的捷报传来,萨那军民群情激昂,齐集解放广场,载歌载舞,鸣枪庆祝胜利。当我们经过解放广场时,他们把我们团团围住,高呼毛主席万岁,中也友谊万岁。当日晚6时半,经济部部长等五人亲自到中国驻也使馆报捷。他们向我使馆临时代办郑康平表示,也门军民打通荷萨公路的胜利,也是中国人民的胜利。他们代表也门政府和也门人民,对中国政府和中国人民的大力支持表示衷心感谢。

三

萨那保卫战虽然取得第一回合的胜利，但也门形势依然十分严峻。荷萨公路之役并未使王室武装力量遭到致命性打击。从 1968 年 3 月初开始，王室武装力量再次在部落中招兵买马，并从国外源源不断地得到资金和武器供应。他们仍然盘踞着萨那附近一些军事要地，继续威胁着萨那的安全。

萨那保卫战的战火在继续燃烧，守城的也门军民伤病员不断增加，急需医护人员抢救护理。战前，萨那几个大医院主要靠苏联、阿联和西方国家的医生支撑门面。中国医疗队大部分队员分散在也门其他城市，仅有 3 名中国医生和少量护士在萨那。萨那告急后，其他国家的医生全都撤走，中国医疗队的 3 名医生与也门仅有的数名医护人员不得不承担起全部救护任务。他们每天只能休息三四个小时，眼熬红了，人消瘦了，但仍然夜以继日地工作。

也门政府急需解决医护人员问题，阿姆里总理为此约见我使馆临时代办郑康平，吁请毛主席、周总理向也门紧急增派 30—50 名医护人员。周总理指示北京医院立即组建医疗队，以最快的速度赶赴萨那。由于萨那机场处于王室武装力量炮火威胁之下，我医疗队员乘坐的飞机在炮火袭击下强行降落。他们抵萨那后，立即全力抢救伤病员，受到也门各界人士的好评。

我国帮助也门建造的萨那纺织厂地处萨那东北方，中国援也纺织工作组、公路工作组和水源队宿舍区都在纺织厂旁边。萨那被围期间，纺织厂附近有一兵营，驻有一支也门守城部队。纺织厂东北方的山上盘踞着王室武装力量，他们居高临下，炮火时刻威胁着纺织厂、兵营和中国援也工作组宿舍。5 月 4 日和 5 日上午 10 时半至下午 2 时，王室武装力量连续炮击纺织厂附近兵营和中国援也工作组宿舍，炸死炸伤也门士兵和工人数十人。中国援也工作组宿舍和施工机械设备遭到严重破坏，10 辆各种类型的车辆被炸坏。由于中国援助也门的各个工作组都保持高度警惕，炮击一开始便立即疏散到厂房和宿舍楼内，全体同志无一伤亡。炮击出现间隙时，他们不顾个人安危，奔往施工现场，奋勇抢救援也财产。在抢救过程中，数发炮弹在附近爆炸，他们沉着镇定，表现十分英勇顽强。5月10日，中国对外经委、交通部、纺织部、地质部、建工部、外交部联合发去慰问电，对他们在非常情况下不顾个人安危、抢救国家财产的英勇行为和高尚品质致以崇高敬意和亲切慰问。

1968年7月25日上午9时半，郑康平同志去中国援也公路工作组安排工作。10时50分，盘踞在萨那东北山头的王室炮火据点集中火力袭击中国援也公路组宿舍楼房附近地区，共打炮约50发，其中12发在距楼房5—10米处爆炸。当王室武装力量打来第一发炮弹时，郑康平同志和援也公路工作组组长杨斌同志立即出楼观察情况，要求在场工作的30多位中国同志和十几位也门工人进行防炮准备。当第二发炮弹落下后，他们当即通知在场人员立即进楼隐蔽。此后，炮弹接连不断地在楼房附近爆炸。由于楼房底层走廊狭窄，人员拥挤，安全系数较小，郑康平和杨斌一面稳定大家的情绪，一面立即组织疏散。第一批突围人员是也门工人和中国援也公路工作组十几个同志。当他们趁炮击间隙刚冲出危险区时，王室武装力量的炮火密度加强，第二批突围人员被炮火阻在楼内。当郑康平和杨斌在走廊里进行思想动员和组织工作时，一发炮弹在楼房正东门口爆炸。随着一声巨响，十几块弹片穿门而入，杨斌同志被一块弹片击中后背左下侧负轻伤。他稍事包扎后，又与郑康平同志一道指挥人员撤退。约中午12时30分，他们全都安全冲出危险区。在这次防炮斗争中，领导身先士卒，中国同志把困难留给自己，把方便让给也门工人，表现了崇高的国际主义精神。7月27日，中国外交部、对外经委、交通部、纺织部联合去电，对使馆和工作组的同志英勇顽强、不怕牺牲的国际主义精神进行表扬，对负伤的杨斌同志特致以亲切的慰问。

四

随着萨那战局的发展,也门共和各派之间的矛盾日趋尖锐复杂,斗争逐渐趋向公开化。

萨那保卫战开始不久,也门领导人希望中国提供紧急军援,并拟派阿姆里总理率团访华。经毛主席和周总理批准,我国向也门提供一批轻武器装备,预计于1968年3月3日左右海运至荷台达港。同时,欢迎阿姆里总理访华,时间待双方商定。

3月2日,也门外长通知我使馆临时代办郑康平,也门共和国委员会和内阁委员会联席会议正式决定,阿姆里总理拟于3月11日离开罗,次日抵达北京访问。当日晚,阿姆里接见郑康平时说,当中国军援物品运抵也门时,因他正在中国访问,故请中国临时代办代表他代为接收和保管,待他回国后再亲自交接。

当时国内考虑,鉴于也门政局不稳,阿姆里访华时机不宜,故决定建议他推迟访期,并请他慎重考虑中国援也武器接收问题。3月4日,国内通知郑康平,立即面告阿姆里总理,无论从哪方面说,中国大使馆都不可能代其接收保管武器,中国船到荷台达港时,务希阿姆里总理亲自主持这批武器的接收工作。他访华事可从长计议,不在乎迟早,我国支持也门的态度是很明确的。郑康平刚要约见阿姆里,也门电台突然广播阿姆里率访华代表团已于3月4日去开罗。国内立即通知中国驻开罗大使黄华,由他立即约见阿姆里总理,面告上述事宜。

黄华大使首先表示中国政府钦佩也门政府和人民为维护独立主权、反对帝国主义颠覆侵略而进行的斗争,对其所取得的军事胜利表示祝贺。接着表示,中国政府高兴地听说阿姆里总理拟访华,对我们来说,当然是欢迎的。但是,考虑到也门局势虽有好转,但尚待继续稳定和巩固。值此时刻，阿姆里总理出国访问，是否会影响局势的发展，中国政府完全从善意出发，愿意提请阿姆里总理慎重考虑。黄大使还向阿姆里谈了武器交接问题。阿姆里听后表示能够理解中国方面的建议，决定改变计划，回国亲自主持武器交接。

3月14日，阿姆里返抵荷台达。15日上午，他在荷台达会见郑康平，详细谈了武器交接事宜。16日，阿姆里总理在郑康平陪同下上船办理武器交接手续。他亲自签收交接证件和提货单，并坐镇港口，连夜组织卸运。17日中午，阿姆里在荷台达共和国宫举行午宴，答谢中国提供的军援，感谢中国政府和人民对也门政府和人民的深厚友谊。他请我船长将五包也门优质咖啡豆带给毛主席、周总理等中国领导人，并特地嘱咐："不要忘记，一定要给毛主席两份。"

在也门形势极其错综复杂的情况下，中国对援也武器问题和阿姆里访华问题都做了妥善处理，取得较好效果。

五

随着也门共和各派间矛盾的激化，阿姆里中将于1968年8月15日辞去武装部队总司令职务，但仍留任总理。武装部队大多数中下级军官、士兵，公安部队和萨那各阶层人士强烈要求阿姆里复职。8月17日上午，萨那群众举行要求阿姆里复职的示威游行，他们打着"战时的总司令永远是人民的总司令""人民只接受阿姆里而非其他任何人任总司令"的标语，径直行进到阿姆里住宅门口。阿姆里出门面见游行示威的人群，他表示，根据军队官兵和人民的要求，准备复职。当日下午，守备在西部地区的第10旅和统一旅宣布切断荷台达通往萨那的公路，要求阿姆里复职。当日晚8时至10时，支持阿姆里的部队对空鸣枪放炮长达两小时，要求阿姆里复职。与此同时，共和国委员会与内阁委员会举行联席会议，决定根据人民群众的愿望和强烈要求，恢复阿姆里武装部队总司令职务。8月19日，阿姆里下令改组参谋部，撤换了不服从军令的炮兵司令。炮兵司令拒不交权，遭囚禁。19日、20日两个晚上，炮兵部队在市内上空鸣枪放炮示威，要求释放炮兵司令。阿姆里断然拒绝了炮兵部队的要求，双方矛盾进一步激化。21日下午5时，萨那全城开始戒严，市区高大的建筑物上都架起了机枪和火箭炮，气氛相当紧张。22日上午，一批军官以国防委员会成员和武装部队各单位负责人的名义散发传单，提出七项要求，其中包括要求阿姆里废除8月19日发布的命令，传单称阿姆里的那项命令是非法的。当日晚，阿姆里发表了一项针锋相对的声明，指责一些人企图掠夺革命成果。萨那局势极为紧张，大有一触即发之势。

8月23日中午时分，我们获悉，萨那有可能发生大规模火并。郑康平同志要我立即跟他一起到中国驻也门各单位通报这一情况，布置应变任务。晚6时许，我们刚要从新华分社返回使馆，也门武装部队两派间大规模武装冲突已全面打响。冲突的主要战场均在市区，萨那城几乎到处都变成双方交战的场所。一时路断人绝，我们难以回馆。郑康平同志立即给使馆打电话，然后等待回馆的机会。

鉴于天越来越晚，双方交战又愈演愈烈，我们决定以步代车，步行返馆。我懂阿拉伯语，充当排头兵，郑康平同志居中，司机老姜断后。郑康平同志参加过解放战争，打过仗，有丰富的战斗经验。他一再提醒我们，不要走路中间，一定要贴着墙走，如有险情立即卧倒，或进行隐蔽。这时，夜幕早已降临，皎洁的月光在地上撒下一片银辉。我们借着月光，小心翼翼地向前走去。头顶上时有子弹呼啸而过，脚下不时踏着炮弹碎片。当我们走近哈希德部落第二号头人穆贾赫德的住所时，只听见一阵拉枪栓的声音，接着从楼顶上传来急促的问话："你们是什么人？"我立即回答说："中国人。"他们大声对我们说："中国人是朋友，我们保护你们的安全。"立即让我们通过。晚9时左右，我们安全回到了使馆。

共和两派之间的这场武装冲突一直持续到 8 月 25 日上午。也门人把共和两派的这场武装冲突称之为"八二三"事件。在这次武装冲突中,阿姆里一派占上风,反阿姆里的伞兵、突击队、炮兵和步兵遭到沉重打击。阿姆里控制了萨那的局势后,对武装部队、人民抵抗部队及内阁进行了重大改组。

六

"八二三"事件前后,也门社会上谣言四起。这些谣言涉及中国在内的许多国家,尽管中国在也门内部派系斗争中恪守不介入立场,但也门社会上仍出现了一些反华谣言和反华活动。6 月 28 日晚 7 时许,一个 10 岁左右的也门儿童交给我们一封信,有人在内附的一份《中国建设》征求意见表上用阿拉伯语写:"中国人从也门滚出去!"有的恐吓信写有"我们将向你们开出火焰红红的枪"。还有谣言说,中国大使馆支持也门的一个党,这个党策划并发动了"八二三"事件。更离奇的是,有人说在冲突之前,被废除的萨拉勒总统在北京与毛主席会晤,也门突击队司令和伞兵司令等人也在中国大使馆开过会,中国方面答应冲突开始后将向他们提供巨额资金,并派大批军队支援,等等。据也门友人和政府中对我国友好的官员告,当时制造这些谣言和进行反华活动的主要是穆斯林兄弟会成员和部分部落人士。他们从反对"红色共产主义"和"外来思想"的立场出发,编造了大量反华谣言,并在清真寺、餐馆、咖啡店和大街小巷广泛散布。此外,也门邮局较长时间扣压我们的报刊邮件。

我们清醒地看到,这是在中也友谊继续发展的情况下,也门一小撮人蓄意搞的反华活动。我们一方面坚定不移地支持也门政府和也门人民的正义斗争,努力维护中也友好合作关系,另一方面对一切反华言行进行有理有利有节的斗争。对上述问题,我们针对不同情况采取了不同对策。

我驻也使馆临时代办郑康平约见也门外交部次长，对反华恐吓信一事提出口头交涉。郑康平在谈话中强调中也友谊和我国一贯支持也门反帝斗争的立场，指出使馆和全体中国人员在也门的工作一直得到也门政府和人民的支持与关怀。这一信件不仅是反对中国，实质上是要破坏中也两国友好合作关系，显然是一个阴谋。郑康平还请也方警惕，并采取相应措施保证中国使馆人员和在也门工作人员的安全。也门外交部次长听后对此事感到惊讶。他表示，也门政府努力加强和巩固两国友谊；一小撮人的举动旨在向也门政府挑衅，妄图挑拨也中两国政府和两国人民的友好关系；也门政府一定要追查坏人，对破坏两国关系的人给予严厉打击。

我们对也门共和政权内部两派的矛盾持不介入态度。共和政权无论哪一派来要求支持，我们除鼓励其加强团结反帝反殖外，不做其他表态。有人要求政治避难或物质支援，我们均婉拒。鉴于当时也门政局不明朗，对"八二三"事件之后也门社会上出现的反华谣言，我们一方面密切注意，另一方面在对外活动中更加慎重和提高警惕。对共和政权各派官员和其他人士，我们着重强调支持他们团结反帝，维护中也友谊，遵守和平共处五项原则，不干涉内政。在接触中涉及谣言问题，我们当场辟谣，同时提醒也方警惕那种挑拨离间、破坏中也友谊的阴谋。

关于也门邮局扣压中国邮件报刊一事，中国驻也门使馆先派人去交通部查询。交通部负责人遂派邮递员告我们，使馆可去也门外交部打一批条，待也门外交部批准后则可去邮局领取邮件报刊。我们认为这与以往邮局直接将报刊邮件送往我馆的做法迥然不同。于是，我驻也使馆临时代办郑康平出面约见也门外长助理，就此事进行交涉。对方说不知此事，认为这是一种不正常现象，对此表示遗憾，并允立即转告交通部，让他们按正常情况把邮件报刊送往中国大使馆。不久，也门邮局即派人到中国使馆称，前一时期邮局因没有汽车，未能及时给中国使馆送报刊邮件，希望我能派车去取。经过交涉，这个问题获得了解决。

由于我们采取了正确的政策，也门政府也采取了负责的态度，那些反华谣言不攻自破，一小撮人制造的反华阴谋就像夏天的一片乌云，很快就消散了。1968年9月中旬，叙利亚驻也门使馆代办告，阿姆里接见他时说："有人说中国大使馆和叙利亚大使馆同'八二三'事件有关，这是谣言。中国大使馆和叙利亚大使馆与此事无任何关系。"与此同时，也门方面派往中国使馆的警卫班长特意对我们说，也门内政部已通知他们，如发现有人散布反华谣言，立即扭送警察局。9月27日，也方为庆祝也门国庆举行交通部大楼落成典礼，阿尔亚尼主席出席剪彩，也方特邀我馆临时代办和叙利亚使馆代办出席。

　　9月30日晚，中国使馆举行国庆招待会，也方300余人出席。阿尔亚尼主席率副总理、好几名部长和大批高级军官出席。阿尔亚尼主席发表长篇即席讲话，高度赞扬中国向也门提供的援助和也中两国间的友好合作关系，驳斥所谓"共产主义威胁"的论调，强调帝国主义是也中两国人民的共同敌人。他在讲话最后高呼也中友谊万岁。席间，他对郑康平说："因身体不适，我本想事前道歉不来，但因中国国庆是个伟大的节日，应该共庆，还是坚持来了。"也门报刊对我国庆庆祝活动也做了充分报道，大力赞扬也中两国和两国人民之间的友谊。

　　萨那保卫战持续了一年，后来，也门共和派与王室双方经过谈判，用政治手段解决了问题。在这一年的风风雨雨中，中也友谊经受了各种考验，变得更加巩固。对我们这些亲身经历过这一历史事件的人来说，这一幕依然历历在目，终生难忘。

中国医疗组抢救胡志明主席的前前后后

范振水

越南在胡志明逝世的讣告中宣布:"在胡志明主席患病期间,我们党和国家的领导同志们日夜守护着他,并委托一个由有资格的和经验丰富的教授和医生组成的小组想尽一切办法为他治疗。每人都尽了自己的最大力量,决心不惜任何代价把主席的病医治好,但是由于他年事已高,病情严重,胡志明主席与我们永别了。"

也许读者对上述那个"有资格的和经验丰富的教授和医生组成的小组"未多加留意,或许认为那一定是由越南教授、医生组成的小组。其实那是中国共产党和中国政府派出的医疗组。中国的第一流医生,按照党中央的指示,在周总理亲自领导和组织下,这个由中国医术最高明的医生组成的医疗组,为挽救胡主席的生命竭尽了一切可能。

胡志明主席晚年身体不好。应越南劳动党中央政治局要求,中国经常派医生去河内给他治病。为了保密,在联系中称胡志明主席为"丁老"。中央对此十分重视,不仅选派国内医术最高明的医生,而且在每次医疗组出发前,周总理在百忙中总是要接见他们,再三叮嘱。

1969年春,胡主席的病情加重,中国立即派出由张孝(心脏病专家)、孙震环(中医专家)、黄宛(心脏病专家)等中西医专家和翻译张德维组成的医疗组。经过中越两国医务人员几个月的共同努力,到6月初,胡主席的身体明显好转。不久,医疗组回国休整。6月30日,医疗组又返回越南，并向王幼平大使汇报医疗组离京时周总理的交代："如胡主席的身体状况能稳定，我医疗组可在适当时机告退，需要时再来。医疗组要确实掌握病情，及时向王大使汇报，由大使报中央决定。"

8月2日，医疗组向王大使汇报：胡主席精神很好，食欲转佳，体重也有增加，各方面都见好转。医疗组认为，可以告退，并由使馆报请中央同意。但8月15日胡主席突患感冒。王大使决定，医疗组推迟撤回，密切关注胡主席的病情变化。

8月23日晚，胡主席病危，心脏病和支气管炎突然加重，嗓子里的痰咳不出来，憋得喘不过气来，出现休克。使馆立即处于紧急状态：安排外线电话、直通北京电话、电传24小时值班，大使和许多馆员通宵未睡。

24日8时许，越南劳动党中央书记处书记黎文良在主席府紧急约见王大使，通报胡主席病情，要求中国增派医生。

25日8时，中国派专机送来了第二个医疗组，共4人，他们是医生李邦琦、王叔咸、岳美中和护士王西明。从越方提出要求，到医疗组到达，仅仅24小时。上午11时，黎文良约见王大使，转交了胡主席给周总理的电报，大意是：医生已到，请报告毛主席放心。

26日，王大使约见黎文良，转达我党中央的复电，大意是：接电感到宽慰，望胡主席安心养病。并告越方，我方送急救组（即第三个医疗组）的专机已经起航，共5人，他们是：医生陶寿洪、胡旭东，麻醉师高日新，化验员刘占利，护士孔繁英。专机抵河内后，急救组直奔主席府，立即投入紧张工作。

27日，胡主席病情继续恶化。急救组和其他医疗组会诊后，主张给胡主席输液。然而，这个很普通的医疗意见，却使越南领导人感到为难：一是因为病人已极度虚弱，担心输液发生意外；二是胡主席一生虽经历过无数次枪林弹雨，却怕打针。政治局在病榻之侧召开会议，通过了输液的决定。

执行这项任务的是孔繁英同志。孔繁英正要进针，胡主席突然睁开眼睛，问她叫什么名字，为什么拿针，并同她开玩笑。孔繁英一边笑着答话，一边就势插针。胡主席一皱眉，成功了！在场的越南党政军要人松了一口气，一一过来同她握手，祝贺成功，称赞她技术过硬。

8月31日，我党中央又派著名医学专家吴阶平大夫乘专机来河内送急救药品，并由外交部亚洲司副处长梁枫陪同，以了解胡主席病情。出发前，周总理指示他们当天返京，晚上他要听取汇报。就在这天晚上，胡主席的病情进一步恶化。

9月1日夜间，胡主席的病情急转直下，生命垂危。医务人员全力以赴，一刻也不能离开病人，使馆与医疗组联系中断。王大使无从了解胡主席的病情，心里十分焦急，不断询问使馆值班室和礼宾秘书组。鉴于一国元首病危时，该国领导人守护在侧，一个外国使节在场有所不便的常理，周总理曾电嘱王幼平大使，在胡主席病危期间，未经越方安排不要前去探视。

当晚，在范文同总理举行的越南国庆24周年招待会上，王大使才从越南领导人那里仅了解到胡主席病情严重。招待会结束后，直到午夜，仍没有等到医疗组的消息。使馆即报国内，胡主席病情不见好转。

9月2日凌晨6时，王大使紧急约见黎文良。通知他，我国又增派了一个急救组（即第四个医疗组），专机已从北京起飞，约于9时抵达河内。大使回到使馆不久，张德维从主席府打来电话，只讲了一句话："不行了，医疗组不要来了。"使馆立即将这一噩耗报告中央。当我专机接到命令时，已飞越中越边境，再过20分钟就可到达河内。机组通过无线电告诉河内机场指挥塔，因"天气不好"，折返我国南宁。

9月4日下午，中共代表团同越南领导人会谈时，周总理提到了这件事："31日，我们派吴大夫和梁枫同志来送药品和了解胡主席的病情，叫他们当晚赶回北京汇报。因天气关系，他们1日晨才到北京。我亲自听取汇报后又找有关同志讨论了五个多小时。我觉得已经很难见到胡主席了，但仍然决定再派吴大夫、梁枫和一些医生携带药品、器材前去抢救。他们正在路上，不幸胡主席已经去世了。"

胡主席停止呼吸后，中国医生仍未放弃最后一线希望，继续做人工呼吸，一直持续了大约三个小时，一个个累得汗流浃背，精疲力尽。9点47分，黎笋下令停止抢救。12名中国医护人员列队向胡主席鞠躬致哀，失声痛哭，然后含泪退出。越南劳动党全体政治局委员和我医护人员一一握手致谢。

这天上午，当我第四个医疗组所乘专机半途折回南宁的同时，周总理曾致电王幼平大使，嘱咐两点：不要与医疗组联系；在越方公布消息前不要去吊唁。这是周总理在四天之内，给王大使发的第二份署名指示电。周总理的判断和越方的措施正好吻合，指示及时、准确。王大使至今对此记忆犹新，感慨良多，他说："我当大使近30年，周总理署名直接给我发电报，给我下指示，只有这两次。"

胡主席9月2日逝世，恰逢越南国庆日。越南领导人深知胡主席在人民心目中享有崇高威望，不愿把越南人民的"断肠日"和共和国的"诞生日"放在同一天，否则今后的节日庆祝和共和国缔造者忌日的纪念活动将不好安排。

9月2日16时45分，越南外交部长阮维桢告知王大使："越南劳动党中央为了免使越南人民过分受刺激，同时今天又是越南的国庆日，决定将胡主席的逝世时间公布为9月3日。"

胡志明主席于9月2日9时47分逝世后，越南领导人请中国医疗组暂时保密，不要离开主席府，不要同外面联系。直到9月4日，越方公布了胡主席逝世的消息之后，我医疗组才迁出主席府，住进河内一军队招待所。

9月10日中午，越南劳动党政治局委员、书记处书记黎德寿和中央委员、书记处书记黎文良在主席府接见我医疗组。他们热情赞扬了中国医生全心全意的、忘我的工作态度，感谢中国同志的大力协助。接见时，黎德寿代表越南劳动党中央给医疗组每位成员赠送了一份纪念品。晚上，黎德寿、黎文良来到医疗组住地设宴为医疗组送行。次日，越方派专机送我医疗组回国。

9月4日零时，王大使约见越南外交部长阮维桢，通知他，以政治局常委、国务院总理周恩来为团长的中国共产党代表团将前来吊唁，副团长是中央政治局委员、中央军委副主席叶剑英，团员是中央委员、广西壮族自治区革委会主任韦国清和驻越南大使王幼平。代表团专机约于7时到达河内。阮维桢表示立刻报告中央。

2时许，阮维桢约见王大使，答复同意，但为难之意溢于言表：越方尚未做好吊唁准备；为长期保留胡主席遗体，现正对遗体进行处理，因此，代表团将不便瞻仰遗容。

王大使将越方答复和阮维桢的谈话报告中央后，即驱车去内排机场迎接代表团。到机场迎接代表团的越南领导人是范文同、武元甲、阮维桢和裴光造等。

专机7点钟没有到。一个半小时后，王大使建议范文同、武元甲等越南领导人先回去。王大使又等了一会儿，仍不见专机到达，遂和阮维桢、阮基石一起离开机场。在途中遇见我使馆汽车，车上同志报告王大使："刚刚接到机场电话，总理已经到了。"王大使急忙调转车头去机场，路上遇到周总理的车子，看见周总理在车里向他招手，他随即与周总理一起到达宾馆。

代表团在空中收到使馆电报后，临时降落南宁，经研究后决定仍按原计划进行，因而比预计迟到两个小时。

对此，周总理向越南领导人解释说："这一次来得很仓促。在途中接到阮维桢同志转告的越南劳动党中央关于国葬的布置，知道不能向胡主席的遗体告别，但因我们已经在途中，所以还是来了。根据主人的意见，八、

九、十三天举行国丧，到时我们再派代表团来参加，我们这次先来吊唁。"

周总理下榻在河内范老五宾馆。范文同、武元甲首先来到宾馆，长征、黄国越、裴光造等领导人亦先后来到。范文同、武元甲见到周总理，失声痛哭。周总理含泪一一安慰，连声说："我来晚了，我来晚了。"整个大厅沉浸在悲痛之中。

下午3时，周总理率领代表团前往主席府吊唁。由于灵堂还没有布置好，中越双方先举行了会谈。吊唁仪式于5时举行。

灵堂临时设在主席府正厅。大厅高大，宽敞明亮，是胡主席接受使节国书、进行重大国务活动的场所。这个灵堂是专为我国代表团准备的，因为正式吊唁活动将在巴亭会堂举行。

周总理进入灵堂时，以黎笋为首的政治局成员依次和周总理拥抱。代表团在胡主席遗像前献了花圈。默哀后，周总理在吊唁簿上留言，代表团成员依次签字。

晚上7时左右，越南领导人秘密地请周总理和叶剑英到医院瞻仰了胡主席的遗容。这是唯一看到胡主席遗体的外国代表团。代表团于当晚8时离开河内回国。

9月8日下午，由政治局委员、国务院副总理李先念率领的中国党政代表团乘专机到达河内，参加胡志明主席葬礼。副团长是政治局候补委员、中央军委委员、安徽省革委会主任李德生，团员是中国驻越南大使王幼平。当晚，越南领导人黎笋、长征、范文同、武元甲、阮维桢到宾馆会见中国党政代表团。次日，代表团与其他31个外国代表团一起，参加了在河内巴亭广场举行的隆重葬。

胡主席逝世后，中国连续派出两个代表团前往河内吊唁。这在中国外交史上是第一次，在国际上也属罕见。当时越南正在打仗，外国舆论认为中国的外交行动是"异乎寻常的"，"是对处于最困难时刻的越南人民的支持"。

打开中美关系的前奏

——1969年四位老帅对国际形势所做的研究和建议

熊向晖

打开中美关系是毛泽东主席的重大战略决策,影响深远。这一决策经历了曲折的过程。它的前奏是1969年在陈毅同志主持下,四位老帅(陈毅、叶剑英、徐向前、聂荣臻)对国际形势所做的研究和建议。一些文章对此有所提及,但与事实颇多出入。作为知情者,现写出这段史料,以免湮灭。

"九大"政治报告提出:准备美苏发动侵华战争

1969年1月20日,尼克松就任美国总统。当时,中美关系不仅毫无松动,反而如雪上加霜。美国侵越战争继续扩大。美机、美舰仍不时侵入我国领空、领海。

与此同时,中苏关系也更加恶化。3月2日晨,苏联边防军侵入我国领土珍宝岛,打死打伤我边防军人员多名。

正当中苏边境冲突白热化之际,尼克松3月14日在记者招待会上说:"中国共产党对我国人民的威胁以及一次意外进攻的危险是不能忽视的。"为此,他决定建立"卫兵"反弹道导弹系统,以对付"中国共产党的潜在威胁"。他还说:"苏联像我们一样,不愿使它们的国家暴露在中国共产党潜在的威胁之下。"

在此背景下，中国共产党第九次全国代表大会于4月1日至26日在北京举行。"九大"政治报告对国际形势的分析中强调，"美帝国主义"是"全世界人民最凶恶的敌人"。美苏"妄想重新瓜分世界，既互相勾结，又互相争夺。在反华、反共、反人民、镇压民族解放运动和进行侵略战争方面，它们互相配合，狼狈为奸"。"我们决不可因为胜利，放松自己的革命警惕性，决不可以忽视美帝、苏修发动大规模侵略战争的危险性。我们要做好充分准备，准备它们大打，准备它们早打，准备它们打常规战争，也准备它们打核大战。总而言之，我们要有准备"。

毛主席交给四位老帅的任务

根据毛泽东主席的意见，自1967年所谓"二月逆流"以来一直靠边站的四位老帅被选为中共九届中央委员；在九届一中全会上，叶帅被选为政治局委员。会后，毛主席交给四位老帅两项任务：一是分别在北京四家工厂"蹲点"；二是共同研究国际形势，由陈总负责，提出书面看法。

按照毛主席的意图，周恩来总理进行周到安排。他指示外交部和其他外事部门将涉外文电及时分送四位老帅；他亲自选定四家靠得住的工厂（陈总在南口机车车辆修配厂，叶帅在新华印刷厂，徐帅在"二七"机车车辆厂，聂帅在化工三厂），向各厂负责人就四位老帅"蹲点"时的劳动、休息、饮食、安全及职工应持的态度等做了细致交代；他让四位老帅每星期二至星期四在工厂"蹲点"三天，其余时间自行支配，看看有关国际问题的材料，由陈总主持，每月讨论两三次。

四位老帅很不理解：经毛主席审定的"九大"政治报告刚刚发表，其中对国际形势做了详细阐述，为什么还要他们研究？如果照抄照搬，算不上研究。如果提出某些不同看法，那又谈何容易？即使能够，会不会被认为是同"九大"政治报告唱反调？

总理对四位老帅说："主席认为还有继续研究的必要。主席的一贯思想是，主观认识应力求符合客观实际，客观实际不断发展变化，主观认识也应随着发展变化，对原来的看法和结论要及时作出部分的甚至全部的修改，所以你们不要被框住。现在国际斗争尖锐复杂，各部门集中力量进行'斗、批、改'，只能应付'门市'，熟悉国际问题的干部大部分尚未解放，我一天到晚忙于处理日常工作，实在挤不出时间过细地考虑天下大事。主席没有让你们回到原岗位，除了'蹲点'，你们可以不受行政事务的干扰，每星期有几天时间专心考虑国际形势。你们都是元帅，都有战略眼光，可以协助主席掌握战略动向，供主席参考。这个任务很重要，不要看轻了。你们也不要因为我这样讲就去拼老命，要注意身体，量力而行。世界风云天天变，但战略格局不是天天变，一个月讨论两三次就可以了。有了比较成熟的看法，请陈总归纳几条送给我，我帮你们参谋参谋再转呈主席。但讨论的内容要保密。"

5月27日下午，陈总找我谈话，告诉我上述情况。陈总说："我们四人带了各自的秘书开了一次会，我报告了总理，总理'批评'了我。总理说，为什么要带秘书？以后开会讨论，只限于你们四位，不许其他人参加。总理就讲这么几句，我一听就明白他的心意。总理是担心我们四个人聚在一起，难保不放炮，传出去又要惹祸。我们的秘书不外传，晓得哪天再有风吹草动，别个派红卫兵把他们揪走，勒令他们揭发检举，否则不得下台。不让他们参加，免得他们遭灾。于是我对总理说，总理的批评、指示，我完全理解，非常感谢，坚决照办。主席交给我们的任务，我们要努力做好。只是我们四个人都上了年纪，有些事力不从心，请总理给我们派个帮手。总理'点将'，'点'了你。总理说，就让熊向晖协助。我说，好，赞成，请总理马上下命令。总理让我直接同你谈。你看可以不可以？忙不忙得开？"

我说:"我还没有分配工作,总理给了我向四位老帅学习的机会,我一定按照四位老帅的指示,全力以赴。但这两年多来我脱离外交实践,不了解外交内情,建议再请外交部派一位现职工作的同志参加,使静态材料和动态材料结合,对研究工作更有益处。"陈总说:"这个意见好,我就报告总理。"

几天后,陈总告诉我,总理让姬鹏飞同志从外交部司局长以上干部中推荐一位同志,要求政治历史清楚,熟悉国际情况,组织性纪律性较强,不是造反派。姬鹏飞同志推荐欧美司司长姚广,总理批准了。

5月24日,中国政府发表声明,申述中苏边界问题的事实真相和中国政府通过和平谈判全面解决中苏边界问题的一贯立场。声明中指出,"珍宝岛事件是苏联政府蓄意挑起的",是为了"讨好美帝国主义,以便进一步联美反华";"苏联政府通过这一行动告诉美国,中国是美苏的共同敌人";"苏联政府还向以美国为首的帝国主义国家游说,乞求支持"。

值得注意的是:"九大"政治报告中,提出美苏"既互相勾结,又互相争夺",但在"九大"闭幕后,我国宣传报道中,不再提美苏"争夺",而突出美苏"勾结",特别强调美苏勾结共同反华。而苏联则大肆造谣,说中国要对苏联发动核战争。

陈总主持"国际形势座谈"

6月7日下午3时30分,四位老帅在中南海武成殿开会,姚广同志和我列席。

陈总讲了"开场白"。他说:"主席指定我们议议天下大事,让我牵头。平时各人看材料,材料很多,有价值的不多。一些单位的调研报告,差不多都是上面怎么说,自己做注脚。这种'二路货'可以不看。要重视第一手材料。《参考资料》每天两大本,内容很丰富。香港、台湾的几家报纸杂志，有时透露一些内幕消息。对有用的材料要认真看、过细看，开会的时候交换意见。总理让我们每个月讨论两次到三次。地点就在武成殿，或者紫光阁。时间一般定在礼拜六，下午3点开始，讨论半天。每次开会之前，由我打电话分别通知。我们这个会，就叫'国际形势座谈'，在沙发上'座'而谈之。上次开的会不算，今天重打锣鼓另开张，算作第一回。我们四个老家伙，增加两位'壮丁''强劳力'。一位是熊向晖同志，他不再当驻英代办，总理让他专门协助我们，包括从英文书报里选择材料。另一位是姚广同志，他的工作比较忙，不一定每次都参加，他可以向我们通通情况，提供外交动态。开会的时候，每人清茶一杯，我请客，算是一点'物质刺激'，'刺激'大家踊跃发言。欢迎长篇大论，也欢迎三言两语。现在开不得'神仙会'，我们就来个'自由谈'，不拘体、不限韵，鸣放一通。可以插话，可以打断，可以质问，也可以反驳，讲错了允许收回。'自由'不能漫无边际，国际形势千头万绪，什么都议也不行，鸡毛蒜皮可以不管。要抓重点，抓要害。现在北边苏联磨刀霍霍，会不会向我们发动大规模进攻？南边美国虎视眈眈，会不会把侵略越南的战火向中国烧？这是关系党和国家安危的大事，我们要作出明确回答，不能模棱两可，含糊其词。总理的指示很重要：第一，脑袋里不要有框框；第二，要密切注意世界战略格局的发展变化。一次议不出名堂，就多议几次。议有所得，加以整理，再请大家复议。意见比较一致，上报总理。总理为我们把关。如果总理认为有可取之处，他会呈送主席参考。讨论的过程和内容要保密，这是总理规定的纪律，大家都要遵守。"

陈总讲完"开场白"，四位老帅一个接一个地发言，毫不冷场。他们没有稿子，没有提纲，侃侃而谈，高瞻远瞩，语言生动，条理分明，显然事先都做了认真准备。这年叶帅72岁，聂帅70岁，陈总和徐帅都是68岁，但他们精神都很好，连续讨论三个半小时，中间不曾休息。此后每次开会，他们都提前几分钟到达。讨论的次数也超过了预先计划的次数。有时星期天也开会讨论。从6月7日至7月10日，他们进行了6次共19小时的讨论，并写出了第一次书面报告，由陈总定稿，上报总理。

在此期间，《人民日报》继续揭露苏军入侵我国领土，更加强调苏美以反华为重点的勾结，一再渲染美苏联合日本等亚洲国家反华。

上述宣传报道造成的印象是：大规模侵华战争迫在眉睫。

但是，四位老帅并不这样看。

四位老帅的《对战争形势的初步估计》

7月11日，由陈毅、叶剑英、徐向前、聂荣臻签署，将题为《对战争形势的初步估计》的书面报告上送总理，主要内容如下。

(一) 中、美、苏三大力量之间的斗争

国际上两大阶级的对抗，集中地表现为中、美、苏三大力量之间的斗争。这既不同于第二次世界大战以前的"七强"并立，也不同于战后初期的美苏对峙。

1. 中国代表世界无产阶级的根本利益。

2. 一方面美、苏均以中国为敌，另一方面它们又互以对方为敌。尼克松认为，中国还是"潜在的威胁"，而不是现实的威胁。

对于美、苏，现实的威胁是在它们相互之间。对于其他各国，现实的威胁更是来自美、苏。美、苏互相勾结和互相争夺，往往在反华的掩护下进行，并不因为它们的互相勾结而使它们的矛盾有所缓和。相反，它们的互相敌对更为剧烈了。

3. 其他国家，或主要受制于美，或主要受制于苏，尚未形成匹敌美、苏的力量。它们基于各自的利害，在对中国的国家关系上，除少数追随美、苏反华者外，多数采取不同于美、苏的态度：或耍两面手法；或持旁观立场；或对中国表示友好，借以抵抗美、苏的控制和压榨；或对美、苏重新瓜分世界心怀不满，甚至公然反抗。随着中国的进一步强大和美、苏的进一步削弱，这种情况还会发展，使美、苏在政治上难于组成反华的统一战线，在军事上难于找到反华的打手。

（二）对反华大战的看法

在可以预见的时期内，美、苏单独或联合发动大规模侵华战争的可能性都还不大。

1. 美不敢轻易进攻中国。主要理由有如下三点。

（1）中美之间隔着辽阔的太平洋。美帝侵朝、侵越两次战争的失败，加深了它的内外困境，使它有了沉痛教训，申言不再参与朝鲜式或越南式的战争。中国不同于朝鲜、越南，美帝更不敢贸然动手。

（2）美战略重点在西方。它长期陷在南越，已使其在西方的地位大为削弱。如美与中国作战，需时更长，结局更惨。美尤其不愿单独和中国打，使苏渔利。

（3）美想把亚洲人推上反华大战第一线，特别想利用日本打先锋，但日本自己有侵华失败的切肤之痛。新中国远非昔比，日本反动派对中国不敢轻举妄动。日本羽翼渐丰，佐藤之流叫嚣反华，实际是想利用反华发战争财，并借此向美、苏讨还失地，向南进行扩张，取得亚洲"领袖"地位，和美、苏争短长。日本不愿当反华炮灰，美就更不会亲自上阵。因此，美帝不致轻易发动或参与反华大战。

2. 苏联把中国当成主要敌人，它对我国安全的威胁比美大。在中苏漫长的边境，苏不断制造摩擦，发动武装入侵，集结大量兵力。它大造反华舆论，在国际上呼号奔走，对一些亚洲国家软硬兼施，企图建立反华包围圈。这都是苏准备挑起侵华战争的严重步骤。但真和中国大打，苏还有很大顾虑和困难。

（1）中、美都各以苏为敌。苏不敢同时进行两面作战。美对中苏矛盾故作超然，宣称不表态，不介入，实际上它在西边和苏搞和缓，力求把苏推上反华大战第一线，自己坐山观虎斗，使中、苏互相削弱，便于它乘虚接管东欧，甚至直捣苏的老巢。

（2）如果苏决心大举进攻中国，它将力图速战速决或仿效日本侵华的故伎，采取对中国逐步蚕食的作战方案，以便及时休整，随时观察美及各方动静，保持机动。但它一旦大打，我们绝不会让它速战速决，绝不会给它喘息的时间和行动的自由，而是按照主席的教导"一直打到底"，形成地面持久战，这就势必造成苏极大的困难：

第一，苏反华大失人心。迄今为止苏反华是以"防御"的口号欺骗人民。如苏大举进攻中国，更会引起人民的反对。苏多年来一直进行战争恐怖宣传，这对它发动战争也有不利影响。

第二，苏工业布局都在欧洲部分，西伯利亚补给困难，一切物资要从欧洲运来，且只有一条铁路线，劳师远征，不能持久。目前苏生活必需品已经奇缺，打起仗来更难维持。

第三，作战要有巩固的后方，苏后方不巩固，国内阶级矛盾、民族矛盾很尖锐。侵华战争必是长期战争，长期中必有变化，主要是它后方出乱子。前方未解决，后方祸起萧墙。一旦欧洲部分被美军突破，更使它进退失据。

（3）和美一样，苏兵力东移，并不意味它的战略东移。苏的战略重点仍在欧洲。东欧各国是苏的主要市场和重要屏障，它不会掉以轻心。苏的反华战争准备虽是真的，但它主要是想以军事体制维持其政治统治，镇压国内和东欧的反抗；苏摆出盘马弯弓的姿态，一面妄图以实力地位和我们谈判，一面骗取美相信它真要和中国大打，求得西线安定，使美同意它组织反华包围圈，以此掩盖它向东南亚等地的扩张，把手伸向美、英的口袋，乘机重新瓜分世界。而美则要推动苏打中国，乘虚接管苏的地盘。

3. 美、苏会不会突然对我们发动核袭击？我们对此要做充分准备。但核武器并不是可以轻易使用的，要使用核武器来威胁别的国家，也就把本国置于核武器的威胁之下，必然遭到本国人民的强烈反对。即使悍然使用核武器，也不可能征服不屈的人民，而战争的最后胜负，归根到底，还要决定于地面部队的连续战斗。因此，核武器救不了它的命。

4. 从目前情况看，美、苏单独或联合打中国，或纠集日本等国一起打中国，都有困难。目前鼓吹单独或联合打中国，都有别的意图。实际上谁都知道中国不好欺侮，陷进去就出不来。美、苏都要别人当出头鸟，自己在后面捡便宜。我们严阵以待，不论是单独来打，或联合来打，都一定使侵略者彻底垮台。

（三）对美、苏矛盾的分析

1. 苏在建设上采取一条腿走路的方针，始而片面发展重工业，继而畸形发展军事尖端工业，使它具有对外扩张的可能。而美陷于南越，英决定从苏伊士运河以东撤退，又为苏的扩张提供了机会。苏还假借反帝的名义或利用反华的掩盖进行扩张。它往往从薄弱处下手，在北非、中东、东南亚等地占领了一些阵地，甚至伸手到美的后院拉丁美洲。

2. 苏进行扩张实际是挤美的地盘。它力图和美平分秋色，共管世界。美则一定要保持优势。它的世界霸权和霸主的地位不能让。美不让苏在中东最后站住脚。美并不相信苏真会和中国大打，也不会因此而听任苏扩张。

3. 美、苏都在布局。苏要向西欧伸手，美要向东欧插足，双方针锋相对，都要争夺对方的东西。真正的、现实的利害矛盾还是在它们之间。它们的斗争是经常的、尖锐的。

4. 美、苏内外交困，但不会知难而退。苏在东边积极布置，在西边不会放松，在南边还要发展。美也还要扩张。它们之间的矛盾必然日益加剧。

5. 欧洲和中东是美、苏矛盾比较集中的地区。德国统一是欧洲问题的核心。西德力量日增，东欧原是德国的传统市场，而现在法国力量又有所削弱。在中东，阿、以战争已有美、苏间接交锋的性质。在欧洲，如果矛盾进一步加剧，发生美、苏火并的可能性也不能排除。对此，应予密切注意。

四位老师在这个报告的最后一部分说，"我们早已森严壁垒，随时可以战胜任何来犯之敌。但推迟战争，对我们更有利。我们要抓紧时间，加强各方面的准备"。"抓革命，促生产，促工作，促战备"。推动工农业生产的持续大跃进，把我国建设成为无产阶级的铁打江山，有更加强大的经济力量，有更加强大的陆海空军。在对敌斗争中，军事上积极防御，政治上主动进攻，继续对苏、美进行揭露和批判。加强我国驻外使领馆的力量，积极开展外交活动。扩大反对美、苏的国际统一战线。在同美、苏的斗争中，争取更大的胜利。

对中美苏"大三角"战略关系的探索

在《对战争形势的初步估计》中，四位老师全面分析"中、美、苏三大力量之间的斗争"，指出反华大战不致轻易发生，判定中苏矛盾大于中美矛盾，美苏矛盾大于中苏矛盾，明确提出苏联扩张"是挤美帝的地盘"，"它们的斗争是经常的，尖锐的"，从而勾画出刚刚形成并延续十余年的国际战略格局，为打开中美关系提供了依据。从7月29日至9月16日，四位老师对相继发生的重大新情况又进行了10次共29个半小时的讨论，概述如下：

（一）7月11日，苏联外长葛罗米柯在最高苏维埃做报告，一方面倡议苏美举行最高级会晤，以发展两国间的"广泛合作"，并在国际问题上"寻求一致的立场"，一方面大肆攻击中国。7月21日，美国和柬埔寨恢复代办级外交关系（1965年柬国家元首西哈努克因美对柬进行军事威胁和政治挑衅，宣布与美绝交）。同日，美国国务院宣布：放宽对美国旅游者购买中国货物的限制；放宽美国公民去中国旅行的限制。7月25日，尼克松在观看了美国首次登上月球的宇宙飞船"阿波罗"号返回舱降落后，在关岛发表谈话，承认在越南战争中"受挫"，宣布将在印度支那收缩兵力，使战争"越南化"。7月26日，尼克松动身访问菲律宾、印尼、南越、泰国、巴基斯坦和罗马尼亚。就在这一天，发生两件事：（1）苏联外交部第一副部长突然约见我驻苏代办，面交苏联部长会议给中国国务院的内部声明（未公布），要求举行中苏高级会谈。（2）西哈努克派人见我驻柬大使，面交美国参议院民主党领袖曼斯菲尔德6月17日写给周总理的信，要求访华，会见周总理或其助手。他在信中说，中美"20年长期交恶"不应继续下去了。

四位老帅立即进行研究。叶帅说，美不得不从南越逐步撤军，苏却在大力推动建立"亚洲安全体系"。尼克松访问亚洲五国，是怕苏接管"真空"。同时，曼斯菲尔德乘美、柬复交转来信件，苏可能侦悉此事；美国国务院宣布"两个放宽"，步子虽然不大，但表明尼克松想拉中国，压苏联。聂帅说，葛罗米柯反华的调子那么凶，刚刚半个月，就来个180度大转弯，要求举行中苏高级会谈，他是害怕中美和缓。徐帅说，尼克松访问罗马尼亚，在东欧会引起连锁反应，苏怕后院出问题，不得不向我们递出橄榄枝。陈总说，"20年长期交恶"，真是慨乎言之！美国人可以上月球，就是接近不了中国，接近中国比登天还难，这是美自己造成的。现在美憋不住了，苏也憋不住了，它们的矛盾不可开交，都向中国送秋波，都向对方打中国牌。局势到了转折关头，后面还会有文章，我们要继续观察。

（二）据外电报道：（1）尼克松在出访中，多次表示美国准备开始同北京交往，反对苏联建立"亚洲安全体系"，并说如果让中国继续处于"孤立"状态，亚洲就不能"向前进"。他出访罗马尼亚时强调不应孤立中国，并称美国愿意同苏联和中国都建立友好关系。回国后，尼克松表示，明年春天以前不再出国。外电评论，这意味着尼克松不愿匆忙与苏联举行最高级会晤。一家英国报纸认为，尼克松此次出访六国，是要利用中苏矛盾，改善欧洲局势。(2) 8 月 8 日，美国国务卿罗杰斯在堪培拉发表演说称，"中国大陆终有一天会在亚洲和太平洋事务中起重要作用"，"这就是我们在一直寻求打开来往渠道的一个原因"。(3) 原定 1968 年 5 月举行的"中苏国境河流第十五次航行例会"，因苏方破坏，延至 1969 年 6 月 18 日至 8 月 8 日在苏联伯力举行。8 月 11 日，新华社报道："中国代表团本着开好会议、解决问题的精神，同苏方进行了耐心的协商，就中苏国境河流航行的某些具体问题达成了协议，并签订了会议纪要。"

四位老帅讨论时认为：（1）在总理指导下，就中苏国境河流航行达成若干协议，具有重要意义。一方面可以驳斥苏诬我"好战"的谰言，表明我在坚持原则下谋求和缓；另一方面使美国担心中苏改善关系，有利于增强我在对美斗争中的地位。(2) 美要利用中苏矛盾，苏要利用中美矛盾，我应有意识地利用美苏矛盾。苏渴望同美举行首脑会晤，尼克松迄今尚未同意。苏要同我举行高级会谈，目的之一是想捞取资本压美。它知道我不会当砝码，因此没有声张。我不宜急于表态，以免造成我屈服于其武力威胁的错觉。可拖些时候答复，指出举行高级会谈条件不成熟，可举行部长或副部长级会谈，只谈中苏边界问题。苏坚持顽固立场，谈判难以有成果，但抓住和谈旗帜对我有利，力争避免边界武装冲突，维持较正常的国家关系对我有好处，这也可加快美接近中国的步伐。(3) 对曼斯菲尔德的访华要求不予置理。美急于同我接触，我应保持高姿态，再憋它一个时候。中苏边界谈判开始后，可恢复华沙谈判。

（三）四位老帅的建议未及写出，局势出现重大变化：（1）8 月 13 日，我外交部照会苏联驻华大使馆，指出该日上午苏军侵入新疆裕民县铁列克提地区制造新的流血事件，中国政府为此向苏联政府提出强烈抗议。(2) 8 月 15 日，《人民日报》以《苏修头目声嘶力竭发出反华战争叫嚣》为题，刊载新华社的报道说："勃列日涅夫诬蔑中国'策划武装冲突'，叫嚷要'把防御能力保持在最高水平',猖狂地对我国进行战争威胁。苏军事头目格列奇科、雅库鲍夫斯基更是歇斯底里地叫嚣什么'军事威力',公然威胁要进行核战争。最近,苏在中苏、中蒙边境地区不断大量增兵,并且肆无忌惮地不断进行各种'军事演习',目前它'还在接近中国边境的地区赶修战略公路和铁路','把住在靠近中苏边境的苏联居民赶走,沿边界线建立一条宽达二十公里的无人地带'。"(3)8月16日,《人民日报》以《苏修美帝紧锣密鼓大搞反革命全球勾结》为题,刊载新华社的报道说:对于苏步步加紧反华,"尼克松政府欢迎唯恐不及",苏联统治集团抛出的所谓亚洲集体安全体系的黑货,是"同尼克松近年来一直在鼓吹的加紧拼凑反华军事联盟、用亚洲人打亚洲人的罪恶阴谋遥相呼应的"。(4)8月18日,外电报道苏驻美大使馆一官员询问美国一专家:如果苏联袭击中国核设施,美国将做何反应?8月27日外电报道,美国中央情报局局长赫尔姆斯向记者透露,"苏联可能就它对中国的核设施发动先发制人的打击问题,向其东欧共产党同伙进行试探"。(5)8月28日,苏联《真理报》发表编辑部文章恶毒反华,诬我对苏进行武装挑衅,要求全世界在为时不太晚之前认识到中国的危险,并说,"在当前拥有最现代化的技术、有效的致命武器和发射这些武器的现代化手段的条件下,如果爆发战争,哪一个大陆也不能幸免"。(6)8月28日,中共中央下达加强战备的命令,包括赶修防核工事。

四位老帅讨论时,一致认为:(1)在《对战争形势的初步估计》中提出的看法没有错,苏不会发动大规模侵华战争。(2)中央决定加强战备非常必要,无论何时都不能放松战备,要立足于打,有备无患。(3)毛主席说,中央领导同志都集中在北京不好,一颗原子弹就会死很多人,应该分散些,一些老同志可以疏散到外地。主席从最坏处打算,我们拥护。

四位老帅还反复研究万一苏对我发动大规模战争,我们是否从战略上打美国牌。叶帅说,魏、蜀、吴三国鼎立,诸葛亮的战略方针是"东联孙吴,北拒曹魏",可以参考。陈总说,当年斯大林同希特勒签订互不侵犯条约，也可以参考。姚广汇报指出，尼克松的对华政策，概括起来就是：玩弄"遏制不予孤立，压力加劝说"的两手方针，把中国看作潜在威胁，对台湾问题一直不松口，加紧对我军事包围，同时搞些假和缓姿态，意欲做一张牌压苏联；希望同我接触，妄图软化我们，争取喘息时间，消除"潜在威胁"。姚广还说，外交部主要领导同志希望四位老帅向中央提建议时，可以原则上讲要利用美苏矛盾，如何利用，不宜具体。在美、越和谈期间，恢复中美大使级会谈也不适宜。

陈总说："外交部的老同志关心我们，怕我们又犯'右倾'错误。我们尊重外交部领导同志的意见。"

（四）胡志明主席于9月3日逝世。越南党和政府决定9月9日举行国葬和追悼会。以周总理为团长、叶帅为副团长的中共代表团4日到河内吊唁，当晚回国。外电猜测，周总理此行是为了避免与参加胡志明葬礼的苏联领导人见面。9月8日，李先念副总理率领中国党政代表团去河内，9日在胡志明追悼会上未与苏联党政代表团团长柯西金交谈，10日回京。柯西金通过越方向我方传话，希望路过北京时在机场会晤周总理。越方因故延误，苏驻华代办向我外交部紧急提出，经报毛主席同意后，柯西金已离越回到塔吉克首府杜尚别（现为塔吉克斯坦共和国首都），知我答复后绕道于9月11日上午9时许飞抵北京，周总理在机场同他会谈。

9月13日，四位老帅集体阅读了周总理同柯西金的谈话记录。总理谈话的要点是：

（1）理论和原则问题的争论不应影响两国的国家关系。两国的问题，只要心平气和地处理，总可找到解决办法。

（2）在边界冲突问题上，中国是被动的。今年发生冲突的地方都是争议地区。你们说我们要打仗，我们现在国内的事情还搞不过来，为什么要打仗？我们领土广大，足够我们开发，我们没有军队驻在国外，不会侵略别人，而你们调了很多军队到远东。你们说我们想打核大战，我们核武器的水平，你们清楚。你们说，你们要用先发制人的手段摧毁我们的核基地，如果你们这样做，我们就宣布，这是战争，这是侵略，我们就要坚决抵抗，抵抗到底。

（3）中苏之间的原则争论不应妨碍两国关系正常化，中苏不应为边界问题而打仗。中苏边界谈判应在不受任何威胁的情况下举行。中苏双方先应就维持边界现状、避免武装冲突、双方武装力量在边界争议地区脱离接触的临时措施等问题达成协议。

此外，双方还就重派大使、恢复两国间政务电话、扩大贸易及改善通车通航等问题达成协议。周总理还告诉柯西金，准备恢复中美大使级谈判。

在讨论时，四位老帅认为，总理对柯西金的谈话很典范，充分体现了主席的战略和策略。现在柯西金屈尊就教，主要原因是想同我们缓和一下，借中国压美国，同时也摸摸我们的底。总理请他吃了一顿饭，同他恳切地谈，这是高姿态。美国情报部门限期搜集柯西金在中国5小时的详细情况，可见美很着急。尼克松一定会急起直追。陈总说，中苏首脑会谈震动全世界。一旦举行中美首脑会谈，一定更会震动全世界。

（五）不久，战争的传言又甚嚣尘上。对柯西金北京之行，有些人认为是苏大举侵华前施放的烟幕，有如珍珠港事变前日本派特使来栖去美迷惑罗斯福。

四位老帅紧急讨论后，写出《对目前局势的看法》，由陈总定稿，9月17日报送周总理。

四位老帅的《对目前局势的看法》和陈总对打开中美关系的设想

四位老帅在《对目前局势的看法》中首先指出：国际阶级斗争错综复杂，中心是中、美、苏三大力量的斗争。目前压倒一切的问题是苏会不会大举进攻我国。正当苏剑拔弩张、美推波助澜、我国加紧备战的时候，柯西金突然绕道来京，向我表示希望缓和边境局势，改善两国关系。其意何居，值得研究。然后，提出以下几点：

（一）苏确有发动侵华战争的打算，其战略目标是同美重新瓜分世界。最近苏"变本加厉地制造反华战争舆论，公然对我进行核威胁，阴谋对我核设施发动突然袭击"，表明苏"领导集团中的一批冒险分子，想乘我国'文化大革命'尚未结束、核武器尚在发展，越南战争尚未停止时，依靠导弹和'乌龟壳'，对我打一场速战速决的战争，幻想把我搞垮，消除其心腹大患"。

（二）苏虽有发动侵华战争的打算，并且作出了相应的军事部署，但它下不了政治决心，因"对华作战是有关生死存亡的大问题"，它"感到并无把握"。它对侵华战争的决策，"在很大程度上取决于美帝的态度"，迄今美的态度不但未能使它放心，而且成为它最大的战略顾虑。美绝不愿苏在中苏战争中取胜，"建立资源、人力超过美的大帝国"，美"多次表示要同中国改善关系，这在尼克松访问亚洲前后达到高潮"，苏生怕我国联合美对付它。7月26日，尼克松出访亚洲的第一天，苏迫不及待地向我方交出其部长会议给我国政府的声明，充分表现了苏惶惑不安的心情。"它对中、美可能联合的担心，增加了它大举进攻我国的顾虑"。文中还列举其他"种种因素"，判定苏"不敢挑起反华大战"。

（三）"柯西金的北京之行"，是基于"实用主义的需要，试图改变对我国的战争边缘政策，打出和谈旗帜，借此摆脱内外困境"，并探询我方意图，作为苏决策的依据。估计苏接下来会有如下举措：可能同我谈判，要我基本上按照它的主张暂维持边界现状或解决划界问题；在继续反华的同时，缓和并改变同我国的国家关系，以便争取时机，堵塞国内漏洞，稳定东欧形势，巩固和扩展在中东及在亚洲等处的阵地；特别是想利用对我国的反革命两手政策，在同美的争夺中，增加一点资本，求得一些主动。

（四）周总理会见柯西金的消息，轰动了全世界，使美、苏和各国反动派的战略思想发生混乱。"我们坚持打倒美、苏,柯西金反而亲来北京讲和,尼克松反而急于同我们对话,这都是中国的伟大胜利"。"在中、美、苏三大力量的斗争中,美对中、苏,苏对中、美都要加以利用,谋取它们最大的战略利益"。而我们"对美、苏进行针锋相对的斗争,也包括用谈判方式进行斗争。原则上坚定,策略上灵活"。苏要求举行边境会谈,我已表示同意;美要求恢复大使级会谈,我也可以选择有利时机给予答复。这种战术上的行动,可以收到战略上的效果。

在这个报告定稿后,陈总提出他对打开中美关系的设想。

陈总说,这个报告,主要是分析柯西金来华意图和苏会不会大举进攻我国的问题,对恢复华沙中美大使级会谈没有多讲,只从战略意义上点了一笔。关于打开中美关系,他考虑了很久。华沙会谈谈了十几年,毫无结果,现在即使恢复,也不会有什么突破。他查了资料:1955年10月27日,我们提议举行中美外长会议,协商解决缓和与消除台湾地区紧张局势问题。1956年1月18日和24日,我外交部发言人两次发表声明,指出:中美大使级会谈已经证明不能解决像和缓与消除台湾地区紧张局势这样重大的实质问题,只有举行中美外长会议才是解决这个问题的切实可行的途径。这一重大建议被美国拒绝。现在情况发生变化,尼克松出于对付苏的战略考虑,急于拉中国。我们要从战略上利用美、苏矛盾,有必要打开中美关系,这就必须采取相应的策略。对此,他有一些"不合常规"的想法。

第一,在华沙会谈恢复时,我们主动重新提出举行中美部长级或更高级的会谈,协商解决中美之间的根本性问题和有关问题。我们只提会谈的级别和讨论的题目,不以美国接受我们的主张为前提。我估计美会乐于接受。如果我们不提,我估计美国也会向我们提出类似的建议。如果这样,我们应该接受。

第二,只要举行高级会谈,本身就是一个战略行动。我们不提先决条件,并不是说我们在台湾问题上改变立场。台湾问题可以在高级会谈中逐步谋求解决，还可以商谈其他带战略性的问题，这不是大使级会谈所能做到的。

第三，恢复华沙会谈不必使用波兰政府提供的场所，可以在中国大使馆里谈，以利保密。

陈总说，他决定将这些"不合常规"的设想向总理口头汇报。

四位老帅疏散

就在《对目前局势的看法》报送总理后，报纸上关于备战的宣传更加积极。

10月11日下午，四位老帅开会，这是9月16日休会以后的第一次会议。会上，四位老帅说，中苏边界谈判即将开始，毛主席、党中央为了防止苏、美利用谈判为掩护，对我发动突然袭击，公开宣布了一系列措施，提高全党全军和全国人民的警惕性。同时使苏、美知道我们已有准备。立足于打，才有利于谈。

陈总说，在加强备战声中，北京市革命委员会送来观看体育表演的请柬，这倒是新鲜事，他想去看看。叶帅、徐帅、聂帅也接到请柬，老帅们认为这和加强战备的气氛不大协调。10月17日晚，北京市革命委员会邀请外宾观看体育表演。据新华社报道，"观看表演的，有董必武、朱德、叶剑英、王震、邓子恢、陈云、陈毅、陈奇涵、李富春、张鼎丞等"（徐帅、聂帅未参加）。

表演结束后，周总理和政治局的几位成员分批会见这些老同志。周总理说，主席根据当前形势，决定这些同志在20号或稍后从北京疏散到外地，主席指定了每个人的去处，其中，陈总到石家庄，叶帅到长沙，徐帅到开封，聂帅到郑州。总理已分别向各地第一把手打了电话，安排好住处，并由中办准备专机或专列。

10月18日上午，陈总邀叶帅、徐帅、聂帅以及姚广和我到紫光阁开会，向徐帅、聂帅做了转达。陈总说，总理讲，主席指示我们四人去的地方都是战略要地，去后在当地工厂"蹲点"，分别研究国际形势，如果战争爆发，协助当地军政首脑指挥作战。陈总说，总理已做了周到布置，并且再三嘱咐，一定要带夫人去，北京的住处保留。陈总说，我们的国际形势座谈到此结束。

聂帅说，他对郑州不熟悉，希望去邯郸。后经总理同意。

不久，新华社报道中说："中苏两国政府已经达成协议，中苏双方于1969年10月20日在北京就中苏边界问题举行外交部副部长级谈判。"

中美关系终于打开

四位老帅疏散离京，中苏边界谈判开始。虽然苏方态度顽固，连"争议地区"也不承认，但正如四位老帅的判断，苏中战争并未发生，边界冲突也未继续，两国关系有所缓和，而尼克松则"急起直追"。

（一）华沙会谈翻开新页

1. 1969年12月3日，美国驻波兰大使斯托塞尔在华沙科学文化宫举行的南斯拉夫时装展览会上，碰到中国驻波兰二秘和译员。美大使紧追不舍，向我译员说，他最近在华盛顿见到尼克松总统，尼克松总统说要和中国进行重大的具体会谈。

2. 我驻波临时代办雷阳奉命于12月11日邀美大使到中国使馆谈话，后又应邀去美使馆。1970年1月20日，雷阳与美大使在中国驻波兰大使馆进行中美华沙谈判第135次会谈。美方提出，美国政府准备派代表去北京或接受中国政府的代表到华盛顿直接讨论一些问题。雷阳奉命表示，愿意讨论美方根据和平共处五项原则提出的任何意见和建议，两国间的会谈可以继续在大使一级进行，也可在更高一级或通过双方同意的其他渠道进行。

3.1970年2月20日，第136次大使级会谈在美国驻波兰大使馆举行。雷阳奉命告诉美国大使："如果美国政府愿意派部长级的代表或总统的特使到京探讨中美关系的根本原则问题，中国愿予接待。"

双方商定，第137次会谈定于5月20日举行。

（二）中美另辟联系渠道

1.1970年3月18日，美国乘西哈努克出国访问之机，策动柬埔寨右派发动政变，建立朗诺政权。次日，西哈努克由莫斯科抵京，中国仍以国家元首相待。4月30日，美国借口柬有越南南方人民武装力量的"庇护所"，派军侵柬，柬爱国力量奋起抗击。5月5日，西哈努克在北京宣布成立王国民族团结政府，中国政府率先承认。5月18日，中国宣布，鉴于美悍然侵柬，按原定日期于5月20日举行第137次中美大使级会谈已不适宜，何时举行，另行商定。5月20日，毛主席发表了《全世界人民团结起来，打败美国侵略者及其一切走狗》的声明。6月底，美国政府被迫决定把美军撤出柬埔寨。10月初，尼克松向《时代周刊》记者说："如果我死前有什么事情可做的话，那就是到中国去。"但第137次大使级会谈并未举行，历时15年的华沙谈判到此结束。因为尼克松已另外开辟了同中国领导人沟通信息的渠道，主要是通过巴基斯坦总统叶海亚·汗。

2.1970年12月18日，毛主席告诉美国友好人士斯诺说，尼克松对华沙会谈"不感兴趣，要当面谈"，"那是尼克松自己提议的，有文件证明"，但他"神秘得很，又是不要公开，又是这种消息非常机密"。"尼克松愿意来，我愿意和他谈；谈得成也行，谈不成也行；吵架也行，不吵架也行；当作旅行者来也行，当作总统来也行。总而言之，都行"。

(三) 基辛格秘密访华

1971年7月9日至11日，尼克松派他的国家安全事务助理基辛格秘密来京，周总理同他会谈，叶帅以中央军委副主席的名义协助，总理让我作为他的助理参加。7月16日双方同时发表公告，宣布周总理代表中国政府"邀请尼克松总统于1972年5月以前的适当时间访问中国"，"中美两国领导人的会晤，是为了谋求两国关系正常化，并就双方关心的问题交换意见"。

事后，我对叶帅说，实践证明，四位老帅1969年对国际形势的判断是正确的。叶帅说，当时"九大"政治报告刚发表，主席指定他们研究国际形势，他们很不理解，总理做了指示，他们才明白主席的深意。他们共同提出了书面看法，陈总向总理口头汇报了他对打开中美关系的设想。这些看法和设想事关重大。美国长期敌视中国，主席在慎重考虑、反复观察之后才作出决定，这个决定是不容易的。可惜陈总患了癌症，大概看不到尼克松访华了。

我到301医院看望陈总，他对中美关系终于打开感到兴奋。他说，尼克松为了美国的利益，居然比他的设想更"不合常规"，这倒出乎他意外。陈总还说，只有主席才会下这个决心，只有主席才敢于打美国这张战略牌。主席下了这着棋，全局都活了。

(四) 中美发表《上海公报》

1972年2月21日，美国总统尼克松到达北京，会见了毛主席，并同周恩来总理会谈。2月27日，双方在上海发表《中美联合公报》(即《上海公报》)，揭开了中美关系史上新的一页，在国际上也产生了重大深远的影响。但陈总已于1972年1月6日逝世了。

结　语

　　有的史学工作者曾提出，毛主席对重大问题的决策，都先全面分析形势，提出论据，形成相关的文献，但从1969年1月尼克松就任美国总统到1971年基辛格访华期间，在毛主席的讲话、写作和党中央的文件中，为何都没有要打开中美关系的系统分析和论述？相反，在作为权威文献的"九大"政治报告中对国际形势的论断，以及1970年5月20日毛主席发表的声明，都把美国看作最主要的敌人，从中找不出打开中美关系的任何依据。为什么会有这样的"历史空白"？

　　其实，并不存在这种"历史空白"，本文介绍的内容就是要回答这个问题。

美国大使在华沙追我的真相

景志成

1969年12月3日，华沙已是隆冬季节。这天华沙下了一场大雪，傍晚雪虽停，但天气阴霾，寒风凛冽。晚饭后，我驻波兰大使馆二等秘书李举卿应邀前往华沙科学文化宫出席南斯拉夫时装展览会，我作为译员随同前往。

这个时装表演是在科学文化宫地下室的一个舞厅内举行的。这个舞厅是圆形的，中间是舞池，着各种时装的男女模特儿或轻盈漫步，或翩翩起舞，观众围坐四周，欣赏他们的表演。我们进入舞厅后，就在靠近入口处的一张桌旁就座。

这时，我突然发现我们对面入口处有一人正一边用手指着我们，一边对他身旁的另一个人在说着什么。我认出这位说话的是美国驻波兰大使馆二等秘书西蒙斯。他是中美会谈美方联络秘书，我是在陪同我方联络秘书参加中美联络员会晤时与他相识的，与他谈话的另一人我不认识。我随即把这一情况告诉了李举卿。李说，美国人说不定要耍什么花样，不要理他们，活动一结束我们马上离开。

时装表演会在晚8时许结束。表演一结束我们迅即离开了舞厅。当我们路过衣帽间时，发现西蒙斯和那个人已在排队等候取外衣。我和李举卿都没有穿大衣，因而，我们径直向楼梯口走去。当走到楼梯的一半时，西蒙斯领着那个人从后面追了上来，他指着那位陌生人对我介绍说："先生，这是我们大使。"我担心的事终于发生了,我怕别人发现我们在说话,虽然脚步放慢了些,但并未站住。这位被介绍是大使的人接着用波兰语对我说:"我是美国大使,我想会见你们临时代办先生。"我边走边答:"我转达。"这时我发现李举卿已走出大门,我也加快了步伐。美国大使紧追不舍,气喘吁吁,边走边说:"最近我在华盛顿见到了尼克松总统,他说他要和中国进行重大的、具体的会谈。"这时,我们已走出了科学文化宫,李举卿已走得离我们很远了。我们是最先走出来的,后面既无人跟着,也没有行人,街上空空荡荡。为了尽快甩掉美国人,我再次表示"我转达"后即急速离去。

翌日下午,西蒙斯突然打电话紧急找我方会谈联络秘书,他说受美国政府委托询问美国大使昨日同我馆人员的谈话是否已经转告,并称昨日谈话已被美国记者看到,现已向美国使馆提出问题,美方拟予以确认,但不透露谈话内容,也不加评论。事实是美国大使在跟我说那几句话时,无论是在楼梯上,或是在科学文化宫外、人行道上,当时均无人在旁。美方说有记者看到,显系编造,是有预谋的。这就加重了我的忧虑,我怀疑是否中了美国人的"圈套",深深陷入困惑之中。

果不其然,12月4日20时"美国之音"电台首先发表消息,说美国大使同中方代表进行了简短谈话。随后,西方各主要通讯社也突出报道了这一消息,有的说美国大使会见了中国临时代办,有的说美国大使与中国外交官进行了谈话。总之,关于中美人员接触的消息一时间传遍了全球,引起各方关注。

12月4日,我驻波兰大使馆将情况报告国内。12月9日,国内批复,指出美国大使要求会见我临时代办,这是继美对我国作出一系列的"和缓"姿态后,又一直接的试探。在目前形势下,美急于同我"对话",看来主要是为了压苏联以增强其同苏联争夺的优势。国内决定,我临时代办可与美国大使会见。

12月11日，我临时代办雷阳与美国大使小沃尔特·斯托塞尔在我驻华沙大使馆举行了会晤。斯托塞尔代表美国政府正式建议在1970年1月14日恢复中美大使级会谈。国内又指示雷阳于1970年1月8日前往美国驻波兰使馆，再次会晤美大使斯托塞尔，对美方恢复会谈的建议作出肯定答复，但建议会谈改在1月20日在中国使馆举行。美方表示同意。这样，第135次中美会谈在双方接触中断了两年之后，终于在1970年1月20日在华沙恢复举行。自此，中美关系开始逐步趋向缓和，并向正常化道路迈进。

关于美国大使与我谈话一事，曾有过一段有趣的传闻，说美国大使追我追到了厕所里，许多同志都问我是否确有其事。起初我感到茫然，不知为何有此一说。后来有人告诉我，据说美国国务院曾给斯托塞尔大使下达过一个绝对执行的指令，要他务必利用一切场合尽快地把美方要求恢复中美会谈的信息传递给中国人，即使追中国人追到厕所里也在所不惜。这也许是造成以讹传讹的原因吧。特此说明，以明真相。

中国与加拿大建交谈判纪实

俞孟嘉

加拿大与美国毗邻,两国关系紧密。第二次世界大战后,加拿大曾长期跟随美国执行孤立、封锁新中国的政策,支持美国玩弄"两个中国""一中一台"花招。但随着国际形势的变化和我国国际地位与影响的增长,加拿大对我国的看法和同我国的关系也发生了变化。

1968年4月6日,皮埃尔·特鲁多在当选加拿大执政的自由党领袖时表示,如他当选总理,将提议同北京互派大使。4月20日特鲁多就任总理后,多次谈到对华政策。5月23日,他说加拿大等待美国已经15年,他要干一些"美国不同意的、同时也不喜欢的事","就算是老虎尾巴,我也要扭它一下"。5月29日他则说,加拿大不会忘记"台湾有一个单独的政府"。

1969年2月,加拿大驻瑞典使馆奉命主动与我国驻瑞典使馆就建交谈判问题进行接触。3月29日,周恩来总理在复驻瑞典使馆的一个文稿上批示:"鉴于目前情况,可以向加方表示,我愿进行正式谈判。"毛泽东主席同意周总理的意见。

中加于1969年5月20日在斯德哥尔摩开始正式谈判,共谈15次。我方谈判代表为驻瑞典大使王栋,加方谈判代表为加驻瑞典大使玛格蕾,另双方各有3名助手参加。谈判共历时一年零五个月,1970年10月10日,双方签署建交联合公报,10月13日中加宣布建立外交关系。

谈判表面涉及多方面问题,但实际上自始至终都是围绕台湾问题进行讨论和寻求协议。谈判大致可分为以下三个阶段：一、我方阐明建交原则，加方谈其主张；二、通过说理促使加方基本接受我方建交原则；三、讨论并草拟建交公报。

第一阶段谈了2次，我方提出建交原则三条：一、必须承认中华人民共和国中央人民政府为代表全国人民的唯一合法政府；二、承认台湾是我国领土不可分割的一部分，断绝同蒋介石集团的一切关系；三、支持恢复我国在联合国的合法权利和地位，不再支持蒋介石的"代表"留在联合国里。我们通过讨论弄清了加拿大同我国建交的考虑，采取高屋建瓴的态势，强调谈判首先应就建交原则达成协议。联系加拿大政府负责人以往对台湾问题的错误言论，我方要求加方澄清态度。加方表示确愿建交，只承认一个中国，不搞"两个中国"，在建交后支持我方在联合国的代表权。但加拿大打算按中法建交模式达成协议，并想用承认我国来换取其关于贸易、民航、领事、索赔、使馆待遇等一系列要求，还提出两条建交条件：一、对台湾地位、"一中一台"问题不表态；二、对我方在联合国的代表权问题不预先承担义务。

第二阶段也谈了2次，我方进一步就建交原则问题促加方澄清和纠正态度。鉴于加方回避在"一中一台"问题上表态，我方强调指出其言行实质是搞"一中一台"，这与加拿大所称承认一个中国的立场是矛盾的。加方见我方坚持原则立场，不得不适当调整做法。7月21日，夏普外长在议会声明不促进"一中一台"政策，但同时称加拿大对中国领土界限不宜赞同，也不宜反对。加方代表随后向我方表示其外长的声明是最权威的表态。夏普这次声明为加方谈判定下了基调。

第三阶段谈了11次，双方详细讨论和草拟公报。其间由于加方1969年底联大表决我国代表权问题时，仍按过去做法投票支持美国提案，我方不得不决定在数月里不与加方联系。这是谈判过程中出现的一个曲折。对公报，加方建议仿效中法建交时所采取的方式，即只提双方决定建立外交关系和定期任命大使。我方指出鉴于加方过去关于台湾问题的错误言论，为确认双方协议立场，并正视听，公报应体现建交原则。加方未坚持其主张，但仍在公报文字上做文章，企图把台湾问题说成是我领土界限问题，如提出"承认而不涉及领土范围"等字句，并主张以详叙双方各自表态的会谈纪要作为公报的补充文件。我方经过反复辩理，争取了加方在公报中承认中华人民共和国政府为中国的唯一合法政府，打掉了加方建议的不伦不类的"领土界限"的提法，并拒绝搞内容庞杂的会谈纪要。同时，我方也适当照顾了加方的实际处境。这样，经过反复磋商，双方对公报的立场逐渐靠拢，终于达成了建交协议。

中加建交在国际政治中激起较大的反响。其时正值我国与美国关于在联合国席位投票表决问题上的斗争处于关键转折时刻，因此在时机上，建交对我国也十分有利。1973年，周恩来总理在会见特鲁多总理时说："加拿大是70年代首先承认我们的国家，支持我国在联合国中的合法地位，影响极大。"这是对中加建交意义的如实评价。

新中国自建国至1970年10月的21年中，总共同50个国家建立了外交关系，其中近半数为社会主义国家或近邻，关系的广度较为局限。"文革"开始后，我国对外关系面临相当大的困难。在此时刻，中加实现建交，有利于我国打开外交局面。其后我国又陆续同其他许多国家建交，好些建交公报大体上都援用了中加公报中关于台湾问题的提法，两年内建交国剧增至80国。建交国的增加为我国在联合国赢得了更多的支持票，我国在1971年底胜利恢复了联合国席位。在当时特定的国际历史条件下，这一连串事件构成了我国对外关系广泛开展的一个特殊阶段。应该说，中加建交对推动我国对外关系起了积极作用，因而有其特殊的意义。

我国同加拿大的建交谈判自始至终是在周恩来总理具体领导下进行的。在当时"文革"混乱时期，周总理远见卓识，首先批示同意谈判，以后国内发给我方谈判代表的重要文件都由周总理亲自核阅修改，使谈判得以比较顺利进行并取得成功。对这些，我们一直深感怀念。

　　王栋大使是我国主要谈判代表，他为谈判的成功作出了重要贡献。王栋大使后来还曾出任驻加大使。关于中加建交谈判本来最好由他来撰写，不幸他几年前已病故。笔者在谈判期间以助手名义参加工作，特根据个人记忆，草此短文，以纪实况。王大使在谈判过程中所表现的外交才干和他热情而又幽默的风格，给我留下了良好的印象，我也愿在此表示对王栋大使的追念。

中法关系史上的缺憾

——戴高乐生前未能实现访华愿望

曾令保　史　实

法国总统夏尔·戴高乐执政期间，奉行独立自主的外交政策，毅然决定同我国建立大使级外交关系。他对中国神往已久，对毛泽东主席和周恩来总理怀有敬意，生前一直希望能来中国访问，但他的访华愿望始终未能实现，在中法关系史上留下了一页缺憾。世界舆论更为没有能够实现毛泽东和戴高乐——当代两大伟人的会晤而感到惋惜。

由于双方原因　访华愿望未果

中国是非常欢迎戴高乐总统访华的。戴高乐在任期间之所以未能访华，原因来自双方。就法方来说，戴高乐自尊心很强，不愿先来访华，而要中国领导人先迈第一步，先访法国，以免给人留下屈尊就驾、有求于中国的印象。就中方而言，当时有一条原则，即根据当时的国际形势，我国领导人同资本主义大国领导人进行互访，必须"他先我后"。

1964年7月，法国驻缅甸大使向我国驻缅甸大使耿飚表示，希望戴高乐总统和周恩来总理互访。8月，法国驻印度尼西亚大使对我国驻印尼临时代办说，戴高乐最近要到拉美各国访问，也想去中国访问，以加强同中国的关系。10月，西哈努克亲王向陈毅副总理建议邀请戴高乐访华。12月，法国前总理富尔向我国驻法大使黄镇也提出了相同的建议。法方提出戴高乐愿意访华，乃是希望中方能在两国领导人互访问题上迈出第一步，即中国领导人先访问法国。

1966年2月17日，法国外交部亚澳司司长马纳克向我方表示，法国政府去年已派仅次于总理的主要部长马尔罗访华；为使法中关系继续发展，经最高当局决定，拟邀请一位中国政府领导人访法；法方首先考虑的是周恩来总理，并表示欢迎陈毅副总理出国访问时顺道访法。5月16日，戴高乐接见黄镇大使时又亲自重申邀请周总理访法。法国此举，除要加强法中政治对话外，是想先争取周总理访法，以便戴高乐下一年访问柬埔寨和日本时回访中国。

6月22日，黄镇大使对蓬皮杜总理说，周总理表示高兴访法，并感谢法国总统阁下的邀请。但遗憾的是，由于今年下半年，周总理的日程已有安排，不能应邀访问贵国。周总理认为，两国领导人的相互访问对促进两国关系的发展和增进两国之间的相互了解是有益的。他愿意邀请蓬皮杜总理于今年下半年访华。蓬皮杜则说："如周总理在他时间允许的时候来法国访问，他将受到同我们两国关系相称的接待。我很满意地听到中国政府和周总理邀请我访问中国，这也是我的希望。但我的日程也很紧，下半年议会要讨论预算，1967年初要举行大选，选举期间，政府首脑不能出国访问。"

1969年4月22日，戴高乐召见法即将赴任的驻华大使马纳克，要他尽早赴任，注意加强同中国的经济、文化联系，特别是政治合作，希望促成中国领导人访法。戴高乐说："至于派谁来，我也不知道。只要中国领导人愿意访法，你都可以以我的名义邀请，并将受到我的很好的接待。如中方回请，德姆维尔总理将接受邀请。"戴高乐对1966年邀请周总理而被婉拒一事仍耿耿于怀，因此，这次没有点名邀请谁。

1969年4月28日，戴高乐因"建立区域"和"改革参议院"两个法律草案举行公民投票失败而不得不宣布辞职。戴高乐以总统身份访华的愿望未能实现。

在野仍想访华 终未了却心愿

戴高乐下台后，访华愿望仍很强烈。1970年6月，美国《新闻周刊》报道，戴高乐曾私下对其友人表示，希望在有生之年会见毛泽东。8月，法国驻华大使马纳克说，他来北京赴任后曾向戴高乐提过访华建议，戴高乐在给他的复信中说，因忙于写回忆录不能去，但认真地记下了这一建议。不久，戴高乐的侄女戴高碧来北京担任法驻华使馆参赞，戴高乐曾向她表示很想访华。同时，刚果（布）驻法使馆武官对我国驻法使馆副武官说，戴高乐拟于1970年年底前访华，并计划在其回忆录最后一章写"与毛泽东的会见"，还准备附上他同毛主席会见时的照片。但是，忙于写回忆录的戴高乐不久后去世，访华愿望终未能实现。1971年7月，法国前部长佩雷菲特对周总理说："访华是戴高乐将军多年的夙愿。他非常期望见到毛泽东主席。如果不是1970年11月突然去世，他很可能就来中国访问了。"周总理对他说："毛主席对戴高乐将军怀有尊敬的感情，并对没有能在北京接待戴高乐将军表示遗憾。"

我国隆重吊唁 促进两国关系

1970年11月9日，戴高乐因患血管瘤骤然去世，中国政府决定以高规格吊唁戴高乐将军逝世，以表达对他的敬意和深切悼念，并推动中法两国友好关系的发展。

毛泽东主席、董必武副主席和周恩来总理分别给戴高乐夫人和法国总统蓬皮杜发去唁电。毛泽东在唁电中说："获悉夏尔·戴高乐将军不幸逝

1964年6月,中国首任驻法国大使黄镇向法国总统戴高乐递交国书后合影

世，谨对他，反对法西斯侵略和维护法兰西民族独立的不屈战士，表示诚挚的悼念和敬意。"董必武和周恩来在唁电中表示，相信"在戴高乐将军推动下建立起来的中法两国良好关系，在双方的共同努力下，将会继续得到发展"。

我国政府还任命黄镇大使为中国特使参加法国政府为戴高乐将军在巴黎圣母院举行的宗教悼念仪式。董必武副主席、周恩来总理、李先念副总理、郭沫若副委员长等领导人到法国驻华使馆吊唁。我国在北京天安门、新华门和外交部下半旗以示哀悼。

我国隆重而肃穆地悼念戴高乐逝世，在法国官方和各阶层人士中，特别是在戴高乐的生前好友和家属中引起强烈反响。11月14日，法国驻华使馆给我国外交部来照，转达法国领导人对我国领导人的深切谢意，说法国政府和人民高度评价中国政府和人民为戴高乐将军逝世而举行的哀悼，因为这不仅珍贵地表明了对光荣的死者的敬意，而且也进一步证明了中法两国和两国人民之间的友谊。12月1日，戴高乐夫人给毛主席发来感谢电说："您友好的来电和悼念戴高乐将军的话使我十分感动。我真诚地感谢您在我的痛苦之中对我表示的同情。"法国新闻媒介对毛主席发唁电非常重视。法国电视台一收到毛主席的唁电，立即全文播送，并发表评论认为，这是一个"不寻常的态度"。其他各家电台也反复播送全文，并都在评论中说，在各国领导人的唁电中，人们特别注意毛泽东主席发来的唁电。巴黎各大报亦以显著地位和醒目标题全文刊载，并认为这是中国"对于一个西方世界政治家给予的史无前例的荣誉"。戴派青年组织"争取进步青年联盟"主席格罗斯曼说，"正如毛主席永远是正确的一样，他在唁电中对戴高乐将军的评价也是完全正确的"，毛主席的唁电"是所有唁电中最好的"。

戴高乐的访华愿望生前未能实现，毛泽东与戴高乐——当代两大伟人的会晤也没有实现，在中法关系史上留下了缺憾，世界舆论普遍为之惋惜。可以告慰的是，中法友好关系在戴高乐逝世后得到了进一步发展。

基辛格秘密访华内幕

魏史言

一、尼克松的心事

1969年尼克松就任美国总统后有两桩心事：一是搞点什么惊人之举使自己名垂青史；二是设法连任下届总统。他对外首先考虑的就是：主动同中国和好，借助中国从越南脱身和抗衡苏联。因此，他上台后的第一道命令就是要国家安全事务助理基辛格博士"探索重新同中国人接触的可能性"。1969年中苏珍宝岛事件后，尼克松认为时机成熟了，在7月出访亚、欧前夕，宣布对中国放宽人员来往和贸易交流的限制。在出访过程中，尼克松请巴基斯坦和罗马尼亚的总统向中国领导人传话，希望同中国对话。

1969年9月，周总理同柯西金在北京机场会晤后，尼克松进一步加快步伐，指示美国驻波兰大使，立即寻找机会同中国驻波兰临时代办接触。12月3日，在华沙科学文化宫举办的南斯拉夫时装展览会上，美国驻波兰大使追着向我国驻波兰使馆人员表达了这一愿望。我国作出了积极响应，同意恢复中断两年的中美华沙大使级会谈。但中美华沙大使级会谈只谈了两次又因美国入侵柬埔寨被我方中断。

二、叶海亚·汗和齐奥塞斯库的传话

中美华沙大使级会谈再次中断后，尼克松和基辛格感到这种会谈易受美国国务院的干扰，而且每次都是互念经过批准的稿子，既耽误时间，又不解决问题。尼克松决定另辟渠道，同我国领导人对话。

1970年6月美军撤出柬埔寨后，尼克松于10月初先发出要打破中美关系僵局的信号，公开表示："如果我在死以前有什么事情可做的话，那就是到中国去。如果我去不了，我要我的孩子们去。"接着趁巴基斯坦总统叶海亚·汗和罗马尼亚总统齐奥塞斯库去美国庆祝联合国成立25周年之机，请这两位总统向我国领导人传话。

10月25日，尼克松在白宫会见叶海亚·汗时提出：中美关系十分重要，他要走向同中国和好；美国绝不会同苏联合谋反对中国，愿派一高级使节秘密访问中国；请叶海亚·汗作中介人提供协助。叶海亚·汗欣然表示同意。10月26日，尼克松在会见齐奥塞斯库时又表达了同样的愿望。在欢迎宴会上，尼克松第一次使用了"中华人民共和国"的正式名称，发出了西方人士称之为"意味深长的外交信号"。

不久，叶海亚·汗来我国访问。11月10日，在同周总理单独会见时，叶海亚·汗传达了尼克松的口信：尼克松要走向同中国和好，愿意同中国进行有限的贸易；美国希望在高一级进行秘密对话，并准备派一两名高级人士在任何时候和任何地方同中国对话。尼克松还暗示，如果中国要在官方一级会谈，他可以派主要顾问基辛格前往。他迫切等待中国的答复。周总理于11月14日正式答复叶海亚·汗说，阁下清楚，台湾是中国不可分割的领土，解放台湾是中国的内政，不容外人干预。美国武装力量占领台湾和台湾海峡，是中美关系紧张的关键问题。如果尼克松真有解决上述关键问题的愿望和办法，中国政府欢迎美国特使来北京商谈。时机可通过巴基斯坦总统商定。叶海亚·汗回国后即派专人将周总理的答复口信（无头衔、无签字的手抄备忘录）派专人送给巴基斯坦驻美大使，嘱其口头转达给基辛格。不久，基辛格答复，美国同意接受邀请，准备在北京举行高级会谈，讨论包括台湾在内的存在于美中之间的各种各样的问题。

11月下旬，罗马尼亚副总理勒杜列斯库访华时也转达了美国的口信。周总理也按上述口信做了同样的答复，并表示：尼克松总统既已访问过布加勒斯特和贝尔格莱德，那么他在北京也会受到欢迎。这个信息由罗马尼亚驻美大使于1971年1月才转达给基辛格，比巴基斯坦晚了一个多月。以后，由于美方担心罗马尼亚会向苏联透露这一消息，就没有再使用罗马尼亚的渠道。

三、毛主席的决策

在获得美国的信息后，毛主席经过深思熟虑，明确指出：要解决中美两国的问题，就得同美国的当权派谈。毛主席在1970年8月批准同意美国友好人士斯诺夫妇访华，并由周总理安排，于10月1日在天安门城楼上接见了斯诺夫妇。毛主席拉着斯诺的手一同参加了我国国庆21周年观礼。后来，他又在12月18日接见斯诺时说："如果尼克松愿意来，我愿和他谈，谈得成也行，谈不成也行，吵架也行，不吵架也行，当作旅游者来也行，当作总统来也行。总而言之，都行。""我看我不会同他吵架，批评是要批评他的。"

尼克松获知这一信息备受鼓舞。1971年2月，他在美国国会做外交报告时说："在今后一年里，我要仔细研究我们应当采取什么进一步的步骤，以创造美中人民之间扩大交往的机会，以及怎样消除实现这些机会的不必要的障碍。"并表示："凡是我们能做到的，我们一定去做。"

1971年4月，我国又决定邀请在日本参加第31届世界乒乓球锦标赛的美国乒乓球队访华。尼克松马上同意。4月14日，周总理接见美国乒乓球队时说："你们这次应邀来中国访问，打开了两国人民友好来往的大门。我们相信，中美两国人民的友好往来，将会得到两国人民大多数的赞成和支持。"这就是当时举世瞩目的"乒乓外交"，被誉为"小球转动了大球"。它推动了中美关系和世界局势的变化和发展。

四、周总理发出邀请

中美两国互相摸清彼此的战略意图后，周总理不失时机地于1971年4月21日通过巴基斯坦总统向美方发出邀请："要从根本上恢复中美两国关系，必须从中国的台湾和台湾海峡地区撤走美国一切武装力量。而解决这一关键问题，只有通过高级领导人直接商谈，才能找到办法。因此，中国政府重申，愿意公开接待美国总统特使如基辛格博士，或美国国务卿甚至美国总统本人来北京直接商谈。"

尼克松获悉后极为高兴，除4月29日口头表示同意外，还于5月17日请巴基斯坦驻美大使正式答复说："为了解决两国之间的那些分歧问题，并由于对两国关系正常化的重视，他准备在北京同中华人民共和国诸位领导进行认真交谈，双方可以自由提出各自主要关心的问题。"并提议，由基辛格博士同周恩来总理或另一位适当的中国高级官员举行一次秘密的预备会谈。基辛格在6月15日以后来中国。

我国原主张基辛格公开来。毛主席曾说，既然要来，就公开来嘛，何必藏头露尾呢！周总理也认为他们很难保密。但美国回信坚持要秘密来。我们只好说在中国境内可以保密，在中国境外我们就没办法了。我国于5月31日请叶海亚·汗转告尼克松：周恩来总理认真研究了尼克松总统1971年4月29日、5月17日和5月22日的口信，并向毛主席报告尼克松准备接受他的建议访问北京，同中国领导人直接会谈。毛主席表示，他欢迎尼克松总统来访。周总理欢迎基辛格博士来华做一次秘密的预备性会谈，为尼克松访华做准备工作并进行必要的安排。时间可定在6月15日到20日之间。

6月2日晚，基辛格把上述备忘录交给尼克松时，他们十分激动。尼克松看后兴高采烈地说："这是第二次世界大战以来美国总统所收到的最重要的信件。"他马上取来陈年白兰地，破例在晚饭后同基辛格干杯祝贺。

五、基辛格秘密访华

6月4日，尼克松回信表示，感谢欢迎他访华，并说由于时间短促，以及为基辛格的旅行找个借口，建议基辛格于7月9日到达北京，11日离开。基辛格将从巴基斯坦乘波音707飞机由伊斯兰堡直飞北京。6月11日，周总理回信表示同意。

在叶海亚·汗总统的热情帮助下，基辛格经过精心安排，于7月1日开始了他的"波罗一号"行动。为了转移人们的视线，白宫新闻秘书在例会上宣布："尼克松总统即将派基辛格博士于7月2日至5日到越南南方执行调查事实的任务，随即到巴黎同戴维·布鲁斯磋商。在基辛格赴巴黎途中，他将同泰国、印度和巴基斯坦的官员们会谈。"

基辛格于7月1日离开华盛顿，在西贡活动了3天，到曼谷停留1天，6日到达新德里，8日到伊斯兰堡。为不使印度不高兴，基辛格宣布在巴基斯坦也只待两天。但为了秘密访华，在8日的晚宴上，他伪装肚子痛，叶海亚·汗总统特意高声宣布，伊斯兰堡天气太热，影响他的健康，请他去那蒂亚加利的总统别墅休养，以摆脱记者的追逐。9日凌晨4时半，由章文晋等陪同，基辛格乘巴基斯坦民航波音707飞机直飞北京，当天12时15分到达北京南苑机场。周总理派叶剑英、黄华、熊向晖和韩叙等到机场迎接。

六、紧张而坦率的会谈

基辛格于 7 月 9 日 12 时 15 分抵京，11 日 13 时离京，在北京只待了 48 小时，先后同周总理会谈 17 个多小时，加上参观故宫和商谈公告，时间非常紧张。9 日 16 时，周总理去钓鱼台 5 号楼同基辛格会谈。去时，基辛格已率美方全体人员在会议室屏风前迎候。基辛格见到周总理顿时有点紧张、拘束。周总理同他们一一握手后就入座会谈。中方参加会谈的有叶剑英、黄华、熊向晖和章文晋等，美方参加的有霍尔德里奇（国家安全委员会高级成员）、斯迈泽（主管印支事务官员）和洛德（基辛格的特别助理）等。基辛格首先表示感谢对他们的热情招待，说："如果有机会，我也希望以同样的热情在美国招待周总理。"周总理落落大方地说："我没有去过美国，也没有到过西半球，但我们是在同一时候工作，你们在白天，我则在晚上。"周总理答得自然得体，既未说去，也未说不去。继而说："按中国的习惯，请客人先讲。"然后，基辛格就呆板地念起了稿子。当念完开场白后，他放开稿子说："今天，全球的趋势使我们相遇在这里。现实把我们带到一起，现实也会决定我们的未来。""我们正是本着这种精神来到你们美丽而神秘的国家。"周总理打断他的话说："不，不，并不神秘，熟悉了就不神秘了。"

基辛格接着说，尼克松总统给了他两个任务：一是商谈尼克松访华日期及准备工作；二是为尼克松进行预备性会谈。然后他谈了七个问题。在谈到台湾问题时，他从撤军问题着重谈了如下五点：（一）美国政府拟在印支战争结束后撤走 2/3 的驻台美军，并准备随着美中关系的改善减少在台余留的军事力量；（二）不支持"两个中国"或"一中一台"，但希望台湾问题能和平解决；（三）承认台湾是中国的一部分，不支持台湾"独立"；（四）美蒋条约留待历史去解决；（五）美国不再指责和孤立中国，美国将

1971年7月9日至11日,美国总统国家安全事务助理基辛格应邀秘密访华。图为周恩来总理在钓鱼台国宾馆5号楼同基辛格会晤

在联合国支持恢复中国的席位，但不支持驱逐台湾代表。在谈到印支问题时，他保证将通过谈判结束越南战争。他们准备制定一个从越南和印支撤走武装力量的时间表，但希望得到一个维护他们的体面和自尊的解决办法。他还谈了日本、苏美关系、南亚次大陆等问题。

基辛格发言告一段落后，已到晚餐时间。这时气氛变得较为缓和。周总理说："交谈嘛，何必照着本子念呢？"基辛格则说："我在哈佛教了那么多年书，还从未用过讲稿，最多拟个提纲。可这次不同，对周恩来总理我念稿子都跟不上，不念稿子就更跟不上你了。"

晚饭后继续会谈。周总理针对基辛格提到的问题坦率地说："我们双方有不同的看法，用我们的话来说，世界观和立场都不同。但这种分歧并不妨碍我们两个在太平洋两岸的国家寻求阁下所说的平等友好相处的途径。首先一个问题是平等，换句话说是对等，一切问题从对等出发。我同意这样的说法，即中美两国人民是愿意友好的，而且过去是友好的，将来也会友好的。我们邀请你们乒乓球队访华就是证明。"然后，周总理着重谈了我国对台湾问题的立场，并阐明台湾历来就是中国的领土，解放台湾是中国的内政，美军必须限期撤走，美蒋条约无效。

谈到印支问题时，周总理特别指出：美国朋友总是喜欢强调美国的体面、尊严。你们只有把你们的所有军事力量统统撤走，一个不剩，这就是最大的荣誉和光荣。基辛格说他同黎德寿谈了七次，同春水谈了九次。黎德寿提了九条建议，阮氏萍提了七条建议，内容都差不多，但有不同。

当晚谈到 11 点 20 分才结束，周总理随即去向毛主席汇报。毛主席在听汇报的过程中在以下问题上做了如下表示：

第一，当总理说美国还想在台湾保留点军队时，毛主席说，猴子变人还没变过来，还留着尾巴。台湾问题也留着尾巴。它已不是猴子，是猿，尾巴不长。

第二，听了美国要从印度支那撤军的汇报时，毛主席说，美国应当重新做人。多米诺骨牌是什么意思？基辛格英文比我们好。让那些骨牌倒了算了。这是进化嘛！当然不打它也不倒，不是我们打，是他们打。美国要从越南撤军，台湾不慌，台湾没打仗，越南在打仗，在死人呀！我们让尼克松来不能就为自己。

第三，汇报到日本问题时，毛主席说，要给基辛格吹天下大乱，形势大好，不要老谈具体问题。我们准备美国、苏联、日本一起来瓜分中国。我们就是在这个基础上邀请他来的。

第二天上午，基辛格一行由黄华、熊向晖等陪同，参观了故宫三大殿和出土文物，随后到人民大会堂同周总理继续会谈。基辛格认为这次改在人民大会堂会谈是周总理对他的礼貌安排，甚感满意。会谈时周总理略做寒暄之后说，你们要争取中美之间的和平，争取远东的和平、世界的和平。现在和平根本谈不上，战争一直没有停。不说远的，现在东方——中国、朝鲜、印度支那都在打……更不用说中东了。客观世界的发展是大动乱。我们始终是积极防御，准备大乱，准备美国、苏联等国瓜分中国。准备苏联占黄河以北，美国占黄河以南，同时向我们进攻。这样我们可以更好地动员、教育下一代。我们进行人民战争、长期抗战，胜利以后可以更好地进行社会主义建设。基辛格说，请你们放心，美国要同中国来往，决不会对中国进攻。美国同自己的盟国和对手决不会进行勾结针对中国。中国对付美国的军队可以向北开，摆在别的地方。双方还交谈了其他问题。最后，周总理建议尼克松可以在1972年夏天来华访问，并表示尼克松访华前先同苏联领导会晤可能更慎重些。基辛格说，还是按照已安排好的程序进行，先北京，后莫斯科。如果总统夏天来，离美国大选太近，有争选票之嫌。周总理说那就1972年春天来访。基辛格表示同意。然后商定晚上商谈尼克松访华公告。

七、震惊世界的公告

当晚,周总理因要宴请以金钟麟为首的朝鲜党政代表团,让叶剑英、黄华、熊向晖等去给毛主席汇报。毛主席在听汇报时谈了两点意见:

第一,当汇报到基辛格说美国不会进攻中国,中国对付美国的军队可以向北开时,毛主席说,他们要我们把军队往北开啊!过去我们是北伐,后来是南伐,现在是北来北伐,南来南伐。

第二,当汇报到双方商定以巴黎为联络渠道时,毛主席说,你基辛格说不经过官僚机构,华沙是官僚机构,那我们驻巴黎使馆是不是官僚机构?你们不想派个常驻的,也不想派个临时的,就靠你基辛格。现在只好听他的,我们怎么能强迫人家呢?那就通过巴黎吧!

汇报最后正谈到公报问题时周总理赶来了。原来基辛格在来北京途中,以后又在会谈中提出,他此次访问势难长期保密,公告须及时公布。为此,需要商议一个共同措辞的公告,并商定同时发表尼克松访华之事。周总理表示同意,并指定黄华、章文晋参加讨论和拟定公告草案。对公告内容,毛主席表示,尼克松来访,谁也不主动,双方都主动。公告中也不写我要见他的话,要学诸葛亮留一手。

汇报完后,周总理还想留一会儿。毛主席说,你不是约好10点去吗?还是去吧,不然基辛格会感到奇怪的。于是周总理同叶剑英、熊向晖等去见基辛格。黄华、章文晋把拟定的公告稿交王海容、唐闻生送毛主席审阅。

大约晚上10点15分,周总理见到基辛格说,因为时间太晚,本来不来了,后来听说你们还等着,所以还是来了。这次只谈了三件事:一是黄华、章文晋将同美方商谈公告稿;二是确定明天走的时间;三是通知美方不搞录音。周总理谈了约半小时就回到四号楼。王海容说毛主席已经睡了,公告稿没有审阅。黄华只好拿原稿同基辛格谈,但未获结果。

双方对公告稿的争议有三处：一是尼克松来华访问是谁主动提出的；二是会谈要讨论哪些问题；三是来访的适当时间。原稿中对第一点是说尼克松要求来访，我们邀请。基辛格不同意，说这样写让人看了自己像个旅游者。周总理考虑如说尼克松要求来访，我们才邀请，他们的面子难看，于是改成"获悉"他要来访，我们邀请，就避免了谁是主动的问题。对会谈要讨论的问题，在"谋求两国关系正常化"之后加上"并就双方共同关心的问题交换意见"，不只是讨论台湾问题；关于来访时间改为5月以前，不说具体日期，以便灵活安排。

翌日，毛主席起得很早，看了公告稿很满意，说"就双方共同关心的问题交换意见"，这样写好，不然好像我们只关心我们的问题。关于访华日期，毛主席说，公告一发表，会引起世界震动，尼克松可能等不到5月就要来，早点来也好嘛。

公告稿经毛主席同意后，周总理于9时40分让黄华继续同基辛格商谈。基辛格看后认为，这一稿中方设身处地考虑了美方的意见，同他们的要求异常接近，马上表示同意，但在接受邀请前加上"愉快地"一词。公告的原文是：

周恩来总理和尼克松总统的国家安全事务助理亨利·基辛格博士，于1971年7月9日至11日在北京进行了会谈。获悉，尼克松总统曾表示希望访问中华人民共和国，周恩来总理代表中华人民共和国政府邀请尼克松总统于1972年5月以前的适当时间访问中国。尼克松总统愉快地接受了这一邀请。

中美两国领导人的会晤，是为了谋求两国关系的正常化，并就双方关心的问题交换意见。

这个公告虽不过200字，但从起草到达成协议实在很不容易，花了很大力气。双方商定于7月15日同时公布。7月11日吃完午饭后,基辛格一行愉快地乘原机飞回巴基斯坦。他对此次密访甚感满意,说他是"带着希望而来带着友谊而去",访问成果"超过了他原来的期望,圆满地完成了他们的秘密使命"。7月15日当公告一发表,确实震惊了整个世界。

一次神秘的外交使命

——接待基辛格秘密访华

唐龙彬

1971年7月9日至11日,美国总统尼克松的国家安全事务助理亨利·基辛格博士秘密访华,恢复了中断20年的中美两国政府交往,为尼克松总统访华和两国正式建立外交关系打下了基础,从而揭开了两国关系史册上的重要一章。

对于基辛格的这次秘密访华,周恩来总理曾给予很高的评价。1971年10月20日,周总理在为欢迎基辛格第二次访华举行的宴会上讲话说:"(中美关系的恢复)要归功于毛主席和尼克松总统。当然,一定也要有一个人作先导,这个先导就是基辛格博士,他勇敢地秘密访问了中国这个所谓神秘的国土,这是一件了不起的事情。"

我当时在外交部礼宾司工作,有幸参加了接待基辛格的工作,成为基辛格秘密之行的见证人之一。这件事尽管已经过去了20多年,但每当回顾往事,就好像发生在不久以前,有许多鲜为人知的细节仍历历在目……

一、韩叙代司长交代秘密任务,要我参加接待美国高级官员来访工作

记得是1971年7月初的一个晚上,我接到通知说,礼宾司代司长韩叙要我马上去外交部。当时我在礼宾司国宾接待处任副处长,常常遇到一些

突然的特殊接待任务，有时顾不上告诉爱人就得出发，所以那天晚上也没有觉得有什么特别的。到了部里，韩叙单独告诉我："有一位美国高级官员秘密来访，你要参加接待。明天你就去钓鱼台国宾馆集中。此事要绝对保密，不得向任何人透露，对家里人也不能说。"我一听到"美国"这两个字，心情就有些紧张。虽然自己已参加外交工作近20年，在驻外使馆工作过多年，也跟随中央领导访问过许多国家，但接触的大都是第三世界国家的朋友和领导人。和美国政府要员打交道，这还是第一次，过去我连想都没有想过。

那一夜我难以入睡，心中不时地猜想着这个美国要员是个什么样的人物。

第二天，我告诉爱人要去执行一项接待任务，这几天不要找我，就带了几件换洗的衣服赶到了钓鱼台国宾馆。看了文件，知道要来的人是尼克松总统的国家安全事务助理基辛格。当时，在毛主席的领导下，周总理的亲自指挥下，接待工作正在秘密、稳妥地进行，成立了由叶剑英元帅、姬鹏飞代部长和黄华大使负责的领导班子。周总理和外交部领导商定，由章文晋（外交部美大司司长）、王海蓉（外交部礼宾司副司长）、唐闻生（翻译）和我四人专程前往巴基斯坦首都伊斯兰堡接基辛格一行来京。我们四人由章文晋带队，章文晋和唐闻生一组，主要负责会谈事务，王海蓉和我一组，负责日常生活和活动安排。

在钓鱼台国宾馆，我们集中进行了学习，还看了有关基辛格的新闻纪录影片和一些介绍美国国家情况的资料。

美国政府长期以来一直对我国采取封锁敌视政策。尼克松政府1969年上台后，感到中国的国际威望越来越高，认识到世界上有许多事务，如果没有中国的参加，"就不可能有稳定和持久的和平"。于是，尼克松政府便开始主动试探与我国接触的可能性，试图调整美国对华政策，改善两国关系。1969年底，美国驻波兰大使在华沙的一次展览会上追赶我使馆人员，提出美国愿意与中国恢复在华沙举行的大使级谈判。此后，美国又同意派出乒乓球代表团访华，又通过我国友好邻邦巴基斯坦的总统叶海亚将军传话，希望进行中美两国领导人的接触。尼克松表示要亲自到北京讨论改善两国关系问题。在此情况下，基辛格被指定为总统先行人员，先来摸摸我们的态度，探探虚实。因此，美方一直坚持基辛格之行要在绝对保密的情况下进行。照顾到美方的处境，我们同意了这一要求。所以，中美双方的接触从一开始就在极小的范围内进行，严格保密，以使外界毫无所知。

美方把基辛格北京秘密之行的代号定为"波罗一号"。

二、周总理亲自为基辛格安排住处，要求我们不卑不亢

周总理亲自带领接待人员到钓鱼台国宾馆，选定了靠北头、比较僻静的5号楼为基辛格一行的下榻之处。外交部派出的接待班子在临近的4号楼办公，周总理和叶帅也经常到那里听取汇报。这个院子里还有个6号楼，当时空着。6号楼与外面由一座小桥连接，桥上我们安排了警卫。这两座楼靠近北门，当时规定：除参加此次接待的工作人员外，其他人一律不准走北门。

总理就房间里的摆设和招待做了明确指示，要求我们一切本着有利于这次中美高级会晤的气氛出发。周总理说，我们欢迎人家来，就得要热情，否则就太不礼貌，但也不要强加于人。按照总理的要求，对5号楼部分房间立即做了粉刷。沙发、窗帘和一些家具等也全换了新的，对空调等也做了全面检查，还在基辛格的客厅里增摆了酒台，放了各种中外名酒和香烟等。

当时是"文革"时期，钓鱼台各楼都摆着红宝书——《毛主席语录》，我们按照总理的指示，拿走了语录本。但没有想到，后来基辛格一行走时还特意问我们要了《毛泽东选集》。另外，房间里还有不少文革色彩很浓的工艺品，像红卫兵的瓷塑和墙上挂着的宣传画等，也都换成了文物、国画

等。摆放的报纸杂志也做了挑选。我们还在基辛格住的房间里摆了一个由宾馆赠送的大花篮。

对参加这次接待工作的所有人员，包括服务人员、司机和安全人员，均作出了严格规定：严守秘密，保证安全，在执行任务期间不回家，不能往外面打电话，不准做记录。我们连小本子都不准带，每次领导布置工作只能靠脑子记。

根据总理的指示，客人的饮食也做了细致的安排。1971年钓鱼台还没有起司（奶酪），听说美国人爱吃起司，就专门从北京饭店要来。又了解到美国人爱吃海味，就准备了鲍鱼、海参、海贝等。两天的菜谱都是事先开出来，每餐不重复。总理宴请的菜谱都由总理亲自审定。总理还提出，应该让美国人有机会尝尝烤鸭。去烤鸭店不方便，我们就请了北京烤鸭店的一位老厨师来钓鱼台，搞了个小烤炉。另外还安排了一个西餐厨师。可后来征求美国人的意见，他们都说吃中餐，而且他们对中餐显得很习惯。洛德用筷子和中国人一样熟练，后来知道他的夫人是华裔。

离京前，周总理和其他几位领导同志找我们谈话，强调这次任务的重要性。总理说，这是中美交往中断了20年后第一次重要的高级会晤，说明了美国封锁敌视中国政策的完全失败。为了摆脱被动局面，美国不得不放下一贯傲慢的架子，跑到北京来与我们会谈。不是我们有求于他们，而首先是他们有求于我们，我们应该本着落落大方、以礼相待、不卑不亢的精神做好这次工作。

三、第一次与美国政府要员面对面而坐，双方都用警惕的目光注视着对方

7月8日凌晨，天蒙蒙亮，我们四人带上最轻便的行装直奔北京南苑机场。南苑机场当时是内部军用机场，平日极少有外国飞机在这里起降，

因此决定基辛格一行乘坐的飞机在这里降落。我们一进入机场后就看见那架涂有巴基斯坦国际航空公司标志的波音707。这是叶海亚总统的专机，于7日傍晚试航抵达南苑机场后等候我们乘机返回。飞机上还有中国民航派出的两个领航员。我们和机组人员简单地寒暄了几句就进入宽敞的客舱。

能容纳100多名旅客的大型客机，只有我们四位乘客，显得十分清静。起飞后，我们立即抓紧时间休息。我常坐飞机出差，已经习惯了在飞机上休息。平时在飞机上总能打个盹，可这次怎么也睡不着，心里总也不踏实，总是在设想执行任务中可能会发生什么事情，该怎么应对，怎样才能把握不卑不亢的原则。

四个多小时后，飞机平稳地降落在伊斯兰堡查克拉拉机场特别停机坪。我们一眼就看见中国驻巴基斯坦大使张彤在机场上等候，使馆的汽车就停在他的身后。我们下机后未顾得上和张大使说几句话就立即乘车直奔大使官邸。按照安排，我们下午可以到外面去转转，但是谁也没有心思出去。想到中央领导的再三交代，为了绝对保密，以免外出引起意外，我们就在使馆休息。

晚上8时，张彤大使和我们一起应叶海亚总统的邀请赴总统府参加晚宴，这是总统举行的小型宴会，巴方仅有外交部外事秘书苏尔坦·汗作陪。席间，叶海亚总统简述了基辛格到巴基斯坦后的活动、他和基辛格会晤的情况，还告诉我们基辛格将装病，以避开外界注意。叶海亚说，他对这次能当中间人，对中美高级官员的会晤作出贡献表示荣幸。章文晋也代表中国政府对叶海亚总统的帮助和协作表示了感谢。晚宴到11时才结束，我们回到住地立即开会商量第二天的工作。那一晚，只休息了两个多小时。

7月9日凌晨3时30分，天还没有亮，我们就乘车前往机场。整个城市仿佛在沉睡之中，沿街没有行人和车辆，透过车窗只能看见灰暗的路灯在闪烁。我们在预定起飞时间前10分钟到达机场，门口的警卫远远看见我们的汽车牌号，就挥手让我们进去。汽车直接开到停机坪。机场上一片漆黑，那架黑乎乎的波音 707 还停在那里，前舱门放下一道舷梯。机舱内所有窗户全部关闭，我们上机后就坐在舱门附近，紧张地注视着外面。那时正是清晨 4 时 20 分。

几分钟后，两辆黑色轿车驶来，直接开到舷梯下。先是一个又瘦又高的身影从车中出来，那是苏尔坦·汗先生，随后从另一侧车门闪出来了一个肥胖的身影，我们早就从电影里熟悉了这个身影，那就是基辛格。等他转过身来，我们才看清，他戴着一副墨镜、一顶大檐帽。这种打扮对不大熟悉他的人来说，真是不大好辨认。他们快步登上舷梯，进入机舱。苏尔坦·汗先生为双方做了介绍后就下了飞机。

美方人员是：基辛格、温斯顿·洛德、约翰·霍尔德里奇、迪克·迈斯泽。洛德和霍尔德里奇是基辛格的政治事务助手，迪克负责生活事务。他们看上去都很年轻，大约 30 岁，但已从事外交工作多年。另外还有两名特工人员雷迪和麦克劳德。

我们相互握手致意。这是中美政府高级官员 20 多年来的第一次握手。一边是笔挺的西服，另一边是中山装和女制服，这不同服装的鲜明对照给我留下了深刻的印象。我还清楚地记得，基辛格精明强干，他的手又粗又大，他握手很有力，我当时不禁暗想，这个人可能很不好对付。

当地时间 4 时 30 分，飞机准时起飞。数分钟后，当飞机开始平稳地飞行时，我们便挪动到一张小桌旁，围坐在一起。开始时，双方都用警惕的目光注视着对方，气氛很紧张。两个特工更是如临大敌，他们都用手铐把自己的手锁在黑色文件包的提手上。后来我读了基辛格的回忆录才了解到，原来这两个特工是在登机前才刚刚知道这次神秘之行的。

相互致意后，基辛格就对唐闻生说："很高兴能见到南西·唐。"听到这个名字，我们有些吃惊。唐闻生立刻告诉我们这是她在美国时的名字。看来，美方得悉我们四人的姓名之后，已事先通过有关方面了解了我们的情况。

基辛格又接着开玩笑，说唐闻生可以竞选美国总统，而他不行（因为唐出生在美国）。大家都笑了起来。章文晋问起了基辛格在巴基斯坦装病的情况，基辛格便讲了他怎么装作胃疼发作，到叶海亚总统在外地的别墅休养，逗得大家发笑。开始时，章文晋虽精通英文，也还是通过唐闻生翻译。基辛格告诉章文晋，他此行的目的是宣告美中两国关系进入了一个新时期，但最好首先就整个形势取得一致看法。章文晋表示，周总理准备就广泛的问题与他交换意见。基辛格随后又问了一些有关北京的气候和风土人情的情况。这样，气氛慢慢地才轻松起来。

基辛格给我的第一印象是反应敏锐，知识丰富，精力充沛。但他的英文发音很怪，开始时不大容易听懂。

考虑到在北京的紧张活动，我们闲谈了不大一会儿，就分开休息。我们四人在前舱，他们在后舱。这时，我们只能听到飞机发动机轰轰的声音。我仍然难以入睡，反复琢磨着下一步的工作。不知不觉中，飞机已经飞越了国境。透过舷窗，眼望那白雪覆盖着的喜马拉雅山的壮丽景色，我想到祖国的伟大，想到中美关系史上即将揭开的这新的一章，心情无比激动。

这天沿途天气晴朗，经过试航的驾驶员熟练平稳地驾驶着专机。经过4小时45分2400英里的飞行，飞机按预定时间于中午12时15分（北京时间）抵达北京。为安全起见，在飞机进入北京附近上空时，我空军出动了两架战斗机护航。当飞机平稳地降落在南苑机场跑道上时，基辛格一行抑制不住内心的激动热烈鼓掌，我们也跟着鼓起掌来，祝贺平安抵达北京。当时洛德更是格外兴奋，因他坐在飞机前排，是第一个进入中国这神秘国家的美国官员。但他们当时的心情却是复杂的，对即将举行的会谈心头仍然是疑云重重。

这是一个夏天的中午，多云，很闷热。我透过机窗，看到叶帅站在停机坪上等候。他身穿深灰色的中山装，精神抖擞，正在和黄华、韩叙和冀朝铸交谈。他们身后停着三辆红旗轿车。基辛格首先走下飞机，叶帅迎上

一次神秘的外交使命 | 357

1971年7月9日,美国总统国家安全事务助理亨利·基辛格应邀秘密访华,叶剑英等到南苑军用机场迎接。左起:冀朝铸、叶剑英、黄华、基辛格、章文晋、唐闻生

前去热情握手问候，用浓重的广东口音连声说："欢迎你！欢迎你！"叶帅随后陪同基辛格坐进宽大的红旗轿车，直奔钓鱼台国宾馆。沿途，车队都把深色窗帘放下。

四、会谈成功，美方保卫人员也和我们一起喝酒庆贺

到达住地后，我们立即通知他们：下午3时，周总理来宾馆会晤。基辛格等人顾不上休息，立即到院子里面以散步为由商量问题。此后，他们始终采取这种方法商量问题，即使是深夜，仍要在外散步。在室内偶尔交谈时，也要把收音机打开，以防有人偷听。有一次，基辛格等人散步到6号楼附近的小桥，被警卫挡了回来，他们不高兴，提出意见。我们说，这是你们自己提出的要求，要绝对保密。两名特工人员似乎很不习惯这种秘密任务，常常显露出很紧张的样子，跟在基辛格后面寸步不离。连与周总理举行的小范围会晤，他们也千方百计想挤进去。后因基辛格本人也不同意，他们只好待在外面等候。

基辛格一行住在5号楼楼上。我当时负责他们的日常生活和联络工作，与一位翻译、几个警卫和服务员，就住在5号楼下。他们有什么事情要找中方，就先告诉我们，由我们联系。尽管我们当时以为所有准备工作已经十分周到完善，但谁也没有想到会发生意外。一天下午，基辛格的助手霍尔德里奇拿着一叠新华社英文新闻稿来找我们的联络员。他指着封面上的毛主席语录问是怎么回事。原来，那段语录是："全世界人民团结起来，打败美帝国主义及其一切走狗！"霍说："这是从各人的住房里搜集到的，希望这些新闻稿是被错误地放到了房间里。"这事后来惊动了总理和叶帅，明确交代以后所有报纸杂志均放在走廊，自愿提取。在以后基辛格多次访华时，这件事曾被作为"笑话"多次提及。

还有一次，他们大概是为了试探一下服务员是否收小费，就在废纸篓

里扔了一张10美元的钞票。我们的服务员捡到后立即请示。我们商量后让服务员把钱放在了房间里的办公桌上。事后，他们在交谈中说，你们的服务员真是经过了严格的训练。

基辛格一行在京停留期间，总理对他们的生活起居十分关心。我们每次向总理汇报时，总理都要问客人习惯不习惯，并反复交代要保证客人的身体健康。

10日早晨，我们安排基辛格一行到故宫参观。这也是唯一的一项外出活动。按照美方的要求，我们采取了严格的保密措施，对外关闭了部分景点，沿线只安排了几名便衣保卫人员。陪同参观的也只有黄华等少数几位人员。难怪基辛格在参观时说，今天的故宫显得格外清静和宽敞。我们还特意安排了一名摄影记者，给大家拍照留念。照了几张之后，基辛格开玩笑说，还是少照一些为宜，否则白宫知道后，以为我们在这里只顾游山玩水，不务正业。

中美会谈一直是在严格保密和紧张的气氛中进行的。基辛格在北京停留了48小时，同周总理会谈用了17个小时，每天会谈7—10小时。根据周总理的指示，会谈是在基辛格住地和人民大会堂两地轮流举行。最后一次会谈是在基辛格住地举行，一直延续到11日上午10时多，超过了预定时间。我们在外面等候的人都十分着急，盯着会议室的门，不断地让服务员送湿毛巾、咖啡和浓茶进去，并探听一下会谈的气氛。

三个多小时过去了，门终于打开，双方人员面带笑意走出大厅，基辛格把总理一直送上汽车。这时，大家心里已经明白了八九分：协议终于达成了。

会谈结束后，叶帅与基辛格一行在宾馆共进最后一次午餐。两天来的紧张气氛一扫而去，饭桌上大家谈笑风生，都喝了茅台酒。叶帅风趣地对基辛格说，这次很对不起，未能以正式公开的方式来欢迎你，以后再补上。下次来就不需要再躲在这里了，可以到外面去走走，想吃风味菜可以直接去饭馆,可以到烤鸭店品尝烤鸭,也可到东来顺吃涮羊肉,还可以给你们的家人买些纪念品。

两名特工人员也把随身不离的文件箱放在了一边,和我们一起喝酒。当我们提醒他们注意文件箱时,他们大大咧咧地说:"现在不需要了。"接着还毫无拘束地向我方警卫人员介绍白宫特工人员的职责和保卫总统的措施。

基辛格的一位随行人员说,今天这顿饭才是他来北京吃到的最香的一顿中国饭。洛德还向我祝酒,并称赞中国的礼宾工作十分出色,希望今后美国总统来访时,美方礼宾人员能好好向中国同行学习取经。

离开宾馆前他们又到院子里散步,可这次不像前几次那样交头接耳,时而可以听到他们哼着欢乐的美国小调,就好像中美两国从未有一天断绝过关系。分手的时候到了,全体服务员和厨师都出来列队欢送,大家相互热情握手,颇有惜别之意。我们向他们赠送了一些工艺品和他们在北京的影集,他们还主动要了那两天的《人民日报》。

叶帅、黄华、韩叙和我们四人到机场送行。基辛格一行按照预先的安排,于11日中午12时20分离开了北京。他们在北京短暂的48小时停留终于圆满地结束了。四天之后(7月15日),中美双方同时向外界发布了震动全世界的公告:

周恩来总理和尼克松总统的国家安全事务助理亨利·基辛格博士,于1971年7月9日至11日在北京进行了会谈。获悉,尼克松总统曾表示希望访问中华人民共和国,周恩来总理代表中华人民共和国政府邀请尼克松总统于1972年5月以前的适当时间访问中国。尼克松总统愉快地接受了这一邀请。

中美两国领导人的会晤是为了谋求两国关系的正常化,并就双方关心的问题交换意见。

基辛格博士虽然早已脱离政界，但他还常常到中国来走走看看。他先后访华几十次，每次我们都把他当作老朋友热情接待。对他为中美关系正常化所做的贡献，中国人民是不会忘记的。

历史赋予我的一项特殊使命

——"九一三"事件的对外交涉

许文益

1971年9月13日凌晨2时许,林彪叛逃所乘的中国民航256号三叉戟飞机在蒙古人民共和国的温都尔汗草原坠毁,林彪及其老婆、儿子等九人全部摔死。林彪落得个折戟沉沙、遗臭万年的下场。这是我党历史上的一个重大事件,也是我国外交史上的一个重大案件。外电称这是"中国的政治之谜"。

当时,中蒙关系正在改善,双方重新互派大使,我出任驻蒙大使刚刚20多天。然而,历史却使我有幸成为林彪机毁人亡的见证人。我遵照国内指示,在我驻蒙使馆同志的协助下,视察了现场,处理了善后事宜,并同蒙古方面进行了一系列交涉。这一非同寻常的事件虽已过去16个春秋,但它至今仍经常萦绕脑际,犹如昨日之事,历历在目。现在就让我将我所经历的事实依次记述如下。

一、蒙古副外长紧急约见

1971年8月20日,我乘坐北京—莫斯科国际列车抵达蒙古首都乌兰巴托。24日,我向蒙古人民共和国人民大呼拉尔主席团主席(国家元首)桑布递交国书,并开始了一系列的到任拜会活动,气氛友好,诸事顺利。

9月14日上午8时，蒙古外交部突然打来电话通知：副外长额尔敦比列格要求8时30分会见大使。我尚未拜会这位副外长，事先也无预约，时间又这么仓促，显然有紧急事情。我稍加思索，即找来使馆的几位负责干部商量，大家都觉得可能发生了意外事件。事出紧急，我只好抱着见机行事的态度，在翻译刘振鲁同志的陪同下，驱车直奔蒙古外交部。

额尔敦比列格副外长已在他宽敞明亮的办公室等候。沙发前的长茶几上摆放着糖果、点心和烟茶，似为欢迎新大使的拜会。额尔敦比列格寒暄几句，对尚未正式拜会就仓促约见表示歉意，接着便话题一转说："我今天受政府委托，通知如下事情，13日凌晨2时左右，在我国肯特省贝尔赫矿区以南10公里处，有一架喷气飞机失事。此事我们有关部门当天上午才知道，派人去出事地点了解了情况。经多方证据表明，那架飞机属于中国人民解放军某部，乘员共九人，其中有一名妇女，不幸全部遇难。"他紧接着说："对中国军用飞机深入我国领土，我代表我国政府提出口头抗议。"他又说："中国飞机失事，乘员全部死亡。现在天气还比较暖，大使知道，尸体是需要按照某种方式予以掩埋的。"接着他加重语气强调："以此为例，可以认为中国军用飞机是侵犯了我国国境。我有关部门正在继续进行调查，我们保留就此事再次进行正式交涉的权利。"

我冷静地听着，思索着如何回答。他马上又转缓口气说："第一次和您正式见面，就提出这样的问题，我是很遗憾的。希望大使能转告中国政府，并希望你们在最近期内就中国军用飞机深入我国领土的原因作出正式解释。"

额尔敦比列格的发言一结束，我立即表明了自己的态度。我感谢他通知这件事情。我说："正当中蒙两国关系刚刚开始正常化的时候，我国飞机由于某种原因在蒙古领土上失事，这当然是很遗憾的。"接着我以提问的口气说："但我不知道出于人道主义的考虑，蒙古方面对飞机采取了什么措施？""出于友好的考虑，请蒙古方面帮助了解，我国飞机因为什么原因误入了蒙古境内？"接着我明确表示："对于副外长提出的口头抗议，在我未全部弄清楚和了解事实真相之前不能接受。但我可以把此事转告我国政府。"最后我说:"今天我跟副外长初次见面,虽然碰上中国飞机在蒙古领土上失事的事情,但我希望这不会影响两国关系的改善。"紧接着我提出:"我们可以派人去出事地点看看吗?"

额尔敦比列格做了一些解释后说:"飞机失事近两天了,但只发现九名乘员的尸体,当时没有一个人活着。至于乘员尸体处理,我们认为,天气还暖,较长时间保存尸体比较困难。"他问:"大使提出,大使馆是否可以派人去的问题,我是否可以理解为你们正式提出派人去看的要求?"我答:"可以这样理解。"副外长表示:"我们可以满足你们的要求。对于中国飞机进入我国领土的原因,相信大使会作出努力,使中国政府能在近期作出解答。我祝贺大使同志开始履行自己的职务,相信您会为两国关系的改善作出努力,并作出贡献。祝大使和您全家都好。"

在我告辞的时候,额尔敦比列格说:"希望使馆尽快通知派什么人去,何时动身。"

二、当机立断启用专线电话

回到使馆已是9时30分。我立即召集使馆的领导干部开会,介绍约见情况。大家听后都感到事态突然,有些迷惘。我指出,这一事件虽然严重,但要沉着镇静,注意保密,当务之急是向国内报告情况,听候国内指示,同时要加强调查研究,注意搜集情况和各方反应。会后大家分头去办理有关事项。

不一会儿,负责机要工作的同志神色不安地报告说:蒙古电报局称,由于线路情况不好,电报不能及时发出,最快也得四个小时以后。当时使馆未设电台,发电报只能经蒙古电报局。这样紧急的事,怎能耽搁?大家心如火燎,都瞪着眼睛盯着我。我虽然表面冷静,但内心和大家一样焦急。

俗话说急中生智。这时我忽然想起使馆有一部直通北京的专线电话，已封闭两年多，如能启用，岂不可解燃眉之急？这种专线电话是50年代中苏关系密切友好时，在北京和莫斯科之间架设的，是一种可以直通的高频电话。北京和乌兰巴托之间也顺便安装了这种电话。后来由于中苏关系恶化，中蒙关系变冷，专线电话也随之停用。当时我也想到，启用这种专线电话是要承担风险的。但事不宜迟，需当机立断。我决定开封启用，有关同志立即行动起来。办公室的小贾同志从库房里拿出一大串钥匙，一把一把地试着开，大概花了半个小时，北京电话台才叫通。但北京电话台却托词外交部的机器坏了，不给转接。我极力保持镇静，毅然决定先打国际长途电话，通知外交部有重要情况报告，要求使用专线电话。经部同意，专线电话终于接通，于当日中午12时20分报回了飞机失事事件。

后来听说，14日上午，在外交部的会议室里，姬鹏飞代理外长正在主持一个气氛非常严峻的会议，讨论如何落实周恩来总理的指示，研究林彪叛逃后可能出现的各种情况，并提出应采取的外交对策。会议一直开到中午12时尚未结束。这时，一位值班秘书手持特急报告，连门也忘记敲便直奔姬鹏飞同志。姬鹏飞读完报告后，向大家说了这样一句精辟的话："机毁人亡，绝妙的下场！"特急报告火速送到中南海。

毛主席、周恩来总理在林彪叛逃后彻夜未眠。机毁人亡的消息传来，他们悬浮在心头的沉重石块终于落了地。周恩来总理对驻蒙使馆在不明事情真相的条件下，断然启用封闭已久的专线电话，把我飞机失事的紧急情况以最快的速度传到国内，表示满意。

三、国内指示大使亲赴现场

14日中午12时左右，正当我们紧张地同国内进行联络的时候，蒙古外交部又来电话，称飞机已经准备好了，催问使馆人员何时动身去现场察看。使馆原决定派孙一先同志带两个助手去现场，我留馆等待国内指示。在蒙方催问时，我又考虑去现场事情重大，在未得到国内指示以前，不能冒昧行动。于是便以尚未准备好为由，请求推迟飞机起飞时间。两小时后，蒙方又来电话催询，我们便直率相告，称正在等待国内指示。蒙方也不再催了。

下午6时许，终于盼来了国内指示，要大使偕随员亲赴现场视察。我顿感事情比我预想的还要严重，肩上的责任十分重大。此时蒙古外交部已下班，我决定打破常规，紧急约见额尔敦比列格副外长。副外长当晚有外事活动，会见安排在晚8时半，地点仍在他的办公室。我表示奉政府之命通知蒙方：13日凌晨2时许失事的那架飞机，可能是由于迷失方向误入蒙古人民共和国国境。对此，我们表示遗憾。对蒙古政府愿意提供飞机并指派领事司长陪同我们去现场视察，表示感谢。我将亲自率领有关人员前往现场，请蒙方予以帮助。

额尔敦比列格听完后要我澄清：中国方面关于飞机可能是迷失方向误入蒙古国境的解释，是否可认为是"正式答复"？我回答可以这样认为。他又追问是否是"最后答复"，对方紧追不舍的态度使我警觉起来。我思索了一下说：这是我国政府在得到使馆的第一次报告后给我的指示，是正式答复，但我理解不是最后答复。他又追问失事飞机是从哪里起飞的？往哪里飞？我坦率地告诉他，这个问题目前我无法答复，并反问他，蒙古方面是否有飞机失事的进一步材料可提供使馆。他回答暂时没有，但以后会有进一步的通知。

额尔敦比列格对使馆未能及时派人赴现场有点抱怨，称："飞机失事已有两天了，等你们赶赴现场要60多个小时了，如果尸体变化太大，我想你们不会就此提出更多的问题。"看来蒙方急于处理尸体。他说，现在大使亲自前往现场，更有全权解决尸体掩埋的问题了。我问他，蒙方有无可能将尸体火化，让我们把骨灰带回去？他表示蒙古没有火葬的习惯，在那个地方火化尸体的可能性不大。他要我们等候飞机起飞消息，做好明天赴现场的准备。

我回到使馆后即把约见情况报告国内，并请示如果尸体不能火化，可否就地埋葬，待将来适当时候再把遗骸送回国内。翌日凌晨，国内指示：尸体尽量争取火化，将骨灰带回；如火化确有困难，可拍照作证，就地深埋，竖立标志，以便以后将遗骸送回国内。

四、机毁人亡的现场惨象

9月15日下午1时30分，蒙古外交部通知使馆，飞机半小时后起飞去温都尔汗。我同孙一先、沈庆沂、王中远三位同志早已准备停当，等待出发。我随身带一手提箱，除装有盥洗用具外，还有一架照相机和一个收音机。临上车离馆前，吕子波参赞把一件夹大衣塞到我手里。蒙古大草原的秋天，昼暖夜凉，这件夹大衣后来使我免受了冷冻之苦。我们急奔机场，蒙古外交部领事司司长高陶布，二司专员古尔斯德，边防内务管理局桑加上校，一些航空、法律、法医等方面的专家和新闻摄影记者，已经等候在一架伊尔-14飞机旁。我们的飞机2时45分起飞，航程300公里，一小时后即抵达肯特省省会温都尔汗的一个简易机场。肯特省的一位副省长和机场场长前来迎接。寒暄几句后，大家匆匆忙忙改乘两辆嘎斯69和一辆大轿车向目的地进发。汽车在高低不平的草原上颠簸了近两个小时，下午6时方抵达现场。

飞机失事现场位于温都尔汗西北70公里的苏布拉嘎盆地。该盆地是沙质土壤，南北长3000多米，东西宽800多米，地势开阔平坦，到处覆盖着三四十厘米的茅草。飞机是由北向南降落，着陆点正好是盆地的中央，坠毁在盆地的南半部。草地燃烧面积长800米，宽度由北面的50米扩展至南面的200米，呈梯形。我环顾了一下现场，看到焦黑色的草地上散落着大大小小的飞机残骸，覆盖着白布的尸体分外显眼，周围是一望无垠的荒原，蒙古哨兵在高坡上游动着，一片凄凉悲惨的景象。我们在蒙方人员的陪同下，由北向南进行察看。

飞机着陆点以南约 30 米长的草皮被机腹擦光，西侧平行处，是右机翼划出的深约 20 厘米的一道槽沟。再往南，擦地痕迹消失了，进入燃烧区，飞机碎片越来越多，越来越大，面越来越广。至 200 米处有一段带舷窗的机身，其东南 20 米左右有一段左机翼，上有号码"……56"。至 320 米左右有一扇舱门，门上钉有"旅客止步"的塑料牌，门东南 30 米处有一发动机。约 400 米处有三个连装座位架和坐垫，其东侧 40 米处有一段右机翼的外展部分，上有"中国"二字。机头在 530 米处猛烈烧毁，只剩下镶嵌仪表的空架子和残碎机件，机壳都已化为灰烬。机头正东 20 米处有一段右机翼的内展部分，上有"民航"二字。"航"字旁边有一个直径约 40 厘米的大洞。机头以南 80 米处有一个起落架。再向南 200 米，在未燃烧的草丛中躺着一个完好的轮胎。机头西北 60 米处是斜卧着的机尾，它的正南和东面 20 至 40 米处各有一个发动机。机尾上的五星红旗和机号"256"等标记清晰可见。这些标志明白无误地显示这是我国民航 256 号飞机。

机头以北 50 米处散布着九具尸体，尸体中间有一炸坏的方形食品柜，旁边堆放着蒙方收集起来的死者遗物。尸体大都仰面朝天，四肢叉开，头部多被烧焦，面部模糊不清，难以辨认。我们把尸体由北向南编成 1 至 9 号，并从各个角度拍成照片，以便以后鉴别确认。根据事后查证，5 号尸体是林彪，瘦削秃顶，头皮绽裂，头骨外露，眉毛烧光，眼睛成黑洞，鼻尖烧焦，牙齿摔掉，舌头烧黑，胫骨炸裂，肌肉外翻。8 号尸体是林彪的老婆叶群，是唯一的女尸，烧灼较轻，头发基本完好，左胁部绽裂，肌肉外翻。2 号尸体是林彪之子林立果，个子较高，面部烧成焦麻状，表情痛苦，形状凶恶，死前似在烈火中挣扎过。现场遗物中有林立果空军大院 0002 号出入证。此外，1 号尸体是林彪的座车司机杨振纲。3 号尸体是刘沛丰。4号尸体是特设机械师邵起良，身穿皮夹克。九人中只有他的衣服未被烧光。6号尸体是机械师张延奎。7号尸体是空勤机械师李平。9号尸体是驾驶员潘景寅。这些尸体和一般飞机失事的尸体不一样，并非个个焦骨残骸，而是躯干都完整，大多是皮肉挫裂、骨骼折断、肢体变形。尸体烧伤严重，系飞机坠毁时摔撞燃烧造成的。由于燃烧时伴有一氧化碳中毒，尸体皮下呈樱桃红色，加之停放时间过长，个个僵硬肿胀似蜡人。值得注意的是，每具尸体腕上都无手表，脚上没有鞋子，看来飞机紧急降落前，为避免冲撞扭伤，他们都做了准备。

我们对现场的初步看法是：1.蒙古方面基本保持了飞机失事现场。他们用白布覆盖尸体，以防腐烂。他们承认有些文件和手表等什物已被搜集保管起来，但未详谈。2.飞机由不明原因紧急着陆，机上人员做了紧急降落准备，但飞机着地时失去平衡，右机翼触地引起爆炸燃烧。3.飞机的毯子上有巴基斯坦航空公司标记PIA字样，说明飞机是从巴基斯坦买来的。但不知机上所乘何人，为何在蒙古境内失事。现场的情景使我越发感到问题重大复杂。我告诫自己处理善后事宜需谨慎小心，多加斟酌。

五、按蒙古习俗埋葬遗体

视察完现场后，天色已晚。蒙方陪同人员一再表示蒙古没有火化习惯，尸体只能土葬，并提出要马上选择墓址，连夜赶挖墓穴，明天就安葬。我表示同意。按照蒙古人习俗，墓地要选在高地，从早到晚都能见到太阳，象征着吉祥。桑加上校带着大家踩着没膝的茅草，先是向东走去，然后又折回来，最后在主机西北的高地上选定墓地。他当即调来一班战士，并让我按他指定的方位用铁镐在地上划出一条墓穴框线。这时夜幕已经降临，阵阵秋风吹来，我穿着夹大衣还感到有些凉意。看到挖墓穴的战士都穿着单衣，十分辛苦，我便让孙一先同志拿来两瓶二锅头送给他们，以表示我们的一点心意。

回到温都尔汗已是晚上10点多了。我们都下榻在克鲁伦旅馆，洗完脸便到楼下餐厅用饭。为了酬谢蒙方人员的友好合作，我们拿来几瓶汾酒和一些罐头，双方人员边吃边谈，气氛相当活跃。席间高陶布司长说："我们已经看了现场，现在应该写个正式文件。这个问题晚饭后再商量。"我趁机询问他们是否知道飞机失事时的具体情况和原因。高陶布说，飞机在空中时没人看到，但燃烧时火光冲天，有人看到了。至于飞机迫降原因，也许是发生了不明原因的故障。双方又商量第二天的安葬事宜。我提出四项建议：1.墓旁立一块碑，上写"中国民航1971年9月13日遇难九同志之墓"，下写"中华人民共和国驻蒙古大使馆"。2.按照蒙古习俗，在墓上放一件失事飞机的残骸，如标有"中国民航"字样的机翼。3.请蒙方把遇难者的文件和遗物交给我们，我们写张收条。4.请蒙方人员帮助画一张飞机失事现场图，注明出事地点的经纬度。高陶布表示他们要研究一下，还要向上级请示。散席时已是子夜时分，我们正准备就寝，蒙方要求商谈飞机失事的正式文件，文件包括现场调查纪要、尸体检查情况纪要和死者安葬纪要三部分内容。谈判直至凌晨3时（谈判部分见后面）。

9月16日，天气晴朗，秋高气爽。我嘱咐大家要利用光照好的有利条件，仔细复查一遍现场，多拍一些照片，作为物证，并拼制一张现场图，送国内研究鉴定。

上午10时，我们在蒙方人员陪同下再次到达现场。蒙古士兵抬来九口白茬棺材，放在尸体旁。我们对九具尸体从不同角度拍照，然后入殓。装殓后由蒙古士兵运往墓地。墓地位于飞机失事现场西边1.1公里处，在一块高地的东坡上。墓穴长10米，宽3米，深1.5米。正准备下葬时，高陶布司长指着一辆刚到的卡车对我说，按蒙古习惯，应在尸体上覆盖红布、黑布，现因汽车来迟，尸体已经入殓，是否可以把红布、黑布铺在棺材上？我表示同意，并感谢蒙方的好意。九具棺材放入墓穴后，我和高陶布、桑加先后执铲做象征性填土，接着孙一先、沈庆沂和王中远三同志填土，然后由蒙古士兵填土修墓。

蒙方建议利用战士填土的时间，继续商谈。会谈是在大轿车上举行的。主要是谈蒙方起草的《关于中华人民共和国飞机失事遇难人员安葬纪要》（简称《安葬纪要》）。为避免在这种场合进行争论，我表示这个纪要作为第一个文件的补充，可以简单些，只写九具尸体怎样埋葬，埋在什么地方就行了。接着就转到从飞机上拿一样东西放在墓上作为标记的问题。沈庆沂同志建议把写有"中国民航"的一段机翼放到墓上，蒙方称那个东西太大，搬不动。王中远又提议把机尾上炸掉的发动机进口环放到坟顶，蒙方接受了。一切安排妥当后，我和孙、沈、王四人还在墓前三鞠躬，以示哀悼。后来每想起此事，便觉得当时的举动十分可笑。但当时我们身居异国，不知真相，也只能如此。相信人们也不会指责我们吧。

六、"军""民"之争的紧张谈判

前面已经提到，在视察现场后，蒙古方面便提出要签署飞机失事的正式文件。双方连夜进行谈判，商定了文件的范围，但在实质问题上分歧很大。在安葬遗体时，双方就《关于中华人民共和国飞机失事遇难人员安葬纪要》进行过讨论，也没有取得一致意见。安葬遗体后，我们回到温都尔汗已是下午5时多了。连续几天的高度紧张和劳累，我们都感到精疲力竭，真想好好睡一觉。但当晚10时左右，蒙方送来他们起草的《关于中华人民共和国飞机在蒙古人民共和国领土上飞行失事的现场调查纪要》（简称《现场调查纪要》），并要求连夜会谈。我利用沈庆沂和王中远二同志翻译文件之机，靠在沙发上思考这两天来的情况和问题。我感到，蒙方在帮助视察现场和安葬遗体方面是友好的，但在讨论纪要时态度就比较僵硬。他们虽然不再称我失事飞机是"侵犯"和"入侵"蒙古国境，改用了"进入"二字，但仍强调飞机是"军事人员驾驶""军事人员乘坐"，甚至说成是"为军事目的服务"，抓住"军事"二字不放，想在政治上置我于被动不利地位。我认为在这个问题上绝不能让步，一定要按照国内指示精神，坚持是我民航飞机误入蒙古国境的立场，进行耐心的说理斗争，争取谈成。实在谈不成，就回乌兰巴托再谈。拿定主意后，我的思想便松弛下来，迷迷糊糊地睡着了。文件翻译出来已是17日凌晨一时，我们立即研究讨论，准备了应对方案。

凌晨4时25分，双方在旅馆开始正式会谈。我首先发言，对蒙古政府提供的各种方便条件和蒙方人员的友好合作，表示谢意。接着我对《现场调查纪要》提出十条修改意见，主要是以下三点：

1. 提议把序言中的"中华人民共和国飞机于1971年9月13日2时左右进入蒙古人民共和国国境"，改为"中国民航飞机由于迷失方向误入蒙古国境"。

2. 针对纪要第一条在记述飞机残骸时，只讲有中国国旗和256号机尾，而不讲标有"中国民航"字样的机翼，提议加上在飞机头部东面20余米处有损坏的机翼，上有"民航"二字。

3. 针对纪要第七条记叙死者遗物后，得出"失事飞机是中国人民解放军人员使用的"和死者都是"军事人员"的结论，提议改为"这架中国民航256号飞机载有中国军事人员，也载有非军事人员"。

对于蒙方提交的《安葬纪要》，我提议将序言部分改为，"在蒙古人民共和国政府和有关部门的友好帮助下，中国民航256号飞机失事遇难的九名人员（八男一女）的遗体按下述方式安葬"，然后写明在何时何地和如何安葬。

我发言后，蒙方建议休会10分钟。10分钟过后，蒙方人员迟迟不来复会。在等待时，我收听到外电报道，称中国关闭了所有机场，禁止所有飞机起飞。我马上联想到这一惊人的新闻可能与这架失事飞机有关，这更使我感到问题的复杂和严重。这时沈庆沂同志发现，蒙方人员到邮电局去了，可能是向其上级请示。我考虑形势紧迫，不宜久拖在这里，要赶快回使馆向国内报告现场视察和谈判情况，听取国内指示。我让孙一先同志向蒙方提出，鉴于我国庆22周年临近，大使要在今天赶回乌兰巴托主持馆务，建议双方在乌兰巴托继续会谈。如果蒙方一定要在这里谈，我方则由孙一先代表大使继续商谈。

上午10时15分复会。桑加上校答复我提出的修改意见，基本上是逐条驳回。对第一点，他说，没有证据证明中国民航飞机是由于迷失方向误入蒙古国境，"所以没有必要、没有根据这样写"；对第二点，他认为，"如果把在飞机头部东面20余米处有'民航'二字的机翼写进去，纪要就得把所有的东西都写进去"；对第三点，他说，"因为死者外穿军装，所以他们是军事人员这一段还应保留下来"。高陶布司长看到局面有点僵，便出来缓和气氛说："我们来这里的目的是了解和分析现场，双方都有尽快结束这个问题的愿望。大使今天要回去，我们理解大使的工作很忙。大使了解我们的工作也很忙。要是大使和桑加同志同意的话，我的意见是今天把这个问题谈好一起回去。"我表示这个问题才谈了两三次，双方看问题的角度不同，存在意见分歧是很自然的。但是我相信，通过实事求是的、相互谅解的友好协商，问题总会得到解决。接着我又着重讲了两点意见：第一，我于9月14日晚8时半，根据政府指示，就中国民航飞机失事原因向额尔敦比列格副外长做了正式解释，他并未提出不同意见。这一点应在纪要中写上。第二，失事飞机很明显写着"中国民航256号"字样，这是有目共睹的事实。因此，我们提出这一点应当写进纪要。

下午3时20分，双方继续进行会谈。蒙方看到关于飞机失事的《现场调查纪要》没有可能达成协议，便采取舍难求易的办法，转而讨论《安葬纪要》。高陶布首先说，关于大使要回乌兰巴托的问题，我们已报告上级。现接上级通知，希望尽快把《安葬纪要》完成，我们便一起回去。我表示同意，并说服对方要正视现实，把失事的中国民航 256 号飞机具体讲清楚。至于飞机上的人员，我们不反对蒙方说有军事人员，但根据现场判断，飞机上也有非军事人员，要把这两种人都写进去。桑加接着发言，表示可以把"中国人民解放军军事人员驾驶的三叉戟 1-E 飞机"，改为"中华人民共和国 256 号三叉戟 1-E 飞机"，但仍坚持机上人员是军事人员。我随即表示，这一修改同我们的主张接近了一步，但仍希望写明是中国民航飞机，飞机上既有军事人员，也有非军事人员。我解释说，那个女的就不是军事人员，现场有她的一双白皮鞋。高陶布争辩说，虽然机翼上有"中国民航"的字样，但飞机里的材料没有一点可以证明是民航飞机。失事人员带的证件都是部队发给他们的。至于那双白皮鞋，也没有穿在那个妇女的脚上，不一定是属于她的。我说，256 号就是中国民航的飞机，正像有的国家民航由军人管理一样，不能因此就说不是民航。这个问题大的方面都已解决，何必在次要问题上争执。孙一先插话说，我在蒙古工作多年，看到蒙古的民航也是军队领导和管理的，而且驾驶飞机的人都是现役军人。假如蒙古的民航飞机迷失方向，误入他国领空，他国便以此来否认这是蒙古的民航飞机，你们能同意吗？我接着说，况且现场的那个驾驶员穿的是皮夹克，说明他不是现役军人。高陶布又打断我的话说，他的皮夹克里面有军服，腰带也是军人腰带。我解释说，我国青年人喜欢穿军装，扎军人腰带，不能以此作为军人的证据。桑加有点激动地高声说，我们有各方面的材料，证明这些人都是军人。我说，如果你们有材料证明，请拿出来，我可以放弃自己的意见。桑加便以现场有手枪为例，说明死者都是军人。我对此进行了反驳，并表示我们不怕承认机上有军事人员，但要尊重事实。双方唇枪舌剑有些紧张。高陶布又宣布休会 5 分钟。

复会后，高陶布说，我们尊重中方的意见，稿子还可以修改。桑加接着宣读他们修改后的《安葬纪要》的序言："失事的中华人民共和国军事人员驾驶的 256 号三叉戟 1-E 型喷气机，乘坐的中华人民共和国公民九人

（八男一女）的遗体，按下列情况安葬。"我认为把"军事人员"改为"公民"有进步，但仍称中国民航256号飞机是军人驾机，也未写上"中国民航"这四个关键的字。我感到这样争论下去解决不了问题，遂提议回乌兰巴托再谈。高陶布看到难以说服我们签字，便亮出了他们的底牌。他说，为了尊重死者，应当有个文件，如果你们不同意，那么我们单方面在文件上签字。桑加补充说，我们签字时，欢迎中国同志在场，但注明中方拒绝签字。孙一先回敬说，你们单方面签字不能代表我们，我们也没有必要在场。为避免把关系弄僵，我建议大家不要着急，回乌兰巴托还要谈，《现场调查纪要》谈通了，《安葬纪要》自然而然可获解决，事情就可圆满结束。高陶布拒绝了我的最后建议，表示他们马上就要单方面签字。我表示这是我们不愿看到的结果，并对此表示遗憾。一场夜以继日的紧张谈判不欢而散。下午6时，双方悻悻登机返回乌兰巴托。

回馆后，得知国内已多次催问有关情况。我马上通过专线电话向外交部简报了现场情况。外交部决定使馆立即派人回国详细汇报。我们虽然都已疲惫不堪，但得知国内急待了解飞机失事详情，便振作精神，连夜赶写出飞机失事、现场视察、安葬尸体和会谈情况四个报告，并决定由孙一先同志带上有关材料，回国汇报。孙一先9月20日登上中苏国际列车，21日下午3时抵达北京。当外交部核心小组成员、办公厅主任符浩同志走上去迎接他的时候，他还在四处张望，寻找接他的亲友。更使他万万料想不到的是，当天深夜至翌日凌晨，在人民大会堂福建厅，周恩来总理亲自听取了他的汇报，同他一起吃了夜餐，每人一碗热汤面。

七、索要遗体与发布消息的交涉

再说我从现场返回乌兰巴托后，一连几天未见蒙方动静。9月22日下午3时30分，蒙古外交部二司司长策伦朝达勒紧急约见我，称他奉政府之命，要求中国政府在 9 月 25 日之前，就失事飞机越境侵入蒙古领空一事，作出正式解释。我回答说，我 9 月 14 日已奉命向额尔敦比列格副外长做了正式解释。他说："那是不够的。为了不使我们之间发生不适宜的情况，要求你们在 9 月 25 日前，用书面形式给以正式解释。"对方口气比较强硬，根本不再提继续会谈的事。我感到事情又有变故。

9 月 23 日凌晨，国内指示我立即约见蒙古副外长，奉政府指示表示：第一，1971 年 9 月 13 日 2 时左右，中国民航 256 号三叉戟飞机，因迷失方向，误入蒙古人民共和国领空，自行坠毁。中国政府对此表示遗憾。对蒙古政府在寻找飞机残骸、埋葬死难者遗体和清理死难者遗物等方面给予的协助，中国政府表示深切的谢意。第二，应死难者家属的要求，中国政府决定将死难者遗体运回中国正式埋葬，或就地火化，带回骨灰。中国政府请蒙古政府惠予协助，并希望蒙古方面将现场搜集的死难者遗物交还我方。

当时蒙古副外长都不在，我便紧急约见策伦朝达勒司长，转达了国内指示。策伦朝达勒听后说将报告上级。两天后，我又约见策，催问蒙方对我国所提要求的答复。他表示尚未得到政府指示，并说今天已是 25 日，中国政府还未就中国飞机侵入蒙古领土一事作出正式解释，对此只能表示遗憾。他还进一步提出，既然遇难人员的身份已经清楚，希望中方将他们的姓名、年龄、职务和照片提供给蒙方。他最后说："蒙古政府只有在研究中国政府的正式答复后，才能考虑对中国政府的要求予以答复。如果你们拖延答复，会不会产生不适宜情况，我对此表示担忧。"从策伦朝达勒的强硬谈话中，我感到事态又有变化，这与飞机失事以来国际上的传闻不无关系。

国庆将临，使馆正在做各种准备工作，我也赶着进行中断了的拜会活动。9 月 29 日下午 3 时半，策伦朝达勒又以要事相约。他对中国政府未就飞机失事原因作出正式解释表示遗憾，并称此事已在蒙古人民中间引起各种传说和议论,所以蒙古政府决定发表一条简短消息,以说明事实真相。我当即指出,对蒙古政府的要求,中国政府采取了严肃认真的态度,及时做了两次说明。希望在中蒙关系开始正常化的时候,不要作出与此相违背的事情。策伦朝达勒强调不是发表政府声明,只是发表一条一般的消息。

当日下午5时,蒙古广播电台在新闻节目中播出了题为《关于中国飞机失事》的消息。全文是:"中华人民共和国喷气式飞机一架,今年9月13日凌晨1时55分侵犯蒙古人民共和国领空,在深入我国领空飞行时,于2时25分在肯特省依德尔默格县,由于不明原因坠毁。在中国飞机坠毁的地方找到烧得残缺不全的九人尸体、枪支、文件和物品,证明这架飞机是中华人民共和国空军飞机。已经让中华人民共和国驻蒙古人民共和国大使馆的代表们在现场观看了失事飞机。就中国飞机侵犯蒙古人民共和国领空一事,蒙古方面向中国方面表示了抗议,并要求作出正式解释。"9月30日,蒙古各报纸和外语广播中都报道了这条消息。

蒙古方面在我国国庆前夕发表这条消息,对正在改善的两国关系显然会产生不利影响。但从各方面分析,蒙古当局似无意利用这件事大做文章。蒙方在我国国庆前专门举行了庆祝我国国庆的电影酒会,还为我安排了几场主要拜会。

蒙方出席我使馆举行的国庆招待会的领导人比上年多,规格也高。我根据国内指示,借蒙古副外长云登出席我招待会之机,就蒙方发表的飞机失事消息不利于两国关系正常化,向他表示了遗憾。他只说:"我们觉得应该把这一事件告诉群众,所以发表了一个一般消息。"他表示,他们对中国政府的要求到一定时候会给予答复。

国庆前后,中共中央关于林彪仓皇外逃、叛党叛国、机毁人亡的文件逐级下达,公诸群众。所谓的"中国政治之谜"已真相大白。我奉命停止向蒙方交涉,完成了历史赋予我的特殊使命。

八、飞机失事的原因

林彪机毁人亡的消息传出后，曾引起外界猜测纷纭，流言四起。有的称飞机是被导弹击落，有的说飞机上发生过搏斗，等等。事实真相到底如何呢？

蒙古方面认为，该机是在没有外来影响的情况下，由于自身不明的原因，进行紧急降落，试图用飞机腹部着陆失败，结果右翼撞地折断，引起爆炸燃烧。据蒙方提供的气象资料称，9月13日凌晨2时，肯特省依德尔默格县上空无风沙，无雾，只有二至四级的云，能见度为50公里。这就是说，飞机失事地点上空没有危险的气象情况，从而可以排除飞机因自然气象而失事的可能性。

使馆在向国内写的飞机失事报告中是这样分析的：从周围无高大目标，迫降场地选择合理，着陆点到燃烧区有几十米距离，以及死者躯干烧伤不重，无高空摔折等情况看，飞机不像是空中着火爆炸，而是着地后爆炸起火。

1972年5月，中央专案组邀请有关方面专家，对飞机坠毁原因做了系统分析研究，得出了如下结论：飞机是有操纵地进行野外降落没有成功而破碎烧毁。

为什么说飞机是有操纵地进行降落呢？首先，降落场地是经过选择的。飞机本来是由东南向西北方向逃窜，而降落方向却是掉头由北向南。降落场是一片平坦的草地，降落条件较好。其次，飞行员做了野外降落的准备。从机翼残骸照片上，可以清楚地看出已打开了前开缝翼，这是着陆前必须进行的操作，而这种飞机的前开缝翼是靠机械螺旋杆传动的，只有人工操纵才能打开。起落架轮毂完整，没有撞击和严重磨损的痕迹，主轮胎也良好，这说明驾驶员没有放下起落架。飞机是在有操纵的情况下，尾部先着地。现场约 30 米滑痕是飞机尾部着地滑行的痕迹。机上掉下的第一批部件是安装在尾部的中发动机底包皮和喷口等。地面无深沟，说明飞机不是大角度撞地或失速坠地，而是有操纵地着陆。再次，机上人员似都做了降落的准备。每具尸体腕上都无表，脚上没有鞋子，这是迫降前为避免冲撞扭伤而做的准备。

飞机降落为什么没有成功？首先是降落的动作不正确，没有做全，造成着陆速度过大。从残骸照片看，减速板没有打开，减小降落速度的反推力装置也没有使用，自然造成飞机着地时速度过快。这些工作程序在正常情况下应由副驾驶员完成，但该机因仓皇逃窜，未上副驾驶员。其次，三叉戟飞机是下单翼飞机，这种结构不利于野外降落。它的两翼安装在机身下部，机翼和机身腹部都有较大的油箱，在未放起落架着陆时，极易形成机翼、机腹同时着地，造成机翼折断，油箱破裂，引起燃烧。从飞机残骸照片和步测示意图看，左翼尖和中发动机喷口摔在一起，距飞机着陆点仅 160 米，整个机翼也在 180 米处折断。再次，降落地虽是地势较平坦的草原，但地面仍凹凸不平，这也是造成飞机降落后跳跃破碎的原因之一。

飞机残骸散布面积长约 800 米，宽为 50 米至 200 米，呈狭长梯形。据此分析，飞机是以较大速度先尾部着地，形成跳跃，然后两翼折断，机身呈圆筒状带惯性前冲，破碎解体，机上人员被甩出。在此过程中，油箱破裂，造成大面积燃烧。

飞机被迫在野外降落的主要原因是燃料不够，难以继续飞行。根据飞机的飞行高度和飞行时间计算，飞机在坠毁前，油箱中只剩下 2.5 吨左右的燃料，而其中一部分油还抽不上来，不能使用。这么点油在低空飞行时，最多还能再飞 20 多分钟。况且飞机上没有领航员，地面也没有导航，又是夜间飞行，飞行员很难判断当时飞机的精确位置，这也促使他不得不做野外降落。当时，飞机距温都尔汗只有 70 公里。如果飞行员知道飞机的位置，去温都尔汗降落的油是够的。

可以肯定，该机不是空中爆炸。首先，地面有飞机滑行痕迹。其次，飞机残骸散布面呈狭长带状。若是空中爆炸，散布面就大多了，碎片可散落在距爆炸地点10公里以外。再次，若是空中起火，燃料会很快在空中燃烧撒掉，不会形成地面大面积集中燃烧。

该机也不是被击落的。飞机右翼根部那个直径约40厘米的大洞，曾令人怀疑是防空导弹击中的。但机翼的顶面并未穿透，而且洞孔形状不规则，边缘是向外翻，说明它是从内部爆炸冲击形成的。

是否像外电所传，飞机坠毁前机上发生过搏斗？根据对飞机坠毁现场和飞机残骸进行的技术研究，以及对尸体进行的法医鉴定，没有发现搏斗的痕迹。九具尸体都没有任何弹孔。几具尸体头部的血迹，是飞机爆炸时撞伤和急速甩出时摔伤所致。外电传林彪尸体有枪击的"蜂窝状窟窿"，纯属无稽之谈。

古巴临时代办"文革"期间所提建议及毛主席批示

陶大钊

1971年"九一三"事件后，中共中央陆续批发了粉碎林彪集团反革命政变阴谋斗争的三批材料，在全国开展"批林整风"运动。其中的一份材料上刊载了一篇外交部的《外事活动简报》(第29期)，题目是《古巴驻华使馆临时代办加西亚访问外地的几点反映》。《外事活动简报》前有如下一段毛泽东主席的批示：

第（四）条提得对，应对南昌起义和两军会合作正确解说。

材料摘引了《外事活动简报》第（四）条的全文：

（四）（加西亚）向江西外事组同志建议，在介绍中国革命时应该提到南昌起义和朱德上井冈山这两段历史。在参观井冈山时，讲解同志不提南昌起义和朱德上井冈山这两段历史。加说，这两件事应该提，不提对中国人来讲可能容易理解，但外国人不容易理解。对历史事实不要不提，应该提，但要在毛主席革命路线照耀下去正确评价。提这些历史事实不仅不会损害毛主席的形象，相反，人们会通过对当时的各种错误路线的了解，更加体会到毛主席路线的正确。尽管是在遵义会议上确立了毛主席的领导，但江西是毛主席革命路线战胜"左"、右倾机会主义决定性胜利的根据地。

当时，广大干部群众在讨论中共中央下发的材料时，对这位古巴外交官的直言不讳并得到毛主席的批示肯定，深表钦佩。

加西亚这次去江西访问是我陪同的，回北京后他写了这份《外事活动简报》。这段经历至今仍萦绕脑际，难以忘怀。

向周总理提出希望去外地看看

事情还得从 1971 年 1 月 2 日说起。那天晚上，周恩来总理、李先念副总理、郭沫若副委员长以及外交部副部长乔冠华等出席了古巴驻华使馆临时代办为庆祝古巴革命胜利 12 周年举办的招待会。当时，"文革"初期受到干扰和破坏的外交工作已经逐渐恢复正常，打开中美关系的战略决策已经在悄悄地进行。（1970 年 12 月 18 日毛泽东会见斯诺，请他转告华盛顿："如果尼克松到北京来，我愿意同他谈，谈得成也行，谈不成也行。"）中古关系已连续 5 年处于冷而不断的状态。周总理亲临古巴使馆是 1966 年后第一次，显然不是一般礼仪活动，因而引起了出席招待会的各国使节的极大注意，古巴临时代办加西亚更是激动不已。

招待会上，加西亚对周总理谈了他对发展古中关系的一些看法，态度诚恳友好。他还告诉周总理，他已在北京近 4 年，即将离任，希望在返古之前能去外地看看，进一步了解中国革命的历史进程和近况。周总理表示赞成，并要他同外交部商量。

过了两天，加西亚约见外交部礼宾司副司长韩叙，正式提出在他离任前与其夫人和 10 岁的儿子同去外地参观的要求。韩叙同欧美司副司长凌青商量后，经部领导批准，同意加西亚一家作为外交部的客人，由我陪同去延安、井冈山等地访问，并电告当地省革委会外事组，请他们负责接待。当时我是外交部欧美司拉美组的组长。对古关系就是我们这个组主管的。

坐"冷板凳"的加西亚

加西亚是 1967 年 3 月到北京的，当时才 30 多岁。来中国前他是古巴驻越南大使。古巴政府要他屈就临时代办之职，但在古巴使馆内部大家都称呼他大使。

他到北京时正是"文革"初期，林彪、江青一伙到处煽风点火，极"左"思想猖獗泛滥，外交部也闹得一塌糊涂，违反政策和破坏对外关系的事件屡屡发生。加西亚一来就只好坐"冷板凳"了。但是他坚持每天看一本新华社的外文电讯稿，注意了解社会上的各种动态，观察中国的形势。他还读《毛泽东选集》《毛主席语录》，斯诺、斯特朗等美国作家以及法国、英国、德国等出版的有关中国的书籍，甚至去外地访问时，他也带着有关书籍，白天参观，晚上翻阅，十分用功。

"延安应下大力气改变落后面貌"

1971 年 1 月 12 日至 26 日，加西亚一家先后访问了西安、延安、上海、南昌、井冈山、杭州等地。因当时我国的民航线路很少，加西亚一家访问杭州后又回到上海，再飞返北京。同行的还有徐贻聪同志，当时他是古巴驻华使馆的中文秘书，担任加西亚的西班牙文翻译。

这次访问，加西亚一家在各地主要参观了革命历史遗址和纪念馆，如上海中共一大会议旧址、西安八路军办事处等，也看了几处人民公社和工厂。有的地方还安排了文化活动，如观看"红小兵"表演的革命歌舞节目等。

加西亚是一个思想敏锐、颇具见解的人。他参观时很认真、很仔细，也很慎重，从不对"文革"直接表态。但他对看到的一些问题却能友好坦率地提出意见，并能用当时我国"文革"中流行的语言来阐述，使当地人容易接受。

离开延安前，地区革委会负责人征求加西亚对访问的意见，加提了两点希望。他说，延安是具有革命历史意义的地方，肩负着两方面的任务：一方面是接待来自中国国内和世界各地的革命者，向他们介绍延安的革命历史和中国的革命经验；另一方面是生产，别的地方发展了，延安怎能落后呢？延安自然条件差，水土流失严重，你们要花很大力量做这方面的工作。你们有许多事情要做，但这两件事十分重要。

加西亚讲得比较婉转，但很明显，这是针对他目睹延安当时贫穷落后的情况而发自内心的感受。当时延安革委会的这位负责人听了也很有感触，并如实将加西亚的意见写入接待工作简报，上报陕西省领导和外交部等单位。

访问江西时提的意见

我们到南昌的当晚，省革委会外事组负责人同我谈加西亚一行的日程安排。日程上没有参观南昌八一起义纪念馆一项。当我提出能否加上南昌八一起义纪念馆时，这位负责人说，南昌八一起义纪念馆现在不对公众开放。我问能否单为加西亚一行安排进去看一看。他表示很为难，而后无可奈何地告诉我，南昌八一起义纪念馆被红卫兵封了。我一听也犯难了，谁敢得罪红卫兵呢？这样，加西亚就没有参观南昌八一起义纪念馆。外事组负责人对他解释说："南昌八一起义纪念馆正在整修。"

那时，井冈山根据地各处遗址都刻意突出渲染林彪。"黄洋界"的地名碑是林彪写的，龙源口大捷是林彪"直接指挥"的，毛泽东旧居旁是林彪的旧居，甚至有一处还展示了黄永胜的旧居，却没有一处提到参与领导井冈山斗争的朱德、陈毅等人的名字。

尤其令人吃惊的是，在井冈山革命博物馆悬挂着一幅林彪与毛泽东在井冈山会师的大油画。年轻的讲解员像背书一样介绍说："1928年春，林彪同志率领部分南昌起义部队来到井冈山，在这里会见了伟大领袖毛主席。林彪同志一贯高举毛泽东思想伟大旗帜，最忠诚、最坚定地执行和捍卫毛主席的无产阶级革命路线。林彪同志是毛主席的亲密战友和接班人。"

离开江西前夕，加西亚向江西外事组负责人提出建议说，在讲述中国革命时应该介绍南昌起义和朱德上井冈山与毛主席会师的这两段历史。不提这些历史事实，对中国人来讲可能容易理解，但外国人不容易理解。加西亚还特别提了一下江西在中国革命中的历史地位。他说，虽然是在遵义会议上确立了毛主席的领导，但江西是毛主席革命路线战胜"左"、右倾机会主义决定性胜利的根据地。讲历史事实不会损害毛主席的形象，反而能使人们加深对毛主席正确路线的认识。显然，他说得比较婉转，尽量不让江西的同志感到不快，但他对抹杀和篡改历史事实的批评确实是一针见血的。

上海和平宾馆一夕谈

在杭州参观游览两天后，我们又回到上海，下榻于和平宾馆。返京前夕，我和徐贻聪同志到加西亚房间去随便聊聊。他请我们喝他自备的速溶咖啡（当时我国没有速溶咖啡），很坦率地同我们谈了这次访问的观感。

他表示对这次访问很满意，各地接待热情友好，使他有机会接触地方干部和群众，增加对中国的了解和感情。同时，他批评外交部与驻京使团的接触太少，缺乏交流，"感觉不到中古人民间的友谊"。

他重复了在延安提的意见，特别是在江西提的意见，又做了进一步的阐述。他说，不仅在中国，全世界都知道是"朱毛会师"，是朱德率领部分南昌起义部队上井冈山，不是林彪副主席。《毛泽东选集》和斯诺的《西行漫记》上都有记述。加西亚还拿出一本他随身带的英国出版的介绍中国的书，翻给我们看有关章节。他说，应该尊重历史事实，任意篡改会有损中国共产党和毛主席的伟大形象，他在大学念书时就钦佩中国革命，敬仰毛主席，提意见完全是出于这种感情。

怎样在简报上反映加西亚的意见？

按规定，这类外事活动都应写书面简报上报。这次回北京后，我先向凌青、韩叙口头汇报了访问情况和加西亚的反映，特别是在江西的情况和加西亚的批评意见。他们支持我把批评写入简报，向上反映。我提出给我一点时间好好想一想怎么写好。他们表示理解，同意我"多斟酌斟酌"。

尽管当时外交部已经传达了中共中央在庐山召开的九届二中全会和陈伯达的问题，但是绝大多数人，包括我在内，绝对没有想到，绝对不可能，也不敢去想林彪会反对毛主席，阴谋发动政变。在学习会上，许多人还引用林彪的讲话去批判陈伯达。当时的考虑主要是，林彪是党中央副主席，其作为毛主席"接班人"的地位已正式写入党章。"谁反对林副主席就打倒谁"，而且"永世不得翻身"，这令人不寒而栗。为了免遭不测与飞来横祸，简报上绝对不能出现"林副主席"和"红卫兵"的字样。

经过两三天考虑，我用了一千多字写了一份简报。头两节提到加西亚对"大兴水利""知识青年上山下乡"和"蚂蚁啃骨头"的正面积极的反映。三、四、五节分别反映他在延安、井冈山和对外交部提的批评意见，重点在井冈山这一节。

凌青看过以后，立即就签发了。2月6日，外交部办公厅有关单位将这份"反映"编印了第29期《外事活动简报》，分送中共中央政治局委员、"文革"小组成员、国务院、军委办事组、中央涉外单位和新闻单位，以及外交部部、司领导。

"伟大领袖毛主席的重要批示"

大大出乎我意料的是,这份《外事活动简报》反映的加西亚的意见,引起了部领导和周总理的极大注意。

乔冠华副部长和章文晋部长助理看了《外事活动简报》后,立即联名"推荐总理一阅"。

2月12日,周总理将这份《外事活动简报》和另一份材料送给了毛主席。周总理在《外事活动简报》上沿批示:"两件即呈主席参阅。退周恩来。1971年2月12日。"

过了一些日子,周总理办公室忽然来电话告诉我们,毛主席对《外事活动简报》有批示。随后,他们将《外事活动简报》退回外交部,先在部领导中传阅,然后再传至主办单位。毛主席在《外事活动简报》左侧边沿上批写:

第(四)条提得对,应对南昌起义和两军会合作正确解说。

毛主席的批示在外交部各单位通报后,4月4日作为《外交部文件》印发,分送范围比《外事活动简报》扩大了许多,包括各省、市、自治区革委会外事组。这份文件的标题是《伟大领袖毛主席的重要批示》,用套红、大字印刷,内容只是毛主席批的一句话,《外事活动简报》全文作为附件。

接着,在人民大会堂召开的有外交部等外事部门和涉外单位、新闻单位负责人参加的一次研究工作的会议上,周总理特别提到了毛主席的批示,赞扬了加西亚尊重历史、实事求是、直言不讳的精神,并对南昌起义和井冈山会师做了简要的阐述。

当时负责掌握宣传工作的中央宣传小组也将毛主席的批示和《外事活

动简报》作为宣传工作通报发至全国各宣传部门。

"文革"期间,传达毛主席的"最高指示"绝对是头等大事。这样,加西亚很快就扬名全国各外事单位和宣传单位了。

向周总理汇报

1971年4月23日晚,加西亚离任前夕,周总理在人民大会堂接见了他,参加的有凌青、韩叙,翻译是沈允熬,我也参加了。我们大约提前一刻钟到达福建厅。等了几分钟,周总理神情严肃地走进来,同我们一一握手。我们每个人都轻轻地握了一下总理的手,同时轻轻地叫了一声:"总理。"我们对能见到总理非常高兴,但我们知道总理非常非常忙,非常非常累,只有这样才能真正表达我们对总理发自内心的感情。接见厅中央围了一圈沙发。总理向中间靠右的沙发走去(这是他接见外宾时惯常的座位),边走边问:"加西亚明天就要走了吗?他在中国4年多了。访问了哪些地方?"总理坐下后说:"这个临时代办很有头脑,他提的意见,毛主席批了。"总理问韩叙,是不是他陪加西亚去江西的。韩叙指着我回答说,是陶大钊陪他去的。当时我们都面对总理站着,我和沈允熬都站得靠后一些。凌青和韩叙要我往前靠总理近些,并要我向总理汇报一下去江西的情况。我走到总理面前,刚说了半句:"总理,是我陪加西亚去的……"总理就打断了我的话,要我在他旁边的沙发上坐下来再说。于是大家都坐了下来。我着重汇报了《外事活动简报》上没有直接反映出来的情况,如南昌八一起义纪念馆被红卫兵封了,井冈山革命博物馆那幅毛主席和林副主席会师的油画,以及加西亚谈到全世界都知道"朱毛会师"和不提朱德外国人不能理解等意见。总理很耐心地听,还评论说,这不符合历史事实嘛!他问韩叙和凌青有没有将毛主席的批示告诉加西亚。他们答,没有,准备请总理接见时告诉他。

周总理谈南昌起义和两军会合

晚上8时半，加西亚准时到达人民大会堂。总理在福建厅门口欢迎他，同他合影。

谈话开始，总理对加西亚说，你来中国四年两个月了。这段时间正是我们"文革"紧张的时候，差不多从头到尾你都知道了。

加西亚说，这是一种特权，是一个大学。在"文革"期间，当遇到一些不愉快的事情时，我们不理会，因当时形势不正常，有些事在一定程度上是无法控制的。

接着，总理就讲起了加西亚访问江西时提的意见。

总理说，你提出，按照毛泽东同志的思想，应该把南昌起义后朱德同志带领队伍上井冈山和毛主席领导的秋收起义队伍会合这段历史展览出来，这个意见完全正确。这也就是毛泽东同志的思想，我把你的意见告诉了毛泽东同志。他马上批回来说，你的意见是对的，并且要我们告诉展览馆更正。

而后，总理讲了一段八一军旗图案的来历。

总理说，中国人民解放军军旗的图案就是"八一"两个字。定军旗图案的时候，正是解放战争快要取得胜利的时候，我和毛主席在一起工作。各种图案都选不上，毛泽东同志就说，何必另选呢？把"八一"两个字写上就是一个图案了。我说，红军获得成功是井冈山开始的，八一起义是失败的，恐怕用"八一"两个字不一定恰当。毛主席说，不对，八一起义向国民党反动派开了第一枪，秋收起义在八一起义之后。

总理介绍说，毛泽东同志参加八七会议（南昌起义后六天，中共中央在湖北汉口秘密召开的紧急会议）后，带着一部分农民武装和工人武装，还有没有赶上参加八一起义的警卫团，黄永胜就在这个团里，组成一支工农兵武装上了井冈山，建立根据地，站住了脚。时间在八一起义之后。

八一起义虽然方向对，但政策错了。以城市为主、依靠外援是两个根本性的错误。这个错误是我犯的，南昌起义时我是前敌委员会书记。参加八一起义的有我党初期的许多人，朱德、林彪、陈毅、贺龙、刘伯承、聂荣臻、叶挺、郭沫若、恽代英，董必武最老，也参加了。另外还有李立三、张国焘。当时党中央在武汉，我们把军队从武汉拉到南昌，高举反对国民党的旗帜，所以大多数中央委员都参加了。这是党的一件大事，不能因为失败，就不纪念。

总理还讲了朱德同志上井冈山的情况，并特别提到了林彪。总理说，南昌起义时有两支军队，一支是贺龙的，一支是叶挺的。叶挺在北伐战争时带领一个独立团把武汉打下来，那时林彪在这个团里当排长。1927 年，我们在汕头外围打仗时留下朱德率领的一部分军队牵制国民党军队，林彪在团里当连长，陈毅同志在团里当支部书记。朱德的部队没有参加汕头作战，没有受到损失。他带领一部分保存下来的部队，转到广东北部、湖南南部，最后在 1928 年春到达井冈山和毛泽东同志的部队会合。这就是两支部队的会师。朱德是军人出身，当军长，毛泽东做政治委员，所以从 1928 年后中国反动报界总说"朱毛"，把这两个名字一直连在一起。毛泽东同志说，不管这个同志后来犯过多少政治路线错误，他把一支部队带到井冈山，这是一个大功，保留了很多干部。所以，写历史总是把这件事写上。

总理说，朱德同志年纪大，85 岁了，身体不好，休息时间较多，没有参加这次运动。我们的红卫兵翻他的历史，说他犯过错误，反对过毛泽东同志，就在中南海里贴大字报，说他是"黑司令"。毛主席站出来说话了，你们年轻人不懂得历史，这是不对的，朱德同志还是"红司令"，虽然他犯过错误，但我们总还是在一起战斗到现在。所以党的九大仍选他参加政治局。上井冈山是正确的，南昌起义失败了，犯了错误。两方面对照起来就更显得毛泽东领导的革命路线正确。这是你的意见，毛泽东同志很欣赏你的意见，合乎他的思想。

接着，总理用了很长时间谈国际问题。谈前，总理对加西亚说，请他把谈话内容转告古巴政府和卡斯特罗，并同意加西亚做记录。总理谈了美苏争夺世界霸权、越南抗美战争的形势、美国内部的困难和矛盾、中苏关系和中美关系等问题。周总理还谈到了他4月14日接见应邀来访的美国乒乓球队，打开了两国人民友好来往的大门，将会得到两国大多数人民的赞成和支持。

这次接见一直持续到半夜12时才结束，整整三个半小时。加西亚几次提出不愿使总理太劳累，要起立告辞，都被总理留下。不久后，我才知道，就在这次谈话前两天，周总理刚通过巴基斯坦总统向美方发出邀请，愿意接待美国总统特使基辛格博士或美国国务卿，甚至美国总统本人来北京直接商谈。总理向加西亚详细阐述国际形势和我对外政策，是向古巴暗示中美可能很快打开关系的信息，让古巴有一定的思想准备。

周总理接见加西亚的谈话记录于5月1日印发，分送范围比《外事活动简报》有所扩大，突出的是增加了陈毅、徐向前、聂荣臻等几位老帅。在1969年4月召开的中国共产党第九次代表大会上，这几位元帅被排斥在中央政治局之外。珍宝岛事件后，林彪借口加强战备，将几位老帅和副总理"疏散"到外地。一段时间以来，许多文件都不发给他们了。

1971年年初几个月，毛主席和周总理为挫败林彪集团阴谋而展开的斗争已经趋于白热化。在这一段时间里，周总理抓住了加西亚在江西访问时提出的批评意见，取得毛主席的支持，多次发表讲话和发出通报，使加西亚的批评意见在揭露林彪集团煽动极"左"思潮、歪曲历史、蒙骗群众、为篡党窃国制造舆论方面，起了积极作用。

我想，这就是把《古巴驻华使馆临时代办加西亚访问外地的几点反映》这份简报选入粉碎林彪集团反革命阴谋斗争的材料中的原因。

基辛格第二次访华

魏史言

复杂的接待方案

1971年7月，美国总统国家安全事务助理基辛格博士秘密访华后，中美两国政府于7月15日同时发表了尼克松总统访华的公告，震动了当时的世界。它标志着中美两国关系将由长期对抗开始走向和解的重大转变。两国政府都十分重视即将举行的首脑会晤。尼克松把他的这次访问视为历史创举，担着很大的政治风险。为了保证圆满完成这次历史性的访问，尼克松决定派基辛格再次来华，同中方商谈他的访华日期、会谈议程、新闻报道和安全保卫等问题。双方通过"巴黎秘密渠道"商定并于10月5日公布，基辛格一行将于1971年10月20日来华访问，"为尼克松总统访华做基本的安排"。

这次基辛格来访乘坐从未在中国领空飞行过的美总统专机，其随行人数相当于尼克松总统访问的全部人马。商谈的问题，既有重大的政治问题，又涉及复杂的技术问题。基辛格把随行人员按照需要了解情况的范围分成四个等级：他和其助手洛德、霍尔德里奇了解政策和总统之行的某些技术方面的细节；总统的特别助理和先遣队负责人德怀特·查平了解一切技术问题；安全保卫和通信技术人员只了解与他们的工作有关的问题；而对那位国务院的代表艾尔弗雷德·詹金斯,尽管他是一位老中国通,参加过多次中美大使级会谈,但既要"使他有一种参与的感觉,而又不让他参与关键性的地缘政治讨论,特别是起草公报的工作"。在他们内部由洛德掌握,"必须竭力做到有条不紊,不出差错"。美方建议中方按照他们各类人员"需要了解"的范围,安排各种级别的会谈,并在同一时间进行,以使基辛格等少数几个人好同中方商讨一些最敏感的问题而不受干扰。

这时,周恩来总理忙于准备召开四届全国人大和处理林彪叛逃事件,直到10月中旬才着手进行接待基辛格第二次访华的准备工作。10月17日,外交部对当时的国际形势做了充分估计,提出了对国际问题和双边关系会谈的方针和立场,拟出了接待方案,决定仍按基辛格秘密来访时的规格接待,但予以公开报道。同时应美方的要求,安排各类人员的对口会谈和活动计划。接待方案经周总理亲自修改后,呈报毛泽东主席。10月19日,毛主席批示:基本同意。某些地方可能要在会谈中临时修改。

一场意外的虚惊

基辛格自定这次访华行动的代号为"波罗二号"。"波罗二号"行动比他上次秘密访华的"波罗一号"行动神气多了。他为了给尼克松总统试航,不仅大摇大摆地公开来华,而且坐着总统专机——"空军一号"大兜其风。基辛格一行于10月16日启程,沿着尼克松总统访问预定的航线试飞,中途在夏威夷和关岛停留稍息(为避免由于时差和高速飞行的不适导致总统在到达中国时过分疲劳,从而影响健康和访问),然后再飞上海。他们于10月20日到达上海时,见到只有上次去巴基斯坦迎接他的章文晋等四人和上海外办的两位代表在机场迎接,就感到有些受冷遇。当天中午飞抵北京时,也仍像上次一样,还是以叶剑英元帅为首的几位高级官员前往欢迎,不过增加了姬鹏飞代理外长。他们感到这次访问已公开宣布,但欢迎场面并不像他们想象的那样热烈,心里有些忐忑不安。

在他们的车队从北京机场到钓鱼台国宾馆的途中,基辛格发现不仅断绝了交通和布满了警卫,而且还有几面墙上写有反对美帝国主义的标语。特别是在他们进入宾馆六号楼的住房时,每个房间里都放有一份英文的电讯稿,上面印有"全世界人民团结起来,打倒美帝国主义及其走狗"的口号。他感到非常不快和担心,生怕中国同美国新开创的脆弱的和解进程又被中断,因而即令人把所有房间里的英文电讯稿都收集起来,送交给中方的一位礼宾官员,并说:"这一定是以前的一个代表团丢在这里的。"此外未做更多的反应。

周总理听到这事的汇报后,非常生气,即问礼宾司的负责人,为什么要摆放这些东西?礼宾司的负责人说,这是新华社历来的规矩。后来反映到毛主席那里,毛主席说,告诉他们那是"放空炮"。因此,周总理以后就谈起了"放空炮"的比喻,并解释得很圆满,不是什么事都"放空炮",我们说话是算数的。第二天姬鹏飞代外长在陪同基辛格去人民大会堂的路上,特意解释说,每个国家都有它同群众联系的办法,你们用报纸和电视,中国则用墙上的标语。他指着昨天写有标语"反对美帝",现已换成英文标语"欢迎亚非乒乓球赛"的墙,示意有的反美标语已经换了。后来周总理在会谈中也表示,应该注意中国的行动,而不是它的言词,有些宣传口号是"放空炮"。

谈笑间气氛缓和

10月20日下午,基辛格等经过一场虚惊之后,周总理在人民大会堂接见了美方全体来访人员。他平易近人地同客人一一握手和照相后,随即就座寒暄。这时,周总理以他惊人的记忆、坦诚的胸怀,落落大方地向基辛格及其随行人员,一一表示欢迎和问候,就像老朋友一样说出他们各自的学历和经历，并谈笑风生地赞扬他们的来访增进了两国友谊。提到国务院那位詹金斯时，周总理说他在22年前就在中国居住过，对中国很了解，是中国的老朋友了。詹金斯听后非常感动。

随后，双方举行了第一次会谈，顺利地商定了会谈议程和方式，基辛格甚为满意。

会后，周总理设宴招待了全体来宾，并热忱洋溢地即兴致辞表示欢迎。他首先说，中美两国关系在中断了22年之后，现在就要揭开新的一章。这应该归功于毛泽东主席和尼克松总统。当然，一定要有一个人作为先导，这个先导就是基辛格博士。接着他很自然地联系基辛格上次说中国是"神秘的国土"这句话，风趣地赞扬他，勇敢地秘密访问了中国这个所谓"神秘的国土"。这是一件了不起的事情。现在是基辛格博士第二次访问这个国土，它不应该再被认为是"神秘"的了。他是作为一个朋友来的，还带来了一些新朋友。客人们听到这里，感到讲得既亲切又贴切，报以热烈的掌声。周总理接着联系基辛格上次所谈的"哲学"的含义，明确指出，我们两国的社会制度是不同的，而且我们各自的世界观——基辛格博士所说的"哲学"——是完全不同的，但是这不妨碍我们找到共同点。周总理说，中美会谈到现在已经进行了16年了，但没有找到共同点。现在尼克松总统要亲自来北京讨论，而基辛格博士就是他的先行人员。我们希望这些讨论将取得积极的成果。他还赞扬了中美两国人民是伟大的人民，说我们两国虽远隔着太平洋，但友谊把我们两国人民联系在一起。希望两国人民本着一种新的精神来迎接这一新的纪元。最后他为中美两国人民的友谊和客人们的健康干杯。在宴会结束前，周总理绕宴会厅一周，同每个客人，包括秘书、警卫和机组人员一一握手、碰杯。所有的客人无不为周总理热情诚恳的讲话和平易近人、一视同仁的风度所感动，对周总理非常敬佩。这时，基辛格等人的冷漠感觉已烟消云散，从此在整个访问期间一直生活在热诚的友好气氛之中。

巧妙的分组会谈

自10月21日起,双方进行分组会谈。周总理同基辛格会谈实质问题。按基辛格不让詹金斯参加实质性会谈的建议,由总理助理熊向晖同詹金斯谈一般关系问题。于桑同美方进行保卫、通信等技术问题会谈,双方专家参加。

周总理同基辛格共进行了10次会谈,5次谈形势政策,5次谈联合公报。会谈一开始,为使双方谈得轻松自然一点,周总理针对基辛格上次来华初次会谈念稿子的窘态,风趣地说:"按照惯例,我还是请你先说。我准备听你讲写出来的这么一大堆材料。"基辛格自谦地说:"当时我自己感到很惭愧……"周总理即制止说:"不,不,你头一次来嘛,必须要有一个准备好的看法嘛。"基辛格很钦佩地说:"总理没有笔记讲话,比我有笔记讲话更流畅。"周总理客气地说:"不见得,不要夸奖喽。"接着,基辛格谈到尼克松访华公告时说:"总理先生,7月份我们会见的时候,你曾说过,尼克松总统访华公告的发表,将会震动世界。世界确实被震动了,我们两国在世界上掀起了新的潮流,使许多国家在执行他们外交政策的时候有了新的考虑。我们推动了世界事务中的一场革命。""尼克松总统采取这样的主动行动,表现了很大的勇气。"然后,他提出尼克松总统访华日期在1972年2月21日或3月16日均可。周总理选定了2月21日。以后数日,双方就中国台湾、印度支那、朝鲜、日本、南亚次大陆等问题交换看法。基辛格重申了他上次来华时谈的一些看法,但这次谈得更深入了。周总理在谈到每一问题时,都是从历史谈到现在,全面地阐明了中方的态度和立场,头头是道,明明白白。基辛格十分佩服,后来特在他的回忆录《白宫岁月》中写道:"我很欣赏周恩来的杰出的品格。他对事物了解之详细是惊人的。许多领导人利用细节来回避问题的复杂性,但周恩来有一种特别卓越的才能，他能抓住事物之间的相互关系。他是一个为信仰而献身的理论家。他运用他的信仰支持他度过了几十年的斗争生涯，并把他那热情的性格锤炼成为一个我所遇见的最敏锐而又能对现实冷静估价的人物之一。"

熊向晖同詹金斯的会谈也谈得不错。尽管詹金斯是美国国务院的中国通，又是中美大使级会谈中的专家，对中国的态度和看法受了一定的传统影响，但他这次也不无感慨地说："我同从1955年开始以来的初步会谈有联系。在这期间，我们两国之间的关系就如有人所描述的那样，像在黑夜中航行的船……而现在幸运的是，我们不再在黑夜，而是在白天航行了。"

其他组的会谈也基本谈好。通信技术（包括新闻采访、报道和电视转播）问题，在双方真诚协商下，顺利达成协议。仅在保卫安全问题上，美方负责警卫的头头出了点洋相。他竟要求中方把尼克松可能访问的地方，都开出一份捣乱分子的名单给他，并反对尼克松总统在中国境内乘坐中方提供的汽车和飞机。中方对这位头头的无知和傲慢给予批驳。后经基辛格说服，美方完全接受了中方的安排。

新奇的公报草案

基辛格在这次来华之前从未提过要起草尼克松访华公报问题，所以中方接待方案中也没预做准备。而基辛格来华后在第一次会谈时就提出起草联合公报的要求，以后在每次会谈时他都提及这一问题，要求在他离华前对公报达成一个总的谅解，说这是因为世界上有人希望尼克松总统这次访问失败。周总理表示，由于这是美方初次提出的建议，我们没有准备，希望在一般性和限制性会谈后再谈公报，并说美方既有准备，可先提出草案来。基辛格同意。

10月22日下午会谈时，美方提出了尼克松总统访华的联合公报草案。这个草案长约3000字，包括访问情况、两国关系的一般原则、对国际形势的看法和台湾问题等四个部分，是按老一套格调起草的。其中，强调了一些含糊其词的共同点，而用一些陈词滥调掩盖着双方的分歧，并在台湾问题上有意避而不谈美国撤军问题，反而要中方承诺只用和平方式解决台湾问题。

周总理看了美方草案后，很不满意，说这个草案不能接受，指示章文晋起草对案，并提议按照过去同蒋介石达成协议的办法，各说各的，明确写出双方的分歧，同时也吸取美方可取之处，写出双方的共同点，以便共同遵循。章文晋起草好后，即送呈毛主席审批。

10月23日晚，毛主席把周总理、姬鹏飞、熊向晖和章文晋等找去。他先表示不赞成搞公报。周总理说明这是美方提出的，他们需要，不搞不好办。主席接着说："那个东西（指章文晋起草的对案）我只看了一遍，发言权不大，只有一点点。不满意，一点神气也没有。"周总理即解释说："这个草稿我们还没有经过认真研究，先送主席审阅，然后按主席指示修改。"主席随即说："国际形势我讲过多次，天下大乱嘛！各说各的可以，这个办法好。他们不是讲什么和平、安全、不谋求霸权吗？我们就要讲革命，讲解放全世界被压迫民族和被压迫人民，讲大国不应该欺侮小国。不突出这个，我看不那么妥当。"接着说："我们是'放空炮'……要尼克松同意解放被压迫民族和人民那也难。他也是讲空话，什么维护老朋友啊，不干涉内政啊，不争霸啊，那怎么行！但是他也不好讲大国应该欺侮小国嘛。语言上接受，行动上自由，他们是自由国家、自由世界。说什么不谋求霸权，你美国由13个州到50个州，还不是扩张、争霸的结果，后来把手伸向全世界。……现在尼克松也承认他们困难了。过去美国讲两个半战争，后来讲一个半战争，现在一个半也不行了。……"最后说："各说各的好，你们先给他们吹吹。"

毛主席讲完后，周总理说，就让熊向晖按照主席指示的精神改写一下。主席说好。

由于中方的对案尚未起草好,所以将原定次日由姬鹏飞代外长同基辛格谈公报的安排改由周总理同基辛格会谈。会谈开始后,周总理按照毛主席的指示,从评论美方的公报草案谈起,说你们草案的内容在原则上同我们不一致。基辛格神情紧张地问道:"总理说的原则指的哪些方面?"总理说,是指对世界形势的看法和展望方面,我们同你们完全不一致,在中国台湾、越南、印度支那、朝鲜、日本、次大陆等问题上的看法也有一定距离,有的地方还有相当大的距离。接着,周总理向基辛格再次讲了天下大乱的世界形势。他联系当时中国台湾、越南、印巴和中东等地区冲突与动荡局势,说现在战争根本未停,世界并不太平,客观世界是大乱,谈不上和平。当前的主要倾向是革命,不是战争引起革命,就是革命制止战争。最后说,如果我们对形势的估计说得含含糊糊,不把我们两国的根本分歧讲清楚,是不真实的,我们是不能同意的。周总理讲完后,美方做了一些辩解。后来基辛格表示,他们来不是单纯为了记下"哲学"上的不同观点,而是要规划一条向着未来有所前进的道路。这时,周总理又谈了草拟公报的设想,并说现在先休会吃饭,下午我方将提出公报草案。

我方将要提出的公报草案是熊向晖按照毛主席和周总理的指示改写的。这个草案完全打破了老套格调,十分新奇。在草案的序言中概述了尼克松总统访华的情况。第一部分要求各自写明对国际形势和重大问题的看法和立场。中方写进了当时对国际形势的看法和革命的语言。如哪里有压迫,哪里就有反抗。国家要独立,民族要解放,人民要革命,已成为不可抗拒的历史潮流。国家不分大小应该一律平等,大国不应欺负小国,强国不应欺负弱国。中国不做超级大国,并且反对任何霸权主义和强权政治,支持被压迫人民和民族争取自由、解放的斗争,等等。美方部分,空着,由美方自己写。第二部分吸取双方共同点明确了建立中美关系的共同原则和共同声明。第三部分各自说明关于台湾问题的立场和主张。第四部分写明改善双边关系的某些具体建议。

10月24日下午,毛主席对周总理等说,这一稿改得好。写了我的一些老生常谈,有点神气了。

当日晚会谈时,周总理让姬鹏飞代外长念了我方对案全文,美方记录下来。基辛格听后,开始时感到"用词尖锐""立场都是以最不妥协的词句提出来的",难以接受。周总理表示,用漂亮的外交辞令掩盖分歧的典型公报,往往是祸根。公开地摆明分歧,就是解决问题的开始,也是通向未来的第一步。周总理宣布休息一会,请基辛格等不妨再考虑一下。休息时,美方人员在一起商讨后,基辛格豁然开朗,感到也许用这种独出心裁的方式,能解决他们的难题。复会后,他即告诉周总理,美方愿意接受中方草案的写法,但要求在文字上不要火药味太浓,必须相互适应。25日,美方提出了新的对案。为讨论公报草案,基辛格特推迟一天返美。26日晨,双方就联合公报草案基本达成协议,只有台湾问题僵持不下搁了浅。美方坚持不能背弃老朋友——蒋介石,不愿同台湾当局断绝"外交关系"和从台湾撤出全部美军,难以达成协议。基辛格挖空心思搞了一句模棱两可的提法,即"美国认识到,在台湾海峡两边的所有中国人都认为只有一个中国,台湾是中国的一部分。美国对这一立场不持异议",但是美方硬要写上"美国政府强调这样的观点,即中国人民应该通过和平谈判来实现他们的目标",而且不明确表示从台湾全部撤走美国军事力量的时间。中方很不满意,只好留待尼克松总统来访时再商讨。

10月26日晨谈完公报草案,基辛格于9时动身返国。

历史性的胜利

——中国代表团出席第二十六届联大纪事

史 实

1971年10月25日，联合国大会第二十六届会议以59票反对、55票赞成、15票弃权，否决了美国和日本等22国提出的驱逐"中华民国"代表权必须由联大2/3多数赞成的"重要问题"提案。接着表决阿尔巴尼亚、阿尔及利亚等23国提出的恢复中华人民共和国在联合国的一切合法权利和立即把蒋介石集团的代表从联合国的一切机构中驱逐出去的提案，并以76票赞成、35票反对、17票弃权的压倒性多数获得通过。这使美国炮制的另一项提案，即"双重代表权"提案，成了废案。顿时，会议大厅立即沸腾起来，雷鸣般的掌声和欢呼声从会场四面八方响起来，还有不少亚非拉国家的代表纵情高声歌唱，掌声、歌声、欢呼声汇合在一起，犹如大海的波涛，汹涌澎湃，经久不息，回荡在有着金黄色的圆屋顶和黄色地毯的会议大厅，也响彻了五洲四海。

10月26日，外交部代理部长姬鹏飞收到联合国秘书长吴丹发来的电报，通知第二十六届联大通过了恢复中华人民共和国在联合国的一切权利并立即将蒋介石集团的代表从它在联合国组织及其所属一切机构中所非法占据的席位上驱逐出去的决议。姬鹏飞代外长立即呈报了周恩来总理。当天下午，周恩来总理紧急召集姬鹏飞代外长等外交部领导成员在人民大会堂开会，研究派代表团出席这届联大的问题。会议开始不久，传来了毛主席请周总理和其他同志到他那里去的电话。总理即带领有关同志到主席处。当总理讲了有关情况之后,主席立即明确指示:要去。为什么不去?马上就组团去。主席和总理决策之后,外交部随即成立了参加联合国工作筹备小组,由乔冠华、熊向晖、唐明照、章文晋、凌青5人组成,乔冠华抓总。嗣后,经毛主席和周总理批准,出席第二十六届联大的中国代表团很快组成,团长是乔冠华,副团长是黄华,代表是符浩、熊向晖、陈楚,副代表是唐明照、安致远、王海容、邢松、张永宽。中国代表团出席联合国第二十六届大会的方针是:把平等协商的精神带到联合国去;反对超级大国的霸权主义,为被压迫人民和被压迫民族讲话,为广大中小国家的人民讲话,特别为印度支那、朝鲜、巴勒斯坦和阿拉伯等亚非人民讲话;在联合国的各项活动中切实体现我国对国际事务的原则立场;在对外活动中做到谦虚谨慎,不卑不亢,平等待人,不轻然诺。

经过两个星期的紧张准备,一切基本就绪。就在我国代表团准备离京赴纽约的前一天晚上,突然传来毛主席要接见代表团的通知。周总理带领代表团团长和部分代表以及外交部有关领导同志来到主席住处时,主席已等候在那里。他身着长毛巾睡衣,站在书房门口,同大家一一握手,然后招呼大家坐下。总理把代表团成员一一向主席做了介绍。当介绍到符浩和陈楚时,总理说他们都是"九十一人大字报"的签名者,话还未了,主席笑着说:"我还是喜欢'九十一'。"一句话犹如一股暖流,顿使符浩和陈楚感到无比温暖和亲切,因为在参加代表团一事上,曾有人把他俩在"九十一人大字报"上签名作为一个问题提了出来。这天晚上,主席兴致极高,毫无倦意。他手拿小雪茄,纵谈世界,从欧安会谈到中美关系直至联合国的斗争,引经据典,以古喻今,谈笑风生。他以《三国演义》中的"柴桑口卧龙吊孝"来比喻中国代表团赴纽约参加联大,还提出代表团应有汉朝班超出使西域时"不入虎穴,焉得虎子"的勇气。谈话至深夜,大家仍兴犹未尽。这时,主席把话题转到了国内,并叫秘书拿出一份文件,说:

"你们这次去联合国可以放心了，我的那个'亲密战友'不在了。"主席随即问总理："在座的同志知道吗？"总理说："还没有告他们，主席谈完后，我们就到人民大会堂把文件读给他们听，并介绍有关情况。"主席说："我国今年有两大胜利，一个是林彪倒台，一个就是恢复联合国席位。"主席接见完后，大家即到人民大会堂福建厅听传达文件和情况介绍。当大家从人民大会堂福建厅走出来的时候，东方已经发白了。

11月9日下午，中国代表团乘飞机离开北京前往纽约。北京机场红旗猎猎，锣鼓喧天。周恩来、叶剑英、李先念、李德生、汪东兴、郭沫若、姬鹏飞等同志及首都4000多名群众到机场隆重而又热烈地欢送。"热烈欢送我国出席联大代表团！""毛主席万岁！"的欢呼声和掌声响成一片。代表团成员绕场一周，向挥动着花束、彩带的欢乐群众、前来送行的各方面负责人告别；同前来送行的柬埔寨王国民族团结政府外交大臣沙林察以及阿尔巴尼亚、阿尔及利亚等60多个国家的外交使节一一握手，感谢他们的政府和人民为恢复中华人民共和国在联合国的一切合法权利所做的努力。欢送礼遇之高，规模之大，可谓空前。

11月11日当地中午时分，中国代表团抵达纽约。一下飞机，代表团就受到联合国总部代表，阿尔巴尼亚、阿尔及利亚、缅甸、锡兰、古巴、赤道几内亚、几内亚、伊拉克、马里、毛里塔尼亚、尼泊尔、巴基斯坦、也门民主人民共和国、刚果人民共和国、罗马尼亚、塞拉勒窝内、索马里、苏丹、叙利亚、坦桑尼亚、阿拉伯也门共和国、南斯拉夫、赞比亚等23个提案国的驻联合国常任代表和其他一些国家驻联合国代表，以及纽约市官员、美国各界友好人士和广大旅美华侨代表等的热烈欢迎。他们有的举着毛主席画像，有的擎着五星红旗，激动万分。乔冠华团长在机场发表了简短而热情的讲话。他说："今天，我们中华人民共和国代表团高兴地来到纽约，出席联合国大会第二十六届会议。我们对前来欢迎的联合国总部的代表、各个国家的代表和各方面的朋友们，深表谢意。中国人民同世界各国人民一向是友好的。中国政府一贯主张,在和平共处五项原则基础上,同其他国家建立和发展正常的关系;一贯支持被压迫人民和被压迫民族争取自由解放、反对外来干涉、掌握自己命运的正义斗争。我们代表团将遵循我国政府的既定政策,在联合国里同一切爱好和平和主持正义的国家的代表一道,为维护国际和平和促进人类进步的事业而共同努力。"他最后说:"美国人民是伟大的人民,中美两国人民有着深厚的友谊。我们愿借此机会,向纽约市各界人士和美国人民表示良好的祝愿。"云集在机场的400多名记者蜂拥而上,尾随不舍,急忙拍下富有历史意义的一个个镜头,忙得不亦乐乎。从机场到下榻处的沿途,多少纽约市民和美国朋友情不自禁地向中国代表团车队挥手致意,有的还伸出了大拇指,以示赞许和敬意。

中华人民共和国代表团的首次到来轰动了纽约。在中华人民共和国在联合国的合法权利被人为地剥夺22年后,在中美两国人民的交往缘于众所周知的原因而致隔绝22年后,肩负着中华各族人民和海外炎黄子孙重托的中国代表团终于雄姿英发地来到联合国总部所在地纽约,怎不令人兴奋、激动、鼓舞!多少天里,中国代表团的到来成为这里的主要新闻。美国朋友说,中国代表团团长的机场讲话,在美国人民中间和联合国里引起了强大反响,他们普遍给予很高的评价。美国各家电视台纷纷播放录像,特别是反复播发那句打动美国人心的话:"美国人民是伟大的人民,中美两国人民有着深厚的友谊。我们愿借此机会,向纽约市各界人士和美国人民表示良好的祝愿。"在中国代表团受到联合国和美国人民欢迎的同时,美国官方也作出一些友善表示。到达当天,美国政府通过其驻联合国代表团告诉我国代表团:凡持中华人民共和国护照的中华人民共和国公民,可前往美国除禁区以外的任何地方,享受同苏联相同的待遇。同日,联合国礼宾官将"免税卡"交给中国代表团时特意说,这是美国驻联合国代表团特批给中国代表团的,持此卡可免税在纽约州的任何地方购物和用餐。

中国代表团下榻罗斯福旅馆之后,许多华侨和华人前来探望,大家沉浸在无比激奋而又亲切的气氛中。一位老华侨说："新中国的强大使我们这些海外游子倍感骄傲和自豪，其中有三件大事最令我们扬眉吐气：第一是中华人民共和国成立；第二是新中国原子弹爆炸成功；第三就是新中国进入联合国。"

第二天，中国代表团礼节性拜会本届联大主席、印度尼西亚的马利克。当代表团来到联合国大厦时，只见这里犹如迎接国宾一般，人山人海，十分壮观。记者们互不相让，争着抢拍下这一壮观场面。一些国家驻联合国的代表说，像这样的盛况，在联合国是极为罕见的。马利克对中国代表团的到来表示十分高兴，热烈欢迎，并说下星期一要召开联大全体会议欢迎中国代表团。同时，许多国家驻联合国的代表主动同中国代表团进行接触。赞比亚代表说："有你们在联合国，就有人保护我们小国的利益了。"阿尔及利亚代表说："中国有了否决权，就等于我们大家有了否决权。"11月14日上午，代表团到医院拜会正在住院治病的吴丹秘书长。乔冠华团长向他递交了证书。吴丹表示感谢，并说他自担任联合国秘书长以来就致力于实现联合国的普遍性，但过去联合国像个瘸子，现在恢复了世界上人口最多的中华人民共和国的席位，联合国才能说真正开始了工作。他还回忆起1954年访华的情景，表示想再次访华。

11月15日，中国代表团从住地前往联合国大厦第一次参加联合国大会。事先得知这一消息的美国常驻联合国代表有意地借在会议大厅外的走廊上打电话而予等候，当中国代表团出现在走廊上时，礼宾官赶忙出面介绍，这位美国代表则主动上前与乔冠华团长握手致意，几个美国记者赶忙拍下这一意味深长的镜头。这位美国代表就是后来先后就任美国驻华联络处主任和美国总统的乔治·布什。

然而，在联合国以什么方式欢迎中国代表团一事上，两个超级大国仅想在程序上由联大主席宣布议程和致简短欢迎词，然后请几个区域的代表发言，并限制发言时间，其意图是把中华人民共和国进入联合国的影响缩小到最低限度。阿尔巴尼亚和阿尔及利亚等国代表事先将两个超级大国的图谋告诉了中国代表团,并说,23个提案国都要求在大会上发言欢迎中国代表团,这是一场限制与反限制的斗争。他们尽力向联大秘书处进行抗争,严正指出没有任何理由限制他们的发言。结果,中国代表团受到了大大出乎两个超级大国意料的极其热烈的欢迎。当中国代表团昂然步入会场时,座无虚席的整个大厅立即爆发出雷鸣般的掌声。这掌声惊天动地,经久不息;这掌声宣布了两个超级大国欲限制中华人民共和国影响的图谋破产。各国代表纷纷立即前来向中国代表团表示由衷的祝贺和欢迎。大会主席马利克首先致欢迎词。他说:"今天上午,中华人民共和国代表团第一次在联合国大会就座。作为大会主席,我很高兴地欢迎这个代表团。这是一个具有历史意义的时刻。中华人民共和国现在开始参加这个世界主要的政府间组织的工作。毫无疑问,由于中华人民共和国参加工作,联合国的工作成效将得到加强。"接着,许多国家的代表争先恐后地一个接一个上台发言,那气势如同洪水泄坝,不可阻止,一下子就冲破了两个超级大国原定的对发言人数和时间的限制,以讨论裁军问题为主要议题的联合国大会变成了专门欢迎中国代表团的大会。

在大会上,科威特常驻联合国代表阿卜杜拉·雅各布·比沙拉代表亚洲国家说:"联合国大会以压倒多数的票数恢复了中国人民的合法权利,终于纠正了对中国人民所犯下的错误。没有中国的参加,联合国就是徒有虚名。没有中国的积极的、建设性的作用,世界上出现的诸如裁军、国际安全、和平,特别是东南亚的和平等紧迫的问题就不能得到解决。恢复中华人民共和国在联合国的合法权利将使新时代的人类的前途变得灿烂。"捷克斯洛伐克外交部副部长米兰·克鲁萨克代表东欧国家说:"在那些企图阻挠恢复中华人民共和国的合法权利的人进行了22年的顽固的和非法的阻挠之后,联合国终于承认和实现了中华人民共和国的权利。中华人民共和国来到联合国是为这个组织的活动创造更广阔的基础的一个决定性的前进步骤。"荷兰常驻联合国代表罗伯特·法克代表西欧和其他国家说:"联合国现在已经进入了一个新的时期,中华人民共和国代表的到来,无疑将使联合国在处理我们所面临的重大国际问题时能有更大的权威。"丹麦外交大臣克·布·安德生代表北欧五国说:"中国现在能够在联合国发挥应有的作用,这对这个组织本身,对在联合国范围内为维护国际和平和安全、促进各国的合作以造福全人类而做的努力,具有最重大的意义。"摩洛哥常驻联合国代表迈赫迪·姆拉尼·桑塔尔代表阿拉伯国家说:"代表全人类 1/4 的中华人民共和国参加我们的工作,肯定会丰富和积极有助于通过使各国人民恢复合法权利、消灭侵略的政策来发展全世界的和平,有助于通过开诚布公的、互惠的和平等的经济合作来增进全人类的幸福,祝愿中国代表团取得成功。"美国驻联合国首席代表乔治·布什代表东道国发言说:"中华人民共和国代表来到这里以后,联合国将更能反映世界当前的现实情况。美国人民同中国人民有着长期的友好联系。美国相信,只要重新献身于宪章的原则,我们就能走向实现世界和平和正义。"法国驻联合国代表雅克·科斯久什科-莫里泽说:"中华人民共和国来到联合国不仅填补了一个巨大的真空,而且为联合国获得新的动力开辟了道路。我们欢迎这个十分伟大的国家和这个十分伟大的人民,这样做是合适的。"布隆迪常驻联合国代表恩桑泽·特伦斯和上沃尔特常驻联合国代表保罗·鲁安代表非洲国家发言。特伦斯说:"中国代表回到联合国,似乎是国际上新的力量均衡的黎明。非洲各国代表团很高兴从今以后能够为保障和平同中国代表密切合作。中国代表团参加处理世界事务,北京同华盛顿之间即将实现的和解,将无疑是联合国总奋起的精髓。"哥斯达黎加常驻联合国代表何塞·路易斯·莫利纳代表拉丁美洲国家说:"中国代表参加联合国工作,将帮助我们实现基本目标,这就是在世界上建立公正的和持久的和平。"

要求发言的代表越来越多,特别是广大亚非拉国家代表为中国代表的到来而兴高采烈、欢欣鼓舞,发言更是十分踊跃、热情洋溢,表达了对中国人民的无比信任、诚挚鼓励和兄弟般的深情厚谊。许多代表在发言中还热情赞扬毛泽东主席领导中国人民革命和建设事业取得的伟大胜利和巨大成就。智利常驻联合国代表温贝托·迪亚斯·卡萨努埃瓦说:"中华人民共和国以中国人民唯一真正代表的资格恢复了在联合国的一切权利,这是联合国前途吉祥的预兆,是全世界各国人民的胜利。"为表达对中国人民的领袖毛泽东的敬意,他满怀激情地在联合国大会讲坛上朗诵了毛主席的《减字木兰花·广昌路上》。赞比亚代表团团长、常驻联合国代表弗农·约翰逊·姆旺加激动地说:"中华人民共和国在联合国的合法权利的恢复标志着以忧虑不安、压力和虚构为特点的时代的结束,标志着过去旧的、过时的政治的结束,标志着一个新的现实主义和充满希望的时代的开始。从此以后,联合国是一个新的组织了,它再也不是原来的那个组织了。赞比亚代表团愿意并准备在任何时候都同中国代表团进行合作。"古巴常驻联合国代表里卡多·阿拉尔孔·克萨达认为:"恢复中华人民共和国在联合国的权利,不仅是中国人民的胜利,也是革命运动和全世界各国人民的一个非常重要的胜利。这一事实表明,美国帝国主义再也不能把它的意志强加于全世界了,可以在联合国内使正义和公理占上风了。"毛里塔尼亚常驻联合国代表穆拉耶·哈桑接着上台说:"这是渴望平等、爱好和平的各国人民的一项正义事业的胜利,这也证明联大希望结束其历史上阴暗的一页,而变为实现和睦和相互了解的真正工具。"他还说:"今天中国是在各个方面提供成功的典范。我们愿意保证同中华人民共和国代表团友好合作。"巴基斯坦代表团团长马哈茂德·阿里热情表示:"巴基斯坦同中华人民共和国的关系是我们自豪和力量的源泉,是两个大小不同国家间应有关系的典范。我们一直毫不动摇地相信,联合国如果没有中国的积极帮助,寻求建立在正义基础上的和平的努力将是徒劳的。中国领导声明的基本精神是弃绝强权政治和对亚洲、非洲和拉丁美洲各国所承受的负担的真正同情,这对我们大家只能是鼓舞的源泉。"坦桑尼亚代表团副团长、常驻联合国代表萨利姆·艾哈迈德·萨利姆在充满激情的长篇发言中说:"我国代表团看到伟大的中华民族的真正代表和我们在一起,感到十分高兴和满意。我们把他们的到来看作不仅是对联合国而且对整个国际关系来说都是一个历史性的事件,因为他们不仅会给联合国带来古老文明的伟大智慧和经验,而且更重要的是会带来伟大的、革命的、智慧的和有才能的人民的朝气和献身精神。一向成为坦中两国和两国人民之间关系特征的合作也将在联合国表现出来。"加纳常驻联合国代表理·马·阿克韦说:"没有占世界人口1/4的中华人民共和国的参加,今天世界上的任何重大问题都不可能得到解决。一个新的时代今天正在我们面前展开,中华人民共和国进入联合国,将有助于使这个新时代成为一个和平、正义和进步的时代。"尼泊尔常驻联合国代表卡特里说:"中国代表的到来给联合国带来新的活力和新的生命,我们已从一个虚构的世界走出来,进入了一个新的、现实的时代。尼泊尔是中国的一个非常亲密的邻邦,我们两国以传统友谊与热诚为特点的关系也必将表现在联合国里中国代表团和尼泊尔代表团之间的关系中。"阿尔及利亚常驻联合国代表阿卜杜勒·拉蒂夫·拉哈勒在发言中重申:"阿尔及利亚对中国代表们的祝贺不论就其重要意义还是程度来说,都超过通常祝贺的范围,因为这一祝贺反映了阿尔及利亚人民对伟大的中国人民的深厚感情和衷心钦佩。现在已经开辟了一条道路,可以通过新的行动走向一个新的起点。如果没有国际社会里最重要国家之一的中国参加,联合国的维护和平和促进国际合作的使命就不可能完成。让我以阿尔及利亚人民的名义,向中国人民,向毛泽东主席转达我们的祝愿,谨祝幸福和繁荣。"秘鲁常驻联合国代表哈维尔·佩雷斯·德奎利亚尔说:"发展中国家怀着希望和信任的心情欢迎中华人民共和国代表团,是因为中国正在不屈不挠地为加速自己的进步、反对国际关系中存在的非正义现象而奋斗,其必将在联合国贡献出新的思想和新的力量。"苏丹代表团副团长、外交部次长法赫雷丁·穆罕默德满怀喜悦的心情说:"中国政府致力于支持一切大小国家的主权平等,十分尊重、不干涉其他国家内政，坚定不移地支持各国人民的独立和自决的权利。中国政府不拿友谊做交易，慷慨无私地援助第三世界国家。我们都将因中国人民的代表参加我们的讨论而得到无可估量的好处。"马里代表团副团长布巴卡·坎特在热情洋溢的长篇发言中盛赞在毛泽东主席领导下的中国人民的革命和建设成就，对中国支持民族解放运动表示敬佩和感谢。他说，现在我们可以从这个世界上最伟大的而且还有很多世纪文明历史的国家的重要的道义、政治和物质支持中得到好处。刚果人民共和国常驻联合国代表尼克拉·蒙乔说："中国人民是爱好和平的人民，他们只有一种心愿，就是在世界各国人民完全平等的基础上为和平、友爱与合作而工作。没有中华人民共和国，联合国绝不会成为真正的联合国。"阿拉伯也门共和国代表团副团长、常驻联合国代表叶海亚·吉格曼说："亚洲人民和第三世界人民已经恢复了他们在安全理事会的常任代表的席位，即亚洲国家、第三世界成员中华人民共和国的常任代表席位。我们确信，伟大的中国人民的强大声音将维护巴勒斯坦、非洲、亚洲以及整个第三世界被压迫人民为解放而斗争的正义事业。"

在大会上发言欢迎中国代表团的还有阿尔巴尼亚、罗马尼亚、意大利、马来西亚（代表印度尼西亚、菲律宾、新加坡和泰国）、奥地利、南斯拉夫、赤道几内亚、也门民主人民共和国、乌干达、缅甸、几内亚、日本、阿富汗、锡兰、墨西哥、伊拉克、喀麦隆、叙利亚、埃塞俄比亚、土耳其、苏联、伊朗、匈牙利、塞浦路斯、波兰、蒙古国、印度、黎巴嫩、多哥、索马里、突尼斯、尼日利亚、保加利亚等国家的代表。这些欢迎词赢得了阵阵掌声。当阿尔巴尼亚常驻联合国代表萨米·巴霍利在发言中讲到"世界上所有进步人民都凝视着中华人民共和国，因为她是各国人民自由和独立事业的最强大的保卫者，是各国人民主权的保卫者。伟大的人民中国在国家生活的各个方面取得了巨大的胜利，她已成为社会主义与和平的坚强不屈的堡垒，成为美帝国主义和苏联社会帝国主义霸权计划的不可逾越的障碍"时，苏联代表气得脸红脖子粗，南斯拉夫代表在其身后禁不住掩嘴暗笑。保加利亚代表午休时对中国代表说，他很想发言，但苏联代表不讲，他不好讲。中午休会后，苏联代表马力克主动过来同乔冠华握手，并摆好姿势让记者拍照。由于致欢迎词的代表越来越多，原定上午结束的会议，在中午稍事休息后，下午继续进行。苏联代表下午发言后，匈牙利、波兰、蒙古、保加利亚等国代表纷纷走上讲台致欢迎词。日本、阿根廷、巴西、希腊、博茨瓦纳、澳大利亚等许许多多的国家代表前来同乔冠华团长及中国其他代表握手致贺，并表示要同中国代表团进行合作。会议一直开到当地时间下午 6 点 40 分，历时约 6 个小时，仍有不少国家代表要求发言，大会主席只好决定会后把发言稿印发给大家。这一整天，会议大厅始终坐得满满当当。在联合国里，这么多人出席会议是空前的，如此热烈的场面也是空前的。这生动地说明了中国的国际地位、作用和影响是举足轻重的，中国的朋友遍天下。

在各国代表致欢迎词以后，乔冠华团长在经久不息的掌声和欢呼声中，登上联合国大会讲坛，发表了重要讲话。乔冠华发言过程中，全场屏息静听，鸦雀无声。他首先对大会主席和代表们的欢迎表示感谢。他还代表中国政府和中国人民对坚持原则、主持正义，为恢复我国在联合国的合法权利进行了不懈努力的阿尔巴尼亚、阿尔及利亚等 23 个提案国，对支持这一提案的所有国家，对以不同方式对我国表示了同情的其他国家，表示衷心感谢，并全面阐述了我国政府在一系列重大国际问题上的原则立场。他指出，恢复中华人民共和国在联合国的一切合法权利并立即把蒋介石集团的代表从联合国及其所属一切机构中驱逐出去，是敌视、孤立和封锁中国人民的政策的破产，是企图制造"两个中国"的计划的失败，是全世界人民的共同胜利。当讲到中国政府和中国人民坚决支持巴勒斯坦人民和阿拉伯各国人民的正义斗争，任何人也无权拿他们的生存权利和民族利益进行政治交易时，所有阿拉伯国家的代表都欣慰地投以赞赏的目光；当讲到中国

1971年11月，中华人民共和国代表团首次出席联合国大会。代表团团长乔冠华，副团长黄华，代表符浩、陈楚、熊向晖在会场上成为记者们注意的焦点

政府和中国人民坚决支持非洲国家以及一切被压迫人民和被压迫民族争取自由解放的斗争时，第三世界国家的代表无不感到欢欣鼓舞；当讲到中国政府和中国人民坚决支持拉丁美洲国家和人民带头兴起的200海里领海权时，拉美国家的代表抑制不住兴奋之情，有的代表激奋得要从座位上跳起来；当讲到中国一贯主张大小国家应该一律平等，反对霸权主义和强权政治，中国永远不做侵略、颠覆、控制和欺负别人的超级大国时，所有中小国家的代表高兴至极。当他发言完毕时，会场又一次爆发出长达两分钟之久的热烈掌声，在整个会议大厅久久回荡。许多国家的代表再次到中国代表团座席前同乔冠华团长、黄华副团长和代表团各位代表亲切握手，表示由衷的祝贺和欢迎。大厅里，自始至终洋溢着浓郁的对中国友好的气氛。阿尔及利亚代表说："我们所期待、所需要的正是一篇这样的发言。"毛里塔尼亚代表说："你们的讲话既保持了中国一向谦虚的态度，又坚持了正确的立场，特别重要的是中国重申站在第三世界一边。人民中国在联大出现，对第三世界具有决定性的意义。"美国三大电视网在大会后立即播放的报道中称，中国代表进入联合国之后的首次发言，犹如引爆了一颗重磅炸弹。

从第二十六届联大开始，中华人民共和国雄赳赳、气昂昂地登上了联合国的舞台，发挥着日益重要的作用。全体中华民族、炎黄子孙更加扬眉吐气了！

1971年12月16日，中国代表团凯旋回北京，在机场受到非常隆重而热烈的欢迎。乔冠华团长坐上毛主席派来的专车，直向中南海驶去……

初进联合国

过家鼎

联合国恢复我国的合法席位

我国是联合国的创始国之一。自中华人民共和国成立之日起,联合国即应驱逐台湾当局的"代表",让我国的代表占据中国在联合国的席位。然而,在美国的操纵下,解放后的22年中,中国在联合国的席位一直为台湾当局所窃据。美国为了阻挠联合国恢复我国的合法权利,使尽了种种手段,设置了重重障碍。

随着我国国际地位的提高,我国在联合国内获得的支持越来越多,赞成恢复我合法席位的票数逐年增加。按照联合国的惯例,随着一个国家政权的改变,该国在联合国的席位理应由掌握政权的政府占有,这是一个一般性的问题,只需简单多数即可通过。然而,美国玩弄程序手段,先是不让联合国大会讨论中国代表权问题,后又从1961年开始,每年在联合国内设法通过一项动议,将恢复我合法席位的问题列为需要2/3多数通过的"重要问题"。在1970年的第二十五届联大上,恢复我国席位的提案第一次获得多数票(51票赞成,49票反对,25票弃权),但由于在这之前已通过了上述"重要问题"的程序性动议,51比49的票未达到2/3的多数,因而提案仍未通过。

美国在控制不了多数票的情况下，又挖空心思地增设了一层障碍，于1971年第二十六届联大开始时提出新的"重要问题"提案，主要内容为任何企图剥夺"中华民国"代表权的提案都应以2/3多数决定，而且抛出了一个所谓"双重代表权"的提案，即接纳我国的代表进入联合国，甚至占有安理会的席位，但同时仍保留台湾当局的席位。美国满以为，经过这番精心策划后，若干年内台湾当局仍能保住它在联合国的席位，形势不会发生根本的变化。因此，1971年10月联大讨论中国代表权问题前夕，当时正在中国访问的基辛格博士踌躇满志地向周总理表示："今年，你们仍无望取得联合国的席位。"谁知，话音未落，在基辛格结束访华登上飞机离京之前，纽约传来消息，中国在联合国的合法席位已经恢复。

事情是这样的：尽管美方提出了"双重代表权"的提案，但在第二十六届联大总务委员会讨论议程安排时，该提案被列在恢复我国合法席位的主要提案之后，因而只要主要提案一通过，"双重代表权"提案就会自动失效而根本不能付诸表决。1971年10月25日，联大进行表决时，美方的"重要问题"提案首先被击败（59票反对，55票赞成，15票弃权），恢复我国合法席位、驱逐台湾当局代表这一主要决议案以压倒性多数获得通过（76票赞成，35票反对，17票弃权），所谓"双重代表权"提案未付诸表决。

美方在这次表决中一败涂地，从程序一直到实质问题都输得很惨。台湾当局"代表"当即灰溜溜地离开会场。坦桑尼亚代表首先起立，离开席位在主席台前跳起舞来。接着，提案国代表纷纷起立，互相拥抱，热烈鼓掌，全场一片欢腾。此情此景在联合国历史上是空前的。与此同时，美国白宫发言人齐格勒却在记者招待会上宣布，美国总统为上述表决后在联大会场"欢腾、鼓掌、跳舞"的做法感到恼怒，甚至扬言要对投赞成票的国家进行报复，削减给它们的援助。然而，历史的潮流不可抗拒，任何威胁再也阻挡不住历史的前进。

去联合国的准备工作

1971年10月25日是一个具有历史意义的日子,对美国来说也是一个富有讽刺意味的日子。正是这一天,基辛格结束了他对中国的访问,这是他继同年7月首次秘密访华后的第一次公开访华,目的是为尼克松总统的访华打前站。他在和周总理的会谈中作出了1971年美国在联合国内仍能保住台湾席位的预测,但在他登上离开北京的飞机前就知道了联合国通过恢复中国合法席位决议的消息。这不能不使基辛格感到有些尴尬,他在后来发表的回忆录《白宫岁月》中对他当时的复杂心情做了生动的描述。

我有幸参加了两次接待基辛格的工作。10月份的这一次特别紧张劳累,几乎天天都是通宵达旦地连续工作。除了翻译之外,还要整理长达数十小时的中、英两种文字的逐字记录。25日送走基辛格后总算松了一口气,真想获得一个休整的间歇,痛痛快快地睡上几天。谁知,联合国10月25日发生的事情又给我们提出了新的历史任务,迎来了我们工作的一个新的高潮。在一周时间内,我国政府当即决定组派以外交部副部长乔冠华为团长的代表团前往联合国接受中国的席位,并参加正在进行中的第二十六届联大。11月2日,我接到参加代表团工作的通知,出发日期是11月9日。

从11月2日至11月9日只有一个星期的时间。在这一个星期里,既要翻译我国政府就联合国恢复我国合法权利问题发表的声明和我国出席联大代表团团长在联大的讲话等重要文件,又要参加筹组派驻联合国的代表团,从个人服装到携带的各种资料、文具、设备等,都必须在一周内准备就绪。代表团的组成是比较精干的,除了团长、副团长、代表和副代表外,工作人员包括调研员、翻译、秘书、记者、医生、报务员、厨师、司机、公务员等,共四五十人。

1971年10月，第二十六届联合国大会讨论了阿尔巴尼亚、阿尔及利亚等23国的提案，并通过2758号决议，恢复中华人民共和国在联合国的合法权利。图为决议通过时的联合国大会会场

我负责翻译组的工作。翻译组共有 7 人：4 名英文翻译、2 名法文翻译、1 名俄文翻译。自 1950 年我国政府特派代表出席安理会以后，我国代表将第一次踏上美国领土。当时，我国在美国没有使馆和任何代表机构，中美两国关系的紧张状态尚未消除，纽约对我们来说是人生地不熟，这一切将为我们的工作带来极大的困难，对此我们是有充分估计的。我们这几个人要负责所有的口译、笔译工作（包括打字、校对、印刷、装订等），而且我们必须准备一下飞机后即开展工作，没有一个先遣筹备的过程。这在我参加各种国际会议和出访活动的经历中是史无前例的，所以必须做好充分的准备：各种工具书、字典要带上，十几年的《北京周报》合订本要带上，我国政府历年的重要声明中、英文本要带上，打字机要带上，还要带一些基本的文具用品……在准备过程中，生怕有一处疏忽或遗漏，当时真恨不得把北京的翻译机构全部搬去，只有这样才能放心。然而，远途飞行，行李重量有严格的限制，因此我们不得不将随带的资料和书籍一本一本地检查，一件一件地落实，把公用物品放宽到最大限度，把私人用品压缩到最低限度，个人的正式服装只带了两套，最后还是放弃了好几大箱子的物资。

11 月 8 日，我一直忙到深夜，爱人帮我整理行装，孩子们入睡了。这些年来，一家人好不容易团聚在一起，眼看又要分离。但是，我们来不及谈家常，只有争分夺秒地抓紧准备。11 月 9 日清晨，我与一部分同志先去机场，检查托运的行李。行李辎重确实相当可观。厨师们把炒菜用的铁锅、炒勺和菜刀等都带上了，公务员把理发工具也带上了。各行各业的人都怀着十分激动和兴奋的心情，全力以赴，准备在十分困难的条件下，出色地做好本职工作，为祖国争光。

11 月 9 日上午九点半，全体代表团成员在首都机场整装待发。这是一个庄严的时刻，周总理率领在北京的政治局委员来为我们送行，首都几千名群众也敲锣打鼓，手捧鲜花前来欢送我们。周总理同代表团全体成员合影留念，然后一一握手告别。周总理在同3位厨师握手时还特别叮嘱他们，要注意控制饮酒。

机门关上了，飞机开始在跑道上徐徐滑行，周总理等党和国家领导人不断向我们挥手致意，按惯例一直到飞机离开跑道飞上天空之后才离去。机场上的人影消失了，我们代表团的人员这才各就各位，安顿下来。这样隆重热烈的欢送场面给我们留下了毕生难忘的印象，同时也使我们每个人深刻地意识到自己身负的重任。不知不觉，专机已到了上海。在上海机场，我们又受到了地方上一次极盛大的迎送。我们在机场吃了一顿午饭，稍事休息，即登机前往巴黎。中国驻法国大使馆为代表团准备了住所。我国驻加拿大大使黄华同志从渥太华赶到巴黎，与代表团会合，他担任中国代表团副团长和中国常驻联合国代表。我们在巴黎休息了一天一夜，改乘法航班机前往纽约。

沿途的奇遇

中国代表团前往纽约的消息，是当时举世瞩目的头号新闻。中国代表团抵达美国后将成为新闻记者追逐的对象，对此我们是有思想准备的。为此，我们已经准备好了团长在机场的讲话，并印好了书面的英译文，准备下飞机后立即散发。出乎意料的是，当我们登上法航班机时，头等舱里早有3位不速之客在那里恭候我们了。为首的那位，年近花甲，向团长自我介绍，原来他就是美国哥伦比亚广播公司的电视新闻报告员，名冠全美的沃尔特·克朗凯特。跟随的2人扛着全副电视摄影器械，准备在飞机上拍摄克朗凯特采访中国代表团团长的镜头。美国新闻界对中国代表团的行踪了如指掌。他们完全知道中国代表团哪天将从巴黎乘哪班法航飞机前往纽约。因此，他们预购了紧靠我国代表团领导的头等机舱的机座，便于当场进行采访。团长欣然同意会见他们，让他们为中国代表团拍摄了电视镜头，并回答了他们提出的问题。问题的内容无非是中国对初进联合国的感想，中国对中美关系发展前景的看法，等等。这在当时确是中国政府的重要表态，具有很高的新闻价值。

纽约时间 11 月 11 日下午，我们乘坐的飞机降落在纽约肯尼迪机场。当大批记者蜂拥而至的时候，大概没有人注意到沃尔特·克朗凯特的新闻小组已悄悄离去。果然，当晚人们打开电视机的时候，这次飞机上的会见以及中国代表团抵美的其他镜头，便有声有色地出现在美国以及世界各地的电视荧屏上。报道得最快、最生动具体的就是克朗凯特所主持的美国哥伦比亚广播公司二台。

前来机场迎接我们的有联合国礼宾司司长、纽约市政当局的代表、一些友好国家的驻联合国代表等。一大批爱国华侨也赶到机场，挥动着自制的小型五星红旗欢迎我们。当然，迎接我们的并不全是鲜花，也有一批反对派冲着我们摇旗呐喊，但是我们听不见他们喊的是什么，因为他们的声音早已被欢迎我们的人声所淹没。

到机场迎接我们的还有为我们到纽约打前站的 3 位同志。他们比我们早到了 3 天，已经预先为我们安排好了住所，租好了汽车。我们的下榻地点是纽约的罗斯福旅馆。这是罗马尼亚代表团的朋友根据我们的委托为我们预订的。每年联大期间，曼哈顿的旅馆十分拥挤，罗马尼亚朋友在接到我们的电报之后，一两天内便给我们订好了旅馆，这在当时是很不容易的。

罗斯福旅馆的日日夜夜

罗斯福旅馆位于曼哈顿东区，离联合国总部很近，步行 15 分钟即可抵达。我们的住房在 14 层楼，除了一两间长期住户外，我们把这一层楼的 70 个房间全都包了下来，一部分作会客之用，其余都是办公室和宿舍。从

11月11日起，我们便暂时在此安顿下来，一直到迁入新的大楼，共住了将近半年。

这个旅馆地处繁华闹区，隔壁一条马路就是闻名世界的纽约四十二街。这个地区的夜生活通宵达旦，周围汽车交通彻夜不绝，3种警笛声（救火车、救护车、警备车）此起彼落，合成一部嘈杂而烦人的交响乐，整夜不得安静。初到的几个星期，我很不习惯，晚上常常难以入睡。由于夜晚得不到很好休息，白天又要参加会议和翻译文件，因而精神疲惫不堪，整天脑袋昏昏沉沉，过了一个多月才开始适应过来。

由于我们初到美国，人地生疏，情况不熟，出于安全考虑，我们非因公不随便外出，一出门便坐上轿车，前往联合国总部开会。除此以外，我们的全部时间都消磨在旅馆14层楼的房间里。晚上收看美国多频道的电视，几乎是我们唯一的文娱活动。联合国一周工作5天，但我们为了熟悉情况，加紧准备，周六、日也不休息。除了工作、学习和开会之外，我们没有任何户外活动，偶尔在晚饭之后，到附近的马路上去溜达一番。办公时间过后，曼哈顿的街头相对安静了一些。经过一天的噪声污染和自我禁闭之后，漫步于旅馆附近的街头，倒也别有一番滋味。可惜，后来由于不断接到一些歹徒的恐吓与威胁，安全问题上出现了一些不祥的兆头，连这样的户外散步也不得不暂时停止，真可谓深居简出，身居美国而不知美国的真貌。

纽约市政当局对我们的安全十分重视，特派了双倍的武装警察到我们所住的14层楼昼夜值班。我们为警察专辟了一个房间，俨然是设在我们卧室门口的一个岗亭。警察每班2人，24小时从不间断；一人面对电梯而坐，监视着每个从14层楼电梯出来的人，一人陪坐在房间里，闲时观看电视。两班交接时凑成4人，还打起了桥牌。我们的办公室和宿舍与他们的值班室紧靠在一起。因此，我们一天24小时的活动全置于他们的监督之下，失去了西方所谓的隐私权，既不自由，也不方便。但为了保证安全，我们只能暂时忍受，只有等到购置新的住房，搬进新居，才能结束这一切。

我们的生活固然单调，但伙食标准却是很高的。由于旅馆房间里没有炊事设备，我们只能在旅馆的餐厅里包伙。伙食每人每天25美元，早餐5美元，中餐和晚餐各10美元，这在1971年的美国已是相当高的标准。

最初，我们在楼下餐厅和其他旅客一起用餐。新闻记者对我们的一举一动均感兴趣。虽然值班的警察能阻止记者闯到我们14层楼的住所，但每当我们到饭厅用餐时，他们就扛着电视摄影机和全套照相设备前来拍摄我们吃饭的情景，有时还向我们提出各种问题，要我们回答，连吃饭也不得安宁。这使我们十分头痛。为此，我们向旅馆经理提出了意见，要他们采取措施阻止记者前来干扰我们用餐。经理当即为我们腾出了一个包间，专供我们代表团人员就餐，外人不得入内。同时，经理还专为我们雇用了一个保镖，在我们就餐时守门。这位保镖工作十分负责，很快就认识了我们每一个人。代表团的人员前去就餐时，他在门口笑脸相迎，向我们问好，而一遇外人，便立即挡驾，毫不客气地令他离开。我们对这位保镖的工作很满意，他却以感激的心情告诉我们，中国代表团来到纽约，为他创造了就业的机会。

对于来自烹调古国的中国代表团人员来说，美国的饭菜比较单调乏味，真是令人大失所望。伙食是宴会标准：早饭除面包、黄油、果酱外，有鸡蛋、火腿、香肠、罐头水果、甜食和各种冷热饮料；午餐和晚餐除凉盘和汤类外，有两道正菜。尽管如此，由于烹调技术欠佳，口味不适，加之我们缺乏体力活动，许多人食欲不振，饭量大减，许多主菜端上后原封不动地撤走。有的同志拿出国内带来的酱菜罐头佐餐。这就急坏了宴会经理。他眼看中国人不喜欢他餐厅里的菜肴，每餐均来餐厅巡视，焦急得像热锅上的蚂蚁，不断征求我们的意见，以求改善伙食，一定要使中国人感到满意。在征得我们同意后，餐厅改变了每餐固定两个主菜的份饭制，增加了主菜的品种，将所有的凉菜、热菜都放在一张长桌上，由份饭制改为招待会那样的自助式，既增加了品种，每人又能随意选择适合自己口味的菜肴。经理发现我们爱喝鸡汤，于是每顿饭都用鸡腿为我们煮一大锅鸡汤，放上葱姜等作料，由各人自取。我们提出想吃饺子，厨房就在周末给我们准备了肉末、白菜、白面、香油、葱花等材料，让我们自己包饺子。我们的3位厨师由于没有厨房设备，英雄无用武之地，只能每天担任值班。到了周末，他们应邀进入餐厅的厨房，头戴高高的白帽，身穿白色的工作服，组织大家包饺子，方能显露一番手艺，让美国厨师在一旁观摩。

代表团有3位司机，都是技术熟练的老手，还有在国外开车的经验。但一开始由于不熟悉纽约的交通规则和不懂英语，他们未能领到驾驶执照。代表团每天不得不雇用出租汽车公司的汽车。开会繁忙时，最多每天要雇10辆轿车，租金按小时计算，一天的租车费近1000美元。房费、伙食和租车这三项构成了我们初期开支的主要部分。为了节省开支，代表团很快购置了几辆汽车，司机们加紧熟悉纽约的道路和交通规则，很快通过考试，领到了驾驶执照。不到一个月，主要的出车任务都由我们自己的司机承担起来了。

采购是一项繁重而紧迫的任务。纽约是资本主义世界物资供应最丰富的城市之一，各种设备和日用品一应俱全。然而，诸如什么东西应当在什么地方采购，哪里的东西价廉物美，如何建立长期客户关系以取得优惠折扣，诸如此类的问题，却是一门学问。我们随身携带的只是最基本的物资，数量有限。为了开展工作，我们最急需的物资是：电动油印机一架、打字机（座式和手提的）数台、外语辞典等基本工具书以及各种纸张和文具。

我们翻译组的任务有口译和笔译两方面。口译是配合团长和代表开展各种活动和参加会议，笔译就是翻译和打制各种文件和资料。从住进罗斯福旅馆的第一天起，在统一指挥和调度下，大家各司其职，工作机器便开始转动。为了适应工作的需要，我们每一个人都是兼顾口译和笔译的。有的搞完口译，回家后还要整理记录和从事笔译。翻译组的几间房子，整天打字机声不绝，校对、装订的工作不断，每天都要到下午两点以后才安静下来。

首战告捷

我们出席第二十六届联大的首项重要任务是准备乔冠华团长在联大全体会议上的第一篇发言。这是中华人民共和国首次在世界上最大的国际组织——联合国亮相，发言内容将传播到世界的每一个角落。发言稿是在国内准备的，长达七八千字，是经过周总理亲自修改和毛主席定稿的。在国内，我们已准备好了英、法语的译文，到现场后又继续修改完善，最后定稿，打印了300份。

11月中旬，联大早已结束一般性辩论，进入了各项议题具体讨论。为了欢迎中国代表团的到达，联合国定于11月15日举行欢迎大会并让中国代表团致辞。美苏两个超级大国原打算在联大主席致简短欢迎词后，安排各地区代表发言，并限制发言人数和时间。结果，报名发言的国家非常之多，连投反对票的美国也以东道国的身份发言对我们表示欢迎，苏联东欧国家也发了言，匈牙利代表还专门用中文读了发言稿。发言一直持续到下午6点多，共有57个国家的代表致了欢迎词，气氛热烈，盛况空前。

乔冠华团长的发言共约45分钟。尽管在美国政府的阻挠下联合国剥夺了我国合法权利达22年，但乔冠华团长的发言却平心静气地摆事实、讲道理，庄严地阐明了我国政府对重大国际问题的立场。发言宣布，"联合国的事，要由参加联合国的所有国家共同来管，不允许超级大国操纵和垄断。中国现在不做、将来也永远不做侵略、颠覆、控制、干涉和欺负别人的超级大国"。我们主张"联合国应当在维护国际和平、反对侵略和干涉、发展各国之间的友好合作关系方面发挥应有的作用"。中国"将同一切爱好和平、主持正义的国家和人民站在一起，为维护各国的民族独立和国家主权，为维护国际和平、促进人类进步事业而共同努力"。发言结束后，几十个国家的代表走到讲台前与乔冠华团长握手，表示祝贺，超过了任何国家在一般性辩论发言时所受到的礼遇。我们所印制的300份团长发言英文稿和数十份法文稿在会上散发时被一抢而空，远远不能满足需要。我们不得不赶回旅馆重新打印（当时还没有复印机），会后继续散发。

这是新中国成立以来我国政府出席的最大规模的国际会议。我们在联大所目睹的热烈感人场面，使我们亲身体会到中国国际地位的提高。同时，我们亲眼看到，自己翻译和打印的文件受到这么多国家代表的重视和欢迎，产生了这么大的影响，这是对我们劳动的最大报酬，兴奋之余，使我们忘掉了这段时间以来经常彻夜不眠、连续工作的疲劳。

乘胜扩大影响

联合国是第二次世界大战结束时由中、美、英、苏、法5个同盟国发起成立的，《联合国宪章》是用中、英、法、俄、西（班牙）5种文字写成的。因而，这5种文字成了联合国的正式语言，英、法文又是工作语言，后来俄文和西文也相继成了工作语言，只有中文是单纯的正式语言。在新中国代表进入联合国之前，国民党集团的所谓"代表"均用英文发言，因而中文作为正式语言早已名存实亡。联合国秘书处一直设有笔译和口译的中文组，但笔译组译出的文件无人阅读，形同废纸。口译人员将外文翻成中文，既无听众，也无须将国民党"代表"的发言从中文翻成英文，因而每天上班就到口译工作间看报、聊天，无所事事。新中国代表进入联合国，第一次走上讲坛，用中文发言，使中文的声音响彻联合国的会场。1973年，联大通过决议，将中文也列为联合国的工作语言，于是中文取得了与其他4种文字完全相等的地位。秘书处的中文翻译（笔译和口译）成了必不可少的人员，他们的任务越来越重，所起的作用也日益显著。当时秘书处的中文翻译人员都是国民党时期所聘用的。这些人一方面庆幸自己身份提高，一方面又担心因新中国代表团的到来而丢了饭碗。当他们了解到中国代表团向秘书处建议全部留用他们时，他们如释重负，心情激奋，决心好好地为新中国代表团服务，密切协调配合，认真地做好本职工作。在我们的协助下，他们努力改进工作，纠正了一些不恰当的译法。例如，把"Sierra Leone"（"狮子山"）改正为"塞拉勒窝内"，后又改为"塞拉利昂"；把"review of the situation"（"对形势的检讨"）改正为"对形势的回顾"；把"the two Cypriot communities"（"塞浦路斯的两个社区"）改正为"塞浦路斯的两族人民"；等等。

我们自己，由于初来乍到，经验不足，在一些细小的问题上也难免有些失误。例如，在某次会议进行表决时，当主席唱名叫到"乍得"（Chan）时，我国代表听成了China，举起了手，待叫到"China"时，才发现失误，当即宣布更正。然而，在重大的政治问题上，我国代表团的立场是坚定的，表态是鲜明的，决策是果断的。12月上旬，联大的工作稍微轻松一些，安理会又因印巴战争的爆发而展开了激烈的辩论。安理会日夜开会，我国代表团义不容辞地参加了辩论，并首先在安理会上提出了自己的决议草案。会议一多，后台的工作也必然紧张起来，翻译、打字校对、起草文件等，又忙得不亦乐乎。第二十六届联大的最后一项议程是选举秘书长。按照《联合国宪章》的规定，秘书长应根据安理会的推荐由联大任命。因此，秘书长的选举首先要在安理会内进行。选举是秘密的，安理会的常任理事国对选举拥有否决权。中国作为常任理事国，其代表的态度举足轻重，成为各国代表瞩目的中心。

一年一度的圣诞节到来了。每年的圣诞节意味着联大的结束和闭会。国内指示代表团团长和部分成员立即回国，留下常驻联合国代表团的人员主持安理会和联合国的日常工作。我已被指定为常驻联合国代表团的成员，当然要继续坚守岗位，还要把部分回国人员所担负的工作接管下来，深感担子的沉重。我很羡慕回国的同志完成了任务，即将顺利地离开纽约，而我却还要留守在这座禁闭式的旅馆大楼里，旷日持久地坚持下去。由于安理会的会议尚在进行，交接工作繁忙，我们只能和回国的同志们简单告别，来不及畅叙这段时期以来的心得体会，也没有时间托付个人家庭方面的琐事。团长和回国的同志鼓励了我们一番，嘱我们安心坚持工作，我们也都表示决心坚守岗位，努力熟悉和钻研联合国的工作，决不辜负祖国人民对我们的期望。

长期奋斗

我们留下的常驻人员共二三十人。圣诞节过后，会议有了一个间歇，紧张忙乱之余需要安静地坐下来进行一番整顿、清理和思考，并熟悉和准备下一步的工作。人少了，旅馆的环境和气氛更加沉闷压抑。业余时间除了观看那充斥着商业广告的电视，没有任何其他活动，生活枯燥而寂寞。无论从工作需要、安全考虑还是从日常生活来说，都急需搬出旅馆，住进永久的住所。因此，购置房产成了常驻代表团的头号任务。办公室的同志根据商业广告和熟人介绍，四处奔波，察看各类可能适合我们需要的房屋。这项寻房工作从抵达纽约之日起从未间断，试看的房屋不下数十处，或是房子面积太小，或是年份太久，或是售价过高，或是不够实用，总是不尽如人意。最后，终于在西区百老汇马路66街155号找到了一家林肯汽车旅馆。这家旅馆地处比较幽静的西区，邻近纽约的文化中心——林肯中心，面对享有国际声誉的茱莉亚音乐学院。比起罗斯福旅馆，这里环境要优美得多，安全也比较可靠。经报国内，周总理亲自批准，我们以一次付清485万美元现款的价格买下了这座旅馆，准备把它改建成为中国常驻联合国代表团的办公处及住所。

1972年4月,我们搬进了新楼,拆掉了"林肯汽车旅馆"的招牌,换上了"中华人民共和国常驻联合国代表团"的铜牌,开始了比较正规而有秩序的生活。我们有了自己的食堂、电影厅、乒乓球室等。负责安全的警亭设在大门口,不再坐镇在我们的卧室门口监视着我们的一切活动。烦嚣的噪声污染有所改善。爱好运动的同志开始到屋顶的阳台做起体操。星期日,同志们三五成群地到附近的中央公园去散步。

然而,我们的活动范围还是十分狭窄的。由于美方对我们的行动加以限制,超过25公里的地区必须在48小时之前照会申请,得到美方当局同意后才能成行。因而从大使起一直到普通外交官,除在纽约市忙于联合国的日常事务外,基本上都未走出纽约市和纽约州的范围。

在纽约,我参加了自第二十六届到第三十六届的每届联大,几乎出席了安理会的每一次正式会议和协商会议,到1981年初才奉调回国,度过了整个70年代。初进联合国时,除安理会之外,我们仅参加了大会及第一委员会和特别政治委员会的工作,后来逐步扩大参与的范围。对于联合国的作用,随着客观形势的变化,认识上有一个发展过程。在50年代和60年代,联合国只是一个在美国操纵下的表决机器,随着第三世界的崛起,联合国内的表决结果开始发生变化。70年代,联合国又成为两个超级大国和东西方集团争夺的场所。为了在某些问题上保持超脱,避免卷入两霸争夺,我们在安理会的投票中创造了一种"不参加投票"的方式。对某些机构,我们采取旁观和暂不参加的态度。当时,一般认为,联合国只是一个观察哨所和宣传论坛。在世界向多极化格局的演变过程中,联合国的作用日益扩大,作为拥有否决权的安理会常任理事国之一,中国通过安理会在国际舞台上发挥了应有的作用。目前,联合国已成为我国积极参加国际事务、扩大我国际影响力的最重要的多边组织。我国现已参加了联合国的所有机构和一切活动。这也是我们当年初进联合国时所向往的局面。抚今追昔,思绪万千,把这段最初的往事写出来,我想也许会对后来者有点参考价值。

周总理与对美民间外交

谢 黎

周恩来总理的外交战略思想中有一个非常鲜明的特色,即在和平共处五项原则基础上积极发展同各国关系的同时,把大力开展民间外交作为新中国外交的重要组成部分。他提出系统的民间外交,并身体力行。他亲自处理了诸如对日本、法国、美国等国家的民间外交事务,在当代国际关系史上写下了一页又一页精彩的篇章。本文谈谈他对美国的民间外交工作。

一、打破美国政府对中美民间交往的封锁与破坏

早在 20 世纪 50 年代初期,周总理就在关注和考虑建立中美两国人民之间交往的可能性。在 1955 年万隆会议期间,他表达了中国人民对美国人民的问候。1956 年至 1957 年,通过中美大使级会谈,他先后提出了促进中美人民之间交往和文化交流的建议,但由于美国政府一味无理拒绝未能达成协议。对其中关于准许对方记者进行新闻采访的具体建议,周总理曾坦诚地向美国朋友说明中国当时的想法和愿望。他指出,当时想从中国方面主动打开这个局面,先让美国记者来,相信会引起美国人民和政府的同等回应,也就是给中国记者开门,让他们到美国访问和报道消息。但是,我们的这一努力没有达到预期的设想。不仅中国记者没能去,美国记者也未被允许来中国。后来,美国国务院变换花样,答应让一定数目的通讯社

和报社派记者来华，但又规定他们来的任务，并且肯定要采取敌视中国的态度来搜集情报。这就更进一步把门关紧，使中国记者得不到互惠去美国，从而把文章做绝了。

尽管中国方面的努力未能实现，但这种主动打开中、美人民之间友好交往之门的诚挚愿望和实际举措，博得了一切有良知的美国人士和国际舆论的广泛同情和赞扬。随着形势的演变，在中国政府和人民以及美国人民和有识之士不断的共同努力下，美国政府终于在1970年解除了于1956年颁布的不许美国人访问新中国的禁令。美国人民终于走上了通向北京之路。

二、美国青年访华

在20世纪50年代，凡要到中国旅行访问的美国公民，都被美国官方视为"违犯美国最大利益"的人。但是在1957年秋季，就有这样一批美国青年来到中国旅行访问。从这批青年的来访中可以看出两方面的情况：一方面是美国广大人民希望了解新中国并同中国人民进行交往的热切愿望；另一方面是美国当局对此竭力进行阻挠和破坏的行动。关于前一方面的情况，访问团团长华伦·麦肯纳在周总理会见他们时说了这样一段话。他说："我们是来自美国各地持不同政治观点和社会观点的一批人，但是我们有一点是一致的，就是想尽量了解新中国，如果有机会也向人们解释美国。我们认为和平事业不仅是职业外交家的事情，我们同样也有参与这项事业的合法权利。"周总理同他们进行了长谈。周总理说："中国人民很欢迎美国朋友来中国访问，我们两国人民在过去很长时间里曾有过很多交往，但这个时期来往中断了。这次你们做了打开两国人民来往的先锋。因此，我代表中国人民欢迎你们，同时中国政府也欢迎你们这种友好访问。刚才麦肯纳先生说得很对，促进两国人民的关系不能单靠职业外交家，更多地应该依赖两国的人民来进行。你们在中国访问期间，可到各地和中国人民，首先是青年朋友接触，这对打开两国人民的来往是件好事。你们将会从直接接触中看到、听到和知道很多事情，这比我和你们诸位谈什么更为有益。从直接接触中，用你们自己的智慧和良知来判断，比我来向各位介绍要好得多。不过，诸位若有问题，那就请问。"客人们随即纷纷提出有关国际局势、中国的政策和情况、中美关系、台湾问题等各种各样的问题，周总理一一做了详尽的回答。

关于第二方面的情况，从两位美国青年的提问中便可窥见一斑。一位青年说，美国国务院讲，他们来中国和中国青年接触，是违犯美国最大利益的。周总理说，我看不出美国青年或其他朋友到中国来对美国最大的利益有什么违犯。诸位既然来，大概也是这样的感受。如果认为违犯了，就不会来了。另一位青年提出，美国国务院说，因为中国发生过各种暴行，故美国政府不承认中国政府。周总理指出，一个革命的国家，一个新建的国家和政权，必然会遭到反革命分子的反对。对反对新政权最严重的反革命分子要镇压一些，这是很自然的事，在美国和法国的历史上，也都死了人。这是我们中国的内政，但我们对待反革命分子、坏分子，消灭肉体的占少数。至于西藏问题，倒是美国通过西藏的几个坏分子在印度进行所谓的"独立活动"，这是一种敌视中国人民的行动。

有位青年在提问中用了"共产党中国"这样的称谓，周总理指出，他希望把这个名字更正一下，中国的名字叫"中华人民共和国"，就好比美国称作"美利坚合众国"，而不能叫"艾森豪威尔美国"或"共和党美国"一样。中国是在共产党的领导之下，国家还是人民的，人民选举代表来领导这个国家。这个思想不仅中国人民有，美国的先哲林肯也说国家应该是属于人民的，是为人民的。当然，在中国，人民的含意则更为广泛。

在谈到台湾问题时，周总理指出，台湾是中国的，中国要怎样解放台湾，是中国人民自己的主权，是中国人民自己的事情。假使有一个国家用武力占领了火奴鲁鲁（檀香山），并向美国朋友说，你收复火奴鲁鲁不许使用武力，假使要使用武力，就要引起世界大战，美国人会有什么感觉？！中国怎么能在美国武力霸占台湾的威胁下，答应说中国在台湾不使用武力？！

周总理在和美国青年深入浅出、寓意深长的娓娓长谈中，解除了他们在美国无法找到答案的诸多疑虑，不仅使他们了解到许多真实情况，并且使他们弄清了不少重要的道理。当会见结束时，麦肯纳团长对周总理说："我代表大家感谢你。这次接见是我们到中国来最好的一个节目。我的中国话虽然说得很不好，但我要用它说'和平万岁！'"话音刚落，大家即报以热烈的掌声。这表达了广大美国人民由衷地希望打开两国人民交往之门的心声。

三、震动世界的"小球转动大球"

20世纪70年代初，中美民间交往出现了一些新契机。1970年秋，美国新任总统尼克松在和美国《时代周刊》记者谈话时表示："如果说我在死以前有什么事情可做的话，那就是到中国去。"同年12月，毛主席在会见美国朋友斯诺时说："如果尼克松愿意来，我愿意和他谈；谈得成也行，谈不成也行；吵架也行，不吵架也行；当作旅游者来也行，当作总统来也行。总而言之，都行。"翌年初，尼克松总统在国会做外交政策报告时又提出："在今后一年里，我要仔细研究我们应采取什么进一步的步骤，以创造美中人民之间扩大交往的机会，以及怎样消除实现这些机会的不必要的障碍。"这是美国政府几十年来对中美人民之间进行交往的第一次正式表态，而且总统本人也要设法到中国访问，这说明美国官方终于感到：发展中美人民之间的交往是美国政府必须做的一件有利于美国的事情。

此时，恰逢第31届世界乒乓球锦标赛在日本举行。比赛结束后，我国乒乓球队奉国内紧急指示，邀请参赛的各国乒乓球代表团到我国进行友好访问。邀请美国乒乓球代表团访华，是我国政府为建立中美人民之间的友

1970年12月,毛泽东主席在会见美国朋友斯诺时表示愿意接待尼克松访华,不论尼克松是作为旅游者或者总统来都可以。12月25日的《人民日报》发表了此次会见的消息,并刊登了当年10月1日毛泽东与斯诺在北京天安门城楼上的这幅照片

好往来和恢复中美接触而采取的一个重大步骤。

在这个重要的历史时刻周总理根据毛主席的决策,巧妙而不失时机地打开了中美两国人民友好交往的大门,为发展两国人民友好关系和创造两国政府之间的接触与来往开辟了通路,成为国际上经久传诵的"小球转动大球"的历史佳话。事后,周总理在和美国朋友回顾中美两国人民友好关系发展的过程时,对这件事曾有一段极为深刻而又风趣的描述。他说,中美两国需要往来,其实这个条件很久以前就成熟了。事物的必然性有时是通过偶然性表现出来的。我们乒乓球队到日本参加第 31 届世界乒乓球锦标赛时,结识了一些新的外国朋友,他们很愿意访问中国,美国乒乓球队部分队员和我们接触时也表示了同样的愿望。可是我们的外交部落后了,没请美国乒乓球队,说他们下次再来吧。毛主席发现后说,应该邀请美国乒乓球队来。电话打到日本名古屋,我国乒乓球代表团团长向美国乒乓球代表团团长发出邀请,这就将了美国国务院的军,因为他们事前也没有思想准备,就像我们的外交部一样。尼克松总统曾说,中美两国人民可以来往,结果只好批准该代表团访华。从此,中美人民重新开始了往来。小球是毛主席打过去的,门打开了。

美国乒乓球代表团在华受到热情接待,周总理在 1971 年 4 月 14 日同他们进行了亲切交谈。当周总理来到美国乒乓球队队员中间时,大家一齐鼓掌。周总理用"有朋自远方来,不亦乐乎"来表达对美国朋友到中国访问的欢欣之情。周总理满怀深情地说:"我请你们回去把中国人民的致意转告给美国人民。中美两国人民过去来往是很频繁的,以后中断了一个很长的时间,你们这次应邀来访,打开了两国人民友好往来的大门。我相信中美两国人民的友好往来将会得到两国人民大多数的赞成和支持。"美国朋友报以热烈的掌声。

周总理还就以往无法进行的中美记者交往问题,对应邀同时来访的美联社驻东京记者罗德里克说,你打开了中美两国记者互访的大门。罗德里

1971年4月,周恩来总理在北京会见格雷厄姆·斯廷霍文率领的美国乒乓球代表团,从此打开了中美交往的大门。这就是世人所说的震动世界的"乒乓外交"

克就邀请美国记者访华向周总理表示感谢,并说:"我赞成你刚才的说法,我们的关系打开了新的一页。我希望通过记者的报道,这种关系会得到进一步的改善。"

在这次会见中,周总理对青年问题有一段极为精辟并富有深刻哲理的谈话。有位美国青年问周总理对当前在美国青年中流行广泛的"嬉皮士"运动有何评论。周总理表示,他对这个运动不是很清楚,只能谈一点粗浅的看法。周总理说:"可能现在世界青年对现状有点不满,想寻求真理。青年思想波动时会表现为各种形式,在这个过程中,这些表现形式不一定都是成熟了的或固定了的。因为寻求真理总是要通过各种实践来证明其正确与否,这在青年时代应该是被允许的。各种思想都要通过实践尝试一下,我们年轻的时候也是这样。我们懂得年轻人的这种心理。别国的青年来访时,我们也看到这样的形式,比如留长发,等等。我看到英国和日本的青年也有这样的情况,但他们和你们不一定是同一个派。"

这位"嬉皮士"青年说,这种表现形式是多日思索的结果,它比表面上看到的更深刻。这是一种新的思想,没有很多人熟悉它。

周总理继续就这个问题深刻地说,按照人类认识的发展规律来看,最后总要认识出一个普遍真理,这和自然现象的规律一样。我们赞成任何青年都有这种探讨要求,这是好事。但有一点是非常重要的,就是最终总是找到大多数人的共同性,这样才能使人类的大多数得到发展,得到进步,得到幸福。如果自己通过实践证明是错误的,就应该改。正确的坚持,错误的改正,这是我们的认识。作为朋友,所以我们有这个建议。这位朋友连连点头称是。周总理继续说,我们有这样一个思想,即进步只能从变化和发展中得到。精神只有变成物质的力量才能前进,只有得到大多数人的赞成才行,这是一个规律。

这是国际关系史上一场少有的会见。这里没有令人拘束的官式礼仪,只听到一位举世闻名的伟大政治家、中华人民共和国的政府首脑和一批来自长期处于敌对关系的国家的陌生青年畅谈；这里没有使人乏味的外交辞令，听到的是一位身经百战的马克思主义理论家与一位思想新潮的青年就"嬉皮士"运动舒心地交换看法。他的谈话描绘出人民友谊的光明之路，开启了人生哲理的美好之窗。这是中美两国人民友好交往重新开端的时刻，是这位伟大政治家代表中国人民送给美国人民弥足珍贵的见面礼物。

四、对美国老一代"中国通"的关切

由于大势所趋和人心所向，尼克松总统在入主白宫前后，虽然对松动同新中国的关系开始作出一些姿态，采取了某些具体措施，但在有关两国关系的实质问题上仍无变化。这引起了一些关心美国本身利益和美中关系发展前途的美国朝野人士的焦虑和不满。于是，在一些研究中国问题的学者及其他各界人士的发起与倡导下，一个主张美国政府应对中国实行"新政策"和主张发展美中两国人民友好关系的民间团体"美国对华新政策委员会"于1969年在美国成立。

这个委员会在成立的宗旨里宣布，要促使美国人民认识新中国，全力发展美中两国人民的友好关系；敦促美国政府承认中华人民共和国政府为代表中国人民的唯一合法政府，恢复中华人民共和国政府在联合国的合法席位；台湾是中国的领土，美国应从台湾撤出，并停止对台湾当局的一切军事经济援助等。这些主张赢得了美国主持正义的各界人士和广大人民的赞同与支持，但也引起了某些政治势力和亲台分子的竭力反对。因此，该委员会成立之后，这些势力就在该委员会的内部活动，企图篡改该组织的正确主张，使其在政治上转向。1970年，他们几经策划之后抛出了一个企图制造"两个中国"的声明。这种做法理所当然地引起了该会多数成员的不满和反对。经过不断斗争，在1971年初，该会郑重重申成立时所宣布的正确主张。从这一事件中可以看到，在发展美中两国正常关系和两国人民友好往来的问题上,美国内部当时的斗争是复杂与尖锐的,这种斗争时起时伏,在该会以后的活动进程中也不时反映出来。

这个委员会的代表团于1972年初访问了中国,周总理于1月31日凌晨0点45分会见了他们。在该会主席曼顿介绍该会为发展美中两国正常关系的各项主张时,周总理高兴地说:"是呀,我们听到了美国新一代的声音。"周总理指出,你们进行的活动基本是成功的,在恢复中华人民共和国在联合国的合法席位问题上,各位以及其他美国朋友也作出了巨大的努力,感谢你们为中美两国人民的友好关系做了很多工作。周总理向美国朋友阐述了中国共产党的一个重要思想。他说,二三十年前,很多美国朋友到中国来。那时我们交换意见比较自由,现在我们赢得了政权,美国朋友可能以为我们的观点是一成不变的,其实并非如此。我们认为,对的应该坚持,但如果我们的政策中有些需要改进的,并不拒绝听取朋友们的合理建议。周总理还关切地问到老一代"中国通"的情况。他说:"依我看老一代'中国通'的观点有些陈旧,我举例讲的是费正清,他还主张'台湾独立'吗?中美两国人民过去是熟悉的,割断了20多年,现在要多多交换意见,重新熟悉起来。费正清、拉铁摩尔都可以来,不来不熟悉。有不同意见不怪他们,来了有争论也好嘛。为的是把问题弄清楚。如我们对,至少会使对方觉得我们的主张是有道理的;如对方对,我们也要服从真理。当然我们的原则是不变的。各位认为我们的意见对不对?"曼顿对周总理这一政策性谈话表示赞同,并说,刚才你的态度会使很多美国人感到是对的,这对促进两国间更好的谅解将发挥很好的作用,将会赢得许许多多美国朋友。

1972年2月,费正清作为老一代美国研究中国问题的学者来华访问。30年前曾经会见过费正清的周总理接见了他。费正清在表达他对中美关系的看法时说:"我们深知绝大部分美国人民对把中国当作敌人已感到厌倦,不再相信中国威胁着他们的说教。"周总理指出,现在"两个中国"或"一个中国、两个政府"的问题并没有解决。虽然《中美联合公报》上解决了,但实际并没有解决，这是眼前的一个问题。周总理对美国政府在国际关系上一贯采取的"边缘政策"的伎俩批评说，以日内瓦会议为例，日内瓦协议的墨迹未干，美国就搞了个东南亚条约组织，这是杜勒斯的"边缘政策"。

费正清一行还介绍了他们在20世纪60年代初曾与基辛格研究，建议美国新政府应派高级人物访华，讨论发展中美关系一事。周总理指出，你们感觉到了人民的脉搏，这个建议可以说是有先见的，但事情真的进行下去是会有曲折的，因为美国在台湾问题上敌视中国，我们就要以同样的态度对付它。当然我们反对的是美帝国主义和美国政府的侵略政策，而不是人民。人民之间不能来往，不能接触，友谊怎么能联结起来？总要有一个机会打开这个问题，这就是美国乒乓球队访华。费正清表示，希望将来中美两国人民会在平等的基础上进行接触，而不是像过去那样，由于美国侵略中国而在中国得到的特殊地位。周总理对这位老朋友表示，希望能按照他自己所说的真正在平等的基础上为发展中美两国人民的友好关系作出努力。

这位在旧中国客居多年的老"中国通"，此次访问新中国以后得出如下观感。他说，对美国来说，了解中国是很重要的，而直接看看尤为重要。他看到许多实例，看到中国的伟大成就，感到中国革命是多么伟大。由于他对国民党有所了解，所以对新中国的成就能作出估价。他说，他没有搞清楚的一点就是中国如何把八亿人组织起来，使经济建设特别是农业得到了很大的发展。人们的精神面貌对自己应起的作用很明显，对集体很关心，美国人极其需要一种溶化在社会中的精神，这方面他们是很缺乏的。上述这段谈话，看来是这位身历若干历史变幻和饱经人世沧桑的老学者，对他看到的新中国如此巨大的变化的有感而发，同时也是学者自己对他半个世纪多来的学术生涯在某些方面进行的自我衡量。

上述只是从周总理对美国民间外交工作众多的活动中选述的几个片段，却反映了建立中美民间交往、发展人民友好事业的不易，同时也显示了民间外交在加深国与国之间的了解、增进相互信任、消除不正常人为障碍、促进国家之间关系向着正常健康的方向发展中所起的作用。周总理曾经指出，民间外交大大促进了国与国之间关系的发展，我们这种做法可以说在国际关系史上创造了崭新的范例。

新中国外交风云

本书编写组 ◎ 编

出版社

图书在版编目（CIP）数据

新中国外交风云 / 本书编写组编． -- 北京：世界知识出版社，2025.7.--ISBN 978-7-5012-7010-1

Ⅰ.D829

中国国家版本馆CIP数据核字第2025XD8719号

书　　名	**新中国外交风云（下）** XIN ZHONGGUO WAIJIAO FENGYUN (XIA)
作　　者	本书编写组　编
项目统筹	王瑞晴
责任编辑	蔡金娣　岳改苓
责任出版	赵　玥
责任校对	张　琨　陈可望
出版发行	世界知识出版社
地址邮编	北京市东城区干面胡同51号（100010）
电　　话	010-65233645（市场部）
网　　址	www.ishizhi.cn
印　　刷	北京盛通印刷股份有限公司
经　　销	新华书店
开本印张	710毫米×1000毫米　1/16　24 3/4 印张
字　　数	340千字
版次印次	1990年5月第一版 2025年7月第二版　2025年7月第二版第一次印刷
标准书号	ISBN 978-7-5012-7010-1
定　　价	148.00元（上、下）

版权所有　侵权必究

目 录

黑格率先遣组为尼克松访华安排的经过
　　魏史言 …………………………………………………… 441

尼克松总统访华
　　魏史言 …………………………………………………… 450

杜勒斯拒绝同周恩来总理握手问题释疑
　　史　实 …………………………………………………… 464

回忆尼克松访华时的记者接待工作
　　江承宗 …………………………………………………… 469

回忆中美"巴黎秘密渠道"
　　曹桂生 …………………………………………………… 475

中英建交谈判的长期复杂历程
　　潘　瑾 …………………………………………………… 484

田中访华与中日邦交正常化
　　陆维钊 …………………………………………………… 495

我国同联邦德国建交的前后经过
　　王　殊 …………………………………………………… 506

正义战胜邪恶——记围绕邓小平同志出国的一场斗争
　　刘华秋 …………………………………………………… 518

参加不丹国王加冕典礼
　　马牧鸣 …………………………………………………………… 523

举世瞩目的"九人案"
　　史　实 …………………………………………………………… 527

临危不惧坚守岗位——外交前线历险小记
　　田志东 …………………………………………………………… 536

邓小平副总理访法追记
　　韦　东 …………………………………………………………… 539

真挚的国际友谊——记吴奈温总统对周恩来总理的哀悼
　　金畅如 …………………………………………………………… 549

我在周恩来总理身边工作的片段回忆
　　李越然 …………………………………………………………… 553

中国在乍得赢得了信任
　　王人三 …………………………………………………………… 564

具有里程碑意义的访问——1978年邓小平副总理访日纪实
　　江培柱 …………………………………………………………… 567

睦邻友好外交的里程碑——记1978年邓小平副总理出访周边邻国
　　江培柱 …………………………………………………………… 573

我随邓小平出访美国
　　凌　云 …………………………………………………………… 582

王幼平同志回忆1979年中苏国家关系谈判
　　范振水 …………………………………………………………… 596

一次极不寻常的谈话——记邓小平接受意大利记者的一次采访
　　钱其琛 …………………………………………………………… 608

出使巴西记事
张德群 ·· 615

一次成功地反击"两个中国"图谋的外交斗争
潘　瑾 ·· 620

萨达特总统饮弹阅兵台
江　淳 ·· 627

中英在香港问题上的首次较量——忆撒切尔夫人第一次以首相身份访华
谭兴举 ·· 637

一个奇特的国家——圣马力诺共和国拾零
黄玉平 ·· 645

回忆中国和马耳他友好关系
谢君桢 ·· 654

中国长城站屹立在南极
翁　明 ·· 663

忆英伦三岛的岁月
谢君桢 ·· 669

忆英国女王第一次访华
唐龙彬 ·· 676

民间外交四十年
刘庚寅 ·· 686

一次不同寻常的访问——陪同吴学谦外长访问秘鲁
朱祥忠 ·· 693

出使东瀛印象
章　曙 ·· 699

访澳大利亚各州散记
　　张　再 ··· 705

结束过去　开辟未来——回忆邓小平同志关于实现中苏关系正常化的战略决策
　　钱其琛 ··· 714

岛国一人建馆记
　　吴钟华 ··· 723

难忘的战斗——忆联合国人权委员会第四十六届会议上的斗争
　　詹道德 ··· 729

撤离科威特纪事
　　时延春 ··· 735

重返"千岛之国"——筹建驻印尼使馆的片段回忆
　　刘新生 ··· 741

外交战士怀念邓大姐
　　钱其琛 ··· 751

日本明仁天皇访华经纬
　　杨振亚 ··· 759

江泽民主席对古巴的历史性访问
　　徐贻聪 ··· 765

一次继往开来的访问——记江泽民主席1994年对法国的国事访问
　　陈起元 ··· 775

李鹏总理过境古巴纪实
　　徐贻聪 ··· 784

在古晋的日子里
　　吴德广 ··· 789

为香港回归探路
　　柯　华 ………………………………………………………… 805
记唐家璇同志与西哈努克国王的一次谈话——情真意切忆恩来
　　张金凤 ………………………………………………………… 820

黑格率先遣组为尼克松访华安排的经过

魏史言

1971年10月,基辛格第二次访华商定尼克松访华日期和公报草案等问题以后,美方又通过"巴黎秘密渠道"传来口信,说美国总统国家安全事务副助理黑格准将将率先遣组来华,为尼克松总统访华进行具体安排。中方表示同意。

一、拟定接待方案

为了接待黑格来访,中方初步考虑:尼克松访华的会谈内容和活动计划已原则确定,这次主要是指定专人同美方进行对口商谈,具体落实。除公报草案有关台湾问题的一句措辞未定和印巴局势变化之外,没什么可多谈的,由姬鹏飞代外长同黑格会谈两次即可。据此,章文晋、熊向晖等草拟了一个会谈设想。首先,指出基辛格第二次访华后世界形势更加动乱,美国扩大轰炸越南北方、印度侵入东巴基斯坦、美苏在南亚次大陆争夺加剧;中国进入联合国,进一步团结了中小国家。其次,估计黑格这次来可能要通报印巴情况、美越会谈、美苏关系等问题,以及尼克松访华联合公报草案中未定的问题,特别是台湾部分的新的措辞。最后,对上述问题的简要对案。另拟向美方透露,中国乒乓球队将在尼克松访华后去美国回访,美方索要的熊猫可予考虑。

上述设想拟出后，王海容传达毛主席看了10月间商谈的公报草案后的几点指示：（一）原来的公报草案中关于南亚次大陆问题因现在情况变了，应该修改；（二）上次基辛格曾说公报草案太长，并说尼克松飞行12000多里到中国来听"训"，会弄得他很难堪；（三）美国希望同我们做生意，也可下点毛毛雨。根据王海容的传达精神，又对原公报草案进行了修改，作为设想的附件于1972年1月1日送呈周总理审批。

1月2日，周总理指示姬鹏飞召集熊向晖、章文晋等开会，乔冠华也参加，把设想再讨论一下。公报草案关于台湾那段措辞决不能变，至于国际形势部分要不要改，如果要改怎么改，不同意见可以提出来。经过讨论，有的同志主张大改，除总的形势部分外，其他部分，如印巴、越南、朝鲜等问题都要改，理由是如突出了双方的分歧和不同看法，会使人感到尼克松来访的成果不大。有的同志鉴于这个公报草案是经多次磋商拟定的，美方已经同意，至今未提出异议，主张不必大改，建议除印巴问题因形势变化需另写外，其余均可不变。在1月3日上报的设想中提出了以上两个方案。周总理在上呈稿上批"已在主席处谈过"，于当日退回。

二、黑格转达口信

1972年1月3日，黑格一行由章文晋等陪同从上海抵京。李先念副总理等到机场迎接。晚上姬鹏飞宴请黑格及美方全体人员，宾主热情祝酒，希望这次访问成功。宴会后，黑格对姬鹏飞说，基辛格有重要的情况要他向总理指定的人谈。总理决定亲自马上见他。

1月4日凌晨，周总理会见黑格。黑格说，他要以军人的直率口气转达尼克松和基辛格的口信。他没想到周总理会马上亲自接见他，神情既兴奋又紧张，说得比较零乱，主要有以下几点：（一）印巴问题。他说，"苏联政府对次大陆的政策是使次大陆保持分裂和再分裂状态"。可是，苏联现在"决定迅速地、大幅度地改变原来的政策，他们企图通过树立一些你们的敌人或敌人的代理人包围中华人民共和国"。（二）美苏关系。他说，印巴危机开始以后，"苏联曾多次邀请基辛格博士作为勃列日涅夫个人的客人访问莫斯科，他们还提出，愿就防止意外战争和军事挑衅问题达成协议"。我们拒绝了所有这些建议。主要原因是两个：第一，"我们感到对巴基斯坦负有义务"，"不能允许苏联分裂巴基斯坦"。第二，"我们拒绝了苏联的建议，也是由于我们感到，中华人民共和国未来的生存能力是符合我们国家利益的。我是用军人的直率语言在讲话"，不是因为我们"对你们突然产生了某种喜爱"，"是因为我们认为苏联的战略首先是要使中华人民共和国失去作用，然后是要进攻美国。因此，我们采取上述做法完全是出于自私自利的国家利益的原因"。（三）越南问题。他说，"美国政府最近决定对北越领土进行空中袭击"。美国已经做了种种让步，而越南还在袭击。"对所有这些行为的解释只能是，河内努力要侮辱美国，而这种侮辱是任何大国都不能接受的"。又说，"我们的结论只能是：东南亚战争的继续进行只能给莫斯科提供机会，使它得以加强它在河内的影响，从而发展它对中华人民共和国的包围计划"。（四）尼克松访华问题。他说，"鉴于上述全部情况，我们还认为尼克松总统的这次访问将具有一种新的更迫切的意义"。"出于我刚才谈到的美国自己的战略利益的考虑，我们非常肯定地认为，中华人民共和国的生存能力必须得到维护"。"我们承认中美间存在很多分歧，正如基辛格所说，丘吉尔当年曾愿意同斯大林合作，以防范更大的威胁——希特勒德国。因此，我们感到美国和中华人民共和国需要在目前这种关键时刻作出共同努力"。"力图抵消苏联对中华人民共和国的威胁，以维护中华人民共和国的独立及其生存力"。

　　黑格接着还谈了他们可提供苏联对中国威胁的估计和各种技术。他还谈到美国国内出现了亲苏势力、亲台势力和官僚势力联合起来反对尼克松访华的情况。因此，尼克松总统和基辛格博士都努力要使这次访问成功，不仅在实际上要非常成功，而且在表现形式上也要显得非常成功。"关键的一点是，不要在总统访华后，使他公开遭到难堪。我们认为通过这次访问加强总统的世界领袖的形象，这对我们双方都是有利的"。最后，他再次转达了不让国务院的人参加实质性会谈的口信。

周总理听后说："你刚才所谈的不是很详细，但总的意思我懂得了。当然，我还要向毛泽东主席报告和跟同事们商量，现在不打算作正式回答，不过先说一下我的初步评论：（一）我们两国接近，推动两国关系正常化，缓和远东局势，这不仅对美国有利，同时对中华人民共和国有利，而且对中美两国人民和远东各国人民都有利。（二）关于南亚次大陆和印度支那问题，苏联的插手，我看不是由于苏联战略方针的改变，而是由于中美要接近，它必然要采取这样的对策。关于这个问题，我跟基辛格博士第一次见面已指出了。我们要承担中美接近的后果，我们是做了准备的。这对我们是没有什么意外的。至于你刚才讲的你们内部三个因素，基辛格也讲过，我们都意识到了。"

总理接着说："还有博士提出公报上的两个问题：（一）关于贸易问题。我们理解他提出这个问题的意义。从美国舆论上说，它对很多人有影响，我们注意到了这个问题。（二）关于台湾这段文字，你带来基辛格的建议。在我们看来那两段关于中美两国各自的主张，我们提出的美方措辞已经照顾了美国目前左的和右的方面遇到的为难。"最后，总理说："不过博士既然提出了一个新的建议，你留给我们，我们愿意继续研究。"

最后，总理建议黑格改变访华计划，先在北京商谈，然后去上海、杭州，不再返北京，从上海回国，以便研究黑格提出的问题。

三、分组进行会谈

1月4日上午，姬鹏飞同黑格一行举行会谈。黑格首先说，关于尼克松总统访华，双方在周总理和基辛格博士的上次会谈中已经成功地达成基本谅解。我们现在就是要在已经同意的原则范围内将技术方面的问题以及带有特殊性的问题更加具体地确定下来。他表示十分佩服中国高度的工作效率，强调中美双方领导人会晤的历史意义，不让技术问题在任何方面干扰我们。中方表示同意。下午双方分成礼宾、新闻、通信、安全及专机后勤等组，进行分组会谈。

分组会谈中，主要问题有二：一是扩大宣传尼克松访华活动问题，特别是利用电视转播实况问题。中方不仅同意美方增加随访记者，将来访人数由367人增至374人，而且同意在中国建立卫星地面接收站，以转播尼克松访华实况。为了维护国家主权，中方决定租用美国卫星，租用期为北京时间1972年2月21日上午1时至2月28日24时，然后再根据美方申请，中方同意租给美方使用，并签订了合同。合同规定设备安装调试后，经中方批准美方方能使用，按记账办法收费。估计可收回50多万美元，同租金607038美元相差不多。二是保障安全问题，既保证安全，又坚持主权原则。商定尼克松总统抵上海后，即换乘中国专机和专车，不用美国的专机与汽车。美方了解了京、沪、杭等地活动场所、路线和住所后，对中方的安全措施表示满意。

1月6日上午，姬鹏飞同黑格举行政治会谈。黑格首先说，"上次我对总理提到希望加强公报草案中的某些积极因素。总理答复我说，在这方面首先将考虑到贸易问题（注：总理是说注意到了这个问题）"，并说他"注意到了中国方面的立场，承认这个问题要非常缓慢地实现"。

随后，黑格谈到次大陆问题："从现在起到尼克松访华这段时间内，我们在次大陆的政策将集中在赢得时间，以便使巴基斯坦增强自卫能力。"

关于东南亚局势问题，他说，"基辛格博士让我重申，是莫斯科在阻碍通过和平谈判解决那个地方的冲突"。"我们了解到新德里打算迅速将它在河内的外交代表升格。这是一个不祥之兆，进一步说明了苏联在中华人民共和国南翼打算做什么"。"我希望在我离开之前，能就苏联最近在河内增强影响,以及苏联直接包围中华人民共和国的战略问题,进一步交换意见"。

1月6日傍晚,周总理和叶剑英元帅分三批接见了美国先遣组的全体人员。周总理很自然地对白宫发言人齐格勒说:"我在这屋子里见过你们乒乓球队。20多年来,我重新会见大批美国朋友是1971年4月开始的。乒乓球把我们两国关系联系起来了。我们被邀请了,但还没有回访。请齐格勒先生转告你们乒乓球协会主席,那位曾经到中国来的团长,我们愿意在春暖花开的时候回访。"总理说在"春暖花开"时回访,讲得很艺术,寓意尼克松2月访华后,中美关系解冻,中美人民友谊之花即将迎春开放。齐格勒表示"我一定转告"。随后,总理问及通信问题谈得怎么样?黑格夸奖中方工作人员业务水平高,他们的要求很快就得到了满足,而且比他们希望的还好。接见后,美方人员很高兴,也很满意。

四、总理答复口信

1月4日晨,周总理听了黑格的口信后,即让熊向晖等起草了一个《对美方口信的答复》,亲自审改后,送请毛主席审批。6日晚,毛主席同周总理商谈此事时,因尚未看到黑格同总理的谈话记录,就边听总理汇报边发表意见。

总理汇报到黑格说苏联战略改变,要利用次大陆包围中国时,毛主席说,"包围中国!要它来救我,那怎么了得!""它替我们担心啊,是猫哭耗子!在次大陆对中国包围,印度支那也是苏联包围中国,你葛罗米柯跟人家去日本,是不是日本也要包围中国啦?这就不得了啦,替我们担心啊!还有中国台湾地区呢,菲律宾呢,南朝鲜呢,那就不算包围?统统要它保护,中国的独立、生存能力都让它保护,危险得很呀!"

当总理谈到黑格讲到尼克松要恢复世界领袖的形象时,主席说:"美国人也怪,他自己明明讲国内有什么亲苏势力、亲台势力、官僚势力都反对他。尼克松作为美国总统连美国领袖都做不成,他还要来做世界领袖啊!包围,包围,我现在只有人两个①,你们包围吧!"

然后总理把口信答复稿给主席看。主席说:"好,我看可以给他讲。讲了以后,无非是吹。他22年都没有来,再等100年嘛!这些美国人啊,睡了两个晚上好觉,他又忘了。你不顶他一下,他就不舒服。……总而言之,无非是吹了。我看啊,过不了几年他还是要来的。"

最后总理问,联合公报草案,除台湾问题外,美方没提,是不是就不动了?主席说:"就不动,要动就动一点,把人民要进步,改成人民要革命。他们就是怕革命,他们愈怕,我们愈要提。其实这个公报没把基本问题写上去。基本问题是,无论美国也好,中国也好,都不能两面作战。口头上说两面、三面、四面、五面作战都可以,实际上就是不能两面作战。当然写进去也不好啰!"

1月6日晚11点半,总理同黑格第二次会晤。总理先轻松地说:"今天他们请你喝太多酒了吧?"黑格愉快地说:"喝多了一点。"总理然后说:"今天下午我听姬代部长转达了你带来的基辛格的口信。现在我先回答你4日凌晨的口信。我们研究了你转达的口信,你们的直率态度有助于我们更清楚地了解美国方面对当前局势和中美关系的想法,我们愿以同样坦率的态度谈谈我们的意见。"

总理答复口信的要点如下:第一,随着会谈的临近,某些敌对势力不断加紧破坏,这是可以料到的,中国对此也是有准备的。第二,尼克松访华公告发表后,苏联在欧洲匆忙作出让步,就柏林问题同西方达成协议;在亚洲,同印度缔结了名为"和平友好"实则军事同盟的条约;接着支持印度侵略巴基斯坦,占领东巴。这是苏联一贯奉行的争夺霸权政策在新情况下的继续,说不上什么战略转变。实际上这更加暴露了它的扩张主义的

---

① 京剧《空城计》中诸葛亮的唱词。——编者注

面目，在世界上和联合国中陷于空前的孤立。事态的发展正说明次大陆将从此动荡不已。第三，在越南问题上，中美之间有根本分歧。美国对北越大肆轰炸引起了各方强烈不满，越南是受害者，中国当然支持。美国要真想全部撤军结束越战，就没有理由拒绝接受越方七点合理建议。事实上不是河内侮辱美国，而是美国侮辱了河内。大国可以任意侵略小国，小国实行自卫却成了"侮辱"，这是什么逻辑？美国这种政策不仅动摇不了越南决战决胜的意志，而且将为美国自己撤军和谋求释俘制造障碍，对于总统的访华也带来不利因素。第四，半年前尼克松总统把中国称之为世界五大力量之一，现在美方忽然对中国的"生存能力"表示怀疑，声称要"维护"中国的"独立"和"生存能力"，令人惊讶。中国认为，任何国家决不能靠外力维护其独立和生存，否则只能成为别人的保护国或殖民地。社会主义的新中国是在不断抗击外来侵略和压迫的斗争中诞生和成长起来的，并一定会继续存在和发展下去。中国早已说过，准备敌人从四面八方打进来，不惜承担最大的民族牺牲，奋斗到底，为人类进步事业作出贡献。事实已经证明并将继续证明，一切妄图孤立、包围、遏制、颠覆中国的阴谋都只能以可耻的失败告终。第五，中美两国关系并未正常化，但中国方面将以应有的礼仪接待尼克松总统，并将为谋求中美高级会谈取得积极成果作出自己的努力。美方口信表示，希望通过访问加强总统作为世界领袖的形象，对此中方难以理解。一个人的形象取决于他自己的行动，而不是任何其他因素。中国从不认为有什么自封的世界领袖。第六，美方由于国内有些势力反对中美关系正常化和中美高级会谈，要求中方重新考虑公报草案中有关台湾部分的措辞。当然中方不反对进一步进行磋商。但是，应当指出，中方在公报草案中已尽力照顾到美方的困难。在台湾问题上，中国人是有着非常强烈情感的。如果美国真有改善中美关系的愿望，就应该对中美关系的这个关键问题采取解决问题的积极态度。如果屈从某些反对中美两国关系正常化的势力而从原来的立场后退，这不会为中美双方带来好处。

周总理还对黑格6日上午转达的口信做了评论。要点如下：第一，关于贸易问题，中方注意到了美方的意见，要把它放在公报里。毫无疑问，中美两国关系没有正常化，贸易发展是有限度的，必然是缓慢的。但中美双方总要向远处看，中美关系总要走向正常化。第二，南亚次大陆问题，中方欣赏口信中所说的美国现在是要使巴基斯坦赢得喘息时间，加强它的力量。

黑格听了总理的答复和评论后一再解释，他是根据本人对口信总意图的理解用自己的口气转达的，因此恐怕在许多地方，由于用了军人的朴素的语言，收到了过分直率的效果，在一些问题上引起了误解。

最后，总理把台湾问题挂了起来，说等尼克松总统和基辛格博士来了以后再说。随后，总理问黑格下次来不来？黑格说："总统和博士出访时我总是看家。"总理说："他们在家时，你方能出来。"黑格说："我就是在这种时候出乱子。"总理笑着说："你还有机会，将来总统访问后还要派人来嘛。"

7日下午，黑格一行去上海、杭州参观。10日，黑格率领的为尼克松访华进行具体安排的先遣组圆满结束其使命，取道阿拉斯加回国。

尼克松总统访华

魏史言

自基辛格秘密访华与我方商定的尼克松访华公告发表后，中美双方对这一具有重大历史意义的访问都做了充分准备。尼克松为确保访问成功，1971年10月，又派基辛格公开来华，商谈他访华的具体日期和公报草案；翌年1月，又派黑格率先遣组来华，商谈了他的活动安排和电视转播等事务。尼克松本人不但请了一些著名的"中国通"给他介绍情况，而且阅读了大量有关中国的书籍，熟记了不少毛主席的诗词，甚至还学会了用筷子进餐。一切准备妥当之后，他于2月17日乘"七六年精神号"专机来华。

在周总理亲自领导下，我方也做了细致周到的准备。当时考虑到两国过去敌对多年，无外交关系，而尼克松又以国家元首身份首次来访的实际情况，我方在礼遇上选择了"以礼相待，不亢不卑，不冷不热，不强加于人"的方针，决定在机场悬挂两国国旗，在北京检阅三军仪仗队、军乐队，但不采用分列式，不鸣礼炮，不请外交使团，不搞群众欢迎，只由周总理等领导人前往迎送。在会谈方面，决定坚持一贯立场，高屋建瓴，主动灵活，争取谈成，改善关系。讨论国际形势时，以印度支那问题为中心，朝鲜、日本、南亚次大陆等问题次之。讨论双边关系时，着重谈台湾问题，双边贸易、科技文化和人员交流问题次之。为避开美方白宫和国务院的矛盾，周总理还把会谈分成四个层次：一是毛主席同尼克松会见；二是周总理同尼克松会谈；三是姬鹏飞外长同罗杰斯国务卿会谈；四是全体会议。在其他活动安排上，则根据客人的不同情况做了多套准备，供他们选择。为了创造一个与迎宾相适应的环境和气氛，周总理还布置在客人拟去的各地方刷去了街上的反帝标语，恢复了一些店铺的老字号名称，甚至对在宴会上要演奏的中美两国民间乐曲都进行了精心选择。

一、尼克松同周总理历史性握手

1972年2月21日上午9时，尼克松总统的专机飞抵上海，稍事休息用餐后，即由专程前往迎接的乔冠华、章文晋、王海容等陪同，于上午11时30分到达北京。周恩来、郭沫若、李先念、叶剑英、吴德、姬鹏飞等党政军领导人和各界人士约百人前往欢迎。

抵达北京机场时，尼克松刻意要在这一举世瞩目之时纠正第一次日内瓦会议期间杜勒斯下令不同周恩来率领的中国代表团握手的傲慢失礼行为，突出他本人非同凡响的举动，特安排在他同周总理握手前，随行人员暂缓下机。此事虽已事先通知，但他仍不放心，临时又派一名高大的警卫把守在机舱口，以防其他人员紧随其后下机。当他和他的夫人快走到舷梯的尽头时，他就在掌声中急忙伸手向周总理走去，主动同周总理热情握手。这一历史性场面被摄影师一一摄入镜头。尼克松事后写道："当我们的手相握时，一个时代结束了，另一个时代开始了。"

随后，其他美国客人始鱼贯下机，周总理将前来欢迎的中方人员向他们逐一做了介绍。军乐队奏起两国国歌，周总理陪同尼克松检阅了仪仗队后，两人一同登上中国的红旗轿车，驶往钓鱼台国宾馆。在离开机场时，周总理寓意深长地对尼克松表示："你的手伸过世界最辽阔的海洋来和我握手——25年没有交往了啊！"

车到钓鱼台 18 号楼，邓颖超、于立群站在楼前迎接。在客厅待茶时，周总理一一同美国客人打了招呼，然后让尼克松和罗杰斯到各自的下榻处休息。

二、毛主席会见尼克松

基辛格在飞往北京的旅途中即向乔冠华表示，他想在午后 3 时单独会见周总理，谈谈活动安排问题。但在客人刚吃完午饭不久，毛主席突然决定，要立即会见尼克松。下午 2 时许，周总理急忙亲自找基辛格说，毛主席想很快见到尼克松总统，并问美方谁一同去。基辛格答，他去，让洛德去做记录，并说，这件事不要告诉国务院的人，特别是洛德参加会见事更不能告诉他人，而且在新闻、照片、电视上都不能出现洛德，不然国务院的意见就更大了。基辛格报告尼克松后，即去中南海。

下午 2 时 40 分，毛主席在他书房里会见了尼克松。中方参加会见的有周总理，翻译唐闻生，记录王海容；美方在场的有基辛格，记录洛德。这次会见因毛主席大病初愈，到 3 时 50 分即结束。在一个小时零十分钟的会见中，毛主席谈笑风生，引经据典。他向尼克松表示欢迎和寒暄后，风趣地说："昨天你在飞机上给我们出了一个难题，说是我们几个要吹的问题限于哲学方面。对于这个问题我没有什么可说的，应该请基辛格博士谈一谈。"基辛格马上说："我过去在哈佛大学教书时，指定我的学生要读主席的文选。"毛主席说："我那些东西算不得什么。"尼克松则称赞说："主席的著作感动了全国，改变了世界。"毛主席说："没有改变世界，只改变了北京附近几个地方。"接着说："我们共同的老朋友，就是说蒋介石委员长，他不赞成。他说我们是'共匪'……其实，我们跟他作朋友的时间比你们跟他作朋友的时间长得多。"主席话锋一转，很自然地引出了台湾问题。

然后，毛主席又转向基辛格说："你跑中国跑出了名嘛，头一次来公

1972年2月21日，毛泽东主席在北京中南海会见新中国成立后来访的第一位美国总统尼克松

告发表以后，全世界都震动了。"基辛格很得体地称赞了尼克松的大胆决策。毛主席又幽默地说基辛格："他不像个特务。"实际是称赞他秘密访华的保密工作做得好。尼克松笑道："只有他能够在行动不自由的情况下去巴黎12次，来北京1次，而没有人知道——除非可能有两三个漂亮的姑娘。"基辛格慌忙解释："她们不知道，我是利用她们做掩护的。"毛主席问："是在巴黎吗？"尼克松又说："凡是能用漂亮姑娘做掩护的，一定是有史以来最伟大的外交家。"毛主席反问："这么说，你们常常利用你们的姑娘啊？"尼克松申辩说："他的姑娘，不是我的。如果我用姑娘做掩护，麻烦可就大了。"周总理点上一句："特别是大选的时候。"引起大家哈哈大笑。

接着大选的话题，毛主席说："讲老实话，民主党如果再上台，我们也不能不同它打交道。"尼克松说："这个我们懂得，我们希望我们不会使你们遇到这个问题。"毛主席爽朗地说："你当选我是投了一票的。"尼克松说："我想主席投我一票，是在两个坏东西中间选择好一点的一个。"毛主席说："我是喜欢右派。人家说你们是右派，你们共和党是右派……比较高兴这些右派当政。"尼克松说："我想重要的是，在美国，左派只能夸夸其谈，右派却能说到做到，至少目前是如此。"

随后在谈到这次会晤的历史背景时，毛主席说，是巴基斯坦总统把你介绍给我们的。当时，我们驻巴基斯坦的大使不同意我们同你们接触。不过，我们是不大喜欢从杜鲁门到约翰逊你们这几位总统。中间有八年是共和党任总统。然而在那段时间，你们也没有想通。尼克松说："主席先生，我知道多少年来我对中华人民共和国的态度是主席和总理完全不能同意的。把我们带到一起来的是，对世界上出现了新形势的认识；我们这方面还认识到，事关紧要的不是一个国家内部的哲学，主要是它对世界其他部分和对我们的政策。"

尼克松想接着谈中国台湾、越南、朝鲜、日本、苏联等问题，毛主席打断他的话说:"这些问题我不感兴趣,那是他(指周总理)跟你谈的事。"毛主席接着说:"来自美国方面的侵略,或者来自中国方面的侵略,这个问题比较小,也可以说不是大问题,因为现在不存在我们两个国家互相打仗的问题。你们想撤一部分兵回国,我们的兵也不出国。可是我们两家也怪得很,过去二十二年总是谈不拢,现在的来往从打乒乓球算起只有十个月,如果从你们在华沙提出建议时算起,有两年多了。""我们办事也有官僚主义,你们要搞人员往来这些事,要搞点小生意,我们就死也不肯。十几年,说是不解决大问题,小问题就不干,包括我在内。后来发现还是你们对,所以就打乒乓球。"

随后毛主席说:"你们下午还有事,吹到这里差不多了吧。"

这时,尼克松又说,他这次应邀来访是冒了很大风险的,作出这个决定实属不易。他还表示,他读过毛主席的一些著作,懂得"只争朝夕"。毛主席说:"只争朝夕。""大概我这种人放空炮的时候多。无非是全世界人民团结起来,打倒帝、修、反,建设社会主义。"尼克松微笑着说:"就是像我这样的人,还有匪徒。"毛主席说:"你可能就个人来说,不在打倒之列。可能他(指基辛格)也不在内。都打倒了,我们就没有朋友了嘛。"最后,毛主席也称赞尼克松的《六次危机》写得不错。尼克松说:"你读得太多了。"毛主席说:"读得太少,对美国了解太少了,对美国不懂,要请你们派点教员来,特别是历史教员和地理教员。"然后他又说:"我跟早几天去世的记者斯诺说过,我们谈得成也行,谈不成也行,何必那么僵着呢?一定要谈成?一次没有谈成,无非是我们的路子走错了。那我们第二次又谈成了,你怎么办啊?"这时双方已经站了起来,尼克松握着毛主席的手说:"我们在一起可以改变世界。"毛主席对尼克松这句话未置可否,只说:"我就不送你了。"

嗣后,基辛格单独与周总理商定了会谈安排和发布毛主席会见尼克松的消息问题。当天 6 至 7 时举行双方全体会议,商讨和宣布了会谈办法和公报的形式与内容。会上，周总理很艺术和自然地解释了毛主席突然会见尼克松和没有让其他美国客人参加的原因，以调和美方的内部矛盾。

晚7时，周总理设国宴招待全体美国客人。席间军乐队演奏了中美两国民歌，尼克松听到演奏《美丽的阿美利加》时非常高兴。因为这是他最喜欢并指定在就任总统典礼上演奏的乐曲。敬酒时，他特到乐队前表示感谢，并要给他们发奖。

三、周总理同尼克松会谈

尼克松在京期间，上午安排参观，下午会谈，晚上参加宴会和文艺晚会。周总理同他谈了五次，其中在北京谈了四次，在上海谈了一次。双方就国际形势和双边关系问题坦率而深入地交换了看法。尼克松先从台湾问题谈起，重申了他处理台湾问题的五项原则：（一）中国只有一个，台湾是中国的一部分，今后不再说台湾地位未定；（二）不支持任何"台湾独立"运动；（三）将在力所能及的范围内劝阻日本进入台湾，也不鼓励日本支持"台湾独立"运动；（四）支持任何关于台湾问题的和平解决办法，不支持台湾当局用任何军事方法回到大陆的企图；（五）寻求美中关系正常化，决定在四年内逐步从台湾撤走军事人员和设施。他强调在政治方面有困难，还不能马上丢掉台湾，希望在其第二届任期内完成中美关系正常化。周总理指出，"还是那句话，不愿意丢掉'老朋友'，其实老朋友已经丢了一大堆了。'老朋友'有好的，有不好的，应该有选择嘛"。"你们希望和平解放台湾"，"我们只能说争取和平解放台湾。为什么说'争取'呢？因为这是两方面的事。我们要和平解放，蒋介石不干怎么办？""我坦率地说，就是希望在你（下届）任期内解决，因为蒋介石已为时不多了"。

他们还就朝鲜、印度、裁军等问题交换了看法。周总理就美苏军备竞赛高瞻远瞩地说："你们两家搞军备竞赛，水涨船高。你们的军费是公布的，苏联的不公布，但它占的比例不会少，所以他们国内人民生活很困苦。农业生产上不去，不能仅仅说是气候的原因。苏联同加拿大的气候差不多，加拿大的农业并不坏嘛，就是因为军费太多。这样浪费，搞核武器花那么多钱，不能吃，不能穿，又不能用，到一定时候还要报废，下个世纪（人民）会批评为什么用那么多的人力、物力、财力搞核武器。我们希望你们达成协议，减少核军备。美苏搞好关系，我们赞成。"可见周总理论断之精辟和风格之高。

1972年2月28日上午，周总理同尼克松在上海锦江饭店举行了最后一次会谈。

四、姬鹏飞同罗杰斯谈双边关系

在周总理同尼克松会谈实质问题的同时，姬鹏飞外长同罗杰斯国务卿也举行了五次会谈，北京四次，上海一次。中方有总理助理熊向晖等参加，美方有助理国务卿格林等参加。

罗杰斯首先提出要弄清"关系正常化"是什么意思。他认为"关系正常化"就是改善关系，就是在没有外交关系的情况下改善关系。姬鹏飞则说，"关系正常化"是指建立外交关系，在没有外交关系的情况下，可以改善关系，走向正常化。

会谈开始不久，美方就闹了一个笑话。美方翻译的上衣口袋里突然传出响声，他急忙用手去按，但没按住。不久，詹金斯和格林的口袋里也响了起来。齐格勒递了一个条子给罗杰斯。罗杰斯随即说，拿出来吧，并表白说，这是同总统联系的小电话。实际上是小型录音机发生故障响了起来。因为双方原来商定会谈不用录音，只让记录。美方暗中使用录音机的行为暴露，显得十分尴尬。

接着，罗杰斯反复强调建立常设联系机构的必要性，建议互设贸易、旅游等办公处。姬鹏飞外长表示，台湾问题不解决，两国关系中的其他问题的解决就受影响。在蒋介石集团在美国还有代表的情况下，要我们派人去美国，就使我们为难。罗杰斯又表示可在第三国大使馆内设办公室，并强调建立电话联系也很必要。姬鹏飞不把门关死，推说可以再考虑考虑，看看能否找到什么办法。

罗杰斯还提出，增进来往可能是最迫切的问题。他认为可以在文化、体育、医学等方面进行人员交流，并具体建议互派杂技、篮球、田径、体操、游泳、医生等团队访问。姬鹏飞外长表示，在两国关系正常化以前，这种交流只能通过民间机构，双方政府给予协助和方便。熊向晖还询问罗杰斯，美国还要不要入境的人按手印。罗杰斯新任国务卿，不太熟悉，马上到另一房间打电话询问后回来说，这个规定已取消了，中国访美人员不需要按手印。

罗杰斯还说，中美开展贸易的经济意义不大，可有可无。美方并不急于同中国开展贸易，如果中国觉得有利，可以搞一点。姬鹏飞外长明确指出，贸易是美方上次提出的，我们的政策是平等互利、互通有无。中美贸易可以不搞，问题是许多美国商人向中国外贸部门提出了做生意的要求。熊向晖当即报告周总理。周总理即问基辛格，你们说要搞贸易，而你们的国务卿却不感兴趣啊。基辛格听了很生气，马上冲出去，报告了尼克松。

翌日会谈时，罗杰斯首先解释说，关于中美贸易问题昨天他所说的话可能引起误会，他愿加以澄清。他说，美国对开展中美贸易是有兴趣的，如果中国也有兴趣的话，对愿同中国做生意的商人，美国将给予便利。之后，姬鹏飞外长又说明了中美关系的历史背景和中方的原则立场。罗杰斯也谈了美方的立场和愿望。但他一边谈美国没有制造"两个中国"的意图，另一边又说大陆与台湾是两个"实体"。对此，姬鹏飞外长再次重申了我方的立场。

罗杰斯还突然提出，他和姬鹏飞外长应积极参与公报起草工作，并进行"监督",因为"政策是要我们执行的"。姬鹏飞表示,先等乔冠华副部长和基辛格博士搞出一个草稿再说。

周总理收到罗杰斯要参加起草公报工作的汇报后,在同尼克松会谈时说:"有一个问题要向总统说一下,你们的国务卿要参加公报的会谈。在第一次全体会议上我们已说定了,双方已分别指定乔冠华和基辛格博士负责此事。当时国务卿没有说话呀。"尼克松解释说:"我想这事可能有点误解,可能罗杰斯对公报有些想法,他认为可以同你们外长谈谈这些想法。我们指定基辛格谈公报,你们指定乔冠华谈公报,现在还是这样。"

看来尼克松是不让国务院的人参加实质会谈,而国务院的人对此很有意见。美国助理国务卿格林在会谈休息时就向姬鹏飞说:"似乎你们认为只是总统愿意改善中美关系,而国务院的职业外交官不愿改善中美关系,其实美国国务院也是愿意改善中美关系的。"

五、中美两国联合公报商谈经过

基辛格 1971 年 10 月访华期间,双方商谈联合公报问题时,美方想搞一个老套格式、粉饰一致的公报。周总理则主张不搞官样文件,应如实分别写上双方的分歧和共同点,以反映真实情况。双方经过多次会谈,搞出一个公报草案。这个草案无论形式还是内容都有新颖创造。序言概述了尼克松总统一行访华情况;第一部分双方各自阐明了对重大国际问题的看法和立场;第二部分确定了建立中美两国关系的共同原则;第三部分写明了双方对台湾问题的立场和改善双边关系的协议。但当时还有几个问题未达成协议,之后黑格带来的方案我方也未接受,故留待这次继续商谈。

这次基辛格一来,就向周总理说明,美国国务院的人根本不知道双方已经起草了整个公报,罗杰斯也只知公报草案中关于台湾问题的两句措辞。美方将由他本人负责商谈公报,只有涉及大的原则问题时,总统才会过问。

还说，南亚问题因情况变化，需要考虑修改措辞，人员来往和贸易问题还需补充，台湾问题也需进一步讨论。还说，对于黑格提交的措辞，中方表示可以考虑。意欲先发制人，肯定他们的方案。周总理当即指出："当时我就说，不同意黑格带来的措辞，而倾向于我们原来的方案。如何办当然还可考虑。"周总理指定由乔冠华、章文晋负责谈，熊向晖在参加两国外长会谈之余，有空也参与，必要时周总理则亲自过问。

2月23日上午，基辛格提出了美国的新方案；24日上午，乔冠华口头谈了我方的方案。随后，对美方关于台湾问题的措辞作了评论：第一，既然美方承认，所有台湾海峡两岸的人都认为只有一个中国，台湾是中国的一部分，那么台湾问题用什么办法解决是中国的内政，外人不得干涉。中方的措辞是"希望"争取通过和平谈判解决，美方的措辞是"关心"它的和平解决。这两个词的含义显然不同，中国不能承诺只用和平方式解决台湾问题。第二，台湾本来是中国的领土，而美国把它作为军事基地使用，美军当然应该全部撤走。而美方的措辞则是"随着该地区紧张局势的缓和"逐步减少美国的军事力量和设施。这符合中美双方的声明吗？第三，既然美方承认台湾问题是中国人民内部的问题，美国在台湾的武装力量和军事设施当然应全部撤走，所以中方的措辞是"逐步减少直至全部撤出"。美方只讲"逐步削减"而不讲"完全撤出"这个目标，中方不能同意。基辛格说："如果找不到双方满意的措辞怎么办？"乔冠华答："那就难说了，不发表公报也行嘛。"基辛格显得有些紧张地说，"有此可能"，但又马上改口说："应做积极努力。"

2月25日下午，基辛格同周总理单独谈话时提出公报中关于台湾那段措辞。周总理劝解说："反正双方已经接近了嘛，我们已经报告毛主席，说已商定要写最后从台湾撤军的问题，但还要设法用双方都能接受的最佳措辞表达。"基辛格即说："我们十分欣赏总理和副外长所表现的慷慨和公正的精神。"周总理又说："关于'人民要革命'的问题，还是这样吧，反正这是我们方面的立场嘛。另外，我们还有四点共同点准备去实行，这是重要的。"基辛格说："对，那是次要的问题，可以那样。"

2月26日凌晨2时，公报终于谈妥。但在由北京去杭州的飞机上，美国国务院的官员看了公报后又提出若干修改意见。当晚基辛格同乔冠华又谈到次日凌晨2时，对公报中台湾部分以外的多处文字做了修改，最后终于定稿，并于28日在上海签订了《中美联合公报》（亦称《上海公报》）。关于台湾问题的措辞改为："美国方面声明：美国认识到，在台湾海峡两边的所有中国人都认为只有一个中国，台湾是中国的一部分。美国政府对这一立场不提出异议。它重申它对由中国人自己和平解决台湾问题的关心。考虑到这一前景，它确认从台湾撤出全部美国武装力量和军事设施的最终目标。在此期间，它将随着这个地区紧张局势的缓和逐步减少它在台湾的武装力量和军事设施。"另将反对霸权主义一条改为："任何一方都不应该在亚洲—太平洋地区谋求霸权，每一方都反对任何其他国家或国家集团建立这种霸权的努力。"最后在公报中还加入了双边贸易问题，"同意为逐步发展两国间的贸易提供便利"。

2月27日下午，基辛格和乔冠华在上海展览馆宴会厅举行记者招待会，就《中美联合公报》发表讲话，引起了国际上的巨大反响和强烈震动。当天晚上，上海市举行宴会，为尼克松等送行。此时此刻的尼克松心情舒畅，开怀畅饮，即席讲话中说他"访华的一周是改变世界的一周"。但不管怎样，尼克松访华和《中美联合公报》的发表，确实对中美关系和世界形势的发展产生了具有历史意义的深远影响。

1972年2月26日,周恩来总理陪同尼克松总统在杭州游览西湖,双方继续商谈有关两国联合公报的问题。根据周恩来总理的建议,经双方努力,《中美联合公报》最终达成,并于2月28日在尼克松总统结束访华离开上海时发表

杜勒斯拒绝同周恩来总理握手问题释疑

史　实

朝鲜停战谈判结束不久，经中、苏、美、英、法五大国和其他有关国家同意，谋求解决朝鲜问题和印度支那和平问题的日内瓦会议于1954年4月26日召开。中美两个敌对国家的代表，经过激烈较量，在胜者虽未骄、败者仍顽固的情况下，坐在一起开会，自然特别引人瞩目。在会议期间，传出了周恩来总理要同美国国务卿杜勒斯握手，被杜勒斯拒绝的传说，而且议论纷纭，莫衷一是。王炳南同志在他撰写的《中美会谈九年回顾》中，对这一传说特加澄清，说"实际上没有发生过这样的事"[①]。

但是，周恩来总理在同外宾谈话中确曾多次谈过此事。他在1958年4月15日全国外事工作会议上的报告中也明确说过："我们不能像杜勒斯那样笨法，到了日内瓦还规定一条——不许握手。"因而国内外一些读者看了王炳南同志的回忆录后，纷纷来信询问究竟。为了弄清这一问题，我们查阅了有关资料，访问了几位有关同志。现将我们初步了解到的情况和看法简述如下。

一、杜勒斯确有不准握手的禁令

美国代表团团长、国务卿杜勒斯是反共老手，态度傲慢僵硬，他确实不愿同我国政府代表团人员接触。杜勒斯于1954年5月3日回国后，由副

[①] 王炳南：《中美会谈九年回顾》，世界知识出版社，1985，第21—22页。

国务卿史密斯担任美国代表团团长。史密斯是第二次世界大战中美国在欧洲作战的将军，对美国敌视中国的政策有保留，想同我国代表团接触。据浦寿昌同志（当时担任周恩来总理的英文翻译）说，有一天，史密斯端着酒主动走来同他攀谈，夸他英语讲得好，地道的美国音，问他是在哪儿学的，还赞扬中国的古老文化，说了一些友好的话。浦寿昌回去后即报告了周恩来总理。总理说："好啊，既然史密斯愿意而且敢于同我们接触，那明天休息时，我找他谈谈。"

第二天休息时，在王炳南同志的安排下，当史密斯一人走向吧台去喝咖啡时，即把周恩来总理引去。这时，史密斯左手拿着雪茄，看见周恩来总理向他走来，急忙用右手去端咖啡，以避免同周恩来总理握手，只笑容可掬地同周恩来总理打了招呼，客气地赞扬了中国的古老文明、美丽河山，还说他很喜欢中国的瓷器，在他家的客厅里就陈设着许多中国瓷器，等等。

日内瓦会议快结束时，史密斯主动来找周恩来总理攀谈，微笑着对周恩来总理说："会议即将结束，能够在这里和你认识，我感到非常荣幸和高兴。你们在这次会上发挥了很大作用。我们希望不管朝鲜也好，越南也好，都能恢复和平。"话说得友好，但仍避开握手。

1972年2月21日，周恩来总理同尼克松总统会谈时就曾对尼克松说："我给你讲一个故事。杜勒斯的副手史密斯想同我接近，但又不好破坏杜勒斯的戒条，他右手端着一杯咖啡走到我的面前，又不好用左手跟我握手，就拉了一下我的胳膊。"引起大家哄堂大笑。

从上述史密斯的表现和周恩来总理的谈话看，杜勒斯确曾对美国代表团下过不准同中国代表团人员握手的禁令。我国外交部经周恩来总理批准，也有两条规定：第一，我们不主动和美国人握手；第二，如他们主动来握手，礼尚往来，我们不要拒绝。

二、周恩来总理所说"握手"的真意

杜勒斯在开会前一天才赶到日内瓦，在讨论朝鲜问题时大放厥词，遭到周恩来总理义正词严批驳后，即于 5 月 3 日匆匆回国。诚如王炳南同志所说，杜勒斯同周恩来总理没有直接接触。但美国政府并不是不愿同我方接触，而且还有求于我方。杜勒斯的僵硬态度，主要是怕造成对新中国的外交承认。参加中美会谈的首任代表约翰逊就曾在他的回忆录中写道："杜勒斯尽管外表上激烈反共，内心却有兴趣探索同中国缓和紧张关系以及使在押人员获释的可能途径。"这是因为美国在朝鲜战场上失败后，无论在美国国内还是在美国的盟国中，反对美国政府对华政策的呼声日高。即使在美国统治集团内部，也有人对美国敌视中国的僵硬态度不满，存有矛盾。史密斯就是其中之一。

周恩来总理抓住这一矛盾，用杜勒斯禁止同中国人握手这一事例，生动而形象地揭露了美国政府不愿改变错误的对华政策，坚持不承认新中国并与之和解的顽固立场。所谓"握手"，即"和解"之意。周恩来总理在同外宾谈话时，多次以杜勒斯在日内瓦会议期间的顽固表现，抨击当时美国政府的错误政策，申明我们不要同美国打仗，我们愿坐下来同美国谈判，讨论缓和两国紧张关系和台湾地区局势的立场。这使我国的和平外交政策更加深入人心，得到了世界各国包括美国人民的广泛同情和支持。同时，通过这一事例的鲜明对比，周恩来总理豁达大度、光明磊落的高大形象也更受人敬仰和钦佩，杜勒斯的反共嘴脸更无地自容了。很多美国人士长期以来一直觉得理亏而深感内疚，因而在政治上更加不满当时美国政府失掉改善中美关系的良机，也损害了美国的利益。

经过 18 年的争取和斗争，美国终于改变对中国的政策，愿意"同中国走向和好"。美国政府领导人都是以主动同我方握手，以示和解。1971

杜勒斯拒绝同周恩来总理握手问题释疑 | **467**

尼克松访华经典时刻——尼克松与周恩来的跨洋握手

年7月，基辛格博士秘密访华时就特别注意握手言和之礼仪。他在其回忆录《白宫岁月》中写道："9日下午4时，周恩来来到，我在宾馆门口迎接他，特意把手伸出去。周恩来即微笑和我握手。这是将旧日嫌隙抛到脑后的第一步。"尼克松总统在其回忆录中记述他首次访华时也说："我走完梯级（从飞机舷梯走下来）时决心伸出我的手，向他走去。当我们的手握在一起时，一个时代结束了，另一个时代开始了。"

据基辛格在《白宫岁月》中回忆，尼克松总统作出这一行动是经过精心考虑和安排的："总统决定，当他纠正这一失礼行为时，不能有其他美国人在电视镜头中出现而分散群众的注意力。罗杰斯和我要留在飞机上，直到他们握手结束。抵达北京之前，我被这样告诫过至少十几次，根本不可能忘记了，但霍尔德曼还不放心。到那时有一名粗壮的副官挡住了'空军一号'（尼克松座机）的通道。……尼克松单独一人和周恩来历史性握手完满结束以后，我们大家才像变魔术似的出现。"

周恩来总理同尼克松第一次会谈时更是明确对尼克松说："你刚才不是在毛主席那里已经说了嘛，我们握手了。杜勒斯就不敢这样做。"尼克松则说："总理也不一定愿意同他握手。"周恩来总理肯定地说："不见得，如果他愿意的话，我也会跟他握手的。"尼克松说："那好，我们再握一次手吧。"他们隔着茶几又伸手相握，众人都笑了。这段对话更生动地说明了周恩来总理握手的真实含意。

回忆尼克松访华时的记者接待工作

江承宗

1972年2月21日至28日,美国总统尼克松应邀访华,举世瞩目。这不仅是中美关系史上的一件大事,也是国际关系史上的一件大事。当时我在外交部新闻司工作,有幸参加了随访记者接待工作。

一、接待前的思想动员工作

中美关系20多年处于尖锐敌对的状态,直到1971年4月中方邀请美国乒乓球队访华才打开了交往的大门,这时人们的思想认识正在转变之中。美国总统尼克松访华前,根据周恩来总理的指示,首先在部里反复进行了思想动员工作,我司、处也多次进行了讨论。那时我们处的同志都较年轻,接受新鲜事物比较快,一致拥护毛主席和周总理的战略决策。虽然尚未意识到这件事的全部历史意义,但大家都看到这是我国对外关系中举足轻重的一步棋,此着一走,全盘皆活。由于思想上有了明确的认识,大家情绪高涨,全力以赴投入了紧张的准备工作。我们办公室几乎天天夜晚灯火通明。虽然部里食堂供应的是粗茶淡饭,可大家干劲十足,没有牢骚、怨言,一心想把接待工作做好。

二、细致周密的组织准备工作

在准备过程中，美方对新闻报道提出了很高的要求，许多安排在我国从未有过。我方本着实事求是的精神，对合理要求尽可能予以满足。

（一）新闻记者人数

起先美方提出 1000 名新闻记者（电视、照相、广播、文字）和技术人员来华做采访报道。这种情况如果是现在当然不成问题，可是在 20 世纪 70 年代初期的条件下，根本不可能找到足够的住房。我方向美方做了说明，他们将人数减至 800 名，我们仍很困难，做了最大的努力，最后同意接待 500 名。我们把西单民族饭店全部包下来，供美方记者和我方接待人员住用，第三国记者则安排住在东单的新侨饭店。

（二）新闻中心

美方提出要设立一个新闻中心，供双方举行记者招待会、发布新闻用，还要安装国际直通电话、电传机等，以便记者随时发稿。我方同意设立新闻中心，遂利用民族文化宫餐厅、舞厅设立了临时新闻中心。邮电部为此专门制作了十几个电话亭。民族文化宫布置了一排排长条桌和椅子，桌上铺了整洁的白桌布。为适应记者的工作特点，民族文化宫还把舞厅的小舞台改作小吃部，24 小时营业，供应咖啡、冷饮、茶点。记者坐在桌旁，打开手提打字机，要杯咖啡，就可随时进行工作。当时国内的通信设备比较落后，有些通信设备还要对方提供。彩色胶卷洗印设备要美方自带。新闻中心虽系临时安排，但布置得挺像样子，服务又周到，得到记者们的好评。

（三）卫星地面站

美方提出要使用卫星进行最快速的通信报道。当时我国没有这种现代化设施，于是商定由美国提供一座卫星地面站。为了维护我国的主权，由我方租下来，再租给美方使用。随即在北京东郊机场旁边划出一片地，突击建造几幢平房。美方从国内运来了一座小型卫星地面站以及附属设备，我方邮电部和中央电视台配备技术人员和翻译，协助美方人员安装和工作。美国总统访华这件世界瞩目的大事，通过这个地面站及时播向了全世界。周恩来总理在人民大会堂为欢迎尼克松总统举行的国宴，现场直播到美国。十几年以后我到驻美国使馆工作，遇见美国朋友时，他们还常常提起从电视上看到的那个场面。

（四）勘查现场，周密安排

管理几百名记者进行采访的活动，是一件复杂的事。双方商定将记者分为三线：一线七八个人，可作近身采访；二线中距离采访；三线则远距离采访。三条线分开，各不相扰。原则虽已确定，但具体到活动现场，往往牵扯到很多方面，如严格的安全保卫、复杂的礼宾活动，等等。当时，周总理对筹备工作抓得很紧，明确指示主管组织接待工作的外交部副部长李耀文带领各路人马亲临每一现场，落实具体安排。李副部长带领大家勘查现场，了解下属单位的困难和不同行业的矛盾，当场解决了许多具体问题。如机场迎接这一场，三条线的记者究竟安排在机场什么位置，下属单位争论不决，就是他在现场拍板确定的。

为仔细筹备此次接待，我曾三次去上海和杭州。那时杭州的机场太小，大飞机无法降落，决定突击扩建机场。这一工程按照当时的特有方式，由当地空军司令当总指挥，军民一起突击完成，建成后圆满完成了接待任务。

三、复杂具体的记者接待工作

（一）首次记者招待会

准备采访的外国记者们都先期到京。我部新闻司和美方白宫新闻办公室在尼克松总统到达的前一天举行了一次记者招待会。宽敞的"新闻中心"会场，中外记者集聚一堂。中方主持人新闻司司长彭华致简短欢迎词，美方介绍了访问日程等细节，中方详细介绍了新闻中心、旅馆的各项设施以及我方为方便记者采访活动而采取的各项保障措施。这次大型记者招待会进行顺利，中外记者尤其是美国记者更表满意，有的说条件之好超出其预料。会后，有些记者当即打开手提打字机，开始发稿；另一些记者则纷纷乘车上街；电视记者更是忙忙碌碌，拍摄天安门等各处外景。

（二）报道量大

尼克松访华举世瞩目，记者们发出了大量的报道，电视、电报、电话、照相图片源源不断地发往国外，新闻中心我电信局服务台昼夜运转，人来人往，川流不息。通过卫星地面站，报道非常迅速，打往美国的电话声音很清晰，甚至比北京市内电话的效果还要好。

（三）抢发第一条新闻

毛泽东主席会见尼克松总统这场活动，按照当时的习惯做法，是临时决定，不列入日程表，会见以后再发布消息。结果尼克松的车队一进入新华门——中南海大门，法新社和路透社等驻京记者立即发出毛泽东主席会见尼克松总统的报道，抢了个第一。原来那些驻京记者早已摸熟规律，尼克松一到北京，就派人轮流在新华门附近徘徊，一见车队进入，就抢先发了消息。

(四) 女记者发稿遇 "困难"

尼克松游览八达岭长城时,对记者讲了一番话,讲到长城反映中国的历史,还联系中美两国关系讲了些有政治含意、哲理性的话。"第一线"记者们推选采访白宫新闻的老资格合众国际社女记者海伦·托马斯代表大家以最快速度发出报道。她要我想办法找到一部电话,以便打电话到新闻中心,再经由卫星地面站立即转发出去。当时的八达岭什么通信设施也没有,海伦开始有点着急。到了十三陵,那里有一部电话,但被安全保卫部门管制起来了。我带海伦找到十三陵管理处负责人。我请他带我们去试试,我们一同走到有电话的房间。当我们一靠近,就被一位便衣警卫战士拦住,说这部电话只能由安全警卫部门使用,别人一概不许用。我向他说明情况:发这篇报道如何重要,仅需一次短短的通话就解决问题。但他坚决不答应,说这是死命令。海伦见我交涉无效,显得更加焦急。恰好就在附近碰到了中央警卫部门最高负责人杨德中将军,我如释重负,即向他报告了情况,请他协助解决一下。他当即同意,找到那位警卫战士说情。哪知仍然无用,因为杨德中将军身着便衣,那位战士不认识他,而命令是战士的直接上级下的,没有丝毫通融余地。这时海伦真的着急了,眼看面前有一部无人用的电话,就是不让打,她冲着我嚷嚷起来。我不能向她发急,继续劝她再等一等。不一会儿,战士的直接上级——一位年轻的军官来了,海伦终于用那部电话发出了尼克松在长城谈话的报道。后来我向美国朋友追述这个故事时,他们异口同声地赞扬那位战士,有的还说那位战士是一块当将军的材料。

(五) 弄虚作假受到批评

尼克松一行游览定陵之后,即返回钓鱼台国宾馆。因头天下了雪,为了保证车队安全行驶,北京市动员了数万人扫雪。美国记者在报道中赞扬了大规模扫雪之举。但定陵那一场活动却有一个小小的插曲。尼克松一行游览定陵时，庭园里有不少"游人"，他们三三两两，虽然天气很冷，可游兴很浓，有的还提着播放机听音乐。当贵宾车队离开后，这些"游人"随即有组织地上了大轿车，还有人把发放给"游人"暂时使用的播放机一一收回。这情景被滞留在后面的美国记者看到了，于是发出报道嘲讽那些"游人"是事先布置的。这件事被周总理知道了，他当即进行了批评，并为此落落大方地向美方表示歉意。

回忆中美"巴黎秘密渠道"

曹桂生

中美"巴黎秘密渠道"于1971年7月开始工作，次年3月转为公开，运行至1973年5月双方互设联络处，前后将近两年。在黄镇大使的领导下，中美"巴黎秘密渠道"圆满完成了中央赋予的各项任务，为中美关系正常化做了重要的准备工作。现将有关情况回忆如下。

一

1972年2月尼克松总统访华，中美发表了著名的《上海公报》，震撼了世界。从此，中美关系发生了重大的历史转折，为以后两国关系的改善和发展奠定了基础。尼克松总统同毛泽东主席、周恩来总理一起打开了封闭20多年的中美关系大门，开创了两国互利合作的新纪元。

1969年尼克松上台后，为了摆脱国内外困境，争取早日从侵越战争的泥潭中脱身，改善与苏联争霸的战略地位，美国便开始调整其全球战略，对中国的政策也相应做了重大改变，拟结束两国长期的隔绝状态。

尼克松多次在不同场合表示，愿走向同中国和好，要把改善美中关系作为美国政府外交目标之一。尼克松通过第三国的领导人先后向我国政府表示，为解决两国之间的分歧，并出于对两国关系正常化的重视，他本人准备访问北京，同中华人民共和国的领导人直接商谈，并拟先派国家安全事务助理基辛格博士作为总统特使访华。当时，根据国际形势的变化，我国正在调整外交战略部署，毛主席、周总理高瞻远瞩，紧紧抓住这一有利时机，除邀请美国乒乓球队访华和通过美国记者斯诺向华盛顿传递讯息外，还及时通过友好国家向美国当局传话，欢迎基辛格博士作为总统特使秘密访华。于是，基辛格在1971年7月9日经巴基斯坦来北京进行秘密访问。

在基辛格同周总理最后一次会谈中，双方确定巴黎作为今后秘密联系渠道，中美华沙渠道不再恢复；美方提出其驻法武官沃尔特斯将军为美方代表，中方提出我驻法大使黄镇为中方代表；双方决定由沃尔特斯于7月19日拜会黄大使。基辛格表示，他将通过"巴黎秘密渠道"向中方递交一些不署名的文件，遇有重要问题，他本人将在巴黎亲自拜会黄镇大使。从此，巴黎成为中美关系发展史中的一个秘密联络点，双方代表传递着两国领导人致对方的重要讯息。

二

1971年7月的一天，黄镇大使接到国内指示，要他立即回国一趟。一周后，黄大使又满面春风地赶回巴黎。使馆人员心中都明白，一个大使来去匆匆，必有重大事情。

过了几天，黄大使把我和韦东两人找去，说有一项重要任务要我们去完成。接着，他告诉我们，中美双方已商定巴黎为两国秘密联络的渠道，并说明了任务的重要性。他特别强调外交工作授权有限，要严格执行请示报告制度，加强组织纪律性；要准确、及时、完整地向国内报告与美方每次谈话的内容和传来的讯息。他要求此项工作绝对保密，除使馆极个别同志因工作需要外，其他同志一律保密。他还特别交代，与美方代表联系时既要注意不卑不亢，又要有适度的热情；要谨慎仔细，容不得半点马虎和差错，不能辜负中央的重托。

黄大使首先就接待沃尔特斯的各项细节同我们商量。最后他决定，为了掩人耳目，官邸前院大门保持半掩半开，并安排韦东同志在院里佯作散步，注意观察，一等沃尔特斯到来，便立即开门迎入，以免沃尔特斯在门外等候过久，暴露目标。我则在楼门口等候，把客人引入客厅。

1971年7月19日上午8时20分许，沃尔特斯的高大身影出现在巴黎近郊诺伊市的中国大使官邸门口。未等沃尔特斯按门铃，韦东即开门将他迎入。沃尔特斯进入客厅后，黄大使与之见面，"巴黎秘密渠道"的第一次接触就这样开始了。起初，沃尔特斯略显拘谨，大概因为这是他第一次面对一个中国大使的缘故吧。黄大使不卑不亢，谈笑风生地说："你是军人，我曾经也是军人，军人对军人，一定谈得来。"沃尔特斯说，在长征时已成为将军的黄大使面前，他不过是个小兵。黄大使说，他也只是毛主席的一个小兵。随着交谈的展开，沃尔特斯也越来越自然，话匣子打开，有说有笑。他自我介绍精通八国语言。黄大使则风趣地说："希望你不久也精通中文。"双方开怀大笑。沃尔特斯说他的行动极其保密，连美国驻法大使也不知情，只有他的女秘书南希·乌莱特小姐知道此事。法国方面也只有最高层的极个别人被告知有此来往而已。渠道来往的口信都将绕过美国国务院和国防部，直通白宫。他今天来时把汽车停在距此不远的一个拐弯处，以免暴露目标。他说，他很了解法国情报机构和记者的厉害。会客室里又是一阵爽朗的笑声。黄大使知道他这番话含有提醒中方注意保密的意思，于是向他说明，我们也采取了严格的保密措施，使馆除了我们三人和极个别必不可少的工作人员外，无人知情。沃尔特斯说他对中国人的保密本领是深信不疑的。

这次会谈，沃尔特斯转达了美国政府给中国政府的口信。从此，双方的秘密接触日益频繁。到1972年3月秘密渠道结束，沃尔特斯共来黄大使官邸45次，平均每月接触近7次。会谈的内容也很广泛，从双边关系到远东和国际问题。黄大使一再交代有关同志，只要接到国内有关"巴黎秘密渠道"的指示，都要立即通知他。有好多次半夜收到国内来报，有关人员便把黄大使从梦中叫醒。他交代我和韦东两人，不管什么情况决不得拖延与沃尔特斯的联系。沃尔特斯也是毫不怠慢，他说只要有事，随叫随到；如果他不在，也要通过他的女秘书千方百计找到他。双方都深知事关重大，懈怠不得。有一次，国内要黄大使向美方转达一个重要口信，但前一天沃尔特斯同我们打过招呼，他因公外出。这时，我们同南希小姐取得联系，请她立即通知沃尔特斯。果然，当天晚上，沃尔特斯便乘坐一架军用专机立即赶回巴黎来见黄大使。

基辛格1971年来黄大使官邸3次，1972年来过1次，随同基辛格来的有后来任美国驻华大使的温斯顿·洛德，美国家安全事务副助理黑格将军也陪同来过。基辛格每次来又都是那么神秘，那么神出鬼没，连无孔不入的法国新闻界对这位举世闻名的人物几度拜访中国大使也毫无所闻。

沃尔特斯向我们介绍了他是怎样采取保密措施的：基辛格每次都是乘军用专机来巴黎，由法国最高领导安排绕过海关和边防检查，夜里住在沃尔特斯住宅，因此美国驻法使馆人员根本不知道基辛格来巴黎。来黄大使官邸时，基辛格既不坐带有外交牌照的车，也不搭出租汽车，而是乘坐由沃尔特斯亲自驾驶的他在汽车行租的一辆很不起眼的汽车。基辛格戴一副黑色墨镜，一顶普通的法国帽子，帽檐拉得低低的，颇有点侦探的色彩。在川流不息的巴黎大街上，谁会注意这么一辆从汽车行租来的普普通通的汽车里坐的是什么人呢！沃尔特斯介绍这些情况时，黄大使哈哈大笑，不住地赞扬他想得周到，保密工作做得好。沃尔特斯也颇为得意，喜形于色。

黄大使对基辛格来访十分重视。他事先召集我和韦东商讨接待的具体事宜，交代注意事项。基辛格第一次来访时向黄大使表示，美国决定将美中关系建立在新的基础上。黄大使对此话十分重视，他表示很高兴听到这句话，中国政府同样有着在新的基础上发展中美关系的愿望，因为中美关系的发展不仅符合我们两国人民的根本利益，也符合世界和平的利益，双方共祝中美关系发展。基辛格说，他酷爱中国菜肴和茅台酒，在中国期间体重就增加了好几磅。他兴致勃勃地回顾秘密访华时同周总理共进晚餐的情景，风趣地说："不过我不知道周总理用来同我干杯的杯子里装的是茅台酒还是白水。"说得大家捧腹大笑。基辛格每提起周总理总是眉飞色舞，对总理的钦佩之情溢于言表。

三

与美方谈的第一个问题是基辛格中期访华问题。黄大使向美方传递了国内的口信：同意基辛格于1971年10月下半月访华，为尼克松访华做准备并进行有关的政治会谈；周总理将亲自同基辛格会谈。基辛格听后十分兴奋。双方商定自10月20日起访问四天。

常言道好事多磨。基辛格访华事也经历了一些波折，使"巴黎秘密渠道"工作更加繁忙紧张。

首先遇到的一个问题是基辛格访华的新闻预报问题。美方提出9月22日、23日或者10月5日发表预告，并表示美方倾向前者。我方认为9月22日、23日不妥，因为9月正值联合国大会开幕，而美国将提出"两个中国"的提案。为避免对我不利的舆论，我方不同意在9月22日或23日公布预报消息，而同意10月5日公布。在同美方就此问题接触过程中，黄大使相机严肃地阐明了我国在台湾问题上的原则立场，明确指出，美方建议在9月23日前后发表基辛格访华的新闻预报是不适宜的，我方不能接受。

事后证明，美、日等22国确实于1971年9月29日提出一项将驱逐台湾"代表"作为重要问题对待的提案，并提出一项让中华人民共和国取得大会和安理会的席位，台湾当局"继续拥有代表权"的"双重代表权"的提案。这一在联合国继续制造"两个中国"的不得人心的荒唐计划，前者理所当然地遭到多数国家的反对，后者未经表决就流产了。

另一个问题是，美方表示基辛格访华除就尼克松访华有关问题和台湾问题、远东和国际问题进行会谈外，还要商谈两国高级人员互访以及文化、科技交流等问题。台湾问题是中美关系的症结所在，在台湾问题未获解决的情况下，美方提出商谈加强文化科技往来和人员往来，显然有本末倒置、避重就轻的意图，也不符合基辛格秘密访华时双方发表的公告精神。因此，黄大使向美方做了适当表态，指出基辛格访华不应为枝节问题分散力量，台湾问题不解决，中美高级人员互访以及交流等其他问题都无从谈起。

关于尼克松访华时间，基辛格于1971年8月向中方提出建议，一为1972年2月21日起的一周，二为1972年3月16日起的一周。1971年9月，美又通过"巴黎秘密渠道"催问此事。黄大使根据国内指示，表示此事由基辛格10月访华时同周总理当面商定。

在此期间，美方一再表示，尼克松总统与中国领导人会晤之前不同苏联领导人会晤，并表示，尼克松总统访问苏联的日期一经确定，将立即通报中方。

基辛格在访华期间曾向周总理提出，希望释放数名已承认对中华人民共和国进行非法行为的美国非军事人员。周总理当时曾告，中国政府依法定罪，但判刑后，如罪犯表示悔改，且表现良好，中国政府将从宽处理。基辛格回国后，美方又通过"巴黎秘密渠道"重提此事，并表示，如中国能在释放罪犯的几天前通知美方，以便美方更好地准备回答公众可能提出的询问，美政府将视之为一个不寻常的善意举动。之后，根据美间谍费克图和美越境犯哈伯特两人在狱中的表现，我公安部门决定于 1971 年 10 月中旬提前将他们释放。另一美间谍唐奈原判无期徒刑，则改为有期徒刑五年。费克图和哈伯特两人经深圳释放出境，我方提前三天经"巴黎秘密渠道"通知了美方。1973 年 3 月，唐奈母亲年老病危，我方根据唐奈本人表现，为践前言，公安部门决定减刑，提前于 3 月中旬经深圳将其释放出境。对我方作出的以上决定，美方一再表示深切感谢。

基辛格访华圆满结束后，中美"巴黎秘密渠道"积极准备 1972 年 1 月初以黑格将军为首的先遣小组访华，为尼克松访华做具体准备。紧接着就是尼克松一行访华前的各项工作。这一阶段沃尔特斯几乎每天都来商谈，所谈问题和递交的材料既广泛又具体，诸如各类随行人员和机组名单，专机电台功率、频率、呼号和飞行路线，尼克松总统访问时用的地面通信卫星终端及播送中心站的全套设备的运送和设置，等等。这些工作量大、集中，技术性、政治性很强，稍有疏忽，就易铸成大错。有关同志不分昼夜，连续作战，迅速、及时、准确地完成了任务。

在 1972 年 2 月上旬尼克松访华临近时，国内得到消息，台湾当局中有人阴谋用伪装成中国人民解放军空军的战斗机袭击尼克松总统座机。这一消息可靠与否当然无法证实，但根据宁可信其有，不可信其无的道理，我方还是通过"巴黎秘密渠道"向美方传递了口信，并说明我方无法判断上述消息的可靠性，愿提请美方注意。后美代表告，美政府非常感谢我方的及时通报，已采取防范措施。后来，我方又向美方通报，在中华人民共和国上空总统座机的安全由我国有关部门负责。

尼克松访华圆满成功，中美发表了具有历史意义的联合公报，标志着中美关系正常化的开始。

尼克松访华后，中美"巴黎秘密渠道"行将结束。1972 年 3 月，沃尔特斯将军在赴任中央情报局副局长前，特来向黄大使辞行，黄大使为他举行了午宴。沃尔特斯表示,他终生难忘这段经历,对与黄大使的合作表示十分满意,愿在新的岗位上继续为促进两国人民友好而努力。黄大使对沃尔特斯的工作给予高度评价,赞扬他认真负责、严守机密、恪守诺言的态度和精神。在20世纪80年代,沃尔特斯曾多次访华,与黄大使几度畅谈,重温友谊。

四

在尼克松访华期间,双方商定,"巴黎秘密渠道"改为公开渠道,由美驻法大使沃森与黄大使建立联系。沃森对"巴黎秘密渠道",始而不知,继而恍然。此后,公开渠道联系方式从美方单向来我馆改为双方互访,地点由官邸改为双方的使馆办公楼。从1972年3月13日沃森第一次到我驻法使馆正式拜会,到1973年2月中美决定互设联络处为止,公开渠道共联系53次。

尼克松访华,美国出现了"中国热",各界人士纷纷要求访华。尼克松访华和《上海公报》的发表使中美会谈中的实质问题(即台湾问题)有了突破,中美巴黎公开渠道就有可能集中更多力量转入发展中美双边交流的讨论。这样,文化、科技交流,政界人士互访等方面的工作迅速提上议事日程。中美双方通过公开渠道达成原则协议:官方和半官方人员的交流,通过中美两国驻法使馆进行联系,美国人民私人访华的签证申请,一般到中国驻加拿大使馆办理,特殊情况另定。中美双方首先通过公开渠道安排了参议院两党领袖曼斯菲尔德和斯科特率团访华。这是美方继尼克松访华后对中国的第一次重要访问。由于两国当时还无外交关系,因而由中国人民外交学会发出邀请,邀请信由黄大使通过公开渠道交给沃森大使,这是公开渠道的最初成果。接着,中美双方又通过公开渠道安排了众议院两党领袖博各斯和福特率团访华。美方对中方通过公开渠道迅速安排参、众两院的两党领袖率团访华甚为满意。尼克松访华后,有一次基辛格来巴黎看望黄大使,表示尼克松和他本人对巴黎渠道十分重视,希望通过巴黎渠道进一步发展双边交流,并说美国与中国的关系是美国对外政策中最重要的一个方面,中美关系要向前迈进,这是美国坚定的意志。沃森大使以后也向黄大使表示,基辛格曾告诉他,总统和基辛格本人对巴黎渠道工作均表示满意。

随着两国人员来往和交流逐渐增多,双方研究决定:官方和半官方的来往仍由公开渠道联系办理,民间组织的来往由双方民间对口的组织联系办理,渠道双方可互通情况,从旁协助。之后,美方提出,由"美中关系全国委员会"和"美中学术交流委员会"两个组织统一负责接待中国文教、科技等访美代表团。我方表示愿意尊重美方的意见。在此期间,中美双方通过巴黎渠道安排了一系列活动:美国篮球队、游泳队、跳水队等访华;中国乒乓球队、杂技团、医药代表团、科技代表团等也去美国访问;中美双方还互赠了熊猫和麝香牛;中美双方交换了开展双边交流活动和通航合作等问题的意见。

1973年2月15日,基辛格再次访问中国。中美双方决定在北京、华盛顿互设联络处。3月30日,黄镇被任命为中国驻美联络处主任。

中英建交谈判的长期复杂历程

潘 瑾

我于1971年初被派往驻英代办处工作，适逢两国进行关于升格大使级外交关系的谈判，对中英建交谈判过程比较了解；1992年3月13日是中英互换大使全面建交20周年，特作此文。

英国是最早承认中华人民共和国的西方国家之一，但直到1972年3月13日双方才达成建立大使级外交关系的协议。中英建交谈判可分为三个阶段，历时22年之久。如此长期复杂的过程，创我国谈判建交史上的记录。

一、英不愿接受我合情合理建交条件，谈判不得不搁置

1950年1月6日，在中华人民共和国成立后不久，英国政府出于尽可能保留和维护其在中国多年经营的巨大利益考虑，指派其前驻华领事高来含向我外交部递交了英国外交大臣贝文致周恩来外长的照会，通知：大不列颠及北爱尔兰联合王国政府自本日起承认中华人民共和国中央人民政府为中国法律上之政府；英国政府响应毛泽东主席1949年10月1日在天安门开国庆典上向全世界的宣告，愿在遵守平等、互利及互相尊重领土主权等项原则的基础上建立外交关系，并已准备与中国中央人民政府互派使节；在未任命大使前，英国政府指派其当时在南京的胡阶森秘书作为过渡时期

的临时代办。同日，英国外交部还发表了关于承认中华人民共和国的声明，表示英国在承认中国问题上与美国有分歧，但又声称英国政府并不改变同美国一起"反对共产主义的长期目标"，并要继续同台湾国民党集团"保持实际上的联系"。

根据"另起炉灶"、区别对待的建交方针和原则上先谈判后建交的程序，周恩来外长于同年1月9日复照英国外交大臣贝文，表示中国政府愿在平等、互利及互相尊重领土主权等项原则的基础上与英国政府建立外交关系，并接受胡阶森为英国政府的代表来北京就两国建立外交关系问题进行谈判。

英国政府对周外长的复照只接受胡阶森为英国政府的代表来北京谈判建立外交关系问题不理解，认为两国外长换文本身已构成外交关系的建立。两国谈判相互关系，应在建交之后，而不是在建交之前。中国提出的先谈判是没有先例的。的确，按一般国际惯例，两国政府互致承认电文，即是建交的开始。新中国之所以要同许多国家先谈判后建交，主要是因为有些国家仍然支持国民党集团或企图制造"两个中国"。因此，我国主张必须经过谈判，在对方明确了对国民党集团的态度后方可建交。经我方坚持，英方接受了我方先谈判的要求。

1950年3月2日，外交部章汉夫副部长同胡阶森举行了第一次谈判。章副部长提出，关于中英两国建立外交关系的初步的与程序的问题中，最重要的必须首先解决的是英国政府与中国国民党反动派残余集团的关系问题。现有两个问题中国政府要求英国政府给予澄清：（一）英国政府既已宣称与中华人民共和国建立外交关系，就不应继续再与中国国民党反动派残余集团保持任何外交来往。但事实上，在1月10日当联合国安全理事会讨论苏联代表根据中华人民共和国外交部周恩来部长1950年1月8日致联合国声明而提议不承认中国国民党反动残余集团"代表"出席安理会之资格并加以驱逐时，英国代表贾德韩先生竟附和美国代表意见，表示"中国代表权问题的提出为时过早"。1月13日,当上述苏联提议在安理会中提付表决时,英国代表竟投弃权票。英国代表在安理会的这种举动,实际上是表示英国政府继续承认中国国民党反动残余集团在联合国中的所谓"代表"的合法性,而拒绝中国人民的合法政府所派的代表。在其后的联合国其他组织中,如联合国经社理事会中,在表决驱逐中国国民党反动残余集团"代表"问题时,英国代表亦采取同样的"弃权"投票。因此,中华人民共和国政府认为英国政府对此问题应该加以澄清,并应以实际行动表示英国政府已和中国国民党反动残余集团完全断绝外交来往及愿与中华人民共和国建立外交关系的诚意。中国政府认为,在建立中英两国关系上,这一问题是不能不解决的先决问题。(二)英国政府对于现在香港的中国国民党反动残余集团的各种机构及中国的一切国家资财,持何种态度亦望英国政府明确告知。中华人民共和国政府认为,此项问题亦属英国政府与中国国民党反动残余集团究竟已否完全断绝关系的问题。胡阶森表示:"所提两问题,相当复杂,牵涉到国际法及国际惯例问题,我不是法律专家,没有资格回答,自当转报英国政府。但我个人的意见,觉得在联合国的问题绝不能由一国单方面的行动解决,而必须由大多数国家联合行动解决。关于前国民党在香港的资财问题,英国自承认中华人民共和国之时起,就不认为前国民党在英国领土尚可保有任何资财。"3月17日,胡阶森约见章汉夫副部长,称已获政府指示,对上次会谈所提两项,作下列口头声明:英国政府已在1950年1月6日撤销对前中国国民党政府之承认,并于同日通知中华人民共和国予以法律上之承认。由该日起,对前国民党政府已无"外交关系"存在。在伦敦的中国大使馆已行封闭而前大使亦不享受外交官之身份。关于恢复中国在联合国及其所属机构的席位问题,要以"多数表决"才能通过。上次英国政府在联合国内对开除国民党在安理会之代表问题上投弃权票,并非袒护前国民党"代表"或反对人民政府代表之表示,而是由于当时不可能达成多数通过。此理由同样适用于联合国内其他机构。英国政府欢迎中国中央人民政府代表出席联合国及其所属各机构。且一旦确知能形成多数时，英国政府自将对该项议案投赞同票。对英方上述口头声明，我方于5月7日书面驳斥，指出：（一）关于联合国中的中国代表权问题，中华人民共和国所重视的不是同意票的多少，而是要从投票中看出已经正式宣布与国民党反动残余集团断绝"外交关系"和愿意与中央人民政府建立外交关系的国家，在行动上究竟是否真正与国民党反动残余集团断绝"外交关系"，及是否真正对中央人民政府持友好态度。因此，中央人民政府对英国政府关于在联合国组织中对中国代表权问题投弃权票一事的解释不能满意，尤其对英国政府代表在联合国所属各种机构中继续投弃权票的行为，更不能满意。中央人民政府认为，英国政府应以行动表示其确与中国国民党反动残余集团断绝关系，并确有诚意与中华人民共和国建立外交关系。（二）关于英国政府对于在香港的国民党反动残余集团的各种机构及中国的国有资产所持态度问题，根据胡阶森临时代办的口头声明，知悉英国政府已确认中华人民共和国政府对现在香港的中国国家财产具有执行管理之全权。对此，中国声明：现在英联合王国香港及其他英属殖民地之中国国家资财，其产权属于中华人民共和国，只有中央人民政府及其委托的人员才有权处置，决不容许任何人以任何手段侵犯损坏、扣留转移或干涉。中央人民政府的此项产权及财产处置权，应受到英国政府充分的尊重。

事实证明，我国坚持先谈判后建交是非常必要和正确的，否则就会上英国的当，产生严重的后遗症。在美国影响下，英国不肯接受我国提出的合情合理的建交条件。香港英国当局也未遵守其承诺，甚至采取了一系列不友好的态度。对在香港宣布起义的中国、中央两航空公司拥有的70余架飞机，多方阻挠飞回大陆，并非法无理判给"美国民用运输公司"所有。对此，我进行了必要的反击，征用了英商亚细亚火油公司以及上海、天津和武汉的一些英资财产。加上当时正值朝鲜战争爆发前夕，英国正积极扮演美国的帮凶,对我国的态度转坏。在这种情况下,两国建交谈判无法继续进行。1950年5月12日,我外交部发言人发表了"关于中英关系谈判经过"的谈话,详细介绍了谈判的全部过程及搁置的原因和责任。这次中英建交谈判虽无结果,但我方对英国留在北京的谈判代表仍给予外交人员待遇,中英联系渠道并未断绝。

二、中英达成互换代办的半建交关系

1954年周恩来总理率代表团出席第一次日内瓦会议期间,充分利用美英矛盾,争取改善中英关系。5月1日,苏联外长莫洛托夫邀请周总理和英国外交大臣艾登会面,周总理利用机会与艾登谈了中英关系问题。艾登说:"英国是承认中国的,只是中国不承认我们。"周总理说:"不是中国不承认英国,而是英国在联合国不承认我们。"艾登说:"我这次把在华代办杜维廉带来为的是与中国代表团接触。"周总理说:"我也把欧非司司长宦乡带来了。"艾登说:"那么我们想法相同了。"5月3日,宦乡与杜维廉进行了交谈。6月1日,艾登宴请周总理,表示双方应该努力进一步改进中英关系。他说:"我们有一个人在北京,而你们却没有人在伦敦。我们之间的关系不应该是半截的。你是否也派一个中国的杜维廉来?"周总理表示同意。双方商定互设谈判代表办事处。艾登转达英国首相丘吉尔对周总理的问候,并说:"丘吉尔夫人在附近养病,丘吉尔可能路过日内瓦去接他夫人。如果真能如此,丘吉尔愿会见周总理。"周总理感谢丘吉尔首相的问候,并表示丘吉尔首相如果来,我们一定接待。周总理还对艾登在谈话中三次提到想访问中国表示欢迎。

6月4日,宦乡会见杜维廉时告他,中方愿派驻伦敦的官员为代办身份,进行谈判代表的工作及解决中英间一些未决问题。杜维廉表示"好"并将转报艾登。6月16日,英方答复表示欢迎并愿发表一联合公报。双方

1954年日内瓦会议期间,周恩来总理在日内瓦住所与英国外交大臣艾登会晤

商定联合公报的内容为:"中华人民共和国中央人民政府和大不列颠及北爱尔兰联合王国政府协议,中央人民政府派遣代办驻伦敦,其地位和任务与英国驻北京代办的地位和任务相同。"双方还达成协议:"代办的任务除谈判建交外并办理商务和侨务,代办处人员的待遇则与正常外交人员相同。"联合公报的中英文于 1954 年 6 月 17 日同时发表。杜维廉 7 月 8 日向周总理呈交了艾登签署的代办委任书。我于 9 月 2 日向英发出任命宦乡为驻英代办的征求意见照会,英方 10 月 10 日复照同意。中英达成代办级半建交方式的外交关系,是我国建交史上的一大创举。

三、步履艰难,但终于实现中英全面建交

中英互换代办,两国关系向前走了一步,但还是处在谈判建交的阶段,而且持续了相当长的时间,主要原因是英国不肯改变其在台湾问题上追随美国的立场。英国一方面承认中华人民共和国政府是唯一代表中国的政府,另一方面又在联合国投票支持国民党集团,致使两国关系停滞不前。

1960 年 5 月,蒙哥马利元帅访问中国,曾向毛主席和周总理表示,英中更加接近是件好事,方法就是互换大使。毛主席向他明确指出:英国同台湾已无正式"外交关系",同意北京代表中国,但在联合国讨论中国代表权问题时,却同美国站在一起,在台湾还设有"领事馆"。只要英国能改变这些做法,中英两国就可以正式建交并互派大使。

在 1961 年联合国大会上,英国仍然一方面投票支持苏联提出的恢复中国席位的议案,另一方面投票赞成美国提出的把中国代表权问题作为"重要问题"需经大会 2/3 的多数通过才能作出决定的议案。1962 年 7 月第二次日内瓦会议期间,英国外交大臣霍姆问陈毅外长:"在上届联大,我们已经投了你们的票,我们需要投你们多少次票才能使中英互换大使呢?"陈毅外长回答说:"投一次就够了,但必须是全票,而上届联大英国只投了中

国半票,既投了苏联提案的票,也投了美国提案的票。""其实英国不投苏联提案的票也可以,只要英国自己提出一个恢复中国在联合国的全部合法权利的提案,中英就可以马上互换大使。"可是,直到20世纪60年代末,英国也未能迈出这一步。

随着时间的推移,我国的国际地位和影响不断提高和扩大,越来越多的国家与我国建立了外交关系。英国出于其国内外需要,有愿与我国改善关系的表示。

1970年5月1日,毛主席在天安门城楼接见英国驻华代办谭森时说:"祝英国发展,请问候女王陛下。"从此,发展中英关系和互换大使问题又提上了议事日程。根据毛主席的谈话精神,我国采取了若干缓和对英关系的措施,如对致两国关系濒于破裂边缘的火烧英国代办处事件,做了合情合理的处理,释放了英驻京记者格雷等,使两国关系逐步恢复到1967年以前的水平。

1971年1月15日,我国新派驻英临时代办裴坚章向英外交部驻议会次官罗伊尔进行到任拜会时,罗伊尔提出中英两国是大国,应该有大使级外交关系才合适。英准备将其在北京的外交代表规格提高到大使级,望中国政府对此建议,作出良好反应,尽快答复,并建议就此问题在伦敦进行讨论。

3月2日,周总理接见英国代办谭森,向其提出了我方对解决中英全面建交互换大使的三点要求:(一)撤销英国在台湾淡水设有的"领事馆";(二)在联合国大会上,英国不能既投票支持恢复中国席位的议案,又投票支持把中国代表权问题作为所谓"重要问题"需经大会2/3的多数票通过才能作出决定的议案,必须改变这种耍两面手法的态度,完全支持赞同中国参加联合国;(三)澄清英国过去鼓吹的所谓"台湾法律地位未定"的论调以及为制造"两个中国"和"一中一台"的任何谬论。谭森表示:"关于台湾问题,我们在台湾的'领事馆'的存在及其职能是和我们对于台湾的法律地位的看法相关的。根据我们的看法,在日本放弃对台湾的宗主权后,台湾的法律地位未定。我知道中国政府是不接受这个立场的,今后也不会接受。"3月17日,裴坚章宴请英国外交部远东司司长摩根,摩根按其外交大臣的指示表示:"从周总理同谭森的谈话中,英外交大臣仍看不清中国对中英互换大使所持态度,即要英为此采取什么步骤,等待中方答复。如明确提出英必须采取的措施,英将认真研究,并已准备好随时与中方就由代办级升格为大使级的问题在伦敦进行商谈。"裴坚章根据国内指示精神指出,中英关系进一步改善和发展的主要障碍是英国在联大投票中的两面态度和英在台设有"领事馆"。如英国在这两个原则问题上明确改变态度,两国建立完全的外交关系就没有障碍了。如英国继续坚持其20年来不合逻辑、自相矛盾的政策,那只能维持现状,没有必要就升格大使问题举行谈判,因为问题已经很清楚。

这次交谈之后,英方开始有所转变。6月22日,英外交部驻议会次官罗伊尔约见裴坚章,表示英方愿最直截了当地完全满足中方条件。待中方作出良好反应后,英将撤回其在台湾的"官方代表";英国不打算再支持关于恢复中华人民共和国在联合国的席位问题上需2/3多数票通过的"重要问题"议案,并保证不支持旨在拖延中华人民共和国代表进入联合国的程序。罗还向裴面交了英任命艾惕思为驻华大使的文件及所附艾简历。裴问撤回英国在台湾的"官方代表"是否意味着撤销"领事馆",罗答"是"。裴又问是否意味着英不再赞成和不支持任何形式的制造"两个中国"或"一中一台"的阴谋,罗表示英支持阿尔巴尼亚提案,赞成驱逐蒋帮恢复中国在联合国的席位。裴重申了我方一贯立场并允报政府。

英国的答复虽表示接受了我方的两个原则条件,但对台湾地位问题避未表态,其中还有文章。当时国际上对我国在这一问题上的立场极为注意。美国也在谋求同我国改善关系,但同时为制造"两个中国"和"一中一台"的阴谋找借口,正积极鼓吹"台湾地位未定论"。还有一些国家散布我国在台湾问题上有放松原来立场的意向，值得注意。如让英国模糊过去，可能在国际上引起不好影响，因此有必要要求英国对此澄清。如何解决这个问题？经研究决定，由我方草拟一关于中英两国建立完全外交关系的换文稿。文中有一条款就是要英国承认台湾是中华人民共和国的一个省的立场。

1971年7月10日，外交部副部长乔冠华约见英驻华代办谭森，乔冠华说，6月22日英外交部驻议会次官罗伊尔向裴坚章临时代办谈了这个问题，7月3日摩根司长又进一步对裴坚章说明了你们的态度。对英国政府新的表态，我们表示欢迎。现在我们建议把两国建立完全外交关系的原则用换文形式肯定下来。我们准备了一个换文稿，在征求你们的同意后就可以正式换文，并建议全文发表。7月19日，谭森约见乔冠华副部长。谭森说，英国政府注意到中国的换文稿的条文，以前中方只提出两个突出问题，现在换文稿中又有新的突出问题，并建议公布。虽然如此，英方仍同意公布换文，但有几点评论。随即交出英方对中方换方稿的修改稿。乔冠华感谢英方同意双方采取换文方式并公布。文字改动经研究之前不能说什么。看了英方修改稿的初步印象，关键是台湾问题。从历史上看，中英两国建立关系很早，1950年起是谈判代表关系，1954年起是代办关系，至现在仍停留在代办水平，原因就在于台湾问题。"台湾地位未定论"是英国政府首先提出的。英国与其他国家不同，英国是《开罗宣言》和《波茨坦公告》的签字国，这两个文件规定台湾应归还中国。所以，台湾地位问题不是什么法律的问题。7月20日，罗伊尔也约见裴坚章，表示6月22日的英方建议已满足了中方原来提出的两项条件，现乔冠华副部长又提出了台湾地位问题这个新因素。英虽然对此感到遗憾，但仍决定在北京继续讨论并希望迅速获得成功。

8月4日，乔副部长约见谭森，面交我方对换文稿的修改稿。8月28日，英驻华临时代办萨力查致乔副部长信附英方修改稿。9月25日，乔副部长约见谭森，面交我方修改稿。10月5日，谭森约见乔副部长并表示，在上次 9 月 25 日会谈中，你提出中方新的文稿，并要求英对台湾地位问题做一口头保证。英仔细考虑了中方的草案和建议。未正式答复前，我可以向你保证我的政府将不会提倡"台湾地位未定论"。乔冠华表示双方距离越来越小，初步看来换文稿双方没有什么差别。关于英方的口头保证，要谭森书面写出给他。谭森同意并于当日交来。

至此，中英关于互换大使的联合公报稿达成协议，基本内容有三条：（一）中华人民共和国政府和联合王国政府一致确认互相尊重主权和领土完整、互不干涉内政和平等互利的原则，决定自 1972 年 3 月 13 日起将本国派驻对方首都的外交代表由代办升格为大使。（二）联合王国政府承认中国政府关于台湾是中华人民共和国的一个省的立场，决定于 1972 年 3 月 13 日撤销其在台湾的官方代表机构。（三）联合王国政府承认中华人民共和国政府是中国的唯一合法政府。中华人民共和国政府对联合王国政府的上述立场表示欣赏。关于英国在联合国对我国席位的投票态度问题，因英国在第二十六届联大上已经投票赞成两阿提案，反对美国提案，履行了其在谈判中的诺言，故在联合公报中删去了有关内容。

关于英国口头保证问题，又经过 5 次商谈于 1972 年 3 月 4 日取得一致措辞。

3 月 6 日，乔副部长约见英新任代办艾惕思，双方达成完全建交协议。《中华人民共和国政府和大不列颠及北爱尔兰联合王国政府关于互换大使的联合公报》定于 3 月 13 日签字，当日公布。口头保证采取艾惕思致函乔冠华、乔冠华复信的换文形式。

中英升格大使级的谈判，从 1971 年 1 月 15 日英方提出，到 1972 年 3 月 13 日签字生效，经历了一年多的艰苦、复杂谈判，终于实现了建立全面外交关系，从而使两国关系史揭开了新的一页。

田中访华与中日邦交正常化

陆维钊

1992年是中日邦交正常化20周年。6月,我随友协组织的"中日友好老朋友访日团"去日本访问,见到了二阶堂等日本朋友。8月,田中角荣来京,我又随黄华、韩念龙等老同志同去宾馆看望。20年弹指一挥间,抚今忆昔,田中首相当年访华犹如发生在昨,中日两国实现邦交正常化的往事历历在目。当时,我任外交部亚洲司司长,参与了田中访华的接待和谈判建交的有关工作。

双方抓住时机　促成田中访华

应周恩来总理邀请,日本首相田中角荣于1972年9月25日至30日访华,实现了中日邦交正常化。当时,中日恢复邦交的时机已经成熟,关键在于双方能否抓住时机,当机立断。

周总理在同田中会谈时专门谈到"时机"问题,周总理说:"尼克松总统我们都请了,难道田中首相我们不请吗?这是逻辑的发展。所以你们抓住了这个时机,我们根据毛主席的教导也是抓住了这个时机。"田中访华正是中日双方抓住了难得的时机促成的。

1972年7月7日,田中角荣在就任总理大臣当天,就表示了要恢复日中邦交的决心。他说:"在动荡的世界形势下,应该加速实现同中华人民共和国的邦交正常化，强有力地开展和平外交。"周恩来总理看到这一消息，立即召集有关同志研究，并在7月9日欢迎也门民主共和国政府代表团宴会的讲话中，专门加了重要的一句"田中内阁7日成立，在外交方面声明要加紧实现中日邦交正常化，这是值得欢迎的"，以示积极的呼应。当时，中日友协副秘书长、原驻东京联络处首席代表孙平化正率上海舞剧团在东京访问演出。周总理指示，要孙抓住时机，争取向田中首相当面转达他的邀请和传话："只要田中首相能到北京当面谈，一切问题都好商量。"总理还让随中国农业代表团访日的外交部日本处处长陈抗向孙转达。总理之所以对田中表态表示欢迎，是因为毛主席说，中日恢复邦交问题"应该采取积极的态度。谈得成也好，谈不成也好，总之，现在到了火候，要抓紧。孙平化嘛，就是要万丈高楼平地起，肖向前（当时刚被任命为中日备忘录贸易办事处驻东京联络处首席代表）是继续前进的意思。要把这件事落实才行"。7月16日，周总理在会见日本社会党前委员长佐佐木更三时又亲自表示："如果日本现任首相、外相或其他大臣来谈恢复邦交问题，北京机场准备向他们开放，欢迎田中本人来。"22日，大平外相破例会见孙平化、肖向前，他首先说明是受田中之命会见孙、肖二人，他与田中是"一心同体"。孙按周总理指示精神，对大平说，如果田中、大平先生愿意去北京直接进行首脑会谈，中国方面表示欢迎。大平当即表示"衷心的感谢"，但他又说，日本政府也在考虑，到了一定阶段要实现政府首脑访华。所谓一定阶段，即时机问题，他的心愿是一定要使这一行动有丰硕的成果。8月11日，大平向孙、肖转告，田中决定访华。周总理接到报告后，决定授权姬鹏飞外长于次日发表声明：中国政府周恩来总理欢迎并邀请田中首相访华，谈判并解决中日邦交正常化问题。15日，田中亲自接见孙、肖，正式接受访华邀请，并告准备在9月下旬10月初成行。双方商定，待田中访华日程确定后，再由中日双方同时发表公告。9月20日，中日双方在北京时间上午10时同时发表公告："日本内阁总理大臣田中角荣愉快地接受中华人民共和国国务院总理周恩来的邀请,将于9月25日至30日访问中国,谈判并解决中日邦交正常化问题,以建立两国之间的睦邻友好关系。"至此,田中访华完全确定下来了。

大势所趋　都有需要

从田中就任内阁总理大臣到落实访华,短短两个多月,这样的"高速度"并非偶然,而是大势所趋。

20世纪70年代初,国际形势发生了很大变化,主要特点是美、苏两个超级大国争夺霸权,并出现了苏攻美守的态势。在这种形势下,美国调整了全球战略,被迫改变了敌视中国的政策。日本也跟着调整对华政策。中日实现邦交正常化的时机趋于成熟,田中抓住了访华时机。

恢复邦交,中日双方都有需要。从日本方面分析:(1)由于苏军事力量扩张迅速,日、苏间一直存在领土归属争端,日本把苏联视为其主要威胁。日本与中国建交,有利于其应付苏联威胁。(2)1971年10月中国恢复了在联合国的合法席位,恢复了安理会常任理事国的地位,国际威望大为提高。中国大国的国际地位不容忽视。(3)尼克松访华,《上海公报》的发表,说明美国的全球战略有变化,美国的"越顶外交"在日本引起很大震动,日本人民、在野党甚至包括执政党内部要求与中国友好、建交的气氛空前高涨,日中友好已成为人心所向。(4)如能打开中国大门,争取到中国这个庞大市场,对日经济发展有利。

对中方而言,我们一直希望与日本早日实现邦交正常化,障碍从不来自中国。(1)当时我三面受敌,苏联是我主要威胁,因此,与日本建交,对苏联将起重要的牵制作用。(2)中日建交对日美关系亦可有所制约。(3)解决日台关系问题,有利于我和平解决台湾问题和促进祖国统一大业。(4)有利于改善我周边关系,缓和东北亚局势,有利于亚太地区的和平与稳定。

毛主席在会见田中时，高度概括了中日双方都有需要，主席说，"现在彼此都有这个需要，这也是尼克松总统跟我讲的。他问是否彼此都有需要，我说是的。我说，我这个人现在勾结右派，名誉不好。……我对尼克松说，你竞选的时候，我投了你一票"。"这回我们也投了你（指田中）的票啊"。

求同存异　会谈顺利

1972年9月25日上午，田中乘日航专机从东京飞越上海直抵北京，大平外相、二阶堂官房长官等随行。我领航员、报务员在东京登日专机领航。周恩来总理、叶剑英副主席、郭沫若副委员长等国家领导人前往机场迎接。周总理陪同田中检阅了三军仪仗队。随后，由周总理陪同田中、姬外长陪同大平、韩念龙副外长陪同二阶堂乘车赴宾馆。

访华期间，周总理与田中正式会谈四次，两国外长级会谈两次。由于事前的接触，双方交换了联合声明草案，意见比较接近。同时，从谈判对手来讲，田中冒着很大风险，确实下了决心，把政治赌注压在此行；大平为人比较正直、诚恳。会谈一开始，双方就开门见山，谈得比较坦率。应该说，在短短五天中，整个建交谈判比较顺利，但还是经过了一番斗争。谈判过程中，比较敏感和棘手的问题有以下几个。

（一）对日本侵华战争如何表态问题

田中抵京当天晚上，周总理设宴欢迎。席间，总理致辞说，1894年以来的半个世纪中，由于日本军国主义者侵略中国，使得中国人民遭受重大灾难，日本人民也深受其害。但田中致辞时只轻描淡写地表示："我国给中国国民添了很大的麻烦，我对此再次表示深刻的反省之意。"第二天的会谈中，总理就明确指出，田中首相对过去不幸的过程感到遗憾，并表示要深深地反省,这是我们能够接受的,但是,"添了很大的麻烦"这一句话,引起了中国人民强烈的反感,因为普通的事情也可以说是"添麻烦"。田中解释说,对日本来说,"添麻烦"是诚心诚意地表示谢罪之意,而且包含保证以后不重犯,请求原谅的意思。总理说,"麻烦"在汉语里意思很轻。例如,刚才记者在这里照相耽误了时间,也可以说是找"麻烦"。

后来,毛主席在会见田中时,也点了这个问题,毛主席问:"你们那个'麻烦的问题'怎么解决的?"田中表示准备按中国的习惯来改。

最后,在双方的联合声明中是这么写的:"日本方面痛感日本国过去由于战争给中国人民造成的重大损害的责任,表示深刻的反省。"

(二)关于日台关系问题

1952年日台缔约,建立所谓"外交关系"。之后,日台关系问题一直是中日邦交正常化的主要障碍。我们认为,日方应承认我国提出的复交三原则:(1)中华人民共和国政府是代表全中国的唯一合法政府;(2)台湾是中华人民共和国领土不可分割的一部分;(3)"日台条约"是非法的、无效的,应予废除。这是中日恢复邦交的基础。而且田中、大平在访华前也曾多次公开表态"充分理解"复交三原则,因此在会谈中,我们坚持在联合声明中写上。

日方强调国内的处境与困难,企图在联合声明中只提复交三原则中第一、第二两条,而不愿对第三条"'日台条约'是非法的、无效的,应予废除"做公开表态。我们强调,只有在日方承认我复交三原则的前提下,才谈得上对日本面临的困难给予照顾。最后,日方同意在联合声明的前言中重申"充分理解"我复交三原则;我方同意照顾日方的困难,在联合声明中不提"日台条约",而由日方单方面声明,作为中日邦交正常化的结果,"日台条约"宣告结束。但是,日方何时声明在会谈中并未确定。总理与田中、大平27日第三次会谈时问及,从联合声明公布之日起两国就建交了,双方互换大使要多长时间才能实现。田中让大平作答,大平说:"我们有决心尽快采取必要的措施。但如果明确约定在某个月之内互换大使，万一由于某种原因，晚了一二天实现，我们总觉得有些不好意思。"大平希望得到我们的信赖。总理同意，表示要"互相信赖"。9月28日第四次会谈时，总理用中文写了"言必信，行必果"给田中，田中也相应地将日本旧宪法上的一句话"信为万事之本"写成中文给总理。29日双方联合声明签字后，大平接着就在新闻中心举行了记者招待会，公开宣布：作为日中邦交正常化的结果，"日台条约"已失去了存在的意义，可认为该条约已经完结；日台间的"外交关系"也不能维持，驻台湾的原日本大使馆处理善后事宜后将予关闭。田中、大平履行了自己的诺言。

（三）关于战争赔偿问题

早在田中访华之前，我们已向日方正式转告，为了中日两国人民的友谊，我准备放弃对日本国的战争赔偿要求，并建议将此写入联合声明。这本来是表明我们对日本人民的友好感情和诚意，但是日外务省条约局长高岛在商谈具体条文时却节外生枝。他提出，联合声明中不必再提赔偿问题，从法律上讲赔偿问题早已解决，因为蒋介石已在"日台条约"中宣布放弃要求赔偿的权利。为此周总理在9月26日第二次首脑会谈中郑重表示对这个说法不能容忍，并严肃指出，"当时蒋介石已逃到台湾，他是在缔结《旧金山和约》后才签订'日台条约'，表示所谓放弃赔偿要求的。那时他已不能代表全中国，是慷他人之慨。遭受战争损失的主要是在大陆上，我们是从两国人民的友好关系出发，不想使日本人民因赔偿负担而受苦，所以放弃了赔偿的要求。""毛主席主张不要日本人民负担赔款，我向日本朋友传达，而你们的条约局长高岛先生反过来不领情，说蒋介石已说过不要赔款，这个话是对我们的侮辱，我们绝对不能接受。我们经过50年革命，蒋介石早已被中国人民所推翻。高岛先生说的话不符合你们两位（指田中、大平）的精神"。次日，高岛在联合声明起草小组讨论时马上对此做了解释，说他对中国方面战争赔偿一条的说明，希望不要引起误解，日本国民对中国放弃战争赔偿要求深为感动。

最后，在联合声明中写入了"中国政府宣布，为了中日两国人民的友好，放弃对日本的战争赔偿要求"。

主席接见　谈话风趣

9月27日晚8点半，毛主席在中南海书斋会见田中，周总理、姬鹏飞外长和外交部顾问廖承志同志参加了会见，日方参加的有大平和二阶堂。

毛主席在书房门口同大家一一握手。田中、大平、二阶堂先后表示能见到毛主席感到很荣幸，主席用日语说谢谢，并开玩笑地说："我是个大官僚主义者，见你们都见得晚了。"主席称赞大平的名字好，是"天下太平！"接着主席问会谈情况"怎么样？""吵了架吗？"，并说"总要吵一些，天下没有不吵的，吵出结果来就不吵了嘛！"之后，主席又问田中："你们那个'添麻烦'的问题怎么解决的？"田中答："我们准备按中国的习惯来改。"主席说："只说句'添了麻烦'，年轻人不满意，在中国，这是把水溅到女孩子裙子上时说的话。"主席在点了这两个问题后，转而又风趣地指着廖承志同志说："他是你们日本籍的，你们如果要，把他带回去嘛！"田中接过话茬说："廖先生在日本是非常有名的。我前天对周总理说，如果他到日本去竞选议员，肯定可以当选。"主席说："那你（指廖公）到日本去当议员好了。"

会见中，毛主席一边吸烟，一边谈话，古今中外，纵论天下。在谈到四书五经时，主席说："除了《春秋》《易经》外，其他都读过，一点用处也没有。只有一次跟父亲做斗争时用上了。父亲总是说我不孝，我就说，书上说的'父慈子孝'，父慈子才孝啊，你是天天骂人，又打人。他没有读过书，不识字，我就欺侮他。"

毛泽东主席1972年9月27日晚上在中南海会见了日本国内阁总理大臣田中角荣。双方从八时半开始进行了一小时认真、友好的谈话。右起：廖承志、二阶堂进、大平正芳、田中角荣、毛泽东、周恩来、姬鹏飞

毛主席还指着周围的书架及桌上的书说:"你们看,我是中了书的毒了,离不了书。"主席还介绍说:"这是《稼轩》,那是《楚辞》。"田中、大平、二阶堂都站起来翻看主席的各种书籍。主席指着《楚辞集注》说:"没有什么礼物,把这个送给你。"田中深深鞠躬表示感谢,并说:"我们三个人一定好好学习。"

最后,毛主席起身和田中等握手告别并送至门外。出来后,二阶堂问总理是否可以对记者说送书之事,总理答可以,还告诉他,"楚辞集注"几个字是由中国近代的书法家沈尹默所写。

翌日,田中一行参观故宫,记者问大平,见到毛主席有什么感想?大平说,毛主席有权威、民主,讲话很平易近人。

联合声明　建立邦交

9月29日上午,联合声明签字仪式在人民大会堂举行,周总理、田中首相分别代表两国政府在联合声明上签字,交换文本后紧紧握手。签字仪式后,周总理向田中表示祝贺,田中说他回国以后可能还会有人反对,但他有决心搞下去。

联合声明宣布自该声明公布之日起,结束两国之间迄今为止的不正常状态;决定从1972年9月29日起建立外交关系并尽快互换大使;决心在和平共处五项原则的基础上建立两国持久的和平友好关系。

回宾馆后,田中、大平互表庆贺,相互慰劳。田中对大平说:"你辛苦了,今后也期望得到你的支持。"大平当场用毛笔赋诗:"长城绵延六千里,汲尽苍生苦汗泉;始皇坚信城内泰,不知抵抗在民心;山容城壁默不语,荣枯盛衰凡如梦。"大平还将诗赠送给二阶堂。

联合声明的发表使中日两国人民为之奋斗了整整20年的邦交正常化终于实现,两千年的中日关系史揭开了新篇章。这不仅符合两国人民的根本

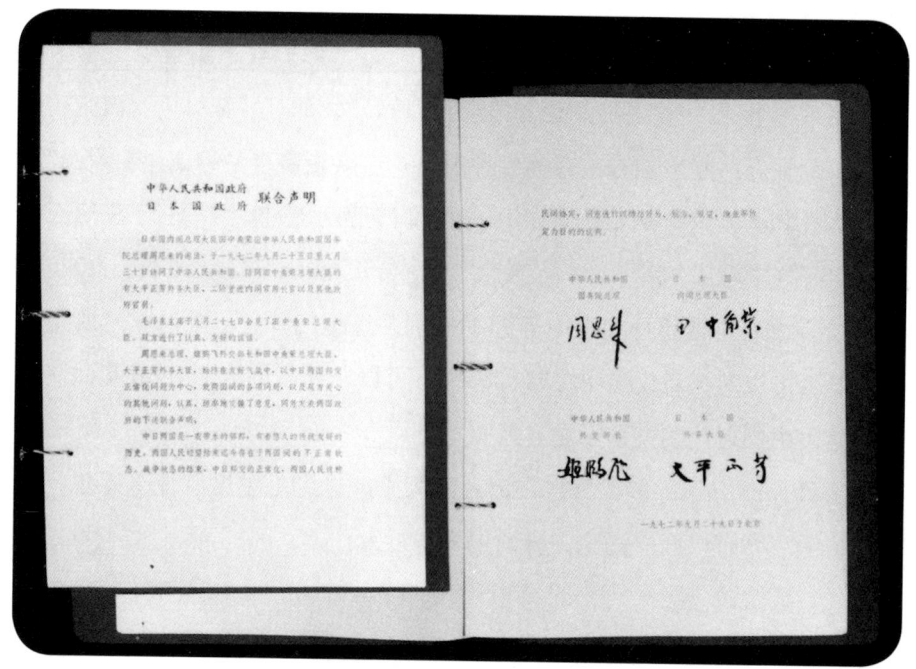

中日两国政府联合声明文本

利益和愿望,而且对缓和亚洲紧张局势和维护世界和平也作出了积极贡献。

日本几家广播电视公司纷纷发表评论说,"这是日中关系的转折点","是日中两国关系正常化的开花结果"。"中国对建交原则是严苛的,但是田中首相大胆地作出了决断。在台湾问题上,中国的条件也是严苛的,但通过谈判也找到了解决方法"。"'日台条约'的废除,是日本摆脱《旧金山和约》,走上自主外交的第一步"。

田中访华　圆满成功

9月29日下午,田中一行在周总理亲自陪同下乘专机离京飞沪。由于双方已建立邦交,接待规格随之提高,上海市在机场组织群众队伍载歌载舞热烈迎送,并通知了外交使团。田中一行对群众热烈迎送场面十分感动。

在飞机上,田中、大平同总理相对而坐。顷刻,田中鼾声大作,进入梦乡，一直睡到临近上海才睁开眼睛。

在上海的欢迎宴会上，田中兴高采烈，谈笑风生，同大平互开玩笑，平时滴酒不沾的大平也主动到全场每桌碰杯。大平说，这次访问中国是"诚心诚意而来，满载收获而归"，"我的任务已完成，可以开怀畅饮了"。田中对大平说："你再喝下去就要倒了。"大平说："我已经完成了大事业，即使倒下变成上海的土也心甘情愿。"田中在祝酒时说："过去近而远的日中两国，成为名副其实的近而近的邻邦了。"田中还表示"决心本着这次日中首脑会谈的成果，为了一个一个解决日中间的各种问题继续努力，以便建立日中之间的永远和平和睦邻友好关系"。宴会结束时，田中主动挽着总理并肩走出宴会厅。

9月30日上午，田中一行结束访问，乘日航专机离沪返国，总理等领导人和6000名群众在机坪欢送。田中在告别时一再与总理紧紧握手，表示"受到这样的热烈欢送，很感动"，并请总理转达他对毛主席的问候。在进机舱前，他还多次鞠躬致谢意。大平临行时把自己作的一首诗赠给姬鹏飞外长，全文是："友情美酒润枯肠，中国天地新凉爽。得友遂事开国交，飞向东天心自平。"

田中一行上机后给总理发来了感谢电："这次我访问中国取得很大成功，开辟了日中邦交正常化的宽广道路，都是由于阁下和贵国政府英明的结果。我借此机会衷心祝愿阁下更加健康，衷心祝愿贵国日益繁荣。"

周总理送别田中后乘专机返京，北京机场隆重集会，举行欢迎仪式，感谢总理胜利完成重大使命，表示了中央对中日建交的重视，反映群众对中央决策的拥护和支持。

1973年，米国钧同志作为我国驻日本大使馆的临时代办飞抵东京时，也受到日本各党派、各阶层万名群众集会欢迎，这种欢迎是罕见的，表现了日本人民对我国人民的感情。

事实证明，中日邦交正常化符合两国人民的根本利益和愿望，意义深远。

我国同联邦德国建交的前后经过

王 殊

我于1969年12月到联邦德国首都波恩担任新华社常驻记者。在我到那里之前三个月，社会民主党（简称社民党）在大选中获胜，并与自由民主党组成了联合政府，使自1949年以来执政了20年的基督教民主联盟和基督教社会联盟第一次成为反对党。社民党总理勃兰特改变过去联盟党执行的僵硬的东方政策，推行新东方政策，承认战后现实，改善同苏联和东欧各国的关系。中国和联邦德国没有利害冲突，不管是执政党还是反对党都愿意发展同中国的关系，没有什么分歧。但当时，社民党政府非常担心同中国发展关系将会影响它推行新东方政策，影响它同苏联和东欧各国改善关系。因此，自上台以来，除了在它的外交政策声明中简单地提到中国之外，在所有的其他声明、讲话中都不提同中国的关系。反对党就在这个问题上给政府出难题，认为东方政策应该把中国也包括在内。

1971—1972年，我国内外发生的一系列重大事件，包括中美"乒乓外交"、中国在联合国的合法席位得到恢复、中国同更多国家建交、尼克松访华等，在联邦德国引起了很大震动。反对党领导人和报刊更是公开主张发展同中国的关系。基督教民主联盟副主席、议会外交委员会主席施罗德在1971年中和1972年初两次对记者发表谈话，表示愿意到中国来同我国领导人就两国关系问题交换意见。基督教社会联盟主席施特劳斯也对记者发表谈话，认为要同中国发展关系，"敌人的敌人是朋友"，并且提出，政府的东方政策不应终止于莫斯科，而要延伸到北京。后来，《快捷画报》的记者来拜访我，又邀请我吃饭，向我介绍施特劳斯的观点，并且表示如果施特劳斯访华，不仅对双方了解彼此的观点有好处，而且在世界上也会引起很大反应。社民党政府一方面表示愿意同包括中国在内的所有国家发展关系，另一方面解释政府正忙于同苏联和东欧国家谈判，改善关系。政府发言人还表示，政府要到1974年才考虑同中国的关系。后来，反对党和执政党在联邦议会中也进行了激烈的争论，社民党的领导人在讲话中说，"在长城上找不到统一德国的钥匙"。看来，虽然反对党的压力很大，社民党政府仍不想改变它原来的把同中国关系放在同苏联和东欧各国关系之后的计划。

1972年4月中，我在罗马尼亚驻联邦德国大使的招待会上遇到施罗德，问到他曾两次对记者表示愿意去北京同中国领导人就两国关系进行商谈的事。他说招待会人太多，不便多谈，他很愿意约我到他在议会的办公室去详谈。十多天后，即5月初，他的秘书来电话约我前去。施罗德在过去联盟党政府中曾担任过外交部部长、国防部部长等重要职务，富有外交经验。他同我谈了大约两个小时，从国际形势、西欧局势谈起，直到最后才谈到愿意在议会夏季期内访华。我表示将尽快报告国内，一有答复立刻告他。第二天，我就去我驻民主德国使馆，将此事报告外交部。我感到，社民党政府只考虑到同苏联和东欧各国的谈判，对同中国发展关系并不积极，现利用邀请反对党政治家访华可能对政府有推动作用；而且，施罗德在联邦德国声望较高，有议会外交委员会主席的身份，对我较为方便，也不会太得罪执政党，因此建议国内邀请施罗德尽快访华。两个星期后，外交部答复由外交学会邀请施罗德在7月份访华两周。在这前后，反对党基督教民主联盟主席巴泽尔通过一个记者向我表示愿意访华，基督教社会联盟副主席、前内政部部长赫歇尔也要他的秘书找到我，表示希望尽快访华。同时，参加政府的小党自由民主党的主席、外交部部长谢尔的办公室主任勃洛纳经新闻局官员的安排同我见面，建议两国驻日内瓦的外交官员就两国关系问题进行商谈。自由民主党副主席、内政部部长根舍的办公室主任金克尔约见我，代表部长邀请我两个体育记者访问联邦德国（内政部兼管体育）。只有社民党没有任何表示。对此，我均报回国内，但由于已决定邀请施罗德访华，国内未做表态。

施罗德受到邀请之后非常高兴，当天即向报界做了宣布，立刻在联邦德国国内外引起很大反应和注意。许多报刊和人士对此表示欢迎，认为这次访问"将是一个重大的事件"，"两国的关系正在揭开新的篇章"。许多记者写信或打电话给施罗德和我要求随同访华。一些社民党报刊和人士反复强调社民党政府上台伊始就在声明中表示愿意同所有国家包括中国在内发展关系，为自己辩解。有些报刊和人士还冷言冷语地说施罗德"并不能代表政府"，甚至抨击他试图为将在年底举行的大选"捞取政治资本"。还有些揭反对党的老底，说他们在执政时曾同中国方面在布加勒斯特商谈两国关系问题，后来由于美国的压力而作罢，说不少反对党的领导人都去过台湾访问等。反对党的报刊和人士也攻击执政党屈服于苏联的压力。当时，执政党在议会中处境甚为困难。由于有6个执政党的议员先后倒戈，执政党丧失了12票的多数，与反对党形成平局。4月27日，反对党对总理勃兰特提出了不信任案，只是由于2个反对党议员变卦，才以2票多数逃脱了险局。执政党已决定解散议会，在年底提前举行大选。对国内外的批评，施罗德采取了谨慎和容忍的态度，对记者一再表示他是以议会外交委员会主席的身份访华的，并且将以超党派的精神同中国领导人交换意见。在动身之前，他专门拜访了勃兰特总理和谢尔外长，就两国关系问题交换了意见。

施罗德夫妇在7月15日到达北京。他同当时的外交学会会长、外交部副部长乔冠华同志进行了四次会谈，最后达成了一个书面文件，双方认为两国早日建立外交关系是可取的，这方面没有任何困难。在他7月20日离开北京到外地访问的前一天晚上，周恩来总理在人民大会堂接见了他。他对在会客室门口欢迎他的周恩来总理说："我给您带来了联邦德国的最美好的祝愿。"周恩来总理笑着说:"我感谢您带来了好雨。"那些天北京久旱无雨,在接见之前正好下了倾盆大雨。周恩来总理问他这些天来参观了什么地方,他说故宫和长城。周恩来总理又问他在长城上爬到了什么高度,他说爬到了最高的顶上。周恩来总理赞许地说:"那你比尼克松高出了一倍,比上星期来访的法国外长舒曼也高出了不少。"周恩来总理在谈到他20年代初去过德国并且问到波恩和科隆的变化之后,回答了随同施罗德前来的15个记者提出的问题。最后在谈到德国和中国的啤酒时,周恩来总理要服务人员给每个记者送两瓶青岛啤酒,并告诉记者说,你们不能先自己喝掉了,一定要带回国去同你们的夫人一起喝。随后,周恩来总理同施罗德进入会客室进行了三个半小时会谈,直到凌晨。周恩来总理对同施罗德的谈话感到满意,特别是对他所说的要真安全不要假安全表示欣赏。

施罗德在7月29日回到波恩后,在不到24小时内就乘联邦德国空军的专机到了奥地利,向正在那里度假的谢尔外长报告了中国之行的情况,几个小时后又乘飞机回到了波恩。第二天,他举行了记者招待会,参加的记者和编辑济济一堂,盛况空前。他说,他对中国这个国家的重要性及其发展有了非常深刻的印象。"鉴于中国在当今世界政治中的重要性,我认为这次旅行是十分必要的。这种重要性提醒我们要同这个人口众多的国家的关系正常化。我还要指出的是,中国对日益强大的欧洲共同体的发展十分注意。"他认为,"时机已经成熟,联邦德国应同中国尽早建立外交关系,不应有什么困难"。施罗德的这种态度受到联邦德国国内外许多人士和报刊的赞扬和支持。

我当时没有陪同施罗德访华,几天后收到新华社总社电报要我立即赶回北京,但机票困难,等我绕道荷兰、巴基斯坦到北京时已是7月20日晚上,施罗德一行已去外地参观了。来机场接我的新华社外事部的同志告诉我,是周恩来总理要我回北京的,我可以先回家休息,周恩来总理随时可能要见我。第二天上午,当时的外交部部长姬鹏飞同志接见了我,对我的工作给予了不少鼓励,并告诉我可能当天晚上周恩来总理要见我。当天下午,我得到了周恩来总理要在晚上7时见我的通知。我比规定的时间提前一刻钟走进了人民大会堂东门左侧的会客厅,里面还没有人,灯也没有全开,我就在客厅里的一圈藤椅上坐了下来。不一会儿,周恩来总理一个人走进会客厅来了。我在"文革"以后一直没有见到过总理,他比以前显得苍老了一些,但目光仍炯炯有神。他问了我的名字后,看着我穿的布制服、布鞋说:"你在波恩穿什么衣服,为什么不穿了呢?"我说:"我在波恩穿西服,回来后换掉了,方便一些。"他说:"那还是可以穿的。当然,这也不能怪你。"他要我在他身边坐下来,问我过去在什么学校上学,什么时候到新华社工作,到波恩工作多少年了等。周恩来总理对同施罗德的谈话感到很满意,他说:"我两天前在这里见了施罗德,谈得很不错,他说要真安全、真和平,说得好。"他又对我说:"施罗德访华,你是应该陪同他回来的,当时我们没有想到这件事,因此通知你晚了几天。"

周恩来总理正在问我有关联邦德国情况的时候,姬鹏飞、乔冠华和外交部其他同志先后来到了会客厅。

周恩来总理问到我对欧洲局势的看法。我觉得,在总理和其他搞外交工作多年的老同志面前谈自己的看法不啻是班门弄斧。总理看我有些犹疑,就鼓励我说:"你谈好了,什么意见都可以说。"我说,我过去一直在第三世界工作,到西欧还是第一次,对欧洲局势,特别是德国问题知道得极少。我到波恩之初,正是珍宝岛事件发生后不久,西方政治界和新闻界对苏联对外政策的议论很多,其中最大的一个问题是:苏联对外政策的目标究竟是向西,还是向东?大多数人认为苏联的根本利益在欧洲,其政策重点是向西而不是向东,但不少人持不同的看法,认为苏联的战略可能东移,其中有的人还幸灾乐祸地幻想把"祸水"推向东。我当然对这个问题感兴趣,做了一些调查研究,对当时这些多数派和少数派的看法有了一些认识。我的水平和知识有限,不可能对这个重大问题作出明确的结论,只是在报道中客观地着重摘发了多数派的意见，指出了两霸的激烈争夺，战略重点是在欧洲，苏联的战略是向西，而不可能向东。周恩来总理在听我谈了这些看法后说："你的一些报道，我已看过了，毛主席也看过了。你的一些看法，特别是两霸争夺激烈和争夺重点在欧洲的看法有参考价值。"他说，欧洲经济技术发达，是两霸争夺的重点，双方大军在欧洲对峙，谁也不肯让步。西欧和东欧都受到威胁，希望和平与安全。

周恩来总理又问我欧洲共同体在巴黎开会的情况，我对此几乎不了解，完全答不上来。他说："你们记者大概都喜欢跑热门新闻。热门问题当然要研究，可是要注意普遍性，对一些当前并不热门但很重要的问题也要研究。"

周恩来总理接着问到我对我国和联邦德国关系的想法。我认为，两国有必要和可能尽快建立外交关系，特别是我国邀请施罗德访问，已在波恩引起了震动，估计施罗德回国以后，还将为发展两国关系出力。

周恩来总理说："施罗德在北京时表示回国后将为此而努力，你回波恩后可以先找他，问问他对两国关系有何考虑。对其他政界人士，你也可以多接触，听听他们的意见。"他又说："如果两国达成协议建交，可以邀请谢尔外长到北京来签署联合公报。"

我还谈到，在我国邀请施罗德访问以后，联邦德国不少政界和经济界人士，包括基督教社会联盟主席施特劳斯，也都希望访华。周恩来总理说："什么人要来访问都可以，施特劳斯也可以请来。"

7月24日晚上9时30分，我从一个同志家里吃过晚饭后乘公共汽车回家。刚下车，正在车站上等候的新华社外事部的同志欣喜若狂地拉住我的手说："真是好不容易找到你了！"原来他们刚刚接到电话通知：有重要事情要我在晚上9时到外交部门口一起乘车前往。上了车后，才知道毛主席要见我。我心情非常激动。除了在电视和电影屏幕上之外，我还从来没有见过毛主席。到了中南海毛主席的寓所，我就被引进了他的书房。我走进去时，毛主席还是坐在他习惯坐的左边的藤椅上，正在同周恩来总理和姬鹏飞、乔冠华等同志谈话。我同毛主席热烈地握了手。周恩来总理向毛主席介绍，说过去我在上海复旦大学上学，学过几种外文，长期在国外当记者。毛主席笑着说："我也当过记者，我们是同行。"

我在毛主席对面的藤椅上坐下，心情非常激动，不禁哭了起来。毛主席从烟盒里抽出了一支烟给我："你不要哭了，请你抽一支烟吧！"接着，毛主席同我们谈起了欧洲和世界的局势。他湖南口音很重，我开始时有不少话不能完全听懂，常常记不下来。周恩来总理看我记得很紧张，就对我说，要注意听，不必记了。毛主席谈到了西方有些人正在讨论苏联的战略是向西还是向东，还是声东击西，有的人还在幻想祸水东移。他列举了中国和外国历史上一些声东击西的战例后指出，欧洲是一块肥肉，谁都想吃，美苏争夺的重点在欧洲，双方的大军都摆在欧洲地区，争夺越来越激烈。他还谈到了西欧的形势，指出西欧国家太多、太散、太软，受到两霸争夺的威胁，要联合起来，维护和平和安全。

周恩来总理向毛主席简短地介绍了施罗德访华的情况。毛主席说，可以请一些人来，右翼的也请来，我也可以同他们谈。尼克松来，就在这个房间里，我们谈得还不错。毛主席又说，欧洲矛盾很多，局势很复杂。没有什么明灯，全是胡扯的。可以请一些人来，也可以派一些人出去，要搞些调查研究，情况弄得确实一些。

毛主席从国外到国内谈了近三个小时。后来，周恩来总理在书房外面的房间里又同大家谈了一个小时，说毛主席已经批准了同联邦德国谈判建交的请示报告，要我尽快回到波恩去，了解施罗德回国后接触的情况，而且带两种我国同其他国家建交的联合公报的格式去，征求他的意见。周恩来总理还说，日本首相田中和外交大臣大平将来中国访问，如果早一些同联邦德国达成建交协议，将对他们是一个压力。我后来才知道，是周恩来总理在这份请示报告上建议毛主席见我的。我们离开中南海时，天已经蒙蒙亮了。

我在8月3日早晨乘飞机去波恩之前，乔冠华同志的秘书来电话，要我立刻先到外交部去找他，然后直接去机场。乔冠华告诉我，总理半夜里看到了新华社波恩分社发来的电报，说联邦德国当时的内政部部长根舍的办公厅主任给分社来了电话，说根舍想尽快见我，还有其他几个政界和经济界人士也来电话要见我。周恩来总理估计根舍可能会谈到两国关系问题，要我到波恩找了施罗德后，可以去见根舍，如果谈到两国关系，告诉他可以谈判建交，并邀请外长谢尔到北京来签署建交联合公报。如果谢尔自己要见，也可以见，把上述意见告诉他。周恩来总理还说，其他人士都可以见，多听听他们的意见。

我回到波恩时，施罗德正在北海的小岛上度假。第二天一早，我就乘飞机赶到了那里。他对我帮助安排他访华并回来后首先去找他表示十分感谢。他说，他这次访华取得了很大成功，报刊上的消息、评论很多，而且都是积极的，国内外有几十个记者采访了他，他都表示了两国建交是合乎时宜的。他说，他已向谢尔外长谈了访华的情况，建议我同谢尔直接商谈。他认为，为了谈判方便，联合公报越简单越好。第二天我去会见了根舍。他很高兴，说本来拟同我谈两国关系问题，但已从谢尔那里知道了前一天我同施罗德商谈的情况，所以已没有什么可说的了，他将安排我同谢尔见面。隔了几天，谢尔接见了我，说施罗德已同他谈过所有的事了，表示希望两国尽快就建交问题进行谈判，并接受我国邀请到北京签署联合公报。

几天后，我国外交部来电建议在波恩举行谈判，可是我没有想到要我担任谈判代表。联邦德国外交部表示同意，并且委派政治司司长施塔登为谈判代表。当时，外交部已派王延义同志到分社担任记者，后来又从驻民主德国使馆和驻捷克斯洛伐克使馆调来了梅兆荣等同志协助工作。我们的谈判从8月19日开始，先后经过40天，于9月29日草签了建交公报。中国和联邦德国之间没有悬而未决的问题，联邦德国同台湾也没有建交关系，本来没有什么可谈判的，拖了这么多时间，主要是对方在西柏林问题上纠

1972年9月29日,中德建交谈判中方代表王殊与联邦德国代表贝恩特·冯·施塔登草签了两国建交联合公报

缠不清，企图要我国在实际上接受他们的"西柏林是联邦德国一部分"的立场，我都没有同意，最后对方向我读了一份口头声明，但不列入记录。谈判结束时双方商定，谢尔将于10月10日在参加联合国大会后经日本到北京，11日双方外长签署建交公报。

10月初，我为准备谢尔外长访华离开波恩回北京的前夕，几个友好国家的外交官给我寄来了台湾在波恩的机构"远东新闻处"给他们发的请帖，要我引起注意。过去这个"远东新闻处"也举行这种庆祝10月10日伪国庆的招待会，但规模很小，只是少数一些华侨和德国人参加。我后来一了解，这次庆祝招待会规模很大，"远东新闻处"给联邦德国的政府官员、议员和各国外交官员发了许多请帖。显然，这是一种挑衅活动。我国国内对此非常重视，认为在谈判中我方没有提到台湾问题，正好利用这个机会，提醒对方严重注意。我在上飞机之前的两个小时，约见政治司司长施塔登，进行了十分严厉的交涉。他虽然借口这是民间团体的活动，但最后还是取消了由"远东新闻处"搞的招待会活动。

在谢尔来访之前三天，周恩来总理在人民大会堂听取了外交部及有关部门接待谢尔准备工作的汇报，我也参加了。在谈话中，周恩来总理说，欢迎谢尔的晚会是不是可以演奏贝多芬的交响曲。他要礼宾司的同志去问一下中央乐团的指挥李德伦同志。后来，李德伦说，中央乐团自"文革"以后已不再练习贝多芬的乐曲了，在几天之内要演奏交响曲有很大困难。但他建议，在欢迎谢尔的宴会上可以演奏贝多芬和其他德国音乐家的短曲子。周恩来总理同意了这个意见。

10月11日，姬鹏飞外长和谢尔外长在人民大会堂签署了两国建交的联合公报。正如一些联邦德国报刊所说的，签署仪式只不过10分钟，可是包含了一年多来许多紧张而复杂的甚至有些戏剧性的努力。

在当晚的欢迎宴会上，乐团演奏了贝多芬和其他德国音乐家的短曲子，引起了联邦德国代表团和各国驻华使馆外交官的惊奇和欢迎。宴会结束时，

上：1972年10月11日，中国政府和联邦德国政府关于两国建立外交关系的联合公报在北京签字。中国国务院副总理李先念出席了签字仪式。中国外交部长姬鹏飞和联邦德国外交部长瓦尔特·谢尔分别代表本国政府在联合公报上签字

下：1972年10月11日，中国外交部长姬鹏飞举行宴会，欢迎联邦德国外交部长瓦尔特·谢尔和夫人一行。中国国务院副总理李先念等出席了宴会。图为宴会前合影

谢尔外长在姬鹏飞外长的陪同下，走到乐团面前，举杯向他们表示感谢。陪同代表团来华的记者和各国驻京记者对此做了很多的报道，引起了很好的反应。从此，有外国代表团来访时，乐团都演奏他们国家的一些曲子。

在两国建交后，我被调到外交部工作。一个月后，双方建立了使馆，并且派出了老资格的首任大使，中国大使是王雨田同志，联邦德国的大使是保尔斯。

正义战胜邪恶

——记围绕邓小平同志出国的一场斗争

刘华秋

1974年4月9日,联合国大会第六届特别会议召开,研究原料和发展问题。这是联合国成立以来首次专门讨论国际经济关系问题的大会。这次会议是由阿尔及利亚主席以第四次不结盟国家首脑会议执行主席身份倡议召开的,反映了广大第三世界国家和人民的强烈愿望和正义要求,得到包括中国在内的一百多个国家的赞同和支持。

同年3月中旬,外交部领导开始酝酿出席这次会议的我国代表团团长人选,初步设想在对外经济联络部部长方毅、对外贸易部部长李强、外交部副部长乔冠华三位同志中选一人率团出席。周恩来总理让王海容在方便时先听听毛主席有何考虑。3月19日,王海容同志往见毛主席,谈及出席联合国大会第六届特别会议代表团团长人选时,毛主席稍做沉思后说:"由邓小平同志担任团长好,但暂不要讲是我的意见,先由外交部写请示报告。"王海容当晚将毛主席的指示报告了周恩来总理和姬鹏飞外长。外交部于3月22日向周总理上呈了《关于参加特别联大的请示报告》,建议由邓小平副总理任团长,乔冠华、黄华同志为副团长。周总理向政治局大部分同志通报后,于3月24日先批呈毛主席批示,后送当时的其他中央领导。毛主席当日圈阅同意。就在毛主席圈阅同意的那天夜里,江青把王海容、唐闻生同志找到钓鱼台十号楼(江青住处),对外交部的请示报告进行了无理指责,并强令外交部收回此请示报告,改由一位部级领导同志担任团长,企图阻挠邓小平同志率团与会。王海容对江青说,第三世界国家十分重视这次特别联大,已有许多国家元首和政府首脑表示要出席,而且外交部的请示报告已经周总理批准和毛主席圈阅同意,外交部无权收回报告。

江青为什么如此丧心病狂地反对邓小平同志出国呢?第一,"四人帮"生怕邓小平同志在国内外事务中的作用和影响扩大,千方百计反对邓小平同志复出。第二,"四人帮"明知周总理患了重病,还折磨周总理,反对周总理。这是江青和"四人帮"迫不及待篡党夺权阴谋的组成部分。

3月25日夜,江青连续四次给王海容打电话,继续威逼要外交部马上撤回请示报告。王海容每次都阐述了不能撤回的理由,并说:"我只是主管礼宾的,凡经毛主席、周总理批准的报告,都不能撤回。"江青恼羞成怒,破口大骂王海容:"你昏了头,脑子僵化。"

王海容意识到"四人帮"可能还要继续纠缠,就于3月26日上午向毛主席报告了关于江青四次电话威逼要外交部撤回请示报告的情况。毛主席说:"邓小平出席联大,是我的意见,如政治局同志都不同意,那就算了。"王海容遂将毛主席的话报告了周总理。周总理说:"昨天,主席对我也讲了同样的话。"周总理决定再次召开政治局会议讨论。

3月26日晚,政治局会议在人民大会堂东大厅举行。周总理说明由邓小平同志出席联合国大会第六届特别会议的理由:第一,支持第三世界国家的正义事业;第二,提高中国的国际威望;第三,开创外交工作的新局面。周总理还说:"这次联大特别会议要开三周,小平同志可只出席头一周,除讲话外,与各方重要人物进行接触,创造局面后便回。"政治局会议正在进行过程中,周总理叫王海容、唐闻生前来列席。王、唐刚进入东大厅,江青就质问王海容:"邓小平去联合国,是毛主席的意见,还是外交部的意见?"王海容答:"请示报告是外交部写的,已经周总理批呈毛主席圈阅同意。主席今天中午还说,小平同志出国是他的意见。"休息时,江青把王、唐叫到东大厅旁边的小房间里，再次施加压力，要外交部撤回请示报告。她还说什么国外的事情相对次要，邓小平要留在国内，等等。王、唐对江青的无理纠缠和压力不予置理。从小房间回到会议室，江青又大吵大闹，蛮横地训斥王、唐。王海容有理不让人，在会议上同江青顶撞了起来。在政治局的绝大多数同志都表示支持毛主席的意见，由邓小平同志率团出席联合国大会第六届特别会议后，江青仍无理取闹，叫喊"要重新考虑，我要保留意见，主席是允许保留意见的"。她还企图要周总理在报告上写上她的保留意见。

王、唐看到这种情景，便连夜将政治局会议的情况以及她们当场顶撞江青的情况报告了毛主席。3月27日，毛主席给江青写了一封信。信的大意是："江青，邓小平同志出国是我的意见，你不要反对为好。小心谨慎，不要反对我的提议。"江青收到此信后，目瞪口呆，不敢不接受毛主席的批评。

3月27日晚，王海容、唐闻生陪周总理在人民大会堂会见外宾时，向周总理汇报了毛主席写信批评江青的事。周总理说："怪不得，江青已打电话给我，改变了态度，支持小平同志出国。原来是你们向主席反映了情况。"

3月31日，邓小平同志在人民大会堂福建厅主持修订了《关于出席联合国大会第六届特别会议的方针和对策的请示》和《中国代表团团长邓小平同志在联大特别会议上的发言稿》。4月2日，周恩来总理主持政治局会议讨论通过。江青、张春桥、姚文元没有出席，王洪文虽出席，但心不在焉，显得无可奈何。会后，周总理和小平同志联名写信给毛主席，汇报情况，并附上《中国代表团团长邓小平同志在联大特别会议上的发言稿》。毛主席阅后批示："好，赞同。"

正义终于战胜了邪恶！

4月6日，邓小平同志率领中华人民共和国代表团出席联合国大会第六届特别会议，周恩来总理等党和国家领导人及首都群众四千多人到机场送行。这次会议开得很成功，通过了《建立新的国际经济秩序宣言》和

正义战胜邪恶 | 521

1974年4月，邓小平在联合国大会第六届特别会议上

《建立新的国际经济秩序行动纲领》，反映了第三世界团结反霸斗争的重大成果。中国代表团在会上起了举足轻重的作用。4月10日，邓小平同志在联大特别会议上做了重要讲话，全面、系统地阐述了毛泽东主席提出的划分三个世界的理论，并郑重宣布：中国是一个社会主义国家，也是一个发展中国家，中国属于第三世界。他还提出了处理国家之间政治和经济关系的六项正确主张。邓小平同志的讲话，博得了与会各国代表团，特别是广大第三世界国家代表团和世界舆论的赞扬和好评。会议期间，邓小平同志还会见了一些重要国家的领导人，阐明我国一贯奉行独立自主的和平外交政策，还明确指出："我们一向认为，各国在尊重国家主权、平等互利、互通有无的条件下，开展经济技术交流，取长补短，对于发展民族经济，是有利的和必要的。"

邓小平同志出席联大特别会议，增进了各国对我国的了解，提高了中国的国际威望，推动了我国同各国友好合作关系的发展，开创了我国外交工作的新局面。邓小平同志出席这次联大特别会议的历史功绩，已载入了光辉的史册。

参加不丹国王加冕典礼

马牧鸣

1974年6月2日,不丹首都廷布举行国王吉格梅·辛格·旺楚克的加冕典礼。除向印度、尼泊尔等少数国家领导人发出邀请外,不丹还以外交大臣达瓦·泽林的名义邀请联合国安理会常任理事国和科伦坡计划成员国家等驻印度的外交使节夫妇参加盛典。我以驻印度使馆临时代办身份出席了不丹第四世国王加冕典礼。

不丹是世界最不发达国家之一。1949年8月,不丹与印度签订《永久和平与友好条约》,规定不丹对外关系受印度"指导"。此次乘国王加冕之机,不丹首次邀请一些国家的代表参加,不仅有利于扩大不丹同外界的接触,还可以提高不丹的国际地位。

不丹在政治、经济、文化等方面同我国西藏有悠久的关系,一直有同我国发展关系的愿望。不丹1971年参加联合国,同年即投票赞成关于恢复我国在联合国的一切合法权利的提案。

我们夫妇和翻译孙锡远于1974年5月31日乘印航飞机飞往不丹,同机的还有美、英、法、苏、日、加等10余国驻印度使节夫妇。我们在印度边境城镇巴格拉道格提下机。该地属禁区,距不丹边境180公里,以前外国人很少获准进入。我们到达时不丹政府派来迎接我们的汽车队已等候多时。启程时,10余辆轿车按国名英文字母顺序先后排列行进,每辆车上均有不丹联络官照料。黄昏时,到达不丹边镇庞措林过夜。翌日清晨继续出发。沿途崇山峻岭，谷深万丈，树木苍翠，云雾变幻，时雨时晴，蔚然壮观。20世纪60年代所修的这条公路大部完好，但也有一些地段崎岖险陡，很少有20米直路，汽车颠簸剧烈，行驶艰难。瑞士大使因不堪颠簸，身体不适，不得不中途改乘国王唯一的直升机。我们于当日傍晚到达首都廷布。首都位于一个较平坦的山谷，海拔2500米，人口约2万，房屋已粉刷一新，幽静整洁。下车后，我们不顾高山反应，稍事休息即按不丹方面的安排，到供奉不丹前国王的国家纪念馆献哈达。

6月2日上午举行国王加冕典礼。我们被引入一处大庭院中坐定。院里挂满佛像，喇嘛列队诵经，钟鼓齐鸣，宗教气氛浓厚。不久，国王由马队护送而来，一时歌声念经声不绝于耳。国王进入大厅后，加冕仪式即开始。室内并未陈列王冠，只有大喇嘛轮番念经，向国王敬献各种小型铜佛。仪式完毕，国王接见王室成员，然后接受来宾献哈达和礼品。使节们多赠送一些各自国家的特产。我国礼品主要有大型景泰蓝彩鼎及华丽锦缎等。据国内运送礼品的人告，周总理曾嘱，此次赠礼要较历史上所送不丹的礼品更为丰厚一些。送礼时我先以毛泽东主席、董必武代国家主席和周恩来总理的名义，向国王、王国政府和人民致以热烈的祝贺，继以中国政府的名义向国王献礼。国王连声道谢。此前，董必武代主席和周恩来总理曾联名致电向国王致贺。

同日晚间，国王举行冷餐会，招待各国来宾。不丹人的肤色、服饰、习俗等与藏族相似。席上有大碗的酒、大方的肉，还有包子等食物。宴会上国王未讲话，气氛融洽友好。

国王加冕后，不丹全国沉浸在欢庆中。6月3日上午，在体育场举行盛大阅兵式和欢庆活动，会场气氛热烈欢快，秩序井然。国王发表政策讲话，大意是：他将全力为国家和人民尽职；不丹在短期内取得了巨大成就，摆在面前的任务是赢得经济上的独立自主；号召人民协同政府坚定地争取国家繁荣，使国家坚强和稳定；最后对友好各国的代表表示欢迎。讲话毕阅兵式开始。不丹军队约万人，士兵强悍健壮，由印度派人训练并提供装备。阅兵后，国王向各国使节颁加冕纪念金章。在万人注视下，各国使节逐一由礼宾官陪同前去领取，仪式隆重肃穆。随后场内即开始各种文娱活动，五彩缤纷，边歌边舞。文娱活动一直延续到6月4日。

体育场一侧搭有彩棚，专供招待贵宾及高级官员饮茶及休息之用，也为各国来宾与不丹各界人士交谈接触的场所。我同王室成员、政府大臣及其他重要官员等进行了广泛的接触。不丹方面人员普遍对中国表示友好，重视中国代表的光临。国王当年18岁，未婚，是旺楚克王朝第四代国王，曾在印度和英国受教育。人们反映，他平易近人，没架子，有威信。他时而出席观看节目，时而与来宾交谈，态度自然。我先后有两次机会与他进行简短谈话。他对我表示欢迎，对友好邻邦中国表示敬意。一次，他问我对不丹的印象。我表示，来不丹虽只有两三天，但印象颇深，不丹是一个美丽的国家，资源丰富。他接着说，不丹全国正进行建设。我说，陛下昨天讲到自力更生，极为重要，并以中国的建设为例向他介绍了我国自力更生、勤俭建国的方针。国王的母亲王太后机智能干，对不丹的国事有一定的影响力。在一次友好交谈中，她语重心长地对我说："国王今年才18岁，年轻，责任重。"我说，人们普遍认为国王陛下成熟能干。她说国王确实成熟，但责任太重了。国王的两位祖母对我们亦表现友好，说："看到从中国来的代表非常高兴，两国是近邻，连面貌长得都差不多。"不丹没有政党，国王是政府首脑，王室掌握政府大权。国王的大姐和二姐分任财政部和发展部的陛下代表。两人对我们均表示欢迎。国王有一姨母，长期在中国香港经商，表现活跃。据说她曾到过中国，对中国的情况了解不少。国王的妹妹三公主，14岁，愿同我们接近。一次王太后对我们说："三公主很喜欢你们。她好像是你们的孩子。"

因时间有限，我只向不丹方面提出拜会外交大臣和不丹驻印度代表（大使）。后者在家中以酥油茶点招待，同时国王的私人秘书（也是议会议长）夫妇出席作陪，双方交谈热情亲切。在拜会外交大臣时，不丹方面还安排了内政、财政和不管部三位政府主要大臣在场，双方进行了友好交谈。我谈到，中国与不丹同属第三世界，中国一贯主张国家不分大小一律平等，一贯支持维护民族独立、捍卫国家主权的斗争，并对不丹所取得的成就表示钦佩，感谢不丹在恢复我国在联合国的合法权利问题上所给予的支持。在两国关系问题上，我表示希望更加密切往来，增进互相了解，加深友谊。

外交大臣首先表示，非常高兴看到有伟大中国的代表来参加国王的加冕盛典，认为中国代表的来临具有重大意义；几千年来不丹与中国是邻居，希望睦邻关系继续发展。他对中国的对外政策表示钦佩，说不丹是小国，"有局限性"，希望慢慢发展两国关系。不丹目前的主要目标是改善人民生活，经济上自力更生，"外援越多，独立性越小"，不丹愿同所有国家特别是邻国发展友好关系。又说，不丹主张"不结盟"，不参加军事集团，"不丹与中国之间没有矛盾观点，只有相同的观点"。最后，他代表不丹政府和人民对中国政府和人民的感情和伟大友谊表示感谢。这次会见自始至终充满了友好真诚的气氛。

6月4日晚，国王举行宴会，答谢各国来宾。宴会后跳集体舞。在庭院中，王室成员、各部大臣、各方来宾以及喇嘛等列队，按简单的步伐在歌声中翩翩起舞，人们兴高采烈，形成高潮。宴会结束时，使节们一一向国王告别。翌日清晨，车队离廷布沿原路返回印度。

举世瞩目的"九人案"

史 实

1964年4月1日,巴西发生军事政变。两天后,政变当局以莫须有的罪名,非法逮捕了我国派驻巴西的九名工作人员。这是由巴西亲美势力挑起、美国中央情报局直接插手、台湾当局参与的一起有蓄谋的政治诬陷案。这一恶性外交事件自然在中国、巴西两国乃至全世界引起强烈反应,并为世界各国舆论界所瞩目。

事件伊始,毛主席即指示要进行"针锋相对"的斗争。按照这一方针,我们对巴西政变当局采取了有理、有利、有节的外交斗争,取得了最后的胜利。

一、九人赴巴

巴西在1974年与我政府建交前,一直同台湾当局保持着"外交关系",但与此同时也发展同中国大陆的民间贸易、文化交流和人员往来。1961年5月,中国国际贸易促进委员会主席南汉宸应邀访问巴西;同年8月,巴西副总统古拉特应邀访华。两国当时虽未建交,但官方上层往来已呈日渐发展之势。

为进一步发展两国关系,增进两国人民友谊,我国从1961年12月起,经巴西同意先后三批派出九人赴巴,他们是:新华社记者王唯真和工作人员鞠庆东，中国经济贸易展览会筹备小组组长侯法曾和工作人员王治、苏子平和张宝生，中国国际贸易促进委员会驻巴西代表处副代表、中国纺织品进出口公司副经理王耀庭和工作人员马耀增、宋贵宝。他们在巴西做了许多有益于两国人民的工作，如新华社记者王唯真同志在28个月内发回信息700多条，撰写并发表了大量有关中巴友谊和介绍巴西人民生活的通讯和文章。他们的辛勤耕耘，促进了中国、巴西两国人民的友谊和相互了解，受到两国人民的热忱欢迎和赞颂。

二、身陷囹圄

1964年3月31日深夜至4月1日凌晨，里约热内卢枪声四起，巴西猩猩派军人在美国策划下骤然发动政变，推翻了古拉特总统领导的合法政府，扶持以布朗库为首的亲美势力上台，使巴西一夜之间处于白色恐怖之中。

政变发生前，我国在巴西的九位同志即将对巴西形势的分析报回国内，并预测：一旦亲美反动势力上台，必将对他们下毒手。他们已做好准备以应不测。

当时王唯真等四人和王耀庭等五人分住在里约热内卢两处公寓。4月3日凌晨，意料之中的事情终于发生了。军警将王唯真等所住新华分社公寓包围。随着阵阵急促的撞击声，军警发出吼叫，命令他们开门。王唯真等四人立即商定，绝不能在深夜让军警秘密绑架，要想方设法与之拖延，不到天亮绝不开门，并抓紧时间将这一紧急情况用电话通知王耀庭等人和一些巴西朋友。凌晨5时许，军警强行破门而入，多处搜查，虽未找到他们所需的任何证据，但仍将王唯真等四人非法押走。与此同时，王耀庭等五人也被逮捕，九人一起被关进监狱。在狱中，他们个个身上都留下军警用火烫烧和各种刑具严刑拷打的伤痕。

这一惊人消息迅即传遍世界。4日，中国外交部紧急约见巴基斯坦和印尼驻华大使，请两国驻巴西使馆代向巴西当局查询我方人员的情况。同时，我外贸部也委托中国人民银行致电巴西银行行长查问。5日，外交部再次紧急约见上述两国大使，请他们以受中国外交部委托的名义，向巴西外交部提出如下交涉：

（一）据某些通讯社报道，中国新华社驻巴西记者王唯真等九人，已被巴西当局逮捕。中华人民共和国政府对此感到非常惊异。中国有关方面从4月3日起，已经不能同他们取得联系。中国政府对他们的实际情况非常关注，急切等待巴西政府对中国在巴西的上述九人的现状予以澄清。

（二）以上九名中国公民都是得到巴西政府同意，并按巴西政府规定的法律手续进入巴西居留的。他们所进行的新闻报道、筹备展览和促进贸易等业务，都是正当的和合法的。中国政府要求巴西政府对他们的人身安全和合法权益予以保护，以便他们能够恢复自己的业务。

巴西当局将我九人逮捕后，施出非常卑鄙的两手：

其一，阴谋劫持我方人员去台湾。

自我九人入狱之日起，巴西当局便让台湾特务频繁进出监狱，用金钱、美女进行利诱，军警则不断威胁，要押送他们去台湾。我九人于4月5日针对此阴谋向军警当局发表抗议声明，并展开绝食斗争。

巴西人民闻讯九名中国人员绝食的消息后，都为之震惊，新闻记者和电视记者纷纷到监狱采访、拍照和拍摄电视。九名驻巴人员利用这一机会揭露和控诉巴西当局对他们进行政治迫害和绑架的罪恶阴谋。这一消息传遍各地后，舆论哗然。这对巴西当局造成很大的政治压力，令其十分恐慌。

中国外交部发言人于4月12日、14日就巴西当局非法逮捕中国九名工作人员并进行政治迫害一事，接连提出严重抗议，指出：巴西当局在美国的阴谋策划下，同台湾当局勾结，企图将九名被捕人员送往台湾。为此，要求巴西当局立即释放我方人员，切实保障他们的人身安全和合法权益，否则巴西当局应对此承担全部责任。

巴西当局迫于压力,不得不同意中国人员提出的要求,保证不将他们送往台湾。

为了抵挡国内外舆论的谴责,巴西当局除对我方九人秘密审讯外,还做了广泛调查,但始终找不出他们所需的任何人证、物证。最后,巴西有关方面不得不在我九人被捕35天之后,于5月21日实行"预防性逮捕",将他们转移到陆军监狱。

按照巴西法律,实行"预防性逮捕",限期两个月,如果在此期间提不出"调查报告",就应宣布无罪释放。巴西当局因无法向国内外舆论作出交代,既不宣布释放,又拿不出"罪证"进行审判,企图在无限期拖延中寻求体面收场的"良方"。

其二,试图以在华关押的美国间谍交换我方被扣人员。

巴西军事当局借律师之口告我九人,同时通过巴基斯坦驻巴西大使馆向我政府传话,不管有无证据,巴西政府将对九名被捕人员予以定罪。但又提出,他们拟以在华关押之美国犯人交换被扣九名中国人,希望了解中国政府的意见。

此举显系巴西当局奉美国之命而制造的政治阴谋,也再次无可争辩地证明,巴西当局非法扣留九名中国人员的事件,都是美国一手制造的,理所当然地遭到中国政府的断然拒绝。我国外交部通过巴基斯坦外交部转告巴西政府:"巴西当局屈从美国的意志,长期非法扣留无辜的中国人员,已经在国际关系中犯下了史无前例的过错。中国政府希望巴西当局不要再上美国的当,以中巴友谊为重,立即无条件释放无辜被捕的中国人员,以免产生更严重的后果。"

这时,巴西军事当局已陷于十分窘迫的境地:宣布无罪释放中方九人则怕丢面子,继续扣留又慑于中国和世界舆论的压力,进退两难。据印尼、巴基斯坦和波兰驻巴西使馆及一些巴西朋友转告我方有关人员信息得知:

巴西当局企图以诬陷我国被押人员来丑化古拉特政府和中国的形象，现因拿不出"罪证"，无法开庭，正束手无策，骑虎难下。我们得知这一情况后，便委托印尼和巴基斯坦驻巴西使馆，以第三者身份进行斡旋，向巴西当局陈明利弊，奉劝他们不要把事情做绝。我明确表示，我们一向从大局出发，解怨不结仇，只要巴西释放九名中国公民，中国政府就既往不咎；巴西当局如接受我方告诫，就此止步，事情还可挽回。但巴西当局一意孤行，仍顽固坚持在错误道路上继续滑下去。

三、无辜受审

1964年10月12日，巴西军事当局公然对我九名被捕人员进行开庭审判。

在法庭上，他们提出的"起诉书"和"证据"荒唐透顶。他们诬蔑我九名人员在当地书店所购买的巴西地图是准备在巴西搞游击战争之用；将新华分社散发的中国古代火箭图片，臆想为我国正在研究新火箭，企图毁灭巴西；九名人员所携带的4000万巴西纸币也被荒诞地说成是"非法活动经费"。这些"证据"经当场点穿，成为笑料。

由于巴西当局编造的"起诉书"十分离奇，激起了人们的公愤。在法庭上，有17名巴西人士，其中包括一些国会议员和政府机构的高级官员，不惜冒被捕之风险，挺身而出，证明被捕的九名中国人无罪。前总统夸德罗斯向报界发表声明，表示愿意出庭为九名中国人作证，并写出一份书面材料，证明他们到巴西举办经济贸易展览会是经他批准的。

在最后一庭，检察官竟不顾事实，提出要法庭以从事"颠覆活动"和"间谍活动"的罪名，判处九名中国人23年徒刑。检察官话音刚落，受我聘请的72岁高龄的巴西律师平托愤然而起，以洪亮的声音在法庭上慷慨陈词，达半小时之久。他说："我从业律师50多年，至今还从未见到过如此毫无根据的陷害。你们加在九名中国人头上的所谓'罪证'，乃我生平所耳闻目睹中最可耻的东西。案件事实已昭然若揭，巴西舆论也很清楚。现在的问题不是你们不懂得怎样判决，而是你们不知道如何向你们的上司交代！"

平托律师的辩护，使法庭的听众时而屏气静听，时而哄堂大笑，法官则如坐针毡，理屈词穷，无地自容。平托在讲话中，突然迈步走到法官面前，从桌上举起王耀庭、宋贵宝和马耀增三人的护照，质问检察官："请看看这些护照，他们三人1963年还没来巴西，凭什么断定他们当时已在巴西进行颠覆活动？"

最后，法庭被迫取消九人的所谓"间谍活动"罪，但仍以"颠覆活动"为由，判处他们10年徒刑。

平托律师为中国人仗义执言，使军事法庭恼羞成怒。

检察官皮涅伊鲁竟气急败坏地在法庭上对平托律师进行人身攻击，污蔑他"为中国辩护是出于个人的目的"。这位满头银发的长者，横眉怒指检察官："我的历史是一部公开的书，你们可一页一页地去翻吧！你们可以抄我的家，但无权剥夺我为中国人辩护的自由。我要向世界宣告，他们是清白无辜的，他们是政治偏见的受害者。"

对军事法庭的无理判决，以王耀庭为首的九人发表声明，提出强烈抗议。

中国政府于1964年12月23日发表声明，对巴西当局的非法判决，提出最强烈的抗议，指出："这一骇人听闻的诬陷中国人民的案件，从头至尾都是美国所策划的。美国的卑鄙手段决不能损害中国人民的一根毫毛，倒是一味屈服美国意志的巴西当局，使巴西自己的民族尊严和国际信誉受到了玷污。"

我九名人员被巴西当局非法逮捕后，在周恩来总理、陈毅外长和廖承志等亲自领导下，有关部门投入了这场斗争，先后召开各种形式会议400多次，发表各种声明和文章数百篇。与此同时，我们请国际红十字会出面干预，制止巴西有关部门拷打和虐待我九位同志；邀请国际律师到巴西实地了解案情，敦促巴西当局释放我九名工作人员；请巴基斯坦驻巴西大使到监狱查看我受刑人员伤势；组织九位同志的亲属赴巴西探监；等等。

在一年多时间内，有87个国家的立法机构、党派、团体、企业等各界人士，通过多种方式对我方人员表示声援，向美国和巴西当局提出抗议。阿根廷著名律师托姆，专程去旁听巴西当局对我九位同志的"审判"。后来，他又在报上发表长文《一出骇人听闻的政治迫害丑剧》，指出："可以断言，对中国公民判刑的法官，不是法官，而是刽子手，是巴西剥削者及其同伙帝国主义者的走狗。"智利记者罗宾森·罗哈斯从圣地亚哥赶到里约热内卢，目睹了巴西当局对我九位同志的"审判"丑剧之后，在报纸上发表文章谴责巴西当局说："九名无辜的中国人被巴西法庭判了刑，这将作为猖狂一时的纳粹法庭，以最丑恶的一次审判，而载入世界史册。"

以78岁高龄的日本著名律师长野国助为首，由日本、阿根廷、印尼、巴基斯坦、英国、法国和比利时七国著名律师，接受九名中国人员家属委托组成的国际律师团，于巴西当局对我九位同志作出无理判决后，在北京向中外记者发表声明："我们毫不犹豫地指出，这种审判是一次政治审判。我们断言，进行这种审判的军事当局，必将遭到全世界人民的谴责。"

四、驱逐出境

巴西当局非法逮捕、审判我九名工作人员后，遭到世界舆论的强烈谴责，正如周总理所说，"他们像是抓了一把刺"，处境十分被动。巴西司法部部长说："这一案件已成为巴西摩擦与忧虑的焦点，如不及早驱逐（这九名）中国人出境，势必损害我们的民族利益。"巴西外长上书总统，要求尽快解决此案，迅速将这九名中国人驱逐出境。巴西总统布朗库为了摆脱窘境，不得不签署驱逐我九名工作人员出境的命令，并给10天上诉时间。

我方考虑，驱逐系行政决定，并非根据司法程序定罪的法律处分，即使上诉，巴西当局也不会改判为无罪赦免，最终仍将维持"驱逐出境"。鉴此，1965年3月2日，外交部请平托律师转告我九位同志：巴西总统用行政命令驱逐你们出境，届时可声明无罪，不必对驱逐令进行上诉。望你们早日回国。

1965年4月17日，巴西政府以"不受欢迎的人"为由，驱逐我九位同志出境。平托律师受托在他们离境后，发表书面声明，以示抗议。

我九位同志在异国他乡经受了逾一年铁窗生活的严峻考验，带着巴西军警给他们留下的累累伤痕于1965年4月20日回到北京。李先念副总理和首都各界群众到机场热烈欢迎。刘少奇主席和周恩来总理随后分别接见，向他们表示亲切的慰问。

五、真相大白

1974年3月15日巴西新政府上台后，对外政策做了新的调整，随后向我国传话，表示愿与我国发展关系。4月9日，巴西出口商协会主席科蒂尼奥率代表团访华。中国外交部美大司司长林平应约会见随团来华的巴西外交部亚大处处长布尔诺参赞，林平司长就两国建交原则向对方作了介绍和阐述，并对"九人案"一事表明我国的原则立场。布尔诺参赞表示已注意到中国的态度，一俟回到巴西即向政府报告。

1974年8月7日，中国外贸部副部长陈洁率政府贸易代表团应邀访问巴西。这是自发生"九人案"以来，我国出访巴西的第一个代表团。巴西外长西尔维拉在会见陈洁副部长时说，这次邀请中国代表团访问巴西，目的就是要解决两国建交问题，希望在中国代表团访问期间签署和公布建交公报。由于巴方想法与我国政府的愿望相吻合，我们当即表示同意。经过会谈，于8月15日由巴西外长和陈洁副部长签署并发表两国建交公报。

我国代表团在和巴方两次会谈中，主动提出"九人案"事件。对方向我方表示：从政治上说，这一案件是错误的，巴西将采取措施消除这一障碍。我国代表团表示：相信巴西政府这样说了，也将会见诸行动。至此，巴西军事当局1964年制造的这起举世瞩目的离奇诬陷案，在时隔10年之后，终以巴方承认错误而大白于天下。

临危不惧坚守岗位

——外交前线历险小记

田志东

1975年2月11日深夜,马达加斯加首都塔那那利佛发生了一次未遂政变,新任几天的国家元首、政府首脑拉齐曼德拉瓦上校遇刺身亡。

当时我驻马达加斯加使馆的同志正沉浸在欢度春节的气氛里。午夜,猛地听到使馆对面城市的半山腰里,响起阵阵枪声,立即引起大家的警觉。同志们从收音机里听到,新上任的国家元首、政府首脑拉齐曼德拉瓦上校,被国家机械化警察部队暗杀了。政府军和机械化警察部队猛烈交火,塔那那利佛发生了政变。机械化警察部队约数百人,企图乘新的国家元首尚未站稳脚跟的时候,夺取政权。

塔那那利佛是座山城,我馆地处近郊区的一个半山坡上。使馆背后附近的高地早就是政府军的一个兵营,而山坡下,距我馆不足1500米处,便是叛军机械化警察部队的大本营。在前政府时,机械化警察部队是西德、以色列训练的"共和国治安部队",新政府成立后改为现名。他们对政府不满,与政府军矛盾重重,所以政府军在其驻地的高处,建立了一座兵营,用来监视和控制机械化警察部队的行动。我馆正好处在中间地带。这时子弹已经打到我们使馆大楼内,墙上穿了不少洞,玻璃门窗被打碎,碎片落到地上叮当乱响,使馆院内子弹横飞、呼啸而过,机枪嗒嗒震耳欲聋。面对这突如其来的横祸,使馆党委立即研究对策。首先,命令全馆同志统统撤离宿舍和办公室，集中到地下室。此时我们暗暗地感谢大楼的建筑者们，好像有远见似的建造了这样一个宽敞的地下藏身之处。然后，将全馆同志组成若干个小队各司其职：救火、救护、保护机要室和电台、侦察情况等。天亮了，住在使馆外的各专家组纷纷来电话，要求设法派车把他们接到使馆。使馆党委经研究认为，街上戒严、子弹横飞、政府机关失灵，动不如静，于是请他们就地待命，不要慌张，不要随意离开住地，听从使馆指挥。事实证明不动是对的，这样可以保证人身和财物的安全。

政府军和叛军交战升级，政府军动用了战斗机，战斗机在我馆上空俯冲扫射，枪弹穿透了我馆楼顶。大家都聚集在地下室，由于断电室内一片漆黑，只能用手电和烛光照明。幸亏市内电话还通，这时一些友好国家的使馆，出于好意打来电话，愿接我们去他们使馆躲避，我们都予以婉言谢绝。

2月11日夜，在拉齐曼德拉瓦遇刺身亡后，安德里亚马哈佐将军主持召开了马国家武装力量高级军官特别会议。12日凌晨，特别会议宣布：组成最高军事领导委员会，代行军政最高职权，负责指挥政府军消灭叛军。该会由安德里亚马哈佐将军任主席。他平时对我友好，刚上任，就亲自给我使馆打来电话，希望我们转移到安全地方，转移时将派政府军保护。使馆经过审慎研究，婉言谢绝了。我们考虑：如撤，使馆势必失去保护，就要被洗劫一空，国家财产必遭巨大损失；何况在枪林弹雨中搬家，纵使在政府军保护之下，人身安全也是无法保障的。因此，我们下定决心保卫使馆，与使馆共存亡。当时一个严峻的事实摆在面前，就是叛军很可能占领我馆，扣押我馆人员当作人质，并利用我馆接近政府军的有利地形，要挟政府军。安德里亚马哈佐在电话中也透露了这个意思，要我们提防。怎么办？党委号召大家，一齐动手将平时积存的米面一袋一袋地筑成工事，把桌椅板凳堆成障碍物，将大门堵好；把全馆人员分为一、二、三道防线，层层设防；把所有饮料瓶、酒瓶全部搬到楼上，必要时作武器使用。

夜幕降临了，双方交战依旧不止。机要室、电台房子弹横飞，危及国家机密和人员生命的安全，需要当机立断。撤！撤到地下室的冰库里。这样，除非房倒楼塌，电台等设施是万无一失的。一楼传达室的电话早就不能用了，二楼的电话也用不上，但和外界不能失掉联系。怎么办？把电话移到地下室。由于断电，首都和外界的通信完全被切断，我们和国内失去了联系。战争之夜是令人胆战心惊的，谁都没有睡，耳边是时而密集时而稀疏的枪声和爆炸声。地下室偶有一两道电筒的光束，同志们手里捧着半导体，密切注意着形势的发展。东方发白了，枪声有些减弱，有的同志爬上楼去观察情况，机械化警察部队发现我们楼上有人影时，机枪立即哒哒哒哒地射来。使馆大楼已是千疮百孔，办公室的门窗也被打得粉碎，办公桌被打得稀烂。政府军也向我们射击。他们看到楼上有人走动，误认是叛军占领了我们使馆。可见敌对双方都在防范，生怕对方占领我们这一高地堡垒。

2月14日，叛乱第三天，经过激烈的交锋和政治攻势，叛军终于寡不敌众投降了。消息传来，大家走出地下室，来到庭院。阳光普照大地，微风拂面，空气是那么清新，和平是多么的可贵呀！远处还有硝烟，一些建筑还在燃烧。这也算是在异国他乡经受了一次血与火的洗礼和生与死的考验吧！

几天后，外交部发来电报，慰问并表扬我馆全体同志。电报中印象极为深刻，至今不忘的有两句话八个字："临危不惧，坚守岗位。"同志们听到传达后，都激动得热泪盈眶，好似得到了祖国母亲最大的爱抚和奖赏，感到无比的亲切和欣慰！

邓小平副总理访法追记

韦 东

1975年5月邓小平副总理对法国的正式访问是一次意义重大的外交行动，是新中国成立以来国家领导人第一次正式访问西方大国。鉴于当时邓小平副总理在中央的地位和国内微妙的政治形势，这次访问更加引人注目。邓小平副总理实际上是代表周恩来总理出访的，法国也是以接待总理的规格来接待邓副总理的。

我当时作为主管法国外交工作的人员有幸参加了这次访问的筹备工作和访问的全过程，留下了难忘的记忆。

一、法国巧妙的邀请和中方的迅速反应

1974年5月，曾任戴高乐和蓬皮杜政府财长的吉斯卡尔·德斯坦在总统竞选中击败社会党候选人密特朗，从而入主爱丽舍宫。德斯坦过去同中国并无交情。在中法建交时，法国舆论曾传言他是在内阁会议上唯一表示反对中法建交的部长。但出任总统后，他便连连发出了对华友好的信号。他在致议会的"咨文"中曾首次公开表示法国将要同中国"进行合作"。1974年10月，他又打破法国的礼宾惯例，亲自出席了中国驻法使馆的国庆招待会。这些信息引起了我们的重视。

关于邓副总理访法，法方是以巧妙的方式提出的。1974年7月18日，

曾经来华主持法国工展开幕式的法国企业改革委员会主席絮德罗宴请即将回国述职的曾涛大使，法外交部亚澳司司长出席作陪。席间絮德罗说，他要当着亚澳司司长的面发表一个意见，即希望德斯坦总统访华，但在总统访华之前，希望周总理或邓副总理先回访法国。考虑到周总理因健康原因可能出国有困难，故希望邓副总理访法。他还强调说，这不是他个人的意见。一个月后，法驻华大使马纳克约见乔冠华副外长，表达了同样的意思。马纳克强调说，鉴于蓬皮杜总统已访华，按礼宾规则，应在中国领导人回访后德斯坦总统才好访华。

不难看出，法国邀请邓副总理访法是经过周密考虑的。从表面上看，邀请邓副总理似乎是为德斯坦访华铺路，从礼宾角度看，这不能不说是一种考虑，但主要还是法国有其政治上的需要。

德斯坦上台时的国际形势较之20世纪60年代有了明显的变化。一方面，美苏两霸在欧洲的争夺进一步加剧，对西欧构成巨大的压力。另一方面，世界两极格局已呈削弱之势，两霸对各自盟国的控制力逐渐减弱；西欧联合取得长足进展，欧共体由6国扩大到12国，形成与美、日鼎足而立的经济集团；中国的国际地位大大提高，美、苏、中大三角关系形成；第三世界的力量也有新的发展。总之，世界多极化发展的趋势已初见端倪。德斯坦认为："应该把世界看作是分成若干大片地区的球体，有美国的一片，欧洲的一片，苏联的一片，中国的一片，等等。"面对这样一种形势，德斯坦提出"世界主义"的外交思想。他一方面尽量缓和法美矛盾，另一方面热衷于同苏联搞缓和，以维系法国的安全和争取大国地位。德斯坦认为，中国是平衡美苏的重要力量，发展法中关系有利于增强法同美苏打交道的地位。法国外交部新闻司的一位参赞曾对我国驻法国大使馆的同志说，现在法国需要同两个集团外的国家发展关系，建立新的平衡，法国准备热烈欢迎邓副总理，不仅仅出于礼节，更重要的是访问的政治意义。

我们研究了法方的试探后认为，法对西欧局势的发展影响较大，为了鼓励西欧联合反霸，可考虑接受法方邀请。中央很快批准同意邓副总理应邀访法，我方即答复法方。10月25日，马纳克大使约见乔冠华副部长，对我方"很快的答复"表示十分感谢，并代表法国政府正式邀请邓副总理和夫人卓琳于1975年5月访法。马纳克强调法方希望这是一次专访，以突出中法关系。经中央批准，我方同意法方建议。关于卓琳同志是否同去的问题，邓副总理批示："卓琳不同去。"

二、高规格的接待

法方对这次访问十分重视，接待规格很高，有许多地方是破格的。按法国礼宾惯例，只有国家元首访法才在抵达机场时发表讲话，故原未安排邓副总理讲话。后法方告，希拉克总理将亲自前往机场迎接并发表简短欢迎词，请邓副总理致答词。法方原安排邓副总理一行下榻坐落在协和广场的克里翁饭店，后总统办公室主任告："由于德斯坦总统对中法关系的关心和对邓副总理本人重要性的重视，总统个人邀请邓副总理和他的亲密助手下榻马丽尼国宾馆。"这是很高的礼遇，因为通常只有国家元首正式访法才有资格下榻这座与爱丽舍宫隔街相望的马丽尼国宾馆。法方安排邓副总理同希拉克正式会谈一次，同德斯坦正式会谈两次。这固然与法国第五共和国以来外交大事由总统一手掌管有关，但主要还是出于对这次访问和对邓副总理本人的重视。因为一般副总理访法，法总统最多接见一次而已。法方还为邓副总理安排了三场盛大的正式宴会：希拉克总理的欢迎宴会，德斯坦总统的晚宴和富尔议长的晚宴。德斯坦还破例应邓副总理的邀请参加了在大使馆举行的小型午宴。

邓副总理一行是在5月12日乘专机抵达巴黎的。按日程在首都活动3天，于15日飞往里昂访问。里昂市政府在市政大厅举行了规模仅次于欢迎国家元首的隆重欢迎仪式。邓副总理在结束致辞时用法文高呼："中法两国

1975年5月12日，法国总理雅克·希拉克在机场欢迎邓小平副总理

人民的友谊万岁！"全场响起经久不息的掌声。当天下午邓副总理一行乘直升机飞往南方旅游胜地莱博山区休息。到达莱博后，我们被告知，希拉克总理正在此地进行市政竞选活动，晚上将来会见邓副总理并共进晚餐。这显然不是巧合，而是希拉克的精心安排。晚宴前，邓副总理对在此再次见到希拉克总理表示高兴，并说，今晚是朋友相聚，我们应完全放松，是否可以达成一个协议，晚宴上就不发表讲话了。希拉克表示完全同意。但当晚餐接近尾声时，希拉克又站了起来，说虽然他和邓副总理有不发表讲话的"君子协定"，但他还是要说几句以表达高兴的心情，接着便滔滔不绝地讲了几分钟。邓副总理也即席致答词，讲话中不乏幽默风趣之语，激起阵阵笑声。

三、深入的会谈，丰硕的成果

邓副总理同德斯坦总统就重大国际问题会谈两次，每次长达两小时，内容全面、广泛，从世界格局到美苏战略，从第三世界到印支问题，从新经济秩序到能源危机，几乎所有国际重大问题都涉及了。但"重头戏"还是对苏联的看法和反对霸权主义、维护世界和平问题。会谈中，邓副总理没有稿子，完全是即席发挥，用自己的语言把毛主席对国际问题的论断阐述得入木三分，而且针对性强，引用的数字、日期都很准确，不但在场的中方人员为之钦服，德斯坦和法方人员也频频点头表示赞叹。例如，德斯坦认为现在美苏之间似乎存在着某种战略平衡，但在军事手段方面，美国仍比苏联强些。邓副总理针对这一观点，以美苏 1963 年 7 月签订部分核禁试条约到 1972 年第二个核协定，再到 1974 年签订第三个核协定（即海参崴协定），每次苏联都利用机会从开始时的劣势达到了相对接近美国的水平为例，指出，美苏之间的核竞赛究竟是向上平衡还是向下平衡？德斯坦听后说，当然是向上平衡。邓副总理又进一步指出，如果苏联不是为了在全球有朝一日有所企图，为什么除了发展核武器和常规武器，军队人数也在成百万地增加！有那么多武器，总有一天手要发痒的。谈到美欧关系时，邓副总理指出，我们告诉美国人，我们不喜欢"保护"两个字，究竟是美国保护人家还是美国也需要人家保护？究竟是欧洲需要美国，还是美国也需要欧洲？如果是互有需要，美国就应平等待人，只有平等伙伴关系才可靠。这段精辟的论述引出了德斯坦的内心话，德斯坦说，美国还是以超级大国自居，总要替别人作出决定，而且把这种决定强加于欧洲……我们的目标是建立平等伙伴关系。谈到美国的战略时，邓副总理形象地说，美国是用十个指头按十只跳蚤。妙语解颐，法方人员发出了会意的笑声。这句话在访问过程中被法方人士多次引用。

在第二次会谈中，德斯坦抱怨美国不理睬他关于召开三方能源会议的倡议，挖苦地说，基辛格可能是很好的外长，但对经济问题一窍不通。邓副总理说，像这样的问题不是能从外交的角度解决的，甚至不能从经济的角度解决，要从政治的角度来解决，好的外交家必须是好的政治家。德斯坦频频颔首称是。总之，邓副总理以政治家的风度和娴熟高超的谈判技巧自始至终以高屋建瓴之势主导着会谈的全过程，取得了理想的效果。

邓副总理还利用会谈外的场合做工作。在招待德斯坦总统的午宴上，邓副总理向他全面介绍了中苏边界问题和我方的立场，德斯坦对我方并不要求收回沙俄通过不平等条约割去的150万平方公里土地的立场表示十分惊讶，说"这一情况很重要"，"法舆论界和政界一直认为中国准备收回这些土地"。

两国领导人会谈中就发展双边关系原则交换了意见，具体问题均由两国外长商谈。法方提出建立两国外长定期磋商制度，我方表示两国外长可不定期经常会晤。双方按此达成了协议。两国还商定了成立经济贸易混合委员会。这些都是中国在发展同西方国家关系过程中的首创之举。

邓小平副总理访法追记

1975年5月13日,邓小平副总理和法国总统瓦莱里·吉斯卡尔·德斯坦在法国总统府进行会谈

法方高度评价这次访问和会谈的成果。希拉克总理说，德斯坦总统认为邓小平同他的会谈给他留下了深刻的印象，特别是邓介绍了中方对苏联的看法，总统对此很重视。德斯坦总统6月份宴请外交使节时，专门约曾涛大使谈话，表示对邓副总理的访问很高兴，通过交谈，了解了中国的立场，也让中国了解了法国的观点，希望这种关系继续发展。

四、随访拾零

　　（一）改稿。邓副总理对有关访问的几个文稿都仔细审阅并做了几处主要改动和补充。在《在希拉克总理欢迎宴会上的讲话稿》上做了几处文字改动，并加了："世界和欧洲面临的战争威胁主要来自何处，人们也是清楚的。"在《在德斯坦总统宴会上的讲话稿》上，把"谁都知道，那个把和平与安全的调子唱得最高的人，实际上是把他的军事威胁的主要矛头对准西欧"，改成"……正是把他的军事威胁露骨地强加到世界人民，特别是欧洲人民身上的人"。在回国后上报毛主席和中央的《访法报告》中，邓副总理加了两段话："我们最近决定同西欧共同市场建立关系的措施是很正确的"和"在同德斯坦、希拉克等人的接触中，发现他们对中国的情形不甚了解，对中苏边界的争议，还以为是中国要把沙俄时代侵占的土地通通要回来，甚至对苏联在中苏边界陈兵百万也表示惊讶。所以我们同他们增加接触是必要的"。在结束会谈、准备前往外地访问的前夕，我们把《在告别宴会上的祝酒辞》送邓副总理审阅，他看后说："没有热情！要多讲些共同点。"要我们重新写。于是，齐宗华和我在外地开了个夜车，把稿子赶出来；回到巴黎后送乔冠华外长审改。乔外长根据邓副总理的意思加了这样一句话："欧洲和亚洲实际上是一个大陆，你们在西边，我们在东边，把我们联系在一起的因素比人们想象到的要多得多。"我把稿子给邓副总理念了一遍，他问："乔老爷看过了吧？"我说乔部长看了并做了修改。他说："好，就这

1975年5月14日,中国国务院副总理邓小平在中国驻法大使馆设宴招待法国总统吉斯卡尔·德斯坦

样定下来。"

（二）轻车简从。如前所述，这次访问是新中国成立以来我国家领导人对西方大国的首次正式访问，其意义和重要性不言自明。但这么重要的一次访问，全团人员包括摄影记者在内仅19人，照样完成了繁重的任务，访问取得圆满成功。

（三）向服务员道谢。邓副总理在离开马丽尼国宾馆时，向宾馆服务员一一亲切握手告别，用法文说"谢谢你们"，并以他的名义向他们送了纪念品。宾馆服务员十分感动。希拉克总理后来在同我国驻法大使谈话中特别提到此事，说："这虽是很小的事，但很重要。在法国过去没有一个来访的高级政府领导人这样做，现在也没有别人这样做。"

（四）"就这个最好！"访问期间，邓副总理胃口甚好，吃得最多的是月牙形面包。一天中午，我们在国宾馆用午餐，我开玩笑说："今天中午大家少吃点儿，晚上还有总统宴会呢。"邓副总理看了我一眼，用手指了指月牙面包说："什么宴会不宴会，就这个最好！"法国人也发现了邓副总理对此面包的偏爱，临别时送了两箱子。邓副总理在飞机上给每个同志分了几个。后来听说回国后他又给中央一些老同志送了面包。

真挚的国际友谊

——记吴奈温总统对周恩来总理的哀悼

金畅如

1976年1月13日，坐落在仰光理士路的中国驻缅甸联邦社会主义共和国大使馆，因周恩来总理的不幸逝世，沉浸在极其悲恸的气氛中。缅甸各界人士、驻仰光的外交使团、缅籍华人和华侨，络绎不绝地来使馆吊唁。上午9时许，大使馆接到缅甸外交部电话通知：吴奈温总统约见中国大使馆金畅如临时代办。中午12时整，我与我们使馆的夏厚洪秘书在缅甸外交部礼宾司司长吴多伦陪同下，乘车到达茵雅湖畔总统家中，由代理外交部长丁吴将军陪见。在幽静、明亮的书房里，我们拜会了吴奈温总统。吴奈温总统双手紧紧地握住我的手，泪水盈眶，沉痛地说："我听到周恩来总理不幸逝世，心里非常难过。这几天，是我一生中最悲恸的日子。周恩来总理的逝世，不仅是中国的重大损失，也是世界的重大损失，他深受世界人民的尊敬。请临时代办先生向中国政府和周恩来夫人转达我最沉痛的哀悼。"吴奈温总统擦着泪水接着说："周恩来总理是我最亲密的朋友，我想于明天到北京去，希望能够最后见到周恩来总理，现飞机机组人员的护照已送到中国大使馆，请大使馆能立即办理签证。我到北京以后，不要中国政府接待，我准备住在缅甸大使馆里，或者当天飞到广州去住。总之，不增加中国政府的麻烦，只是希望能最后见到周恩来总理一眼。"我和夏秘书的心情本来已万分沉痛，吴奈温总统这种真挚的国际友谊让我们更受感动，泣不成声地向他说:"非常感谢总统阁下的接见,感谢总统阁下对周恩来总理的哀悼,我将向我国政府和邓颖超同志转达总统阁下的深情厚谊。总统阁下和周恩来总理之间的伟大友谊,体现了中缅两国政府间的深厚友好关系,也体现了中缅两国人民源远流长的'胞波'情谊。但是我恳切请求总统阁下能够谅解我国政府不接受外国领导人亲往北京吊唁的做法。"吴奈温总统深表惋惜地说:"我可以理解。"我们遂再次表示衷心感谢并告辞,吴奈温总统送我们出大门时,两眼仍含着泪花。

回馆途中,感念吴奈温总统对周恩来总理的真挚感情,不由地追忆我们敬爱的周恩来总理。中缅两国深厚的友谊,正是他贯彻执行党的外交政策,倡导和平共处五项原则,九次访问缅甸,开诚布公,肝胆照人的结果。

1月15日,缅甸《劳动人民报》登载了吴奈温总统的一篇悼文——《我所知道的周恩来》:

一、周恩来总理虽然是一个大国的领导人,但与小国领导人交往时,总是平等相待。在与小国处理包括复杂问题在内的各种问题时,他总是本着最大的同情和谅解作出让步。我本人在中缅边界谈判中就亲自体会到这一点。

二、周恩来总理为中国共产党、全中国和中国人民,为尚未独立的国家,为弱小的民族,为世界贫穷和被压迫的劳苦大众,无私地、负责地进行工作的情景历历在目。

三、周恩来总理的逝世,不仅是中国而且也是世界上的一个重大损失。

四、若从不幸中做好的寻求,世界大国中,特别是超级大国中,若能出现更多的像周恩来总理那样能给予同情和谅解的领导人,那么这个世界该多么好啊!

真挚的国际友谊 | **551**

1964年2月,周恩来总理访问缅甸,与前往迎接的缅甸联邦革命委员会主席吴奈温在飞机舷梯前握手

五、我以痛惜和怀念的心情，谨以此文，在周恩来总理举行葬礼的1月15日，向周恩来致敬！

在那些日子里，缅甸各报刊先后登载了周恩来总理的相片和吴奈温总统给毛泽东主席和朱德委员长的唁电。电文写道：

周恩来总理逝世的消息使我和我国人民极为悲痛，深感这是无可弥补的损失。周恩来总理是受全世界尊敬的具有高大形象的政治家。对我国人民，特别是对我，还不止于此，因为他在风云变幻中，始终是我们忠诚的朋友……

吴奈温总统在给邓颖超同志的唁电中写道：

在此沉痛的时刻，我的心情和您一样悲痛。周恩来总理以他固有的顽强刚毅和英勇精神，忍受了病中的痛苦。不久前，我在北京的时候，虽然请您亲自转达我对他的问候，但我对于未能到他的身旁而感到十分惋惜。我将永远怀念他，因为他献身服务的一生，以及他的伟大成就，就是他的纪念碑。

据我们不完全统计，缅甸报刊共发表了23篇社论和专文来悼念周恩来总理，在缅甸各界中产生了极其深远的影响。许多缅甸人士对我们说："对一位外国领导人的逝世，举国上下表示如此的深切哀悼，在缅甸的历史上是从来没有过的。"

我在周恩来总理身边工作的片段回忆

李越然

敬爱的周恩来总理离开我们已经 13 年了。每当我想起当年在他老人家身边工作的日子，就倍加怀念。

1949 年 8 月，古老的北京城沉浸在新生的欢乐之中。这年，我是一个刚满 22 岁的青年，有幸在中华人民共和国开国大典的前夕，随同刘少奇同志和他从苏联请来的 200 多名高级专家一起从沈阳乘专列进京。专列停靠在丰台火车站。周恩来总理和其他首长前来车站迎接少奇同志和以苏联交通部部长科瓦廖夫为首的苏联专家顾问团。

这是我生平第一次见到周恩来总理。他身穿米黄色中山装，浓眉大眼，双目炯炯，英俊过人，风度翩翩，几乎把所有的人都吸引住了。当时同车抵京的还有中长铁路沈阳分局局长杜拉索夫和十几位在专列上服务的苏联妇女。周恩来总理迎接了主宾之后，特地顺着月台走过来，同杜拉索夫同志及专列的苏联服务员一一握手，表示问候和致谢。他看到我站在杜拉索夫身边，便向我问道："你这个小鬼是哪个单位的？干什么工作？"我只顾高兴，一时没有作答。师哲同志从旁插话说："这个小伙子是沈阳铁路局的，参加了接待苏联专家的工作。在沈阳时，东北局召开了干部大会，欢迎苏联专家，他在大会上当翻译。"周恩来总理拉着我的手亲切地说："噢！好啊，也欢迎你。现在很需要有青年人来担任翻译。"整整 40 年过去了，我第一次见到周恩来总理的情景依然历历在目，他老人家对我说的话，我一直记在心里。

从 1949 年到 1964 年，我一直任俄文翻译，多次随同周恩来总理在国内外参加一些重大的外交活动。

一、周恩来总理与苏联专家工作

苏联援华专家问题是中苏关系中的一个十分重要的部分，一直受到党中央、毛主席的高度重视。自从以科瓦廖夫为首的顾问团进京后，有关苏联专家的工作全部都是在周恩来总理的亲自领导和关怀下进行的。

1949 年 8 月，由周恩来总理安排，毛主席在中南海亲自接见了来华的全体苏联专家以及中长铁路沈阳分局局长杜拉索夫和随专列来京的苏联服务员。10 月 1 日开国大典，根据周恩来总理指示，苏联专家登上天安门观礼台。几天后，周恩来总理陪同毛主席、刘少奇、朱德等中央领导同志一起来到铁狮子胡同（今张自忠路）苏联顾问团总部参加会议。毛主席在专家会议上发表了重要讲话，他对苏联专家来华援助新中国建设表示热烈欢迎，并说："中国共产党人在长期的革命斗争中，越来越观察到，只有按照马克思列宁主义这样一个指导思想，根据中国的实际情况来解决中国的革命问题才是正确的。但是，对中国革命能否取得胜利，是有人怀疑过的。今天我们终于胜利了。如果中国革命不能取得胜利，那马克思列宁主义也就不灵了。"这天，由于毛泽东等领导人都来参加会议，苏联专家深受鼓舞。

1949 年 11 月，在庆祝苏联十月革命节的日子里，周恩来总理到苏联顾问团总部参加苏联专家举行的庆祝会。科瓦廖夫致词说："苏联专家来华受斯大林的派遣，为完成自己的国际主义义务，援助新中国的建设，要无保留地向中国同志传授经验……"周恩来总理也在庆祝会上祝酒，对苏联共产党、政府派遣专家来华工作，援助中国的建设表示感谢，再次对全体专家表示热烈的欢迎，并祝他们工作、生活得愉快，像在自己家里一样。

但周恩来总理在祝酒词中也明确指出："什么是无产阶级国际主义？它的重要标志必然是相互支持。中国革命的胜利和建设的成就也是对苏联的支持。"周恩来总理对科瓦廖夫说，苏联专家刚到中国，对我们的情况一时还不太熟悉，为了便于他们的工作，我们将组织各部门的领导同志向他们介绍情况。此后，周恩来总理带头这样做了，他亲自给苏联专家作报告。彭真、陈云、薄一波、李富春等领导同志也都曾分别向专家作过报告，向他们介绍我国国情和有关工作的方针和政策。这里讲一段插曲。有一次，陈云同志到东交民巷国际饭店给苏联专家作报告，在谈到物价问题时，他说："物价问题关系到国计民生的全局，不能波动。"说到这里，他微笑着看了看在场的薄一波同志，接着说："波一波也不行！"在场的中国同志都笑了起来。口译这谐音的双关语难度是很大的。我把这句话的基本含义译出后，全体苏联专家也会心地笑了。

苏联专家分布在各个部门和大型厂矿企业，他们积极努力，认真负责，在所在单位与中方领导和同志们朝夕相处，结下了深厚的友谊。新中国成立初期，包括整个50年代，大批来华苏联专家在中国建设事业中所作的贡献，中国人民是不会忘记的。

随着新中国各项建设事业的不断发展，各部门聘请的苏联专家人数日益增加。早在1950年，就在周恩来总理领导下成立了苏联专家工作指导小组，日常工作由伍修权、杨放之同志主持。周恩来总理多次亲自召开会议听取各部门领导人汇报关于苏联专家工作的情况，及时地给予指示。到了1953年下半年，关于苏联专家工作的组织机构进一步健全，先成立了专家工作办公室，不久又成立了国务院外国专家工作局，由国务院副秘书长杨放之兼任局长。为了便于苏联专家了解我们党和政府各项有关工作的方针和政策，外国专家工作局负责把某些中央和国务院的文件译成俄文，供苏联专家参考。为了及时通报有关专家工作的情况和政府的各项规定、交流专家工作的经验，外国专家工作局编辑了《专家工作通讯》。周恩来总理亲自书写了刊名。当年铁道部、煤炭部、冶金部等经济管理部门，在有关苏联专家的帮助下，工作方面都取得了很好的成绩，在国务院会议上受到了周恩来总理的表扬。

苏联经济专家组和文教专家组的主要领导人也有过更替。第一任总顾问是科瓦廖夫。他在京工作时间不长，1950年上半年即奉调回国了。接替科瓦廖夫职务的是阿尔希波夫，他在华工作约一年多，后也奉调回国。1952年中到1953年中在华担任总顾问的是毕考尔金。这位专家曾奉调回莫斯科帮助周恩来总理率领的中国政府代表团研究我国第一个五年计划的草案。他在莫斯科苏维埃旅馆协助陈云和李富春同志研究中方有关苏援项目提案以及聘请专家的问题。周恩来总理接见他的时候，对他付出的劳动表示感谢。1953年中，阿尔希波夫再次来华担任总顾问。他在中国工作的时间最长，共达八年之久。他在华工作期间与周恩来、陈云、薄一波、李富春等国家领导人经常进行工作接触、交换意见。阿尔希波夫很注意体察中国的国情，周恩来总理指定杨放之同志定期与他进行工作会面，向他介绍情况，并陪同他到外地进行实地考察。阿尔希波夫同志是中国人民的一位老朋友，他带领全体苏联经济专家力求结合中国实际情况发挥作用，作出了很大贡献，与许多中国同志结下了很深的友谊。他回国时，周恩来总理在西花厅接见他，亲手给他颁发了友谊纪念章。

苏联文教专家方面的负责人先是马理采夫，后由苏达里科夫接任。1959年，周恩来总理在中南海紫光阁接见一批工作期满回国的苏联文教专家。他在讲话中说："在学习苏联经验方面，我们有教条主义。学习苏联经验不能机械照搬。苏联的经验是宝贵的，但搬过来套用是不行的……"

当年，在学习苏联经验和对待专家工作方面，在各个部门的工作实践中，反映出两种思想倾向：一是机械照搬，乃至全盘苏化，有时过分依赖专家；二是有些部门把专家请来了，没有很好地使用，使得他们一时发挥不了应有的作用。针对上述倾向，周恩来总理先后有过多次重要讲话。

回忆其内容，基本精神大致有以下三条：（一）学习苏联经验不能机械照搬，要结合中国实际消化运用。（二）在专业技术问题上要认真听取专家们的建议，不能置之不理；在原则方针问题上要自行决策，不能依赖专家。（三）在工作上、生活上要尽量为苏联专家提供方便条件，对全体苏联专家都要热忱相待，不能让他们坐冷板凳。周恩来总理的这些指示精神，都在不同的年份分别体现在有关专家工作的规章和条例之中。

1958年，我国掀起"大跃进"运动，浮夸风严重。苏联专家对于大炼钢铁、粮食产量放卫星等有很大的怀疑，认为不科学。某些单位随便销毁或丢失苏联的图纸和技术资料，苏联专家也表示过不满。周恩来总理和其他领导同志与苏联专家领导人见面时都及时地作过解释和说明：中国的"大跃进"运动是人民群众的实践活动，我们也在摸索经验，探讨规律，允许试验，但不要求苏联专家来适应。关于技术图纸和资料，有些是先进的，有些可能落后了，不论是否采用，应由双方的专家去研究，不能任意丢失，我们将要求有关部门注意。

1960年苏联专家奉命全部撤离中国的前夕，周恩来总理在人民大会堂举行宴会，为全体专家送行。他在讲话中再次肯定全体援华专家所作出的贡献，代表中国人民表示惜别之情，讲到最后，他说："我的感情已经不允许我再讲下去了……"

20世纪60年代，不论中苏两党有多么大的意识形态上的分歧，事情的发展何等曲折，赫鲁晓夫一声令下，撤退全部在华工作的苏联专家，这确实是伤了两国人民的感情。

二、周恩来总理与赫鲁晓夫

毛主席曾向赫鲁晓夫介绍说："周恩来很有才干，在大的国际活动方面，他比我强，很善于处理各方面的关系，灵活地解决问题。"赫鲁晓夫也很钦佩地说:"周恩来是世界闻名的大外交家。"

周恩来和赫鲁晓夫这两位当年的总理,曾多次接触交谈或举行会谈,我担任过一部分主要翻译工作。回忆当年历史情景,有些场合的片段我还记得很清楚。

1953年3月,周恩来总理率中国代表团到莫斯科参加斯大林的葬礼活动。当时我作为翻译曾随同周恩来总理在苏联工会圆柱大厅里守灵。在休息的时候,周恩来总理与赫鲁晓夫做过交谈。赫鲁晓夫当时还不是第一把手,但在苏共党内,说话已很有分量。他说,"斯大林的逝世是苏联和国际共产主义运动不可弥补的损失。帝国主义可能乘机挑衅,我们要有充分的准备……""我们将像爱护眼珠一样,维护党的团结和人民的团结,坚持斯大林的事业"。周恩来总理当时听得多,讲得少,除了表示悼念之情外,对赫鲁晓夫没有什么表示。

1954年,赫鲁晓夫来华,在西郊新六所公寓与周恩来、李富春同志交谈时,提出过取消顾问的问题,意思是苏联不准备再派顾问到中国来。周恩来总理表示:有些顾问我们还是需要的,但可以少一些;以后我们所请的专家可以侧重于技术方面。

1957年1月,周恩来总理到莫斯科与赫鲁晓夫等举行会谈。除了就国际形势交换意见之外,针对当时苏波之间的紧张关系,周恩来总理严肃地批评了赫鲁晓夫的大国沙文主义,他指出:"调动苏军,兵临华沙,对当时的波兰施加军事压力,这是行不通的,不符合兄弟国家之间的关系准则……"赫鲁晓夫"炸"了,听不进批评,说周恩来总理要"教训"他们。周恩来总理说:"怎么能这么说呢!我们是衷心地劝告你们,要正确对待兄弟国家,兄弟党。兄弟国家之间应该是平等协商的关系,靠压力怎么行呢!"但赫鲁晓夫还是听不进去,会谈中的观点交锋很尖锐。转了话题之后,这轮会谈中止了。当时周恩来同志请王稼祥同志给北京通电话,把情况报告毛主席。因王稼祥同志听力差,故由我陪他一起打电话。毛主席在电话中回答说:"劝劝他们,听不进就算了,不要谈了。"另一次,在会谈的休息室里,赫鲁晓夫和卡冈诺维奇一起同周恩来总理交谈。赫鲁晓夫非议某些东欧国家的领导人。说波兰某某领导人的妻子同西方有密切的关系,又说某某领导人只知道向我们要黄金,等拿到手后,又去同西方拉关系,等等。卡冈诺维奇也从旁帮腔。周恩来同志当即表示不同意他们的观点,并说:"对兄弟国家不能采取这种态度,有什么不同意见,要当面讲,彼此协商,不应背地里随便怀疑人家。"同时又指出:"你们总是说人家向你们要东西,要钱,为什么不想想你们向人家要过什么呢!"赫鲁晓夫等感到谈不下去,便说:"你们不了解他们,我们太熟悉他们了。"周恩来总理回答说:"问题不在于了解不了解,而是兄弟国家之间应该以什么态度相待,这是原则问题……"

在克里姆林宫的宴会上,周恩来总理发表了即席讲话,基本内容是:阐明中苏关系的发展和传统的友谊,讲了我们党的经验;说明我党在处理兄弟党关系上遵循一律平等的原则;讲了斯大林的功过问题,并说中苏两党、两国关系是应该经得起考验的;说每一个党都应该按照它自己国家的实际情况去指导它的工作,任何强加于人的东西都是行不通的。周恩来总理讲完之后,大家举杯祝酒。这回赫鲁晓夫听下去了,他没有多说什么。莫洛托夫走过来敬酒,他不好说别的,只说:"为马列主义报刊干杯!"意思是赞成我国《人民日报》发表的《论无产阶级专政的历史经验》等文章。

1959年9月底,赫鲁晓夫访美后来北京。周恩来总理和毛主席等中央政治局的同志一起在中南海颐年堂与赫鲁晓夫会谈。在涉及中印边境冲突时,赫鲁晓夫坚持塔斯社声明的立场,并指责我们"放跑了达赖喇嘛,又不去团结尼赫鲁,而是为了一块不毛之地把尼赫鲁推向西方……"周恩来总理据理反驳,赫鲁晓夫无言可答。后来转了话题,谈到了1957年1月周恩来总理在莫斯科同赫鲁晓夫的会谈。赫鲁晓夫对毛主席说:"1957年你们派周恩来到莫斯科去给我们上课……"周恩来总理说,"我不是给你们上课,而是讲了你们确实存在的问题",并点出了赫鲁晓夫当年说过的话。赫鲁晓夫说,他没有讲过这些话。当时,我是翻译。经毛主席的同意后,我站了起来对赫鲁晓夫说,"赫鲁晓夫同志,前年您是说过的,当时任翻译的就是我",并重复了他说过的那些原话。这时赫鲁晓夫支支吾吾,说:"是吗?我可记不清了……"后来,周恩来总理在怀仁堂给某些专业会议的代表作报告,介绍他同赫鲁晓夫会谈的情况时,说:"赫鲁晓夫亲口讲过的话,想赖账。我们的翻译李越然同志当场作证,把他镇住了。"

三、一丝不苟的工作态度和对同志的亲切关怀

周恩来总理是一位罕见的杰出领导。他日理万机,工作十分繁忙,但他对每一件事情都非常细致,对每个在他身边工作的同志既亲切关怀,又严格要求。因此,同周恩来总理一起工作,大家都感到非常愉快,都很自觉地去完成他交给的任务。

我还记得,1952年在莫斯科,我和马列,还有一位当年的领导同志一起草拟了个聘请苏联专家的文件,其中有个当年聘请专家增减情况的数字,经我们三人审核后打印出来,报总理审批。周恩来总理仔细看完后,把我和马列叫去问道:"马列、小李,49+3是多少?"我们说:"是52嘛。""那你们怎么算出53了呢?"问得我们无法回答。周恩来总理随即叫我们拿回去再算算。我们回来一查,果然有一人算重了。这个数字过了三道手,都没算准,到周恩来总理那里一下就发现了。这应该说是一件小事,但他老人家却如此细心。

还有一次是1954年日内瓦会议期间,各国代表团对解决朝鲜问题和印支问题,提出了种种方案。讨论到紧张阶段,周恩来总理要看某些代表团的方案究竟有什么变化。陈家康同志带着我和马列,费了很大劲,把各方面的修改方案搞得清清楚楚,整理成文件送给周恩来总理。他一看,把家

康、马列和我都叫去说:"听说他们搞这个事费了不少力气和时间,可是你们给我看这个干干净净、利利索索的文件,我怎能看出这些方案究竟有哪些变化?我要知道它原来是怎么提的,现在怎么改的,变化在哪里,为什么这么变,有什么问题值得我们研究。但你们没搞清变化在哪里,还得让我去查啊。"我们一听,对呀,即刻按周恩来总理的要求,又重新整理了一份。

某日,周恩来总理在西花厅把秘书邓光叫去问道:"邓光,半年有几个月呀?"邓光答六个月。"那么你怎么算出七个月了呢?"原来邓光给总理的报告写的上半年办的,而下面注的日子又是7月份。

周恩来总理脑子里装的那些数字,外贸方面的、经济方面的,包括建交国家有多少,哪些国家、什么人来访问过,都非常清楚。他的记忆力之强,精力之充沛,都是惊人的。

周恩来总理在生活上也是非常俭朴的。我经常去西花厅,也多次跟着周恩来总理出国访问,他穿的中山装和西装确确实实就是那几身。他的饮食也很简单。周恩来总理坚守一个原则:只要是自己家里的事就自己付钱。有一次我们在西花厅参加一项工作,时间晚了,周恩来总理请我们吃饭,由国务院总务处负责安排的,总理都自己付了钱。

周恩来总理对所有在他身边工作的人员从政治上、业务上和生活上都十分关怀。为了把工作做好,他经常事先打招呼,让你好做准备。譬如给他当翻译,他从来都是先把他的想法告诉你。特别是在涉及方针、政策等关键性的问题上,他都事先告诉翻译,做好准备,以保证翻译质量和效果。因为他了解翻译的重要作用,从不把翻译看成传声筒,而是当作得力的助手,要求严格,关心细致。周恩来总理的秘书浦寿昌同志讲过一段事。当年美帝国主义发动侵朝战争,觊觎我领土,并日益猖獗。我们派出志愿军之前,要通过适当方式警告美国。这是一个很重要的外交、军事部署。当时要通过印度大使传话给联合国,让美国注意。话怎么说呢?周恩来总理要突出一个"管"字,就是说,请你转告联合国,如果美国再如此猖狂下去,我们可就要"管"了。周恩来总理知道这个"管"字在英文上不容易翻译准确。怎么管,什么时候管都没说,但又要有相当的分量。他特地事先把浦寿昌同志找去说:"寿昌,这个'管'字怎么翻好?"浦寿昌同志说,这个字还真得琢磨琢磨。深夜把印度大使请来谈话,浦寿昌同志把这个"管"字译得非常恰当。这个精神传过去以后,果然对方就有反应。像这样的事看起来只是一个"管"字的精准翻译,可如果翻译得不好,就起不到预期作用。

还有一次,是件小事。周恩来总理要请伏罗希洛夫吃素鸡,全是豆腐做的。我不晓得他老人家怎么想起"豆腐"这个词俄文如何译法的问题。他把我叫去问道:"小李,'豆腐'这个词俄文是怎么翻译的?"我一下被问住了。豆腐,俄国人的食谱中没有这种食物,俄文中也没有这个单词,我不知怎么翻译。但我一想,俄国人常常吃起司,一说这个单词,他们就知道是牛奶做的,前面的定语是牛奶,可是它凝结出的东西就像豆腐一样。我当时考虑,能否把前面的定语,由乳制的改为豆制的,不就变成豆腐了嘛。于是我就向总理说:"您看,这么表达行不行?"总理说:"可以,可以。明天请他吃的素菜,全是豆腐做的,你就这么译吧。"像这样的小事,一般人是想不到的。

我多次随周恩来总理出国访问,他的担子之重,谁也代替不了,每天24小时,他要工作近20小时。就是这样忙,周恩来总理对身边人的照顾却总是周到细致。在日内瓦时,当住进万花岭别墅后,他一个一个地把所有的工作人员住宿的情况都作了了解,连洗衣工、打字员、警卫员的住处都安排好了,他老人家才回去睡觉。周恩来总理多么无微不至地关怀人啊!为了把党的工作做好,任何一件小事他都不放过。

1965年5月,"文化大革命"发动前夕,我已被列入黑名单,强行把我调出国务院外办,到北京第二外国语学院去。当时周恩来总理不在北京。他回来后有一次在院子里碰见我,问道:"小李,你一天忙什么,怎么老见不到你？"我回答说："我被调到第二外国语学院去了。"他又问："是教书吗？"我说："不，是搞教育行政工作。"他便亲切地嘱咐我："不要丢了（意即不要把俄文忘了），将来还是有用的。"这是我在周恩来总理生前同他老人家的最后一次见面。等我在"文革"中坐牢出来后不久，他老人家便与世长辞了，而"四人帮"连向遗体告别也不让我参加。

中国在乍得赢得了信任

王人三

乍得是1960年8月11日宣告独立的。因其受法国的控制,1971年前的十多年,乍得一直反对新中国,在联合国也反对恢复我国的席位。但由于世界形势的发展和受我国首倡的和平共处五项原则的影响,1972年11月28日乍得终于同我国建立了大使级的外交关系,断绝了与台湾的"外交关系"。从此,中乍两国关系发生了转折性的变化。

在建交前夕,1971年5月乍得发生了霍乱。我国出于人道主义的考虑,由红十字会出面向乍得赠送了100万元人民币和20万份疫苗。这件事在乍得撒下了友好的种子,我到任后,乍得很多负责人都向我表示感激之情。

我国于1973年3月派人到乍得建馆。意想不到的是托姆巴巴耶总统对我建馆人员特别热情友好,指示乍得外交部,绝不能让中国朋友住旅馆。乍得外交部将我建馆的几位外交官和工作人员安排住在国宾馆的一幢别墅里,离总统府只有100米左右,一日三餐,当国宾招待。托姆巴巴耶还亲自到别墅看望。乍方这样的接待,使我们深受感动,不好意思久住,于是自己动手,千方百计克服困难,搬进了乍得政府拨给我们使用的另外一幢别墅里。这幢别墅是被乍得政府没收的一位部长的住房,没人居住,给使馆办公用虽地方太小,但我们不用再去租房。

我于1973年5月到任,正值乍得旱灾严重,呼吁国际救济。我国政府很快作出反应,仍以红十字会的名义,送去了救灾面粉,并负责海运到喀麦隆的杜阿拉港。乍得太穷,交通落后,虽然我国给了粮食,他们也无力从杜阿拉港运至国内,再转运至灾区,发到灾民手里。因此,我们又承担了把救灾面粉从杜阿拉港运到乍得国内的全部运费,这在当时的乍得引起了强烈的反响。乍得救灾委员会主任乔努马对我说:"你们刚建馆,来此最晚,但你们的救灾面粉却来得最早。有些国家早就告诉我们,他们要给多少救灾面粉,但到现在一点儿未见。谁是真朋友,不难看出。"第二年乍得的灾情仍很严重,急待救济。我们又赠送了一笔款项,他们再次感激不尽。

最使他们感动的是1973年9月领土整治和住房部部长乔努马访华。他这次访华是来讨论和签订中乍经济技术合作协定和贸易协定的。周恩来总理接见乔努马时在桌上摆开了乍得地图,听完乔努马的介绍后问他:"你们为什么不在沙里河上修一座公路桥呢?你们是内陆国家,没有出海口。若能在沙里河上修座公路桥,就能通过喀麦隆到达杜阿拉港口,这样你们发展经济才有出路。否则,没有出海口,与外界不通,怎么能发展经济呢?我们可以帮助你们在沙里河上修一座公路桥。"周总理这一建议,深深地打动了乔努马。他回国后广为宣传,再三对我表示,周总理比他们自己想的还周到。他们没有敢想的问题,周总理主动地提出来了,这真是大恩大德啊!周总理心里不仅装着中国人民,而且想着全世界人民,真是太伟大了!从此,中国在乍得更赢得了牢固的信任。当时乍得国内政局并不稳定。托姆巴巴耶总统深恐别人捣他的鬼,对内实行严密统治,凡内阁部长等人到外国使馆做客,都必须事前请示、事后报告,连他的第二把手,当时的议长纳苏尔也不例外。乔努马访华后,到我使馆做客时告诉我:"总统说了,'今后到中国使馆做客可以例外,不必请示报告'。"几天后,托姆巴巴耶总统约见我时乔努马也在场。他怕我不信,就当着总统的面对我说:"你可问问总统,到中国使馆做客,是否可以例外,不需要请示报告。"我笑而未答,托姆巴巴耶则笑而默认了。这件事说明,我国对乍得的真诚帮助深深地打动了他们的心,赢得了他们对中国的极大信任。

根据建交协议和 1973 年 9 月乔努马来中国签订的中乍两国经济技术合作协定及贸易协定，中国承担了原由台湾当局援建的农业项目。由于我农业技术人员的努力，这个项目搞得很成功，也赢得了乍得政府和人民的高度信任。乍得曾于 1962 年 1 月与台湾当局建立"外交关系"，1964 年双方签订过农业技术合作协定。从 1965 年 9 月到 1972 年 12 月，台湾当局派到乍得的农耕队共有 38 人，在蓬戈尔市和杜巴等地共开垦了约 400 公顷土地种植水稻。我们接收后，在杜巴投资 500 多万非洲法郎，增垦土地 120 多公顷（原来台湾当局开垦 40 公顷），并修建了自流灌溉。在蓬戈尔市则增垦 400 公顷，也修了自流灌溉。这两个地方的稻谷年年增产。1976 年蓬戈尔的产量平均每公顷 4.88 吨（折合中国每市亩是 650 市斤）。另外，在佛来索还搞了约 30 市亩各种试验田，试种小麦、黄豆和水稻等。其中，水稻产量每亩达到 1000 多市斤。此项目的成功很有吸引力，不仅当地的群众争相承包种植，连沙里河对岸的喀麦隆农民，也全家搬过河来，要求承包几亩水稻。更可贵的是，这些水稻都是在我国农技人员指导下由当地农民种植的，这既教给了当地农民种植水稻的技术，也给了他们自力更生发展农业的希望。正如托姆巴巴耶总统多次所说："中国的援助，不是给你鱼吃，而是教会你自己捉鱼吃，以解决长期吃鱼的问题。"

1975 年 4 月 13 日，宪兵中校卡穆盖领导的军事政变推翻了托姆巴巴耶政权。军事政变后建立的以原武装部队司令费利克斯·马卢姆为首的军事委员会对我也十分友好。军事委员会建立没几天，马卢姆就将我请去。我们隔着一张办公桌相对而坐，每人一杯香槟，就像老朋友聊天一样，比较深入地交换了对国际形势的看法。他再三表示愿与中国发展友好合作关系。后来根据两国经济技术合作协定和他们的再三要求，我们又援建一个体育场。继 1976 年底卡穆盖外长率政府代表团访华后，马卢姆也于 1978 年 9 月亲自率政府代表团访问了我国，并签订了中乍两国经济技术合作协定和贸易协定。

具有里程碑意义的访问

——1978年邓小平副总理访日纪实

江培柱

1978年10月22日至29日,邓小平副总理应邀对日本进行为期一周的正式友好访问,并参加了《中日和平友好条约》互换批准书的仪式,受到日本举国上下热烈欢迎和隆重接待。此访为中日友好关系的进一步发展,谱写了一曲响彻云霄的凯歌。

"邓小平迷"和三个"十分"

邓副总理此行是新中国成立以来中国党和国家主要领导人对日本的首次访问。邓副总理是在中日复交后两国关系不断发展、《中日和平友好条约》缔约、两国人民要求世世代代友好下去的大好形势下访日的。顺应时机与民心,继续把中日友好推向新高潮,是邓副总理访日的主要目的,也是两国人民的共同愿望和根本利益所在,因而此次访日受到日本的普遍重视与高规格接待。官方自不待言,民间各界成立了联合欢迎实行委员会,由日中友好议员联盟会长滨野清吾挂帅统筹欢迎接待事宜。

邓副总理利用一切机会转达了中国人民的友好情谊和问候,宣传了中日缔约的重要意义,精力充沛地做了大量友好工作。邓副总理同福田首相就国际形势和双边关系进行了深入的会谈;会见了裕仁天皇并出席了宫中午宴；会见了众、参两院议长；与各党派负责人进行了友好接触；出席了友好团体的联合欢迎宴会以及经济界的联合宴请；探望了经济、舆论、文化艺术各界及中日友好团体、许许多多的知名之士和新老朋友；出席日本记者俱乐部联合举办的记者招待会，回答了各国记者关心的问题。此外，邓副总理还参观了现代化企业和高科技设施并访问了地方。

舆论普遍认为，邓副总理的来访使中日友好气氛更为高涨，中日关系进入向纵深发展的新阶段。日本各主要报刊、电视均以头版和重要位置、黄金时间做了大量报道，东京六大报纸分别多次发表社论和评论，有的还出了特刊。电视从早到晚都安排特别节目。据不完全统计，欢迎邓副总理的仪式和互换批准书的播放，每次多达2300万人收看，收视率比平时增加10倍。出席联合欢迎招待会的各界人士逾千人，日本内阁21名成员有14人出席了邓副总理的答谢宴会。这些情景就是其他国家元首访日时也是罕见的。日本新闻媒体说，"邓的访问使日中友好深入到每个家庭"，掀起了"邓旋风""邓热潮""邓小平迷"，称邓副总理"精力十分充沛""工作十分周到""访问十分成功"。不仅日本，而且亚洲其他一些国家，乃至欧美、非洲的媒体也都非常重视这次访问。丹麦一家报纸说："10月的最后一周，因为有邓访日，成了闪光的中国周。"

中国外交的大胜利

邓副总理到日本的第二天就参加了《中日和平友好条约》互换批准书的庄重仪式。举行仪式的大厅灯火辉煌，人们满面春风。黄华外长与园田直外相分别代表本国政府在烫金文本上签字，邓副总理与福田首相在热烈掌声中共同举杯祝贺。反映10多亿中日两国人民共同心愿的《中日和平友好条约》至此生效。

《中日和平友好条约》缔约谈判是根据复交时两国政府联合声明的规定

1978年10月23日晚,日本首相福田赳夫和夫人在首相官邸举行宴会,欢迎邓小平副总理一行

进行的。双方从 1974 年 11 月开始，经过三四年的努力，谈判终于圆满达成一致。中日缔约是继两国邦交正常化之后又一件大事，具有重大现实意义和深远的历史意义。特别是双方同意把联合声明中的反对霸权主义条款全文写进条约，这是国际条约中的一项创举。中日两国都不谋求霸权，同时也反对其他任何国家和国家集团建立这种霸权的努力。这首先是对中日两国自己的约束，共同承担不谋求霸权的义务，同时也是对其他国家谋求霸权的制约。中日两国人民都是热爱和平的人民，中日两国都有着反对霸权主义、强权政治的愿望，把反霸条款写进条约，必将为维护亚太地区的和平与安全发挥影响和作出贡献。因而两国缔约既是迄今中日关系的总结，是睦邻友好关系发展到一个新起点的重要标志，也是对威胁国际安全和世界和平主要根源的霸权主义的沉重打击。

中日缔约得到中日两国人民的衷心拥护，也受到全世界一切爱好和平国家和人民的普遍欢迎。亚洲周边国家和世界各国大都表示欢迎，因为它鼓舞了各国人民反对霸权主义和强权政治的勇气。舆论纷纷评称，这是中国外交路线的一大胜利，是对威胁国际安全和世界和平主要根源的霸权主义的一大打击。正如邓副总理当时所指出的：《中日和平友好条约》是中日联合声明和中日邦交正常化的继续和发展。它为两国睦邻友好关系奠定了更加牢固的基础，为进一步发展两国的政治、经济、文化、科技等各方面交流开辟了更加广阔的前景，也将对维护亚太地区和平与安全产生积极影响。

中国人最讲情义

邓副总理访日过程中会见老朋友或其家属，在日本成为脍炙人口的美谈。"不忘老朋友，广交新朋友"，这是中国人民的传统美德，也是我们在对日交往中始终坚持的方针和做法。早在中日复交招待会上周恩来总理就讲过"吃水不忘打井人"的道理，充分肯定、衷心感谢日本各界朋友为促进中日友好和邦交正常化的献身精神和宝贵贡献。人们想到了社会党前委员长浅沼稻次郎，想到了自民党元老松村谦三，想到了为中日友好事业献身和劳碌的许许多多朋友并深切地怀念他们。邓副总理在这次访日行程中以大量时间探望拜会老朋友或他们的家属子女，与各阶层的友好人士进行了接触，旧朋新知，聚集一堂，充分反映出中日友好队伍日益壮大，事业兴旺发达，也表达了中国人民对老朋友们的敬仰与怀念。邓副总理以早餐会、茶会等方式招待了已故松村谦三、高碕达之助、石桥湛山、片山哲、浅沼稻次郎、村田省藏、松本治一郎等中日友好知名人士的夫人与子女，对在中日友好丰碑上留下芳名、为中日关系改善与发展献身出力的人士予以充分的高度评价。他还让随行的中日友协会长廖承志专程去医院探望病中的日中文化交流协会理事长中岛健藏。日本朋友对此十分感动。有的家属在与邓副总理握手、言谈合影之际禁不住流下了热泪。邓副总理还分别会见了对中日复交作出决断和重要贡献的田中前首相和大平前外相，1972年9月，正是由于他们的果断决策才使中日邦交正常化得以实现。邓副总理去会见时，40多位田中派的议员也都赶来陪见，他们对中国人民重情谊、守信义的举动深为感动。

坚定自信，灵活自如

邓副总理在记者招待会上就钓鱼岛问题回答提问的发言引起强烈反响，获得很高评价。众所周知，钓鱼岛是我固有领土，我国具有无可争辩的主权。日本把钓鱼岛叫尖阁列岛，也主张领有该岛。在中日复交和缔约谈判时双方同意暂时搁置这一问题，留待以后解决。记者招待会上有人问及，邓副总理答复说，这个问题我们同日本有争议，钓鱼岛日本叫尖阁列岛，名字就不同。这个问题可以把它放一下，也许下一代比我们更聪明些，会找到实际解决的办法。邓副总理的回答简洁明快又有幽默感，既维护了我国主权，又指出了解决争议的办法，即暂时搁置争议，维护两国友好的大局，留待以后解决。邓副总理后来在谈到当时的一些想法时说："当时我脑子里在考虑这样的问题是不是可以不涉及两国主权争议，共同开发。共同开发的无非是那个岛屿附近的海底石油之类，可以合资经营嘛，共同得利嘛！""搁置争议，共同开发"，这就是小平同志主张以和平方式解决争端思想的概括。

无论是在现场，还是看电视及新闻报道的人，都对邓副总理关于钓鱼岛问题的回答倍加称赞。日中友好议员联盟会长滨野竖起大拇指说："了不起，只有他才能作出这样深谋远虑的回答。"有位法律专家说："邓讲的有高度政治内容，从法律角度也无可挑剔。"还有人说："邓的发言有坚定的原则性，又有一定灵活性，体现了理论家的才华与实干家的自信二者的结合。"

综上所述，邓副总理访日，在两国人民心目中，在中日友好之路新起点上树起了一座里程碑，以其崭新思想、高尚举措和不可磨灭的功绩，在中日关系史册上留下了光辉的一页。

睦邻友好外交的里程碑

——记 1978 年邓小平副总理出访周边邻国

江培柱

东盟国家与我国山水相连,战略地位重要。为对这些国家多做友好争取工作,促进与东盟国家关系的进一步发展,增进与东南亚国家人民的友好,我国政府决定派邓小平副总理率团于 1978 年 11 月 5 日至 14 日对泰国、马来西亚、新加坡进行友好访问。这是我国领导人第一次出访这三个国家,也是对三国领导人访华的回访。

赢得泰国民心的历史性访问

邓副总理对泰国的访问,内容充实而丰富多彩,受到高规格的接待与极为热烈的欢迎。泰国成立了由总理江萨和外长乌巴蒂及国会议长、国家政策委员会主席和三军统帅、警察总监、曼谷市市长等 14 名高级官员组成的接待委员会,进行多方面的周到准备,还由中国人民熟悉的诗琳通公主亲自出面全程陪同和接待邓副总理的夫人卓琳。邓副总理一行在首都曼谷和清迈逗留的几天中,友好活动日程排得满满的,紧凑而热烈,高潮一个接着一个。邓副总理会见了泰国国王普密蓬·阿杜德和王后,赠送给国王、王后一对泰人民喜爱的动物——活泼可爱的貘;与江萨总理和乌巴蒂外长举行了亲切友好的会谈;出席了上千人的欢迎和答谢宴会;会见了对中泰友好和建交作出了贡献的克立·巴莫前总理、差提猜前外长等老朋友；出席气氛轻松友好的总理家宴，社会名流、侨界社团负责人的酒会，由新闻媒体联合安排的记者招待会；参观了工农业项目，观摩了军事表演和文艺演出，游览了兰圃和古城。邓副总理还出席了国际羽毛球比赛闭幕发奖仪式，参加了中泰贸易联委会成立、两国贸易议定书和科技合作纪要的签字仪式，等等。可以看出，邓副总理在短暂的访问期间同泰王室、政府、议会、各政党以及社会各界人士进行了广泛友好的接触。特别值得一提的是，邓副总理参加了王储剃度（正式做和尚）大典并献花，这在崇信佛教的泰国广大公众中引起了强烈而良好的反响，认为"邓对泰全国头等大事的理解与重视，使他抓住了泰人民的心，成为最重要的历史性来访者和舆论最关注的中心"。泰国报纸、电台、电视对邓副总理的访问和各项活动进行了大量、突出的报道，一致评称，"泰由于邓的来访引起了轰动，掀起了'中国热'"。欢迎气氛之热烈，活动出席人数之众多，影响范围之深远，在泰国，不仅对意识形态不同的社会主义国家，就是对资本主义国家首脑的来访也是未曾有过的。社会舆论特别指出，"邓虚怀若谷，与泰人民打成一片，赢得了全体人民的心"。

这里还要提到的是邓副总理举行的记者招待会，他当场回答了记者提出的诸多敏感和公众关注的问题。邓副总理详述了对世界和东南亚形势的看法，分析了国际形势不安宁的根源和战争危险，支持各国人民反对霸权主义和外来干涉的斗争。对东盟国家在维护本地区和平与稳定方面的重要作用及其提出的"和平自由中立区"予以积极肯定和支持，并就这些国家的华侨华人问题以及与这些国家共产党的关系问题，阐述了我国的原则立场和有关政策，消除了他们之间的某些不理解和误会，挫败了敌对势力的挑拨。江萨总理认为："邓讲出了我们要讲的话，讲得正确，讲得好。"

访问增进了两国的信任与相互理解，为发展两国人民的传统友谊奠定

睦邻友好外交的里程碑

1978年11月，邓小平副总理访问泰国时与江萨总理（左三）在记者招待会上

了基础，从而使中泰友好关系迈向一个新的阶段，对亚太地区，乃至世界和平与稳定也产生了积极深远的影响。

在和平共处五项原则基础上促进中马关系

马来西亚是东盟中第一个实现同我国关系正常化的国家，建交后两国关系不断有所发展。马来西亚政府历来十分重视中国在国际事务，特别是在亚洲事务中的作用，赞赏我支持东南亚中立化的政策。马来西亚总理拉扎克1974年访问我国并邀请周恩来总理访马来西亚，迫切希望增加高层接触与往来。此次邓副总理访泰后应邀于1978年11月9日抵达马来西亚首都吉隆坡，受到总理侯赛因、外长里陶丁及其他要员的隆重接待与热烈欢迎。马来西亚举行了有五百余人参加的欢迎宴会，这是马来西亚多年来为来访的国家元首、政府首脑举行的规模最大的一次宴会，在首都的所有内阁部长、国会议员全部出席，歌舞节目安排的盛况也超过以往。邓副总理除了同现职官员进行会见、会谈外，还与卓琳一起拜会了曾访华和对中马建交作出贡献的已故前总理拉扎克的夫人，感谢他们夫妇对中马友好所作的贡献。邓副总理在会见、会谈和宴会中关于发展中马友好关系、支持东盟国家政策的讲话得到了马方的高度评价和热烈反响。侯赛因总理特别赞赏邓副总理关于"国家间、人民间合作与友谊只能建立在真诚谅解、尊重各自地位、立场基础之上"的精辟论述，赞赏我国对东盟的有力支持，重申"马命运只能由马人民决定"。他感谢中国政府对马来西亚最高元首及他本人访华的邀请，表示将"不辜负这深情厚谊，一定择良机成行"。

由于马来西亚有众多华侨华人，邓副总理在会谈讲话中都着重阐述了我国的原则立场和基本政策，澄清了模糊认识，揭露了敌对势力的恶意宣传与挑拨。关于马共及我与之关系问题，邓副总理指出，应当把国与国关

睦邻友好外交的里程碑 | 577

1978年11月,邓小平副总理访问马来西亚,在机场受到侯赛因总理的欢迎

系、党与党关系分开，平等、独立的政党之间正常往来与支持在和平共处五项原则基础上发展国家关系并无矛盾。至于有关政府与本国共产党关系是内政问题，我们不予干涉。各国的社会制度只能由各国人民自己选择，革命是不能输出的。

关于华侨华人问题，邓副总理强调我国一贯的侨务政策，重申历来不赞成双重国籍，鼓励华侨在自愿原则下加入住在国国籍，加入后就成为当地公民，应忠于入籍国；保留中国国籍的华侨则应遵守住在国的法令，尊重当地风俗习惯，和那里的人民友好相处，不介入当地的政治活动，而华侨的正当权益应得到合理保障。他对 90% 在马来西亚华人成为马来西亚公民表示高兴，要求他们根据中国政府上述政策行事。

通过会谈双方再次确认已达成的谅解，即两国关系以 1974 年建交联合公报为基础，并谋求进一步巩固与发展。双方还就加强两国贸易、开辟中马航线等问题取得了一致看法。侯赛因总理评价这次访问时用了三个形容词，那就是"十分重要，恰到好处，很受启发"。里陶丁外长在国会答辩中也谈到，马中友好关系是建立在和平共处五项原则基础之上的，得到了双方的确认。邓小平在访马期间对两国关系和支持东盟的表述，是马方非常重视和希望获得的。马来西亚领导人的上述表态及新闻舆论的一致好评，是对载入史册的邓副总理访马圆满成功的充分肯定。

旧地重游树丰碑

邓副总理于 11 月 12 日自吉隆坡飞抵新加坡，开始对新加坡进行为期三天的正式友好访问。在机场，邓副总理受到新加坡总理李光耀及夫人、副总理兼国防部部长吴庆瑞及夫人、外长拉贾拉南及夫人、财政部部长韩瑞生、交通文化部部长王鼎昌、外交高级政务部部长李炯才、国家发展部部长陈英梁等高级官员以及驻新使节的迎接。新加坡当时尚未同我国建交，但一切都按建交国规格（挂国旗、奏国歌、鸣礼炮）行事，而且礼仪周到，接待规模超出通常。邓小平在李光耀陪同下检阅了仪仗队。礼仪活动之后，邓小平副总理分别拜会了新加坡总统薛尔思和李光耀总理。李光耀总理喜欢谈论天下事，他知道邓小平高瞻远瞩，也善于从世界战略着眼论述形势和问题，所以他高兴地说，我们坐在一起谈，非常有益。两位领导人就当时的国际形势，包括东南亚地区局势、双边关系以及其他双方关心的问题深入交换了意见。邓副总理还专门抽出时间参观了新加坡住房发展局和城镇管理局。

这是我国领导人第一次访问新加坡，对邓副总理来说，又是旧地重游。因为1920年他赴法勤工俭学时，曾在新加坡停留过。所以，邓副总理对李光耀讲述说："58年前，我去法国时途经新加坡，在此停留两天。这次来新加坡，所有的旧印象都没有了。一下飞机就看到一个崭新的新加坡，可以说给我一个很深刻的印象。你们取得了可喜的发展。你们走的道路是对的，发展是快的。"由此可见，邓副总理对富有朝气的年轻的新加坡，在李光耀总理领导下经济发展取得显著成就给予了很高的评价。他认为，中新两国关系及贸易往来有着广阔的前景，希望不断发展友好合作。

新加坡主张承认一个中国，但表示同我国建交要在印尼之后。李光耀总理对邓小平副总理说，我们两国有许多共同点，但新中两国现在彼此还不能过分流露感情。对有些事情要有耐心。

邓副总理对新加坡奉行不结盟、同各国友好相处的政策以及建立和平中立区的主张表示赞赏，对李光耀总理关于新加坡要在印尼之后同中国建交的解释，表示完全理解，强调"中新没有根本利害冲突，两国关系没有什么问题，我们尊重你们的观点和处境、地位，有耐心，不强加于人"。因李光耀总理不抽烟，也怕别人抽烟，喜欢抽烟的邓副总理一语双关风趣地说："我能忍耐，如同在这里我尊重主人的意愿，会谈中忍着没有抽一支烟。"邓副总理一席话引起哄堂大笑。邓副总理重申了我国的侨务政策，表

1978年11月，邓小平副总理访问新加坡时拜会薛尔思总统（右一）

示高兴看到新加坡华族绝大多数已加入新籍,希望他们一心一意忠于新加坡,遵守新加坡的法律法规,尊重当地的风俗习惯,履行公民义务,享受新加坡公民的权利。

邓副总理在这次对新加坡的访问中,利用一切机会重申和阐述了我国的对内对外原则立场和有关政策,减少了新方的疑虑,也揭露了霸权主义的扩张野心和敌对势力的挑拨离间。

邓副总理在 11 月 14 日离新加坡回国前举行的答谢宴会上的讲话,为这次访问做了精辟总结。他说:"在主人的热情安排照料下,同李光耀总理及其他领导人举行了诚挚友好的会谈,广泛坦率地交换意见,十分有益,富有成果。在参观游览活动中亲眼看到新加坡各方面取得的成就,印象深刻,特别在发展国民经济、城市建设和环境保护等方面有不少经验是值得我们学习和借鉴的。中新两国都是发展中国家,没有根本利害冲突,两国关系会在和平共处五项原则基础上得到进一步巩固加强,各领域的友好合作一定会有无比光明的广阔前景。"

我随邓小平出访美国

凌 云

1978年12月16日,中美双方同时发表《中美建交公报》,两国宣布双方自1979年1月1日起互相承认并正式建立外交关系。美国是西方世界最后一个和我国建交的国家。1979年1月28日至2月5日,邓小平副总理和夫人卓琳应美国总统卡特和夫人的邀请赴美进行了为期八天的正式访问。邓小平访美是一次历史性的成功的访问。中美关系从此走上了一个新的开端。

我当时在公安部工作,奉命作为访美先遣组的负责人,先期赴美进行安排,随后又以特别助理(负责安全事务)的身份随邓小平访问了美国。20多年过去了,那紧张的日日夜夜我至今记忆犹新。人们可能并不了解,在庄严隆重的外交活动和热烈友好的欢呼声里,掩盖着另一种复杂的斗争:台湾和美国一小撮反华反共势力公开挑衅,秘密进行暗害活动;中美双方安全警卫人员则为保证邓小平的安全和访问的成功,进行了有效的合作和艰辛的努力。这是一场紧张和尖锐的斗争。

本文所要叙述的正是这个方面鲜为人知的史实。

访问前传来的警报

中美建交后在美国国内出现了对中国友好的新热潮,美国政府出于国际国内的需要,对这次邓小平访美极为重视和热烈欢迎,给予了邓小平相当于国家元首的礼遇。美国官方竭力宣传这次访问的重要性，强调这是美国"历史上最具历史意义的事件之一"。国际舆论也认为，这是"战后国际关系的一个转折点"，是"促进亚洲与世界和平的里程碑"。

然而，中美建交和邓小平访美，对台湾国民党当局无疑是一次沉重的打击，美国国内一小撮反华势力对此也是不能容忍、不肯甘心的。这方面反应之快出乎意料。《中美建交公报》公布后的数日内，警报就不断传来。据我国有关方面的信息：

——台湾一高级特务声称要在邓小平访美时"给一点颜色看看"；
——在美国的蒋方人员正策划收买"意大利枪手"，企图暗害邓小平；
——美国一个极左组织扬言，"要做一些使邓永远难忘的事"；
——旅美的亲蒋组织和"台独"势力准备收买流氓、打手，并胁迫一些台湾留学生和侨民在华盛顿等地组织"游行示威"，进行挑衅。

令人感动的是，一位居住在美国的同胞寄信给他在大陆的亲友，要求他及时向中国政府转达："一个盲动的美国极端分子组织，此次有计划乘邓访美时威胁我们副总理的安全"，希望中国政府"能确切地把握及安排，以确保我们邓副总理的安全……"这封出于至诚的来信于1月20日即邓小平访美前八天，由国务院办公室转交到了我的手里。

对于邓小平访美期间的安全问题，中共中央一开始就给以极大关注。粉碎"四人帮"后，邓小平领导全党拨正了航向，开启了我国一个新的时代。党和人民都关注着他的这次美国之行，希望他访问成功，安全归来。警报的陆续传来，凡是知情的党内高级干部都是忧虑不安。根据中共中央的指示，国务院副总理耿飚、方毅、陈慕华和各有关方面的负责人黄华、韩念龙、章文晋、伍修权、孔原、朱穆之、罗青长、凌云以及中央警卫局的负责干部等开了几次会，研究有关情况和应对措施。大家一致的看法是：

敌情严重，切不可掉以轻心。

对于台湾特务机关的暗害活动，我们是领教过的，有过多次挫败它的成功经验，也有过惨痛的血的教训。现在警报又来了。"收买枪手"应当作何估计呢？一种可能是故意放风恐吓，另一种是确有谋划和行动。宁可信其有，不可信其无。我们必须立足于第二种可能，采取万无一失的安全措施。这是当时的决断。

美国社会情况复杂，治安秩序不好，这是人所共知的。据当时了解，美国2亿人口，民间就有1.5亿支枪，每2分钟要响一枪，每24分钟就要打死一个人。我们与美国隔绝多年，对于他们安全警卫工作的情况知之甚少，这些都增加了人们的焦虑和不安。

在一次会议上，耿飚开门见山地提出了问题。他说："邓小平的安危就是国家的安危，遇有情况，别人遇难可以，万万不能是他，一定要绝对保证安全。访美的活动安排，不仅要考虑工作需要，还要考虑安全，不能发生任何意外事件。"

就是在这种情况下，中共中央政治局常委会决定，派先遣组先期赴美进行安排。

先遣组赴美

1979年1月6日，外交部部长黄华将中共中央政治局常委会的决定通知了当时的公安部部长赵苍璧，由凌云负责安全事务随邓小平出访，并先期去美打前站。

1月12日早晨，先遣组一行离开北京踏上了赴美的旅途，途经东京、纽约，于当地时间1月12日晚上到达华盛顿。先遣组受到我驻美联络处柴泽民主任等的热情接待。当晚就在柴主任的主持下，驻美联络处和先遣组一起开会，传达党中央和国务院领导同志关于确保邓小平同志安全访问的重要指示,并研究了有关情况。

据我驻美联络处的了解,在华盛顿和其他将去访问的城市,蒋帮和"台独"组织的"游行示威"已经具体化了。美国内政部国家公园服务处已发给蒋帮和"台独"组织许可证,许可自1月29日10时至18时在拉斐特公园和我联络处前"游行示威"。蒋帮扬言参加的将有二万人,估计实际有三千至四千人,看来势在必行。另有消息说,蒋帮已拨发经费,收买流氓打手;不少蒋帮分子纷纷"南下"和"西行"(即南去亚特兰大和休斯敦,西去洛杉矶和西雅图,都是小平同志和方毅副总理将要访问的地方)纠集队伍;旅美亲蒋组织在纽约还成立了"联合支援'中华民国'行动委员会"。各派"台独"组织也在纷纷扰扰进行活动。

1月13日至17日,先遣组与美方共同工作了五天。在华盛顿三天,一天是会谈,两天是现场考察。然后去佐治亚州的首府亚特兰大和得克萨斯州的休斯敦。17日晚返回华盛顿,18日就离美经东京回国了。

先遣组与美方的会谈是在白宫举行的。上午大组谈。柴泽民主任与驻美联络处的同志和我们一起参加了会谈。美方由国务院礼宾司司长杜贝尔夫人主持,白宫国家安全委员会中国事务助理奥克森伯格、联邦安全局(U.S.S.S.)负责国宾安全的官员泰勒以及其他有关方面的官员参加。下午是小组谈,一个组继续谈日程和礼宾安排;一个组谈安全问题,由我和泰勒主谈。

会谈中首先要解决的是要美方承诺负责安全保证的问题。我们态度诚恳,表示信赖美方,相信他们一定会采取有效措施保证邓小平的安全和这次访问的圆满成功。美方反应很明确。泰勒表示感谢中方对美方的信任,美方将对邓副总理这次访美的安全完全负责。泰勒还透露:卡特总统已下令联邦安全局负责邓副总理的安全;整个安全工作将在联邦安全局的统一计划和指挥下,组织警察、情报各方面力量来共同完成。

美方证实:台湾方面的人将于1月29日在华盛顿搞"游行示威"活动。泰勒说,限于美国法律,他们无法制止游行示威活动,就连总统也不能制止，即使在白宫外面游行示威，只要不往里面冲，他们也无法干涉制止；但把它控制在一定范围之内，使之不能接近邓副总理，是可以做到的。泰勒说，根据美国的规定，游行队伍只能在距国宾馆500英尺以外的地方进行，到时我们可能会听到和望到，他不认为这会发生安全问题。我对泰勒说，"游行示威"是对中美两国友好关系的挑衅，但我相信美国朋友会负责处理好安全问题。我强调说，中国有一句话，"不怕一万，只怕万一"。我们都是干这个工作的，都知道有时可能发生意想不到的危害安全的事情，我想提醒美国朋友注意到这一点。泰勒表示，他们将会加大力度落实安全工作，发现什么可能发生的危险，会及时通知中方。

在会谈中，泰勒问我，代表团有多少安全人员？我告诉他，除我以外共7人，其中包括方毅副总理的一名警卫。这样少的安全人员对美国人来说是难于想象的。美国的总统、副总统来中国访问，见之于名单的安全人员总有百数十人。事有凑巧，1月16日晚先遣组与美方人员同机由亚特兰大飞往休斯敦，在机上我得到一份当天的《亚特兰大日报》，载有记者安妮·拜恩写的一篇文章《卡特及其一家在"金尼与加比"餐厅》，描写了卡特一家在这个餐厅用一顿意大利式午餐的现场警卫情况。文章引述了餐厅经理的话，"大概有50个特工人员。他们在房顶上、街上、街对面的房顶上，甚至在厕所里"，"还有大批的食物和药品局人员和警官们……"文章还说到一些很具体的警卫措施。我把报纸送给泰勒看，问他事实是否这样？他看了文章说，基本上就是这样，是事实。我们与美国的安全警卫工作，差别是很大的。

会谈后，我们在华盛顿进行两天的现场考察，到了白宫、国会、国务院、国宾馆，以及肯尼迪艺术中心等将列入访问计划的场所，双方就礼宾安排和现场的安全警卫部署进行具体协商，拟订方案。16日在亚特兰大，17日在休斯敦进行了同样的考察。美方派出了总统专机。杜贝尔夫人、奥克森伯格和泰勒等全程参加，并有联邦安全局的地方机构负责人参与。双方边看边议，在航行途中集中商谈，遇有需要请示的问题，美方立即与华盛顿白宫或国务院电话联系，及时解决。我们的日程安排很紧，由于美方态度友好，效率很高，工作进行得很顺利。西雅图和洛杉矶（方毅副总理将去访问）两地，留待我驻美联络处派人会同美方去考察安排。

先遣组于1月20日返回北京。21日耿飚召集会议听取汇报，并由先遣组写出关于访美安全工作安排情况的简报，印报中央政治局常委。

1月23日，邓副总理召黄华外长、章文晋副外长和我以及外交部礼宾司卫永清司长谈访美事。关于安全问题，他只说了几句话：简报已经看了，就照这样办；因为好多同志不放心，可以把简报批一下发给大家看看。随后他批发了简报。给我的印象，邓小平关注的是外交、政治、战略等大事，对安全问题，非常沉着冷静，这给我们搞安全工作的人增强了信心和勇气。

1月24日举行全团会议。耿飚到会讲话，他非常细致地讲到了有关安全问题的一切细节，要求严密组织，严守纪律，一切行动听指挥。代表团的每一个成员又都是保卫员，耿飚动员大家从自身做起，搞好安全保卫工作。

离起程只有三四天的时间了，华盛顿发生了一起严重的反华挑衅事件。我驻美联络处的临街玻璃窗、门被砸碎了，门楣上的国徽被撬下了，联络处的名牌被涂洒上油漆。美国警察在五分钟内堵截抓获了肇事的歹徒。据报道，几个肇事歹徒是"美国革命共产党"分子。这个"美国革命共产党"，其前身是1968年成立于旧金山的"美国革命联盟"。自1978年起，该党反华面目日益露骨，大肆贩卖"四人帮"的反动谬论，发表了大量反华文章，从制造反华舆论发展到搞反华活动了，破坏了中美两国人民的友好事业。在访问期间，我们还会看到它的丑恶表现。

紧张的八个昼夜

1979年1月28日，邓小平乘中国民航专机离京赴美，同行的有方毅副总理和黄华外长等陪同人员20人，其余为工作人员和随行记者。专机在上海机场稍事停留，美国派来的空军驾驶员和领航员两人登上飞机开始领航，径飞美国阿拉斯加州的安克雷奇，于当地时间28日凌晨1时余抵达埃门多尔夫空军基地。阿拉斯加是远离美国本土的一个州，地处北美的西北角，气候寒冷，机场周围冰雪一片。我驻美联络处柴泽民主任和夫人、美驻华联络处伍德科克主任和夫人、美国务院礼宾司司长杜贝尔夫人、安全官泰勒和凯利等从华盛顿赶来迎接，并登上专机陪同到华盛顿。从安克雷奇到华盛顿飞行约7小时。为期八天的正式访问开始了。

这次访问，在华盛顿共四天（1月28日至2月1日），然后相继访问了亚特兰大、休斯敦和西雅图三市。方毅还自休斯敦分道访问了洛杉矶市。

邓小平的到来，受到美国官方和社会各界的热烈欢迎。1月28日14时左右，邓的专机在华盛顿安德鲁斯空军基地降落，以美副总统蒙代尔为首的政府高级官员到机场迎接，还有华侨代表200人列队欢迎。1月29日晚，在白宫举行盛大国宴，接着在肯尼迪艺术中心举行文艺晚会，卡特总统、蒙代尔副总统、万斯国务卿和他们的夫人，以及其他官员和社会人士二千多人参加。据说为欢迎贵宾举行这样规模的晚会在美国还是第一次。美国参众两院都友好地接待了邓小平。参议院设午餐会，众议院设茶会，在华盛顿的议员差不多都来了。对议员们提出的问题，邓一一做了明晰的回答，议员们纷纷要求签名留念。1月31日晚，邓小平和夫人在我驻美联络处举行招待会，出席的人超出预期，大厅里挤得简直水泄不通，为邓致辞做翻译的费斐女士几乎挤不上临时搭就的只有一尺高的讲台。人人要求同邓碰杯，说几句话，抢拍个镜头，气氛之热烈感染了每一个人。佐治亚州是卡特的家乡，邓小平的来访引起了极大的轰动。美南部17个州的州长都赶来亚特兰大参加佐治亚州州长和夫人在州长府举行的晚宴。州长们纷纷告诉邓：他那个州什么是世界第一，什么是美国第一，有什么大学，希望和中国做生意，交换留学生。在休斯敦，参观美国国家航空航天局（NASA）时，那里的工作人员几乎全体出动，其中还有不少在这里工作的华人。主人在西蒙顿市的野马野牛竞技场设晚餐请我们吃烤牛肉，观看骑牛骑马的竞技表演，轻松有趣，完全是美国西部风情。就在这里，邓小平结识了美国西方石油公司董事长哈默先生；哈默兴起了同中国搞经济开发合作的念头，后来在山西省搞起了一个大型露天煤矿。邓小平把握一切机会，同包括政经、新闻、科技的美国各界人士广泛接触，做了大量工作，日程排得紧而又紧。邓小平魅力风靡美国，许多报纸都出了专刊，有的通栏中文标题写着"热烈欢迎邓小平副总理访问美国"，刊照片，登传记，介绍中国情况。传媒报道非常快捷。电视台每半小时就有一次电视新闻，据估计美国两亿人中差不多有上亿人看了有关邓小平访美的电视新闻。车队经过的地方，常有很多美国人在路口等着招手致意。这股邓小平旋风，影响是十分巨大的。美国负责安全的官员对我说，这种热烈的场面对他们来说也是空前的，是第二次世界大战前接待英国首相丘吉尔那一次以来再没有过的，是战后第一次。

但是，蚍蜉撼大树，一小撮敌对势力却一直在蠢蠢欲动。

人们关心的第一件事，是台湾国民党、"台独"分子和"美国革命共产党"等几股敌对势力策划的"游行示威"将如何出台表演。1月29日上午10时，卡特总统在白宫南草坪举行正式欢迎仪式。陪同人员先邓副总理到达那里，一眼就看见白宫对面（正是南草坪的正前方）拉斐特国家公园里旗帜、标语已经摆开了阵势，虽看不到人影，但隐约可以听到一点嚎叫声。参加仪式的中美双方人员谁都没有理会这个场面。欢迎仪式在两国国歌和19响礼炮声中准时开始了。这时我想到的是"见怪不怪，其怪

1979年1月，邓小平副总理访问美国时，与卡特总统在国宴上祝酒

自败"这句话。下午,美方安全警卫人员陪我在国宾馆附近走了一趟,只见警卫出动的人不少,"游行"队伍远隔在数百公尺以外。原来传言在华盛顿将集合起二万人的队伍,而据现场观察者反映,第一天台湾国民党的队伍顶多有四五千人,以来自美国东部的居多,主要是由台湾几个大学的留美同学会组织的,许多是花钱招来的。"台独"分子大约有三四百人。"美国革命共产党"分子人数较少,但活动很卖力。接着几天参与的人数就大大减少了,总共只有几百人在吵吵闹闹。他们拿着小旗一边摇晃,一边呼喊口号,终究成不了什么气候。美方的对付办法是依靠法律,依靠警方。法律规定,游行集会必须事先登记,活动范围和集会场地的租用都须得到批准。

在白宫南草坪举行的欢迎仪式上,还发生了一桩意外的事。正当卡特总统致欢迎辞的时候,离讲台左侧四五米处的记者群里突然冒出一男一女,挥拳舞臂,大声呼叫。这时夹杂在记者群里的秘密特工(美国U.S.S.S.的安全警卫人员通称特工)立即上前掐住他们的脖子,把他们架了出去。卡特没有中断讲话,仪式照常进行,在场的人们也都不动声色。处置这一突发事件前后只有三五分钟。当时,我很不理解为什么在这样的场合能够混进这样的人来捣乱,担心在今后几天的访问活动中能做到万无一失吗?

第二天(1月30日)上午,我刚随邓小平车队到白宫,泰勒就邀我到白宫安全部门负责人的办公处所一叙。在那里,我见到不少人,其中一位是华盛顿警方的负责人,还随同一位律师,他们是为解释昨天欢迎仪式上发生的事而来的。据告:按照美方的规矩,新闻记者参加仪式的采访是要事先登记的。这两人登记的是《工人报》记者,其实是"美国革命共产党"分子,事发后被依法拘留了24小时并处以罚款后释放了。他们还通报:昨天傍晚白宫举行国宴的时候,"美国革命共产党"分子和"台独"分子聚在白宫外闹事,打伤十多名警察,警方当场拘捕了二十多人。我感谢他们及时通报有关情况,同时提醒他们在今后几天的访问活动中一定要防范意外的突发事件，绝对保证邓副总理的安全。美方再一次做了承诺。泰勒对我说："我们最讨厌的是'美国革命共产党'分子。你别看台湾的人现在反对你们，过一个时候慢慢都会拥护你们的。"我笑着对他说："你的话有一定道理，可是我们共产党并不是你们这里的什么'美国革命共产党'。"

2月1日，邓小平乘美总统专机离华盛顿飞抵佐治亚州首府亚特兰大市，在桃树广场酒店下榻。抵达时约有数十人在旅馆旁的大街上集合，据称是六个法西斯组织——"约翰·伯奇协会"和某些宗教团体搞起来的。众议员、民主党人拉拉里·麦克唐纳是"约翰·伯奇协会"的成员，在现场发表了讲话。晚上在州长府晚宴时，也有少数美国人和华人在州长府外吵吵闹闹，但对访问活动没有产生什么影响。

中午，泰勒到我的房间来说："亚特兰大市市长杰克逊先生在陪同邓小平阁下来旅馆的途中，邀请邓今天下午访问马丁·路德·金牧师的墓地。这是原先没有列入访问计划的，我们认为到那里去安全上有问题，现在时间已经很紧迫，希望你能够施加影响，取消这个节目。"这是突如其来的问题，我踌躇了一阵子。我想，金牧师是黑人民权运动的著名领袖，1968年被白人种族主义者暗杀。在这个黑人众多的城市，由一位黑人市长邀请邓去访问金的墓地，邓不仅不会推辞而且是乐意去的，何况已经答应更不能说不去。但这又是美方第一次把它作为一个没有安全把握的难题提出来的。至于为什么不安全，泰勒不说，我不便追问，但心里实在没有底。我对泰勒说："既然是杰克逊市长提出的邀请，邓副总理接受，我方不能说不去，我也无法施加影响；去与不去应当由你们作出决定。如果去，你们必须对邓副总理的安全给予保证。"我要求一有决定尽速通知我。大约过了一点钟，泰勒又来了，高兴地说："金的墓地可以去了，安全已经没有问题了。""怎么变得这样快？"我问泰勒。他说，亚特兰大市的市政委员会刚才作出决定，在金牧师墓所在地区的居民从现在起一概不准出门上街，这个决定正在由电台广播。我要他立即陪我去墓地走一趟。到了那里，果然街区间静悄悄杳无一人，有一两座高楼顶上停有直升机在待命。原来那里是一个黑人居住区，墓地临一水塘，修缮得很整洁，看来一直受到黑人群众的崇敬和保护。回到住处，我把有关情况通知了负责随卫的中央警卫局副局长孙勇。邓小平副总理在杰克逊市长和黄华外长等陪同下到金的墓地向这位黑人领袖默默致意，一切都进行得很顺利，什么事也没有发生。美方官员原先之所以顾虑安全问题，到了墓地我就完全明白了。至于他们解决问题的方法很出乎我的意料。

2月2日，邓小平在休斯敦访问。事先估计，反华势力将在这里搞起较大规模的"游行示威"。合众社记者预料在邓下榻的赫亚特旅馆附近将有1000多人集结，这天实际达到的规模要小得多。有20名"美国革命共产党"分子在街上呼喊口号并与警察发生了冲突。访问车队去宇航中心时，路旁约有200多人集结，有华人也有美国人；在旅馆附近2日约有600人，3日减至150人左右集结在对面马路一侧，都是学生模样的青年人，大多是台湾国民党方面以到南方旅游为幌子出钱从美国各地招来的。我走近他们的队伍，笑着看他们，他们也报我以微笑，并无敌意的表现。他们不了解新中国，是台湾国民党利用了年轻学子的幼稚。

出访期间的一次险情恰恰出现在这里。2月2日下午6时许，邓小平应邀去西蒙顿市竞技场晚餐并观看竞技表演。当邓小平从旅馆楼上下到楼下大厅准备出门乘车时，我方的随卫人员在前面和两侧护卫，后面相距数米跟进的是美方安全警卫人员凯利，我的位置又在他的后面。突然，有一个人插到凯利的前面奔向邓小平，只见凯利急步抢上前去，胳臂一挥把人击倒，在附近的警卫人员一拥而上把人捉住了。邓小平在我方随卫人员的护卫下安然出门上车走了。瞬息之间，化险为夷。事后，据美方告，这是美国最老的恐怖组织三K党的党徒，名叫路易斯·比姆；他被拘捕后还有几个同党举着要求释放的标语牌上街"示威"。这个三K党党徒究竟想干什么，美方没有透露，我们也就不去深问了。我特意向凯利表示感谢，赞赏他的机警和果敢。他会汉语，当过水球队员，曾随福特总统访问过中国。他告诉我，他正在准备博士论文，题目是《中国的公安工作》。

当晚，我约请泰勒喝咖啡，把他索要的邓副总理的签名照片交给了他。我对他说："鉴于今天发生的险情，还有三天的访问必须严密部署，确保安全。我们的要求是要有百分之百的保证。"泰勒笑了，说："事情哪能都是百分之百的呢。"我严肃地回答他："对邓的安全绝不许有万一，一定要做到百分之百的安全，如果发现不安全的问题，希及时告我，实在不安全，有的地方可以考虑不去。"我说："我们已是好朋友了，我相信你，你一定能够做到。"第二天，美方的警卫部署显然升级了，动用了防暴队和大量的警察，他们一个个拿起了木棍子，还有催泪弹，高头大马的骑警封锁了路口，旅馆周围和参观现场实际处于戒严状态。

2月5日，邓小平结束了在美国的访问，乘专机离开西雅图，飞经安克雷奇、东京（在东京停留访问两天），于2月8日安全回到北京。这是一次极为成功的访问，对发展中美友好关系，起了巨大的推动作用。

王幼平同志回忆 1979 年中苏国家关系谈判

范振水

1989 年戈尔巴乔夫访华时，我就 1979 年中苏国家关系谈判为题访问了当时的中国政府代表团团长、前驻苏大使王幼平同志。

谈判的由来

1950 年 2 月 14 日签订的《中苏友好同盟互助条约》，有效期 30 年。条约规定，有效期是否延长，双方须于期满前一年表明态度。对这个问题的处理，不仅关系着中苏两国，而且对国际局势也有重大影响，因此该问题成为当时中苏和国际上其他国家十分关注的一个重大问题。

1979 年 1 月 9 日，勃列日涅夫在接见美国《时代周刊》记者时说，苏联方面"任何时候都不会撕毁体现苏中两国人民友谊的文件"。但是，熟悉国际事务的人都知道，这个条约早已被苏联领导人撕毁了。

20 世纪 60 年代初，苏方把两党之间的意识形态分歧扩大到国家关系上，撕毁合同，撤走专家，策动新疆地区暴乱，在中苏边界陈兵百万，直至 1969 年爆发珍宝岛和铁列克提武装冲突。苏联还支持有些国家的反华活动。苏联的行为形成了对我国安全的直接威胁。很明显，在这种情况下，根本谈不上什么中苏友好同盟互助了，苏联方面的行动早已使这个条约名存实亡。

1979年4月3日，我全国人大常委会通过了不延长条约有效期的决议。当天下午，外交部部长黄华约见苏联驻华大使谢尔巴科夫，向他递交了外交部关于"条约期满后不延长"的照会，同时建议"就解决两国间悬而未决的问题，改善两国关系举行谈判，并希望根据谈判的结果，双方签订相应的文件"。

6月4日，苏方复照同意谈判，建议级别为副外长或政府特命全权代表。

6月24日，国务院任命外交部副部长王幼平为中国政府特派代表、代表团团长，外交部部长特别助理李汇川为副特派代表、代表团副团长。

这次谈判是自1969年9月两国总理在首都机场会晤以来的第一次关于两国关系的谈判，中国政府十分重视。李先念、耿飚、姬鹏飞、黄华等领导同志分别召集各种会议，讨论有关问题。代表团夜以继日地工作，反复议定谈判方案，8月21日上报中央。

苏方的鼓噪

自从4月3日我方提出谈判建议后，苏联方面围绕这个问题对我进行了攻击。

6月1日，勃列日涅夫在匈牙利发表电视讲话，诬我成了严重战争危险的策源地。他说，既废弃条约，又表示愿意改善关系，这不太一致吧？他还说，中苏谈判不能损害第三国的利益。

6月3日，同勃列日涅夫关系密切的《消息报》政治评论员鲍文撰文写道，谈判不会轻松，积累的矛盾太深了，积累的不信任太多了。他还恶毒地说，中国沿着反苏、同世界反动派和军国主义合作的道路走得太远了。

7月11日，当时经常就中苏关系问题发表评论的亚历山德洛夫在《真理报》上发表文章，说中方提出要"解决两国间悬而未决的问题"是对谈判提出的"先决条件"，"一开始就给对方施加压力"，"从一开始就想把谈判搞垮"。

从苏方在谈判前散布的这些言论可以清楚地看到，通往谈判桌的道路布满了荆棘，谈判的确将不会轻松。

谈判代表的心情

王幼平同志当大使时，每逢重要交涉总是习惯于事前一个人坐在办公室里静静地思索。这次率团去莫斯科的前夜，他又一次陷入沉思之中。当他理出头绪之后，连忙打开笔记本，工工整整地写下 32 个字：针锋相对，坚持原则；高屋建瓴，正面交锋；不抱幻想，不急求成；注意讲理，争取同情。他十分清楚，面对的是一场不寻常的谈判，是一项十分艰巨的任务。

记得 1936 年 5 月组织上派他到白区（银川）工作时，周恩来副主席曾嘱咐，"谨慎小心，如履薄冰"。这次他怀着同样的心情，登上飞往莫斯科的民航客机。

艰难的预备会议

在预备会议开始时，中方建议的谈判议程是：讨论和解决中苏关系中悬而未决的问题，消除两国关系正常化的障碍。根据谈判结果，拟订两国关系准则，制定相应的文件。

在谈判开始前，先共同制定一个谈判议程，这本来是合情合理的、合乎国际惯例的事情，然而却遭到苏方的拒绝。他们说，谈判不需要什么议程，这是多余的。

经过一番艰难的说理斗争，苏方改变了拒绝制定议程的做法，提出了他们关于议程的反建议：制定苏中两国关系原则；在讨论和制定总的原则后，发展贸易、科技关系和文化交流。

对比一下双方关于议程的建议，就可以看出，我方是要解决实际问题，苏方则企图绕过实际问题，制定几条空洞的原则。双方立场针锋相对，使本来简单的议程问题，从一开始就发生了激烈的争论。

预备会开了5次，每次三四个钟头，一度陷入了僵局。最后双方就议程问题达成妥协，即"每一方都可以提出自己认为有必要提出的问题"。实际上就是你说你的，我说我的。尽管如此，总算有了个谈判议程。王幼平和苏方团长伊利切夫互相握手祝贺。

双方在预备会上还就谈判将在两国首都轮流进行，以及其他一些程序性问题达成了协议。这样，中苏国家关系谈判，总算可以正式开始了。

截然不同的建议

10月17日上午10点，中苏国家关系谈判在苏联外交别墅阿索布涅克正式举行。

谈判会场在楼上中央大厅。大厅两侧各有一个完全相同的休息室，供双方代表团会前和会中休息使用。

10点整，两国代表团同时从左右两个休息室进入谈判大厅。根据事先达成的口头协议，第一次全体会议由苏联代表团团长伊利切夫担任主席。

伊利切夫宣布中苏国家关系谈判第一次全体会议开始后，双方团长起立，交换全权证书，彬彬有礼地互相握手。中苏两国记者竞相拍摄这些珍贵的镜头。这个细节也是事先双方商量好的，言明照片不供发表，只供存档。

记者退出后，伊利切夫宣布了双方在预备会议上达成的几项协议。他

1979年10月,中方代表团团长王幼平与苏方代表团团长伊利切夫交换全权证书

每念完一项协议,都要加一句:"请中国政府代表团团长王幼平确认本项协议。"于是王幼平团长便逐项地表示:"我确认本项协议。"

伊利切夫首先发言。他回顾了中苏两国关系的历史,讲了一番表示希望改善关系的话,最后向中方提交了苏方关于两国关系的原则宣言草案。宣言草案大意有如下几点:

苏中将在遵守和平共处五项原则的基础上建立和发展相互关系;双方在相互关系中不使用任何形式的武力和以武力相威胁;双方不在亚洲或世界事务中谋求特殊权力或霸权;在相互关系中,双方将持克制态度;双方愿意在必要时举行两国领导人的会晤;苏中将增进两国之间的贸易、经济、科学技术和文化交往。

王幼平团长接着发言。他也回顾了两国关系的历史和现状,阐明中方改善关系的诚意和主张,最后向伊利切夫提交了中国政府代表团关于改善中苏两国关系的建议。建议大致内容有以下几点:

双方严格遵守和平共处五项原则;苏方把它在中苏边界的武装力量减少到1964年的数量和水平;撤走驻扎在蒙古的武装力量,拆除军事基地;停止支持越南对柬埔寨的侵略占领;双方采取切实措施,推动两国边界谈判,扩大贸易,恢复和发展科技和文化交流。

这里的关键是,苏联陈兵中苏边境、驻军蒙古和支持越南当局侵柬三个问题,也就是苏联对中国的军事威胁问题。这是改善中苏关系的主要障碍。不切实消除主要障碍,是谈不上两国关系正常化的。我方这一原则立场,从一开始就摆得一清二楚,而苏方则力图绕开这些问题,空谈改善关系。

双方都表示要改善关系,然而两个方案反映了双方完全不同的出发点和严重对立的立场。

初次交锋

在第二次全体会议上,中方担任主席,苏方首先发言。伊利切夫对中方的建议横加指责,说它旨在恶化两国关系,"是最后通牒式的条件","超出双边关系的范围,干涉苏联同第三国的关系","中国'建议'中说的'军事威胁'是陈腐的神话"。他声称苏中谈判只应讨论苏中双边关系,苏联代表团不讨论苏蒙关系、苏越关系问题。

苏方发言后,王幼平团长做了简短的发言,对苏方的发言做了原则性的驳斥,指出苏方发言在实质上、用词上和语气上都不利于谈判在平等、实事求是、建设性的原则下进行,也同谈判的宗旨相违背,确实使人感到有最后通牒的味道。对此,我们表示极大遗憾,并将在今后的会议上继续作出评论。

正义之声

11月2日,第三次全体会议,苏方任主席,中方首先发言。王幼平团长在全面论述了我立场和七点建议之后,对伊利切夫上次会上的指责进行了有力驳斥,指出中方的建议是从现实出发,除此,实现两国关系正常化就只能是一句空话,只能是镜花水月。中方的建议真正体现了平等精神,对双方具有同等约束力。如果保持一方对另一方的军事威胁,就是使受威胁的一方处于不平等地位。

王幼平团长讲话柔中有刚。他列举了苏方将意识形态上的分歧扩大到国家关系的种种行为,如在中苏边境陈兵百万,部署进攻性武器,加紧战场建设,组成战区指挥机构,不断进行矛头针对中国的军事演习;和越南缔结具有军事同盟性质的条约;等等。王幼平团长用事实说明苏联搞霸权主义，从北面和南面对我进行军事威胁，从而批驳了苏方所谓苏联对华军事威胁是"陈腐的神话"的谬论，驳斥了苏联所谓从蒙古撤军、不支持个别国家反华是"超出双边关系范围，不是谈判的题目"的论调。王幼平团长指出，我建议讨论的仅仅是苏联方面利用和支持同中国接壤的第三国进行军事威胁的问题，恰恰属于中苏双边关系的范围。事实上，苏联在别国驻军和建立军事基地的问题，不止一次地成为苏同有关国家的邻国谈判的题目。

王幼平团长指出，中方所提建议，正是两国关系正常化的关键所在，是完全合乎逻辑的论断，是先决条件。苏方的宣言草案回避了两国关系的现实，不解决实际问题，因而不是建设性的。两国关系恶化到今天的地步，并不是由于缺乏像苏方建议的那种宣言，而是由于存在着中方指出的那些障碍。王幼平团长提请苏方注意：1950年条约至今尚未失效，可它并未能使中苏关系不恶化。王幼平团长的发言打到了苏方的痛处。

伊利切夫，73岁，哲学博士，苏联科学院院士，曾任《消息报》和《真理报》总编、苏联外交部新闻司司长，颇有些谈判经验。但是苏联在中苏关系问题上的所作所为和无理立场，从根本上决定了他在谈判中不可能处于主动地位。面对我方义正词严的发言，他竟然把我国"建立国际反霸统一战线"和《中日和平友好条约》的"反霸条款"都说成是"威胁苏联"，还企图抓住我国对入侵者进行的自卫反击行动，把"霸权主义"的帽子扣到中国头上。

针对伊利切夫无理搅三分的发言，王幼平团长讲了一段话。他说，苏联方面忽然打起了反霸的旗号，把霸权主义的帽子扣到中国头上。今天国际上的霸权主义来自何处是很清楚的。是谁霸占着别国固有的领土，在那里部署军队，加紧建设军事基地，进行露骨的军事威胁？是谁出动几十万大军，一夜之间就占领了一个国家，用坦克镇压那里的人民，用刺刀迫使那个国家的领导人屈服？是谁经常挥舞大国沙文主义的指挥棒，对奉行独立自主政策的国家施加压力和进行威胁？是谁利用雇佣军去侵略和占领别的国家？这些问题，只要一提，全世界都知道答案。

王幼平团长一连四个"是谁"，把苏联霸权主义揭露得淋漓尽致。伊利切夫听着，没有吭声。坐在旁边的苏联代表团团员齐赫文斯基低声对伊利切夫说："同《人民日报》一字不差。"伊利切夫点了点头，"嗯"了一声。

王幼平团长针对伊利切夫对我国领导人关于我对侵犯者进行自卫反击的讲话的诬蔑，进一步指出："我们一贯奉行'人不犯我，我不犯人；人若犯我，我必犯人'的方针。当中国遭到武装入侵或军事挑衅的时候，我们当然不能不采取必要的自卫还击行动，给侵略者以应有的惩罚和教训。这是任何一个主权国家不可剥夺的权利。一面支持对别国的武装侵犯，一面又企图剥夺遭受侵犯的一方行使自己的权利，这也是霸权主义的一种表现。"

伊利切夫碰了一鼻子灰，只笼统地回答说："你们又一次用老话对我们阐述了你们的老立场，我们又一次听了老论据。"

谣言上了谈判桌

中国代表团是去讲道理的，不是去"骂娘"的。但是我们的原则立场是毫不含糊的，苏方的无理攻击，我们是一定要驳斥的。而谈判的实际情况是，苏方对我的攻击逐步升级，蓄意挑起和激化争论。

在第六次全体会议上，伊利切夫竟然引用西方传播的谣言对我国领导人进行攻击，胡说什么"一位著名的中国领导人在1959年9月11日的中共中央军委扩大会议上说：'我们要征服地球。我们以地球为对象……，以我看来，我们的地球最为重要。在这里，我们将建立强有力的大国。一定要下决心。'1964年，还是那位领导人提出一个'清单'，列举了'贝加尔湖以东'领土，即符拉迪沃斯托克（海参崴）、哈巴罗夫斯克（伯力）、堪察加和'其他地点'的苏联领土是被俄国占领的，应当归还中国。同时他还对整个蒙古提出领土要求"。

伊利切夫直接凭借谣言来攻击我国领导人,这种恶劣的行径在国际谈判中的确是罕见的。会场的气氛可想而知。

王幼平团长当即质问伊利切夫:"你的发言有什么根据?"

"有根据!"苏联代表团副团长贾丕才蛮横地回答。

"请你拿出来!"我代表团顾问李凤林直接用俄文质问贾丕才。

贾丕才从皮包里掏出一份材料,翻了翻,写了一张纸条递给李凤林。李凤林接过条子一看,原来苏方所谓的材料根据不过是西方出版的反华书籍。

王幼平团长建议休息一下。复会后,王幼平团长狠狠地批驳了苏方的谬论。他说:"特别令人惊讶的是,苏联方面在攻击中国的对外政策的时候,找不到任何根据,竟然乞灵于制造谣言,甚至把用最卑劣的手段捏造出来的所谓中国领导人的讲话,也搬到中苏谈判这样严肃的场合中来。这样做并不能给苏联方面带来任何光彩,只能证明苏联方面立场的虚弱;不能证明苏联方面像它所声称的那样具有谋求两国关系改善的诚意,而只能证明苏联方面蓄意使这一次谈判复杂化,使两国关系尖锐化和恶化。"

伊利切夫听了王团长的发言后说:"你们今天再一次使用了你们通常使用的词句:谎言、捏造、愤慨,等等。但是,我们并不准备降到这种水平。"这又是多么无力的反驳!

会场内外的反差

外交是复杂的。在当时中苏关系的特殊情况下,两国间的外交更有其特殊之处。

谈判期间,苏方对我方的礼遇是高规格的,具体安排也很周到。

谈判两个半月,双方举行参观、宴请、看电影等会外活动13次(苏方9次、我方4次)。在这些活动中,双方人员谈天说地,轻松自在。当然,外交官的谈话，也是"三句话不离本行"的。

伊利切夫在我国驻苏使馆看完电影《小花》后，把话题扯到谈判上，对王幼平说："是不是想想办法，换换方式？比如举行小型会见，再挖挖内在潜力，另找一条新路。您看小花不是找到哥哥，找到父母了吗？"

"双方分歧很大，解决问题需要很多时间。我们来莫斯科已经9个星期了。建议结束第一轮谈判，各自报告政府，研究对方的意见。"王幼平手持酒杯，很有礼貌地回答。

没有结果的结果

1979年中苏国家关系谈判有没有成果？要说有，那就是预备会议上达成的三点协议："谈判地点""工作程序"和"谈判议程"。除此之外，还有什么成果，这就看怎么说了。

12月3日上午，我国政府代表团正、副团长拜会苏外长葛罗米柯时，王幼平团长对葛罗米柯说，两国代表团经过谈判，达到了一个目的，就是各自充分阐明了自己的立场，也了解了对方的立场，这对今后双方谈判是有益的。这个评价是外交辞令，但也是实事求是的。

王幼平同志回忆当年的谈判情况时说，争取在和平共处五项原则基础上同苏联建立正常的睦邻关系，这是我国政府的一贯立场。1970年"五一"节，毛主席在天安门城楼上曾对中苏边界谈判苏联代表团副团长甘科夫斯基说，"我们应当好好谈判，谈出个友好睦邻关系"，"要文斗，不要武斗"。

第二轮中苏国家关系谈判原定1980年春在北京举行。1979年12月，正当我国代表团为继续谈判积极进行准备的时候，苏联出兵入侵阿富汗，从西部又出现了对我国新的威胁。1月14日，联合国举行紧急特别会议，以压倒多数票通过了《要求外国军队立即无条件和全部撤出阿富汗》的决议。苏联的侵略行径遭到全世界的谴责。中苏国家关系谈判也就此被迫中断了。

3年后，1982年10月3日，伊利切夫率领苏联政府代表团来北京参加中苏特使关于两国关系正常化的磋商。当时王幼平同志已经退居二线。伊利切夫一到北京，就提出要见3年前的谈判对手王幼平。

10月15日，王幼平同志在全聚德请伊利切夫等吃烤鸭。席间，王幼平同志拿过面前的菜单，在封面上写道，"伊老：祝您身体健康"，写毕送给伊利切夫留念。

伊利切夫立刻拿起另一张菜单，在封面上端端正正地写道，"王老：祝您身体健康"，送给王幼平留念。

伊的题词为中、俄文合璧。"王老"二字，是先请苏方中文翻译百订林写好，然后伊一笔一画地照着描。大家为两位"对手"的友好举动热烈鼓掌。

后来，苏方终于在消除中苏关系正常化的三大障碍上迈出了应有的步伐。1989年5月，中苏实现了关系正常化。

一次极不寻常的谈话

——记邓小平接受意大利记者的一次采访

钱其琛

1980年初秋,邓小平同志接受意大利著名女记者奥琳埃娜·法拉奇的采访,就当时国内外瞩目的重大问题回答了她的提问。这是小平同志在中国历史进入大转折时期进行的一次极不寻常的谈话。这次谈话语重千钧,如锤定音,不仅对国内工作具有重大的指导意义,而且向世界发出了明确的信息,影响极为深远。当时,我作为外交部新闻司司长组织安排了这次采访,并亲耳聆听了小平同志这席谈话,留下了终生难忘的记忆。而今哲人长逝,音容笑貌宛在,谨忆片段,以表无限怀念之情。

我记得法拉奇是于1980年早些时候向我驻意大利使馆提出采访申请的。她听说小平同志要辞去副总理职务,退居二线,觉得无论如何也要在这之前来采访一次。年约50岁的法拉奇以善于抓时机采访国际政坛风云人物闻名于世。她走笔天下,曾采访过20多位国家元首和政要,阅历丰富,又有很强的个性,被认为是一个很难对付的记者。她专门选择自己感兴趣的采访对象。一旦确定,事先总要进行充分准备,查阅大量有关资料,准备提出的问题。她提的问题往往十分尖锐,也可以说是刁钻刻薄,有时简直是挑衅性的。基辛格博士接受过她的采访,对她的印象颇为不佳。对这样一位记者要求采访邓小平同志,我们是很犹豫的,开始并未马上同意她来采访。当年9月,意大利总统佩尔蒂尼应邀访华,意大利方面也推荐法拉奇来华，更增加了她申请采访的理由。她说，先来采访邓小平先生，并像往常一样向全世界发表邓的讲话，有助于意大利总统访华的成功。

法拉奇的采访申请被接受的最重要的原因是小平同志确实有话要说。当时正值党的十一届三中全会召开以后，全国在邓小平同志的思想指导下，解放思想，实事求是，拨乱反正，把工作重点转移到经济建设上来，实行改革开放，加快现代化建设，并初见成效。然而，在不少重大问题上党内外的思想还有待统一，国外还存在着许多疑问，特别是对如何评价毛泽东和"文化大革命"，众说纷纭，莫衷一是。中央决定要通过的《关于建国以来党的若干历史问题的决议》，虽经反复讨论，认识尚未完全统一。在这样的背景下，1980年8月21日，小平同志便在人民大会堂会见了她。有些出版物说法拉奇直接到中南海求见，邓小平是临时决定在他的办公室接受法拉奇采访，这并不符合实际。

她采访小平同志当然是有备而来，而小平同志也正有话要说。关于这次采访的国内问题部分大体已摘要发表，并收入《邓小平文选》第二卷，成为干部学习的重要材料。记者提问是围绕对毛主席的评价展开的，从各个不同角度，层层深入，紧追不舍。她一开始就说，来到北京发现中国变化很大，毛主席的像少多了，接着提出"天安门上的毛主席像，是否要永远保留下去？"，还提出毛主席同"四人帮"的关系如何，毛主席的错误追溯到何时，发动"文化大革命"到底想干什么，等等，问题一个接一个，刨根问底。而小平同志从容不迫，顺势抓住对方提问的要害，一针见血地阐明了一系列重大的原则问题，问答之间，机智巧妙，精彩纷呈。

邓小平同志斩钉截铁地对法拉奇说，天安门上的毛主席像"永远要保留下去。过去毛主席像挂得太多，到处都挂，并不是一件严肃的事情，也并不能表明对毛主席的尊重"。

"毛主席的错误和林彪、'四人帮'问题的性质是不同的。毛主席一生大部分时间是做了非常好的事情的，他多次从危机中把党和国家挽救过来。

1980年8月,邓小平会见意大利女记者法拉奇,回答了她提出的有关中国国内和国际形势的问题

没有毛主席,至少我们中国人民还要在黑暗中摸索更长的时间"。接着,他实事求是客观地分析了毛主席晚年犯错误的原因主要是"左"的思想。这时候毛主席接触实际少了,没有把过去他自己倡导的良好作风,比如说民主集中制、群众路线,很好地贯彻下去,没有制定也没有形成良好的制度……以致最后导致了"文化大革命"。

邓小平同志又以平静的语调,直率地指出:"错误是从五十年代后期开始的。比如说,大跃进是不正确的。这个责任不仅仅是毛主席一个人的,我们这些人脑子都发热了……一九六二年,毛主席对这些问题进行了自我批评。但毕竟对这些教训总结不够,导致爆发了'文化大革命'。搞'文化大革命',就毛主席本身的愿望来说,是出于避免资本主义复辟的考虑,但对中国本身的实际情况作了错误的估计。""毛主席在去世前一两年讲过,'文化大革命'有两个错误,一个是'打倒一切',一个是'全面内战'。只就这两点讲,就已经不能说'文化大革命'是正确的。毛主席犯的是政治错误,这个错误不算小。另一方面,错误被林彪、'四人帮'这两个反革命集团利用了。他们的目的就是阴谋夺权。所以要区别毛主席的错误同林彪、'四人帮'的罪行。"

法拉奇听了小平同志对毛主席所犯错误的说明后,单刀直入地说:"西方有人评论,中国下一届党代会可能类似苏共二十大,你是中国的赫鲁晓夫。"并直截了当地问道:"你们对'四人帮'进行审判的时候,以及你们开下一届党代会时,在何种程度上会牵涉到毛主席?"

小平同志听后坦然地付之一笑,随即从正面谈起:"我们要对毛主席一生的功过作客观的评价。我们将肯定毛主席的功绩是第一位的,他的错误是第二位的。我们要实事求是地讲毛主席后期的错误。我们还要继续坚持毛泽东思想。""我们不但要把毛主席的像永远挂在天安门前,作为我们国家的象征,要把毛主席作为我们党和国家的缔造者来纪念,而且还要坚持毛泽东思想。我们不会像赫鲁晓夫对待斯大林那样对待毛主席。"

法拉奇从小平同志的谈话中得到了中国如何评价毛泽东主席的权威信息，但仍然心有不甘，便把话题转向涉及邓小平与毛泽东个人关系的问题："据说，毛主席经常抱怨你不太听他的话，不喜欢你，这是否是真的？"

小平同志坦率地回答说："毛主席说我不听他的话是有过的。但也不是只指我一个人，对其他领导人也有这样的情况。"接着，小平同志风趣地谈了他三下三上的经历。

法拉奇听了以后感到有些惊奇，又好奇地问："这里有什么秘密没有？"

小平同志爽朗地笑着说："没有什么秘密。就是觉得我这个人还有点用处。虽然有错误，但总还有点用处。"

法拉奇又问："很奇怪，你从来没有被他们抓起来，没有被开除出党，你是否担心他们会杀死你？"

小平同志坦然地说："林彪、'四人帮'总是想把我整死，应该说，毛主席保护了我。"

法拉奇马上火上浇油地问："当时你是否非常气愤，希望报仇？"

小平同志非常冷静地说："我这个人从来不大喜欢气愤，气愤也不解决问题。有不少外国朋友问我，为什么能活下来？我说我是乐观主义者，相信问题总有一天会得到解决。我还可以告诉你，我长期在毛主席领导下工作，就我个人内心来说，对毛主席抱有希望。我相信毛主席了解我。事实证明，1972年他又把我接回来了，并很快委托我非常重要的任务。"

接着，法拉奇又问及周恩来为何一直能在台上掌权？

小平同志怀着敬佩的心情恳切地说："周总理是一生勤勤恳恳、任劳任怨工作的人。他一天的工作时间总超过12小时，有时在16小时以上，一生如此。我们认识很早，在法国勤工俭学时就住在一起。对我来说他始终是一个兄长。我们差不多同时期走上了革命的道路。他是同志们和人民很尊敬的人。'文化大革命'时，我们这些人都下去了，幸好保住了他。在'文化大革命'中，他所处的地位十分困难，也说了好多违心的话，做了好多违心的事。但人民原谅他。因为他不做这些事，不说这些话，他自己也保不住，也不能在其中起中和作用，起减少损失的作用。他保护了相当一批人。"

这时已近中午，小平同志谈兴正浓，言犹未尽。小平同志突然提出，是不是再谈一次。法拉奇求之不得，忙说："好极了！"这里需要补充说明一下，原来法拉奇到北京后，就提出过最好谈两次，我们没有同意。我们考虑到小平同志工作繁忙，抽出半天时间接受采访已属不易，不可破例同意她的要求。我们也没有向小平同志反映她希望谈两次的要求。这时小平同志主动提出再谈一次，看来是因为法拉奇所提的问题，正是国内老百姓普遍关心、国际上非常关注的问题，法拉奇要求采访时有言在先，采访记录将全文发表，这是一个好机会。

8月23日上午，小平同志又就法拉奇提出的有关国际形势、党际关系和对外开放等问题谈了他的独到见解。法拉奇听得入神，不停地记笔记，而这些问题并不是她采访的重点，她又冒出一个问题："对江青你觉得应该怎么评价，给她打多少分？"

小平同志不假思索地说："零分以下。"

法拉奇顺势又问："你对自己怎么评价？"

小平同志微笑而谦逊地说："我自己能够对半开就不错了。但有一点可以讲，我一生问心无愧。你一定要记下我的话，我是犯了不少错误的，包括毛泽东同志犯的有些错误，我也有份，只是可以说，也是好心犯的错误。"

两次谈话共4个小时。法拉奇对所提问题都得到直截了当的、切中要害的答复，喜出望外。采访是用英语进行的，但法拉奇是意大利人，感到要用英文发表把握不大，要求当时担任翻译的施燕华同志帮助进行校核。为了帮助她确切了解小平同志讲话的意思，选择确切的英语表达方法，花了比采访更多的时间。

法拉奇的采访录很快于8月31日和9月3日在《华盛顿邮报》上分两次全文发表，很多国家报纸纷纷转载，引起巨大反响。人们普遍认为"这是邓小平历史性的、出色的答记者问","无论从谈话的内容，还是从谈话的风格来看，都是世界上少有的"。法拉奇本人也非常得意，她说，对邓小平的采访是"一次独一无二、不会再有的经历，在我的'历史采访者'中，我很少发现如此智慧、如此坦率和如此文雅的。邓小平是一位出类拔萃的人物，中国的领导人中有位邓小平是非常幸福的！"意大利总统府的秘书长马卡尼科更是赞不绝口地说："法拉奇是个难以对付的人。她同不少领导人在采访时都谈翻了，可是她对邓小平特别钦佩、尊敬，这很不容易。"

小平同志这篇谈话在党内外传达后，受到一致的拥护。大家都认为这样讲好，能接受；都感到毛泽东思想这面旗帜确实不能丢，也丢不得；丢了这面旗帜，实际上就丢了我们党的光荣传统。邓小平同志这一次不寻常的谈话已经过去好多年了，随着时间的推移，我们越来越认识到这篇谈话的深远历史意义。

出使巴西记事

张德群

1975年1月18日,我在哈瓦那接到外交部调我任驻巴西首任大使的通知,2月28日回到北京,稍做准备后随即赴任。

一、中巴关系源远流长

中国和巴西是两个大国,虽相距万里,但关系源远流长。早在1810年,就有华工应招去巴西种植茶叶。1881年,中巴建交并签订了《中巴和好通商条约》。1943年,国民党政府与之签订了《中巴友好条约》,两国关系从公使级升为大使级。

新中国成立后,两国有民间往来。1953—1954年,在里约热内卢和圣保罗相继成立巴中文化协会,推动了两国文化科技界人士的互访。1956—1961年,两国的艺术、新闻、贸易等代表团先后互访,加强了双方的接触和了解。1961年8月,巴西副总统古拉特访华,毛主席、周总理接见了他,两国签订了银行支付和贸易协定。1962年初,巴西总统辞职,继任总统的古拉特主张同中国发展关系。同年12月,中国在巴西设立新华社分社。1963年6月,中国国际贸易促进委员会展出小组抵巴。1964年初,中国贸易小组抵巴。4月,巴西发生军事政变,中巴关系受挫,政变当局将我贸易、展览、新闻人员王耀庭等九人非法逮捕、审讯和判刑,至次年4月17日才将我人员"驱逐出境",从此中巴来往全面中断。

二、两国建交

1971年9月，中国恢复联合国席位后，智利、秘鲁等六七个拉美国家相继与我建交。1974年3月15日，盖泽尔出任巴西总统。他认为，中国是个大国，又是联合国安理会常任理事国，不能忽视中国的影响和中国的广大市场。他与外交部部长西尔维亚极力主张与中国建交。4月，巴西派出口商协会主席科蒂尼奥率代表团访华，随团来访的巴西外交部亚非大司亚大处处长布尔诺参赞与我外交部美大司接触，要求同我国政府对话，并邀我尽快派官方代表团访问巴西。李先念副总理接见了代表团全体人员。

1974年8月，中国外贸部副部长陈洁率政府贸易代表团应邀访问巴西，受到热情友好的接待。巴西外交部部长、计划部部长、工商部部长和盖泽尔总统分别接见代表团。巴西外交部部长接见时，即提出商谈建交和发展贸易问题，并设两个小组进行具体谈判。关于建交问题，巴西方面指定外交部部长特别助理卡瓦尔坎蒂同我外交部美大司副司长陈德和谈判，双方交换了建交公报稿，很快达成协议。8月15日，由陈洁副部长和巴西外长西尔维拉分别代表本国政府签字，并于当日发表。同日下午，巴西外交部召见台湾当局驻巴西"大使"，宣布与台湾当局终止"外交关系"。关于1964年"九人案"，巴西方面表示，此案在政治上是错误的，拟采取措施进一步消除影响。关于贸易问题，巴西指派外交部亚非大司司长扎巴和贸促司司长利马同我外贸部三局局长郑拓彬和贸促会副主任李川谈判，很快达成了协议。8月16日，陈洁副部长和西尔维拉外长代表两国政府签署了贸易会谈纪要，并表示同意签署一项3—5年内向我国供糖的协议，每年最多供20万吨。双方还同意签订政府间贸易、海运协定，建立混合委员会，以便协商贸易和举办展览等问题。

1974年11月，巴西派其驻香港总领事斯莫尔和一秘萨登贝克到北京同我外交部美大司商谈建馆事宜。28日达成协议，由两国外长换函确认。

1974年12月18日，我驻巴西临时代办王本祚参赞等12人抵巴西利亚建馆。次日，王本祚拜会巴西外长，递交了介绍信。晚上，盖泽尔总统接见了王本祚临时代办。

12月，巴西驻中国临时代办普鲁恩萨抵北京建馆。

1975年4月1日，巴西首任驻中国大使纳波莱昂抵北京，10日向朱德委员长递交国书。

我与随行人员共7人于5月2日抵巴西履任。

三、建交初期两国关系稳步前进

1975年5月5日，我拜会巴西礼宾司司长，商谈递交国书的安排。16日，向巴西外长西尔维拉交了国书副本，并进行了友好的谈话。他表示："我们两个大国建交很重要，但两国关系的发展得慢慢来，像大象走路，稳步前进，有时可能坐下来，但倒退是不可能的。"这句话以后就成为两国关系发展的名言。

19日，向盖泽尔总统递交国书。我方参加仪式的有参赞王本祚及三秘以上外交官，巴西方面参加的有外长、民办主任、军办主任，还有不少记者。递交国书仪式很隆重，巴西礼宾司司长来使馆迎接，双方在总统府门前检阅仪仗队，然后到接见大厅。递交国书后，进行了20分钟的友好谈话。我表示很荣幸能担任两国建交后的第一任大使，我将尽力促进两国友好合作关系的发展，希望得到总统阁下的支持和协助。总统说："我对两国建交很高兴，我们不能忽视有8亿人民的中国。欢迎你担任两国建交后的首任大使，在发展两国关系中，有什么问题，可随时找我，希望你在这里工作愉快。"

从两国建馆到1977年间，两国关系发展缓慢，来往不多。巴西对中国不够了解,且有人不同意与中国建交,因此,一段时间内对我国限制较多。中国排球队原定 1975 年 6 月访问巴西,日程已经公布,但巴方却借口巴西排球队要出国比赛而取消。9 月,圣保罗警察局不让华侨放映中国电影《万紫千红》。我方向巴方试探搞贸易展览、互派记者、派杂技团和留学生等,均遭拒绝。

四、巴西要成为我国第五贸易伙伴

1976 年粉碎"四人帮"后,巴西观察到我国国内出现安定团结、大力进行"四化"建设、对外开放的局面。1977 年下半年,两国关系开始松动,巴西解除了曾反对与我国建交的一位部长的职务,积极主动地对我国开展经济贸易活动,希望在继香港地区、日本、西欧、美国之后成为我国第五贸易伙伴。

1978 年 1 月,中巴在北京签订贸易协定。6 月,巴西派外交部贸促司司长利马率政府贸易代表团访华,探讨同中国发展贸易的可能性和前景。11 月,巴西派矿能部部长植木茂彬率贸易代表团访华,取得了积极成果,就巴西铁矿砂换取中国石油签订了长期协定。1978 年巴西组织访华团有 17 批共 78 人,其中大部分是经济贸易界人士。来华旅游的人士也猛增到 589 人。全年中国访巴西团组共 5 批 68 人,其中武汉杂技团 50 人,访问了 9 个城市,演出 48 场,观众 15 万多人,影响较大。两国贸易额迅速增加。

1979 年 1 月,我作为特使参加 3 月 15 日巴西新总统菲格雷多的就职典礼。菲格雷多总统在就职仪式上表示要继续发展两国友好关系,特别希望迅速发展两国经贸关系。年初,中国石油代表团和水电、核电代表团相继访问巴西。5 月,康世恩副总理率团往访,同巴西新外长格雷罗会谈,并会见了总统和计划、矿能、交通、农业等部部长,签订了海运协定,并发表了新闻公报。这是两国建交后，中国高级领导人第一次访问巴西，对促进两国关系的发展具有重要意义。

五、两国关系进一步发展

1979年10月1日，使馆举行盛大的国庆招待会，巴西外长格雷罗夫妇等400余人出席，是历次招待会出席人数最多、最隆重的一次。

1980年3月，中巴在北京召开第一次贸易混合委员会会议，巴方派亚非大司司长阿赞布雅率团参加，双方进行了广泛的探讨，取得积极的成果。1月，巴西《圣保罗页报》派记者常驻北京。6月，中国新华社派记者到巴西利亚建立分社。由于中国向巴西出口120万吨石油，两国贸易额剧增，巴西成了我在拉美最大的贸易伙伴。

1981年，两国关系又有新发展。两国科技人员经过互访，签订了科技协议；双方达成互设银行办事处协议；在坎昆会议①上，两国加强了接触和合作；中国外交部副部长章文晋访巴，同巴西外交部部长、秘书长，经济、国际及亚非大司等司司长交换了意见；中国外交部部长黄华在坎昆预备会期间，同巴西外长格雷罗就国际形势和双边关系交换意见，并邀请格雷罗访华；巴众议院外委会主席率议员团20人访华；等等。两国的友好关系得到了全面的发展。

---

① 这里的坎昆会议是指1981年10月在墨西哥的坎昆召开的第一次包括中国在内的由14个发展中国家和8个发达国家的元首或政府首脑参加的"关于合作与发展的国际会议"。——编者注

一次成功地反击"两个中国"图谋的外交斗争

潘 瑾

中国同利比亚于1978年8月9日建交。利比亚遵照两国建交公报"承认中华人民共和国政府是代表全中国的唯一合法政府,台湾省是中华人民共和国领土不可分割的一部分"的原则,同台湾当局"断了交"、撤了馆。我国于1979年3月派出第一批人员去利比亚建馆,9月首任大使裴坚章赴任。

一、利比亚以中国向埃及提供武器为由暂时中止同我国的经贸关系

1979年8月在裴大使赴任前夕,利比亚有关方面召见我临时代办路德芳,提出如中国不改变向利比亚的敌对国——埃及提供飞机的做法,利比亚将考虑中止同中国的经贸关系。数日后,路德芳按外交部指示向利比亚方面做了解释,但利比亚方面听不进去。裴大使到任后,继续就此事向利比亚政府进一步耐心解释,并表示,如果利比亚为了自卫,也可向中国购买常规武器。但利比亚仍持异议。1980年初,利比亚在总人民代表大会上,通过了一项提案,即:因为中国向利比亚的敌对国——埃及出售飞机,决定暂时中止同中国的经济贸易关系。不久,利比亚又撤销了对我国参加利比亚官方举办的1980年度(每年3月举行)"的黎波里国际博览会"的邀请。

二、利比亚违反两国建交原则搞"两个中国"

我建馆后经过多方了解,利比亚虽同台湾当局"断交"和封闭了驻利比亚的台湾当局"使馆",但利比亚军队系统和政府卫生部门聘用的台湾技术人员和医生等仍继续留用,并保持了同台湾的贸易关系,还允许台湾当局留下一个二秘,暗中以"中华民国驻利比亚商务处"的名义进行活动。

1981年1月25日晚,我们获悉:利比亚邀请台湾当局参加3月初开幕的"的黎波里国际博览会",台湾经济部已派官员到达的黎波里进行筹备工作。次日,我使馆派商务处秘书向利比亚主管博览会事务的部门进行了解,利比亚有关方面确认已邀请了"中华民国驻利比亚商务处"参加展出,并已租妥170余平方米的馆址,但又称台湾"不是作为一个国家被邀请的","展馆不挂'中华民国国旗'"。事态表明,利比亚已违反建交原则,搞"两个中国"。看来一场紧迫严峻的外交斗争势在难免。

三、进行有理有节的斗争,坚决反对出现"两个中国"的局面

情况核实后,裴大使立即召开会议研究对策。大家一致认为,一年一度的"的黎波里国际博览会"是利比亚政府举办的,应邀的各国经贸部门都是以国家名义参加这一国际博览会的。台湾当局也以"中华民国驻利比亚商务处"的名义参加展出,即使不挂"国旗",势必在有几十个国家参加展出的国际博览会上造成"两个中国"的局面。我们应坚决要求利比亚撤销对台湾当局的邀请,至少也要避免出现"中华民国"字样,让台湾改用民间名义出展。经请示外交部同意后,1月底,裴大使约见了利比亚对外联络办公室(即外交部)亚洲司司长吉尔比,指出事态的严重性和后果,阐明我原则立场与要求。吉尔比听后表示将报告领导后再做答复,但他又

表示可以代表利比亚政府正式邀请中国参加这届展览会。2月4日，吉尔比约见裴大使，表示奉命再次重申利比亚对利中建交公报原则是不会改变的，即承认一个统一的中国——中华人民共和国。至于邀请台湾参加展览，是因为利比亚同台湾还有贸易关系，并不含有政治意义，而且利比亚同台湾的贸易额不大，这是长期以来就存在的一些贸易关系的延续。台湾参加展览，决不会影响利比亚对利中建交公报中的原则态度。同时利比亚对外联络办公室将与展览会管理部门共同协商，将这次台湾参加展出限于以公司的名义，不挂旗、不挂牌。希望此事不要成为中国参加此届博览会的障碍。在筹备下届博览会时，利比亚将注意这个问题，不致再发生类似情况。裴大使对利比亚愿遵守两国建交公报原则和今后避免发生类似事件的表示予以赞赏，同时重申了我原则立场，要求利比亚迅速采取措施，切实遵循中利建交公报的原则，把此案处理好，避免出现"两个中国"。吉尔比接着表示，台湾参加展览会的问题，他将努力争取解决，并问中国是否已决定参加这次博览会，还是要等待利比亚对台湾参加展出问题的答复后再定？裴大使表示，中国如参加"的黎波里国际博览会"，则属首次，必须取得良好的效果。如今时间太紧，准备不及，而且路途遥远，展品也难按时运到，难以应邀参加展出。但不管中国是否参加，我们在台湾问题上的原则立场是坚定不移的。吉尔比说，一旦利比亚对台湾的邀请取消，中国又不参加展出，这就有些难办。而且时间紧迫，台湾展品已在运输途中，撤销也不容易。

我们将这次交涉的情况和进一步交涉的意见报外交部后，2月7日接外交部指示：首先继续争取利比亚撤销台湾参加展览；如不行，则要求利比亚采取切实措施，保证限台湾以公司名义参加展出，不挂旗、不挂牌、不参加官方活动，今后避免发生类似情况。裴大使2月10日约见利比亚对外联络办公室亚洲司代司长伊斯梅尔，询问利比亚是否已撤销对台湾的邀请。伊斯梅尔表示，这次邀请台湾参加展览仅限于几家私人公司，不挂旗、不挂牌、不参加官方活动。裴大使再次提出希望利比亚撤销对台湾当局的邀请，指出如果出现"两个中国"或"一中一台"的现象，我们都坚决反对，也势必会损害两国的关系。伊斯梅尔保证不会发生有损于中华人民共和国政府立场的事情。

在博览会开幕前的20天时间里，使馆密切注意并指定外交官经常轮流去博览会场地观察了解动向。2月28日上午，使馆同志在展览馆的台湾馆门口，发现墙上有用英文和阿拉伯文刷写的"中华民国商务处"字样。裴大使紧急约见吉尔比，指出就利比亚邀请台湾参加展览一事，我们已多次阐明中国政府的原则立场和向利比亚提出撤销邀请台湾当局参加展出的要求，利比亚方面一再保证，利比亚只承认一个中国——中华人民共和国，台湾仅以几家私人公司名义参加展出，不挂旗、不挂牌、不参加官方活动。但是，现在却出现"中华民国商务处"字样，要求利比亚立即采取紧急措施，加以处理。强调这是一个严肃的原则问题，是中国的主权和民族尊严的问题。我们坚决反对任何形式的"两个中国"或"一中一台"。不管在何时和何种场合，我们决不容忍也不改变这一立场。在利比亚官方举办的博览会上，出现"中华民国商务处"的牌子，不管利比亚的主观意愿如何，客观上已造成"两个中国"的现象，其问题的性质是严重的。吉尔比表示，利比亚遵守利中建交公报原则，只承认一个中国。对台湾参加这次博览会，不挂旗、不挂牌等，利比亚方面已向中国使馆作出保证，明年将不再邀请台湾参加博览会。但又称，鉴于目前展期已近、台湾展品已到这样一个现实问题，是否可找一个临时的折中办法解决。比如发生了撞车事件，先别追究责任，而应先将伤员送入医院医治。这个临时折中办法就是他与展览馆管理处联系，在台湾展览馆外不挂旗、不挂牌，至于馆内出现"中华民国"字样，例如展品上印有此字样的标志，如都要去掉，就难以做到。而且这将等于要台湾馆关闭。利比亚既邀请了台湾又要它关闭展馆，这会使利比亚陷入自相矛盾的困境，难以办到。裴大使表示，首次交涉，我们就向利比亚提出要求撤销邀请台湾当局参加展出，陷此困境，责任不在我方。现在我们再次提出不管何时何处，都不能挂旗、挂牌和出现"中华民国"字样，也不能让台湾人员参加官方活动。我们的要求是合情合理的，而且利比亚方面也已保证。我们也不能接受在展览馆内部出现"中华民国"字样的标志和旗子。吉尔比表示将马上转报高一级领导研究决定。裴大使表示等待着他们的处理结果和答复。

3月1日，使馆收到了"的黎波里国际博览会"邀请裴大使参加3月3日上午举行开幕式的请帖（各国驻利比亚的使节都收到了邀请）。使馆再次派人去博览会场地观察，台湾馆门上和墙上刷写的"中华民国商务处"字样原封未动。时间已十分紧迫。当日上午10时，使馆即同吉尔比电话联系。吉尔比说，他正与有关方面协商处理，并称会有结果的。12时再同吉尔比联系时，吉尔比表示他已尽了作为亚洲司司长的职责和努力，现由对外联络办公室副秘书（相当于副部长）伊萨·巴巴负责处理。下午2时再找吉尔比，他说，尚未有结果，希使馆能耐心等待，让副秘书伊萨·巴巴有足够的时间来处理此事。3月2日晨，使馆再派同志去实地观察，仍原样未变。事态已是火急万分，当日又遇上利比亚的全国性假日——英国撤军节，难以找到对外联络办公室的官员，而第二天上午博览会就要开幕，如"中华民国商务处"的牌子不除掉，就会在国际场合出现"两个中国"的现象，势必造成严重的不良后果。使馆同志清醒地认识到，这是一场严肃的政治斗争，决不能在驻在国出现"两个中国"的事例。我们不停地用电话与对外联络办公室联系，提出裴大使要求紧急约见副秘书伊萨·巴巴或亚洲司司长吉尔比，对方值班人员不耐烦地反复说联系不上。怎么办？直接找上门去。下午秘书陈广明和随员叶水林径赴利比亚对外联络办公室，找到值班人员，催问裴大使要求紧急约见事。值班人员还是说找不到人，联系不上。问他要约见的两位官员家里的电话号码，回答说按规定，不能外告。此时，陈广明、叶水林两同志发现在另一端的墙上挂有对外联络办公室负责人的联系电话表。于是他们一人同值班人员说理,另一人默记伊萨·巴巴等人家里的电话号码。回馆后,他们分别给伊萨·巴巴和吉尔比家里打电话,但也未联系上。晚8时半,吉尔比来电话说,台湾馆的牌子,阿拉伯文译意为"中华商务处",没有"民国"的字意,希望裴大使能宽容接受。裴大使再次重申我一贯立场,要利比亚履行其承诺和保证,绝不允许在利比亚官方举办的博览会上出现"中华民国商务处"或"中华商务处"等字样的牌子;只有拆除这些牌子才是唯一的解决办法,并提出我方将要认真对待由此引起的严重后果。吉尔比表示将继续同有关方面协商。晚10时半,使馆打通了伊萨·巴巴家里的电话。副秘书伊萨告在半小时前已派吉尔比亲赴博览会处理此事,中国大使馆也可派人前去,现场提出要求,妥善解决。裴大使即安排叶水林同志午夜赶赴博览会现场。叶水林同志见到台湾展馆已张灯结彩,悬挂牌子,装饰就绪。当找到吉尔比和博览会管理处主任时,他俩都表示此事已解决。至3日凌晨3时,他们找来了工人,不管台湾人员是否同意,当着叶水林同志的面,拆除了门上的牌子,涂掉了墙上的标志。到上午8时,使馆又派陈广明同志去现场观察,看到台湾馆前,无旗无牌。9时,裴大使打电话给伊萨·巴巴和吉尔比,对他们表示感谢。

3日上午10时,裴大使应邀出席了"的黎波里国际博览会"开幕式,看到台湾馆前没有人参加开幕式。一些友好国家的使节纷纷向裴大使表示祝贺。这场外交斗争的胜利,消除了出现"两个中国"的现象,维护了国家的尊严和我国对此问题的根本原则,受到外交部赞扬。

反对"两个中国"和"一中一台",是新中国成立以来一贯坚持的一项根本原则。凡涉及这个原则问题的事件,我们必须认真严肃对待,决不能有丝毫放松。当时,还考虑到国际上有一股搞"两个中国"和"一中一台"的逆流,如果在这个有众多国家参展的国际博览会上出现"两个中国"的局面,势必助长这股逆流。所以,我们坚持中利两国建交公报的原则立场,想方设法采取有力措施,坚决避免出现"两个中国"的事件。决心下了,就抓住不放,认真研究,运用各种合法手段,去争取实现我们的目标。这场斗争,在外交部的领导下,取得了良好的结局。这也为后来中利关系的改善与发展确立了一个不可动摇的原则。

萨达特总统饮弹阅兵台

江 淳

喝了尼罗河的水

埃及有句谚语:"谁喝了尼罗河的水,谁还会再回来。"果然,这句谚语在我身上应验了。在阔别了20年之后,我又于1981年9月初带着思念和兴奋的心情,回到我曾经工作6年多的开罗。

一到开罗,就感到这里的政治气氛同我在1956年年底第一次来到时有着某些相似。那时,苏伊士运河战争刚刚结束,硝烟仍然弥漫,战鼓余音未散,战争痕迹犹新。这次到达开罗,从机场到使馆的路上,只见有些地区布满岗哨,军警三五成群,东张西望,气氛紧张。听说政府正以处理教派冲突事件为名,进行范围广泛的大逮捕。被捕者有政界人物、记者、宗教人士、参加教派冲突者和伊斯兰激进组织的成员,既有左翼人士,也有右翼分子,共有1500多人。其中,伊斯兰激进分子约占一半。整个开罗充满了恐怖紧张的气氛。一时间人心惶惶,怨声载道。接着,萨达特总统下令,停止科普特大主教的职务,将他幽禁在一座沙漠中的修道院内,同时解散了13个宗教团体,将所有民办清真寺改归宗教基金部管辖,禁止7种期刊出版,调动一大批记者和教授的工作。萨达特在一连串讲话中,愤怒地诉述被捕者的罪状,宣布国家局势已届"生死存亡之际",要以暴力对付暴力，以武力对付任何利用宗教达到政治目的的行为。一时间，埃及上空乌云密布，一场惊世骇俗的政治大风暴即将发生。

血溅阅兵台

1981年10月6日，开罗的胜利广场上正在举行盛大的阅兵典礼，庆祝十月战争8周年的胜利日。

萨达特身着崭新的元帅服，佩戴西奈之星的绿色绶带，气宇轩昂。这一天，萨达特没有穿防弹服，他把穿防弹服视为缺乏男子汉大丈夫气概的表现。萨达特先向广场上的金字塔式无名战士墓献花圈，然后登上阅兵台。阅兵台上除政府、军队的领导人外，还有约1000名来宾，大部分是各国外交官和记者。上午11时，阅兵式开始。各军兵种携带着先进武器，一队队地通过广场。迫击炮发射出小型降落伞，在天空上飘扬着埃及国旗和萨达特肖像。萨达特兴致勃勃地观看着队伍的行进，同身旁的其他人热烈交谈，不时地用双筒望远镜仰望飞行表演。

中午12时40分，阅兵进入最后阶段。飞啸着的鬼怪式喷气机正在上空做超低空高速度的特技飞行，喷放出五颜六色的烟带，吸引着阅兵台上的人们翘首仰望，鼓掌喝彩。低空飞行的喷气机发出震耳欲聋的尖啸声，使台上许多观众赶忙用双手堵着耳朵。紧接着，炮兵列队通过广场。突然，紧靠着阅兵台40码处的一辆炮车离开队列，在阅兵台前停下。当时，台上大多数人仍在抬头观看天空上精彩的飞行特技表演，看到炮车离队的人们都以为它出了故障，没有在意，因为在此之前已有一辆摩托车和一辆军车发生了故障。这辆炮车停在阅兵台前，坐在司机旁边的炮兵团中尉哈立德·艾哈迈德·肖基·伊斯兰布利急忙跳下车，直奔阅兵台。萨达特以为他是前来致敬的，因而站起身来，准备答礼。不料伊斯兰布利向总统扔出了一颗手榴弹，顷刻间，人们惊慌失措，乱作一团。穆巴拉克副总统眼看情况十分危险，急呼萨达特卧倒。同时有人从后面推萨达特，想把他推倒躲避。阅兵台上座位前面有一道一米多高的坚固围墙，如能卧靠其后，显然可以避开袭击。但萨达特不相信自己是袭击的目标，因而拒之不理，依然原地站着不动。在伊斯兰布利扔出手榴弹的同时，炮车上的另一名凶手即瞄准萨达特开枪射击。离萨达特最近的贴身警卫艾哈迈德·西尔汗一面拔枪还击，射出 6 发子弹，一面连声叫喊："总统先生，趴下来！"但为时已晚，萨达特已经受伤。伊斯兰布利和开枪的凶手仍不罢休，先后奔向萨达特，继续向他射出一串子弹。还有两名凶手则跑向阅兵台的两旁，从两侧进行掩护射击。萨达特的私人秘书法齐·阿卜杜·哈菲兹试图用座椅挡住萨达特的身躯，但也无济于事。萨达特满脸鲜血，多处受伤倒地。整个过程只有 45 秒钟。台上少数保卫人员在凶手动手 20 秒钟后才开枪还击，大多数保卫人员散布在阅兵台后 60 码处，未能及时赶到现场。

据说萨达特非常信任军队的忠诚，以致在阅兵时多次对他的警卫人员说："请离开，我同我的孩儿们在一起。"台前没有武装警卫，没有人想到参加检阅的队伍中会出事故，都以为这些官兵的武器没有弹药和撞针（事先曾经下令不准携带弹药和撞针，但无人检查落实）。凶手们就是利用这些安全上的漏洞和有关人员的麻痹大意，而实现其阴谋的。

伊斯兰布利等三名凶手受伤后当场被捕，另一名凶手逃脱两天后落入法网。这四个人全是伊斯兰激进组织"新圣战"的成员。

萨达特被西尔汗和另一名副官抬到阅兵台后边，随后被直升机送往 9 英里外的马阿迪军事医院。穆巴拉克和萨达特夫人等随后急忙乘车驰向医院。

不平静的外交官生涯

阅兵开始时，我们在使馆里一直坐在电视机旁观看。临近下午 1 时许，电视突然中断。起先我们以为是电视台出故障，未见很快恢复，觉得事有蹼跷，加之在电视中断前听见枪声，联想起来，心中开始忐忑不安，急切希望知道究竟。我走到使馆院内，等待参加阅兵典礼的同志们回来。

不久，一位参加阅兵典礼的专家来到使馆，他肩上受了轻伤，衬衣上染有鲜血。从他那里我们才得知阅兵时发生开枪事件的具体情况。在此事件中，还有一位中国专家受伤，已被送往医院。来使馆的那位专家因为坐在阅兵台上的最后一排，不清楚前面究竟发生了什么事。大家十分焦虑，既担心出席阅兵典礼的使馆同志们的安全，又担心埃及政治形势发生剧变。一会儿，刘春大使等同志平安回到使馆，大家一拥而上，询问现场情况。

他们说，事件发生后，会场秩序大乱，人们四散奔跑，有的趴在地上，有的钻到座椅底下，有人尖声惊叫，有人血流满身。萨达特已受伤，伤势如何不得而知。刘大使等同志坐在阅兵台右台的前面，由于右台上有人向凶手开枪还击，致使凶手转向这边一阵乱射，他们的四周有不少人受伤，有人虽未受伤，身上也溅了鲜血。大家都为刘大使等安然无恙而庆幸。

事后了解，右台上受伤的外交官中，有比利时和古巴大使、澳大利亚大使馆一等秘书伍德等人。有人认为，外交官生涯不过是举酒碰杯、送往迎来，充其量也只是唇枪舌剑，无生命危险。实际上，外交官有时也面临枪林弹雨，而有性命之虞。我和伍德熟悉，互相常有来往。他受伤后赴西德治疗，几个月后返回使馆。不久，他举行宴会，我应邀前往。谈起他的遇险情况，他态度乐观。他说，子弹打断了他的一根骨头，却不是要害，现已痊愈，没有异样感觉。我笑着说："中国有句谚语，大难不死，必有后福，你的前途无量。"他感谢我的良好祝愿。未几，他升任参赞，我向他道贺。他笑着说："你说的后福，仅此而已。"我说："这只是个良好开端，今后会官运亨通。"他开怀大笑。

萨达特遇刺的当天晚上，刘大使按两周前的安排，宴请一些外国大使，我也参加。恶性事件发生后，因为离宴会时间已经很近，来不及通知有关使馆更改日期，只好按原计划举行。当时，我们尚不清楚白天行刺事件是孤立事件还是整个阴谋的一部分，萨达特总统又生死未卜，有些事情尚需了解研究，因此好几位大使都没有心情前来出席宴会。来者也是心神不定，急于寻找上述事件的答案。大家在休息室议论了一阵，不得要领，于是打开电视机，看看有什么新消息。约8时许，电视播放了副总统穆巴拉克的讲话，宣布萨达特已经与世长辞。他说："无数人热爱的、我们的领袖、战争与和平的英雄已经去世。"出席宴会的大使们急于向本国政府写报告，匆匆地结束了晚宴，各自离开。

萨达特中弹后数小时，他的伤势究竟如何，连埃及驻外使馆也不了解。据报道，在华盛顿，埃及大使馆先降半旗致哀，旋又重新升起。同埃及保持友好关系的美国，在穆巴拉克宣布之前，也搞不清楚萨达特是生是死。明明知道萨达特已死的一些埃及官员却向美国大使馆发出乐观的信号，说萨达特伤势不重。美国大使照报不疑。因此美国总统曾经撰写了致萨达特的私人信件，表示"为你的平安祈祷"，并提出要向"这一卑鄙袭击"的受害者提供医疗帮助。可见，外交官要得到一个确切的讯息并非轻而易举的事。

实际上，萨达特早已离开人世。他被送到医院后，由11位医生组成的医疗小组立刻进行抢救，发现脉搏已停止跳动，眼睛对亮光没有反应，随即进行人工呼吸，并大量输血。抢救了一个半小时后，一位医生无可奈何地向大家宣布了萨达特的死讯。他朗诵了一句《古兰经》经文："唯有真主才能永生。"

10月10日，萨达特安葬于正对着阅兵台的无名战士墓。遵照萨达特3年前表示过的意愿，在他的墓碑上写着："穆罕默德·安瓦尔·萨达特总统，战争与和平的英雄。他为和平而生，他为他的原则而殉难。"

在阅兵台上，除萨达特外，遇难的还有7人，其中包括一名中国专家。受伤者共28人，有埃及人，也有外国来宾。

袭击和受审

萨达特被害后的第三天，即10月8日凌晨6时，在开罗以南约400公里的艾斯尤特，一座伊斯兰极端势力活跃的城市，数十名"新圣战"组织的成员，使用偷袭办法，分兵四路进攻当地的治安部队、安全局和两个警察局，妄图在枪杀萨达特后，利用人们惊魂未定之机，占领艾斯尤特的治安部门和整座城市，然后用抢夺到手的武器和聚集的力量进攻其他城市，并希冀各地极端分子群起响应，共同夺取政权。但是，他们过高估计了自己的力量，过低估计了政府的力量，错误地判断了形势，盲目行事，开始时虽出其不意，攻其不备，打死警官和警察60余人，伤近百人，占领了安全局，但经过30个小时的交战，极端分子终因势单力薄，其他地方也不响应支持，难与政府力量抗衡，以失败结束。极端分子共有10人被击毙，包括他们的领导者阿塞姆·阿卜拉·马吉德，10余人受伤，40余人被捕。

萨达特被害后，政府在全国进行大搜捕，共逮捕2500人，收缴武器12500件。

在调查审讯中，查明上述事件的策划者是"新圣战"组织。该组织蓄谋已久，企图通过暴力和恐怖手段推翻政府，建立伊斯兰教国家。

1981年11月，最高军事法庭开庭审理杀害萨达特特案，被告共24人，包括4名凶手和"新圣战"组织的大埃米尔。24人中有军官2人，军士1人，学生9人，另有大学教授、讲师、医生、工程师、工人等，最年轻者为1名中学生，仅18岁。

从审讯过程中透露出来的材料看来，极端分子要杀害萨达特的主要原因是反对他的内外政策。第一，对社会经济状况大为不满，认为埃及由于没有实施伊斯兰教法规，致使贫富悬殊日益扩大，社会分配不公，少数人穷奢极欲，多数人度日艰难；第二，反对萨达特同以色列媾和，签署埃以和约;第三,痛恨最近的大逮捕,因为它使"新圣战"组织的成员蒙受迫害和屈辱;第四,指责萨达特是异教徒和暴君,应予消灭。

多数埃及人认为,杀害萨达特违背伊斯兰教法规,犯了弥天大罪。他们对萨达特惨遭杀害表示悲痛,反对恐怖主义,指责恐怖主义只能引起混乱和灾难。但也有人对极端分子表示同情,个别人则公然夸奖凶手是"民族英雄"。这种说法当即受到社会人士的责难,说"赞扬凶残行为的人应被视为叛逆"。

惨祸的酿成

"新圣战"组织是一个伊斯兰激进分子的组织,1980年1月底成立。艾资哈尔大学神学院盲人教授奥马尔·艾哈迈德·阿卜杜勒·拉赫曼为该组织的大埃米尔。该组织由各地的一些宗教极端分子集团组成,思想不尽一致,但都指责当前的社会不敬畏真主和日趋腐败,已到了不可救药的程度。他们认为,不论是统治者,还是其他人,都不是名副其实的教徒,唯独他们自己是信仰坚定的伊斯兰教教徒;萨达特政权不是伊斯兰教的政权。他们抱怨老的激进组织——穆斯林兄弟会在遭到几十年的镇压之后,已变得软弱无能,实行改良主义。他们主张渗入社会各个部门进行活动,在各地建立武装小组,暗杀国家领导人,用暴力推翻现政权,建立一个政教合一的伊斯兰教国家,实施伊斯兰教法律,将《古兰经》作为宪法。

长期以来,萨达特有意利用宗教极端分子支持他同纳赛尔分子和左翼人士进行斗争,对他们的发展曾经有意无意地予以鼓励和帮助,对他们的活动采取某些宽容态度。1971年秋,他宣布大赦政治犯,其中大部分是纳赛尔时代被捕的穆斯林兄弟会的成员,其中有些人后来成为极端分子组织的领导人和成员。同年,他下令在大学和工厂内建立1000个伊斯兰教委员会。这些委员会的成员不少都加入了极端分子组织。萨达特还对穆斯林兄弟会大力发展组织，特别是在学生中吸收成员听之任之，甚至表示赞赏、支持。在萨达特同纳赛尔分子等进行斗争的时候，曾得到极端分子的支持。例如，当1972—1973年大学生们举行集会反对萨达特的政策时，学生中的极端分子就同伊斯兰集团其他成员一道，表示支持萨达特的政策。他们冲击其他大学生的集会，撕毁他们的墙报，反对一切反政府行动。但是，福兮祸所伏，当极端分子组织羽翼渐丰之后，就对萨达特日益采取对立态度，要求实行伊斯兰教法规，建立伊斯兰教国家，继而进行恐怖活动，危害社会安宁，企图夺取政权。1974年4月，一个名为"伊斯兰解放组织"的极端分子组织的一批成员，在其领导人萨利赫·西雷亚的带领下，攻占了开罗军事技术学院，并准备向执政党的中央委员会总部进发，逮捕和废黜萨达特。埃及军政要员原计划在这里开会，听取萨达特的讲话。这一冒险行动的结果是，有100多人被打死、打伤或被捕，西雷亚等人被处死，几十人被判刑。

1977年7月，另一极端分子组织绑架了前宗教基金部部长穆罕默德·侯赛因·达哈比。他们提出交换人质的条件是：政府在24小时内释放该组织被捕的60名成员，支付20万埃镑赎金；政府在电台上宣布，国家没有按照伊斯兰教的原则进行统治，今后将严守这些原则。政府断然拒绝了极端分子的条件，达哈比惨遭杀害。接着，政府逮捕了该组织的领导人舒克里·艾哈迈德·穆斯塔法等600多人，查获枪支500余件和大量爆炸物。经法庭审理，判处穆斯塔法等5人死刑，几十人徒刑。

萨达特统治时代，特别是后期，科普教教徒和穆斯林之间的冲突愈演愈烈。在这些教派冲突中，极端分子多次插手。杀害萨达特案中的一名被告就曾参与1981年6月开罗郊区萨威亚·哈姆拉的教派冲突。这是萨达特时代最严重的教派冲突，造成17人死亡、100多人受伤、200余人被捕，成为促使萨达特进行9月大逮捕的重要原因。杀害萨达特的另一名被告是上埃及明厄亚省教派冲突的主要教唆者，他对冲突从上埃及扩展到首都开罗也负有责任。这些教派冲突造成生命、财产的巨大损失，加剧了社会的动荡不安。后来，好几个极端分子组织争先恐后地策划暗杀萨达特，终于酿成10月6日惨祸。

从以上事例中，可以看出极端分子对萨达特政权造成的威胁和危害。其实，萨达特早就意识到，他在对待宗教激进派问题上"可能犯了错误"。他在晚期，也曾对处理宗教激进派态度过分温和宽大表示十分懊悔。他气恼地说："早知今日，当时我就不会将他们从集中营里释放出来。"尽管人们一再警告他关于极端分子的危险性，但他迟迟不肯下手，表现出泰然处之的神态："别担心，我们将处理这件事。"萨达特逝世后不久，穆巴拉克总统对记者说，一年多来，他一直就极端分子的活动情况提醒萨达特，但是萨达特认为时机未到。直到今年7月，安全部门提交一份报告，表明这些恐怖分子的活动已达到不可收拾的地步，必须采取措施时，他才决定逮捕他们。穆巴拉克接着说，他个人认为，萨达特的行动晚了一些。萨达特对极端分子如此宽大容忍的一个重要的原因是，分不清谁是主要敌人，什么是主要危险，为实现自己的政治目标纵容极端分子，以为他们不会对自己构成重大威胁。不到最后关头，不同他们摊牌。结果，他被自己的政策反噬。

萨达特与中国

萨达特执政后，对我国态度友好。1970年9月底，纳赛尔总统逝世，中国派郭沫若副委员长作为国家特使前往埃及参加葬礼。郭副委员长下午到达，当晚即受到临时总统萨达特的接见。他双手紧握着郭副委员长的手说："请转达我对毛主席、周总理的感谢，在我们最悲痛的日子里，你们派来了代表团，我深为感激。"

1972年，萨达特曾公开表示，今天中国作为在全球范围内具有影响，并已获得联合国安理会否决权的大国,我们必须与之发展关系。他在执政党中央委员会的一次讲话中还说:"中国是我们的朋友,他们站在我们一边。"

中国一贯坚决支持埃及进行反对外来侵略、反对霸权主义及维护国家独立的斗争。1973年9月23日,毛主席对埃及副总统沙菲说:"我们总是支持你们的。"十月战争中,周总理向萨达特发了支持电,表示十分钦佩他们"不畏强暴、不怕牺牲的战斗精神",指出"你们为收复失地和恢复民族权利而进行的斗争是正义的","中国政府和人民始终不渝地支持你们的斗争,坚决同你们站在一边"。随后,周总理又在一次欢迎外宾的宴会上,高度评价十月战争,称赞埃及和其他阿拉伯人民在这次战争中,"显示了阿拉伯人民、巴勒斯坦人民同仇敌忾、团结战斗的英雄气概,大长了阿拉伯人民的志气,大灭了侵略者的威风"。1981年萨达特遇刺去世后,中国派遣姬鹏飞副总理为特使参加葬礼。葬礼当天,穆巴拉克副总统接见姬副总理。姬副总理对萨达特不幸遇害表示沉痛的哀悼,并称赞萨达特在发展两国关系等方面作出了贡献。穆巴拉克感谢中国对埃及的支持,并表示将进一步发展两国关系。

萨达特生前曾说:"我一定要去访问中国,这是我的夙愿。"他原打算于1981年年底访华,以增进两国的了解和友好关系。由于突然遇害,这一心愿未能实现。

中英在香港问题上的首次较量

——忆撒切尔夫人第一次以首相身份访华

谭兴举

1982年9月22日,一架英国皇家空军VC10专机在北京首都国际机场降落,英国首相玛格丽特·撒切尔率团走下舷梯,踏上了中国的土地。

这是新中国成立33年以来,也是中英升格为大使级外交关系10周年后,英在任首相第一次应我国政府的邀请来华访问。我国政府对撒切尔夫人的来访十分重视,给予高规格的礼遇和热情、友好的款待,体现了我国人民对英国人民的友好情意。撒切尔夫人此次访华的目的,除就国际问题同中国做一般性的交换意见外,主要是同我国领导人讨论解决香港地位问题。

一、香港问题的由来

香港(包括香港岛、九龙和"新界")自古以来就是我国的神圣领土。英国于1840年发动侵华的鸦片战争,于1842年威迫腐败的清政府签订《南京条约》,割让香港岛。1856年,英又勾结法国,发动第二次鸦片战争。1860年,英再次迫使清政府缔结《北京条约》,割去九龙半岛南端。1898年,英又乘世界列强瓜分中国之机,以"香港岛和九龙司不足以保护英国利益"为由,逼迫清政府签订《展拓香港界址专条》,强行租借九龙半岛大片土地及其附近200多个岛屿(后统称"新界"),租期99年。虽说是租借，但英从未向我交过分文，实是强占。我国人民对上述三个不平等条约一直极为愤慨并表示坚决反对。新中国成立后，我国政府从维护国家主权和领土完整出发，一再声明：香港是中国的领土，中国不承认英帝国主义强加的上述三个不平等条约，主张在适当时机通过谈判解决这一问题，在未解决前暂时维持现状。

二、撒切尔夫人访华的背景

英国凭借三个不平等条约强占香港。香港岛和九龙虽在条约中订明割让给英国，但其面积仅为"新界"的 1/10，且被"新界"所包围。英国政府清楚地知道，到 1997 年 6 月 30 日它将失去统治"新界"的"法律依据"，"新界"必须交还中国，而失去"新界"，英国对香港岛和九龙的统治就无以为继。英国为保住其对香港的统治，早已算计着如何阻挠中国收回香港的努力。20 世纪 50 年代，它强化对香港的殖民统治，镇压我国爱国力量。60 年代中，它趁我国"文革"内乱之机，借故迫害中国爱国同胞。70 年代，我国恢复在联合国的合法席位和中美关系打开后，英国同我国升格为大使级外交关系，但又伙同一些西方国家在联合国非殖民化专门会议上把香港列入世界殖民地的名单中，企图使英国统治香港合法化并为香港的"独立"制造依据。

香港地区自 1842 年起先后被英国占领直至新中国成立的 107 年间，其经济仍然十分落后。由于内地的解放，社会日趋稳定，经济迅速恢复与发展，香港优越的投资环境逐步形成。从 1950 年至 1970 年的 20 年间，香港在内地的支援和香港同胞的奋斗下，由一个落后的港口城市发展成世界贸易、金融、交通中心之一，经济日益繁荣。英国每年从香港获得上百亿英镑的商业利润，这对经济困难的英国，是十分重要的。在此情况下，英国更加绞尽脑汁，极力保住其对香港的统治。1978 年，党的十一届三中全会决定把工作重点转移到社会主义现代化建设的轨道上来，百业待兴，更注重利用香港为国家现代化建设服务，英国认为这是迫使中国延长英统治香港的极好时机。它首先制造舆论，声称香港是中国政府"让给英国的"，"是有法律依据的"；香港今日的繁荣是英国有效管治的结果；香港是一只"下金蛋的鸡"，改变香港现状无疑是"杀鸡取卵"，对中国的"四化"建设不利。接着，它透过报刊放出试探气球，称为保持香港的繁荣，英方愿以1000亿美元买下"新界"或用承认中方对香港的主权换取英方长期对香港的管治。英方看我方对上述言论未作任何反应，便选择1997年为突破口，提出香港许多土地租约将要期满，投资者要求港英当局予以延长（即要跨越1997年），否则投资者便对香港失去信心，撤出资金，要求我方对此作出表态。我方对英方要求未予置理。英方心急如焚，于1979年夏主动提出派港督麦理浩访问北京。我方出于维护领土主权和香港的稳定考虑，决定不由中央政府或有关部委出面而以经贸部部长李强的名义邀其来访。同年秋天，麦来到北京，因这是新中国成立后港督第一次正式访京，故由经贸部出面接待，外交部西欧司也派人参与。麦访京的目的，主要是摸我方对待1997年的态度。在会见邓小平同志时，麦极力强调长期延长香港土地租约对维护香港繁荣的重要性，要求我方确认英方的打算。邓小平同志明察秋毫，高瞻远瞩，对麦所谈只表示，现在距离1997年还有18年，我们还有时间，请转告投资者放心，不管将来怎样解决，我们都不会损害投资者的利益。麦的访京没有从中方得到任何东西。撒切尔夫人便是在这样的背景下要求访华的。

三、双方为会谈做准备

英方通过各种渠道对我方进行试探、摸底，判定我方收回香港的决心已定，遂决定采取与我方对抗的策略。为配合撒切尔夫人访华，港英当局自1982年初便开始发动强大的舆论宣传攻势，制造香港信心危机，导致大量专业人士移民外国，资金外流，股票市场恒生指数多次狂跌，曾一度由1000多点暴跌至500点。英方这样做的目的是向我方施压，增加英方谈判的筹码。2月，英驻华大使柯利达以警告的口吻说，对香港的前途问题"应谨慎从事"，"要谨防杀鸡取卵"。7月，撒切尔夫人声称，"香港是个对双方都很敏感的问题"，"维持英国（对香港的）管治是信心的基础"。有关香港的"条约很快期满，最好的解决办法是保留英国的行政管治，继续目前同中国合作的做法，香港地位不变，能再维持现状30、40或者50年最好"。

为维护国家主权和领土完整并大力推进我国现代化建设，我国政府对英国的图谋一直保持高度的警惕，认真应对。邓小平同志高屋建瓴，运筹帷幄，亲自领导、指挥了这场伟大的对英斗争。他从1980年便开始对香港问题进行深入地调查研究，找了香港各界知名人士来京介绍情况，征求他们的意见，同时从北京派出工作组，去香港进行实地调查。在此基础上，中央制定出"收回主权，保持繁荣"的基本方针。为夺取这次对英斗争的胜利并保持香港的繁荣稳定，邓小平同志提出1997年后在香港实行"一国两制"的构想，即在中华人民共和国的管辖下，香港设立特别行政区，那里的资本主义社会制度、经济制度和生活方式不变，维持香港的金融、交通中心和自由港的地位，对外以"中国香港"的名义，保持同世界各国、国际组织的经济、科学技术和文化的往来。

根据英国的所作所为，我们判断英方在与我方谈判时可能采取三种策略：（一）坚守三个不平等条约"有效论"，不承认我国对香港的主权；（二）在条约"有效论"被我方攻破后，则以承认我国的主权换取英国对香港的长期管治权；（三）在主权和管治权都不能得到时，则尽量维护其政治利益和最大限度地捞取经济实惠，如得不到满足，便制造混乱，甚至破坏香港的繁荣与稳定。为加强我方谈判地位，1982年初我有关方面按照中央的方针相继在报刊上发表文章，以历史事实为依据驳斥英方的条约"有效论"，维护我国领土主权并阐明我对解决香港问题的原则立场。

四、中英双方的激烈较量

1982年9月23日上午，中国政府总理在人民大会堂接待厅同撒切尔夫人举行正式会谈。撒切尔夫人步入大会堂时，态度傲慢。入座后，我方为尊重客人，请撒切尔夫人先发言。她一开口就极力反对中方收回香港的决定，扬言如果中方的决定加以实施，"对香港信心所产生的影响将是灾难性的"。她声称，主权"对我来说是困难的"，接受中国对香港拥有主权"就意味着英国通过议会立法废除英国赖以对香港行使管辖的条约，以废除条约来解决香港前途的办法是不可想象的。这将立刻在香港产生恐慌。这将意味着英国玩忽自己的责任并遭到英政府、议会和香港人的拒绝"。她强调"香港的信心以及它由此而来的继续繁荣，依赖于英国的管治，任何背离它的剧烈变化将会摧毁信心"。她认为：中方决定实施的结果将使"多年来建立起来的东西不可避免地毁于一旦"；"如果信心不能得以维持，香港到1983年就不再繁荣，更不用说1997年了"；因此，"要保持香港的繁荣和信心，就得保持英国对香港的管治"。

撒切尔夫人发言后，中国政府总理阐述了我国政府的立场。他严肃地指出，香港问题是中英两国间历史遗留下来的问题。整个香港地区历来是中国的一部分。英国政府在19世纪同清政府签订的一系列条约是其强加于中国的不平等条约，中国人民从不接受并要求改变这一状况。新中国成立后，中国政府曾一再声明，对这一历史遗留下来的问题，将在条件成熟的时候用适当的方式加以解决。从1842年到现在，已经过去140年，新中国成立也有33年了，应该说解决香港问题的时机成熟了。现在中方正式告诉英方：中国政府将不迟于1997年收回对整个香港地区的主权，不能再晚了。收回香港关系到中国的主权、领土完整和中国人民的民族感情。从1949年到1997年，新中国共等待48年之久，到那时倘若还不收回香港主权，岂不等于重演 19 世纪的民族屈辱史？任何中国领导人这样做，都是无法向人民交代的。在事关国家主权的原则问题上，中国是没有任何回旋余地的。希望英方能够理解并本着友好合作的精神，共同圆满解决香港问题。

中国政府总理发言后，撒切尔夫人仍极力为英方的立场辩护，致使会谈气氛一度显得紧张。中国政府总理则重申我方立场，不与其纠缠并把话题转到其他双边关系问题上。

9月24日上午，邓小平同志在人民大会堂福建厅会见撒切尔夫人。这是一场大长中华民族志气、大灭老牌帝国主义威风的会见。由于深知邓小平同志是德高望重的中国领导人，撒切尔夫人步入人民大会堂时便失去了头天会谈时的那种盛气凌人的姿态，见到邓小平同志时，显得拘谨，落座后从手袋里掏眼镜竟把眼镜掉到地上。她虽仍然向邓小平同志重弹英方老调，但语气大为减弱。邓小平同志听完后义正词严地指出，中国对香港问题的立场是明确的，主要有三个问题：一是主权问题；二是1997年后中国采取什么方式管理、继续保持香港繁荣的问题；三是中英两国要商谈从现在到1997年这15年中如何使香港不出现大的波动的问题。关于第一个问题，他坚定地说，对主权问题中国没有回旋余地，"主权问题不是一个可以讨论的问题"。1997年中国要收回整个香港。如果到时不收回香港，"就意味着中国政府是晚清政府，中国领导人是李鸿章"，"人民就没有理由信任我们，任何中国政府都应该下野，自动退出政治舞台，没有别的选择"。中英两国就是在这个前提下进行谈判、商讨解决香港问题的方式和办法的。关于第二个问题，他说，"保持香港的繁荣，我们希望取得英国的合作，但这不是说，香港继续保持繁荣必须在英国的管辖之下才能实现。香港继续保持繁荣，根本上取决于中国收回香港后，在中国的管辖之下，实行适合于香港的政策"。他还驳斥了英方关于如果中国收回香港，就会影响中国四化建设的说法，指出"影响不能说没有，但说会在很大程度上影响中国的

中英在香港问题上的首次较量 | **643**

1982年9月24日,中共中央顾问委员会主任邓小平在北京人民大会堂会见英国首相玛格丽特·撒切尔,双方就香港前途问题进行了深入讨论

建设,这个估计不正确。如果中国把四化建设能否实现放在香港是否繁荣上,那末这个决策本身就是不正确的"。关于第三个问题,邓小平同志说,在香港过渡期内"我的看法是小波动不可避免,如果中英两国抱着合作的态度来解决这个问题,就能避免大的波动"。他告诫撒切尔夫人,"中国政府在做出这个决策的时候,各种可能都估计到了。中国还考虑了我们不愿考虑的一个问题,就是如果在十五年的过渡时期内香港发生严重的波动,怎么办?那时,中国政府将被迫不得不对收回的时间和方式另作考虑。如果说宣布要收回香港就会像夫人说的'带来灾难性的'影响,那我们要勇敢地面对这个灾难,做出决策"。他十分英明地预见到在香港过渡期内将会出现混乱,而且这些混乱是人为的,指出"这当中不光有外国人,也有中国人,而主要的是英国人"。他真诚地希望英方支持中国的决定,与中方合作,共同解决好香港问题。

会见将要结束时,撒切尔夫人显得特别紧张,提出会见后她应如何对记者讲话。邓小平同志建议双方达成一个协议,即双方同意通过外交途径开始进行香港问题的磋商。随后双方各指定三人,我方以章文晋副外长为首,英方以柯利达大使为首,进行协商,结果经邓小平同志和撒切尔夫人审阅后双方达成如下对外表态口径:"今天,中英两国领导人在友好的气氛中就香港前途问题进行了深入的讨论。双方领导人阐明了各自的立场。双方本着维持香港的繁荣和稳定的共同目的,同意在这次访问后通过外交途径进行商谈。"会见结束后,撒切尔夫人在步出大会堂北门时一不留神,高跟鞋与石阶相绊,一脚踏空,跌倒在地上。对此,香港新闻界有报道云:这是英帝国主义侵略中国的最终下场!

一个奇特的国家

——圣马力诺共和国拾零

黄玉平

位于南欧亚平宁半岛东北部、四周与意大利相邻的圣马力诺共和国，是世界上"最小""最古老"的共和国。它有着独特的地理环境、国家结构、政治经济生活以及善良的人民性格，堪称是一个传奇式的国家。

1971年5月6日，我国同圣马力诺建立了总领事级的正式外交关系。自1991年7月15日起，两国升格为大使级外交关系。建交时两国商定，我国驻意大利大使馆政务参赞作为国家代表兼任驻圣马力诺的总领事。这也是当时我国不同于其他建交国家的唯一建交形式。

1980年8月至1983年初的两年半时间里，我在我国驻意大利大使馆任政务参赞时，有幸兼任了我国驻圣马力诺共和国总领事，作为国家代表，出使这一国家。我是中圣两国建交后的第三任驻圣使节。

我作为驻意大利使馆的政务参赞，常驻意大利首都罗马；而作为兼职的驻圣马力诺总领事，我在圣马力诺国家元首——执政官一年两次的就职典礼时，在我国举行邮票展览和刺绣展览开幕式以及参加其他一些重大政治活动时，才前去履行使节职务。

尽管如此，我在兼职期间，按照我国的外交政策，很重视对这个友好国家的交往。在这几次赴圣的短暂时间里，我尽可能作出安排，接触众多的官方人士和广大人民，并游览了这个国家的几乎所有古老而美丽的名胜古迹，获悉了不少鲜为人知或人们不甚了了的国情和民情，对这个亚得里亚海之滨的多姿多彩、明珠般的"袖珍小国"有了较多的了解。

在广泛接触和多方观察中，我深深感觉到，圣马力诺人民性情沉静，举止有礼，素来好客，热情友善。他们热爱和平，不允许任何人威胁其自由。他们以自己在长期历史发展中保存了千余年传统而自豪。圣马力诺人民在交往中真诚而亲切，没有花言巧语，没有伪善应酬，更没有狭隘小气，因而感人至深。这就不难理解这个只有61.2平方公里的小国，每年旅游者竟多达300多万人次，而且长盛不衰的缘由了。

对这个国家种种传奇式的情景，我虽已离任多年，但仍历历在目，难以忘怀。

世界上"最小""最古老"的共和国

远在公元4世纪的第一个年头，即公元301年9月3日，圣马力诺就建立了国家。1263年制定共和国法规，正式宣布为共和国。圣马力诺全国人口较少，国土面积为61.2平方公里。因此，它被称为世界上"最小""最古老"的共和国，是一个名副其实的"袖珍国家"。

从历史上看，1000多年前，圣马力诺的领土比现在还要小得多。公元885年时仅有4平方公里。到13世纪末，领土扩大到约26平方公里，但也不到今日面积的一半。那时人口只有1500人左右。拿破仑"东征"时，曾提出将邻国的领土割让给圣马力诺，但它拒绝了这种"恩赐"。这种民族自尊心，在外交界至今还传为美谈。

圣马力诺在1851年先后被奥地利帝国和教皇国等吞并，第二次世界大战时，曾被意大利吞并，处在墨索里尼的法西斯统治之下，直到1943年7月8日意大利法西斯垮台，它才获得解放。这一个时期，其古代共和民主制度曾一度中断。除这段时间外，这个国家一直奉行共和制度，一贯以独立、民主、中立原则作为立国之本。欧洲文艺复兴时期，曾把圣马力诺誉为独立和民主社会的典范。这样一个"弹丸之地"的小国，能够独立存在于世界各国之林如此之久，就不是偶然的了。

传奇式的马力诺与国名的由来

圣马力诺友人告知，马力诺是建立这一国家的元勋。古人尊其为圣者，在其名字之前冠以"圣"字，并将圣马力诺作为国名，使后人永远铭记这位受人尊敬的"自由的奠基者"——马力诺。

马力诺是一个传奇式的人物。

相传，大约在3世纪末，一个住在今南斯拉夫阿尔贝岛上的石匠马力诺，为人正直勇敢，因反抗封建主的暴政与压榨，受到追捕，被迫只身出逃，九死一生，漂渡过亚得里亚海，在西海岸上陆，爬上险峻、荒无人烟的蒂塔诺山，躲进了一个神秘的岩洞。据说，洞中至今还保存有马力诺睡过的床铺。马力诺从此开始了穴居狩猎的生活。不久，他重操旧业，劈山岩为石，运往平原变卖，过上了自由和平的生活。马力诺在深山老林安居乐业的消息传到他的故乡，他的老乡们纷纷闻风而至，在蒂塔诺山上逐渐形成了以采石业为主的村落，人称"自然村"。马力诺在这里大力宣传教义，劝说异教徒信奉天主教，并在山上修建了一座教堂。后来他们成立了石匠公社。马力诺死于366年9月3日。死后，人们公认其为圣徒。他逝世这一天，被定为圣马力诺共和国的国庆日，人们也称这一天为圣马力诺日和圣马力诺共和国日，一直延续到今天。

"国中之国"

众所周知，世界上真正的"国中之国"，屈指可数，而意大利所在的这个地区内却有两个：其一为梵蒂冈城国，另一个就是圣马力诺共和国。

圣马力诺共和国国境四周都与意大利接壤，实际上是处在意大利两个大区的夹缝之中：北濒艾米利亚-罗马涅大区，南临马尔凯大区。它的形状像不等边的四方形。国境线共长 39.03 公里。它虽无出海口，但离亚得里亚海仅 23 公里。我们从高山上或高楼上向东望去，茫茫大海近在眼前。

在这个"国中之国"的境内，有一座气势雄伟的山岭，那就是神奇的蒂塔诺山，从西北到东南长约 3 公里，山上三峰屹立，每个山峰都有一座古堡。因此，有人说蒂塔诺山是"三峰之山"。沿山而上可以看到第一个山峰罗卡，也叫瓜伊塔，称为第一堡垒，海拔 751 米。再上去是切斯塔，即弗拉塔，称为第二堡垒，海拔 756 米，是蒂塔诺山的制高点。站在山巅，居高临下，环顾四周，秀丽景色尽收眼底。再往前走去，稍稍下坡，便是第三个山峰蒙塔莱，称为第三堡垒，上有被称为"山上宫殿"的奇峰。

据了解，雄踞三个峰顶的五棱形巨大古堡，始建于 11 世纪。古堡后面均是高达数百米的悬崖绝壁，两侧连以坚固的城墙，犹如"铜墙铁壁"，地势十分险要。16 世纪时，有人把圣马力诺称为"三羽之国"，就是指耸立于蒂塔诺山顶的三座堡垒宛如共和国的三支"羽饰"，分别象征着"祖国""信仰"和"自由"。

据说，到 14 世纪，圣马力诺已是坚不可摧的了。当时就有人描述："一块极高的巨石之上，岩顶雄踞着三座坚固的堡垒"，圣马力诺是一个"绝妙的要塞"。

国家元首——两个执政官

圣马力诺的国家元首由两名权力相等的执政官同时担任。执政官一身三职：既是国家元首，又是政府首脑，也是议会议长。执政官是每年 3 月和9月分别选举产生的，任期每人都是半年，不能连任，但3年后如众望所归，仍可再次当选。每年的4月1日和10月1日举行执政官就职典礼。两个执政官共同工作，各自都有权否决另一人的提议。执政官这一职务是义务性的，也是荣誉性的，津贴非常菲薄。据说，第一次选举两名执政官是在1243年，那时叫作"临时执政官"。我看到，瓦洛尼宫执政官"接见室"的墙上刻有从最早至19世纪初为止的历届执政官的全部名录。据当地友人相告，这些名录中有两则奇特的细节：一是1343年时弗浪佐利诺·迪·基洛和佐切科·迪·基洛兄弟两人同时担任执政官；另一是安东西·西莫内·贝卢齐和均科·迪焦瓦尼两人曾先后当选执政官达14次之多，超过任何其他执政官的当选次数，堪称奇迹。

值得指出的是，圣马力诺的执政官及其政府官员都非常精干。政府只有10名内阁成员，且只有外交部长、内政部长和财政部长3人为专职，其余7个部长均为兼职，不拿国家俸禄。外长实际上行使总理职权。

历史上第一个女执政官

作为外交使节，每次执政官就职典礼时都受到接见。我任职两年半期间有五任执政官相继接见过我。其中，1981年4月1日任职的第一个女执政官佩迪尼，我较为熟悉。佩迪尼任职前后均是外长雷菲的秘书。她曾于1980年10月1日前夕为我安排了向外长雷菲呈递我国外长黄华为我任职驻圣使节（总领事）的介绍信，还曾代表外长向我赠送了圣马力诺精美的邮票和银币。

佩迪尼任执政官后，虽已贵为圣马力诺的国尊，可仍平易近人。我参加她的就职典礼后，当天下午又相机拜会了她，进行了极为友好的谈话。她在任职期间，还同另一执政官一起参加了我国举行的刺绣展览会开幕式，参观时对一些产品赞叹不已。佩迪尼就任执政官时仅27岁，是世界上最年轻的国家元首之一。

在之后的接触中，她曾说过，她每周工作5天，每天晨9时上班。每逢周一按惯例接见普通公民；周二、周四与另一执政官共同主持内阁会议。她还说，遗憾的是，公民们并不知道执政官的权力有限，通常是不能越权干涉部长们的职务的。

执政官就职典礼

我在任职期间，曾同各国驻圣外交使团一起参加了圣马力诺执政官的5次就职典礼。

执政官的就职典礼既盛大又隆重，还带有十分浓厚的宗教色彩。这种仪式古色古香，绚丽多彩，真是闻所未闻，见所未见。有人把这种奇特的仪式说成是"古国遗风"，也有一定道理。

在举行就职典礼前，两位新选出的执政官先去国家博物馆穿戴好执政官的传统服饰（可以由本人任意选择），腰间挂上金光闪闪的金柄佩剑，然后来到政府大厦，与即将离任的两名执政官会合，接下去依次进行就职典礼的几项重大活动。

首先，新旧执政官4人并排从政府大厦步行去大礼堂"望弥撒"。一路上有威武雄壮的仪仗队相随。军乐队为前导，其后为身穿军礼服、手持长剑的"贵族卫队"，最后是各国使节。沿途鼓乐齐鸣，观者如潮，十分热闹。

其次，"望弥撒"之后，4名执政官在仪仗队等原班人马陪同下，浩浩荡荡地重返政府大厦，进入金碧辉煌的大议会厅。各级官员和使团挨次就座后，由内政部长带领两名新任执政官宣誓就职。此时，全国9名市长、镇长（有的称之为区长）腰系象征圣马力诺国旗的蓝、白两色绸带，伫立其前方两侧。

再次，两名新任执政官宣誓后，两名卸任执政官分别将挂在自己胸前的徽章摘下来，给新任执政官佩戴，至此象征国家元首权力的交接完毕。

最后，在国歌声中，新任执政官在交椅上就座，接受外交使团的代表——使团长的祝贺。当时的使团长是唯一的驻圣大使——意大利大使。

这些多少年来一成不变的程序完成后，就标志着两名新执政官已接受全国人民的委托，开始肩负起为期半年的神圣历史使命。

人民生活水平已属发达国家

圣马力诺是在第二次世界大战中受到严重破坏的国家之一。但战后，它拒绝了美国的马歇尔计划，靠自力更生、奋发图强来医治战争创伤。经过几十年的艰苦奋斗，从发展农业、扩大公路网着手，改善水、电和通信设施，使商业、手工业、旅游业和邮票业等得到很快的发展。第三产业使这个古老的小国经济发展十分迅速，人民生活优裕、丰衣足食，这在发达国家中也是一个奇迹。

旅游业和邮票业占圣马力诺国家财政收入的将近一半。这里主要说一下丰富多彩的邮票业。我们在邮票博物馆中看到，其邮票品种繁多、图案精美、内容广泛，深受各国游客特别是集邮爱好者的青睐。圣马力诺每年发行25种邮票，尚供不应求，人称"邮票王国"，并非过誉。

圣马力诺人均收入早已跻身于发达国家的行列。人均年收入为1.5万余美元。全体公民都享有公费医疗的待遇，住院的膳食免费；中小学、幼儿园均免费；出国留学，都有助学金。据《1990年世界发展报告》称：1988年圣马力诺人均国民生产总值达1.65万美元，在全世界近200个国家和地区中列为第15位，超过了英、法、意等发达国家，令人赞叹不已。

首都圣马力诺市

圣马力诺共和国的首都叫圣马力诺市，位于蒂塔诺山的腰部，离"三峰"不远，气候温和，常年温度均衡，很少有高于26摄氏度、低于零下7摄氏度的日子。圣马力诺市空气新鲜，风光绮丽，闻名遐迩，成为世人向往的旅游和休憩胜地。每年慕名而来者络绎不绝。确切地说，到圣马力诺旅游，实际上是到其首都旅游。

自由广场

建国达17个世纪之久的文化古国，其古迹之多，令人瞠目。而首都广场正是古迹的集散地。集中在首都的广场有：蒂塔诺广场、自由广场、加里波第纪念碑广场和望楼广场等。这些广场四周的宫殿、纪念碑以及雕像鳞次栉比。

自由广场是圣马力诺市最大最美的广场。我和同事们只要到圣马力诺，一般都住在这个广场附近的旅馆，利用清晨、傍晚或空隙时间漫步广场，感到格外心旷神怡。有一次，我们在自由广场散步，一群中小学生邀请我们在自由之神雕像下合影留念，我们欣然同意。

自由广场因自由之神雕像耸立于广场中心而命名。广场呈长方形，其左侧下方散落着一座座建筑物，亚平宁山脉则在它的前方逶迤而去。政府大厦是广场旁最突出的建筑物，因而广场可以说是圣马力诺的政治中心。据说，政府大厦于1884年5月奠基，历时10年，到1894年9月10日才竣工，其建筑费高达当时的数十万意大利里拉。

自由之神雕像是1876年由圣马力诺雕刻师斯蒂芬·加莱蒂创作，英国妇女奥蒂丽亚·海罗丝·瓦格纳赠送给圣马力诺共和国的；雕像的石座是由圣马力诺雕刻师雕琢而成的，显示了圣马力诺雕刻师们的精巧技艺。广场右侧是一些精心修复的古建筑。它保留了中古建筑简单而质朴的线条，古色古香，别具一格。

崇高荣誉

在我离任回国6年后，突然收到圣马力诺大议会的来信，"为表彰您为发展两国关系所做的贡献，特授予《圣加塔骑士证书》"，信末注明"由圣马力诺共和国大议会发给"。

我兼任驻圣马力诺总领事两年半时间，对发展中圣两国友好关系做了一些应该做的工作，而圣马力诺竟给我那么高的荣誉，我把它作为一个友好国家对我从事外交工作的一种鼓励，深记圣马力诺人民的诚挚友情。希望中圣友谊之树万古长青！

回忆中国和马耳他友好关系

谢君桢

1972年6月到1978年9月，我在驻马耳他使馆工作。1984年11月，李先念主席访问马耳他时，我又重返马耳他协助接待。回忆往事，历历在目。现将中马友好关系的一些情况忆述如下，愿中马友谊源远流长。

一、"地中海心脏"——马耳他

马耳他共和国是欧洲南部的一个岛国，面积仅316平方公里。它位于大西洋通往地中海东部和印度洋的交通要冲，有"地中海心脏"之称，战略地位相当重要，在历史上曾是兵家必争之地。19世纪初，马岛沦为英国殖民地，直到1964年9月21日马耳他才独立。1974年12月13日，马耳他修改宪法，建立共和国，英女王不再是马耳他国家元首，总督成为总统，为共和国元首。

马耳他地处地中海中心，风光明媚，四季常青。岛上没有工业污染，空气新鲜，海水清澈，有很好的沙滩，是世界闻名的旅游胜地。每年在这里旅游、度假的外国人超过马耳他人口的一倍多。旅游业是马耳他赚取外汇的重要行业。有人说马耳他有三宝：海水、阳光和石头。马耳他岛上的大大小小楼房都是用大块石头砌成的。当地有一种石灰石，呈米黄色，质地松软，可用电钻刀切割。用这种石头盖成房屋后，随着时间的推移，石头变得越来越硬。马耳他一些有几百年历史的城堡都是用这种石头建造的，很牢固。

二、中马建交、明托夫首次访华

1971年马耳他第二次大选后，工党执政，明托夫任总理。工党政府奉行中立、不结盟政策。在7年内工党政府收回英国在马耳他的军事基地（实际上是"北约"的基地），不再依靠每年几百万英镑的基地租金的收入，主张发展自主经济维护民族独立。

工党政府十分重视建立和发展同中国的友好关系，经过建交谈判，1972年1月31日中国和马耳他正式建交。台湾驻马"代办"灰溜溜离岛。同年4月，明托夫总理率代表团首次访华。这是在尼克松访华后，第一个来中国访问的第三世界政府首脑。中国政府为了支持马耳他维护民族独立，充分体现我国对大小国家平等相待的政策，对马耳他代表团予以高规格的接待。周恩来总理、李先念副总理到机场迎接，同明托夫总理热情握手。明托夫原来没有想到周总理会亲自到机场迎接，在临来华前还询问过我方外交官，他到北京时将受到什么人接待。两国领导人检阅仪仗队后，几百名手持鲜花的少年儿童高声欢呼"欢迎""欢迎"。明托夫目睹如此热烈的欢迎场面深为感动。随同来访的劳动工程部长桑特赶快拿出相机拍摄了这一难忘的欢迎场面。

在北京逗留期间，明托夫和周总理进行了多次会谈。明托夫表示马耳他坚持中立、不结盟政策，主张地中海是地中海沿岸国家的地中海，反对两个超级大国的军事干涉，美苏的舰队应从地中海撤出去，地中海应成为和平的海洋。我国领导人对马耳他政府的立场表示赞赏。明托夫总理和李先念副总理就发展两国经贸关系和我援马事项进行会谈。双方会谈进行顺利，气氛融洽。毛主席特批给予援马无息贷款。中国政府的慷慨援助使明托夫总理十分高兴，他表示非常感谢中国领导人给予的巨大支持。

在明托夫总理访华期间，周总理亲自陪同他去南京、广州等地参观。明托夫曾提出，他从未听到过像中国军乐团这样把马耳他国歌演奏得如此完美的，所以他希望能把中国军乐团演奏的马耳他国歌录制成唱片，他要带回国去。我国外交部礼宾司官员满足了他的要求。明托夫还提出，希望我国驻马耳他大使能同他一起赴马。我方答允尽快派出驻马大使，但这次与他同行是来不及了。明托夫满载访华的丰硕成果以及我国政府和人民的友谊回国。我新闻电影制片厂为明托夫访华摄制了一部纪录片赠送马方。

我国政府给予明托夫总理的热情接待，不仅进一步增进了中马两国之间的友谊，也充分体现了我国一贯奉行的无论国家大小一律平等的主张和原则，在广大中小国家中引起了较大的反响。

三、筹建使馆班子、大使率馆员赴任

1972年4月初，外交部通知我随同驻马首任大使刘溥同志赴马耳他工作，负责办公室事务兼大使翻译。6月初，刘大使率领驻马使馆的9名馆员离京。离京前，周恩来总理在百忙之中接见刘大使说："刘溥同志，你过去在国内搞过工业，相信你能完成好这个任务。"

我们一行乘机先到罗马，在马耳他驻罗马使馆办了入境签证。刘大使决定由我和另外一位同志先期赴马，为刘大使上任打前站。

在来马耳他之前，我曾做过13年信使，到过50多个国家，但想象不出马耳他是什么样。飞机开始下降了，从飞机的窗口我清晰地看到马耳他由5个岛组成。因为时值夏日正午，阳光强烈，照在米黄色的石头楼房上，很耀眼。飞机降落在卢卡机场，我们受到马外交部礼宾官的迎接，还有新闻记者报道我们抵马的消息。我们两人作为中华人民共和国公民首批进入"地中海心脏"——马耳他。我们到达后，在马方的友好帮助下，为大使到任做好了各项准备工作。

两天后刘大使一行抵马，马外交部礼宾官员到机场迎接。中国大使抵马颇受人们关注，是当地一件大事。当地几家报纸和电视台分别派记者去照相、摄制电视，次日报纸都在头版登载刘大使上任的报道。

次日，刘大使拜会了马外交部常务秘书夏尔玛斯，面交国书副本。夏尔玛斯对刘大使说明，明托夫总理指示他尽快安排中国大使递交国书。

四、大使递交国书、拜会上层人士

马耳他是英联邦成员，当时尚未改为共和国，由英女王任命的总督代理国家元首。刘大使向马莫总督递交国书，仪式很隆重。那天早上，总督秘书和侍从官乘总督专车来旅馆接刘大使。车队到达首都瓦莱塔城外，由十多名警察组成的马队作为先导，缓缓向城内总督府走去。两旁行人驻足观看，汽车上悬挂的五星红旗迎风招展。车抵总督府门口，刘大使由总督秘书和侍从官陪同登上大理石楼梯去二楼，楼梯每级都较矮。秘书解释，200多年前圣约翰骑士团骑士住在此地，他们身披沉重的铁盔甲，上楼梯不能跨大步，因此，每级楼梯都建得较矮。刘大使率3名外交官进入总督府大厅向马莫总督递交国书。马莫接受国书后请大使就座、友好交谈。刘大使转达我国领导人对总督的问候。马莫总督是前任大法官，很有长者风度，英语说得很纯正。马莫对明托夫访华成果很满意，赞扬中国对小国的支持。宾主交谈后，刘大使在纪念册上签名后告别总督。当天中午马莫在总督住地圣安东宫设午宴款待刘大使。席间宾主亲切交谈。我首次担当翻译，缺乏经验。刘大使讲话时，我正在咀嚼面包未能及时翻译。总督笑眯眯地看着我，我赶快咽下面包，红着脸马上翻译。从此我总结教训，在宴会上不吃面包，所吃菜肴均切成小块，便于吞食，做到翻译、进餐两不误。

通过马礼宾官的安排，刘大使拜会马高层官员和知名人士，如副总理兼司法部长布蒂吉格博士、天主教大主教冈齐等。不久，明托夫总理和夫人在家里设午宴招待刘大使，我作为翻译陪同前往。明托夫一家住的是一幢两层楼房，室内陈设朴实无华。明托夫陪刘大使参观家中的卧室，这是一种友好表示。明托夫夫人莫伊拉是英国人，他们有两个女儿。

在这段时间里，我们使馆的成员都全力以赴为开馆进行各项准备工作。我们在离首都不远的纳夏镇找到一处馆舍、一幢两层楼房还有一个小花园。马政府并不要求驻马使馆都设在首都瓦莱塔，因马岛并不大。纳夏镇离首都约20分钟汽车路程。一个多月后，刘大使在新馆址举行开馆招待会，100多位客人出席，有马总督、议会议长、各部部长及各界友好人士及驻马使节，气氛友好。

五、"中马友谊坞"

根据中马两国协议，我国向马耳他提供经济援助，为此由十几名专家组成的考察团很快到达了马耳他。

明托夫在总理府会见刘大使和中国考察团全体成员，马有关部长、发展公司和干船坞公司的负责人也出席。明托夫希望我方专家尽快落实援马项目。我方专家专心致志努力工作，详细了解各种情况，经过一个多月的考察，双方达成协议，确定了我国援马的7个项目。

援建项目中规模最大的是建造一个30万吨的干船坞。该项目花了几年时间，动用了成千的劳动力。一度有几百名中国工程技术人员在马岛工作。造船业是马三大经济支柱之一，马干船坞公司专门经营修船、造船。公司已有大小4个干船坞，最大的为5万吨。我国援建的干船坞建成后，30万吨级大货轮、大油轮可直接驶入坞内，坞门关闭放水完毕后，大船就稳稳地停靠在倒三角形的水泥槽里，工人们就可进行维修。如没有大货轮来维修，也可容纳两条吨位较小的货轮同时进坞。经过中马两国专家、技术人员和工人们几年的辛勤劳动，30万吨干船坞终于建成。明托夫决定把干船坞命名为"中马友谊坞"。我副外长章文晋在1981年10月专程抵马参加竣工仪式。为建造干船坞，一位中国技术人员因公牺牲，一位工程师在马病故。他们长眠在马公墓里，为中马友谊作出了宝贵贡献。30万吨干船坞的建成使马耳他的造船业实力大大增强，经济效益可观，马人民称它为"聚宝盆"。马新闻局局长皮里格雷尼向我大使说，马耳他人民把每个中国专家都当作"民间大使"。

我国一贯强调援助是相互的，我国援助马耳他，马方同样也支持我国。在联合国，马耳他支持恢复我国合法席位。在国际组织中，马耳他也与我国合作，如投票支持我国竞选国际海事协商组织的委员。周总理说过，尽管马是小国，但它在联合国也是一票。明托夫多次表示愿为我方培训英语留学生，并给予奖学金。国内曾派出几十名留学生来马耳他大学学习、深造。

六、精力充沛的明托夫总理

多姆·明托夫生于1916年，是工党领袖。明托夫参政前是建筑设计师。他的父亲是厨师。明托夫兄弟姊妹很多，他是老大。马朋友告诉我们，明托夫幼年就有反对英殖民主义的思想。一次他去英军总部（卡斯蒂尔宫）为他父亲送东西，英军岗哨不准他自大门进入，让他走后门。他发誓有一天一定要从正门进去。1971年工党执政，他就把卡斯蒂尔宫作为总理府，每天从正门进出。当时他已56岁，身体健壮，精力旺盛，每天工作十几个小时。上班时，他跑步上楼梯到办公室，一直工作到下午1点。午餐后骑马活动1小时，然后继续工作，一直到晚上。

明托夫总理对我国十分友好。他从不参加外国使节的宴请，对他的至亲好友举行的各项应酬活动也一概谢绝，但他对中国大使的宴请却破例出席。刘大使到任后不久举行晚宴，请明托夫夫妇出席。明托夫驾车带着女儿破例来赴宴，并带来自酿的红葡萄酒送给刘大使。明托夫还经常邀请刘大使去他的乡间别墅午餐，有时还请刘大使去游泳、乘船或滑水。明托夫的乡间别墅并不豪华，只是一座普通小楼房，房内放了一些渔民的渔网和劳动工具。午餐的气氛十分亲切，明托夫亲自为客人端菜送汤，完全像家里人一样。午餐后，明托夫总理把大使请到楼上，向他通报一些国际和国内政治情况。刘大使也利用这个机会就我国援马项目中遇到的问题和困难与他商谈。刘大使为酬谢明托夫总理的多次款待，邀请工党朋友们来使馆赴宴。我们知道明托夫按惯例不会出席，但在宴会进行中，明托夫总理出人意料地来了。我们赶快重新安排座位，请厨师加做拿手好菜。

明托夫总理活动能力很强，在社会党国际、地中海周围国家和西欧积极开展外交活动，在国内外享有一定的声誉。他4次访华，受到毛主席、周总理的友好会见。他对中国很友好。1989年春夏之交北京发生"政治风波"时，有些人拟来我驻马使馆示威游行，明托夫得知后进行劝阻，同时向我国大使表示他理解我国政府所采取的行动。明托夫现年77岁，仍是工党有影响的议员。马耳他人说："按明托夫的领导才干，马耳他对他来说太小了。"

七、马耳他国民党

我们抵马后发现马耳他工党和国民党之间对立情绪严重。两党势均力敌，在议会中只是一两个席位之差。我们严格奉行不干涉内政的原则，不仅和当权派工党政府搞好关系，也做反对党国民党上层的工作，在外交场合主动和国民党上层人士接触交谈，表明我国的援助是为了全体马耳他人民的，我国愿和马各党各派人士友好相处。我们的工作消除了国民党中一些人对我国的误解。1987年大选，国民党上台执政。1991年，塔博恩总统访华，我国政府给予热情、友好的接待。这是1989年北京"政治风波"后第一位西欧国家元首访华。这不仅表明了马耳他在国民党执政时同样重视和我国发展关系，同时也是对我国的支持，显示了小国领导人的胆略和远见。

八、李先念主席访马

1984年11月19日至22日，李先念主席对马耳他进行了友好访问。这是我国国家主席首次访马。马耳他政府和人民早就盼望中国国家元首的来访。19日，李主席一行抵卢卡机场，受到马耳他总统巴巴拉女士的迎接。当晚巴巴拉总统在圣安东宫举行欢迎宴会，明托夫总理、3位副总理、议会议长、反对党国民党副领袖等出席作陪。巴巴拉总统致辞热情赞扬中国在道义上和物质上对马的支持，在马最急需的时刻，中国伸出了合作和支持之手。

21日上午，李主席到达马最高学府马耳他大学接受名誉法学博士学位，仪式隆重、庄严。马总统巴巴拉亲临仪式。马耳他大学法学系主任首先用拉丁文致辞，推荐李主席接受名誉法学博士学位，然后大学校长朱雷布教授致辞，他说："我以校长的身份和权力宣布您为法学博士，希望您对被授予这一名誉学位而高兴。"校长为李主席穿上博士服、戴上四角帽后又说："请穿上这件博士服，这顶四角帽是知识、美德的象征，它类似过去的荣誉桂冠。"李主席致谢词，表示这不仅是给他个人的荣誉，也是马人民对中国人民友好感情的体现。李主席称赞马大学为马培养了无数人才，并感谢马大学为几十名中国留学生的深造提供了热情的帮助和关怀。

22日上午9时，李主席一行离开宾馆万尔达拉宫去总统府出席接受马耳他共和国勋章的仪式。马耳他共和国勋章是该国的最高勋章，自1975年设立以来，李主席是第三位被授予该项荣誉的外国元首。李主席一行的车队进入首都瓦莱塔市的共和国大街时，马路两旁站满了群众，他们频频向车队招手，有的人高呼"中国""中国"。群众队伍一直从街口延伸到总统府，足有一公里长。李主席到达总统府下车，受到巴巴拉总统的迎接，然后李主席检阅马仪仗队。

授勋仪式在二楼大厅举行。明托夫总理、内阁各部部长、议会议长、反对党领袖及两党议员、驻马使节、各界著名人士等数百人坐满了大厅。大厅内水晶吊灯光芒四射，两边墙上落地大镜相映生辉。讲台上摆了两张金色锦缎镶金边的靠背椅，左侧悬挂马耳他国旗，右侧为中国国旗。10时整，总统侍从官大声宣布马耳他共和国总统巴巴拉和中华人民共和国主席李先念阁下驾到，全场起立，掌声雷动。巴巴拉总统和李先念主席缓步登上讲台。军乐队高奏中、马两国国歌。马总统发表热情洋溢的讲话后亲自向李主席授予马耳他共和国勋章，两位领导人热情握手，全场又响起阵阵掌声。

明托夫总理和李先念主席是老朋友。明托夫访华时，同李先念主席（当时是副总理）进行过多次会谈。此次李先念主席和明托夫总理相见，格外高兴，他们进行了内容广泛的友好会谈。

在李主席访马期间，我在李主席夫妇下榻的万尔达拉宫任联络员。使馆考虑到李主席年事已高，怕他不习惯马方提供的食品，主动征询可否为主席夫妇送些中国饭菜。李主席说不必了。使馆只是在早上派人送早点，有豆浆、油条等。使馆送早点的同志希望和李主席合影留念，李主席欣然同意。我也有幸单独和李主席合影，至今仍珍藏着这张有李主席签名的照片。我还听说在出访前，林佳楣同志专门召集随行人员和警卫同志开会，强调组织纪律性，规定在国外不准向使馆索要东西。林佳楣同志也从未在生活上提出任何要求。李主席夫妇住的宾馆设备和条件并不高级。电视机是黑白的，画面也模糊不清。李主席夫妇想看看当地新闻也看不清楚。他们体谅驻在国的困难。李主席夫妇访马给使馆同志们和马方接待人员留下了平易近人的深刻印象。

李主席访马获得很大的成功，增进了中马两国人民的互相了解和友谊，推动了两国关系的发展。李主席访马作为一项重大活动而载入中马两国关系的纪年史。

中国长城站屹立在南极

翁 明

1981年4月，唐海光同志出任中国驻智利共和国大使不久，智利外交部政治司司长主动提出：希望中国派科学家考察南极，参加《南极条约》，在南极建立科学考察站。他还告诉唐大使，在南极有14个国家，已建立科考站40多个。智利在南极有3个站，设备比较完善，曾多次接待外国科学家考察。智中两国虽在地理上相距万里，但都热爱和平，都愿和平利用南极，为人类做贡献。为此，智利欢迎中国派科学家到南极的智利站进行科考活动。

唐大使在会见智利外交部部长、南极委员会主席、空军司令、海军司令时，他们也均表示希望我国派考察队到南极，并愿在通信联络、人员往来、物资运输等方面给予友好合作，提供各种方便和协助。

南极是世界第五大洲，第七大陆，总面积约1400万平方公里（其中岛屿面积约7.55万平方公里），占世界陆地总面积的9.4%。它同南美距离最近，但也有1000公里，距亚、欧和北美都在1万公里以上，从地理位置上看南极是孤立的一洲。

有人将南极称为"冰雪大陆""地球冰库"，这毫不夸张。南极确实是个冰天雪地的地方，那里95%的面积覆盖着冰雪，世界总冰量的90%堆积在那里，只有沿海地带和南极横断山区才有岩石露头。冰层平均厚度1720米，最厚的地方达4800米，形成一个大冰盖。如果南极冰盖全部融化流入海洋，全球海面将上升 60 米，世界上许多大小城市，将被淹没。

气候酷寒，冰川广布，黑夜漫长，营养物质缺乏，又没有土壤，致使南极洲陆生生物缺乏。但南极附近的海域生物资源却相当丰富，大腹便便的企鹅成群聚集在海滩，步履蹒跚的海豹、海象栖息在沿岸，构成了令人流连忘返的南极奇景。地球上的鲸绝大多数产在南极，世界上 90% 的捕鲸来自那里，最大的蓝鲸体长达 30 多米，重达 160 多吨。以富含蛋白质著称的磷虾是南极海域特有的水产，总量有 50 多亿吨。有人估计，在不减少磷虾资源的情况下，每年可捕捞 1 亿吨，比目前世界捕鱼总量还多 1 倍以上。

在漫长的地质历史上，南极地壳屡有变动，形成了丰富多样的地下矿藏资源，已发现的有金、银、钼、锰、铜、镍、钴、铅、锌、硫黄、石墨、金刚石、石油、天然气等。那里储藏的铁矿可供全世界用 200 年，煤储量达 5000 亿吨。

南极因其具有的独特环境，为科学家提供了得天独厚的条件，被称为"解开地球奥秘的钥匙"和"天然科学实验圣地"。由于孤处一方，大气没有污染，南极为观测天体提供了极好的条件；南极有成千的陨石，是窥探外层空间奥秘的难得基地；南极是地球大环流的策源地之一，对全球气候变化有着重要影响；地球其他地区 600 万年前已灭绝的生物，在南极可能见到，这些发现可能会帮助我们解开地球生命起源之谜，而且还能为进一步解开世界海陆演化之谜提供科学依据。

自 1738 至 1739 年，法国人布维航海时发现了南极附近的一个小岛（今布维岛）之后，英国人库克、美国人帕尔默、沙俄的别林斯高晋和拉扎列夫先后到达或考察了南极。

有组织的国际南极考察已进行过 3 次。1882 至 1883 年为第一次国际极地年，有 12 个国家参加，考察区域是北极和亚南极；1932 至 1933 年为第二次国际极地年，有 44 个国家参加，这次考察仍把重点放在北极，在南极仅做少量观察。1957 至 1958 年为第三次国际地球物理年，有 12 个国家在南极设立 62 个观测站，进行了规模最大的一次南极考察。

随着科学技术不断发展，人类在南极的考察活动越来越频繁，许多国家都在南极建立了科学考察实验基地。

1955 年 7 月，美国、苏联、英国、法国、澳大利亚、新西兰、挪威、比利时、日本、阿根廷、智利和南非 12 国在巴黎举行第一次南极国际会议，同意协调南极洲考察计划，暂时搁置各方提出的领土要求。1959 年 10 月，上述国家在华盛顿再次开会，同年 12 月 1 日签署了《南极条约》。该条约于 1961 年 6 月 23 日正式生效，有效期暂定为 30 年。其后，波兰、捷克、丹麦、荷兰、罗马尼亚、民主德国、巴西、西德、秘鲁、意大利、保加利亚、乌拉圭、巴布亚新几内亚等 13 国相继加入《南极条约》。

《南极条约》规定：南极将仅用于和平目的。继续实行在国际地球物理年期间所实用的南极科学考察自由及协作。各缔约国最大可能地交换有关南极科学规划的情报，在考察队、科学站之间交换科学家和科学观测成果，并有权自由参观其他国家在南极的科学站及设施，禁止在南极进行一切军事活动和任何核爆炸或处理放射性废物。在条约有效期间（1961 至 1991 年）冻结一切领土和领土要求。自条约签署以来共举行 13 次协商会议，讨论保护和合理开发南极海域生物资源问题。

我国最早访问南极的是 1979 年初新华社记者随智利第 33 次南极科学考察队，到南极采访。

1981 年 5 月 15 日，国务院批准成立了"国家南极考察委员会"。委员会的职能是：统一领导我国的南极考察研究工作；处理与南极有关的国内外有关事宜；负责组织我国南极考察与国际组织和各国的往来合作。

在此之后应智利、澳大利亚、新西兰、阿根廷、日本等国的邀请，我国曾先后选派 44 名（54 人次）科考人员，赴这些国家在南极的基地进行考察，取得了可喜的成果，先后出版了《南极科学考察论文集》。

我国那时虽还没有参加《南极条约》，但先后应智利和阿根廷政府的邀请于 1981 年、1982 年几次派科学家到南极进行科学考察。智利有关部门十分热情,介绍情况,提供食宿、服装,派空军专机、专人陪同我科考人员到南极实地考察,使我得以详细地了解参加《南极条约》的手续,以及在南极建站的必要性与可能性。我科考人员在圣地亚哥由使馆人员陪同拜会有关部门,及时解决工作中有关问题。

1983 年 4 月 23 日,国务院提请人大常委会审议加入《南极条约》的议案。1983 年 5 月 5 日,五届人大常委第 27 次会议,听取了外交部副部长韩叙关于建议我国加入《南极条约》议案的说明,批准我国加入《南极条约》。同年 6 月 22 日,美国国务卿舒尔茨致电《南极条约》各成员国,根据条约第 8 条第 5 款规定,条约于交存之日起对中国生效。

1983 年 9 月,第 12 次《南极条约》协商会在澳大利亚堪培拉召开,中国派团出席。我代表团总的活动方针是:了解情况,多做工作,交流经验,为接纳我为协商国创造有利条件。由于我国不具备协商国条件,只能作为成员国代表团出席会议,不能参加表决,发言受时间限制,在确定先后顺序时列协商国之后,可以散发材料。

中国代表团出席会议,受到与会者的欢迎和关注,代表团发言阐明了我国的主张:1. 南极矿物资源的开发和管理制度,应符合《联合国宪章》和《南极条约》的宗旨和原则。2. 南极矿物资源的勘探和开发应和平利用并造福于全人类。3. 南极矿物资源的开发应以不妨碍南极的生态平衡和不污染环境的方式进行。4. 任何国家的法人和自然人在不得违背上述原则的前提下,有获得或行使南极矿物资源的权利。5. 建立民主的矿物资源开发管理制度。

代表团成员回忆这次会议时,非常感慨地说:"每当会议讨论到实质内容或进行表决的时候,包括中国在内的非协商国总是被客气地请到会议厅外面喝咖啡,甚至连表决的结果也不通告。"在联合国 5 个常任理事国中,唯独中国对南极事务没有表决权。有的成员说:"我国在南极不建成考察站，我再也不参加这样的会。"

1984年6月25日，国务院批准我国首次组织南极考察队，赴南极建立中国南极长城站和进行科学考察活动。同年10月15日，邓小平同志为中国首次南极考察题词："为人类和平利用南极做出贡献。"中华民族首次远征南极、建立科学考察站的伟大壮举开始了。

中国首次南极考察队于1984年11月20日从上海启程，12月26日抵达南极洲。30日15时，"长城1号"和"长城2号"两艘登陆艇载着54名考察队员，在浪涛中搏斗了30分钟，顺利登上菲尔德斯半岛南部，在这里升起了第一面中华人民共和国国旗——五星红旗。31日10时，在南极洲乔治王岛上，考察队总指挥陈德鸿同志以高亢的声音宣布："我们今天为中国第一个南极考察站——长城站奠基，是代表10亿中国人民在南极洲奠基，是为人类和平利用南极作出我们中华民族贡献的奠基。"从祖国带来的刻着中国南极长城站的奠基石，竖立在南极洲的土地上。当新年锣鼓敲响时，当祖国人民端起年饭时，中国南极长城站建设的战斗打响了。

凭着为国争光的信念，考察队经过日日夜夜艰难工作，克服一个又一个难以想象的困难，终于在1985年2月14日向全世界宣布：中国南极长城站胜利建成。它标志着我国的南极考察事业进入一个崭新的阶段。

2月20日，中国长城站在乔治王岛隆重举行落成典礼。值得我们外交战线为之骄傲的是，中国驻智利大使唐海光、驻阿根廷大使魏宝善参加了以国家南极考察委员会主任为首的慰问团，这是我国外交使节第一次登上南极大陆。

智利外交部总行政司司长从圣地亚哥陪同慰问团前往乔治王岛。在乔治王岛上的智利、阿根廷、巴西、苏联、波兰、西德的考察站站长参加了典礼。国务院领导同志从北京打来电话表示祝贺。典礼上鞭炮齐鸣，锣鼓喧天。全体考察队员、建站工作者个个刮了胡子（建站时表示，建不成长城站不刮胡子），人人穿上红色南极服，容光焕发，神采奕奕，望着冉冉升起的五星红旗，眼泪夺眶而出。几千年来，我们的祖国终于在地球的最南端——南极洲有了立足之点。中华儿女将迈出铿锵有力的步伐，为和平利用南极作出中华民族的贡献。

1985年10月7日至18日，在布鲁塞尔召开的16个协商国会议上，由于我国在南极建立了长年考察站，进行了多学科卓有成效的考察，因此正式取得协商国的地位。

忆英伦三岛的岁月

谢君桢

1983年11月,我被派到中国驻英国大使馆任一等秘书。近4年的时间里,我主要负责新闻事务。在此期间,中英两国领导人互访频繁,其中有:1984年年底,英国首相撒切尔夫人来京与我国政府总理签署了《中华人民共和国政府和大不列颠及北爱尔兰联合王国政府关于香港问题的联合声明》;1986年,我国政府总理访英;1986年,胡耀邦总书记访英;1986年,英国元首伊丽莎白二世女王首次访华。这些高级别的重要访问标志着中英两国的关系得到了进一步发展。英国前驻华大使、撒切尔夫人的外交事务顾问柯利达爵士称这段时间为"中英关系的最佳时刻"。我曾有幸参与接待我国领导人访英和英国女王访华的工作,并有机会应邀去英各城市出席外事活动或参观访问。现将一些令人难忘的事情忆述如下。

胡耀邦总书记访英花絮

1986年6月,胡耀邦总书记访英,主要随行人员有李鹏、费孝通和朱良等同志。6月的伦敦,风和日丽,气候宜人。6月9日上午,胡总书记与英首相撒切尔夫人在唐宁街10号进行会谈。当晚,英首相及其丈夫在首相府举行晚宴招待了中国客人,撒切尔夫人发表了友好的讲话:"有朋自远方来,不亦乐乎!几乎恰好就在一年前,中国政府总理就坐在这个桌子的座位上，自那时以来我们一直使这个座位保持暖和，等着您的到来。""总书记先生，您将访问大英博物馆。具有影响力的19世纪的大思想家马克思曾在那里度过许多时间。如果您的访问时间能够长一点，我将建议您也到寇克卡迪访问，那里是亚当·斯密的出生地。马克思经常抱怨他本人并不是马克思主义者，同样地，在亚当·斯密分析经济行为的著作，也被马克思认为是经典之作的《国富论》中，也没有直接提到资本主义。马克思一辈子写《资本论》，但自己却没有'资本'。……"

按礼宾惯例，在举行欢迎宴会之前，宾主要互相交换双方领导人的宴会讲话稿。胡耀邦总书记认为对撒切尔夫人这篇以微笑掩盖锋芒的讲话，中方在答辞中应有所表示。随后，他请秘书郑必坚同志连夜重拟一段答辞："刚才首相阁下提到了马克思和亚当·斯密。的确，在英国历史上，曾经产生过有如群星灿烂的思想家、经济学家、科学家、文学家，斯密就是其中之一。他的《国富论》是近代中国最早翻译成中文的西方重要著作之一。这个著作高度评价了劳动在价值创造中的重要作用，深刻地分析了近代社会的经济生活，因而英国古典政治经济学就同德国古典哲学和法国空想社会主义学说一起，成为马克思主义的重要思想来源。中国共产党认为，马克思主义要发展，仍然应不断吸收和概括当代人类文明发展的最新成果。任何先进的哲学思想都不应当成为教条，而是激励人们不断进行探索和创造的精神动力，应当随着实际的发展而发展。我们中国人现在所要做的，就是要把马克思主义的基本理论同中国现代化建设的实际结合起来，建设有中国特色的社会主义。基于这样的逻辑，我相信我们两国可以而且应当超越意识形态和社会制度差异，积极地推进我们之间业已存在的友好合作关系……"

访问期间，反对党英国工党领袖金诺克，前首相希思等政界知名人士到胡耀邦下榻的旅馆进行了礼节性拜访；伊丽莎白女王及其丈夫爱丁堡公爵也在白金汉宫设午宴款待了胡耀邦总书记和几位主要随员，女王妹妹玛格丽特公主出席并作陪。女王出面宴请是一种高规格的礼宾安排，然而女王的午宴却只有一道汤、两道正菜和饭后小食，并不是人们所想的那样丰盛。午宴前，伊丽莎白女王及其他王室成员和中国客人们合影，英方只准中英双方各派一名记者到场摄影，不准电视记者到现场采访拍摄。中方文字和电视记者也只能在白金汉宫门口及过道采访和拍摄，不能进入宫内。真可谓是"侯门深如海"。

6月11日，胡耀邦总书记在英皇家国际事务研究所发表演讲，详细阐述了中国坚持改革开放和建设具有中国特色的社会主义，强调我执行独立自主的和平外交政策，着重说明我们与外国的关系不以社会制度的异同论亲疏，我们愿按照和平共处五项原则与各国保持并发展双边友好关系。

离英前夕，胡耀邦总书记在我驻英使馆二楼大厅举行告别宴会，英首相撒切尔夫人及其丈夫丹尼尔·撒切尔先生、外交大臣杰弗里·豪爵士等内阁大臣应邀出席。中英双方各派一电视组到现场采访，只拍宾主见面握手、会见，不准进入宴会大厅拍摄进餐。为了准备这次宴会，使馆大厨杜保京师傅等几位厨师忙碌了好几天。杜师傅记得1985年夏，撒切尔首相来我馆出席我总理告别宴会，撒切尔夫人最喜欢吃两道菜，第一道是菠萝烤鸭，第二道是珊瑚大龙虾。菠萝烤鸭是一道著名的"谭家菜"，把一个鲜菠萝的瓤全部取出来，切成小块，烤鸭则全部起肉去骨，也切成小块，一片鸭肉夹一片菠萝，吃时加上特制的芥辣酱，其味十分可口。为避免重复，杜师傅为总书记的告别宴会专门准备了一道菜，叫"西瓜盅汤"。先把西瓜掏空，外面雕上花纹，把各种美味海鲜和切成小块的西瓜瓤煮成汤，倒入瓜内并加上瓜盖。当服务员端上这道菜时，客人们都发出惊讶的欢呼，一边吃还一边啧啧称奇。席间气氛友好，客人当中属丹尼尔·撒切尔先生吃得最尽兴，还喝了不少茅台酒。

胡定一大使呈递国书仪式

英国是一个保留着古老传统的国家。外国驻英大使抵英履任，向伊丽莎白女王呈递国书就遵循古老的传统仪式。

1985年5月，我国驻英大使胡定一偕夫人谢恒抵英履任，不久英外交部和联邦事务部就安排胡大使递交国书。在递交国书的那一天上午，一名英皇家典礼官中将身穿军礼服，腰系金色缎带，乘坐一辆由两匹骏马拉着的皇家马车来使馆迎接胡大使。这辆马车装扮得五彩缤纷，由一名穿着红色礼服的马车夫驾驭，车背后还站着一名随从仆人，他的任务是照顾胡大使和典礼官上下马车。我馆的政务参赞、国防武官等几位高级外交官随大使出席仪式，他们每三人一组分乘另外两辆马车。而胡大使夫人按惯例不乘坐皇家马车，而是乘坐使馆的汽车，由一位女礼宾官陪同，跟着马车随行到白金汉宫。

车队进入白金汉宫大门后，胡大使偕夫人及其他几位高级外交官一起进入等候厅，然后由典礼官陪同胡大使进入接见厅。胡大使进接见厅后向伊丽莎白女王一鞠躬，向前走几步双手向女王呈递国书，女王接受国书后和胡大使寒暄几句（一般是不准带翻译的）。接着，随同的外交官按外交级别高低，一个一个分别进入接见厅，进门后先向女王深深一鞠躬，由胡大使向英女王逐一介绍每位外交官的姓名、职务。外交官告退时，低头向后退几步，再一鞠躬转身出门。最后才轮到胡大使夫人进入接见厅，胡大使和夫人与女王进行片刻的友好交谈，他们告诉女王，这是他们第三次到英国任职，他们的女儿也是在英国伦敦出生的。英女王知道后甚为高兴，她祝愿胡大使在英国的工作富有成果，并希望他们在英国生活愉快。然后大使夫妇双双告退，递交国书仪式完毕。胡大使一行仍分别乘坐马车返馆，大使夫人则乘坐使馆汽车返馆。

麋鹿回老家

麋鹿是我国独有的珍贵野生动物，俗称"四不像"。它的头似马、颈似骆驼、尾似驴、蹄似牛。在清朝康熙和雍正年间，北京的南苑、河北的承德皇家狩猎区就曾蓄养着大批的麋鹿。但近百年来，由于战乱和人们的大量捕杀，珍贵的麋鹿竟在我国绝迹了。幸运的是，在1985年，二十几头健壮的麋鹿自遥远的英国被运送回中国。麋鹿在海外飘零，历经百年沧桑之后终于又回到了自己的故乡。这件大好事的完成首先要感谢英国贝德福德市乌邦寺庄园的泰维斯道克侯爵罗伯特·罗素。他们家族出于对中国人民的友好情感，向中国捐赠了二十几头麋鹿，这充分表明了英国人民对中国人民的友谊。

人们也许要问中国的麋鹿与英国泰维斯道克家族有什么关系呢？这里边还有一段历史故事。在英格兰中部贝德福德市的乌邦寺庄园，自15世纪就有一位颇有声望的贵族——贝德福德公爵。他们家族拥有大片的土地、森林、宫殿、寺院，并豢养着多种珍贵的野生动物，如斑马、长颈鹿、牦牛、天鹅、羚羊、骆驼、良种马和九个不同种类的鹿。第十二代贝德福德公爵，也就是现在侯爵的曾祖父，在1894年收集到了几头濒临灭绝的中国麋鹿，并将这些麋鹿放养在花园里。经过近百年的饲养和繁殖，麋鹿家族已变成一大群。英国政府对待世袭的王公贵族拥有的土地、房产等不动产，征收高额地产税。这一政策就迫使一些贵族想方设法把一部分房地产上交国家以减少纳税，来保护具有文化价值的宫殿及文物。侯爵的父亲、第十四代贝德福德公爵为了保护和维修乌邦寺宫殿和其他文物，创议并实行把乌邦寺宫殿、森林、动物园等地商业性地向英公众开放，让英国老百姓和外国游客有机会到乌邦寺庄园休闲、旅游和度假。人们称这一做法为"高贵住宅的生意"。现在贝福德福公爵家族的后代仍然居住在一部分宫殿内,但他们并不是乌邦寺庄园整个产业的所有者,而是保管人。他们把向公众开放的商业性收入用来弥补各项费用。虽然英国政府对应保护的宫殿和文物给予少量津贴,但主要的费用依靠保管人设法筹集。英国各地有不少过去的王公贵族留下的有价值的文化遗产都是向公众商业性开放的。

对于泰维斯道克侯爵向我国赠送的二十几头麋鹿,我国政府欣然接受并深表感谢,英官方也很支持侯爵的这一行动。1985年侯爵罗伯特·罗素携带着他最小的儿子、11岁的詹姆士爵士来我使馆,和胡定一大使签署由侯爵向中国赠送麋鹿的书面协议。作为新闻秘书,我把这具有历史意义的签字仪式拍摄了下来。仪式后,侯爵向我表示希望得到一张签字仪式的照片留作纪念,我立即允诺并随后寄给了他。

不久,准备送往中国的二十几头麋鹿被送到英国的检疫所。在那里,麋鹿要经过三周的封闭检疫才能起运到中国。麋鹿抵达中国后,需再次送到检疫所,经消毒、隔离、检疫若干天后,才能回到它们的故乡北京南苑,以适应那里的气候、环境及食物等。

《人民日报》驻英国记者李云飞为了报道麋鹿回家,想给麋鹿拍几张照片,就和我们一起驱车去贝德福德的乌邦寺庄园。正巧那天下大雨,我们到达乌邦寺公园后没有看到一头麋鹿。后来我们在公园里碰到了侯爵的小儿子詹姆士爵士,他穿着雨衣驾驶一辆大轮三轮车,热情地和我们打招呼,并领我们去参观乌邦寺宫殿。侯爵的一位助手出来接待我们,还赠送我们一人一本乌邦寺宫殿的画册。我们饶有兴趣地参观宫殿的每一间展厅,其中有一间"中国厅",陈列着古色古香的中国家具和古玩,墙上贴的丝绸墙纸是18世纪从中国采购来的,虽历经二百多年,墙纸的颜色依然鲜艳夺目。最后,我们带着未能亲眼看到麋鹿的遗憾心情离开了乌邦寺。

这批回国的麋鹿首先被送到南苑放养,以后又被转送到华中某地的自然保护区。后来,我们在中央电视台《神州风采》节目中,才看到放养这批麋鹿的自然保护区,它位于我国湖北荆沙地区的长江边。麋鹿在水草丰茂的自然保护区逐渐恢复了野性，它们自由自在，茁壮成长。经过近十年的放养，这批麋鹿已繁殖壮大为一大群了。在此片中还出现了泰维斯道克侯爵来华参加麋鹿抵达中国仪式的镜头。作为这一友好表示的见证人，我们衷心祝愿百年后回故乡的麋鹿能在祖国的大地上不断地繁衍生息，我们也祝愿中英两国人民的友谊万世长存。

忆英国女王第一次访华

唐龙彬

1986年10月12日下午4时55分，北京阳光灿烂，秋高气爽，一架从香港飞来、插有英国皇家旗帜的女王三星型专机，徐徐降落在首都国际机场。专机停稳后放下舷梯，先期抵达北京陪同访问的女王的丈夫——爱丁堡公爵菲利普亲王，会同英国驻华大使和我外交部礼宾司司长登机请女王下机。

女王伊丽莎白二世身着浅色服装、臂挎乳白色提包、手戴白色网织手套、头戴宽边礼帽走出机门，微笑着向欢迎的人们招手致意，并在菲利普亲王等的陪同下慢步走下舷梯。女王走在红地毯上与前来欢迎的国务委员兼外交部部长吴学谦和夫人、外交部副部长周南和夫人等一一握手致意，开始了应李先念主席邀请的对我国为期一周的国事访问。

女王是英国世袭的国家元首、司法首脑、联合王国武装部队总司令和英国国教的世俗领袖。在英国，女王不亲自管理国家事务，国家的大政方针由内阁政府制定，但作为国家统一的象征，女王在英国政治生活中占有特殊地位，在英国各阶层人民群众中享有较高威望和影响，加上她自幼经过严格训练，在历史、语言、音乐等方面颇有造诣，能讲流利的法语、西班牙语、德语，经常接近群众，关心社会福利事业，举止大方得体，言谈谨慎恰当，颇有风度魅力，博得了英国人民的爱戴。她同时也是加拿大、澳大利亚、新西兰等17个英联邦成员国的国家元首，在英联邦内颇有影响。

迄今为止，她已出访了100多个国家，每到一国，均受到隆重热烈的接待。

这是英国历史上君主对中国的第一次国事访问，也是中英两国在香港问题上发表联合声明之后的一次意义重大的访问。英国报纸说，这是女王伊丽莎白二世在位34年来"最具有特别色彩的一次国事访问"。

英女王来访是中英关系中的一件大事，也可说是一个里程碑。做好女王访华接待工作，对进一步发展中英两国关系和促进两国政府关于香港问题的联合声明的实施，都具有十分重要的意义。

一、为显示英国君主的仪典排场和豪华富有，女王这次来访兴师动众，队伍庞大

这次陪同女王来访的有：女王的丈夫菲利普亲王、外交和联邦事务大臣杰弗里·豪爵士和夫人等36人（主要是王室成员和女王的侍从），随行英国记者220人，分乘3架英国大型客机从香港先后飞抵北京（3架专机机组人员近40余人）。按照女王过去正式访问一些西方国家（如葡萄牙、瑞典、澳大利亚、美国等）的习惯做法，这次女王还携皇家远航豪华游艇"大不列颠"号（5137吨）和护卫舰"约克"号来华。两艘艇（舰）的官兵300多名，连同皇家海军乐队和王室服务人员约600多人，女王一行总共900人左右，来华人数大大超过1972年2月美国总统尼克松首次访华时的人数（500人）。外国元首携大型游艇和护卫舰来华并分别在停泊于上海、广州码头的皇家游艇上举行盛大答谢宴会和告别招待会（宴会食品和名酒饮料均随游艇运来）及举行隆重升降旗仪式、官兵列队仪式、皇家海军乐队分队形演奏等活动，均属我新中国成立以来首次。英方为这次访问运进的通信器材、办公用具、食品等达数十吨，其中仅女王的个人衣箱就超过400余件，重5吨。在为期一周的访问中，除在北京停留三天外，女

王一行还去上海、西安、昆明、广州四城市参观访问。女王一行近千人按不同专业身份，分别安排了各种座谈、参观游览和联谊活动。英方普遍感到满意，称赞中方组织工作细致出色。

二、我国政府对女王来访十分重视，给予亲切友好、高规格和破例的礼遇

1985年以来，我国根据国内实际情况和国际上简化礼遇的做法，在接待来访国宾上先后做过几次改革，简化了一些礼仪和礼节，不过分讲究仪典排场和群众场面，力求务实有效。但考虑到英女王的特殊地位和中英两国的重要关系，且女王过去出访均受到往访国的隆重热烈接待，而在欧洲君主中，英国又是最讲究王室仪典排场的，在此情况下，从中英关系大局出发，我们在接待工作中做了些特殊破例的安排。

1. 邓小平同志的亲切友好会见，把这次访问的气氛推向一个高潮

会见是在钓鱼台国宾馆一所十分别致的庭院——养源斋进行的。这次我方担任女王全程首席英文翻译的是张幼云女士。她是由英方推荐确定的。当时她正在我驻英国使馆任参赞。英方在与我方商谈日程时提到，女王希望能有一位熟悉她语音的女士担任她的翻译。张幼云女士是最合适的人选。为此，外交部专门把张幼云临时调回担任此职。她的出色翻译工作博得女王的好评。

当天下午天气晴朗，养源斋院里鲜花盛开，秀丽芳香。小平同志在庭院里迎候女王时说，"请到您很高兴，请接受一位中国老人对您的欢迎和致意"，并表示"随着香港问题成功地解决，现在我们的任务是努力发展两国友好合作关系、增进两国人民间的友谊"。女王表示："能到中国来访问，我感到十分高兴，这是我的夙愿，我热切期待着来中国多看些地方。"

忆英国女王第一次访华 | 679

1986年10月14日,中共中央顾问委员会主任邓小平在北京钓鱼台国宾馆会见伊丽莎白二世和菲利普亲王

会见后小平同志设午宴招待。女王平日说话不多，但这天显得格外活跃随和，谈笑风生。女王对中国菜肴烹调颇有兴趣。午宴上有一道海味——佛跳墙（福建名菜），当我方人员介绍由于这道菜味道佳美，香气扑鼻，连在墙外的和尚闻味后也会情不自禁地越墙来品尝时，女王满面笑容地说："那我们就更要多吃一些了。"宴会上，小平同志还妙趣横生地说："我们要改变北京干燥的天气，借一点伦敦的雾就好了。"这时亲王抢着说："雾是工业革命时期的产物，现在伦敦已没有雾了。"小平又说："那现在借雾有点难啰！"亲王说："那可以借点雨，雨比雾好，而你们可借点阳光给我们。"真是欢声笑语，宴会自始至终充满着亲切友好的气氛。

胡耀邦总书记和中国政府总理还分别会见了女王。胡耀邦总书记在中南海会客厅会见，并陪同女王散步至中南海迎薰亭小憩，欣赏中南海迷人秀丽的风光。双方领导人回顾了两国关系，并一致认为两国关系正处在最佳时刻。

2. 李先念主席在人民大会堂东门外主持隆重欢迎仪式

李主席陪同女王检阅三军仪仗队，鸣放礼炮21响。当晚，在人民大会堂宴会厅，举行盛大国宴欢迎女王。我方时任总理、几位副总理、各部委负责人等出席。宴会上，李先念主席和女王分别发表了热情洋溢的讲话，双方指出，中英两国就香港问题达成协议两年来，两国关系取得了令人鼓舞的进展，比以往任何时候更为突出。女王在宴会上还宣布，建立皇家学会对华研究员奖学金，以此纪念她和亲王来华访问的这一重要愉快时刻。

李主席和林佳楣同志破例专程赶赴上海，参加女王15日晚停泊在上海港皇家游艇上举行的答谢宴会，国务委员吴学谦和夫人、江泽民市长等陪同出席。宴会后女王还举行招待会，邀请来自中方各界代表200余人参加。那晚皇家游艇打扮得更加光彩夺目、灯火辉煌，能容纳六七十人的宴会厅布置得富丽堂皇，水晶玻璃宫灯悬挂在大厅中央，颇有白金汉宫的雄姿风格。女王和亲王站在铺有红地毯的甲板上迎接李主席等贵宾。宴会上气氛

忆英国女王第一次访华 | 681

1986年10月13日，中国国家主席李先念在北京人民大会堂东门外广场主持仪式，欢迎英国女王伊丽莎白二世和丈夫爱丁堡公爵菲利普亲王

格外亲切友好。宴会在皇家海军乐队演奏欢迎曲后开始。女王首先祝酒说，亲王和她十分感谢中方为这次访问所作出的令人钦佩的安排，这次访问给他们留下长久的记忆。李主席说，女王这次对中国的访问，必将对中英两国友好合作关系和两国人民友谊的进一步发展产生深远的影响。这是一次英方精心安排的隆重宴会。宴会餐具均是英女王在白金汉宫招待国宾宴会上使用的，餐厅服务员均为训练有素、经验丰富、在王宫服务多年的人员。宾主边品尝英国菜肴和名酒、欣赏皇家乐队的悦耳音乐，边畅叙友情，似在白金汉宫出席女王的宴请一样。当晚招待会后，游艇上的英国官兵还举行隆重降旗仪式，皇家海军乐队表演分队形的演奏。活动一直持续到深夜11时结束。

吴学谦国务委员兼外长和夫人、周南副部长和夫人、唐龙彬部长助理等全程陪同并出席女王在广州举行的告别招待会。

那么多的中央主要领导人分别出面和隆重接待女王，在我新中国建立以来是不常见的。

3. 访问城市均安排群众夹道迎送

女王抵京当天和到外地各城市参观访问时，均有数千名身着鲜艳服装的青少年在女王车队经过的街道上挥动彩旗、国旗和鲜花，载歌载舞热烈欢迎，女王对此很为感动。16日中午抵西安时，正下着蒙蒙细雨，车队在经过市中心钟楼时，沿途数千名群众热烈欢迎并放出500只吉祥鸽子，女王当时激动地说："这么多市民群众在热烈欢迎我，我心里实在太激动了。"她还要司机放慢车速，让她跟群众多见见面。当天下午抵昆明时，在机场有数千名身着各少数民族艳丽服装的青少年热烈欢迎，女王不断地挥手致意并颇有兴趣地向云南省省长问及少数民族的情况。18日晚，在女王和亲王一行结束为期一周访问乘皇家游艇离开广州黄埔新港时，欢送女王的隆重仪式在码头上举行，吴学谦国务委员兼外长和夫人、叶选平省长和夫人等出席。2000多名群众敲锣打鼓，演奏音乐，挥动花束和彩带。身着盛装的青年跳起了狮子舞。100多人组成的舞龙队举起"巨龙"朝着女王乘坐的游艇起舞。女王微笑着在游艇上不停地向欢送的人群挥手致谢。晚上 8 时 30 分,女王乘坐的游艇在锣鼓、鞭炮声中起锚,徐徐驶离黄埔港,此时码头上彩灯闪烁、锣鼓鞭炮声响彻天空,在码头周围停泊的中国籍及英国、英联邦国籍的船舶都挂满旗、开满灯以示热烈欢送。如此壮观动人的欢送场面是过去很少见的。

4. 对女王携皇家游艇和护卫舰来华给予了很多方便

对照国际惯例,英方艇(舰)进出上海港和进入广州黄埔港时,我海军派一艘驱逐舰迎送和引导;女王乘游艇离广州时,派驱逐舰、护卫舰各一艘护航。10 月 15 日和 18 日,女王分别在上海港、广州黄埔港的皇家游艇举行宴会和招待会。15 日从日出至日落、18 日从日出至女王乘游艇离黄埔港出境,在艇(舰)视力可达范围内的中国籍及英国、英联邦所属国国籍的停泊在码头及浮筒的船舶均挂满旗或开满灯以示迎送。应英方要求,我方还安排了皇家海军乐队在上海音乐厅的专场演出。

5. 女王一行在北京和外地城市访问期间均在最高级的豪华宾馆或饭店下榻

女王一行在北京住钓鱼台国宾馆刚刚改建竣工的 18 号楼——国家元首楼。在上海住宿在西郊宾馆,这是一座环境幽雅的花园别墅式的豪华宾馆。江泽民市长中午在宾馆的水上餐厅举行盛大宴会。在昆明则住在山脚下四季如春的震庄宾馆。在广州,女王下榻在著名香港企业家霍英东先生任董事长的白天鹅宾馆 28 层楼顶的总统套间。霍英东先生专程提前赶到广州,并在宾馆大门前迎候女王。中午叶选平省长在宾馆三楼宏图府举行盛大宴会,款待女王和亲王等品尝"宫廷菜肴"。其中,有一道菜为烤"全乳猪",当乳猪被安放在一顶精制的小花轿上,由两名秀丽的"宫女"一前一后慢步抬入宴会厅时,会场空前活跃,大家不约而同地热烈鼓掌,女王兴致勃勃地站立注视着这道名贵菜肴并不停地说:"妙极了,妙极了!"叶选平省长在宴会上还向女王赠送一盆有 60 年树龄的"九里香"盆景,向亲王赠送石湾陶瓷工艺品"钟馗饮酒"。

6. 中英双方领导人交换了有纪念意义的礼品

李先念主席向女王赠送秦陵铜马车、女王丝绣半身像、国画熊猫、丝绸衣料、邮票纪念册。女王回赠高级罗尔斯·罗伊斯小轿车一辆、新生婴儿呼吸器、镀银文具盒等。女王还把英国伊丽莎白一世女王当年写给明朝万历皇帝的一封信（当时未能送达）作为礼物当面赠送李主席，以示中英两国的传统友谊。

三、在接待工作中，贯彻以礼相待、不卑不亢精神

1. 婉拒英军舰在我内河、航行做军事表演

英方多次提出希望允许其护卫舰随皇家游艇在黄浦江上航行，为在皇家游艇上参加座谈的中英经济企业界人士举行军事表演。英方强调说，这是一种传统的做法，女王在访问欧洲国家时也有此安排。我方以在我内河航行，安全应由我方负责为由婉拒，并表示，英军舰在我内河作军事表演是不适宜的。

2. 未予同意英方海军士兵在上海港持枪站岗

英方还提出皇家游艇停泊在上海港时由英方海军士兵持枪站岗。我未予同意，改由我仪仗营派干部站岗。

四、英女王来访非常注重礼仪排场并沿袭王室的一些传统礼节和做法

在目前世界上仍有君主制的国家中，最注重突出国王形象的恐怕要算是英国了。英国的普通邮票全部是女王的侧面头像，连纪念邮票一角也要

印上金色的女王头像侧影。英国政府机关日常使用的公函信纸和信封上都印有"为女王陛下服务""女王陛下政府"这些字。每次在英国举行的正式宴会结束前，出席者总得全体起立为女王干杯，之后才允许抽烟。此时服务员才递上各种名烟、火柴、烟灰碟。英国的国歌是《上帝保佑女王》。

虽然女王对国家统而不治，由政府以女王名义执政，但女王参加国内外众多礼仪庆典活动，每天阅读大量政府文件和报纸，接见内阁大臣，掌握第一手材料。每逢诞辰日，女王总是全副戎装，骑马检阅王室卫队分列式。秋天乘坐金色马车从白金汉宫到议会出席开幕式。女王每年册封一些对国家有贡献的人，受勋者单腿跪在女王面前由女王用宝剑按在肩上册封。在这次访华中，每逢女王会见英国或英联邦国家的官员或一般人员时，他们均顺序——单腿跪下吻女王手背，以示敬意。

据说，女王拥有许多最珍贵的艺术品和珠宝，是英国最富有者。她爱好艺术、善射击、爱骑车，平日穿戴非常讲究和素雅，习惯戴帽、戴手套。在华访问中，女王参加那么多宴会礼仪活动和参观游览项目，但从未重复过同样的服装，连皮鞋也是一次一换。难怪女王来华带400余个衣箱。为了显示她的风度和健康，她从不要人搀扶。

英国女王这次访问取得了十分圆满的成功。正如国务委员兼外长吴学谦在广州向女王转达李主席的口信时说，女王这次访问在中英两国友好关系史上写下了重要的一章，必将对两国和两国人民的友好关系进一步发展产生深远的影响。女王在从广州回国时给李主席的感谢信中说，这次访问令人心旷神怡。访问标志着英中两国关系已经发展到了一个热烈友好的新水平。

民间外交四十年

刘庚寅

一、我在外交部国际司亲历的民间外事活动

民间外交是我国外交工作的重要组成部分，加强对各国人民的了解、增进与各国人民的友谊是我国对外政策的重要内容之一。周恩来同志曾强调，我国的外交，除了官方之间的往来以外，还要广泛和各国民间交往，即"争取人民，了解人民，依靠人民，寄希望于人民"。陈毅同志曾说："灵活运用政府外交和民间外交两种形式，特别是广泛开展民间外交，是新中国在国际关系中的一个创举。"邓小平同志也说过："如果只有两国政府间的合作，而没有民间交往，两国关系是不可能有扎实基础的。"

新中国成立以来，我国的民间外交在不同的时期，通过不同的方式，与官方外交紧密配合，不断加强我国同各国人民的友好合作，为我国的建设事业创造一个和平、稳定的国际环境作出了贡献。新中国成立之初，帝国主义曾掀起反华浪潮，对我国实行封锁、禁运。当时与我国建交的国家很少，到1954年才只有19个。但是各国人民迫切要求了解新中国，并与之来往和交流。因此，在相当长的一段时间，民间外交蓬勃发展，我国各群众团体和个人，通过不同形式和途径，同许多国家的民间组织和友好人士建立了广泛联系，对推动官方关系的开展起了积极作用。用当时的话说，

就是"民间先行,以民促官,官民并举"。

新中国成立初期尚未设立专门机构负责指导和协调民间外事活动,此项任务暂交外交部国际司代管。当时我从中央外事组调至外交部国际司工作,由于联合国及其他官方国际组织中的中国席位问题尚未解决,领导分配我暂时主管民间外事活动,一直到1953年4月,中共中央国际活动指导委员会成立。在此期间,我作为工作人员参加过多次民间外事活动,较重要的有以下几起。

(一)细菌战调查团

1950年6月,朝鲜战争爆发。美国打着"联合国军"的旗帜入侵朝鲜。刚刚成立的新中国为了保家卫国,决定派志愿军抗美援朝。1951年,美军不甘心其发动的夏、秋两季攻势连遭失败,便铤而走险,于1952年1月,冒天下之大不韪,实施了细菌战。他们派遣空军在朝鲜和我国东北投掷大量细菌弹,妄图以此挽回败局。

1952年3月,世界和平理事会执行局通过决议,决定组织调查在朝鲜和中国的细菌战事实国际科学委员会(简称"国际科学委员会")到现场调查。国际科学委员会由特邀的6名国际知名科学家组成,他们是:英国的李约瑟(任秘书长)、苏联的茹科夫、瑞典的安德琳、法国的马戴尔、意大利的欧利佛、巴西的贝索亚。6月下旬,国际科学委员会成员到达北京,受到中国政府的热烈欢迎。毛泽东和周恩来亲切会见了他们。周总理指定廖承志负责接待工作,钱三强任委员会联络员。中国方面协助国际科学委员会工作的还有知名医学家钟惠澜、陈文贵、白希清、朱弘复、陈世骧、严仁英、方纲、计苏华等人。

1952年7月,国际科学委员会冒着战火到朝鲜和中国东北进行实地调查。他们约请中国和朝鲜方面提供各项科学报告,复查实物标本,询问了数百人证,观察了许多现场,并详细调查和研究了美军进行细菌战的大量事实。经过一个多月的调查,国际科学委员会最后的结论是:朝鲜及中国东北的人民,确已成为细菌武器的攻击目标;美国军队以多种方法使用了这些细菌武器,其中有一些方法,看起来是把日军在第二次世界大战期间进行细菌战所使用的方法加以发展而成的。

8月31日,国际科学委员会6位成员分别在以法、英、俄、中四种文字写成的调查报告书上庄严地签了名。9月17日,中国报纸发表了该报告书。这就是后来被称为"绿皮书"的细菌战调查报告。

(二)亚洲及太平洋区域和平会议

新中国成立之初,世界和平运动风起云涌,世界人民要求和平,反对战争已成为时代的潮流。1952年年初,在世界和平理事会的支持下,由宋庆龄、郭沫若等中国著名社会活动家倡议,亚洲及太平洋区域和平会议(简称"亚太和会")在北京召开。周恩来总理指定会议的筹备工作由彭真、廖承志、刘宁一、徐冰等同志负责,刘宁一任筹委会秘书长。大会会址选定了中南海怀仁堂。为此,扩建了怀仁堂,把原来的一个四合院改建成能容纳一千多人的会场,并安装了译音风等先进设备。为了接待各国代表,在王府井金鱼胡同修建了和平宾馆。

经过半年多的紧张筹备,亚太和会终于在1952年10月2日正式开幕。会议历时11天,代表来自亚、澳及美洲太平洋沿岸的37个国家,共463人。这是新中国成立后首次在中国召开如此大规模的国际会议。

筹委会秘书长刘宁一宣布亚太和会首次会议开幕,并做了筹备工作报告,随后由中国代表团团长宋庆龄致开幕词,副团长彭真致欢迎词。次日,副团长郭沫若做了"团结一心,保卫和平"的总报告。

11天的亚太和会开得紧张、活跃,各国代表纷纷发言。直到10月12日夜,才由彭真主持召开最后一次会议。大会通过了《告世界人民书》等文件,并决定在北京设立亚洲及太平洋区域和平联络委员会,宋庆龄当选为主席,委员共 69 人,包括很多中国的老朋友,如日本的西园寺公一、美国的罗伯特·威廉、加拿大的文幼章、新西兰的路易·艾黎、墨西哥的美图勒利、智利的聂鲁达等。

这次大会不仅推动了亚太地区的和平运动,而且对打破帝国主义的封锁,使各国人民了解新中国的形势和政策,加强我国与亚太国家的联系,都起了很大作用。

(三)世界人民和平大会

1952 年 12 月,世界和平理事会在维也纳召开了世界人民和平大会。这是一次声势浩大、各国名人荟萃的大会,有 85 个国家、1800 多名代表参加。中国派出了由宋庆龄任团长,郭沫若任副团长,由 108 人组成的庞大代表团。团员包括各界知名人士,如人民团体代表廖承志、刘宁一,政界代表章伯钧、罗隆基,经济界代表陈叔通、刘靖基,文艺界代表梅兰芳、常香玉、于兰等。临行前,周总理亲自接见代表团,并做了指示。他强调:"你们这 108 将都是各界的杰出代表,要各显其能,广交朋友。要如实宣传新中国的情况和政策,让各国代表通过你们看到新中国人民的精神面貌。"

这次大会由世界和平理事会主席、著名科学家约里奥·居里主持。著名画家毕加索特意为大会画了和平鸽作为会议标志。大会最后通过了《致五大国书》及《世界人民和平大会宣言》。会议期间,中国代表团成员遵照周总理的指示,与各国代表广泛接触,结交了不少同行的朋友。

会后,代表团回国路经莫斯科时,稍作停留。梅兰芳应邀演出了《霸王别姬》,常香玉演出了《花木兰》,受到苏联文艺界的热烈欢迎和赞扬。这是新中国成立后梅兰芳第一次在国外演出。代表团返京前一天,斯大林从黑海休养所赶回莫斯科,会见了宋庆龄、郭沫若等代表团领导人。这是斯大林最后一次会见中国代表团。

二、我在对外友协亲历的民间外事活动

1953年初，由于民间外交的迅速发展，外交部国际司已感力量不足，而且由外交部指导民间外交也有不便之处，于是中央决定成立中共中央国际活动指导委员会，专门负责对各群众团体的外事活动进行指导和协调，王稼祥任主任，廖承志为副主任，董越千为秘书长。为了突出对外文化交流，1954年又成立了中国人民对外文化协会（1969年改名为中国人民对外友好协会，简称"对外友协"），楚图南为会长。至1958年，由于我国国际地位的提高，官方和民间外交都有很大发展。为了适应新的形势，加强中央对外事工作的统一领导，中央又决定撤销国际活动指导委员会，成立由周总理亲自领导，以陈毅副总理兼外长为主任的国务院外事办公室，统一领导党、政、军、群的外事工作。我随之由外交部调至国际活动指导委员会，又调至国务院外事办公室，直至1969年11月国务院外事办公室撤销。在此十余年期间，我虽然大部分时间也主管民间外事，但亲自参加民间活动的机会反而不多。直到1978年，我从中国驻加拿大使馆调到中国人民对外友好协会，任对外友协副会长，才又参加了大量的民间外事活动。

对外友协的宗旨是：以发展中国人民同世界各国人民之间的了解和友谊，促进相互间经济、社会、文化、科技、教育等方面的交流与合作，维护世界和平为宗旨。为了实现以上宗旨，对外友协的主要活动有：（1）通过互相访问，促进了解和友谊；（2）互派文艺团体和展览团，开展民间文化交流；（3）开展维护世界和平的活动；（4）支援各国人民的正义斗争；（5）促进与各国的经济技术交流；（6）参加民间国际会议和双边会谈；（7）与各国友好组织互相举行纪念、庆祝和联欢活动；（8）推动和协调与外国建立友好城市。

我参加的民间外事活动中，给我留下深刻印象的有以下几起。

（一）美国退役海军上将海曼·里科弗访华

1982年年底，美国退役海军上将海曼·里科弗要求访华，中央决定由对外友协出面接待。里科弗被称为"美国核潜艇之父"，美国的核潜艇舰队主要是由他筹建起来的。他在美国海军服役60多年，在美国军政界有很大影响。他与尼克松、福特、卡特、里根等美国历届总统的关系都很密切，经常到白宫做客。但此人性格古怪，居功自傲。访华时他已80多岁，但精神尚好。对外友协根据他的特点，给他安排了参观原子能反应堆、东海舰队、常规潜艇和游览长江三峡等项目，但他都不感兴趣，抵京后直截了当地向对外友协会长王炳南提出，他要看中国新建造的核潜艇，并扬言：美国的核潜艇是世界上最先进的，他访华的目的就是要帮助中国改进落后的核潜艇技术。因事关重大，对外友协立即请示当时的军委副主席杨尚昆同志，杨尚昆同志指示：原参观计划不变。中国的核潜艇决不能让他看。我们承认核技术落后于美国，但就是不能让他知道我们落后多少。每个国家都有军事秘密，美国也如此，请他谅解。

里科弗参观时无精打采，很不高兴。在北京参观原子能反应堆时，他说这是"儿童玩具"，不值得看；在武汉参观常规潜艇时，他先是拒绝，后来在陪同人员的劝说下，才勉强走了一遭。游览长江三峡时，他躲在船舱里不肯出来。直到在上海参观东海舰队，他的情绪才稍有好转。离京前，胡耀邦同志会见他。会见之前，王炳南和美国驻华大使伍德科克都再三提醒他要注意礼貌，但他一见胡耀邦就拍着胡的肩膀说："年轻人！"

里科弗返美后，我们很担心他对访华的反应。但出人意料的是他表现非常友好，不仅说了很多中国的好话，而且有几个重要的中国访美代表团路经华盛顿时，他还出面会见。里科弗逝世后，美国为了纪念他，成立了"里科弗基金会"，该基金会至今还与我国有关单位保持友好往来。

（二）国际和平年

1986年为联合国发起的国际和平年，联合国号召各会员国广泛发动群众，举行各种纪念活动，掀起全世界人民维护世界和平的高潮。中国的纪念活动由对外友协牵头组织。为此，由40位各界知名人士组成的国际和平年中国组织委员会成立了。对外友协会长王炳南任组委会主任，我为秘书长。

组委会在1986年组织了一系列的纪念活动。当年3月，在北京召开了有3500多名中外人士参加的中国人民维护世界和平大会。在大会上，我国总理首次向世界宣布，以后不再进行大气层核爆炸试验，受到各国人民的称赞。其他纪念活动有：召开维护世界和平学术讨论会和专家座谈会，举办以和平为主题的书画摄影展览，举办"让世界充满爱"百名歌手演唱会，参加联合国发起的"维护世界和平环球长跑"，发行国际和平年纪念邮票和纪念币等。由于中央的重视和各界的合作与支持，这一年的纪念活动办得很成功，联合国为此授予对外友协"和平使者"奖。

我一生未脱离外事工作，虽经数次调动，但先后近40年从事民间外事活动。我深感民间外交有其突出的特点和作用。

一次不同寻常的访问
——陪同吴学谦外长访问秘鲁

朱祥忠

1987年6月，吴学谦国务委员兼外长在访问了肯尼亚、科特迪瓦等非洲七国后，经停马德里，去秘鲁、厄瓜多尔和智利三国访问。我当时作为外交部美洲大洋洲司（简称"美大司"）主管拉美事务的副司长，赶到马德里同吴外长汇合，陪同前往访问。秘鲁是吴外长拉美之行的第一站，也是我国外长第一次往访，因此双方都很重视。这是一次不同寻常的访问。

"中国外长失踪了"

吴外长的随行人员除我以外，还有他的秘书黄桂芳、美大司处长张沙鹰和西班牙文翻译李金章等共9人。我们于6月7日凌晨2点50分，乘伊比利亚923号航班D10型飞机，从马德里起飞，经过15个多小时的飞行，于当地时间中午11点25分准时抵达利马。飞机临时改停在利马国际机场旁边的空军机场。秘鲁外长瓦格纳和我国驻秘大使杨迈等到机场迎接。当时秘鲁已进入冬季，气候潮湿、多雾，但并不冷。

我们一下飞机就发现有些不正常的情况。瓦格纳外长匆匆忙忙地把吴外长接走，而安排杨大使乘坐应由吴外长乘坐的悬挂中秘两国国旗的主车，我和黄桂芳、张沙鹰等均紧随其后。我问杨大使："发生了什么事？"他说：“快上车吧，以后再说，我们就不进贵宾室了。"这时，我们已经意识到是在充当替身了。

我们的车队前有开道车，后有护卫车，浩浩荡荡开进利马市区，只见每个街口都布置了军用坦克和装甲车，沿途军警都是荷枪实弹，气氛非常紧张。到了市中心，我们望见了五星红旗高高悬挂在谢拉顿旅馆门前。这是我们代表团原定下榻的地方，但车队经过该旅馆门口继续前进。我问司机，我们究竟住在哪里？他说："对不起，我不知道，外交部官员只告诉我跟着开道车走。"车队又绕了一大圈，却开进了海军俱乐部。我们进去一看，吴外长早已端坐在客厅里。他笑着问我们："你们怎么这么晚才到？"大家听了也都会心地笑了起来。原来吴外长离开机场比我们还早，又是走的近道，当然比我们早到了。

这时杨大使才向我们解释说，秘方和我们使馆都先后得到情报，说搞恐怖活动的秘鲁反政府组织"光辉道路"准备制造一起国际事件，把吴外长一行作为其"行动的目标"。因此，秘方提出，从吴外长的安全考虑，代表团改住海军俱乐部，但保留谢拉顿旅馆住房，访问日程也全部改变。所有这些，都不对外宣布，内紧外松。使馆把这一情况报告国内时，代表团已在从马德里飞往利马的飞机上了，国内来不及通知代表团，所以我们一直蒙在鼓里。

海军俱乐部实际上是军官们度假休息的地方，接近利马郊区，占地1万多平方米。四周都由重兵把守，戒备森严。院内无高楼大厦，我们住在一幢两层小楼里。这里花草树木较多，环境优雅安静，服务也很周到，比住在旅馆里舒服多了。这样大的一个院子被专门用来接待中国代表团，秘鲁军官暂停到这里来度假休息，这不正是中秘友谊的一个生动体现吗！

当地新闻记者到处找中国代表团采访，找不到。于是，第二天利马报纸发表消息说："中国外长失踪了。"

这次整个访问期间的活动日程，都是临时安排，绝对保密的。这确实难为记者们了。吴外长风趣地说:"没想到,革命后几十年,还要到秘鲁来搞地下活动。"

两国外长工作会谈

6月8日,吴学谦外长和瓦格纳外长在秘鲁外交部会议厅进行了正式工作会谈。瓦格纳外长对吴学谦外长来访再次表示热烈欢迎和感谢。他说,秘鲁现政府的对外政策基本原则是:民族主义、拉美一体化、反帝和不结盟。秘鲁高度评价中国执行独立自主的和平外交政策,是国际上重要的稳定因素;感谢中国对拉美国家特别是秘鲁的和平与发展所作出的积极贡献;秘鲁坚决支持中国政府关于统一祖国和解决台湾问题的正义立场;认为秘中两国的内外政策具有广泛而深刻的一致,这是进一步发展两国友好合作关系的稳固基础。吴学谦外长首先表示感谢瓦格纳外长热情友好的讲话。他说,中国和秘鲁都是文明古国,同属发展中国家,虽然地处东西两半球,相距遥远,但友谊的纽带把我们紧密相连。在捍卫民族独立和主权、发展本国经济的斗争中,一向互相同情和支持,尤其是近几年来,两国在政治、经济、科技和文化等各方面都得到了令人满意的发展。两国在维护世界和平,增进第三世界的团结合作,推动建立国际经济新秩序等重大国际问题上,也有许多共同点。中国政府愿本着平等互利、共同发展的精神,同秘鲁一道,为两国友好合作关系长期、稳定的发展,作出不懈的努力。双方一致同意建立两国外交部间不定期的、不同级别的磋商制度,通过各自大使或派有关官员相互通报自己国家的情况,就共同关心的国际问题交换意见和看法。

拜会秘鲁国家领导人

6月9日，吴外长先后分别拜会了秘鲁总统加西亚、第一副总统桑切斯、部长会议主席阿尔瓦和参议长比亚努埃瓦等秘鲁主要领导人，双方进行了亲切友好的交谈，并就进一步发展两国关系交换了意见。

吴外长向加西亚总统详细介绍了我国政治和经济建设情况，特别是党的十一届三中全会所确定的改革开放的基本路线、方针、政策及其取得的成就和经验，回顾了两国于1971年建交以来友好合作关系顺利发展的情况，表示了在这一基础上不断加深和巩固两国间良好关系的愿望。加西亚表示，秘鲁十分关注中国现代化发展进程，认为中国有许多经验值得学习。中国在国际上占有重要地位，秘鲁重视和珍惜同中国的友谊，愿意继续发展同中国的友好合作关系。加西亚接着介绍了秘鲁的国内情况。他说，秘鲁面临的主要问题是严峻的经济形势和外债问题以及暴力恐怖活动。秘鲁的经济是依附性的，发展也不平衡，工业都集中在大城市，农村很落后。政府想使经济有计划地发展，恢复民族特性，摆脱西方资本主义模式，但要付出很大的社会和政治代价。秘鲁社会改革的基础应在农村。在这方面应向中国学习。

阿尔瓦曾于1986年访华，已是中国的老朋友了。他说，中国给他留下了难忘的美好印象。在很短的时间内，中国发展变化如此之大，出乎他的意料。他特别感谢中国多年来对秘鲁的慷慨援助，特别是中国向秘赠送一批手扶拖拉机和贷款并派技术人员帮助普诺省打井灌溉，为秘鲁贫困地区的农业发展作出了重大贡献。他还表示，秘鲁在矿业和渔业方面资源十分丰富，希望在这两个领域同中国发展合作关系。吴外长表示，中国是个发展中国家，力量有限，但将尽力为秘鲁的建设发展作出贡献，要一步一个脚印地前进。中国愿意在矿业、渔业以及其他方面与秘鲁进行广泛的合作，双方可以通过有关单位进一步探讨合作的途径和方式。

关于"光辉道路"问题

在会谈中,秘方还提出希望在中方发表的新闻公报中表达谴责"光辉道路"组织搞恐怖活动问题。6月10日上午,吴外长指派我同秘外交部主管亚洲事务的官员就此问题进行了磋商。

"光辉道路"组织自称"拥护马列主义、毛泽东思想",被西方称为"Maoism"(毛主义),实际上其言行同马列主义、毛泽东思想毫无共同之处。1976年,我国人民一举粉碎了"四人帮",并走上改革开放道路以后,该组织认为"中国变修了","资本主义在中国复辟了",因此把斗争矛头指向中国,多次向我国驻秘鲁使馆投掷炸弹。起初还有人以为该组织同中国有某种联系,但他们的反华行动对此做了最好的澄清。该组织不仅反对中国,而且反对古巴和朝鲜等国,到处树敌。

我向秘方解释说,正如贵方所知,中国同该组织无任何联系,"光辉道路"问题毕竟是秘内部事务,中方不便说三道四。秘方对此表示完全理解。双方达成一致意见,即在新闻公报中做如下表述:"在谈到恐怖主义问题时,瓦格纳外长明确表示坚决反对世界各地出现的这种不健康的暴力形式。吴外长表示,中国的基本立场是反对世界上任何形式的恐怖主义活动。各国内部事务可以由各自国内政策予以解决。"

同日下午,吴外长接受了秘总统授予的"太阳大十字勋章"和利马市授予的"荣誉市民"称号并会见了旅秘华侨领导人。另外,吴外长还接受了当地新闻记者的采访,缓解了记者们前两天因找不到中国外长而产生的怨气。

一场虚惊

6月11日早上,大家正忙着整理东西,准备动身去厄瓜多尔访问。就在这时,我发现公文包不见了。

很奇怪!记得前一天晚上我还检查了文件,一件不少。然后,我把文件包放在一个安全的地方,把门锁好,才躺下睡觉。夜里并无外人来过,文件怎么会不翼而飞呢?

公文包里装有吴外长访问秘鲁、厄瓜多尔、智利三国的有关文件和资料,如果找不到,将是一起重大失密事件。这在外交工作中是最忌讳的一件事,也是我们每次出国访问时最担心的一件事。我从事外交工作几十年,还没有发生过这样的事。真倒霉,今天还是发生了!个人受批评、挨处分都是小事,而国家机密遭受损失则事关重大,无法弥补。

我急得如热锅上的蚂蚁,在房间里翻箱倒柜,到处找,就是找不到文件包。我不得不向吴外长做了汇报。吴外长当时并没有批评我,而是很镇静地对我说,"不要着急,再仔细找找",并叫他的警卫孙起顺同志帮我找。还是小孙有经验,他到我房间检查了一会儿,就从我的枕头下面把文件包找出来了。

这时我才回忆起来,昨晚为了安全起见,我把文件包放在了枕头下面,第二天早上不知怎么就想不起来了,可能是由于访问期间工作紧张所致。好了,文件找到了,压在我心头的石头落了地。由衷地感谢孙起顺同志!这时出发时间也到了。

吴外长对秘鲁的访问,增进了两国的相互了解和友谊,促进了两国友好合作关系的发展,达到了预期目的,取得了圆满成功。尽管由于当时秘鲁社会治安不好,进行了"地下活动",但访问进行得很顺利。吴外长几次提到,秘鲁外交部礼宾司司长戈迪略(后来到中国当大使)和杨迈大使很有经验,活动都是临时安排的,但有条不紊。这次访问能顺利进行,与他们的出色工作是分不开的。

出使东瀛印象

章　曙

1985年5月，我在驻比利时使馆接到了要我出任驻日本大使的外交部调令。

多少年来，每当提起日本，总会勾起我少年时代的一段难以抹去的记忆。1937年，我在济南刚考进初中，日本侵略者通过制造卢沟桥事变发动了全面的侵华战争，使整个中华民族陷入深重的灾难。随着战火的临近，我不得不离开亲人和家乡，跟随学校向大后方转移。我们从山东出发，经河南、湖北和陕西三省，最后走到四川，历时年余，徒步跋涉7000里左右。沿途，我和同学们在非常艰苦的条件下，一边断断续续地学习，一边怀着满腔激情参加抗日救亡宣传活动。这些情景现在想起来仍恍如昨日。

但是我也清楚地认识到，经过半个世纪之后，情况已经发生了翻天覆地的变化。新中国成立后，中日两国人民为发展两国友好事业进行了长期的艰苦不懈的努力。随着国际形势的不断演变，中日两国终于在1972年实现了邦交正常化，两国友好合作关系有了长足的进展。这自然符合两国人民的根本利益，也有利于亚洲和全世界的和平与发展。

我想，走上新的岗位后，定要为增进两国政府和人民的友谊，促进各方面的友好合作，不遗余力地做好自己的工作。

到达日本后，我很快感觉到，温暖的友谊之风时时迎面扑来。两国人民在文化传统和生活习俗上有许多共同点，都希望能够世世代代友好下去。

两国政府及民间的交流合作与日俱增。两国高级领导人的交往相当频繁。在我到任之前，我国不少高级领导人已经正式访问过日本。两国恢复邦交后，大多数日本首相都来中国访问过。我国访问日本的部长以上人员和其他重要代表团接连不断。以1986年为例，我陪同重要代表团会见日本首相达20次之多，有时一天陪见两次。在一般情况下这是不多见的。至于两国对口部门、专业团体、友好组织和友好城市之间的来往更是不可胜数了。

在日本期间，我有幸结识了一批长期为中日友好作出重要贡献的朋友，如西园寺公一、伊东正义、竹入义胜、宇都宫德马、古井喜实、冈崎嘉平太、井上靖和茅诚司，等等。相聚在一起时，有的朋友向我谈起过去在困难的情况下他们为促进恢复中日邦交作出的努力，以及因此受到的巨大政治压力。有的朋友访华多次，当谈起和中国朋友的交往，特别是和周恩来总理亲切会晤的情景时，总是神采飞扬，滔滔不绝。这些都给我留下了深刻的印象。遗憾的是，有些朋友已经先后作古。我深深地怀念他们。

随着两国关系的发展，我的朋友遍布日本各界和各地。平时，除和政界朋友经常接触外，我同日本的经济、新闻、科技、文化、体育等各界朋友交往很多，甚至连一些被我国关押过的侵华战争战俘，因受过我方的教育感化，至今也是我很好的朋友。来使馆的客人经常不断，我们参加各界朋友组织的各类活动，通过经常交往，增进相互了解，友谊不断加深。除在东京活动外，我还经常接到许多地方的邀请，去日本各地参观访问、做讲演或参加重要活动，所到之处无不受到地方官员、友好团体和其他朋友的热烈欢迎和盛情接待。在大约三年的时间内，我曾到过日本半数以上的都道府县，既加强了与日本人民的友谊，也获得了向日本人民学习的良好机会。我的大部分时间都用来开展多方面的友好工作。我每天的工作日程总是安排得很满，一天参加四五项活动是司空见惯的，却很少有疲惫的感觉。我对于开展工作充满信心。

当然，我在实际工作中也看到，中日关系的发展并不总是一帆风顺，而是时有起伏和波折，特别是1987年到1988年，日本右翼势力气焰嚣张，两国关系不断受到干扰，如京都、名古屋等七八个城市的日中友好纪念碑遭到破坏，我驻福冈总领事馆无端遭到枪击，以及东京的右翼团体常将宣传车开到中国使馆门口，通过高音喇叭大肆进行攻击谩骂。同时，在两国间也发生了一些涉及重大政治原则、必须加以认真对待的问题。我在这里仅讲几件事情。

先讲"光华寮事件"。京都光华寮是在中日恢复邦交前由蒋帮购置作为中国留日学生宿舍的一处房产。两国恢复邦交后，根据国际法公认的原则，光华寮理所当然地应由中华人民共和国政府接收。但在1974年，所谓"中华民国"的"代表"向日本京都法院起诉，要求收回对光华寮的所有权，京都法院竟同意受理。我国政府为此与日方进行过数十次交涉，经过了十多年曲折反复的诉讼斗争，日本大阪高等法院于1987年2月26日再次宣判光华寮归"中华民国"所有，公然制造"两个中国"。我国政府立即作出强烈反应，外交部当天就召见日本驻华大使并向他递交了我方的正式照会，要求日方迅速纠正错误。而日本外务省却通过其驻华使馆复照进行无理辩解并推卸政府责任。3月17日，我奉命向日本外务省递交反驳照会。外务省的柳谷次官在听我宣读照会全文后，没有明确表态，却阴阳怪气地说："你们的批评调门越来越高，而你们又不断向日方要求增加贷款，令人有些不解。"言外之意是要用日元贷款压我们保持沉默。我听后很气愤，当即表示："在事关中国主权和国家根本利益的问题上，中国当然要提出自己的严正立场，这和对双方有利的经济合作问题怎能相提并论？"几天后，我在应邀参加仓成正外相举办的午宴时，又进一步表示："外务省的官员将光华寮问题和两国经济合作问题联系在一起的思路是危险的，至少是不明智的。中国人民如果得知，肯定会作出更强烈的反应。"仓成正外相只敷衍地说了一句"要去查一查"。

到了4月底5月初，邓小平同志在北京接见了正在访华的日中友好协会会长宇都宫德马，对日方制造"两个中国"的问题再次进行了严厉的批评，日本报纸对此多有报道。还是上述那位外务省次官于当年6月初竟通过记者对我国最高领导人公然进行人身攻击，并对主张日中友好的人"泼冷水"，引起了我们的极大愤慨。使馆立即与日外务省进行严正交涉。后来，据说经日本政府首脑直接干涉，该次官才勉强地通过记者公开承认"失礼"并道歉。

事情并没有到此结束。光华寮的学生代表向日本最高法院提出上诉，并为此组成了阵容强大的律师团。令人遗憾的是，日本最高法院虽受理了上诉，却长期拖延不予处理，直到今日对于这个问题也没有一个正式交代。

无独有偶，同年9月初，国际统计学会第46届世界统计大会在东京举行。在会议开幕前夕，中国代表团团长来使馆报告说，在会议准备的过程中出现了"两个中国"和"一中一台"问题。中国台湾代表团的名称不是"中国台北"而是"台湾"，个人佩戴的胸牌上不仅写着"台湾"，还附有小字"RC"字样（即"中华民国"的英文缩写）。我国代表团虽向会议组织者提出过交涉，但会议主席森口竟公然说，台湾不属于任何国家，会议在日本举行，就要按照日方的做法，甚至扬言日本外务省内也有人赞同这种意见。这样就只能通过外交途径进行交涉了。会议将在次日上午开幕，时间已经不多了，使馆只好在当晚通过电话找日本外务省官员交涉。电话打了多次，官员也找了不止一个，却始终得不到明确的答复。凌晨，我们研究后决定通知对方：如日方不改变错误做法，中国代表团将拒绝出席会议。在双方闹僵的情况下，大会执委会才在会前匆忙发表了一个公告，重申只有一个中国，纠正了错误做法。

我还记得，在我刚走马上任的时候就遇到了靖国神社问题。1985年，中曾根首相在该年8月15日以官方身份正式参拜了供奉侵华甲级战犯的靖国神社，严重伤害了中国人民的感情，遭到我国上下的强烈谴责。然而，事隔不到两个月，日本报纸又报道说，靖国神社举行秋季参拜时，同样的情况将再次出现。当时预定该年 10 月 3 日去东京出席中日友好 21 世纪委员会会议的中方代表团得知此消息后,立即通知日方代表团:鉴于这一新的情况,建议会议延期举行。中方首席代表王兆国原定对日本的友好访问亦相应推迟。日方代表团接此通知后感到事关重大,很快答复说,据他们所知,此次参拜活动首相将不再参加,望我方给予合作,使会议能如期于 10 月 5 日举行。我方代表团在此情况下同意去东京参加会议。但到秋季参拜时仍有一些日本阁僚和国会议员去靖国神社参拜,此后每年都有日本阁僚和国会议员进行参拜,人数有增无减,直到 1996 年 7 月 29 日又发生了桥本首相正式参拜靖国神社的事件,受到我国和其他国家的抨击。

在中日两国关系不断发展的过程中,人们可以把这类事件称作"逆流",但同时又应清楚地认识到,它们并不是孤立的偶发现象。持有"台湾地位未定论"思想并对制造"一中一台"有兴趣的人在日本仍有相当市场;妄图掩饰、否认甚至美化过去侵略战争、为军国主义"招魂"的人在日本还有不可忽视的社会基础。在我任职的三年内,因散布此类谬论而被迫辞职的阁僚只有一个,即当时的日本国土厅长官奥野诚亮,而到了 1994 年同样的情况竟出现了三次之多。1996 年,还是那位奥野诚亮竟在国会纠集了一个所谓"光明的日本"议员联盟,公然否认过去的侵略战争并拒绝"谢罪外交"。这类事件在日本政界要人中反复出现并不断升级,自然不能不引起人们的高度重视和警惕。这类事件从反面使我们更深刻地认识到,为巩固和发展两国政府间的友好合作关系,促使中日两国人民之间加强交往、增进了解、加深友谊,对于推动两国关系长期、稳定和健康发展有着十分重大的意义。鉴于此,我在日本期间始终重视开展中日两国政府和人民之间的友好工作,不愿放过任何可能的机会。

这也让我想起我在日本时三去高知县的情景。

1987 年 10 月,我应高知县日中友好议员联盟的邀请去该县访问。这是两国恢复邦交后中国大使第一次到高知县访问,我受到当地热情、隆重的接待。除了与县知事等政府官员会见、参加宴请和大型招待会外，我还应邀在该县各界人士参加的集会上，做了题为"今日中国和中日关系"的讲演，得到听众的良好反响。

1988年3月，高知学艺高等学校的近300名师生在中国修学旅行时在上海附近发生了火车相撞的重大事故，有27名日本学生丧生，数十人受伤。这么多风华正茂的青年人突然遭遇不幸，不仅给他们的家属带来了巨大的悲痛，在日本人民中也引起了广泛的同情。使馆对此事很重视，积极配合国内有关部门做好各项善后工作，我再次专程去高知县会见该县知事和学校校长等人并通过他们向死难者家属表示深切的哀悼，向受伤人员表示诚挚的慰问，并会见了当地记者。

令我意外的是，在两个月之后，我收到了高知县来函，请我参加1988年5月29日为死难者举行的大型追悼会。当时我正准备卸任回国并已预订了5月28日的机票。我如按预定计划回国亦未尝不可，但考虑到追悼会具有较大的群众性，如不去参加有可能在高知县人民中引起不必要的误解甚至感情上的伤害，我决定退掉机票第三次去高知县参加追悼会，这也是我在日本最后一次履行大使的职责。

追悼会在体育馆举行，有三四千人参加。日本天皇和首相等人送了花圈，文部大臣到会。我国的总理、外交部部长和铁道部部长等人送了花圈，我代表中国政府读了悼词。日方人士致悼词时，对事故发生后中国有关方面给予的重视和关切，以及中国在处理善后工作中表现出的诚恳态度深表赞许。有些人还对我延期回国特来参加追悼会表示感谢。这次追悼会通过电视转播和报纸报道产生了良好影响，体现了两国人民的友好情谊，也给我留下了深刻的印象。

访澳大利亚各州散记

张 再

澳大利亚面积很大，约有 768 万平方公里，是世界第六大国。澳行政区划是六个州、两个地区。六个州是新南威尔士、维多利亚、昆士兰、南澳大利亚、西澳大利亚、塔斯马尼亚。两个地区是首都领地地区和北方领地地区。

澳有个非硬性的礼宾规定：驻澳大使需在到任一年内访问其所有州。这一规定为大使们了解驻在国情况、开展工作提供了极大的方便。

我是在抵澳 3 个月后，即 1987 年 2 月开始执行此项"任务"的，由于安排上的原因，直到 1988 年 6 月才全部完成。到各州的访问，使我了解到不少情况，也相机做了工作。"奔波勤国命，慷慨乐南天"，就是我对上述访问的看法与心情。

澳最小的州——塔斯马尼亚

塔斯马尼亚是澳大利亚大陆外的一个岛，隔巴斯海峡与维多利亚州相望，距离 240 公里，面积仅约 6.8 万平方公里。

我去访期间，正值詹姆士·普林姆索尔爵士任州督。普林姆索尔在任州督前长期从事外交工作，历任驻联合国、印度、苏联、欧共体、英国、日本等处的大使，20 世纪 60 年代后半期曾任澳外交部秘书长，因此对各国大使特别友好，所有来访的大使都被邀住州督府，免费招待。我也因此享受了同样的礼遇。

澳各州都有一位州督，是英女王在各州的代表。他们同全澳的总督一样，没有实权。实际管理各州的是州政府的总理。但州督府却是各州最漂亮的府第，正如总督府是堪培拉最漂亮的府第一样。塔斯马尼亚州督府也有很大的院落，树木繁盛，绿草如茵。州督府第，建筑古朴，像欧洲的古堡。楼内供客人住的房间分别名为"王后间""国王间""公爵间"。我和夫人住的卧室是"王后间"，起坐间是"国王间"，随行秘书住的是"公爵间"。与澳大城市高级旅馆相比，这些房间的设备虽没有那么现代化，家具陈设却有古风，服务则比旅馆更好。一切服务都是自动提供，不需客人提出要求。也许，他们是把客人都当作王室成员来接待吧。从这里，多少可以体会到一些英国皇家的传统。

普林姆索尔州督在我抵达州督府时，与我做过简短的交谈。当天晚上，他又在州督府为我举行了欢迎宴会。我在这里只住了两夜，第三天离开塔斯马尼亚州首府到外地访问之前，我向他告别。我说，我知道他有丰富的外交经验，本想多同他谈谈，向他讨教；可惜时间紧，活动多，不能如愿。他很友好地说："那就欢迎你下次再来，我们多安排些时间谈谈。"遗憾的是，过了没有多久，他因病辞世，我的希望完全落空了。

澳最大的州——西澳大利亚

西澳大利亚面积252.5万平方公里，是塔斯马尼亚州面积的37倍，约占澳总面积的1/3。这个州在澳最西部，濒临印度洋。从澳东海岸傍依太平洋的悉尼，乘飞机往西澳大利亚，要飞4小时30分。因此，许多澳东海岸的人没有去过西澳大利亚，加上两地有2小时的时差，所以他们几乎把西澳大利亚当作外国。

西澳大利亚的首府是珀斯。从珀斯到悉尼有一条横贯澳大利亚的铁路，全长3961公里。行驶在这条铁路上的列车，被称作"印度洋—太平洋列车"。澳政府规定，外国驻澳大使，任期内可免费单程乘坐一次这趟列车。我仿照其他一些驻澳大使的做法，乘飞机从悉尼去珀斯进行正式访问，回程则乘坐"印度洋—太平洋列车"。我的目的主要还不是为节省一张机票，而是想领略一下澳国土的辽阔，看一看它荒无人烟的中部内陆。

澳大利亚是世界上最平坦，而且雨量最少的大陆。澳各地平均海拔不到300米，海拔在600米以上的地方仅占总面积的1/12，因此澳没有多少大山，也几乎没有大河。澳大利亚人到中国旅游，有两件事让他们大为惊叹：一是中国有这么多人；二是中国有这么多崇山峻岭，中国的长江、黄河竟如此宽阔。澳年均降雨量是465毫米，30%的土地年降雨量在200毫米以下，年降雨量在300毫米以下的地方占全部国土的一半以上。因此，澳绝大部分人口聚居在沿海，尤其是东部沿海，广大的内陆便成了人烟稀少的荒野。

9月的一个晚上，我登上"印度洋—太平洋列车"，从珀斯东行600多公里到达金矿城卡尔古里。1893年这里发现金矿，至今还在开采。再往东走500公里，就到达"纳拉玻尔平原"。"纳拉玻尔"语出拉丁，意思是"无树"。这里的确一棵树也没有，地面上只有稀疏的一簇簇野草，没有人居住，也没有动物，是看不到边的一片红土地。这里的地势很平坦，因而竟有一段478公里不拐弯的铁路，是世界上最长的一段"直路"。经过两夜和一个半白天的行驶，车窗外的景色完全变样，看到的是绿草红花和成群的牛羊。第四天下午到达悉尼，包括沿途停车的时间，一共走了65小时30分。

澳政治制度与议会特色

在访问西澳大利亚州时，我同默道克大学校长，一位政治学教授，讨论澳政治制度时，他说："人们都说澳大利亚的政治制度是'威斯敏斯特'

制度，意思是英国制度，其实应是'华盛敏斯特'制度，即英美制的结合。"以后我与其他澳大利亚朋友谈到这个问题时，他们也很赞同并欣赏这位校长风趣的说法。

澳政治制度基本上仿效英国，但也吸取了美国的东西。澳各州原来都是英国先后在澳不同地区分别建立的殖民地，每个殖民地由一位总督统治。1901年经英国议会立法，它们才联合组成联邦制的国家——澳大利亚。联邦与各州的关系则像美国，州权很大。为应付两次世界大战和20世纪30年代经济大危机的客观需要，澳联邦政府将部分原属各州的权力逐步集中到自己手中。但直至今日，澳各州的权力还是很大的，内政、经济基本上自己管，比我国各省的权力大得多。然而，澳各州所属的市、县，权力却很小，只能管些市政建设的事，就连各州首府也如此。维多利亚州总理就对我说过："墨尔本市长管不了什么事，权力都在我们手里。"加之，墨尔本市长的任期只有1年（其他城市的市长任期为3年），也的确难做什么事了。以后，当我国内的一些城市要与澳城市建立友好城市关系时，我都提醒他们注意这一点。

澳议会也很有特色。联邦议会和昆士兰州以外的州议会都由两院组成。联邦议会的两院与美国国会的两院，名称完全相同，叫作众议院和参议院。众议院的多数党组织政府，自是师承英国而与美国不同；但参议院的作用及参议员由选举产生都是效法美国的，而与英国上议院迥然不同。澳各州议会两院的名称不完全相同，但都与英国的近似。州政府由下议院多数党组成，上议院议员也由选举产生，与英国上议院不同，作用也比英国上议院大。昆士兰州议会本来也有两院，1922年取消了上议院。我访问昆士兰州参观议会时，议长谈到取消上议院时，对我说："这是一场人民革命。"有意思的是，在澳联邦议会的众议院、各州议会的下议院以及昆士兰州的议会里，地毯、桌椅的颜色都是绿的，而参议院、上议院里的一切都是红色的。这完全是英国传统，连昆士兰州人在这一点上也不想"革命"了。

北方领地地区及其首府达尔文

在大陆上的北方领地地区虽有130多万平方公里的土地，但人口稀少，经济不发达，所以还算不上是个州。

访问时，我参观了以该地区首府达尔文命名的一所中学，并同学生代表见了面。他们大多数是从帝汶来的华人子弟，也有几个洋孩子。他们的中国普通话说得相当地道。为欢迎我，他们用中文合唱《明天会更好》，很好听，很有感情。第二天我去阿拉瓦小学，几十个孩子聚集在一间教室里欢迎我，唱中澳两国国歌。这些孩子多数是白人孩子，他们也在学中文。小学生学中文，我只是在这里见到，听他们用中文唱我们的国歌，我不禁高兴得流出了眼泪。

达尔文市有它的特殊条件。19世纪中国第一船契约劳工，就是在这里登上澳洲大陆的。还是在19世纪，这里就出土了中国明代的器物。澳有的史书曾据此推断，中国水手可能于15世纪来过这里。任过澳移民部长的格拉斯比先生还专门写信给我，要我协助查证，郑和的船队是否到过澳洲。达尔文市及北方领地地区的华人人数，历史上曾经超过白人；现在达尔文市的华人人数，也仅次于希腊来的移民。

另一个重要因素是，达尔文市的市长是华人邝鸿铨。他深得众望，在任市长4年后竞选连任时，竟无人与他竞争。在我访问北方领地地区之前，他有事到堪培拉来，到使馆来看我。我们之间建立了很好的友谊。在我们共同努力推动下，达尔文市与我海南省的海口市建立了友好城市关系。可惜在我离开澳大利亚以后，邝市长不幸病逝，给我留下许多哀思。

瓦加与昆明"花为媒"

新南威尔士州的瓦加是个小城，只有 5 万人口，位于悉尼和墨尔本之间的铁路线上，是重要的牛羊集散地。我去那里是为了该市与我国昆明结为友好城市的事，而它们的结好却有一段"花为媒"的有趣历程。瓦加市有不少花卉爱好者，他们很喜欢云南的山茶花。他们 10 年前就开始访问云南，从那里引进了山茶花，与云南有了友好交往，因此想进一步与昆明结为友好城市，扩大交往。

我第一次去瓦加时，该市在其植物园中，单辟一块地，开始兴建中国茶花园。我去参加了奠基礼，并在那里种了一株中国茶花。我还参观了瓦加一位爱花老人的家。他那年 76 岁，曾访华 20 次，到昆明 10 次。他家的花园种满各种美丽的花，从云南引进的好些品种的山茶花开得非常茂盛，花朵大，色彩鲜艳。花园中还有一个中国亭子，仿峨眉山中心亭而建。它为花园增色不少，也可见老人对中国的感情。

第二年，瓦加茶花园建成，瓦加与昆明也协议结为友好城市。我与昆明代市长等人出席茶花园的开幕式和瓦加—昆明结好的签字仪式。新南威尔士州督也来参加。茶花园的门是一座中国牌楼，园内有一座中国凉亭和一座石灯塔。牌楼和灯塔是昆明市的赠礼，凉亭由当地银行捐资兴建。作为回礼，瓦加赠给昆明儿童游乐园一些游乐设备。

我为促成两市结好做了些工作，看到能有结果当然高兴。这对增进双方了解、增加两国人民的友谊、发展两国关系是有好处的。

洛克伍德与《码头上的战斗》

新南威尔士州的一个滨海城市沃隆冈也是一个小城，港口叫坎布拉。1938 年，这里的码头工人工会反抗当时澳政府的命令，拒运生铁给日本，反对日军侵华，支持中国人民抗日。为此，他们罢工9周，进行了艰苦的斗争。49年后，澳老作家洛克伍德写了一本260多页的专著，题为《码头上的战斗》，记述当年坎布拉码头工人英勇斗争的事迹。我被邀去沃隆冈参加这本书的首发式。到会的有许多工人，其中不少是当年码头工人的子弟。洛克伍德在会上讲了话，澳联邦政府行政服务部部长韦斯特和我也都讲了话。我曾拜会澳全国工会的领导人，见过澳工党的许多领导人，但在这里，我见到了澳大利亚真正的工人阶级，普普通通的、对中国人民怀有深情厚谊的澳大利亚工人。洛克伍德的确是中国人民的好朋友。1949年中华人民共和国成立时，他写了一本小册子庆祝中国人民的胜利。现在他已经80多岁了。后来我通过与国内联系，邀请他访问了我国。

杨格县与拟建"中国花园"的愿望

新南威尔士州还有一个小县，叫杨格，它人口很少，够不上市的标准。这里盛产美味的樱桃，每年还举办樱桃节，有游行，还有各种比赛（包括吃樱桃后看谁把樱桃核吐得最远），吸引了四方来客。我去杨格，虽在樱桃节，却主要不是为了这些。这个县19世纪时是澳许多金矿开采点之一，有不少中国劳工。那时，从欧洲来澳的采金工，常对中国采金工施以暴力，抢劫、烧杀，多次造成流血事件。其中最严重的一次，就发生在杨格。100多年过去了，杨格已经没有中国人了，但杨格人想起当年受迫害、遭杀害的中国人，心存内疚，想建一个中国花园，以纪念那些中国死难者。离杨格不远的地方，第二次世界大战中曾有一些盟军手中的日本战俘，被送来关在那里。一天，一些日俘越狱，澳卫兵开枪打死了几个。战后，日本人在那里建了很漂亮的日本花园，纪念在那里被打死的日俘。杨格人感到不平。日本战俘是侵略者，死后倒有花园纪念他们，而中国劳工是被迫害者，死后却无任何东西纪念，这更增强了他们要建中国花园的愿望。要建这个花园必须筹资，因此他们来中国使馆求助。我们请示国内后得到积极的回复，决定支持和援助他们。我就是为此去杨格的。我去看了采金点的遗迹，看了拟建中国花园的地址，后来还派人实地勘查，绘制设计草图。遗憾的是，此事终未办成。在我离澳时，杨格县还未筹集到足够的资金，我们给予的援助可能只是杯水车薪。但杨格人对中国的心意是真诚的，令我感激的。

本迪戈的华人与世界最长的"龙"

维多利亚州的本迪戈，离墨尔本不远。维多利亚州有两处19世纪华工参与的采金点，一处是巴拉瑞特，另一处就是本迪戈。老一辈的华人将本迪戈称为"大金山"，现在只剩下很小的一个地下废金矿，供人参观。本迪戈有6万多人，是澳小城中的大城，街道整齐，店面林立。

这里的华人现只剩下1000来人，主要来自广东台山，却有一片不小的埋葬着他们几代先人的坟地。市政府曾决定铲平这片坟地，供其他建筑之用。但对华人来说，挖祖坟是绝不能容忍的大事，他们坚决反对，并指出，只平华人的坟地而不平连在一起的白人坟地不公平，是对华人的歧视。他们准备打官司，因而写信给我使馆，要求支持。我为此写信给该市市长，请他们重新考虑平华人坟地的决定，讲了些道理，语气比较平和有礼。结果，市政府取消了这项决定。华人很高兴，于是邀请我去该市访问。我到那里参观了华人的会馆，凭吊了他们先人的坟墓，还拜谒了华人庙。

在这次访问中，本迪戈的华人自豪地夸耀，他们拥有全世界最长的一条"龙"。这条龙长300多米。每年复活节时，恰值中国春分至清明期间，正是"龙行雨"和祭祖的时候，因此他们就在这时以舞龙参加该市的复活节游行。应他们的邀请，第二年我去参观了舞龙游行和该市的复活节活动，受到华人的热情接待，本迪戈市长也为我举行了招待会。本迪戈的复活节游行很壮观，而华人的舞龙却是最精彩的压轴戏。龙很长，龙头又很重，

60多磅，需要100多人轮流替换着舞。龙的前后，有敲锣打鼓的、放鞭炮的、穿着中国京剧戏装的人物，包括身着战袍、明盔亮甲、骑着高头大马的男女将帅，穿着号衣的兵丁，打着"肃静""**迴避**"等牌子的仪仗队，整个队伍需要将近400人。本迪戈市哪里有这么多华人子弟？原来许多黄发碧眼的澳洲青年、孩子都报名参加，大大超过所需人数，以致有的当年未被录取翌年再报名参加。华人会长对我说得好："他们都愿意当一天中国人。"游行之前，我同这些穿着中国戏装的澳青年、孩子做过简短交谈，为他们拍照。他们都兴高采烈，服从华人指挥，证实了华人会长对我说的话。此情此景，使我激动，令我兴奋，难以忘却。

结束过去　开辟未来

——回忆邓小平同志关于实现中苏关系正常化的战略决策

钱其琛

中共十一届三中全会后,全党和全国的工作重点转到了以经济建设为中心的轨道上来。邓小平同志强调指出,进行社会主义现代化建设,没有国际和平环境不行。只有创造一个较长时期的国际和平环境,我们才能集中精力搞建设。因此,必须调整同一些重要国家的关系。有些事情,如中美关系实现正常化,中日两国恢复邦交等,毛主席、周总理在世时就已经做了。至于香港问题,按小平同志"一国两制"的伟大构想,已开始同英国进行谈判。当时真正剩下的重大国际问题就是中苏关系问题。小平同志经过对国际形势和我国周边环境的冷静观察和科学分析,从国家安全和现代化建设的需要出发,依据形势的发展变化,适时指导我们党和国家调整了战略,从根本上改善了同苏联的关系,实现了两国关系的正常化,打开了外交新局面。

"要采取一个大的行动"

20世纪80年代初,国际形势发生了重大变化。1979年12月苏联入侵阿富汗后,从对外扩张的顶点衰落下来,同美国争夺日感力不从心,被迫实行战略性调整。其中,一个重大步骤就是希望缓解同中国的关系。1982

年 3 月 24 日，苏联领导人勃列日涅夫在塔什干发表讲话，明确承认中国是社会主义国家，突出强调中国对台湾的主权，表示愿意改善对华关系，建议磋商双方都可接受的改善关系的措施。这在客观上为我调整对苏政策提供了契机。根据小平同志的指示，当时我以外交部发言人的身份作出了积极反应，主要的一句话就是要"听其言、观其行"，语言极其简略，但却引起了国际上的广泛注意，预示着可能发生什么重要的事情。

1982 年盛夏的一天，邓小平同志邀集几位中央领导同志和外交部主要领导到他家中开会，我作为外交部主管苏欧地区的副部长也参加了。邓小平同志提出，要采取一个大的行动，向苏联传递信息，争取中苏关系有一个大的改善，但必须是有原则的，条件是苏联得做点事情才行。这就是苏联要主动解决"三大障碍"，即消除对中国安全的威胁。当时苏联在中国北部的中苏、中蒙边境地区大军压境，武装侵入中国的西邻阿富汗，在中国南部支持越南侵占柬埔寨和对中国边境进行挑衅，成为改善中苏关系正常化的三个主要障碍。

会上有的中央领导同志提出究竟用什么方式，如何向苏联传递信息的问题。小平同志当时说，为了不引起外界的无端猜测，可以外交部苏欧司司长视察使馆工作为由前往莫斯科，并同时前往华沙。8 月 10 日，苏欧司司长于洪亮启程赴莫斯科。我驻苏联大使把苏副外长伊利切夫请到使馆，于洪亮同志一字不差地向他背诵了根据小平同志指示起草的、长达 1000 多字的说帖全文。在说帖中，我方指出，中苏两国关系不正常状况已经存在许多年了，中苏两国人民都不愿意看到这种状况长久继续下去。双方应当作出努力，使中苏关系走上正常轨道，并逐步建立起睦邻友好关系。中方建议双方坐下来平心静气地讨论，通过共同努力，设法排除妨碍发展两国关系的严重障碍，从有助于改善两大邻国关系的一两个实质问题着手，推动其他方面关系的发展。

苏方的反应经历了一个过程。长期从事中苏意识形态论战的伊利切夫眼睛闭成一条缝，仔细地听着，但并未察觉中方信息的真实含义，仍然沿用过去的老调表态一番。当时在座的苏联外交部第一远东司司长贾丕才比较敏感，捕捉到了中方信息中的新东西，称这件事可能起到某种推动作用，表示要"报告政治局和最高领导"。于洪亮转达完口信后，即去驻波兰使馆，除了表明此行目的不在莫斯科外，也是为了避开外国记者，同时给苏联准备回复的时间。8月20日，当于洪亮回国途经莫斯科时，苏方作出正式答复，表示愿在任何时间、任何地点、任何级别上同中方讨论苏中双边关系问题，以便"消除关系正常化的障碍"。当时，中美之间已就《八一七公报》达成协议并公开发表。

小平同志随后找我和于洪亮去他家里，听取了有关传递信息的汇报，并决定同意重开中苏谈判。在1982年9月1日中共十二大开幕前，中苏双方已商定由两国副外长级的政府特使就两国关系正常化问题举行政治磋商。当时我担任中国政府特使，苏联政府特使是伊利切夫。第一轮磋商于1982年10月在北京举行。这不仅标志着当时两国间只对抗、不对话状态的结束，而且预示着两国关系将由长期对抗转向缓和。

勃列日涅夫逝世的"葬礼外交"

1982年11月10日，苏联领导人勃列日涅夫突然病逝，苏联决定15日举行葬礼。为了抓住时机做苏方的工作，小平同志立即指示派国务委员兼外长黄华同志作为中国政府特使赴莫斯科参加葬礼。这是在中苏高级接触中断多年后所采取的非同寻常的举措。小平同志还特意找了吴学谦和乔木同志，对这次葬礼外交中同苏联新领导人谈什么，怎样谈，如何报道，都做了具体部署。这时，黄华同志已经乘民航班机离京了，来不及向他转达小平同志的指示，就决定以黄华同志离京前对新华社记者发表谈话的形式公布中方的态度。黄华同志在莫斯科下飞机后，才从我驻苏联使馆的同志那里知道"他在北京机场作了这样一篇谈话"。根据小平同志的意见,谈话对勃列日涅夫的评价既不要简单批一顿,也不能只说好话。谈话中用明确而又巧妙的语言说到20世纪50年代后期起两国关系开始恶化,是指赫鲁晓夫;说到60年代后期以后这种恶化达到了严重的地步,是指勃列日涅夫。照顾到这次活动是吊唁,都没有点名。对勃列日涅夫不久前关于改善中苏关系的讲话则表示赞赏,这是寄希望于苏联新领导。

11月15日,黄华同志见到苏联新任领导人安德罗波夫,当面转达了中国领导人对他当选苏共中央总书记的祝贺,表示真诚希望在双方的共同努力下,中苏两国关系会逐步恢复正常。16日,黄华同志主动约见苏联外长葛罗米柯。根据小平同志的指示,我方强调要使两国关系得到真实的改善,苏联必须采取实际步骤,消除妨碍关系正常化的障碍,在几个重大问题上先做一两件事,例如促使越南从柬埔寨撤军。

由于小平同志的果断、正确决策,中苏两国关系正常化的进程启动了。这是一场马拉松式的谈判。两国政府特使就消除两国关系正常化的障碍问题进行了长达7年共12轮的政治磋商。在此期间,双方在各个领域的交往逐步恢复。其间,苏联又有两位领导人相继逝世,我国万里副总理、李鹏副总理分别率政府代表团出席葬礼,保持了高层对话。中苏两国外长5次在联大期间会晤,讨论两国关系正常化问题。1984年12月,50年代时担任苏联专家总顾问的阿尔希波夫以中国人民的老朋友、苏联副总理的身份访华,以此为开端,两国实现了副总理级官员的正式互访。

"愿意破例到苏联任何地方同戈尔巴乔夫见面"

关于从何处着手打开中苏关系僵局,双方曾有过一段争论。苏方企图避重就轻,主张从停止"敌对宣传"、增加经贸合作、旅游和互派留学生开始。但正如小平同志1984年10月11日会见竹入义胜时所指出的,"三大障碍不消除,中苏关系不可能有根本改善"。

1985年,戈尔巴乔夫继任苏联领导人,着手调整内外政策。他多次表示希望苏中关系能得到重大改善,强调发展政治关系,提高对话级别。但在消除三大障碍的关键问题上,特别是在越南从柬埔寨撤军这一问题上,却没有松口。

1985年10月9日,小平同志在会见访华的罗马尼亚领导人时指出,解决中苏关系正常化问题、消除三大障碍,首先应从越南从柬埔寨撤军这件事做起。只要这个问题解决了,其他问题都好解决。为推动中苏关系取得突破,小平同志首次提出中苏举行高级会晤的设想。小平同志请罗马尼亚领导人带口信给戈尔巴乔夫:"如果苏联同我们达成谅解,让越南从柬埔寨撤军,而且能办到的话,我愿同戈尔巴乔夫会见。我出国访问的历史使命虽已完成,但为这个问题,我可以破例。"

1985年11月6日,苏方答复说口信收到了。23日,苏方表示,苏中举行最高级会晤和恢复党的关系的时机已经成熟,建议两国最高领导在远东地区的苏联或中国境内举行会晤,讨论苏中关系正常化问题。1986年7月底,戈尔巴乔夫在海参崴发表讲话,表示苏愿意在任何时候和任何级别上同中国最认真地讨论建立睦邻局势的补充措施问题,同意按主航道划分阿穆尔河(黑龙江)边界线走向;同时宣布苏联将分阶段从阿富汗撤军并正在同蒙古讨论撤出大部分苏军问题。对苏方的这种反应,我们给予了积极的评价,同时指出,它同消除三大障碍距离尚远。1986年9月2日,小平同志在接受美国记者华莱士电视采访时强调,让越南从柬埔寨撤军问题是改善中苏关系的关键。越柬问题使中苏关系实际上处于热点和对峙,是中苏关系正常化的主要障碍。如果戈尔巴乔夫在越柬问题上走出扎扎实实的一步,消除了这个障碍,他愿意破例到苏联任何地方同戈尔巴乔夫见面。我们于9月7日对外发表了这一谈话,把中方的立场公布于世,实际上是对戈尔巴乔夫在海参崴的讲话作出了公开的答复。

"中苏高级会晤日期不能变"

在小平同志的直接推动下,中苏政治磋商取得了重要进展。苏方在柬埔寨问题上的态度逐渐发生变化,并同中方达成谅解,为两国关系正常化创造了前提。小平同志指示,现在可以进行中苏外长的互访,并说外长访问标志着两国关系已开始"半正常化"。1988年12月,我访问了苏联。这是自1957年以后30年来中国外长第一次访苏。那时莫斯科正是严寒的冬天,我们代表团的几个主要成员每天清晨在宾馆院中厚厚的雪地里边走边商量如何谈判。这次访问取得了成功,不仅深入讨论了柬埔寨问题,而且就中苏高级会晤问题交换了意见。接着,1989年2月,苏联外长谢瓦尔德纳泽进行回访,继续为中苏高级会晤做准备。双方主要讨论关于解决柬埔寨问题的声明和举行高级会晤的时间,以便达成一揽子协议后同时发表。但当中方同意苏方建议的戈尔巴乔夫5月中旬访华的时间后,苏方在柬埔寨问题上的态度突然变卦。当双方代表到达上海准备会见邓小平时,苏方只想确认高级会晤的时间而不愿发表已达成协议的关于越柬问题的共同声明。在小平同志会见谢瓦尔德纳泽前,我向他汇报了苏方在柬埔寨问题上立场后退的情况,并建议关于中苏高级会晤的日期也暂不公布,由双方继续商谈。小平同志表示,中苏高级会晤日期不能变,而且语气非常坚决。同时他又说,我今天不谈访问日期,这由你们去谈。会见时,谢瓦尔德纳泽外长对小平同志说:"戈尔巴乔夫建议5月15—18日访华,昨天我同钱其琛外长谈了这个问题。"谢的用意显然是尽管柬埔寨问题未谈妥,但先请小平同志确认高级会晤的日期。小平同志马上作出反应说:"你们两位外长的谈话还没结束,希望你们继续工作,日期由你们商定,我听你们的。"谈话中,小平同志再次强调了早日解决柬问题的重要性。谢瓦尔德纳泽想绕过柬埔寨问题、只确定高级会晤日期的企图没有得逞。苏方不得不同意与我继续商讨柬埔寨问题。谢瓦尔德纳泽采取走边缘的手法，在从上海回到北京的飞机上谈判仍未停止，到北京以后，双方继续相持不下。谢瓦尔德纳泽原定的离京时间一推再推，还是解决不了问题。我当时一直在机场守着等待送行。天黑以后，双方在机场休息室又进行了最后一次会晤，苏方同意留下人员同我方继续谈判。直到第二天，双方就共同声明措辞达成一致，才连同公布了戈尔巴乔夫的访华日期。

"只握手，不拥抱"

中苏举行高级会晤是轰动世界的大事，在礼仪、热度等方面如何把握分寸，不仅事关重大，也是一个极为敏感的政治问题。小平同志对此考虑得很细。他说，全世界都注视着中苏高级会晤，在接待戈尔巴乔夫来访的礼仪等安排上不要太热，要适度。见面时只握手，不拥抱。小平同志还叮嘱说，此点在同苏方谈具体礼宾安排时向他们打个招呼。"只握手，不拥抱"，不只是个礼仪问题，而且准确地概括了当时中苏两国关系的性质，形象地勾勒出了未来相互关系的定位。

1989年5月15—18日，戈尔巴乔夫应邀访华。40多年来的中苏关系，经历了错综曲折、充满戏剧性变化的复杂时期。高级会晤谈什么，怎样谈？小平同志早就开始思考、运筹。他明确指出，高层会晤不谈过去的事，有些事实只作为回忆讲一讲，但不作为问题提出来，着重探讨建立新的关系。中苏关系正常化和高级会晤的中心任务是"结束过去、开辟未来"。在同戈尔巴乔夫会晤时，小平同志说，重点是放在将来的事，但过去的事完全不讲，恐怕也不好。中方的一些看法要讲，目的是在更加扎实的基础上前进。但不要求苏方回答，也不要进行辩论。小平同志从两个方面回顾了历史：一是历史上中国在列强压迫下遭受的损失；二是近几十年对中国最大的威胁来自何方。小平同志指出，从鸦片战争起，列强侵略、欺负、奴役中国，对中国造成损害最大的是日本，最后实际上从中国得利最多的是沙俄，包括苏联一定时期、一定问题在内。20世纪50年代，对中国的威胁主要来自美国，20世纪六七十年代对中国的威胁主要来自苏联。小平同志总结了几十年风风雨雨的中苏关系，强调主要是苏联把中国摆错了位置，真正的实质问题是不平等。虽然如此，我们从来记得，斯大林时期苏联帮助我们搞了一个工业基础。关于意识形态争论的那些问题，小平同志说，回过头来看，双方讲的都是空话。必须根据自己的条件建设社会主义，一个固定的模式是没有的，也不可能有。那些争论，我们也不相信自己是全对的。小平同志最后说，历史账讲了，这些问题就一风吹了。戈尔巴乔夫表示，在不太久远的过去，在苏中关系的有些方面，苏联有一定的过错和责任，并赞同讲过去就到此为止。

所谓开辟未来，是指两国关系正常化后建立一个什么样的国家间关系，明确今后两国新型关系的具体内涵和应当遵循的准则。小平同志深刻总结了几十年来国际共运的历史教训，强调无论是结盟，还是对抗，都是不成功的，中苏关系还是要以和平共处五项原则为基础。高级会晤结束时双方发表的联合公报指出，中苏关系正常化不针对第三国，不损害第三国的利益。这样就形成了既不同于20世纪50年代的那种结盟，更不同于20世纪六七十年代的那种对抗状态，而是不结盟、不对抗、不针对第三国、睦邻友好的正常的国家关系。中苏、中俄关系的历史发展表明，这种完全新型的国家间关系不仅最符合两国人民的根本利益，而且有利于维护世界的和平与稳定。

通过这次高级会晤，中苏两大邻国终于结束了几十年来的不正常状态，并郑重声明将在互相尊重主权和领土完整、互不侵犯、互不干涉内政、平等互利、和平共处的国与国之间关系的普遍原则基础上发展相互关系。回首往事，感慨万千，两国都为自己的过去付出了沉重的代价。正因为如此，双方倍加珍惜这一来之不易的宝贵成果。中苏关系正在实现正常化的时候，

1989年夏季的政治风波正在临近。中苏关系正常化后不久，国际形势经历了东欧剧变、苏联解体的巨大变化。中苏关系的正常化，随之建立的中俄睦邻友好关系不仅经受住了种种考验，而且不断健康、平稳地向前发展，确立了平等信任、面向21世纪的战略协作伙伴关系。

回忆新时期以来我国在国际舞台上的历程和所取得的成就，我们对邓小平外交思想备感亲切。如今苏联已不复存在，但小平同志处理对苏关系的战略决策对我国今天的外交工作仍具有重要的现实意义。在走向21世纪的新形势下，国际风云瞬息变幻，新情况、新问题层出不穷，我们的外交工作任重而道远。

岛国一人建馆记

吴钟华

基里巴斯共和国是太平洋中部的一个岛国,由33个岛屿组成,东西延绵约3870公里,南北约2050公里,散布在500万平方公里的海面上,是世界上唯一纵跨赤道且横越国际日期变更线的国家。全国陆地总面积811平方公里,首都塔拉瓦。英国、澳大利亚和新西兰在基里巴斯设有高级专员署。

中国与基里巴斯于1980年6月25日建立外交关系。1990年2月,我国在基里巴斯设立使馆,大使由驻斐济大使兼任,我任临时代办主持馆务。其实,使馆只有我一个人。近三年的紧张工作,孤独、平淡而又奇特的生活,异国风情和人民友谊,都令我难以忘怀。

开馆招待会

1990年2月28日举行的开馆招待会,是中国在基里巴斯的一次重要亮相。当塔巴伊总统和夫人到达时,我上前迎接,请到厅里,和总统随意交谈。塔巴伊总统在基里巴斯威望很高,在南太平洋地区也有很高的知名度,他亲自出席招待会,表明基里巴斯政府重视同中国的关系。客人们陆续步入大厅,以前结识的朋友们都到了,他们又向我介绍新朋友,所有在首都的部长们都来了,各国驻基使节和夫人以及仅有的几位华人华裔也来了。我致词说，中国在基建使馆，表示中国重视中基关系，大使馆的建立必将促进两国友好关系的发展，感谢基政府和各界朋友们对我建馆工作所给予的协助，感谢塔巴伊总统和各位朋友光临招待会。基外交部助理秘书卢埃代表基里巴斯政府表示热烈欢迎中国在基设立大使馆，大使馆将会得到基政府的合作和帮助。警察局长尤萨特为招待会录像。原定招待会时间是下午6点半至8点，可是客人们迟迟不愿离去，沉浸在友好干杯和欢声笑语的友谊的海洋里。招待会很成功，开馆大事完成了。

紧张的工作　多彩的生活

开馆后，我主要通过拜会、宴请、交朋友、参加活动打开工作局面。这里对工作不利的条件之一是当地没有报纸，没有电视，也没有广播。对外交官来说，没有这些，不仅消息闭塞，也缺少精神食粮，令人难以忍受。

使馆虽小，工作却是方方面面，五花八门。我既是馆长又是馆员。作为馆长，我必须心里装着大事，要管政治、经济、文化、教育和侨务等。作为馆员，则自己是自己的礼宾官，也是做各种文字工作的秘书，又是厨师、会计和会务员。两个月内，除总统外，我在使馆宴请了副总统、所有在首都的部长、有关部的常务秘书和一些朋友。外出时，我又是司机和采购员。在使馆，我能干的自己都干了，就是理发我干不了。基里巴斯没有理发馆，人们也不知道理发推子是什么玩意儿，头发长了，人们相互用剪子剪。几个月过去了，头发实在太长，我没办法，只好入乡随俗，请朋友用剪子剪。

使馆就在海边，终日映入眼帘的是浩瀚无垠的太平洋，耳闻的是无止无境的海浪声。但得天独厚的海滩，却让我每天傍晚都能享受海水浴。我与鱼儿同游，无须与任何人争挤；五颜六色的贝壳，任我挑拣；与朋友乘独木舟钓鱼，其乐无穷。朴实无华的岛民有跳不完的舞、唱不完的歌。每逢他们的节假日，他们都请我当座上客，跟他们尽情同乐。

岛上不产任何粮食和蔬菜，岛民主要吃鱼和椰干，其他食品全靠进口。船来之前，各国驻基使馆人员和在基工作的外国人相互传递船期信息；船一到，为了生计，不问价格，都争先恐后抢购，我也只好加入抢购之列。尽管如此，食品还是单调的，基本上是"一日三餐有鱼虾"。

庆祝中基建交十周年

1990年6月25日是中基建交十周年。这期间使馆除举行建交十周年招待会外，还要举办中国电影周和中国建设成就图片展等几项活动，届时徐明远大使来主持开幕式。

基里巴斯没有电影院，也没有电影机，更无放映员。这里从没搞过什么展览，展架更无从说起。在基里巴斯搞这两项活动好似无米之炊，但事在人为，没有条件自己创造条件。经打听，得知有一个基里巴斯人有私人电影机并能放映。我找上门去，说明来意，这位热情好客的基里巴斯朋友不仅愿意借给我电影机，还愿帮我放映。电影周的事有了着落，图片展的事一点办法没有，只有自己动手。我数了照片，需做八块展板和八个展架。为便于在不同地点巡回展出，我设计了一种折叠式展架。

整个庆祝活动，基方也很重视，塔巴伊总统亲自指定外交部助理秘书汤姆与我配合，我们合作得很好。我处于高度紧张状态。时间不够，就简餐少眠，以增加工作时间。

电影周、图片展、几场宴请的所有准备工作都于6月20日就绪。徐明远大使于20日下午由斐济抵达塔拉瓦，庆祝活动于6月21日开始，26日结束。从6月21日起，每天的活动就像我设计的无形产品，一场一场地出来，顺利而自然。我紧张中感到欣慰，劳累中感到甘甜。

庆祝活动非常成功，增进了基里巴斯人民对中国的了解。基里巴斯人民第一次看到中国的电影艺术。通过照片,他们看到中国人民的建设成就,进一步促进了两国友好关系的发展。活动结束后,图片被基方有些学校争着借到他们学校继续展出,有些影片继续放映。

带病坚持工作

因为连续高度紧张工作,休息不够,疾病乘虚而入。6月23日晚,我睡得很迟,第二天清晨就感到心脏不好受,全身冒汗。我知道心脏病犯了,躺着不敢动。庆祝活动还有三天,我必须坚持到底,不能病倒,稍好点后就起来了。

6月27日上午,徐大使乘飞机返回斐济,他已知道我病了。我依依不舍地目送他上飞机。飞机起飞后,尽管当时医院的条件比较差,我还是开车到医院去看了看病。回到使馆,我躺下就起不来了。我所有其他老毛病都复发了。我勉强起来烧壶开水,煮一锅米饭,放在我的床边,把电话机拉过来靠近我,以便来电话我可以躺着接。我冷得全身发抖,把我从斐济带来的所有被单子都盖上还不行。我身边只有从斐济使馆带来的感冒冲剂。服完药,我一个人静静地躺着,听着早已习惯的太平洋的波涛声。中午吃几口米饭,喝杯开水。

天涯海角国歌情

使馆对面是一个广场,广场旁边有个大棚和小屋,这是警察活动的场所。

7月5日下午,突然一个悦耳又熟悉的音乐声传到我耳朵里。啊,国歌,我的祖国的国歌!天涯海角怎么会听到祖国的国歌呢?是我听错了吗?是不是因想念祖国,自己产生了幻觉?不,确实是祖国的国歌,是从广场那边传过来的。我放下手头的工作,向那小屋跑去。屋内仅有几个人,每人持一件乐器在练习。经询问,方知7月12日基里巴斯独立庆典时要演奏几个国家的国歌,他们正为此练习。我自行介绍是中国大使馆的,听到他们练习演奏中国国歌非常激动。我发现他们几个人仅有两张谱子,就把复制好的谱子送他们每人一份。他们很高兴,接着继续练习,还让我提意见。他们不了解中国历史,更不可能了解曲子的背景和来历。我不懂音乐,可《义勇军进行曲》是我们的国魂,我唱过无数次,听过无数次,我为之激动,为之自豪。我不曾想在太平洋中心,在天涯海角,在这个仅有27公里长的小岛椰林里,竟能听到我们的国魂之音。我给他们讲我们国歌的来历,讲作者,我又充满感情地给他们唱了一遍。乐队继续练习,听起来有所进步。

7月12日,独立庆典到了,这是基里巴斯国家和人民最重要的节日。庆祝活动在独立广场举行,观礼台上坐满政府官员和驻基使节。观礼台对面是由警察组成的仪仗队,周围是由中小学生组成的游行队伍。澳大利亚、英国和新西兰三国的高级专员及我依次乘车入场,这是庆祝活动的重要程序之一。每个使节的车分别开到观礼台和检阅台之间,两名中学生打开车门,警察局长将使节引到检阅台上,乐队分别高奏每个使节国家的国歌,之后由总统的秘书引上观礼台就座。

纯朴的人民　真诚的友谊

基里巴斯污染少,岛国风光皆属自然状态,尤其是在首都以外的岛。白白的沙滩、高高的椰林、传统的小草房点缀在长长的珊瑚礁岛上。祖祖辈辈衍息在这样环境的基里巴斯人民,与天体合一,纯朴自然。

从我第一次踏上这岛国的土地,我就被它的赤道景色所吸引。从我开始常驻基里巴斯起,我就同岛民一起享受大自然的恩惠:平静安定的环境、令人陶醉的海水浴、喝不完的甘甜可口的椰子汁。然而，最令人难以忘怀的还是这里热情好客的人民。在整个建馆期间，我得到过上至总统下至普通岛民的关心和帮助。在工作中遇到一些事，我可以找任何一级官员谈。中基建交十周年庆祝活动的大量工作，离不开基方朋友的合作。我忘不了，使馆草房下雨漏水时，朋友们及时帮我修补；我忘不了，我的汽车陷在海沙里时，村民无论男女老少主动帮我推车。

我一个人在使馆工作和生活了半年。8月25日，我夫人来了，使馆开始有两个人。不久我国援助的两名医生来基，这样基里巴斯就有了四个中国人。1992年8月，我奉调离任。海岛让我享受了迷人的热带风光，岛民给了我朴实无华的友谊。我走了，带走了友谊，也留下了友谊。

难忘的战斗

——忆联合国人权委员会第四十六届会议上的斗争

詹道德

一

1990年3月6日晚,日内瓦联合国会议大厅(万国宫)内几乎座无虚席。联合国人权委员会第四十六届会议正在对巴基斯坦代表团提出的一项动议进行唱名表决。这是巴基斯坦提出,得到古巴、索马里附议的对西方18国反华提案不采取行动的动议。会场肃静,只有各国代表团对动议作出表态性回答的声音清晰可闻。当最后一个代表团表态的话音落地时,中国代表团成员内心充满喜悦,长舒了一口气。会场又一阵寂静之后,主席郑重宣布:巴基斯坦代表团的动议以17票赞成、15票反对、11票弃权获得通过。会场顿时活跃起来,坐在离我们座位几米远处的古巴代表团团长(外交部副部长)罗尔激动地向我们打起了一个象征胜利的"V"字形手势。巴基斯坦、柬埔寨等第三世界国家的代表团团长也先后走过来向我们表示热烈祝贺。这便是我国代表团在联合国人权委员会第四十六届会议上打掉西方反华提案而取得胜利的难忘的一幕。

转眼间将近3年过去了,但作为代表团主要成员之一的我,对这场激烈紧张的战斗过程仍然记忆犹新。特别是中央和部领导同志在整个斗争过程中给予我们与会代表团的亲切关怀和指导,更是令人难以忘怀。

二

联合国人权委员会（简称"人权会"）是联合国审议人权问题的主要机构之一。长期以来，由于西方利用人权兜售其价值观和政治制度，人权会成为东西方"冷战"的一个场所。随着1989年东欧和苏联国内局势发生变化，东西方集团在人权会上的对抗消失，西方逐渐把攻击的矛头转向中国等仍坚持社会主义道路的国家和其他不听从他们指挥的第三世界国家。我国同西方在人权领域的矛盾和斗争突出了起来。特别是1989年6月，我国政府平息在北京发生的反革命暴乱后，妄想颠覆我国社会主义制度的图谋遭到了挫折，他们对此一直耿耿于怀，伺机整我。1990年1月举行的联合国人权委员会第四十六届会议，就是在这个背景下召开的。这次会议前，人权会下属的"防止歧视和保护少数小组委员会"（简称"小组会"）在西方成员的策划下，趁许多第三世界国家成员不明真相之机，采取秘密投票方式通过了一项所谓"中国局势"的决议，指责我平暴"违反人权"并要求秘书长向人权会第四十六届会议报告有关各方提供的情况。该决议为西方国家在第四十六届会议上提出反华提案提供了"依据"。一些敌视我国的非政府组织如大赦国际与"民阵""民联"等反动组织则合伙炮制了长达近百页的所谓"天安门事件"材料，并将其塞入了联合国秘书长给人权会的报告之中，形势十分严峻。

面对这种情况，国内迅速作出了准备在第四十六届会议上与国际反华势力打一场硬仗的部署，并为此在会前采取了一些重要措施。我国常驻联合国代表李鹿野大使致函联合国秘书长，重申我坚决反对某些西方国家利用人权干涉我内政的严正立场，并以翔实的材料批驳了大赦国际等非政府组织诬蔑平息在北京发生的反革命暴乱是"侵犯人权"的谬论。李大使还要求把此函作为会议正式文件散发。我国驻有关国家使馆向驻在国官方做工作，阐明我国的原则立场，争取第三世界成员国的广泛同情和支持。这都为我国代表团后来在会议上斗争的胜利，打下了良好的基础。

三

我国出席第四十六届会议代表团的主要任务是尽一切努力打掉会上可能出现的反华提案。1990年1月下旬，我出席联合国人权委员会第四十六届会议代表团的国内人员抵达日内瓦后，团长范国祥大使（驻日内瓦代表团代表）当即召集全团研究如何贯彻与会方针和对策，并就完成此次与会任务的要求确定了人员分工。我们每一个人都预感到一场严峻的斗争在所难免，因而深知任务之重大。果然不出所料，会议开幕不久，西方操纵的一些非政府组织便迫不及待地在审议"民族自决权"议题之下，就所谓西藏问题发动攻击，诬蔑我国压制西藏人民要求自决的权利。鉴于这是敌对势力首次将西藏问题与"民族自决"混为一谈，旨在把西藏问题"国际化"，我们决定通过答辩予以迎头痛击，同时以"立场文件"的形式严正申明我国在西藏问题上的原则立场并在会场内大量散发。这次反击压住了对方的气焰，取得了良好效果。但是，考虑到我国代表团此次与会的主要任务是防止和打掉西方在议题12（即"国别人权"问题）项下搞反华提案，我们也在作出上述强烈反应之后秣马厉兵，准备迎接更严重的斗争。

会议第三周开始审议"国别人权"问题（即议题12项下的世界各地侵犯人权情况）后，斗争进入白热化阶段。"民阵""民联"以及达赖集团分子麇集会场内外，频繁活动。这些民族败类为了几个银圆，甘当西方反华势力的马前卒，抱着一沓沓所谓"天安门事件"材料四处奔走，逢人便塞。他们还草拟了所谓"中国局势"的反华提案稿，企图鼓动第三世界一些不明真相的代表团充当提案国。在会议大厦外广场的草坪上，一些身着僧侣服装的"西藏喇嘛"，包括蓄长发、高鼻子的"洋喇嘛"，则在搞"安营扎寨活动"。他们打着要求"西藏独立"的标语横幅和"雪山狮子旗"("藏独"旗帜),有的"静坐示威",有的散发传单,妄想骗取外国代表团的同情和支持。此时,会场内也呈现乌云压顶之势。9个西方国家和16个非政府组织轮番向我国代表发难,集中攻击我国平暴,诬蔑我国镇压"民主运动"、压制自由等。总部设在法国的非政府组织"国际人权联合会"将外逃分子吾尔开希弄进会场发言,煽风点火。有一个国家的电视台还将吾尔开希在会上发言的录像于当晚播出。面对如此猖狂的反华活动,我国代表团沉着应战,为维护国家主权和民族尊严进行了针锋相对的坚决斗争。我国代表在发言中理直气壮地阐述了平暴的合法性和必要性,据理驳斥外界诬蔑我国的不实之词,并对美国、爱尔兰(代表欧共体12国)代表的恶意攻击予以严正驳斥。对外逃分子吾尔开希,我国代表团亦利用程序性发言,当场揭露他的面目,使其发言后头都不敢抬起来便匆匆离去。与此同时,我们还密切注视西方干涉我提案的可能性。

四

2月28日,经过以上紧锣密鼓的反华喧嚣之后,西方18个国家(其中有表决权的为11国)集体抛出了一项所谓"中国局势"的提案,企图强行通过。为此,它们全体出动,不择手段地向第三世界国家施压和拉票,并且大造声势,扬言该提案一定能以压倒多数票通过。它们还企图动摇我方斗志,通过某国代表团团长向我们游说,如我方接受类似"主席声明"的妥协性案文,该国代表团愿劝说其他西方国家撤销"中国局势"提案。我方严正指出,西方搞反华决议案不得人心。该团长悻悻地说:"请你们注意一下票数。"

其实,当时我们也在计算票数。迫于西方集团的强大压力,一些第三世界国家立场摇摆不定,个别国家被拉了过去,形势一度对我十分不利。

面对这一严峻形势，全团集思广益，研究对策。有的同志提出了进行程序性表决（即对西方反华提案提出不采取行动的动议并进行表决）的建议。在当时的情况下，这是唯一可行的选择，但事先应了解改打程序仗后，我们将能获得的支持票数是否会上升，以避免出现两次表决失利的情况。我们与一些第三世界国家代表团交换看法，结果令人振奋，他们均表示支持我们搞程序性表决，有的国家代表团团长当即决定支持中国。根据这一情况，代表团随即作出决定，改打程序仗，并将整个作战方案报国内审批，国内迅速批复同意。此后的短短几天内，我国数十个驻外使领馆的大使、参赞亲自做驻在国的工作，有的一天之内多次驱车前往驻在国外交部、总统府。在北京，有关单位领导紧急约见亚、非、拉等地区有关国家驻华使节，要求他们给予支持。

与此同时，我们在前方的代表团全体人员也全力以赴在表决前全面进行争取工作。代表团主要领导同志亲自到亚、非、拉三大地区成员国会议上去进行宣讲，说明事实真相，要求他们坚持正义、坚定地站在我国一边；其他人员也利用各种可能和机会向尚处于动摇状态的第三世界国家代表团人员做工作。此时，我国代表团人员已连续奋战了一个多星期，消耗了很大的精力，不少人眼里布满了血丝。有的同志自抵达日内瓦的那天起，就带病工作，以致病情加重。其他同志或嘴角起了泡，或口腔发生溃疡。但大家一想到即将到来的决战和肩负的重任，谁也没有哼一声，而是继续夜以继日地工作着。正是在国内外协同努力下，双方的力量对比迅速发生了变化：我方支持票数稳步上升，而西方支持票数在下降。到了表决前两天，我们已处于较为有利的地位。不久，国内又给我们传来了喜讯：经做工作，原先准备弃权的两个国家，决定在程序性表决中改为支持我国。我们当时很受鼓舞，但谁也没有想到，由于表决过程中错综复杂的变化，这最后取得的两张支持票竟是奠定最后胜利的基础。

3月5日，星期一上午，一切布置停当后，我们便分头通知所有第三世界国家代表团关于我国代表团将对西方反华提案改打程序战的决定并告其巴基斯坦团长将提出对反华提案不采取行动动议。由于采取程序性表决，他们可以避免对西方反华提案直接做否定或肯定的表态，这些国家的代表团纷纷赞赏我方改打程序仗的做法，许多代表团还当场重申将投我方支持票。当西方国家代表团发现我国代表团改打程序仗时，距离表决的时间已不到48小时，此时他们又想通过再次施加压力来裹胁一些第三世界国家支持他们，但为时已晚。第二天晚上，围绕着西方反华提案的表决终于在西方国家代表团忐忑不安的情绪下开始了。一周前，他们还在扬言将以压倒多数票取胜，此时却一个个如坠入五里云雾之中，茫然不知所措，甚至连按规定于表决前出来介绍提案情况的人都没有，只有一片沉默。不久，巴基斯坦代表团提出了动议，并立即得到古巴和索马里代表团的附议。经过短暂的辩论后，会议主席宣布进行唱名表决。表决情况和结果便是本文开头所叙述的一幕。我国成功地打掉了西方的反华提案，挫败了西方想在人权会上整我国的图谋。

五

当会议主席宣布休会后，我们迈着轻松的步伐走出会场。这时，会议大厅外有两名外国外交官正在那儿互相争论，相持不下。我们团的一位年轻同志怀着好奇心走上前去看了个究竟。原来是巴基斯坦外交官和另一国的外交官在围绕刚才的表决结果进行争论。据说，表决前，这个国家的外交官盛气凌人，认为西方反华提案定能以压倒多数票通过。巴基斯坦外交官持不同看法，认为中国不会输。这个国家的外交官遂提议作一个象征性的打赌：谁输了谁付给对方一个瑞士法郎。此时，巴基斯坦外交官正找这个国家的外交官"算账"。听到这段有趣的新闻，坐在大轿车内的我们全团同志也禁不住笑起来。

撤离科威特纪事

时延春

险恶的处境

科威特虽是一个仅有17818平方公里的小国,却蕴藏着极其丰富的石油资源,素有"地下油海"之称。科威特人视伊拉克为兄弟国家,在历时8年的两伊战争中,科威特曾给伊拉克巨大的财政支持,他们完全未料到伊拉克会出兵侵占科威特。

1990年8月1日晚,科威特城依然展现出它固有的魅力。夜幕降临,一轮皓月洒下满地银辉,闪烁的群星与满城的灯火交相辉映。街上车水马龙,人流如织,超市、商场顾客盈门,摩肩接踵。酒吧和咖啡店灯火辉煌,相聚的亲朋好友觥筹交错,谈笑风生。夜深了,人们进入静谧的梦乡。不料,拂晓时刻,酣睡的人们被一阵阵可怕的声音扰得惶恐不安。战斗机从房顶呼啸而过,坦克的隆隆声、大炮的轰鸣声和机枪的射击声交织在一起,响彻晨空。人们意识到,一场突如其来的浩劫已从天而降。

8月2日凌晨2时,伊拉克出动10万大军、350辆坦克对科威特发动闪电式的袭击,轻而易举地突破科威特边界防线,长驱直入,3小时内便一举占领了科威特。科威特埃米尔等分乘数架直升机匆忙逃往沙特阿拉伯。伊军进入科威特市后,重点围攻埃米尔王宫、机场、电台、国防部和军事学院。这些要地的科威特守军与入侵者一度进行激烈战斗，终因寡不敌众，战事很快平息。我国新华分社地处海滨埃米尔王宫附近，也属伊军重点防范区域。当时，新华分社一位记者开车外出观察形势，刚到路上，就遭到伊军冲锋枪射击。由于躲闪得快，他才幸免于难，但卧倒时手臂受伤，汽车前玻璃上部被打碎。

科威特遭入侵后，社会秩序极为混乱，到处可以听到枪声，到处都有逃难的人群，到处都有路障和伊拉克军队。在这种兵荒马乱的情况下，人们的处境十分险恶。

深厚的情谊

伊拉克入侵科威特时，我国在科威特共有近5000人。他们不仅安全毫无保障，生活上也遇到极大困难。由于事出突然，我国在科威特的公司有的储备粮严重不足，有的工地缺水，有的汽油被抢，无法发电，空调失效，各公司人员只好在饥渴与高温下煎熬度日。8月9日，伊拉克宣布，限各国在8月24日前关闭驻科威特使馆。这一消息使大家的心情更加焦急和沉重，急切盼望国内尽快决定撤离我国在科威特的人员。

党中央、国务院十分关心我国在科威特全体人员的安危。江泽民总书记亲自过问此事，李鹏总理做了具体指示。我国在科威特全部人员撤离回国的总体方案很快在国务院有关单位的具体参与下制定出来了。由于海湾水道被封锁，通往沙特阿拉伯的陆路又为伊军阻绝，唯一的撤离办法只有从科威特乘车经伊拉克转至约旦首都安曼搭乘飞机回国。这方面的工作确定由我国驻科威特、伊拉克、约旦使馆分段承担。

当时，滞留在科威特的台港人员约150人，其中绝大多数是台胞。他们之中有台湾派往科威特商务代表处的人员，也有自谋职业者，而大部分则是"中华工程公司"承担机场跑道修建工程的技术和管理人员及其眷属。

他们在机场附近的住所系伊军重点警戒区，与外界难以接触，因此生活十分困难。台湾当局也曾研究过如何接出台留科人员的方案。钱复等公开表示"有自己的办法，有自己的管道"。台湾当局曾与美国等10国联系，恳求帮助，但无济于事。滞留在科威特的台胞只好自谋出路。台湾在科威特主持全面工作的代表见势不妙，与其妻及属下9人假以南朝鲜现代公司属员身份先行仓皇逃离，撇下其他人员于不顾。两名在科自谋职业的台胞曾两次驱车跑到科威特与沙特交界处，试图越境逃离科威特，但均被伊拉克士兵用枪逼回。台湾"中华工程公司"在科威特的员工及其家属宛如一群没娘的孤儿，叫天天不应，呼地地不灵，一筹莫展，忧心如焚。他们要求将其女眷及孩子移往我驻科威特使馆，并提出在大陆人员撤离时帮助他们一起撤离的请求。

我国驻科使馆很快将台胞女眷及孩子安排在使馆商务处招待所，并同意安排他们随大陆人员一起撤离。台胞对此再三表示感谢，并主动向我国公司工地送油、送水。台胞眷属及孩子住进商务处招待所后，受到热情周到的照料，深为感动。他们提出，要送给商务处招待所1万美元，以示酬谢，被商务处人员婉言谢绝。在这段时间里，海峡两岸的炎黄子孙相处得十分融洽，亲如家人。大家共同表示，不论是大陆同胞还是台湾同胞，大家都是中国人，要互相帮助，互相支持，共渡难关。

出色的工作

伊拉克强令各国驻科威特使馆闭馆的日子日益临近。国内和使馆决定尽快设法将在科全体中国人安全撤出，以免不测，并强调：撤离时要编好大队、小队、班、组，指定各级负责人，要求大家听从指挥，严格组织纪律，途中提倡团结互助，遇有情况要冷静处置，严防出现混乱，要充分体现中国人有组织有纪律有道德的气度。人员分批撤离时，优先照顾妇女和患病同志。为体现祖国对港澳台同胞的关切，撤离时对港澳台同胞优先照顾，并提供一切便利。

我国驻科使馆和各公司人员全力以赴投入了撤离组织工作。除大陆全体人员和港澳台同胞外，使馆还安排在科的新加坡华裔、埃及华侨、马步芳的侄孙女及孩子、在科威特定居多年原籍新疆的老华侨全家等撤离科威特。使馆拟定了全体撤离人员分批名单，通知到每个人。

使馆和各公司经多方努力，好不容易搞到100辆大型车辆，并计划于8月18日集中安排大批人员撤离。不料，8月16日，伊军将这些车辆全部强行开走。这一突变致使无法按原方案集中撤离。使馆和各公司群策群力，终于再次弄到所需车辆。从8月19日至25日短短一周内，在科威特的中国人全部撤离出境。

在撤离科威特前，我国驻伊拉克使馆按计划早已做好了接送过路人员的组织安排。我国驻伊使馆派参赞和各单位负责人分头携带食品、药品等，到路口和临时驻地接送、照料过路人员，并负责收容失散人员。在他们的努力和关照下，失散人员全部归队，全体撤离人员得到了短暂却十分珍贵的休整。

我国驻约旦使馆也做了大量工作。大使就此事多次与约方联系交涉，使馆参赞率员专程到约旦与伊拉克交界处迎接、照料。当撤离人员从伊拉克入境时，约旦边防官员在办理入境签证时给予了极大便利。我国驻约旦使馆包下四家旅馆，供撤离人员过境休息。使馆还派专人负责照料他们的食宿及迎送工作。

为能迅速、安全地将我国在科威特的全部人员接回国，经国务院批准，我国民航总局决定派专机前往安曼，充分体现了党和政府对我国在外人员的关心。

到8月29日中午，4741人分乘我国民航的24架次包机和班机平安返回北京。136名台湾人和4名香港人在撤至安曼后自行返回其目的地。在分手前，他们一再表示感谢，不少人激动得流下了泪水。

当第一批撤离人员抵达北京时，国务院秘书长罗干受李鹏总理委托，专门到机场欢迎和慰问。机场海关人员向他们提供一切方便，对撤离回国的全体人员给予热情而又周到的照顾。

此次撤离工作受到党中央、国务院和各有关单位的一致好评。根据江泽民总书记的指示，对我国驻伊拉克、约旦、阿联酋使馆在接运人员过程中，在极其困难的情况下，夜以继日，废寝忘食，做了大量细致的工作，给予表扬。

从科威特撤出的人员感慨万分。当他们在异国他乡的战乱环境中获悉祖国决定让他们撤离并派专机接他们回国时，当他们在整个撤离过程中都受到了祖国无微不至的关怀时，他们深深感受到祖国的伟大与温暖，个个心潮澎湃，激动得热泪盈眶。在抵达北京机场时，他们打出自己书写的标语，"祖国好！""祖国，我想念你！"，并情不自禁地高呼："中国共产党万岁！"许多人深有感触地说："尽管行程数千公里，历尽千难万险，但每到一地都得到我国使馆的热情接待和妥善安排，并能在短短几天内顺利回到祖国，这同滞留在伊拉克、约旦边界上的其他国家数万名难民无依无靠的境遇相比，还是我们社会主义祖国好！"这段发自肺腑之言，表达了广大撤离人员的心声。

巨大的反响

从科威特撤出的全体人员平安回归故里，与家人团聚。这项工作产生了重大的政治影响。台湾舆论指出，台湾当局在国际上无法保护台胞的权益，说明台湾"实质外交"作用有限。有的报纸指责台湾当局在人命关天的时刻还不要中共的帮助，这种表白纯粹是只顾自己的面子而不以人道为前提的行径。

香港一些报纸的社论说，在援救台湾在科威特人员问题上，我国处理得相当漂亮，自应赢得台湾及海外各地华人的赞扬。香港《天天日报》8月26日在社论《中国使馆救人显尽民族感情》中说："如不是得到中共驻科威特使馆的义助，台胞可能会客死异乡。"社论还说中共使馆让这群无助的"孤儿"先行撤走，纯是基于血浓于水的民族感情。纵所处地域不同，政治信仰有异，但彼此都是炎黄子孙。

随大队撤离科威特的港台同胞再三说，是祖国拯救了他们，他们永远不会忘记祖国对他们的关怀和照顾。有的台胞与大陆撤离人员在约旦相逢时，激动万分，抱头痛哭。旅美华人高度评价我们帮助台胞撤离科威特，赞扬这一行动体现了大陆对台胞怀有深厚的骨肉情谊，是患难见真情，它使广大华人看到，新中国才是全球炎黄子孙的名副其实的坚强后盾。

台湾派往科威特的"代表"因玩忽职守，临阵脱逃，受到台湾舆论界和许多华人的谴责。从科威特撤离出来的台湾同胞对他的行径更是义愤填膺。8月28日，台湾当局以"在非常情况下失职"为由解除了那个"代表"的职务，并给予记过处分。

海湾危机是20世纪90年代初发生的重大国际事件。在这场危机中，海峡两岸的炎黄子孙共渡难关，它必将成为中华民族统一进程中的一段佳话。

重返"千岛之国"

——筹建驻印尼使馆的片段回忆

刘新生

1990年8月6日,是中国和印尼两国关系史上令人难忘的一天,应苏哈托总统邀请,为庆贺中国与印尼正式复交,李鹏总理前往世界上最大的"群岛之国"——印度尼西亚共和国进行为期五天的正式访问。

8月8日,在印尼独立宫富丽堂皇的大厅,钱其琛外长和阿拉塔斯外长代表两国政府签署了《中华人民共和国政府和印度尼西亚共和国政府关于恢复外交关系的谅解备忘录》,从而向全世界宣告:中断23年之久的中印尼外交关系从今天开始正式恢复。李鹏总理和苏哈托总统出席了这一历史性文件的签字仪式,100多名中国、印尼和来自其他国家和地区的记者涌到现场采访了这一重要事件。

故地情怀

1990年9月12日,我受命出任驻印尼使馆临时代办,带领一个7人先遣组赴印尼筹建大使馆。在前往印尼途中,我们在香港停留了数日。9月16日,我们乘坐印尼鹰记航空公司GA875航班续程飞往雅加达。飞机从香港启德机场腾空而起,升高平飞时,茫茫云海,平铺长空,从机窗瞭望,真有天上人间之感。四个多小时后,飞机进入印尼海域的上空。从飞机上俯瞰，碧波万里的洋面上，撒落着无数美丽晶莹的岛屿，"千岛之国"展现出妩媚动人的丰姿。当地时间下午6时，飞机平稳地降落在雅加达苏加诺－哈达国际机场。下飞机后，前来迎接我们的印尼外交部礼宾司官员协助我们办理了各项入境手续。

雅加达这座城市对我来说并不陌生。20世纪60年代，我曾在该市印尼大学文学院进修印尼语言文学，继而在我国驻印尼使馆工作数年，直至1967年中印尼中断外交关系后回国。早在500多年前，雅加达就是输出胡椒等香料的著名海港，当时名为"巽他格拉巴"，意即"椰子"。1527年，万丹伊斯兰教军占领此地，改称"雅加达"，此名含有胜利和光荣之意。1619年，雅加达被荷兰殖民军攻占后，易名"巴达维亚"。从此，这里变成荷兰殖民者奴役和剥削印尼人民的大本营。第二次世界大战中，日本帝国主义侵占了印尼，直到1945年印尼宣布独立后，雅加达才恢复原名，并被定为印尼共和国首都。记得我20世纪60年代在这里时，雅加达还是一个较为落后的普通城市。这次旧地重游，发现这座城市已今非昔比了。雅加达的快速发展主要是80年代以后。印尼政府着力建设，大兴土木，美化市容，使其成为一座占地660余平方公里、各种设施齐全的现代化城市。路旁树木成荫，苍翠欲滴；超级市场与各类商店鳞次栉比；一幢幢风格迥异的高层建筑——豪华公寓、星级旅馆与写字楼拔地而起。当从机场乘车驶向市区时，我探头窥视道路两侧，已很难找到过去熟悉的建筑与街景了。晚间华灯齐放，五颜六色，闪烁变幻的霓虹灯与街心公园喷洒的水花银柱交相辉映，更是一派繁荣景象。我暗自思量，雅加达确实是"旧貌换新颜"了。

五星红旗重新飘扬

中国与印尼是亚洲的近邻，自古以来两国人民就有着友好的往来，结下了深厚的情谊。1950年4月13日，印尼同中国建交，成为最早同我国建交的国家之一。两国之间曾有过良好的合作，共同为维护亚洲地区的和平与稳定作出了积极贡献。尽管两国关系出现过一段曲折，但这与两国友好交往的悠久历史相比，毕竟只是一段短暂的插曲。

根据印尼外交部政治总司长维尔约诺先生建议，大使馆临时馆址暂设在市中心区的婆罗浮屠酒店。该酒店是一个20层的高层建筑，属五星级，设备齐全，娱乐健身和服务设施应有尽有。酒店院内绿草如茵，灌木青翠，花卉繁多。低低的栅栏上攀附着茂密的青藤，其间点缀着各色鲜花，相映生辉。酒店底层后院有一个很大的游泳池，池旁的桌边支着五颜六色的太阳伞，伞下摆放着一排排折叠椅，供旅客游泳后休息。酒店虽地处闹市，但闹中有静，是很好的休闲之地。可是我们几名先遣组人员肩负着建馆的重任，很少有时间享用其中的娱乐与健身设施，大家都把精力放在建馆初期千头万绪的工作上。这个酒店对我们来说，最大的优点是离印尼外交部仅五六百米。当时我们几乎每天要与印尼外交部联系，由于临近，我们有急事往往步行前往。另一个优越性是酒店给中国大使馆30%的房价优惠，可给国家节省一笔外汇开支。而且酒店上至总经理，下至服务员，对中国大使馆工作人员均非常热情友好。

经过双方协商，中国大使馆定于1990年9月27日正式开馆。在开馆仪式上，一面崭新的五星红旗从旅馆二楼阳台的旗杆上冉冉升起，迎风飘扬。使馆全体外交人员在庄严的中华人民共和国国歌声中，向代表着国家尊严、象征着国家主权的国旗行注目礼。在升旗仪式上，我发表简短讲话说，中国与印尼是海水相连的近邻，两国人民之间有着长期友好交往的历史。由于双方的共同努力，现在这两个亚洲大国之间恢复了正常的外交关系。这不仅符合两国人民的共同愿望和根本利益，而且也有利于亚洲地区的和平、稳定和发展。希望大使馆全体人员为维护和发展中国与印尼之间的友好关系而努力工作。印尼外交部礼宾司负责官员应邀出席了开馆仪式，不少新闻记者也闻讯前来观看和采访。在宽敞的阳台上，仪式已完而人不散，来宾们主动与使馆工作人员握手欢谈，共享复交后的喜悦。一些记者围住我，问我此时此刻有何感想，对中国与印尼两国关系发展前景有何看法，等等。我笑着回答说，今天我很高兴，两国互设使馆标志着经过将近四分之一世纪的隔绝之后，两国关系完全正常化了。中国同印尼都是发展中国家，尽管国情相异，社会制度不同，但这不应该成为两国发展关系的障碍。应该说，中国同印尼之间的共同点还是很多的，可以合作的领域相当广阔，潜力很大，在维护世界和本地区和平、发展民族经济等许多重大问题上的看法是一致或相似的。结束过去，展望未来，两国关系的前景正像一首中国民间诗歌所描述的那样，春梅已著一枝，繁花盛开的季节已是不远了。

次日，雅加达各大报纸在头版报道了中国大使馆正式开馆的消息，刊登了使馆升旗仪式的大幅照片，都用了"五星红旗重新飘扬在雅加达上空""中国人又回来了"等标题和导语。

国庆招待会

我离京赴任前，外交部领导向我交代了两项"政治任务"：一是抵达印尼之后，要设法尽快开馆，正式对外办公；二是要举办41周年国庆招待会。当时，我向有关领导表示，我将尽力去完成。但心里还是不免嘀咕，在短短半个月时间内，既要开馆，又要搞国庆招待会，任务确实艰巨。

抵达印尼后，我向先遣组7名同志传达了这两项"政治任务"，并研究了具体落实办法。按照部领导国庆招待会"小型、双边、官方"的有关指示，我约见了印尼外交部亚太司司长布尔先生和礼宾司代司长苏里雅迪先生，请他们予以协助。布尔先生和苏里雅迪先生当即表示，"请临时代办先生放心，外交部将全力协助大使馆筹办国庆招待会"。先遣组7名同志在筹备有关开馆事宜的同时，全力以赴准备国庆招待会。国庆招待会日期定为10月2日晚7时。参照印尼外交部礼宾司提供的名单，我们发出了近百张请帖。

我们"因地制宜",在我们居住的婆罗浮屠酒店租用了一个小宴会厅,搞了一个冷餐招待会。酒店方面也按照我们的要求进行了一番布置。宴会厅正面悬挂一幅写有"庆祝中华人民共和国成立四十一周年"的横幅,两边竖立着中国、印尼两国国旗,冷餐台上放着刻有"41"字样的冰雕,宴会厅内一派喜庆气氛。晚7时,客人们陆续光临。7时30分,印尼国防部部长兼代理外长贝尼·穆达尼将军作为主宾在外交部礼宾司总司长卡达里斯曼先生陪同下步入宴会厅,在播放中国、印尼国歌之后,招待会正式开始。穆达尼将军对我说,阿拉塔斯外长去纽约出席第45届联合国大会,他作为代理外长向我表示"双重祝贺",一是祝贺中国大使馆正式开馆,二是祝贺中华人民共和国成立41周年。当他看到出席招待会的仅有五六十人时,问我为什么不多请些客人。我说,因为我们刚来印尼,地生人疏,相信明年的国庆招待会会有更多朋友光临。我转而又说,将军阁下的光临使我们招待会光彩大增,我要向您表示衷心感谢。我还要向将军阁下祝贺。他愣了一下问我:"你要向我祝贺什么?"我说:"今天是将军阁下的生日,我祝您生日快乐!"将军对我刚到印尼不久竟知道他的生日感到既惊讶又高兴。次日,我们在旅馆定做了一个生日蛋糕,派专人送到他府上。

在穆达尼将军抵达15分钟后,卡达里斯曼总司长通知我,穆尔迪奥诺国务部长要来出席招待会。1989年2月23日,钱其琛外长在东京出席日本天皇葬礼期间曾会晤过穆尔迪奥诺国务部长。会晤后,钱其琛外长和穆尔迪奥诺国务部长共同会见记者,就中印尼两国关系正常化问题发表了如下三点意见:一、双方同意,进一步采取措施,实现两国关系正常化;二、两国关系建立在和平共处五项原则和万隆会议十项原则基础上;三、双方决定,通过双方驻联合国代表就两国关系正常化进行具体商谈,有必要时,两国外长举行会晤。此次会晤意味着两国关系正常化进程的开始。

卡达里斯曼总司长还告诉我,穆尔迪奥诺国务部长有"两个特点":一是他除陪同苏哈托总统出访外,本人很少出国访问;二是他很少出席外国使团的国庆招待会这类社交活动。今天国务部长亲临中国大使馆国庆招待会是个"例外"。

一见到穆尔迪奥诺国务部长，我首先转达了钱其琛外长对他的问候，并感谢他为实现两国关系正常化所作出的积极贡献。我说，部长阁下是两国关系正常化的开路先锋。他谦虚地说，决策者是苏哈托总统，他只不过是做些具体工作。他还愉快地向我叙述了1989年2月他同钱其琛外长"东京会晤"的一些情景，并一定要我转达他对钱其琛外长的问候。接着，他向我询问了正在北京举行的第十一届亚运会的有关赛事情况，并说，10月4日和5日将要举行网球女双和混双决赛，他是印尼全国网球协会主席，他要赶到北京，为印尼运动员助威。由于时间和航班关系，他决定10月4日绕道东京去北京，下飞机后，从机场直接去比赛场地，观看网球女双和混双两场决赛。我当即表示欢迎部长阁下去北京观看比赛，并允将此事立即报告国内有关部门（事后得知，网球女双和混双两项金牌均为印尼运动员摘取）。

一个半小时国庆招待会时间已过，但来宾们个个不愿离去。前来出席招待会的除印尼内阁两位"重量级部长"外，还有雅加达特区省长、卫戍司令和外交部一些高级官员。印尼外交部礼宾司的一名官员对我说："你们招待会出席人数虽不多，但出席的印尼官员规格之高，恐怕在雅加达使团庆祝国庆招待会中也不多见。"他祝贺使馆首次国庆招待会取得成功。

两场拜会活动

1990年10月8日，穆尔迪奥诺国务部长的秘书打电话给使馆说，国务部长下午4时要见中国临时代办，请提前一刻钟抵达。穆尔迪奥诺部长办公室——国务秘书处同印尼独立宫（即总统府）仅一墙之隔，我和一名助手应约按时抵达国务秘书处，部长秘书已在楼下门口迎候我们，稍事寒暄后将我们领到二楼一会客厅等候部长接见。4时整，部长秘书将我领到部长办公室。一名摄影记者在为我们拍照留念后即退出。我刚刚坐下，穆尔迪奥诺部长就畅谈他不久前的北京之行。他说，在北京停留的两天时间里受到中方热情、友好和周到的接待，给他留下了美好的回忆，十分感谢李鹏总理在百忙之中接见了他，并要我转达他对李鹏总理的谢意和问候。穆尔迪奥诺部长还说，遗憾的是，由于钱其琛外长在纽约参加联大会议，此次未能在北京相见，相信以后还有见面的机会。我首先祝贺他凯旋，然后问他："本届亚运会冠军是谁？"他不假思索回答说："中国是当之无愧的冠军！"我说："谢谢阁下，不过，我认为本届亚运会的绝对冠军是部长阁下，你看，阁下在北京停了两天，印尼网球队就拿了两块金牌，如果部长阁下在北京多停留几天，印尼代表队的金牌数目岂不是会成倍增加。"他听后哈哈大笑。接着，穆尔迪奥诺部长将话题转到苏哈托总统访华问题上，他说，苏哈托总统已愉快接受杨尚昆主席和李鹏总理的邀请，决定于1990年11月中旬对中国进行国事访问。我当即表示，苏哈托总统访华是两国关系中的一件大事，相信总统访华将会进一步促进中国和印尼友好关系的发展。由于我们是用印尼语直接交谈，因而气氛十分融洽，不知不觉会见已持续了45分钟，我起身告辞，并感谢他在百忙之中接见我。在话别时，他握住我的双手说，在筹建使馆过程中如有困难，可随时打电话找他。我对他的好意再次表示感谢。

在拜会穆尔迪奥诺国务部长4天之后，阿拉塔斯外长10月12日又接见了我。阿拉塔斯外长在印尼可以说是体态端庄、五官端正、风度翩翩而又才华出众的人物。他在任何场合总是举止得体、稳重大方、谈笑自如。他常以委婉的辞令，但却十分坚定地维护本国的基本立场或中肯地阐明对某个重大国际问题的看法，实在是一位不可多得的杰出外交家。他曾于1990年7月1日至4日访华，与钱其琛外长签署了中印尼复交公报。我当时在北京参与了阿拉塔斯外长访华的接待工作。他一见面就解释说，他刚从纽约出席联合国大会回国。他欢迎我再次来印尼工作,并询问建馆工作进展情况,有什么困难没有。我表示,由于印尼外交部有关官员大力协助,建馆工作十分顺利,临时馆址就设在婆罗浮屠酒店。他听后点头说:"很好,很好,那我们就成了邻居了!"他祝贺中国大使馆不久前正式开馆,并对两国关系在复交后迅速发展感到满意和高兴。会见中,我们还谈到了柬埔寨问题,阿拉塔斯外长说,他作为柬埔寨巴黎国际会议两主席之一,高度赞赏中国在解决柬埔寨问题上所做的努力和所起的作用。并说,印尼和中国将为维护本地区的稳定与和平继续进行合作。我首先感谢他回国不久就接见我,感谢他多年来为恢复两国外交关系所做的积极努力,并转达了钱其琛外长对他的问候。我还表示,中国领导人正期待着苏哈托总统即将对中国进行的访问。阿拉塔斯外长说,两国高层领导人互访将会加深了解和相互信任。他相信苏哈托总统这次历史性访问必将把两国友好合作关系推向一个新的阶段。会见结束时,我向他表示大使馆将全力做好苏哈托总统访华的有关联络工作。

一次政治较量

中印尼两国自1990年8月8日正式复交的消息在亚洲,特别是在东南亚国家引起了巨大反响。新加坡外交部发表声明,欢迎中印尼实现关系正常化。新加坡《联合早报》在一篇评论中指出,中国和印尼恢复外交关系,随后可能与新加坡建交,其冲击作用,"将不仅是改善中国与东南亚国家的关系,也将开辟一个合作的新纪元"。与此同时,泰国、菲律宾等国官方人士及舆论界也纷纷发表谈话或评论,欢迎中国与印尼复交。但另一方面,中国和印尼恢复外交关系却引起了台湾当局的恐惧和不安。

在中印尼1967年10月中断外交关系后,台湾当局于1971年4月在印尼设立了"驻雅加达台北中华商会",后易名为"台北经济贸易代表处"。

1990年8月8日,中印尼两国外长签署的《中华人民共和国政府和印度尼西亚共和国政府关于恢复外交关系的谅解备忘录》重申,印尼政府坚持一个中国政策,承认中华人民共和国政府是中国的唯一合法政府,台湾是中国的一个组成部分。印尼和台湾"只维持民间性的经济和贸易关系"。台"外长"钱复哀叹这是"很差的一种情况"。台舆论也认为这将对尚未与中国建交的其他国家"具有带头的作用",对一些第三世界国家"也有暗示效果"。为阻挠中国与印尼关系发展,缩小两国复交后给台湾带来的冲击,台湾驻雅加达机构精心策划了一起政治事件。10月10日,"台北经济贸易代表处"就在当时中国大使馆所在的婆罗浮屠酒店举行一个大型招待会,庆祝"中华民国"成立79周年,企图在我们立足未稳的情况下,给我们一个"下马威"。这是明目张胆的挑衅。我们得知这一消息后,立即进行研究,决定先摸清有关情况,然后分头交涉。我们一面同旅馆总经理进行联系,一面紧急约见印尼外交部亚太司负责官员,但由于已到下班时间,亚太司办公室已无人接电话。在此情况下,我和一名助手径赴印尼外交部。当我们乘车抵达外交部院内时,发现政治司代理总司长阿塔米先生正准备驾车回家,此时我也顾不上必要的外交礼节,一步冲上去拦住阿塔米先生,说明了我们的来意。阿塔米先生很客气地请我去他的办公室。我向他简要陈述了台驻雅加达机构拟于当晚在婆罗浮屠酒店举办"双十国庆"招待会的情况,并提出了三项要求:一、要酒店立即撤掉通告牌上的"中华民国"称谓;二、宴会厅内不能悬挂伪国旗;三、招待会上不得奏伪国歌。阿塔米先生重申,印尼政府奉行一个中国政策,印尼和台湾只保持民间关系,"台北经济贸易代表处"只是一个民间机构,不享有外交地位。他将立即指示有关人员处理此事。

据事后了解,招待会开始前,酒店值班经理凯马尔先生按照印尼外交部指示,立即找了"台北经济贸易代表处"有关人员,宣布了"三不"要求,即招待会不准出现伪称,不能悬挂伪旗,不得奏伪歌。"台北经济贸易代表处"人员听后十分恼火,并要凯马尔先生出示书面函件。凯马尔先生说,他是奉命执行外交部有关指示,如果招待会主人不理会此事,他将命令旅馆保安人员强行降下台湾伪旗,否则将由招待会主办人承担一切后果。"台北经济贸易代表处"人员见凯马尔先生态度十分强硬,明白大势已去,不得不灰溜溜地降下悬挂在宴会厅主席台上的伪旗。这场斗争最后以台湾的失败而告终,驻雅加达"台北经济贸易代表处"真可谓"搬起石头砸了自己的脚"。

外交战士怀念邓大姐

钱其琛

敬爱的邓大姐去世的噩耗传来,外交部全体人员无限悲恸,同声哀悼,深切缅怀她战斗一生的光辉业绩、无私奉献的革命精神和无上高洁的品德情操,回忆邓大姐对外交工作、外交队伍成长的关心和对发展同各国的友好关系与增进人民之间的友谊所作的贡献。

新中国成立之初,为创建我国独立自主新型外交的需要,中央从党、政、军系统调了一批干部和将军到外交战线工作,有的被任命为驻外大使和参赞等高级外交官。他们的伴侣都有自己的事业、自己的工作岗位。她们对随丈夫出国成为家属想不通,推举代表要求见周恩来总理。就在这时,邓大姐受周总理委托会见她们。邓大姐亲切地同她们促膝谈心,用过去在国民党统治区中共代表团工作期间的亲身经历,循循善诱地做她们的思想工作。她先举例:一天有人打电话找周太太,她一时未转过弯来,就回答说我们这儿没有周太太。等放下电话,才突然明白过来,原来是指自己。接着她说,外交战线是特殊的战线,无论男女都是外交战士。在国外,夫人的地位是高的。因为是夫人,人家不愿向下边的外交官说的话,却愿跟夫人说。这是个有利条件,做好这项工作对国家有利。她还勉励大家出国后要注意保持部队的优良作风,体现新中国妇女的气质和风采。邓大姐的谈话,解开了她们思想上的疙瘩,从而愉快地随同丈夫出国了。

邓大姐以全国妇联领导人的身份,一直关心着这支外交官夫人队伍的成长，不断给予指导和帮助。她提出，外交部要关心和培养女干部，指导驻外使馆的夫人工作；驻外使馆要为开展夫人工作创造条件，提供方便；夫人本身要热爱本职工作，努力学习对外方针政策和外语，熟悉国际形势和驻在国情况，不断提高自己的政治水平和业务水平，做好工作。她还特别嘱咐外交部夫人工作领导小组，既要做好国外夫人的工作，也要做好国内家属的工作。大使夫人回国休假要求见她时，她总是欣然答应，倾听她们的汇报，重视她们的经验，肯定她们的工作成绩；对她们反映的困难和思想问题，她从不简单地批评指责，而是启发诱导，帮助解决，使人感到鼓舞。

在悉心总结夫人对外工作经验的基础上，邓大姐明确提出了夫人工作的指导方针。第一，中国的夫人外交工作，既不同于某些西方国家那样把夫人和大使放在同等地位，也不同于某些社会主义国家那样把夫人排除在外交工作之外。我们的夫人工作是驻外使馆工作和国家外交活动的一个组成部分，这个位置要恰如其分。第二，夫人工作的任务是：对外协助大使开展友好活动，同驻在国政府官员的夫人和他国使节的夫人建立联系、进行交往，同时配合全国妇联做国际妇女友好工作；对内特别要做好使馆的团结工作，成为团结的模范。第三，对外工作中要注意妇女的特点，可从谈妇幼问题入手，再交谈需要谈的政治性或其他重要问题，以诚待人，虚心学习，广交朋友。

"文革"期间，我国驻外大使、参赞几乎全都被调回国。大使、参赞被批判，他们的夫人就得陪斗，这些经历伤透人心。"文革"后期，陆续派出大使、参赞，心有余悸的夫人们不愿再随同出去。在这迫切需要派出女同志恢复夫人工作的时刻，正在抱病休假的邓大姐，得知外交部要召开夫人工作座谈会，坚持出席并做讲话。她说，我们应该从客观实际出发，实事求是地看待这个问题。不管你重视不重视，去做还是不去做，夫人工作是客观存在，而且是世界范畴的活动。从世界战略观点来看，夫人工作是大有可为的，应该放在适当位置，给予应有的重视。夫人工作是跟整个外交路线、外交政策、外交活动联系在一起的，是我们驻外使馆外交工作的一个组成部分，不应该丢掉它。在邓大姐谆谆诱导和无微不至的关怀下，夫人们的疑虑解除了，精神抖擞地重新赴任了。许多驻外使馆还成立了夫人工作小组。这项工作不但得以恢复，而且走上了更加健康的发展道路。

邓大姐长期从事国际友好活动，会见了来自五大洲许多国家的领导人夫妇及各阶层友人。在当选全国人大常委会副委员长和全国政协主席之后，邓大姐不顾高龄，不辞辛劳，以国家领导人的身份，作为中国人民的友好使者，先后出访缅甸、斯里兰卡、伊朗、柬埔寨、日本、朝鲜、泰国、法国和欧洲议会。在出访中，她充分体现了中华民族的高度自尊和自信，同时又虚怀若谷，以诚待人，实践了她对自己提出的"谦虚和蔼，作风朴实，态度诚恳，政治敏锐"的箴言。

邓大姐出访中受到各国的破格接待和欢迎。在斯里兰卡，总统高伯拉瓦、总理班达拉奈克夫人在机场迎候。当班达拉奈克夫人接过邓大姐从中南海西花厅摘来的一束鲜花时，感动万分。在日本，滩尾弘吉议长及日本各政党领导人、各界著名人士和众多的老朋友，列队在机场欢迎。在平壤，朝鲜人民的伟大领袖金日成主席和夫人到机场迎接，表达对多年未见的老战友的情谊。在曼谷，江萨总理怀着深深景仰之情叫着"邓大姐"，并在宴会上和议长哈林、最高法院院长巴托·提拉瓦一起为邓大姐合唱泰国著名民歌《白莲花》。在周总理青年时代曾勤工俭学过的巴黎，法国议会特意在专门接待国家元首和政府首脑的西奥利机场贵宾厅，为她举行了隆重的欢迎仪式。

邓大姐在日本享有崇高的声望，赢得了"杰出周总理的杰出夫人"的赞誉。在访问日本的10天中，她的足迹遍及东京、富士山下的箱根、古都奈良、京都岚山、大阪，她参加各种活动几十次，会见了数千名各界朋友

1980年6月,邓颖超副委员长访法期间参观法国参议院时题词留念

和人士，情景令人感动。当时已是 75 岁高龄的邓大姐，在到达东京的第一天就一连参加八项重要活动，以后在东京每天活动也达六七项之多，十分紧张，但她总是精力充沛、谦虚谨慎、一丝不苟、热情诚恳、敏锐豁达。在会见日本天皇裕仁、首相大平正芳、参众两院议长、外相园田直、各政党领导人及新老朋友和各界人士时，她均强调中日友好要世代相传，不仅这一代要友好，下一代要友好，而且要世世代代友好下去。日本民社党委员长不顾医生的劝阻，拖着病体携夫人赶来会见邓大姐。前首相田中夫妇率 30 多位田中派议员站在私邸门前八重樱花树下迎接邓大姐，又在院中两棵"孙子树"下合影。田中说，这两棵树是他外孙栽种的，命名为"孙子树"，表示要把他致力于中日友好的意愿传给子孙后代，以便中日世世代代友好下去。一批已故日本著名人士的遗孀、子女及孙子女见到邓颖超副委员长，纷纷激动地表示要继承先辈从事日中友好的未竟事业。老朋友池田大作对邓大姐说："为欢迎您访问日本，我们在创价大学校园里种了两棵樱花树，取名'周夫妇樱'，以表敬意。"著名友好人士西园寺公一携家人从横滨赶到箱根看望邓大姐，他抱着女儿的 3 岁干儿子用汉语说："让孙子参见邓奶奶。"在岚山，当地群众和从日本各地赶来参加周总理诗碑揭幕式的朋友们，举着"中日人民友好万岁""周总理永远活在我们心中"等标语牌，高唱着歌曲《周总理和我们亲又亲》，在蒙蒙细雨中，夹道欢迎邓大姐。她在揭幕式上说："周总理生前一个很大的愿望就是缔结中日和平友好条约，使两国人民友好世代相传。现在，条约的缔结已为中日两国永远友好奠定了牢固基础。让我们共同努力，使我们两国伟大人民的友谊，像参天的松柏，万古长青！"在专为欢迎邓大姐而建造的餐馆举行的宴会上，公明党委员长竹入义胜，一直守候在邓颖超身边，为她上菜，自己却没有进餐。他真挚动情地说："我很想在日本接待周总理，这个愿望终于由您实现了，请允许我也称您为邓大姐吧！"当邓大姐登上专机就要离开日本回国时，机上服务员把从她居住的西花厅院内采来的一束含苞待放的海棠花献给她时，邓大姐立即转送给园田直外相夫人。当得知此花束来自北京中南海，园田直夫人激动得连连弯腰鞠躬，在场的日本朋友无不为之感动。我们的邓大姐就是这样细腻而精心地做友好工作，播下一粒粒友谊的种子。

在斯里兰卡，邓大姐发表讲话说："当人类还只能靠木船航行的时候，我们的长辈就远涉重洋，相互寻求知识和友谊，写下了许多优美的篇章。我深信，在两国政府和人民的共同精心培育下，中斯友谊之花必将越开越茂盛、越鲜艳！"斯里兰卡总理班达拉奈克夫人说，"您一生的作为，是妇女们，特别是第三世界的妇女们引以为傲的典范"，"您像周恩来总理一样，也是广闻博识、明达而又虚怀若谷"。

在伊朗，当邓大姐完成友好使命就要回国时，她同伊朗的安全警卫人员、司机、服务员、炊事员一一握手告别，感谢他们辛勤周到的服务。他们在国宾馆接待过许多国家的贵宾，却是第一次受到邓大姐如此诚挚而亲切的礼遇，怎能不激动万分！这是中华民族的风格，是中国人民对各国人民深情厚谊的体现。

邓大姐访问朝鲜并参加了周恩来铜像和纪念碑揭幕仪式。金日成主席说："我们不但把邓颖超同志作为中国人民的友好使者来迎接，而且回忆着为朝中友谊建立了巨大功绩的我们的亲密战友周恩来同志，以敬慕的心情，像亲兄弟迎接大姐一样迎接邓颖超同志。"

在泰国，泰中友协主席春哈旺回忆起当年访华时，身患重病的周总理在医院还接见了他。他尊称周总理为"周大哥"，称邓颖超为"邓大姐"。他赞扬"中国是泰国患难之交的真朋友"。前总理巴莫对邓大姐说："我比你小两岁，你是大姐，我是二弟。"当时在场的朋友无不欢叫邓大姐，人人沉浸在友谊的海洋里。

无上高洁的品德与风范，灿若日月，彪炳人间。邓大姐为党、为国无私奉献，她的一生中，心里只有人民群众、党的事业、国家利益，唯独没有自己。1991年11月，病重住院的邓大姐本来已不见外宾，可西哈努克亲王夫妇出于无限敬仰之情，很想见见她，于是安排了礼节性短暂会见。邓大姐对此极为重视，不顾病魔缠身，坚持坐在轮椅上会见交谈，就中柬友好倾诉了她的殷切心情，西哈努克夫妇无限感激。

邓大姐艰苦朴素，严于律己。她位高而不自居，一生克勤克俭，廉洁奉公，始终保持人民公仆的本色。一次由于天热，周总理在人民大会堂把坎肩脱下来放在北门传达室，工作人员看到这件用碎布拼成并打着补丁的坎肩，无不惊奇。当周总理见完外宾出来穿上时，大家才知道那是邓大姐亲手缝制的，又无不激动。邓大姐住处的窗帘都是旧的，连她的衣服有些也是周总理的衣服改成的，出访时用的皮箱也是总理多次用过的。一次，邓大姐在人民大会堂会见希腊诗人海伦·卡赞扎基夫人等朋友，她穿的西装是用周总理当年出席日内瓦会议时的旧制服翻改的。当向客人介绍长征等艰苦卓绝的历史时，她无意中提到她身上穿的西装。卡赞扎基夫人激动得难以自抑，说："让我们摸摸你的衣服吧！"她和她的朋友们走上前来轮流轻轻地用手摸着邓大姐的衣裳，赞叹不已。她们怎么也想不到堂堂周总理的夫人、身为人大副委员长的邓大姐竟是如此简朴！邓大姐像周总理一样自我要求特别严格，两袖清风，一尘不染。有一年"三八"妇女节时，邓大姐嘱咐工作人员送鲜花给柬埔寨在京女宾以示祝贺，本来按规定买花的钱可以报销，但她坚持自己付了钱。

邓大姐平易近人，关心同志。凡是在她身边工作过的同志，都说她像和蔼可亲的慈母。一次邓大姐前往国宾馆会见西哈努克，由于有关同志工作疏忽，车被门卫拦住，负责同志忙向邓大姐道歉，并要批评警卫战士。邓大姐马上说："不要这么讲，没关系，警卫战士为了保卫大门，尽了职责。"每次出访，邓大姐对随行人员从思想到生活都关怀备至。1977年访问伊朗时，她到大使馆看望同志们，席地而坐，同大家促膝谈心。1979年访问朝鲜时，她到大使馆向同志们嘘寒问暖，还以自己为例谈如何同疾病做斗争，如何坚持吃药、练气功。在北京，一位女翻译由于工作需要一连几天回不了家，照顾不了孩子。邓大姐得知其退休在上海的父亲按规定可以调北京后，专门向有关部门打招呼，解决了这位女翻译的后顾之忧。

邓大姐言传身教，严格耐心。她对工作人员既严格要求，又热情帮助。大家说，给邓大姐当翻译时心情特别舒畅。访问日本时，在一次宴会上，邓大姐多送给议长一个筷架，指名给议长夫人。当得知这位议长夫人已过世时，邓大姐马上婉转地予以弥补。翻译同志很不好受，心里埋怨有关部门未明情况、准备不周，致使邓大姐失言。事后，邓大姐严肃认真又平心静气地给大家讲"外事无小事"的道理，要有关同志不要背包袱，吸取教训就是了。

邓大姐虚怀若谷，善于学习。邓大姐出访时，非常注意学习别国的长处。当她得知火葬在泰国已有一千多年的历史了，立即表示："那你们比我们先进，我们普遍采取火葬还是近二十年的事，我们要向你们学习。"邓大姐访问日本归来会见基辛格，当被问到对日本的印象时，她说，日本民族有奋发图强的创造精神，工业很发达，同时又把一千多年前的文化古迹和传统保留下来，她印象很深。

邓大姐和周总理，没有子女，没有遗产，一切交公，一无所求，却留下了用之不尽、取之不竭的最宝贵的精神财富，在人民心中树起了一座永恒的丰碑。我们缅怀纪念邓大姐的最好方式，就是以她和周总理为榜样，全心全意为中华民族的利益、为社会主义现代化事业而无私奉献，为继续开拓我国外交工作的新局面、维护世界和平和促进人类进步事业而努力奋斗。

敬爱的邓大姐和周总理一样永远活在外交战士心中。

日本明仁天皇访华经纬

杨振亚

1992年10月23日至28日，正值中日两国邦交正常化二十周年之际，日本明仁天皇对中国进行友好访问。在长达2000年的中日两国交流史上，日本天皇访华尚属首次，这件大事引起国内外广泛瞩目，对增进中日两国睦邻友好关系、扩大中国在日本国民中的影响，起到了很好的效果。

天皇统治在日本有长期的历史。二战前，天皇拥有绝对的统治地位和至高无上的权威，被宣传为"神的化身"。明治维新后，日本的对外扩张包括对中国的侵略战争都是以天皇的名义进行的。二战后，随着日本的战败，天皇地位也发生了重大变化。1946年，天皇发表《人间宣言》，宣布自己是人，不是神。1947年，日本实施《日本国宪法》，规定天皇无权过问政治，只能行使宪法规定的有关国事行为，并需得到内阁的建议和承认，基本上是进行礼节性的仪典活动，包括对外国的友好访问。《日本国宪法》还规定，"天皇是日本国的象征，是日本国民整体的象征"，从这一角度看，其地位相当于国家元首。

尽管天皇战后没有实权，但由于历史传统和文化、精神等多方面因素，天皇在广大日本国民，特别是中老年层和上层社会中仍拥有相当影响。天皇访华，不能不为日本国民所深切关注，成为牵动日本国民感情的一次重要出访。

我国对明仁天皇访华很重视，给予高礼遇的热情友好接待。国家主席杨尚昆同天皇友好会见,并主持欢迎仪式和欢迎宴会。江泽民总书记会见天皇、皇后,还特地设晚宴款待,会见谈话时双方都回顾了两国交往历史和中日邦交正常化二十年来两国友好关系的发展,江泽民总书记说:"在我们看来,对于中日关系一要以史为鉴,二要向前看,三要世世代代友好下去。"天皇听后也有同感地说:"日中两国要回顾过去,展望未来。加强两国关系十分重要。"李鹏总理前往天皇下榻的钓鱼台国宾馆会见天皇,进行了亲切谈话。国务委员兼国家科学技术委员会主任宋健全程陪同。天皇访问北京、西安、上海各地,还利用各种机会会见各界知名人士,包括过去曾同明仁天皇有过学术接触的科学家,如研究鱼类化石的女科学家张弥曼在1986年访日时就曾同爱好虾虎鱼研究的、当时还是皇太子的明仁探讨过鱼类进化问题,这次在中国科学院重逢,主客都格外高兴。

考虑到天皇对中国传统历史文化有浓厚兴趣,节目安排上突出了这一内容,使气氛轻松愉快。如游览长城时,天皇、皇后兴趣甚高,待向最高处攀登时两人还情不自禁地手拉手面向周围群众。这一场面立即被日本记者摄入镜头在国内电视台播放,不少日本国民感动地说,在日本国内我们从未见过天皇和皇后手拉手的场面,这说明天皇、皇后访问中国的心情确是十分轻松愉快的,中国真是重友谊的礼仪之邦和友好近邻!访问西安,明仁天皇不仅了解到一千多年前日本派大批遣唐使来古都长安学习、开展中日文化交流的历史盛景,而且在参观碑林时惊喜地发现自己即皇位时"平成"年号的出处:《尚书·大禹谟》碑上刻有"地平天成"四字。天皇高兴地说:"这些古碑在日本颇有名气,今天能亲眼见到,真是太好了!"

天皇访华最敏感的政治问题,是明仁天皇对过去的日本侵华历史如何表态。这也是中日邦交正常化以来天皇迟迟未能访华的一个重要原因。1975年9月,裕仁天皇访美前接受美国《时代》周刊记者采访时曾表示:

1992年10月,日本天皇明仁访华,他是中日交往2000年来首位访华的日本天皇。图为明仁天皇(前排左二)一行在北京参观故宫

《日中和平友好条约》签订后，如有机会访华，我将很高兴。"后裕仁天皇会见我访日的领导人时，曾对过去两国间的一段不幸历史表示反省之意，并流露出想访华的心愿。但日本政府十分谨慎，每次都要求中方不要就此事做公开报道。20世纪80年代中期，在中曾根康弘担任日本首相期间，日本政府曾向我探询邀请国家主席李先念访日的可能性。从多方面考虑，特别是鉴于日本侵华的历史，如果日本天皇不首先访华，对这段历史问题作出交代，我国家主席就不宜先访日。因此，我婉言回绝，表示仍希望日本天皇访华。后日方又以裕仁天皇年事已高为由，试探我可否邀请皇太子代表天皇访华。

1989年1月7日，裕仁天皇因患十二指肠癌医治无效逝世，明仁皇太子继承皇位，成为日本第125代天皇，改年号"昭和"为"平成"。明仁天皇与其父不同，同侵华战争没有直接瓜葛，二战结束时他仅12岁，就读学习院初等科（相当于小学六年级）。因受战后民主思潮影响，明仁皇太子在皇族中思想较为开明，他在皇太子时代冲破皇室禁律，与平民出身的美智子成婚，一时传为"皇室新风"的佳话。明仁天皇即位，也为天皇访华这一悬案带来新的机遇。1989年4月，李鹏总理访日会见明仁天皇时，明仁天皇对近代中日间一段不幸的历史深感遗憾，对李鹏总理欢迎天皇访华表示愿能成行，说这需经日本政府决定。

后几经酝酿，当迎接1992年中日两国邦交正常化二十周年时，双方不少有识之士都认为这是实现天皇访华的最佳时机。新年伊始，渡边美智雄外相访华，在双方探讨发展两国关系时，着重就实现当年秋季天皇访华问题同我交换了意见。春季，江泽民总书记访日，会见明仁天皇，并同宫泽首相进行友好会谈。在谈及实现秋季天皇访华问题时，宫泽首相认为这将对两国关系产生重要影响，日本政府愿对此进行"认真研究"。但情况仍较复杂，对天皇访华，不仅日本社会右翼势力极力反对，一些社会头面人物和执政的自民党内也出现了所谓"慎重论"，担心天皇访华会被"政治利用",或对历史问题被强迫表态成为"谢罪天皇"。报刊舆论也展开两种对立意见的争论。对此,宫泽首相和一些对我友好的、有影响的政治家积极引导,我也配合做些工作,终使"赞成论"逐步占上风,直到8月25日日本内阁终于正式决定明仁天皇于10月访华,并由中日双方同时对外公布这一消息。

既然天皇访华成行,历史问题自然难以回避。在10月23日杨尚昆主席举行的欢迎宴会上,明仁天皇致答词说:"在两国关系悠久的历史上,曾经有一段我国给中国国民带来深重苦难的不幸时期。我对此深感痛心!战争结束后,我国国民基于不再重演这种战争的深刻反省,下定决心,一定要走和平国家的道路。"明仁天皇还表示:"此次我们访问贵国,如能作为一个契机,使以友好纽带连接在一起的两国国民作为良好的邻居向着未来共同迈进,我将感到无比高兴。"这一讲话立即被记者通过电波传出,翌日,我《人民日报》全文刊载。宴会场上气氛友好,双方反应平静。日方首席陪同渡边美智雄外相对我说,这总算是天皇对历史问题有个交代了,讲完这点他也感到如释重负,剩下几天就是轻松的友好访问了。

这次访问进行得很顺利,原来日方担心的安全保卫工作也做到万无一失。访问上海,在黄菊市长举行欢迎晚宴后,天皇、皇后一行乘车经南京路游市内夜景,不少市民自发涌到街头欢迎,天皇、皇后从车窗向外频频招手致意,形成了小小的欢迎高潮。访问期间,天皇、皇后情绪一直很高,无论参观历史遗迹或现代建设,也无论接触上层知名人士或市民群众,都兴致勃勃,十分友好。天皇回国后,特地在皇宫举行茶话会,款待访华有关人士,天皇再次向我表示他对中国政府亲切友好接待的谢意,还风趣地指着自己的领带说,今天我特地用了中国丝绸领带,这是美智子(皇后)在访问上海时给我选购的!在场的渡边外相表示,天皇访华成功,是他政治生涯中的一件最重大事件,他个人还有个意外收获,即江泽民总书记应允特地为他书写了李白的名诗:"朝辞白帝彩云间,千里江陵一日还,两岸猿声啼不住，轻舟已过万重山。"而这首诗是明仁天皇在欢迎宴会上致答词时引用的。这将是他深感荣幸的家宝！

通过天皇访华，普通日本国民感受到中国对接待天皇、发展中日友好的诚意，增进了对中国的亲近感，对发展两国睦邻友好关系和两国人民的传统友谊产生了广泛而深刻的影响。

江泽民主席对古巴的历史性访问

徐贻聪

1993年11月21日至22日，国家主席江泽民对古巴进行了一次非常成功的短暂访问。这是中古建交33年来我国国家元首的首次访古，引起了世界上的广泛评论和轰动，堪称是一次历史性的访问。我得以参与了这次访问准备工作中同古方协商的部分，并在随后作为江主席的正式陪同人员参加了访问的全过程，实在是终生难忘的幸事。

这次访问是在一种特殊的历史形势下进行的。第一，中古关系经历了友好、曲折、逐步正常、再度友好的发展过程，两国都很重视同对方的友谊和合作。第二，古巴正处于非常困难的特别时期，需要加强对外交往，特别是发展同支持其走自己选择的发展道路的国家的关系。第三，在中国改革开放政策的启发和鼓舞下，古巴也想走改革开放之路，并于1993年下半年先后宣布了几项改革措施。然而，对改革开放究竟应如何进行，特别是如何深化对改革的认识并带动改革的深入发展，古巴领导人尚有许多问题需待解决，因而有意进一步了解和借鉴中国的经验。第四，长期以来，古巴同苏欧国家的经贸关系占其整个外贸和国际经济合作的绝大部分。东欧剧变、苏联解体后，基本上停止了同古巴的经贸往来，从而造成古巴的外贸总额大幅度下降，国内生产产能也因缺少原料、燃料和市场而急速下滑。从经贸合作的角度上讲，古巴也视中国为重要的合作伙伴，并认为中国的支持和可能的帮助对其今后的发展具有重要作用。从各种角度来看，

1993 年都可谓是古巴最困难的年份。江主席的访问正是在古巴处于上述困难时期和关键时刻进行的，因而受到了古方的高度重视。当然，对中国而言，这次访问的重要意义则是不言而喻的。

我是 9 月中旬到达哈瓦那，出任我国第十任驻古巴大使的。10 月 20 日，我正应邀在古巴中部省份圣·斯皮图斯省访问。深夜 11 时许，使馆政务参赞林良由在电话中告诉我：国内通知将有重要代表团访古，希我按计划于次日返回首都，以便同古政府商谈。我当即请林参赞尽快为我约见国务委员会副主席拉赫或政府部长（相当于不管部长）纳兰霍，因为他们既是我初步认识的领导人，又是古巴政府中的重要人物，可能更易于商谈。21 日下午 2 时，我驱车 300 多公里赶回哈瓦那，4 时即去拜访拉赫副主席，告诉他江主席拟应邀于 11 月 21 日对古进行短暂访问，望古方尽快告知是否方便。拉赫副主席听到这一消息后十分兴奋，表示将立即把这个十分重要、十分令人振奋的消息报告卡斯特罗主席。拉赫副主席还说，他本人虽然尚不能马上给予肯定答复，但相信卡斯特罗主席会在安排其工作日程中为此次重要访问让路。22 日上午 10 时，拉赫副主席打电话给我，要我立即去他的办公室，有要事相告。在我 15 分钟后抵达他的办公室时，他高兴地对我说，卡斯特罗主席对江泽民主席拟访古事极为高兴，认为这是中国在当前形势下对古巴的极大鼓舞和支持，指示政府部门的工作要为此访让路，并尽全力接待好。

25 日晚，我正在同于当日中午抵达的江主席访古先遣组边共进晚餐边商谈访问的有关事宜时，古巴国务委员会委员、卡斯特罗主席的主要助理菲利佩·加西亚在电话中通知我，卡斯特罗主席拟于当晚 9 时 30 分礼节性接见我，并同我商谈江主席的访古问题。这是卡斯特罗主席在我抵古开始工作后首次接见我，又是要同我商谈我国国家主席访问事宜，使我特别愉快和兴奋。我按预定时间抵达革命宫后刚在候见厅坐下，只见卡斯特罗主席在拉赫副主席和加西亚国务委员的陪同下，健步来到候见厅。我马上起身向他表示问候,他微笑着请我到他的办公室去谈话。未及寒暄,卡斯特罗主席就问:"你不是在陪同江主席访问我们的先遣组吃饭吗?吃完了没有?"他的问话使我颇为惊讶,心里暗想他的消息倒是快,我是从饭桌上直接来到革命宫的,前后只有10分钟,他竟然知道我在同谁一道吃晚饭。我尚未答复他的问话,他又接着说:"请你转告先遣组,古巴政府欢迎他们的到来,并将为他们的工作提供一切必要的便利,因为他们在做着一件对我们两国、对世界都很重要的事情。"他还说,已经告诉党政部门,一切为江主席的来访让道。他的话使我原本还有些悬着的心放了下来,江主席的访问将可得到全面的保障,先遣组的旋风式访问也将无任何困难。另外,先遣组下午去看了古巴的国宾馆(内有多座风格各异、布置典雅的小楼)后,感到楼房过于分散,恐怕届时因难于很快集中代表团的众多成员而耗费去访问的宝贵时间,刚刚还在同我讨论江主席和代表团的住房问题怎么办。我们曾设想过向古方提出安排代表团住旅馆的方案,但又担心会因为要打破古巴的接待常规而使对方为难。卡斯特罗主席的话使我心里有了底。

谈话之间,我们穿过走廊,来到卡斯特罗主席宽大但非常简朴的办公室。他请我们在沙发上坐下来,自己转身到另一侧的书架上拿来一瓶茅台酒。在让服务人员找杯子的过程中,卡斯特罗主席说:"这是一瓶中国酒,在我们谈论中国主席来访的时候,它应该是最好的伴侣。"随后,他提出的关于江主席的经历、健康、爱好及中国共产党和中国革命的历史、长征、40年代末期的内战、渡江战役和现在的发展等问题接踵而至,使我连向他表示敬意的机会都没有。听我介绍说江主席出生在1926年8月17日时,卡斯特罗主席十分高兴地说:"难怪我们心灵如此相通,原来他只比我小4天;我们几乎是同时来到这个世界的。"不知不觉之中,3个小时过去了,他仍兴致勃勃,意犹未尽,但我不得不请他允许我告退,因为我害怕耽误他太多的时间。这时,卡斯特罗主席拍拍脑门,不无幽默地说:"你看,我们只顾谈话,连茶都忘了让你喝。我这里有很好的中国花茶,你来以前我还想着要给你准备,但却忘了。大概是我过于急切地想知道一些情况的缘故吧。"他边叫服务人员边对我说:"我们还是喝一点吧!"在卡斯特罗主席的盛情之下,我们一边喝着中国茶,一边又聊了大约20分钟,我才告别离去。许多人都说,卡斯特罗主席的记忆力惊人,许多事情目过能诵、耳过能述。这次谈话后发生的事情使我对此也有了亲身经历。11月22日,在江主席乘坐的专机离开哈瓦那、飞向巴西利亚之后,卡斯特罗主席站在机场候机楼旁的广场上,同前去为江主席送行的六七十位使节滔滔不绝地讲了近1小时,多次准确引用我在1个月前的那次谈话中介绍给他的细节和数据,评论和赞扬中国的改革开放和飞速发展,令使节们赞叹不已。

经过同古巴国务委员会、外交部等单位的几次协商,江主席访问日程的细节得以顺利安排并逐项落实。考虑到江主席的访问时间较短,而随行人员、工作班子、随同记者和专机机组人数又较多,古政府决定接受中方的建议,打破接待常规,不安排江主席住较为分散的国宾馆,改包国家旅馆的两个楼层,以便于集中和行动。为此,古巴政府调动了内务部、邮电部、广播电视委员会等许多单位的人力、物力,突击解决旅馆的安全保卫、通信联络、影视系统等方面的问题,基本上做到了行动迅速、周到稳妥。

11月21日下午4时许,卡斯特罗主席早早地就来到了机场,同我及古党、政、军的许多位领导人在一起交谈,不时地询问着一些关于访问的细节和安排。此时,古巴陆、海、空三军仪仗队已列队完毕,各国和国际组织驻古的使节、代表们也按序排好。为了表示对江主席的敬意,表示对中国人民的敬意,古巴政府还打破了近些年来的惯例,专门安排了数千名群众进入机场,还组织了数万群众,分别排列在机场外的道路和江主席下榻的国家旅馆附近的街道两侧,手持中古两国国旗载歌载舞,准备热烈欢迎江主席。此前,古巴外交部礼宾司曾正式告诉我,由于特殊时期存在的燃料困难,古方将不安排群众欢迎场面,希中方能够理解和谅解。据了解,后来的改变是根据卡斯特罗主席的指示重新调整的。

5时整，江主席乘坐的波音747型专机平稳地降落到哈瓦那何塞·马蒂国际机场的停机坪上。卡斯特罗主席走到舷梯下，等待欢迎江主席的到来。按照礼宾程序，我和古巴外交部礼宾司司长雷依戈萨登上专机，欢迎江主席并邀请江主席下飞机。江主席刚刚走下舷梯，卡斯特罗主席就急步向前，紧紧握住江主席的手，向江主席表示诚挚、热烈的欢迎。古、中两国国歌在21响礼炮声中震荡在哈瓦那的上空，令我心潮澎湃，激动不已。检阅仪仗队后，卡斯特罗主席陪同江主席走向古巴各方面领导人及各国使节和国际机构常驻代表们的队列，接受他们的敬意。随后，两位主席又一同走到欢迎群众的队列前，向他们致意。许多人争相同两位国家元首握手，表示他们对中古两国友谊高潮到来的喜悦和祝贺。

在卡斯特罗主席陪同下，江主席一行的车队离开机场，驶向哈瓦那市区。从机场到市区约20分钟的高速公路上，除了执勤的警察和路边自发欢迎的群众，看不到任何车辆。经打听，这也是一种极为特殊的安排：为使江主席的车队顺利通过，警方封锁了全路的交通。与以往偶尔有过的情况不同的是，以前最多只封锁同方向一侧的道路，这次则将高速公路相反的一侧也封锁了起来。在汽车上，江主席盛赞了哈瓦那市区的美丽，还唱起了60年代在中国盛行的《美丽的哈瓦那》一歌，引起了卡斯特罗主席愉快的笑声。

当晚7时30分，刚于1小时前同江主席在国家旅馆握别的卡斯特罗主席，又在旅馆的门厅同江主席热烈拥抱，迎接并陪同江主席到古巴的主席府所在地革命宫去。在那里，卡斯特罗主席为江主席举行了隆重的授勋仪式和欢迎招待会。卡斯特罗主席在宣读了一篇亲自起草、深受江主席赞赏的讲话稿后，将古巴最高级别的勋章——何塞·马蒂勋章挂在了江主席的胸前。此时，在场的数十位古巴政府的高层官员和中方代表团全体成员热烈鼓掌，祝贺中古两国人民传统友谊又得到新发展。随后，卡斯特罗主席

1993年11月,江泽民主席访问古巴。图为抵达机场时受到古巴国务委员会主席卡斯特罗的欢迎

请江主席同他一起走到革命宫的宴会厅门口，同应邀出席招待会的各国使节及其他来宾一一握手、互致问候。两位主席不断地同使节们进行着简短的交谈，不时发出朗朗的笑声。

为充分利用宝贵的时间，招待会还在进行时，卡斯特罗主席便邀请江主席到其办公室旁侧的一间会议室进行会谈。中方参加那次会谈的还有钱其琛副总理兼外长、刘华秋副外长、李国新司长和我；古方则仅有劳尔·卡斯特罗副主席、拉赫副主席及罗瓦伊纳外长三人陪同在座。根据介绍和记载，菲德尔·卡斯特罗主席和劳尔·卡斯特罗副主席极少同时出面接待外国代表团，他们俩的同时出现被人们理解为是对江主席访问的特殊重视和对了解中国政策的深切渴望。会谈中，江主席从五个方面阐述了社会主义的光明前途：第一，社会主义国家依然存在于地球上；第二，苏联、东欧政局的变化对中国没有造成大的影响，中国不仅站稳了脚跟，而且天天在发展；第三，某些西方国家对中国搞和平演变的企图是不会放弃的，但也绝不会得逞；第四，社会主义是新生事物，不会一帆风顺，前进的道路上仍然会有曲折；第五，社会主义最终必然会取代资本主义，这是不以人们的意志为转移的客观规律。卡斯特罗主席急速地记录着，还间或提出一些问题，诸如社会主义市场经济的含义及其西班牙语译法等。卡斯特罗主席说，古巴关注中国前进中的每一步，坚信中国会以其传统的智慧和耐心进行改革，坚信中国的改革将一定会取得成功。世界 1/5 的人口在坚持社会主义，是对古巴的巨大鼓舞。古巴确信社会主义的红旗将牢牢掌握在中国共产党手中。卡斯特罗主席还说，建立社会主义市场经济是个全新的概念，无论从政治上还是经济上讲都是大胆的设想。古巴对中国锐意改革、勇于实践的精神深感钦佩。

时针已越过夜间 11 时了，会谈还在诚挚、友好和相互理解的气氛中进行着。江主席是于当天从美国的西雅图直飞哈瓦那的，旅途长达 6 个多小时；在旅馆告别卡斯特罗主席后，江主席又向我询问了许多关于古巴的问题,既未休息也未吃晚饭;会谈前的招待会上虽然有各种丰富的食品,但江主席忙于同卡斯特罗主席谈话和同各方面人士打招呼,也未及吃任何东西。细算起来,江主席已经有十几个小时未吃饭、未休息了。我不时看表,真希望会谈能早点结束,以让江主席得以早点休息。但两位主席的谈兴很浓,谁也没有要结束会谈的意思。待会谈最终告一段落、卡斯特罗主席送江主席到旅馆时,已经快深夜 12 点了。

次日上午 8 时 55 分,卡斯特罗主席按原定计划到达我们的使馆,迎接并陪同江主席去向何塞·马蒂纪念碑献花圈。按往常惯例,卡斯特罗主席是极少参加类似活动的,但他在此前同我的一次谈话中对我说,他不仅要陪同江主席去献花圈,而且要到我们使馆迎接届时将在那里会见馆员的江主席。他要我将他的这个决定转告古巴外交部礼宾司,并要他们注意做好必要的安排。礼宾司司长雷依戈萨事后对我说,由一位驻古外国使节向外交部转告卡斯特罗主席在礼宾安排上的决定,这还是首次。

敬献完白色绸带上写有"献给伟大的思想家和革命者何塞·马蒂"和"中华人民共和国主席江泽民"字样、由象征中华人民共和国国旗的红与黄两色鲜花做成的花圈后,卡斯特罗主席和江主席径直走进纪念碑对面的革命宫,开始进行第二轮会谈。双方陪同参加这一轮会谈的人员都比前一天晚上的多。为了能对卡斯特罗主席提出的问题进行有针对性的阐述,江主席头天晚上会谈后没有顾得上休息,亲自就"只有社会主义才能救中国""只有社会主义才能发展中国"的问题拟写了新的提纲,在会谈中用了一个多小时的时间做进一步的详细介绍和解释。江主席根据马列主义并结合中国革命和建设的历史所做的精辟分析,使得菲德尔·卡斯特罗主席和在座的劳尔·卡斯特罗副主席、拉赫副主席、阿拉尔孔人大主席等领导人频频点头称是,十分赞赏。江主席结束访问、离开古巴后许久,卡斯特罗主席及其他古巴党政领导人还多次对我说,江主席关于社会主义理论深入浅出的说理是给他们上了一堂课;江主席仔细的工作态度、极高的文化素质、幽默的谈吐和平易近人的作风，也给他们树立了很好的榜样。

江主席的专机应于当日中午12点整从哈瓦那机场起飞，继续此次拉美之行。考虑到已经向专机经过的国家预报了飞行时间，我担心会谈拖得太久会造成某种困难。会谈预定结束的时间快到了，我指指表暗示罗瓦伊纳外长应该有所准备。但是，应该结束的时间到了，两位主席仍然在谈着，谈着。随后又过了20分钟，直到将近12点时，两位主席才在"希望在北京再继续"的相互许诺声中站起身来，离开了会谈长桌。经过从革命宫到机场约20分钟的路程，又经过在卡斯特罗主席陪同下检阅仪仗队和同古方领导人及使节们的握别，江主席专机的离开时间推迟了整整半个小时。江主席登机时，由于古方的其他领导人均在很远的地方，在舷梯下只有卡斯特罗主席和我等少数几个人。江主席在机舱口频频挥手，卡斯特罗主席也向江主席挥动着双手，直到专机滑上跑道，腾空而去。此时，卡斯特罗主席对我说，江主席的访问虽然短暂，但其意义却实在太大了，对古巴的支持和帮助太大了，真不知该怎么感激他才好。我告诉他，这是江泽民同志首次以国家主席身份出访，古巴还是此次拉美之行的第一站。卡斯特罗主席说："是啊，这正是中国对古巴和对发展中国家重视的具体体现，也是中国执行独立自主外交政策的体现。从这次访问中，我们清楚地看到，中国党和政府的领导人是勇敢无畏的。他们敢于面对任何压力的精神是十分令人敬佩的。"我们边说边走向机场贵宾室，准备从那里出去。这时，许多使节向我们走来，将卡斯特罗主席和我围在中间，纷纷向我们热烈祝贺江主席访问的成功。

据在从革命宫到机场途中给两位主席当翻译的同志告诉我，卡斯特罗主席在途中盛赞了邓小平同志发展和丰富马列主义、毛泽东思想的丰功伟绩，还请江主席向小平同志转达他的问候和敬意。卡斯特罗主席对江主席说，他已经恭读过小平同志公开发表过的所有文稿，认为小平同志的思想确实是很了不起的。卡斯特罗主席还认为，邓小平同志阐述问题深入浅出，寓深刻的道理于清晰、易懂、富于逻辑的语言之中，说服力极强。邓小平同志不愧为当今伟人。卡斯特罗主席的话是他对邓小平同志、对中国共产党真实感情的表露。

江主席对古巴的短暂访问结束了。这次访问在中古两国友好合作关系史上书写了光辉的一页，也留下了中国发展同拉丁美洲国家关系的历史性记载，其意义是深远的。

一次继往开来的访问

——记江泽民主席1994年对法国的国事访问

陈起元

1994年9月8日至12日,江泽民主席应密特朗总统的邀请,对法国进行了国事访问。访问期间,江泽民主席同密特朗总统进行了会谈,会见了巴拉迪尔总理、莫诺里参议长以及一些主要政党领导人,发表了重要演讲,并同法政界和经济贸易界人士进行了广泛的接触,访问取得了圆满成功。这次访问打破了欧共体对同我进行国家元首互访的限制。这是自1989年以来,我国家元首第一次正式访问西欧大国,是我对西欧关系的突破,标志着西方孤立我国政策的破产,是我国外交上的重大胜利,对进一步改善和发展我同西方国家的关系,具有重大意义,并将产生深远的影响。这次访问也是中法关系史上的重要里程碑。

一

20世纪80年代末90年代初,中法关系经历了一些波折和困难。1989年6月政治风波后,西方对我施压和制裁,法国宣布停止与我高层互访。随后,它于1991年批准售台6艘护卫舰船体,1992年又决定售台60架幻影战斗机,致使两国关系出现严重倒退。两国政治关系的恶化必然给经贸关系带来消极影响。法对华贸易从20世纪80年代以来占西欧国家第二位降至 1993 年的第四位。法在中国市场上的份额本来就不大，眼看着一些大项目（如广州地铁项目）被德国等抢走，心里很不是滋味。法工商企业界是直接的"受害者"，纷纷要求政府在对华政策上改弦易辙。1993 年法右翼政府上台后，逐步调整对华政策，承诺不再售台武器。1994 年 4 月，法总理巴拉迪尔对我国进行了访问。

江泽民主席访法正是在上述背景下进行的。

二

法方对这次访问十分重视，接待隆重、热烈，规格堪称最高等级，正像法报刊描绘的那样："欢迎的红地毯达到了最长限度。"这是因为"中国是世界舞台上一个非常重要的成员，是一个十分令人垂涎的大市场"。

9 月 9 日下午，巴黎秋高气爽，阳光普照，奥利机场的专用停机坪上铺上了红地毯，机场的旗杆上高高飘扬着中法两国国旗。密特朗总统在舷梯前迎接江泽民主席，两位元首亲切握手，互致问候。随后，军乐队高奏两国国歌，密特朗总统陪同江泽民主席检阅了三军仪仗队。在贵宾厅，两国领导人发表了简短、热情的讲话。在正式欢迎仪式后，密特朗总统陪同江泽民主席乘坐直升机来到巴黎市区的荣军院广场，在那里换乘防弹轿车前往国宾馆下榻。江泽民主席座车前面由共和国卫队（即总统卫队）的马队开道，两侧则由四五十辆银光灿亮的摩托车护卫，缓缓前进。车队从荣军院广场出发，经过塞纳河上最美丽的亚历山大三世大桥，再穿过闻名于世的香榭丽舍大街，最后抵达同总统府仅一街之隔的国宾馆——马里尼宫。密特朗总统陪同江泽民主席步入下榻的大套间客厅，在那里双方互赠了礼品。密特朗总统送给江泽民主席的礼品是一套高级皮制办公用具，江泽民主席赠给密特朗总统的是西周凤纹爵（复制品）、古代拓片、线装名著《红楼梦》。密特朗总统赞扬这些礼品体现了中国的古老文明。

1994年9月9日,法国总统密特朗在巴黎爱丽舍宫门前迎接江泽民主席

密特朗总统为江泽民主席举行的国宴规格很高，超过了欢迎美国克林顿总统和英国伊丽莎白女王的宴会，宾客达230余人，这为爱丽舍宫近几年来举行的国宴规模所罕见。为增添宴会的友好气氛，法方还特意安排法国著名女演员米歇尔·马蒂厄在宴会结束前用中文演唱了中国民歌《茉莉花》，博得全场热烈掌声，使晚宴的气氛达到了高潮。

1981年，密特朗总统身患前列腺癌。一个时期以来，由于他很少公开露面，法公众舆论、新闻媒体对他能否正常履行公务普遍表示怀疑。1994年7月，他又动了第二次手术。两个月之后，密特朗总统凭借其坚强的毅力，亲自出面主持国宴等欢迎江泽民主席的一系列活动，表明他对中法关系的重视，同时亦可借此向国内外显示他有能力继续主政。

三

江泽民主席这次对法进行的是"国事访问"。国家元首出国进行国事访问完全符合国际惯例，但此次最终能按此规格接待却是经过了一番艰苦努力。

开始时，法方拟按"正式访问"规格予以接待，理由是法国每年接待外国首脑的"国事访问"有一定数量限制，当时，1994年的"国事访问"已"排满"，所以只能安排进行"正式访问"。

按法国的规矩，"国事访问"享受最高礼遇：总统到机场迎接并陪同检阅仪仗队、向凯旋门无名烈士墓献花圈、总统举行国宴、总理宴请、巴黎市府欢迎仪式、香榭丽舍大街悬挂两国国旗等。但如按"正式访问"进行，则不安排总统到机场迎接、向凯旋门无名烈士墓献花圈、巴黎市府欢迎仪式。

考虑到江泽民主席访法系我国最高领导人出访，是中法关系中的大事，应力争法方按"国事访问"这一最高规格来接待，才与我国的国际地位相称。根据国内精神，蔡方柏大使在两个月中为访问的规格问题同法总统府、外交部有关负责官员频频交涉，法方终于表示同意，但称此事最后要由密特朗总统钦批首肯。好事多磨，在解决了"国事访问"的规格问题以后，法方又提出密特朗总统9月8日不能亲往机场迎接江泽民主席，两国元首会见与国宴只能安排在次日下午和晚间，因为他届时要去柏林出席盟军撤离的仪式，此事早就确定，不可能更改。要求法方改变密特朗总统8日去柏林的安排似不可能，如推迟抵法，那么，江泽民主席在前一站俄罗斯的访问需做变动；但如接受法方案就意味着同意法方派部长到机场迎接，江泽民主席只能在次日下午才与密特朗会见，此前只能与法总理等其他领导人见面，这种安排显然不合礼仪和我们的习惯做法。面对新的情况，国内同意我驻法使馆提出的新方案：8日下午江泽民主席先抵马赛进行参观，9日下午再抵巴黎开始正式访问。法方接受了我方案。7、8月份正值法国人休假，这给访问日程的商谈、联系、安排又增加了很多困难，蔡方柏大使亲自出马约见法方有关负责官员和人士，有时在巴黎找不到人，就打电话追到对方休假的地方联系。在蔡方柏大使的亲自主持下，使馆上下开动脑筋、全力以赴，终于按国内精神和要求与法方一起安排了一个高规格、高礼遇的接待。

四

马赛是法国第二大城市，是濒临地中海的大港。1987年，江泽民主席在任职上海市市长期间，上海与马赛签署了结好协议。法国作家大仲马的名作《基督山恩仇记》的主人公邓蒂斯和法利亚长老的牢房就在马赛海边的伊夫岛上。江泽民主席在法国政府负责与议会关系部部长级代表克莱芒的陪同下兴致勃勃地乘游艇过海，登上伊夫岛参观。江泽民主席对克莱芒说，他上中学时第一次阅读了大仲马的《基督山恩仇记》。当时，母亲怕他睡得太晚，熄了灯不让他看。他就等母亲走出房间后，重新开灯再读。30多岁，他又重读了此书，感受已不大相同。文学作品中的历史片段给他留下了很深的印象，他非常喜欢大仲马的作品。伊夫古堡建筑在小岛的悬崖峭壁之上。江泽民主席进堡后，先看关押法利亚长老的牢房，接着又沿狭窄的环状楼梯向上一直登临约三十米高的堡顶。站在伊夫堡顶，远眺马赛，古城的白墙红瓦与地中海的碧水蓝天相映衬，令人感慨万千。江泽民主席参观结束时在贵宾留言簿上挥毫题词："伫立伊夫堡，沧桑话古今。"在场的法方人士、朋友及记者对江泽民主席对法兰西历史、文化的了解及高度的文学修养赞叹不已。

江泽民主席在马赛还接见了留学生代表，与他们亲切交谈，一一询问了他们所学的专业。江泽民主席说，这里人才济济，法国是学文学艺术的好地方。他还回忆起当年曾两度在法国南部格勒诺布尔、埃克斯等地出席国际会议和访问的往事，勉励留法学人好好学习，报效祖国。

五

江泽民主席在法国雇主协会、巴黎工商会和法中委员会联合举办的演讲会上发表了重要演讲，介绍了我国改革开放的情况和我国对西欧国家的政策，特别提出了发展对西欧关系的四项原则：面向21世纪，努力发展长期稳定的友好合作关系；相互尊重，求同存异；互补互利，促进共同发展；加强在国际事务中的磋商与合作。江泽民主席的报告给听众留下了深刻印象，法方人士认为，江泽民主席的演说内容充实，四项原则很重要，西欧需要发展对华政治关系，对发展经贸关系寄予期望。

报告会安排在市中心的加布里尔大厅举行。法经济界、政界共约800人出席，这么多企业界人士聆听一位外国元首演讲在巴黎是不多见的。法国人听报告时不爱鼓掌，但对江泽民主席的演讲却掌声热烈。

六

为推动两国经贸关系进一步发展，江泽民主席赴外地参观了核电站和空中客车飞机公司。

核电是法国最主要的能源，全国56座核电站的发电能力占总发电量的78%。江泽民主席参观的布莱耶核电站有4个90万千瓦的压水反应堆发电机组，同我国广东大亚湾核电站的设备属同类产品。该电站曾派工程技术人员参加大亚湾核电站的建设与管理，还培训了大批中国核电技术人员。大亚湾核电站1994年已成功建成并网发电，成为中法两国在经贸领域合作的重要成果之一。

在去核电站参观的高速火车上，江泽民主席饶有兴趣地听取法国铁路公司负责人介绍法国高速火车的情况，不时用英语同对方交谈。他还走进驾驶室，察看司机工作和列车运行情况。法国高速火车最高时速达515公里，目前为世界之最。江泽民主席称赞法国的高速火车既快又舒适，并说，中国地域辽阔，有12亿人口，所需要的高速火车不但要跑得快，还要运量大。

江泽民主席一行乘坐法方提供的空中客车专机前往图卢兹空中客车飞机公司参观。专机就停在机场一角的空中客车飞机公司总装车间附近，江泽民主席参观了空中客车最新型远程客机A340的组装过程，还坐在驾驶员的位置上，高兴地向在场人士招手致意，并笑着用法文说："Bon voyage（一路顺风）！"法宇航公司董事长还特地向江泽民主席介绍印有"中国航空飞行学院制造"字样的教练机。该机是中法合作生产的。中国人对空中客车飞机并不陌生，双方合作已有近10年的历史。空中客车飞机公司（法、德、英、西四国合资）是世界上仅次于波音公司的航空企业，名列第二位。目前，我国向其订购的飞机达42架，其中一半多已交付使用。

七

法国长期以来自诩为"人权的祖国"。近年来,特别是1989年以来,积极支持"民运"分子在法活动,利用人权问题不断向我施压。1993年后,法在人权问题上处理比较谨慎。法方在会谈、会见中没有正面涉及人权问题,密特朗仅称:"法无意给其他国家上'人权课',但是希望随着经济的发展,在维护个人权利和自由方面也有所进展。"

巴拉迪尔总理在会见江泽民主席时只是表示:"我们尊重中国的主权和作出决断的权力,但是仍有一些人需要给予关注。"

对此,江泽民主席说,我们一贯重视人权,但是任何人不能违犯法律。我国司法是独立的,别人不能干预。世界各国都有自己的历史传统和现实国情。人权不是绝对的概念。相互交换意见是可以的。

为确保访问顺利进行,法方采取了严密的安全措施,调集了大批警力,针对"民运"分子、支持"西藏独立"的组织企图搞集会、游行等反华活动采取了严格措施,将其限制在距离我使馆较远的地点,限制在我代表团看不见、听不到的地方。对于法官方的做法,亲台的《欧洲日报》甚为恼火,称"法国政府为了接待江泽民,竟然背弃自己的人权理念及宪法精神,以行政命令,禁止某些持不同见解的团体及个人表达自由","法国政府怎可重贸易、轻人权?"

八

法国前部长、国民议会议员佩雷菲特在1973年出版过一本专著——《当中国醒来的时候,世界将会震动》,曾预言"中国的经济不久将会腾飞"。江泽民主席访法前夕,佩雷菲特发表看法称:"今天,中国在经济上已经觉醒,我已访华 16 次,每次出访都目睹中国日新月异,不断前进。"可以毫不夸张地说,佩雷菲特先生作为中国人民的老朋友,是中国最近 20 多年,特别是改革开放以来巨大变化的见证人。

法新闻媒体对江泽民主席访问的反应亦较积极。访问前夕、期间及结束后,各主要报刊、电台、电视台均加以重点报道,普遍给予高度评价,认为此访"标志西方排斥中国的政策已经终结",使"中法关系揭开了新的一页",其重大意义在于法又回到戴高乐将军所选择的对华友好合作的道路上来了","法中关系开始了新里程"。

1994 年 9 月,法总理巴拉迪尔在内阁会议上指出,江泽民主席访法,"标志着法中两国继续在相互接近的道路上前进"。

李鹏总理过境古巴纪实

徐贻聪

1995年10月9日，李鹏总理在对摩洛哥、墨西哥、秘鲁、加拿大和马耳他五国进行正式访问途中，特意绕道古巴，在哈瓦那机场做了一个多小时的短暂停留，向古巴国务委员会主席兼部长会议主席菲德尔·卡斯特罗表示敬意，并同他亲切晤谈。李鹏总理的夫人朱琳同志及国务院秘书长罗干、国家计委主任陈锦华、国内贸易部部长陈邦柱、国务院外办主任刘华秋等参加了会晤。我也有幸陪同在座。

我是在10月6日上午得到关于李鹏总理拟从古巴过境的消息的。看到这项指示时，我既感到十分高兴，又非常紧张。高兴的是我在古巴任职两年，曾先后接待了国家主席江泽民、政协主席李瑞环等党和国家领导人对古巴的访问，在我即将结束在古巴的任职奉调回国前夕，又有机会参与李鹏总理过境的有关工作，机会确实是非常难得；紧张的是全部准备时间仅有72个小时，还不知古巴方面是否安排得开。

我迅速开始了联系会见事宜，希望能够尽快得到古方的确认及相应工作的安排。由于我同古巴多数领导人都有较好的关系，我径直给外交部部长罗瓦伊纳和国务委员会副主席兼部长会议执行秘书（相当于常务副总理）拉赫拨了电话，要求紧急拜访。他们虽不知道我要去谈什么，但罗瓦伊纳请我上午8时30分到他的办公室，拉赫则告诉我上午10时可去国务委员会见面。他们两人的答复，使我松了一口气，因为我至少可以很快将如此重要、如此紧急的信息传递到古巴高层领导人耳中。我按约分别走访了他们两人，转达了李鹏总理的意愿，请他们设法尽快报告卡斯特罗主席，并能予以确认。罗瓦伊纳外长说，这是极好的消息，将立即报告，相信卡斯特罗主席会为此次会晤作出一切必要的让路。拉赫副主席也兴奋地说，李鹏总理虽然只能在哈瓦那机场停留，但这是极其重要的举动，令人愉快和鼓舞。虽然近几天将有一系列的重要国宾相继到访，但卡斯特罗主席一定会十分乐意予以接待。拉赫还强调，李鹏总理的考虑充分体现出古中两国关系的良好程度。他们俩虽然没有给予直接的答复，但从他们的表态和神情中，我进一步放宽了心。

6日中午1时，卡斯特罗主席的主要助理、古共中委、古巴国务委员费利佩·佩雷斯给我打来电话，重申卡斯特罗主席要设宴为我饯行，同时向我透露说，卡斯特罗主席对李鹏总理即将过境古巴兴奋异常，已委托罗瓦伊纳外长与我共同商讨如何具体落实。

下午2时30分，罗瓦伊纳外长给我打来电话，要我立即去见他。2时35分，我赶到外交部时，他已在门厅等候我。未及寒暄，他就说："卡斯特罗主席对李鹏总理能来古巴十分高兴。中国党和政府、李鹏总理本人能够经常想着我们古巴，是给我们相当特殊的荣誉，也是对我们的极大鼓舞。卡斯特罗主席已指示我，一切按照李鹏总理的意愿办。"罗瓦伊纳外长还要求我请示李鹏总理，如果李鹏总理能适当延长逗留时间，卡斯特罗主席拟邀请他到革命宫或国宾馆会晤，还拟设午宴款待；如实在不可能，则在机场迎接并就地进行交谈。我向罗瓦伊纳外长表示了感谢，答应立即向李鹏总理报告并请示。当天下午和晚上，罗瓦伊纳外长又几次亲自给我打来电话，询问李鹏总理的意见及有关细节。

10月8日中午，卡斯特罗主席在古巴政府所在地革命宫设宴，为我和我的夫人送行，使馆的主要外交官和他们的夫人应邀作陪。我们刚走到革命宫宴会厅门口，卡斯特罗主席就迎了上来，面带笑容地对我说："你经常给我们带来好消息，李鹏总理就要从我们这里过境又是一个极好的消息，真要谢谢你！"从卡斯特罗主席对我的话语和表情中，我感到了他对李鹏总理过境哈瓦那的高兴程度。他流露出来的这种情感很自然地传给了我及使馆的其他同志，大家相互问候，一片喜悦。在大家的寒暄声中，服务人员端来了饮料。卡斯特罗主席接过一杯酒，首先建议我们为李鹏总理过境的圆满成功干杯。在场的国务委员会副主席拉赫、全国人大主席阿拉尔孔、外交部部长罗瓦伊纳等及我馆人员纷纷同卡斯特罗主席碰杯，并一饮而尽。席间，卡斯特罗主席饶有兴趣地问了我许多关于李鹏总理的情况，我将我知道的一一向他做了介绍。

宴会结束前，卡斯特罗主席指着外交部部长罗瓦伊纳、外贸部部长卡布里萨斯对我说，我请他们明天也同我去机场迎接李鹏总理并参加我们的谈话，但不得提任何要求。随后，他又指着费利佩·佩雷斯说："你今天要同中国使馆的同志一道去机场，按照我告诉你的意思同他们协商迎接的程序、安排好谈话的场地。由于时间很短，一定要很好地利用。"紧接着，他问我是否要为李鹏总理准备早餐。我根据刘华秋主任的指示建议说，考虑到李鹏总理只能在机场短暂停留，从坎昆到哈瓦那的飞行时间又仅50分钟左右，最好不要准备餐食，有点茶水、饮料即可，以便把可能的时间都用在交谈上，相信李鹏总理会同意这个意见。他向费利佩交代说，尽管中国大使说可不准备餐食，你还是要备妥，并且要备得好，备得丰盛。

当晚9时许，费利佩亲自开车来到使馆，接我去机场察看现场。我们到达机场时，古巴民航局局长、机场主任、外交部派驻机场的礼宾代表戈萨大使等已在那里等候。他们告诉我们说，会见地点已经按照要求做了布置；次日，在李鹏总理的专机抵、离前15分钟，机场将分别开始净空，以确保降落、起飞的安全。随后，我们一同察看了整个现场，还按设想的方案全部试演了一次。古巴方面的考虑是周到的，安排也很细致、周密，我怀着较为轻松的心情离开了次日活动的现场。

李鹏总理的专机应于9日上午9时30分在哈瓦那机场降落。9时刚过,卡斯特罗主席就到了机场。他一面与我握手,一面对我说,由于昨天刚从夏时制改回来,现在还不习惯新的时间。为了不误欢迎李鹏总理,早晨6点多还给费利佩打过电话,再次让他确认了李鹏总理专机抵达的准确时间,并同他对了表。此时,外交部礼宾司司长雷伊戈萨来报告说,可能是由于风向的关系,李鹏总理的专机将晚到15分钟。卡斯特罗主席说,这下他就更不用担心迟到了。

9日上午9时45分,李鹏总理的专机徐徐地停在哈瓦那国际机场靠近贵宾室的停机坪。卡斯特罗主席及其他领导人走到专机的舷梯下,看着我和雷伊戈萨司长进入机舱迎接李鹏总理和朱琳等同志。李鹏总理虽已连续访问过两个国家,但步履轻松,精神极佳。在舷梯旁,卡斯特罗主席同李鹏总理热烈握手、拥抱。中古两国电视和摄影记者抢着摄下这些珍贵的历史镜头,以向人们展示两国友好关系的良好程度。随后,李鹏总理和卡斯特罗主席在机场贵宾室进行了时间短暂但内容丰富的会谈,就两国关系及共同关心的国际问题交换了意见。两国领导人除对双边关系的不断深入发展表示满意外,还对在许多国际问题上有着广泛的共识感到高兴。

10时30分左右,陪同李鹏总理进行访问的外交部礼宾司副司长王信石同志拿进来一座中国玉雕。李鹏总理和朱琳同志接过后,当即在会谈的桌子上做了安装的演示。卡斯特罗主席对费利佩说:"这可是件珍宝,你要负责管好!"宾主在一片欢乐的笑声中起身,离座向专机走去。走到贵宾室另一个客厅时,礼宾司的工作人员过来告诉两位领导人,进城游览的人尚未赶回机场,建议他们再稍坐片刻。卡斯特罗主席后来对我说,他真希望进城的中国同志再晚到一会儿。

未几,李鹏总理的所有随行人员都登机就座了,礼宾司的同志进来请李鹏总理等上飞机，以便按预定计划飞往利马。卡斯特罗主席再次向李鹏总理表示感谢，并强调说，此次停留时间虽短，但意义重大。李鹏总理说，我们这次的谈话时间确实太短了些，不过，不要紧，因为我们会很快再见面，那时就不会受到时间的限制了。

在古晋的日子里

吴德广

我于1994年3月15日被国务院任命为中国驻马来西亚古晋总领事。7月14日上午，我乘马航波音737飞机，飞越广阔的南中国海，用了1小时40分钟于中午顺利抵达沙捞越州首府古晋。

天赋的乐园

来古晋之前，我已经获悉总领事馆的领区地广人稀。领区（沙捞越州、沙巴州和纳闽联邦直辖区）总面积近20万平方公里，占马来西亚总面积的60%，人口约占马来西亚总人口的17.5%。领区隔南中国海与西马来西亚相望，人们称它为"东马"。有的同事告诉我，东马是个世外桃源。我来古晋之后，所见所闻，的确如此。

东马位于加里曼丹岛北部。沙捞越州南与印尼的加里曼丹接壤，西北与沙巴州及文莱为邻，是马来西亚最大的州。沙巴州的西北临南中国海，东临苏禄海和西里伯海，西南部与沙捞越州接壤，东南部与印尼加里曼丹相邻，是马来西亚第二大州。这里地处赤道附近，气候炎热，终年常夏，没有季节之分。

沙捞越州、沙巴州，历史上属文莱；1888年，两地沦为英国保护国；第二次世界大战中，被日本占领；二战后，英国恢复其殖民统治；1963年

9月，正式加入马来西亚。

东马自然资源丰富，主要有石油、液化天然气、木材、胡椒、橡胶、可可、棕油等。沙捞越州、沙巴州西部沿海为冲积平原，土地肥沃；内陆山岭地带为原始森林所覆盖，是珍禽异兽的天堂、稀有植物之王国；湍急的河流则蕴藏着充沛的水力资源。

东马风光秀丽，景致迷人，是旅游胜地。东马拥有多个世界著名的国家自然公园。沙捞越州有"犀鸟之乡"之称。沙捞越河沿岸处处是青山绿水、翠谷茂林。沙捞越州的拉让江闻名于世，其下游为冲积平原，沿岸是沼泽地带，河面宽阔，水势浩荡，而上游却多急流险滩，景色秀丽多姿，两岸是崇山峻岭，古木参天。在青山绿水之间坐落着一座座土著群族居住的长屋，这些长屋是游客向往的地方。摩路山国家公园、尼亚石洞以及巴哥、蓝比尔山、加丁山、西米拉遥国家公园、华人古庙等名胜古迹都享有盛名。而沙巴的"中国寡妇山"、塞比洛（Sepilok）猿人公园、土著族群的风土人情等又吸引着众多的游客。

东马政局稳定，经济政策稳健，各族人民和睦相处，加之自然条件得天独厚、资源丰富，劳动力价格低廉，生产成本低，还有较完备的现代化基础设施，且联邦政府给予优惠政策，因此东马的经济蓬勃发展，人民幸福、安居乐业，堪称天赋之乐园。

猫城古晋

总领事馆开馆之前，我和先期抵达的曲六章领事、陈炳煌副领事住在古晋希尔顿饭店。该饭店位于古晋古老繁华的河滨公园旁边。在筹备建馆的繁忙日子里，我常常和同事在这个闹市漫步，去认识和了解这座陌生的城市。"古晋"马来文为Kuching，是"猫"之意。人们称古晋为猫城。猫是这个城市和平、吉祥的象征。猫城位于沙捞越州西部，坐落于沙捞越河畔，是沙捞越州的首府。

1988年8月1日，古晋升格为市，分南市和北市，总面积为508.54平方公里。南市市长为华人，是浮罗岸区立法议员宋瑞源。北市市长则由马来人担任，现任市长为达图·阿旺·依山。大部分华人居住在南市。古晋面积广阔，人口稀少，环境优美，空气新鲜，有"花园城市"的美称。

古晋开埠已有150年历史，经历过文莱苏丹的多年统治。1842年英国人詹姆士·布鲁克在古晋建立了"拉者王朝"。1941年12月被日本侵占后，改名为"久镇"。日本投降后，1946年再度沦为英国的殖民地。1963年沙捞越加入马来西亚，古晋历史翻开新的一页。

古晋是座古色古香的城市。当你进入这座古城，游览那伊斯坦那皇宫、主教楼、圆堡、四方堡、清真寺、寿山亭大伯公庙等历史建筑物或穿梭于庙宇、古迹、博物馆、纪念碑、古朴街坊之中，你会感觉到古晋这个城市历尽人间沧桑。

古晋又是一座现代化城市，它虽然没有吉隆坡那样的摩天大楼、拥挤的人群，却有别具一格的现代化城市风貌，高楼大厦、超级市场、商业中心、旅店、酒店、一座座天桥、架空大道、别墅楼，如雨后春笋般在黄金地段林立。郊区大规模的工业区，如实仁甲工业城，引人注目。

古晋像西马的古城马六甲、槟城一样，华人的历史相当悠久。根据历史文献记载，中国商人早在唐宋时代就漂洋过海来到沙捞越，后转入古晋埠从商。在古晋，华人与其他民族居住在一起，和睦相处。一百多年来，古晋从来没有发生过种族摩擦。在这座城市里，不论是政治、经济、文化领域，还是在宗教领域，无一不留下华族的历史足迹。

古晋将是总领事馆的所在地，我看到这座花园城市，感到欢欣鼓舞。

开馆之庆

经过一段紧张筹备工作之后，我和两位同事以喜悦的心情迎来开馆之庆。开馆日期定在 8 月 3 日，临时馆址选在古晋市古晋支路东段第五巷幸运花园 340 号，是一幢双层独宅，环境清静优雅。总领事官邸则位于总领事馆旁边的郑和统帅路。

开馆庆典包括当天上午 10 时在临时馆址举行仪式和当晚 7 时 30 分在古晋希尔顿饭店举行庆祝招待会。当天上午 10 时整，客人入席，司仪宣布仪式开始。我即邀请主宾沙捞越州副首席部长丹斯里拿督阿玛黄顺开先生和我共同主持升旗礼。在高奏国歌时，五星红旗第一次在沙捞越的土地上升起，在蓝空飘扬，标志着总领事馆的正式开馆。随后，专程从吉隆坡飞抵古晋主持开馆仪式的钱锦昌大使致词，我也在仪式上讲话，主宾黄顺开先生代表州政府致词。11 时仪式结束。

当晚 7 时半，我为开馆举行招待会，招待会气氛热烈、隆重。除了出席开馆仪式的客人外，州内阁副首席部长加布等重要贵宾也出席了招待会。宴会上，宾主 200 余人交谈甚欢。

次日，当地的华文报纸《国际时报》《诗华日报》《马来西亚日报》《中华日报》等以及马来西亚的电视台、广播电台、西马的华文报纸如《星洲日报》等都报道了中国总领事馆开馆庆典的消息。

《国际时报》报道了钱大使的讲话，说 1993 年马来西亚总理马哈蒂尔访华时，为了进一步促进两国关系，双方决定互设总领事馆。今天，中国驻古晋总领事馆开馆，同马来西亚在广州设馆一样，是两国关系发展史上的一件大事。"中马两国同属发展中国家，在许多重大国际和地区问题上有着共同利益和相似观点，因此，中马两国应当世世代代友好下去。""马来西亚和中国发展两国之间的长期、稳定的友好合作关系，不仅符合两国人民的根本利益，而且也有利于本地区的和平、稳定和发展。"

《星洲日报》等报纸报道黄顺开副首席部长的讲话："中国在古晋设立总领事馆标志着马中两国友好关系向一个新里程碑迈进，沙捞越州政府十分欢迎此项发展。"他对总领事馆寄予厚望，希望在旅游业、工商业等方面把沙捞越的美丽景色介绍给中国人民。他相信"在中国驻古晋总领事馆开馆后将能够吸引更多的中国投资家来沙捞越进行投资活动"。

中国驻古晋总领事馆的建立对东马人民来说的确是一件喜事。开馆前后，马来西亚中华工商联合总会会长兼沙捞越中华工商联合会会长黄文彬先生、马中贸易进出口商会、福州公会等为总领事馆开馆举行宴会，欢迎我上任，很多朋友给我发来贺词、贺电。按照这里的习惯，更多朋友在华文、英文报纸上刊登贺词，例如"中华人民共和国驻古晋总领事馆开馆暨吴德广先生荣任总领事志庆""沙捞越人民多年期许多少愿望，中国总领事馆来得是时候！"等，片片贺词、句句祝愿打动我的心。我把所有的贺电、贺词一一收藏起来，一来以此激励我工作、学习，二来事后一一表示谢意。

渔事纠纷牵我心

开馆之后，从驻吉隆坡使馆调来建馆的领事回国休假了，总领事馆就剩下我和一位副领事。由于总领事馆刚刚建立，事多人少。

8月26日，令人头疼的事情发生了。当天广州市海洋渔业公司"穗渔106"号渔船及17名渔民在我传统渔场作业时被马来西亚海军巡逻艇捕扣。随后马来西亚沙捞越州渔业局以违反马渔业法令有关条款为名向米里地方法庭起诉我国渔民。

总领事馆领区沙捞越州北临南中国海，与我南沙群岛仅一水之隔，我领区沙巴州又与菲律宾为邻，处于特殊的地理位置。马来西亚1980年宣布建立200海里专属经济区时，我南沙群岛的部分岛屿就位于其声称的经济区内。近年来，中国和马来西亚两国在南中国海域多次发生渔业纠纷，为了处理两国渔业纠纷，驻马使馆常常派人从吉隆坡飞古晋解决我们的渔船、渔民被扣案件。

总领事馆建立了，案件发生在我们的领区内，总领事馆处于第一线。我即请示国内和使馆，派陈副领事飞米里了解案情，我则在古晋想办法通过多个渠道与沙捞越州政府有关官员和朋友联系，请他们向联邦政府传话，尽快释放我们的渔船和渔民。

为了解决此案，国内和驻马使馆均向马方做了交涉，为了进行配合，我与赴米里的陈副领事保持密切联系，提供有关资料，同时让陈副领事做渔民的工作，防止事态的扩大和发展。

经过一个多月的努力，并借江泽民主席计划访问马来西亚之东风，较好地处理了这次渔业纠纷。9月26日，沙捞越米里法庭宣布，米里渔业局撤销对"穗渔106"号非法捕鱼的指控，无条件释放该渔船、渔民。我获得此消息后立刻向国内和使馆报告，心里充满喜悦。

时间过得很快，转眼我走马上任已经半年多了，我向外交部写了到任报告。在报告中，我就解决中马两国渔业纠纷、积极开展两国的渔业合作提出了建议。

可是，1995年3月16日下午，又发生了另一起渔事案件。4时许，马来西亚四艘舰艇对我们在南沙传统渔场作业的"穗渔104"号渔船进行围攻，开枪造成渔船起火，16名渔民下落不明。5时多，驻马使馆先得到广州来的消息。随后钱大使即指示总领事馆向州政府交涉，防止事态扩大。当天晚上，我正出席宴会，接到指示后当即赴沙捞越人民联合党总部会见州政府工业发展部助理部长沈庆辉先生，通报了事件发展情况和中方要求。沈助理部长应我要求，立刻向州警察总监叶金成等查询事件的经过并转达了中方的要求。

当晚，外交部办公厅值班室转达上级指示，"立刻查清'穗渔104'号16名渔民的下落"。虽然已经是深夜了，我和同事们都毫无睡意，仍在详细商议通过可能有效的途径，寻找渔民的下落。经过多方联系、查询，次日中午终于有了眉目，16名渔民已被送至沙捞越州民都鲁中央警察署，其中4人受伤，伤势不重，正在医院治疗，其他渔民均安全。我们获得消息之后，立刻报告了国内。

为了营救被扣的渔民，驻马使馆又一次向马方交涉，希望他们从维护两国友好关系的大局出发，妥善处理此事，尽快释放我国渔民，并且赔偿经济损失。我则请陈副领事飞往民都鲁看望渔民，并要求有关当局从人道主义出发，对受伤的渔民给予及时医治。

我认为"穗渔104"号渔业案件与以前发生的案件一样，涉及我国对南沙群岛拥有无可争辩的主权问题，实质是领海主权的纠纷，不是单纯的领事业务。此事关系到中马两国关系及我对周边国家睦邻友好政策问题，应以外交大局为重，从维护两国友好关系的大局出发，通过友好协商加以解决。当然及时采取措施，保护我渔民的正当权益是我们的基本职责。因此对当地报界的喧嚷，我采取了克制、冷静的态度，低调处理，婉拒所有记者的采访。

低调处理不等于无所作为，相反，在外事活动中，我主动宣传我们的观点，同时通过有影响的友好人士再向马哈蒂尔总理传话，希望马方从维护两国友好关系的大局出发，妥善处理此案。

为了促成此案尽早解决，我与州政府和民间有影响的人士密切联系，及时向他们通报案情和中方的意图及要求，再让他们敦促联邦政府和有关官员，通过友好协商来解决此案。

同时我们又通过一些华人官员和朋友，结识一些其他友族官员，如米里监狱长、法官、律师等，他们为我们看望渔民提供了方便。

日子一天天过去了，渔民在狱中苦熬牵动我的心，我让同事经常去监狱看望他们。渔民衣服不够，通过热心朋友和华人社团捐赠；渔民食粮不足，为他们购买一些干粮、罐头；为他们转邮家信，并请当地警察局、监狱善待我们的渔民。

7月4日，民都鲁地方法庭再次开审，主控官为吉隆坡渔业局总部阿都拉莫哈末丹。控方传召17名海军作为证人，强行判处"穗渔104"号渔民巨额罚款或以坐牢代替，船长坐牢4个月15天，其他渔民3个月15天。坐牢从判处当日算起。

我获得消息后即和一位与马哈蒂尔总理关系密切的朋友联系，请求他再向总理传话，尽快放人，并通过他表示不满民都鲁法庭对我渔民的判决。

7月5日，马哈蒂尔总理获得消息，对民都鲁地方法庭判处中国渔民巨额罚款表示惊讶（据《马来西亚日报》报道，罚款267万马币），并获悉，中国渔民付不起罚款，必须以坐牢代替。对此，他表示关注，应允过问此事。

7月22日，沙捞越米里高等法庭对7月4日民都鲁地方法庭宣判的案子重新进行审理，15名渔民改为坐牢至7月23日（原为9月23日），船长改为坐牢至8月4日（原为10月16日）。由于米里高等法庭重新审判，"穗渔104"号船长和渔民提前两个月获释。获释后，我又让陈副领事送他们至吉隆坡登机回国。回国后，渔民给总领事馆寄来热情洋溢的感谢信。我读了感谢信，深为感动。我想，解决渔事纠纷，涉及国家主权和双边关系，处理此类案件政策性很强，作为领事官员既要行使领事保护职责，保护国家财产，维护我公民利益，又要考虑两国关系、地区稳定的大局，这并非容易的事，要付出艰苦的努力才能把事情办好！

之后，渔事纠纷案件仍接连发生，使我很忙碌，同时也引起我对此问题的再三思考，使我懂得领事官员必须面对领事保护工作中所出现的新的课题和难题，克服困难，争取胜利。

"小馆大服务"

近年来，中马双方在各个领域的交流和合作不断扩大，经贸合作硕果累累，人员往来日益频繁。在此情况下，东马人民纷纷要求中国在古晋设立总领事馆，尤其是沙捞越州的华人要求更为强烈。1994 年 3 月 2 日，沙捞越古晋马中贸易进出口商会召开会员大会一致通过临时动议，要求中国方面尽快设立驻古晋总领事馆，以方便人们申请赴华的签证。

总领事馆的建立，使东马人民的愿望得以实现，他们高兴万分。总领事馆没有辜负东马人民的期望，开馆以来，认真办理签证，热情为他们服务，切切实实为他们提供方便，得到好评和赞扬。

很多前来办理签证的朋友说，以前他们赴华必须飞往吉隆坡中国驻马大使馆办理签证，面临三大难题：一是费时，从古晋飞吉隆坡需要 1 小时 40 分钟。二是费用大，在吉隆坡等候签证需要几天时间要住旅馆，若不等候，需办急件，要加收费用，总之，办一次签证，是要花几百元马币的。三是携带护照也不安全。如今在古晋办理，免了很多麻烦。

这里常常有人临时决定赴华探亲访友或参加奔丧嫁喜，有的急于赴华求医看病，他们常常在休息日、假日来馆敲门办签证。为了办理一个签证，几乎全馆人员都出动，接案、开票、收费、做证、签字、发证各司其职。有时为了等待一位约好的签证申请者，还得延长闭馆时间。除了办理签证外，其他领事业务诸如公证、认证，来访、来信工作也千头万绪。

商务是总领事馆业务中不可分割的一部分。早在 20 世纪五六十年代，这里许多华人朋友便通过香港与中国很多省市做生意。根据官方统计材料，沙捞越州与中国贸易往来发展很快，1980 年贸易总额为 1.57 亿马元，1993 年则为 9.65 亿马元，13 年间共增加五倍多。开馆以后，商务越来越多，在我的建议下，建馆半年之后，国内终于派来了商务领事。

东马地域广阔，自然资源丰富，与我国贸易互补性较强，而且马来西亚计划中的大工程如巴贡水电站、民都鲁工业园等均位于东马。因此，注意东马经济发展趋势，探讨扩大中马经贸合作的可能性，在平等的基础上，积极发展同领区的经贸往来也是当务之急。

开馆不久，我和商务领事应邀参观了古晋实仁甲工业区中国机械设备进出口总公司等单位承建的"古晋燃煤火电厂"、中国云南公路桥梁工程总公司承包的"古晋三马丹伦乐公路"，以及中国建筑材料及设备进出口公司单位承包的"沙捞越水泥熟料厂"等项目。我视察了工厂中国技术人员的宿舍、食堂，与他们谈心，鼓励他们克服困难，保证质量，按期完成工程，为国争光。

1996年2月13日，我在迎新春招待会上致词时表示，今后总领事馆将继续认真贯彻我国的外交方针政策，继续坚持"小馆大服务"的指导思想，更有效地提供服务，继续与各界朋友密切合作，为进一步发展中马友好合作关系谱写新的篇章。

三会"刘三姐"

建馆以后，中国民间艺术团来访不断。我在古晋的日子里，先后接待了沈阳歌舞团、北京小天使艺术团、广州小海燕艺术团、广西桂林刘三姐艺术团、福建省的中国歌舞艺剧团，等等。来此演出最为成功、影响甚佳的要算刘三姐艺术团。

电影《刘三姐》中刘三姐的扮演者——黄婉秋率领的刘三姐艺术团一行21人应古晋福星机构董事长王长福先生之邀，于1995年10月4日抵古晋开始在东马为期一个月的演出。除了在古晋演出外，他们还前往泗里街、诗巫、民丹莪、民都鲁、米里、哥打基纳巴卢、山打根、斗湖等大小城镇演出，共80余场。因节目丰富多彩，演艺高超，加之多为当地华文学校捐款义演，深受华人朋友欢迎，场场满座。"刘三姐"每到一处都受到热烈的欢迎。

20世纪60年代初，电影《刘三姐》风靡东南亚，影迷们带着好奇的心情，来会见今日的"刘三姐"；新的一代对"刘三姐"较为陌生，但也听到很多传闻，他们慕名而来，一睹"刘三姐"的风采。"刘三姐"就像一位民间友好的使者，走到哪里，就在哪里传播友情。这位友好使者的到来，使我高兴万分。"刘三姐"一行从香港抵古晋当天，我和夫人特意前往机场迎接，并在朋友赠给我馆的国庆花篮中挑出最鲜艳、最美丽的胡姬花等做成花束，送给"刘三姐"。首场演出我应邀出席剪彩仪式，还应邀出席了为刘三姐艺术团举行的宴会。

在古晋，"刘三姐"演出之余还举行记者招待会。记者以"唱山歌的刘三姐来了，声音还是那么的嘹亮"为题作了专题报道。《国际时报》在一篇《人们永远热爱刘三姐》的文章中写道："中国遍山之下，海角之涯，海外的炎黄子孙无人不晓刘三姐。在中国的艺术领域中，刘三姐可说是一块宝。"黄婉秋在记者招待会上说，她能够在演艺界顺利发展，名气响亮，要感谢《刘三姐》这部戏剧替她在演艺界走出一条康庄大道。她说："为何影片《刘三姐》三十多年历久不衰呢？根本的原因是它来自生活、高于生活，真正体现了中华民族文化，所以它通俗易懂，雅俗共赏。"

刘三姐艺术团在古晋演出5天，共11场，场场座无虚席。为了满足观众的要求，艺术团决定加场，黄婉秋同志在海报上写道："为感谢古晋观众的厚爱，明天加演3场，以表谢意。"艺术团的成功演出，不仅是当地演艺界的盛事，而且轰动了整个古晋市，在古晋市掀起新的中国热。

10月18日，刘三姐艺术团抵民丹莪市镇演出。当天晚上，小小的篮球场内外，5000名观众，挤得水泄不通。我专程应邀出席剪彩。这天下午我还应民丹莪中华商会会长柳克同先生的邀请，与当地华人首领举行座谈会，我在会上讲了话。次日，《马来西亚日报》报道我的讲话，标题是"两国互访频繁，马中关系更加稳固"。我到民丹莪时第二次会见"刘三姐"，我感谢她为我创造了机会，访问民丹莪，与当地人民接触，让当地人民了解中国和中国的文化。

10月23日，刘三姐艺术团抵达米里演出。当时正逢米里省华人社团总会成立15周年暨沙捞越州华人社团总会第七届理事宣誓就职庆典，我应邀出席。在沙捞越州华人社团总会暨米里省华人社团总会会长刘贤威先生家里，我第三次会见"刘三姐"。我对刘三姐艺术团演出成功表示祝贺并再次感谢这位"民间巡回大使"的贡献。

刘三姐艺术团结束访问演出回国后，古晋中华工商总会、诗巫公教中学校友会、民都鲁青年商会、沙捞越人民联合党民丹莪支部青年团、山打根大同校友会以及沙巴州古达中华商会等发来感谢信。感谢信上说："刘三姐艺术团将中国的传统文化传播给南洋各族人民，促进马中两国的文化交流，也为两地的工商经贸及文化界的紧密联系作出了贡献。""刘三姐艺术团的演出，除了让本市市民有机会观赏到优秀的文化表演以外，更重要的是作为马中两国的友谊桥梁，让彼此有更深一层的认识，更深一层的了解。""祝愿马中两国人民友谊长存！"

亲戚朋友情意深

我馆领区的华人约有70多万，在当地30多个民族中人口居第二位。在领区的大小城镇中，华人处处可见，华文招牌比比皆是。大多数华人在城镇经商，且历史悠久。我在领区城镇旅行，看到很多人家安装碟形天线收看国外节目，这些碟形天线用户大多是华人，他们很喜欢收看香港、北京等地的电视节目。这里的华人大都能讲华语，很多人还能讲一口流利的福州话、闽南话、潮州话、客家话、广州话等。我原籍广东潮州，来到这里，几乎天天讲潮州话，感到特别亲切。

这里华人的先辈大部分来自中国沿海一带，广东、福建为多。一百多年前，中国连年水灾或旱灾，加之当时政局动荡，民不聊生，他们纷纷背井离乡，漂洋过海，来到南洋谋生，历尽艰辛，劳作生息，代代繁衍。

我曾应邀三次访问诗巫。诗巫有"小福州""新福州"之称。我访问诗巫时，参观了诗巫民众会堂的华族历史文物展览馆，印象尤为深刻。在那里，我看到了华族先辈们如何冒着生命危险漂洋过海来到诗巫垦荒，如何与友族相处合作创建家园，一部血与泪交织而成的历史画面看了使人感动落泪。华族的先辈们在极其恶劣的环境中与自然拼搏抗争，他们走进浓密的森林艰苦地开发处女地。蚊虫、蛇蝎不断袭人，鼠蚁、野兽又常常出没毁坏农作物。大雨之后，诗巫又顿时成为泽国，各种疾病流行，随时掠夺人的性命。华族先辈们和友族兄弟一道以坚韧无比的毅力、开天辟地的精神，用血和泪浇灌了这片荒凉的原始土地，为华族的子子孙孙留下今天的乐土。如今他们的后辈继承和发扬华族优良传统和美德，以自己的勤劳和智慧为马来西亚的经济繁荣和发展作出积极的贡献。这里的华人朋友虽然都加入了马来西亚的国籍，但他们对中国热情友好，感情深如亲朋。他们在中国有亲戚朋友，彼此密切来往。他们关心中国的社会主义建设，关心家乡的变化，经常赴华走亲戚。年轻一代的华人虽然没有与长辈一样的经历，但多年来受父母的熏陶，且经常随父母去中国寻根，他们对中国也很有感情。

我们工作之余应邀出席华人朋友的宴请，或是到他们家里做客，就如走亲戚一样。

1994年11月12日，我们夫妇及同事应邀前往三马拉汉省海口区三巴腊参观椰林，受到当地三发火较公司东主董玛伙先生和王福记先生的热情接待。主人带我们参观椰园，看着那高大挺拔直插云霄的椰树，喝着那甘美的椰汁，吃着主人做的可口椰心菜，观看椰园工人那剥椰皮的技艺……如今依然历历在目。

1995年春节年初二，我馆全体人员应邀前往斯里阿曼省访问。当我们抵达英吉利里市镇时，受到热烈的欢迎。舞狮迎接，锣鼓喧天，会场、饭店挂着用中文书写的欢迎横幅，本曼查卓声焕先生致热情洋溢的欢迎词，说我们的访问使他们市镇增加不少光荣。他赞扬中马的友好关系，他还说总领事馆为他们赴华探亲或者在投资方面，带来很多方便。当天我和同事在斯里阿曼走访了近20家华人社团首领之家，向他们拜年，他们都把我们当作家乡亲戚接待。

我因公两次去民都鲁出差，住在"豪华大酒店"。大酒店老板拿督叶明逸先生，今年83岁，得知我住在他的饭店，亲自驾车载我去他家做客。我离开他的饭店缴旅馆费时，被一再谢绝。他说他的饭店就是中国总领事的家，中国总领事住在家里怎能收钱呢？

据沙捞越州社团注册官员公布的材料，沙捞越州社团共有2041个，华人社团占80%。华人组织公会，多是以联络感情，敦睦乡谊，辅助公益及增进教育、文化、福利、康乐为宗旨。每年春节，每个社团都要举行迎新春招待会，他们都以能请到中国总领事馆官员出席而感到光荣。这样一来，每年春节前后总领事馆出席华人朋友的招待会日程就排得满满的，一直排到3月中旬。有的招待会从晚上6时半开始，11时才结束，大家仍然意犹未尽。即使在招待会上大家第一次见面，也不至感到生疏，攀谈起来，倍感亲切。在言谈中我看到他们对中马友好合作关系的发展充满喜悦，对中国国内的政治、经济形势以及改革开放的成就感到自豪，对海峡两岸关系深为关注，他们表示赞成中国政府关于"一国两制"、和平统一的方针，愿继续为祖籍国的统一大业贡献力量。

中马友谊源远流长

雄浑的海洋，以它那滔滔滚滚的海浪，把北方的大陆和南方的岛屿分开，又以它那滔滔滚滚的海浪，把南方的岛屿与北方的大陆连接起来。

历史上，婆罗洲与中国就关系密切，在这里流传着很多关于中国友好使者的故事。

中华人民共和国驻古晋总领事馆的馆舍位于古晋郑和统帅路第二巷的美宝花园。郑和是中国明朝的航海家，先后七次下西洋，历时 30 年，到过南洋和东非洲 30 多个国家。

1405 年 7 月，郑和以海军统帅名义，率领兵舰和众多的海员，从江苏起航，顺着东北季风沿海南下，曾来到文莱苏丹国，即今天的沙捞越州。他是中国早期来此的友好使者之一。

这位友好使者所到之地，留下不少故事美谈，他去世后人们把他当作神灵奉拜，立祠建庙。因郑和小名三保，故这些庙又称为"三保庙"。据《沙捞越河畔的华人神庙》一书记载，古晋有两座供奉三保大人的神庙，一座位于古晋郊区的山都望附近的西邻洋，另一座是石角下梯头的义文宫。石角大桥通车后前往义文宫十分方便。

我参观过义文宫。义文宫历史悠久，据说，沙捞越在 1850 年前后，建筑物包括神庙都是用当地木料和亚答叶建造的，而当年建造义文宫遗留之红砖、屋瓦却是从中国运来的。红砖陶瓦是历史的见证物。三保庙于 1992 年夏重建落成，同年 10 月 5 日沙捞越州政府助理部长叶金莱前往开光。新的三保庙是一座中国式的神殿。郑公之位既是华人供奉之神，又是巫族（马来族）崇拜之物，因为郑和是伊斯兰教徒，华巫人士都参拜这座神庙。

1992 年 6 月 14 日，一条以郑和为名的道路在古晋正式启用。这条路从大石路两里半小交通岛起，直通美宝花园。据报道，这条郑和统帅路共耗资 230 多万马元，是 1988 年开始动工兴建的，1990 年完成，是一条双行道。剪彩时由州政府副首席部长黄顺开先生主持，他说这条路的命名是州首席部长拿督巴丁宜丹斯里哈志阿都泰益布的意思。黄顺开先生还说郑和七度下西洋，曾于 1409 年到当时属于文莱苏丹国的沙捞越这个地方，以获得饮水与食物供应，以及从事其他的友好活动。

在沙巴，"中国寡妇山"的神话流传至今，无人不知。据说在明代，中国曾派两名大将来到北婆罗洲，其部下有一位勇士。有一天，这位勇士偶遇当地土著杜顺族酋长之女。酋长的女儿美丽出众，勇士惊为天仙，经几番追求，才得到酋长女儿之欢心。她最后答应与勇士成亲，婚后两人生活美满。数月后，勇士思怀故乡，于是征得妻子同意，依依惜别回归故里。行前，妻子嘱他早日返回。但岁月流逝，一年、两年、三年勇士杳无音信。酋长女儿不见夫君回归，日日思念。后来她攀登上"神山"之巅，遥望北国祈祷夫君南返，但天天盼、月月望，仍不见帆船载来丈夫。最后，她真的绝望了，从山顶跳湖而死，此后神山便成为"中国寡妇山"。这个传说证实了今天的沙巴州与中国历史上的友好关系。那位无名的勇士也就变成人们传颂的中国历史上的友好使者之一。

据说清朝末年，太平天国失败，部分余部也逃至沙巴州。他们中的很多人移居至亚庇（现称哥打基纳巴卢）、山打根、古达等地。过去山打根有一名县长名叫洪日升。据考查，他便是太平天国天王洪秀全之侄，今天部分洪姓的后裔就是洪日升的子子孙孙了。

1995年6月14日，我应纳闽中华商会和纳闽潮州公会的邀请，访问了纳闽岛。纳闽岛位于沙巴州西部海岸外，是马来西亚国际岸外金融中心、自由港与免税天堂。岛上有6万人口，2万为华人。访问期间，许多朋友向我介绍中国人来岛经商的史实，说明中马两国人民的友谊源远流长。

为香港回归探路

柯 华

欢庆中的回忆

1997年7月1日零时零秒，英国国旗在香港降落，中华人民共和国国旗高高升起。我在举行交接仪式的大厅前排座位上，看着眼前的一切正按照事先商定的程序有条不紊地进行，作为一个曾经为香港回归探路的人，思绪万千！

我不是一个历史人物，只是新中国的一名外交官，曾经四任驻外大使，三任外交部司长，有幸目睹毛泽东、周恩来、邓小平等伟人，以及当前的中国领导人，代表人民的意志、民族的意愿，为了今天所做的一切。

我不禁想起了新中国建立之初，毛主席、周总理等把香港问题放在整个世界政治格局中考虑，实事求是地确定了"长期打算，充分利用"，在条件成熟时通过和平谈判解决的方略。20世纪70年代末到80年代，邓小平同志依据变化了的形势，把解决台湾问题、香港问题概括为"一国两制，和平统一"的方针。这是根据国际形势和与美国、英国关系，特别是国家的长远利益和台湾2000万、香港600万同胞以及有关当权者的利益考虑而决定的方针。它符合香港的现状，有利于香港同胞眼前和长远的利益。新闻媒体往往只注意中英关系，而对这个基本方面恰恰注意不够，报道甚少。

其实，15年来，谈判的焦点、难点无不围绕这个问题而展开。

我注意到在万众欢呼的同时，交接仪式大厅外面，还有几百、上千人在冒雨表示"抗议"，还有人有各种各样的疑虑。我在到香港参加观礼的短短40个小时里，尽管时间仓促，还是有意做了点调查。我曾特意问一个熟人说："你赞成回归吗？"那位熟人直率地回答说："我不赞成。"我又问道："那么你反对回归吗？"那位熟人立即回答说："我当然不反对！"我深为感慨：香港同胞需要时间！董建华先生说得好："在'一国两制'的新环境下，我们将会有许多机会和充分条件，去认识国家，认识民族；去热爱国家，热爱民族。"

我还想到有一件事不容忽略：当香港回归中国的日子一天天临近的时候，不知英国人出于一种什么心态，竟派出了一支舰队向远东驶来。就在中国人欢呼庆祝香港回归的时候，这支英国舰队沿着鸦片战争时英远征军司令乔治·懿律走的航线向香港驶进。但是，中国已非晚清时的中国，当这支英国舰队刚一出现在中国海的第一岛链时，一支中国舰队和海军航空兵编队便出现在英国人的面前。当年，乔治·懿律舰队直闯中国国门，逼近珠江口，如入无人之境，那已经是遥远而又遥远的过去了。不正是有了中国的舰队，有了人民解放军，有了一个完全不同的中国，才有今天这样井然有序的移交和回归吗？看着仪式有条不紊地进行着，我的思绪不禁穿越时空，仿佛又回到了19年前。

出使英国　为回归探路

1978年9月16日，我出任中华人民共和国驻大不列颠及北爱尔兰联合王国大使，来到英国伦敦。

英国女王伊丽莎白二世派她的典礼官用一驾四轮马车接我去白金汉宫递交国书。宝马雕鞍，马蹄声声，庄重、显赫，充满皇家气派。然而，我却想起了中国第一个出使英国的郭嵩焘。那是一次屈辱的出使，他和副使刘锡鸿专为"谢罪"而去白金汉宫。郭嵩焘是湖南有名的才子，一向恃才自傲，他是左宗棠的朋友，对于当时炙手可热的曾国藩都不肯买账，但在国势衰微、朝廷积弱的形势下，不得不低下头来担当去伦敦"谢罪"的屈辱使命。而今天，中国使节在伦敦受到了应有的尊重和礼遇。当此之时，不由人不想起毛泽东那响彻寰宇的声音："中国人从此站立起来了！"同郭嵩焘出使英国时相比，真正是"换了人间"。

收回香港是100多年来，所有中国人为之魂牵梦绕、奋斗不息的心愿。出于历史责任感，我十分关注香港问题。在受命到英国当大使后不久，中共十一届三中全会决定，把加紧社会主义现代化建设、维护世界和平、统一祖国作为今后三大任务，我馆更加注意英国朝野在香港问题上的动向，及时报告国内，以提供决策的参考。

我们密切注意英国的动向。当时的英国首相卡拉汉在访问中国时曾经说，"两三年以后"将是讨论香港问题的适当时候。1979年3月29日，香港总督麦理浩访问北京，向邓小平提出，由于港英政府批租"新界"土地不能超过1997年，只剩下18年了，投资者不放心。很明显，其意在试探中国政府对1997年后香港问题的态度。小平同志告诉他，香港主权属于中华人民共和国，这个问题本身不容讨论。但是，中国政府会考虑和尊重香港的特殊地位。中国政府可以明确告诉英国政府，即使那时作出某种政治解决，无非一个是收回，一个是保持现状，不管哪种政治解决，都不影响投资者的利益，请投资者放心。小平同志还指出，在20世纪和21世纪初相当长的时期内，香港还可以搞它的资本主义，我们搞我们的社会主义。

我们十分关注英国下院6月13日就麦理浩访问北京进行的辩论。英国外交大臣发言说：香港并非时代的错误产品，而是一个成功的例子；麦理浩北京之行也并不意味着英国政府想谈判解决香港问题，现时还不存在一个"讨论香港问题的适当时机"。

1979年3月29日,邓小平同志在北京会见香港总督麦理浩,提出了解决香港问题的思路

7月5日，英国驻中国大使柯利达即向中国外交部递交了《关于香港新界土地契约的问题备忘录》，并说中国可以不做答复。这不仅是再次试探，而且想让中国默认英国取消"新界"管治权期限的做法。中国政府以毫不含糊的言辞作出了答复："奉劝英方不要采取所建议的行动，否则形势将引起对中英双方都不利的反应。"

过去的中国政府，在辛亥革命胜利的时候，在抗日战争胜利之日，因种种原因而两次失去了收回香港的良机。随着中国和国际形势的变化，香港回归的时机和条件日渐成熟，通过谈判解决香港问题有了可能。这时，我领导人及时作出了"一国两制，谈判解决"的英明决策。

1981年初，小平同志指示：香港问题已摆上日程，我们必须有一个明确的方针和态度；请有关部门研究提出方案，并尽快整理出材料，供中央参考。

中国大使馆将所了解的英国有关情况，向国内提出报告。

1981年4月3日，小平同志会见来中国访问的英国外交大臣卡林顿时，郑重地说："我在1979年对麦理浩爵士所说的，是中国政府的立场，是可以信赖的。请你注意研究我们对中国台湾的政策。我们提出和平统一台湾，台湾的生活方式、政治制度不变，也不降低台湾人的生活水平和经济收入，甚至允许他们保留自己的军队——要求他们的只是取消'国号''国旗'。"小平同志概括地提出"一国两制"：在一个中国的前提下，大陆主体实行社会主义制度，香港、澳门、台湾作为中华人民共和国的特别行政区保持原有的资本主义制度长期不变。1982年4月6日，小平同志会见英国前首相希思时明确地说：中国要在1997年恢复对香港行使主权。中国愿意同英国谈判解决这个问题。

不久，我奉命回国，接受中央港澳领导小组领导人兼国务院港澳办公室主任廖承志的指示。返回伦敦后，我开始广泛接触英国各界。

在英国，有许多中国的老朋友坚持中英友好，像年逾90的前首相麦克米伦，就曾直接对我说："中国对香港享有主权是不容争议的。"上议院

1982年4月6日,邓小平同志在北京会见英国前首相爱德华·希思,阐述解决香港问题思路

议员索姆斯勋爵是举世闻名的丘吉尔的女婿,是欧洲共同体前任主席,他在参加中国大使馆举行的宴会上大声说:"英国政府应该把香港主权归还中国,我们将会为此大声疾呼。"在同前首相希思、卡拉汉,外交大臣卡林顿,国防大臣(后任外交大臣)皮姆,工党副领袖希利,前国防部参谋长卡梅隆元帅,怡和洋行董事长亨利·凯瑟克,太古洋行董事长斯威尔兄弟,英之杰公司董事长坦劳勋爵,还有一些政府部长的接触中,我发现他们中的多数人,以及英国舆论界如《卫报》等,都表示英国不应该坚持19世纪同清朝政府签订的三个条约,应该无条件把香港归还给中国,也没有理由要求继续参加管理香港;但也还有人主张,在归还主权后,中国和英国共同管理香港一段时间,例如30年;更有人对中国能否管理好香港有各种各样的疑虑,主要是担心中国可能在香港推行内地所实行的社会主义制度。

当然,解决香港问题最终还要同英国政府进行交涉。

1982年4月2日,英国和阿根廷因为福克兰群岛(阿根廷人称为马尔维纳斯群岛)爆发战争,英国首相撒切尔夫人在4月5日向议会宣布派出特遣舰队远征南大西洋。战争获得胜利后,英国一片欢腾,前几年因经济不景气带来的消沉、分歧,有所缓解,政府威望提高了,撒切尔夫人成了英国人心中的英雄。

这时,撒切尔夫人决定访华。这是中英建交后第一位英国在任首相正式访问中华人民共和国。

我于7月12日宴请撒切尔夫人。席间,撒切尔夫人礼貌,然而也是真诚地称赞中国的烹饪,盛赞中英友谊。接着,撒切尔夫人说:"我将要访问中国,希望主要谈香港问题。"我说:"首相对我国邓小平先生同希思先生的谈话有什么看法?"撒切尔夫人说:"我看过有关报告,但记不清楚了。"我略一思忖,觉得撒切尔夫人希望从中国大使口中再次明确中国政府的态度,我立即简要地重申邓小平同志关于香港问题讲话的要点。

撒切尔夫人说:"香港问题对双方都是很敏感的,中国政府所说的主权问题是不是指香港整个地区？"我明确回答说："是的，中国要收回的不仅是新界，而且包括香港岛、九龙等全部地区。"撒切尔夫人说："租借新界的条约到1997年就要满期，现在香港人和英国人都比较着急。我希望就这一问题同中国领导人交换意见，使投资者不致为他们的前途担忧而失去信心。中国主张不改变香港作为国际金融中心和自由港的地位，这对双方都有利。"

撒切尔夫人接着说："最好的办法是继续保持目前同中国合作的办法，保留英国的行政管理，香港地位不变，维持现状30年、40年或50年。我请中国政府注意英方的主张和意见。"

我仔细听清了她的话，根据我方一贯立场，特别是小平同志4月6日对英国前首相希思的讲话做了阐述。撒切尔夫人表示知道中国的有关政策，说，希望在访华前再进一步讨论，找到双方满意的解决办法。

应邀作陪的英外交部助理次官唐纳德单独对我说：撒切尔夫人访华要解决的关键问题是主权问题；主权问题只能一步一步解决，性急不得；撒切尔夫人非常不愿意说"主权"这个字眼，最好在三五年后再提主权问题，或者10年、20年、30年后再提更好。

至此，英方的基本态度和他们一厢情愿的打算，已经说得很明白了。我重申了中国政府的立场和态度。唐纳德建议说：撒切尔夫人访华公报的措辞需要认真斟酌，可以写明双方各自的观点，但表示双方都愿意寻求共同点，以维护香港作为国际金融中心和自由港的地位，保持香港的繁荣。

7月24日，我在伦敦同当时的香港总督尤德和前任总督麦理浩就香港问题进行讨论。尤德和麦理浩坚持英国政府的立场，提出交回主权，但由英国继续管治。我据理说明：主权和管治权是不可分的，中国将同时恢复行使主权和管治权。双方争论了两三个小时，不能取得一致意见。尤德和麦理浩几乎同时说道："这样争论下去，达不成一致怎么办？！"

我看着眼前的这两位英国绅士，在深思。在英国政府人士中，仍然承袭着上两个世纪"炮舰外交"的衣钵,力图维持其既得的利益。他们积几个世纪的经验,在外交上极其精明老练,同时又保持着他们习以为常的"绅士风度",既能长时间与你争论,也能在一旦无法坚持的时候,善于寻找妥协的台阶。

于是,我轻轻地笑笑,回答说:"这也很好办。你们不是出兵远征马尔维纳斯群岛了吗?那里距英国本土9000多海里,中途无法补给,飞机只能空中加油,而且大西洋气候恶劣,但你们还不是去了?!而香港距离伦敦只有8000多海里,沿途有许多可以补给、加油的地方,太平洋西岸的气候也是非常好的,你们不妨用对付马尔维纳斯群岛的办法试一试,这也不是不可以的呀!"

尤德和麦理浩一下子都愣了,稍一回过神来,几乎异口同声地赶忙说:"那当然是不可能的。用福克兰群岛和直布罗陀的办法是不行的,对中国,只能谈判。"

北京中英首脑首次会谈

1982年9月22日,金秋时节,英国首相玛格丽特·撒切尔来到中国北京访问。她不是第一次来中国,五年前,她曾以英国保守党领袖的身份访问过中国。而这次来访时,英国的经济几乎可以说是二战后最好的时期,她在国内处于优势地位。她更是挟福克兰群岛胜利的余威来同中国谈判的,是有备而来的。种种迹象表明,撒切尔夫人目前和今后一个时期,都将坚持英国固有的立场,坚持不平等条约的"合法"性。谈判将是艰难、持久的。

9月24日上午,撒切尔夫人来到人民大会堂。她雍容华贵,笑容可掬,在新疆厅同邓颖超倾谈片刻,然后被引导向福建厅走去。快到门前时,厅门大开,小平同志迎了出来。宾主双方落座。小平同志胸有成竹,安然半靠在沙发上。撒切尔夫人两手平放膝上,面含微笑,端庄凝重。中方在座人员有黄华外长和我，英方参加谈判的有尤德、巴特勒和柯利达。

宾主一阵寒暄，对四川菜、广东菜和苏州菜的口味，比较一番。会谈初，气氛平和、融洽。

此前几天，中共中央政治局常委举行会议，议决1997年必须收回香港，小平同志最后一锤定音说："这件事，就这样定下来。"

撒切尔夫人外号"铁娘子"，外国报纸称"她是资产阶级一名凶猛、狂热的斗士，她像一只铁蝴蝶到处飞舞"，说她坚持的是"鲜明的传统的保守主义哲学和强硬的经济政策"。而邓小平，是被毛主席誉为"绵里藏针"的"钢铁公司"。很快双方就为解开两个国家、两个民族间百多年来的"死扣"，围绕中国固有领土香港的前途展开交锋。两人谈笑风生，却挟电闪雷鸣；轻言慢语，无不字字千斤！唇枪舌剑，针锋相对，然又处处峰回路转，暗含转机。

撒切尔夫人在会谈中强调三项条约是"有法律依据的"，甚至断言，"如果中国政府宣布收回香港，将会带来灾难性的影响"。对此，邓小平斩钉截铁地回答说，"主权问题不是一个可以讨论的问题……中国要收回的不仅是新界，而且包括香港岛、九龙。中国和英国就是在这个前提下来进行谈判、商讨解决香港问题的方式和办法……不迟于一二年的时间，中国就要正式宣布收回香港这个决策"；"如果说宣布要收回香港就会像夫人说的'带来灾难性的影响'，那我们要勇敢地面对这个灾难，作出决策"。并说，如果"香港发生严重波动……中国政府将被迫不得不对收回的时间和方式另作考虑"；"希望从夫人这次访问开始……通过外交途径进行很好的磋商，讨论如何避免这种灾难"。

会谈原定一个半小时，结果比原定时间又延长了五十分钟。撒切尔夫人最后表示，希望不要把今天会谈的内容传出去，并建议共同对外宣布会谈是坦率的、友好的。小平同志表示："完全赞同你的意见。"

中国政府为谋求政治解决的第一阶段的努力，达到了预期的目的，为以后的谈判奠定了基础。

事出偶然，会谈后撒切尔夫人在步出人民大会堂时，在台阶上不慎绊倒，一些新闻记者作了渲染报道。虽说是人们反殖民主义情绪的一种流露，但我还是不赞成那样牵强附会的描绘，像撒切尔夫人这样的政治家，是不会因在谈判中出现不愉快的情况，就昏然失控的。

当天下午，我和夫人陪撒切尔夫人游览了颐和园。撒切尔夫人还即兴参观了海淀农贸市场，兴致勃勃地买了一袋葡萄。虽然上午的会谈是严峻的，但此时撒切尔夫人的表现，用中国一句俗话来说，称得上是"举起千斤，放下四两"，很具政治家的风度。

离开北京前，撒切尔夫人在回答英国广播公司记者提问时仍坚持说："管理香港的条约，至今仍为国际法所公认……英国将以条约处理香港问题。"

9月27日，撒切尔夫人在香港的记者招待会上，重复她的立场说："英国的立场是，根据三个条约，其中一项是占香港面积92%的土地的租借，将在1997年到期。另外两项条约是关于香港岛和九龙半岛的主权，占整个土地面积的8%。如果有人不喜欢这些条约，解决的方法是由双方进行讨论，经双方同意而生效，但不能毁约。如有一方不同意这些条约，想废除条约，则任何新的条约也没有信心执行。"

中国政府迅速作出回应，外交部发言人重申："过去英国政府同中国清政府签订的有关香港地区的条约是不平等的，中国人民从来是不接受的。中华人民共和国政府的一贯立场是，不受这些不平等条约的拘束，在条件成熟的时候收回香港整个地区。"

撒切尔夫人在香港记者招待会讲话的当天下午，香港中文大学和理工学院的学生举行了抗议游行。香港的许多报纸（包括一些英文报刊），以及各界人士也纷纷发表言论，反对英国坚持"发了黄的条约"，拥护邓小平代表中华民族发出的强有力的正义的声音：中国对香港拥有主权是不能讨论，不容讨论的！

离任回国　重申回归

1983年2月,我的任期将满,将要离任回国,借这个机会我向更多的人阐明中国在香港问题上的主张,推动中英谈判。

我应伦敦、曼彻斯特、约克郡、新堡市等地华侨、华人的邀请,参加他们举办的饯别酒会,在讲话中反复说明中国政府的主张,华侨们为祖国日益强盛,洗雪国耻有日而举杯流泪欢呼,坚决拥护祖国的正义主张。

2月6日,我举行酒会,一方面向英国华侨和文化界祝贺春节,一方面向他们告别。当地和香港的报纸纷纷详细报道,香港《星岛日报》从伦敦发出专讯,大字标题写道:"中国大使柯华透露,中国领土不容分割,前途看重港人治港;'三不变''两原则'将维持繁荣安定。"文中报道说:"柯氏透露英国曾要求把统治香港的时间延长15年、30年,甚至50年,但中国政府坚决拒绝。柯氏斩钉截铁地表示,1997年6月30日,英国政府就要离开香港,一日也不能延长。"

3月7日,我设酒会向英国官员和各国驻英使节告别,英国财政大臣豪尔及夫人、教育大臣约瑟夫及夫人、贸易国务大臣里斯及夫人、国防参谋长百拉摩尔及夫人、外交国务大臣鲍斯特、外交国务大臣许德及夫人、外交部助理次官当奴及夫人、皇家典礼官理查士及夫人、工党副领袖希利及夫人和前任香港总督麦理浩等100多名宾客来到中国大使馆,我在同他们的交谈中,一再阐明中国政府坚持中英友好谈判解决香港问题的立场和诚意。

3月8日,英国外交大臣皮姆在官邸设宴为我饯行,参与作陪的有英国前首相卡拉汉、港督尤德爵士、前港督麦理浩爵士、英国驻中国大使柯利达、坎特伯雷大主教尼尔逊勋爵、鲁因元帅、英国石油公司董事长彼德霍加斯、英国文化委员会主席托诺夫顿爵士、登诺普公司董事长金宝·费里沙、英国宇航公司董事长皮雅士爵士、皇家学会会长卡臣爵士、保守党议员阿坚斯、贸易部次官高利、外交部助理次官当奴、《泰晤士报》主笔察夏里斯等。我和他们坦诚交谈，争取更多的英国人士了解中国的坚定立场和所采取的照顾英方的灵活、务实的方针和政策。

16日，我去白金汉宫向英国女王告别，再度重申中英友好。

在北京，中国代表在谈判中坚定而明确的立场、中国政府合理合情的主张，使英方看清了中国不可改变的决心。1983年3月3日，撒切尔夫人给时任总理来信，表示对中国的主权立场已有所了解，不反对中国以自己对香港拥有主权的立场进行谈判。她本人愿将香港主权问题提交议会重新讨论。这表明英国政府不再坚持三个条约有效的立场，从此，中英香港问题的谈判出现转机。1984年12月19日，双方正式签署《中英关于香港问题的联合声明》。之后，历史按照其应有的逻辑继续发展，跌宕曲折，复杂错综，双方较量到最后，直到1997年6月30日午夜的回归庆典。

※　※　※

我参加香港回归庆典观礼归来，家里两盆蝴蝶兰，一盆花朵雪白，一盆桃红，开得舒心，开得绚丽，一如我的心绪。

1997年6月30日午夜，香港会议展览中心大厅里，冠盖如云，来自世界各地参加中英香港政权交接仪式的嘉宾，翘首等待那庄严时刻的到来。

英军仪仗队的乐手首先奏起了一支乐曲，一曲终了，中国仪仗队的乐手立即奏起了《美丽的茉莉花》，舒缓优雅的曲调，欢快而宁静。力量，信心，雍容大度，胜券在握，尽在乐声中流淌。乐音刚落，英军乐手奏起了第二支曲子，随后，中国军队乐手也奏起了第二支曲子。当英军第三支曲子的最后一个音符消失时，《歌唱祖国》的乐声，从中国乐队里，从所有中国人的心里喷发而出：

1997年6月30日，中英香港政权交接仪式在香港会议展览中心举行

五星红旗

迎风飘扬

胜利歌声多么响亮

……

炽热的诗句流过人们心头，引起强烈共鸣，人们情不自禁地合着乐曲拍手击掌，有节奏的掌声与雄浑的乐声在大厅里回旋激荡。

这是礼乐，这是两个国家、两个民族的对话。一次关于过去、现在和未来的对话，似乎还有一点比赛、较量的味道，意味深长，可以意会，尽在音乐里，尽在无言中。

按照双方约定，午夜到来时，英国国旗要准时降下来，英国管治香港的事情必须最后结束。

期盼了156年的时刻终于到了，英国国旗降落下来了，中华人民共和国国旗和香港特别行政区区旗高高升起来。此时此刻，一种历史感油然而生，叫人不禁百感交集。记起少年时，学校墙壁上"还我河山""毋忘国耻"的大字，时刻警醒着人们。几百年前，岳飞在《满江红》里唱出的"待从头，收拾旧山河，朝天阙"成了全体中国人的呐喊。我们这一代人有幸参与争取民族解放、独立的斗争，有幸目睹香港失而复得，太值得自豪了！

记唐家璇同志与西哈努克国王的一次谈话
——情真意切忆恩来

张金凤

1998年3月5日,是敬爱的周恩来总理一百周年诞辰。此时,柬埔寨西哈努克国王正在北京休养。考虑到西哈努克同周总理之间多年不同寻常的友情,且1997年他还曾邀请周总理的侄媳邓在军率电视纪录片《百年恩来》摄制组前往金边拍片,为体现我国政府的对柬友好政策,时任外交部副部长唐家璇同志决定选在3月5日周总理的诞辰前往看望国王,并代表外交部向他赠送《百年恩来》VCD光盘。尽管这一天正赶上全国人大九届一次会议开幕,唐副部长日程安排很满,但他仍决定抽出下午下班后的时间前往看望。当时我们有的同志担心西哈努克是否会接受,因为他年初来京后曾公开宣布,因不堪忍受柬国内新闻媒体的攻击和诽谤,决定不再进行任何政治活动,包括不会见任何政治和外交人士。但想到西哈努克同周总理的特殊友情,我们又估计,国王一定会接受唐副部长的拜访。果然,当我们通过国王的礼宾官提出要求后,他欣然接受。

3月5日下午5时半,西哈努克国王按他多年的迎客习惯,早已在楼下客厅里等候。唐副部长一进大门,国王就热情地迎上前去紧紧握手。双方在客厅坐定后,唐副部长首先问候西哈努克国王,说好久未同国王见面,今天看到国王气色和精神都不错,感到高兴。国王说,现在我们一家三口都在北京,我年纪最大,可身体最好,这都是中国医生的功劳,否则,我们早就不在人世了。西哈努克国王请唐副部长转达他和全家对中国政府和中国医务人员的感谢。唐副部长说，今天我要借此机会转达我国领导人对国王陛下的亲切问候和良好祝愿。国王也请唐副部长转达对江泽民主席等中国领导人的问候，还对全国人大和全国政协的胜利召开表示热烈祝贺。

寒暄过后，唐副部长把话题转入今天来访的正题。他说，目前，我国举国上下隆重纪念周恩来总理诞辰一百周年，放映了不少有关周总理生平的电影、电视纪录片，我们从中多次看到国王的光辉形象，听到国王熟悉的声音，感到很亲切。电视纪录片《百年恩来》摄制组曾专程去金边采访国王陛下。国王在接受采访时亲切怀念周总理，深情地回顾了同周总理共同缔结中柬友谊的历程。在周总理和西哈努克国王的共同指导下，中柬友好不断得到发展。国王陛下同周总理之间的深厚友谊是中柬亲密友好关系的生动写照。几十年来，尽管形势在发展，中柬两国也发生了很大变化，但国王陛下在中国人民心目中的崇高威望和形象没有改变。

国王十分专注地倾听唐副部长的讲话，听到此处，连声说："十分荣幸，十分荣幸！"

唐副部长接着说，今天是周恩来总理一百周年诞辰。在这个有意义的日子里，我代表中国外交部向国王陛下赠送《百年恩来》VCD 光盘。为便于国王陛下观看，我们还专门为国王陛下添置了一台 VCD 影碟机。

西哈努克国王连声道谢，并立即起身，亲手从唐副部长手中接过《百年恩来》VCD 光盘。西哈努克国王说："最近，我每天都在注意收看有关纪念周总理的电视节目。今天收到中国外交部赠送的《百年恩来》VCD 光盘，具有特别意义。我要认真观看后把它珍藏在柬王宫的国家博物馆。"

说到此处，西哈努克眼睛里闪着崇敬的目光，深情地说："周恩来是国际社会最知名的国务活动家，是中华民族引以为豪的伟大英雄，是柬埔寨人民最尊敬的忠实朋友，是中柬友谊的缔造者。他具有伟人风范，全世界人民都崇敬他，热爱他。周恩来一生为世界进步事业奋斗不息，他代表毛泽东主席和中国政府，一贯支持包括柬埔寨在内的广大第三世界人民的正义事业。我们永远不会忘记他。"

唐副部长说："目前中国外交部的同事们正在学习周总理的外交思想，国王陛下同周总理交往多年，请问印象最深刻的是什么呢？"一番话勾起了国王对周总理的无限怀念，他微微眯起双眼，娓娓道来，仿佛又回到了当年同周总理共度沧桑的历史岁月。

西哈努克说："在我一生同周恩来的交往中，印象最为深刻的有三件事。"

"第一件，1955年4月在万隆会议期间我同周恩来初次相识。实际上，在这之前，我虽未同他见过面，但早有耳闻。1954年7月在关于印度支那问题的日内瓦会议期间，柬中两国代表团有过多次接触，周恩来曾主动宴请柬代表团，表示中国愿同柬埔寨结好。柬代表团的宋双回国后向我做了汇报，说周总理同他们谈得很亲切，赞扬我为柬国家赢得了独立，把柬民族引上了和平、中立、进步的道路。这给我留下了深刻印象。到参加万隆会议时，周总理、陈毅元帅又同我们热情交往，双方自此正式建立了友好关系。当时，使我深为感动的是，中国是一个拥有6亿人口的泱泱大国，而柬埔寨只是一个拥有600万人口的小国，但中国坚持大小国家一律平等，尊重柬的独立、和平、主权和领土完整。周恩来是这一外交思想的倡导者，中国历代领导人包括邓小平、江泽民都坚定不移地坚持这一政策，向柬埔寨人民的正义事业提供了无私的支持和援助。中国对小国平等相待是真诚的。我坚决维护本国的独立、主权和领土完整，反对外国干预柬内政，中国一贯尊重柬主权和民族尊严，从不干涉柬内部事务，因而赢得了柬人民的尊敬。

"第二件，1960年我父亲苏拉玛里特国王逝世，周总理正率团在其他国家访问，得知消息后，周总理立即指示中国代表团赶制黑纱和白色礼服，并如期来柬进行访问。他率团抵达金边后，一下飞机即赶往王宫，代表中国政府吊唁老国王。这是最早前来吊唁、级别最高的外国领导人,且是那么真诚,对此,柬埔寨人民难以忘怀,我和柬埔寨王族更是毕生不会忘记。

"第三件,1970年3月18日,朗诺发动政变推翻了我。19日,我从莫斯科坐飞机来北京,虽说我已下台,但中国政府仍以国家元首的规格接待我,周总理通知所有外国驻华使节前往机场欢迎。周总理举行盛大宴会欢迎我,他在讲话中号召全中国和全世界人民支持我领导柬埔寨民族和人民进行的抗美救国斗争。在那之后的五年里,周总理日夜操劳,事必躬亲,一直支持我斗争,直到1975年4月17日解放金边,取得抗美救国的胜利。"

说到此处,西哈努克国王提高了声调说:"在我最困难的时候,只有中国始终如一地支持我,因为中国认为我领导柬埔寨人民进行的斗争是正义的。"

西哈努克顿了一下,黯然神伤,声音低沉地回忆道:"1976年1月我在金边王宫听到周总理逝世的消息,当时的心情就同我父亲去世时一样,悲痛极了。我向民主柬埔寨政府提出要到中国来吊唁周总理,但掌权的波尔布特不让我出国,只允许我去中国驻柬使馆吊唁。到毛主席逝世时,波尔布特对我的控制更严了,他们不再让我去中国大使馆,甚至我要求他们向中国大使馆转交我的唁电,他们都不同意。我又请求他们在红色高棉的广播电台上发表我的唁电,他们也不同意。1979年我到北京后,有的中国朋友提到,毛主席逝世后,中国政府发表了许多外国领导人的唁电,但是其中没有我的,不少中国朋友不理解。中国老百姓可能会认为我西哈努克忘恩负义,事实不是如此,是红色高棉不让我做表示。"说到伤心处,西哈努克国王感慨万千,眼中泪光闪闪。我们几个长期从事对柬工作的人员对这段往事虽不陌生,但也被国王这一番情真意切的谈话深深地打动了。

唐副部长表示,非常感谢国王陛下这一番富有感情的谈话,他将向外交部的同志们传达,进行一次周总理外交思想的教育。他说,周总理是外交部的第一任部长,后来虽不当外长了,但一直亲自指导外交工作,外交

1970年3月，周恩来总理在首都机场迎接柬埔寨国家元首西哈努克亲王。当时，柬国内发生推翻西哈努克亲王的政变，中国政府仍以对待国家元首的礼仪接待他

部的同志对周总理有着特殊的感情。虽然周总理离开我们多年，但他的外交思想仍然体现在中国当今的外交实践中。

时间在不知不觉中过去了一个多小时，西哈努克国王言犹未尽，谈锋仍健。他深情地说："周恩来是中国，也是世界第一流的外交家，他平等待人，谦逊有礼，平易近人，其伟大人格和外交风范堪称楷模。我十分敬佩周恩来，从周恩来身上学到了许多东西。虽然没有任何人能把周恩来的优良品质百分之百地学到手，但我们都要以他为榜样，努力向他学习。"

唐副部长赞扬国王陛下的讲话是中柬两国人民宝贵的精神财富，并表示，请国王陛下放心，中国愿同柬埔寨朋友一道，继承和发扬周总理和西哈努克国王共同开创的中柬友好事业。中国由衷地希望，在西哈努克国王的领导下，柬早日实现政治稳定、民族和睦、经济发展、人民生活不断改善，相信勤劳勇敢的柬人民完全有能力解决好本国问题。我们支持一切有利于柬政局稳定和民族和解的努力，坚决反对任何国家对柬内部事务进行干预。我们同样希望柬大选在公正、平等、自由的气氛中进行，凡合法政党都有权参加，让柬埔寨人民独立自主地作出选择。

西哈努克国王一再感谢中国政府对柬国内危机及相关问题采取的正确立场，并说，柬埔寨民族和人民十分珍视柬中友好，将继续致力于巩固和发展两国兄弟般的团结和友好合作，使之成为国家关系的典范。